Kohlhammer

Diakonat – Theoriekonzepte und Praxisentwicklung

Ergebnisse aus Evaluation und wissenschaftlicher Begleitforschung des Projekts „Diakonat – neu gedacht, neu gelebt“, in Zusammenarbeit von Dieter Hödl, Ellen Eidt, Annette Noller, Claudia Schulz und Heinz Schmidt

Band 1
Werner Baur/Dieter Hödl/Ellen Eidt/Annette Noller/Claudia Schulz/Heinz Schmidt (Hrsg.),
Diakonat für die Kirche der Zukunft

Band 2
Ellen Eidt,
Der evangelische Diakonat – Entwicklungslinien in Kirche und Diakonie am Beispiel Württembergs

Band 3
Annette Noller/Ellen Eidt/Heinz Schmidt (Hrsg.),
Diakonat – theologische und sozialwissenschaftliche Perspektiven auf ein kirchliches Amt

Band 4
Ellen Eidt/Claudia Schulz (Hrsg.),
Evaluation im Diakonat. Sozialwissenschaftliche Vermessung diakonischer Praxis

Band 5
Annette Noller,
Diakonat und Kirchenreform. Empirische, historische und ekklesiologische Dimensionen einer diakonischen Kirche

Werner Baur/Dieter Hödl/Ellen Eidt/Annette Noller/
Claudia Schulz/Heinz Schmidt (Hrsg.)

Diakonat für die Kirche der Zukunft

Verlag W. Kohlhammer

1. Auflage 2016

Satz: Andrea Siebert, Neuendettelsau
Gesamtherstellung: W. Kohlhammer GmbH, Stuttgart

Print:
ISBN 978-3-17-026998-9

E-Book-Format:
pdf: ISBN 978-3-17-026999-6

Inhalt

III. Kirche, Amt und Ämter

IV. Diakonisches Handeln in gesellschaftlichen Veränderungsprozessen

V. Erträge und Perspektiven

VI. Anhang

Frank O. July

Geleitwort

Mit diesem Band wird ein Doppelpunkt gesetzt: Er erschließt im Rückblick Geschichte, Verlauf und Ergebnisse des Projekts „Diakonat – neu gedacht, neu gelebt“ und eröffnet zugleich den Ausblick auf Perspektiven der Weiterarbeit in Theorie und Praxis. Hinter dieser Feststellung steht einerseits die berechtigte Freude über ein in vier Bänden dokumentiertes Gemeinschaftswerk engagierter Menschen und die Anerkennung der Vielfalt und Vielseitigkeit der Zugänge zur diakonischen Dimension von Kirche. In vielen Texten wird andererseits etwas von der Energie sichtbar, die diese diakonische Dimension von Kirche auch zukünftig in ganz konkreten Veränderungen im Diakonat abgebildet sehen möchte.

Um einer diakonischen Kirche Gestalt geben zu können, bedarf es auch der Menschen, die sich in besonderer Weise dafür verantwortlich fühlen und durch die Landeskirche dazu berufen und eingesegnet sind: Diakoninnen und Diakone.

Darüber hinaus gilt das „Diakonentum aller Gläubigen“. Ich danke besonders auch den vielen Ehrenamtlichen, die das diakonische Herz der Kirche schlagen lassen.

Wir wollen Diakoninnen und Diakone in unserer Evangelischen Landeskirche in Württemberg. In der neuen Präambel des Diakoninnen- und Diakonengesetzes der Landeskirche zeigt sich auch, wie dies gemeint ist:

> „Diakonie ist gelebter Glaube der christlichen Gemeinde in Wort und Tat. Mit ihrem diakonischen Dienst übernimmt die Kirche die Verantwortung dafür, dass alle Menschen das Evangelium und darin Gottes liebende Zuwendung erfahren können. Dazu beruft die Kirche in das Amt des Diakons und der Diakonin Männer und Frauen, die durch ihre Ausbildung und ihre Bereitschaft zum Dienst in besonderer Weise befähigt sind.“

Die vorliegenden Bände mögen eine gute Orientierung sein für die weiteren Überlegungen, Bemühungen und Vorbereitungen zum diakonischen Dienst in unserer Kirche und weit darüber hinaus.

„Denn dein ist das Reich und die Kraft und die Herrlichkeit in Ewigkeit.“

Ellen Eidt / Dieter Hödl

Einleitung und Übersicht

Was haben der Blick in ein Kaleidoskop und die Texte des Bandes „Diakonat für die Kirche der Zukunft“ gemeinsam? Im Kaleidoskop sind es kleine und größere, bunte Glasplättchen – nicht viel wertvoller als Glasscherben – die wundersame Bilder und Muster hervorzaubern, bereits bei kleinster Bewegung vergehen um sich doch zugleich zu einer neuen Komposition aus Formen und Farben zu gruppieren. Es sind die im Inneren angeordneten Spiegel, die dieses Zauberspiel aus Licht und Schatten ermöglichen. Je mehr Spiegel verwendet werden und je sorgfältiger sie hergestellt sind, desto abwechslungsreichere und schärfere Bilder zeigen sich. So ist das Kaleidoskop ein Sinnbild ständig wechselnder Eindrücke.

Mit den Texten dieses Bandes blicken wir zurück auf ertragreiche Jahre und bieten nun Ergebnisse, die einen ungeheuren Perspektivreichtum auf den Diakonat wiederspiegeln. Auch der Diakonat zeigt sich in kontinuierlicher Veränderung begriffen, aus verschiedenen Perspektiven immer wieder anders einzuschätzen, in unterschiedlichen Formen und Qualitäten kaum berechenbar und doch immer wieder interessant und inspirierend für die Kirche der Zukunft.

Was im Kaleidoskop die Glasplättchen sind, ist hier das Projekt „Diakonat – neu gedacht, neu gelebt“, wie es von der Evangelischen Landeskirche Württemberg in den Jahren 2008 bis 2013 durchgeführt und von der Evangelischen Hochschule Ludwigsburg in Zusammenarbeit mit dem Diakoniewissenschaftlichen Institut in Heidelberg evaluiert wurde. Dieses Projekt wird nach allen Seiten gedreht und gewendet, seine Vorgeschichte wird in Erinnerung gerufen und erste kirchenpolitische Folgerungen werden sichtbar gemacht. So werden die Blicke auf Licht und Schatten in Konzeption und Durchführung des Gesamtprojekts und seiner 15 Teilprojekte gelenkt. In verschiedenen Färbungen werden auf diese Weise aktuelle Themenstellungen des Diakonats sowohl aus theologischer als auch aus sozialwissenschaftlicher Perspektive reflektiert und es gelingt eine erste Einordnung der Evaluationsergebnisse in die aktuellen kommunikations- und kirchentheoretischen Diskurse der Praktischen Theologie.

Die Rolle der Spiegel im Kaleidoskop übernehmen in diesem Band die verschiedenen Autorinnen und Autoren, die selbst in ganz unterschiedlichen Rollen direkt und indirekt am Diakonatsprojekt beteiligt waren oder es von außen aufmerksam beobachtet haben. Sie sorgen dafür, dass die Vielfalt der Perspektiven auf das Projekt „Diakonat – neu gedacht, neu gelebt“, von der kirchlich-diakonischen Basis bis zur Kirchenleitung hier gleichermaßen zu Wort kommt. Ihnen verdankt dieser Band methodisch fundierte Analysen und sorgfältige Reflexionen ebenso wie emphatische Plädoyers für den Diakonat und dessen grundlegende Bedeutung im Zusammenspiel der kirchlich-diakonischen Ämter und Berufe.

Eine große Vielfalt der Perspektiven, Farben und Formen braucht nicht nur in einem Kaleidoskop einen ordnenden Rahmen und eine fokussierende Linse. Im

Buch ist es die Abfolge der einzelnen Kapitel, die den Formenreichtum der einzelnen Artikel in einem durchlaufenden Spannungsbogen bündelt. Er ist es, der die Leserinnen und Leser vom (Kapitel I) Rückblick auf Vorgeschichte und Konzeption des Projekts „Diakonat – neu gedacht, neu gelebt" über (Kapitel II) vertiefte Analysen des Diakonischen in theologischer, anthropologischer und professioneller Perspektive leitet, ihren Blick (Kapitel III) auf die Kirche, ihr eines Amt in den verschiedenen Ämtern lenkt und sie (Kapitel IV) durch Überlegungen zum diakonischen Handeln in gesellschaftlichen Veränderungsprozessen führt um ihnen (Kapitel V) am Ende noch einmal den Blick auf die Erträge des Projekts und die darin sichtbar gewordenen Aufgabenstellungen für das diakonische Selbstverständnis der Kirche zu eröffnen.
Ein Kaleidoskop mag den einen stundenlang faszinieren, während die andere sich nur hin und wieder einen kürzeren Moment des Innehaltens beim Blick auf das wundervolle Spiel aus Licht, Farben und Formen gönnt. Beide aber werden sich immerzu auf die Überraschungen einlassen müssen, die das Kaleidoskop mit jedem neuen Bild bereithält. Der nun folgende Überblick über die einzelnen Artikel dieses Bandes aber erlaubt seinen Leserinnen und Lesern eine gezielte Auswahl derjenigen Texte, die zu den eigenen Leseerwartungen passen.

Werner Baur eröffnet das erste Kapitel und damit den Blick auf Geschichte und Konzeption des landeskirchlichen Projekts „Diakonat – neu gedacht, neu gelebt" mit Gedanken über den Zusammenhang zwischen dem Gottvertrauen der Kirche und ihren Möglichkeiten sich auf neue, diakonische und teilhabeorientierte Entwicklungen einzulassen. *Dieter Hödl* nimmt in seinem Bericht über die lange Vorgeschichte des Projekts diesen Faden auf und zeigt, wohin der lange Atem der diakonischen Berufung führen kann, wenn sie von Generation zu Generation weitergegeben und immer wieder neu interpretiert und gestaltet wird. Einen Perspektivenwechsel nimmt dann *Claudia Schulz* vor, deren Beitrag eine Einladung zur Weiterentwicklung vorhandener Wissensbestände über Diakonie und Diakonat auf empirischer Grundlage ausspricht und darin die Herausforderungen durch die verschiedenen Logiken eines kirchlich-diakonischen Praxisprojekts nicht nur herausarbeitet, sondern auch theologisch reflektiert. *Annette Noller* nimmt in ihrem das erste Kapitel beschließenden Artikel vor allem theologisch-hermeneutische Fragestellungen auf und stellt deren Bearbeitung im Verlauf der Projektevaluation sowohl anhand empirischen Materials als auch auf der Basis kirchentheoretischer Überlegungen dar.

Zu Beginn des zweiten Kapitels führt *Christian Grethlein* in grundlegende Überlegungen zur Kommunikation des Evangeliums im Modus des „Helfens zum Leben" hinein. Er nähert sich der Dimension des Diakonischen zunächst historisch-systematisch, um dann für die Gegenwart auch die dazugehörigen kirchen- und ämtertheoretischen Perspektiven zu eröffnen und praktische Konkretionen anzudeuten. In Anschluss daran entwickelt *Ellen Eidt* ein dreigliedriges Diakonieverständnis. Mit dessen Hilfe bietet sie auf der Basis des in der Praxis zu beobachtenden Spannungsfelds zwischen den vier Pfeilern soziale Hilfe, missionarische Verkündigung, Barmherzigkeit und Teilhabeorientierung einen Beitrag zur Beantwortung der Gretchenfrage des Diakonatsprojekts nach einer Definition des Diakonischen. Diese Fragerichtung verfolgt auch der Beitrag von *Claudia Schulz.* Sie begibt sich auf die Suche nach der diakonischen Dimension im Professions- und Amtsverständnis von Diakoninnen und Diakonen und arbeitet deren Konstruktionen in ihrer Fragilität und im Kontext der Herausforderungen der reflexiven Moderne heraus. Auch die von *Ellen Eidt* vorgestellte Interpretation einer Befragung von Kirchenbezirkssynodalen verweist bei der Frage nach Berufsbildern und nach der Profilierung kirchlich-diakonischen Engagements auf vergleichbare Unsicherheiten und noch fehlende strategische Klarheit im Hinblick auf die Operationalisierung des diakonischen Auftrags der Kirche. *Annette Noller* nimmt am Ende des Kapitels weitere Herausforderungen in den Blick: Ausgehend von Analysen diakonischer Projektarbeit anhand der Norm der doppelten Qualifikation gelangt sie zu einer Beschreibung von Studieninhalten, die die spätere diakonische Praxis prägen sollen und zeigt – basierend auf den Vernetzungserfahrungen in verschiedenen Teilprojekten – Konsequenzen für die Weiterentwicklung von diakonischen Dienstaufträgen auf.

Während der methodische Schwerpunkt des zweiten Kapitels in der wissenschaftlichen Analyse und Interpretation empirischen Datenmaterials liegt, widmet sich das dritte Kapitel der kirchen-, amts- und ämtertheoretischen Einordnung der Evaluationsergebnisse aus dem Projekt „Diakonat – neu gedacht, neu gelebt". *Eberhard Hauschildt* bietet in seinem Beitrag eine „Relektüre" im Sinne einer Sekundäranalyse der ihm vorliegenden Analysen, Interpretationen und Ergebnisse[1] aus der Perspektive, der von ihm entworfenen Hybridtheorie der Kirche an. Er eröffnet damit neue Verständnishorizonte für die bleibenden Herausforderungen im Blick auf die Berufe im Diakonat. Auch *Frank Zeeb* widmet sich der Darstellung längst bekannter Diskurslinien zur Ämterfrage und führt diese zu einer für die Evangelische Landeskirche in Württemberg neuen Konklusion, die er bis hin zu agendarischen Konkretionen expliziert. *Dorothee Gabler und Dieter Hödl* entfalten im Anschluss daran die ganze Breite der parallel laufenden synodalen Prozesse in der Evangelischen Landeskirche in Württemberg. An ihren Ausführungen wird die Komplexität der Zusammenhänge deutlich, die sich auftun, wenn ein theologischer Paradigmenwechsel in der Ämterfrage praktisch umgesetzt werden soll. Mit dem das Kapitel beschließenden Beitrag von *Annette Noller* wird der große Bogen der kirchlich-theologischen Ämterdiskussion wieder zurückgeführt zu seinem Ausgangspunkt im Projekt „Diakonat – neu gedacht, neu gelebt" und damit zu Geschichte und Systematik der Ämterfrage, wie sie sich speziell für das diakonische Amt darstellt. Zugleich führt sie diesen Diskurs bis hinein in die aktuellen Fragen der Gemeinwesen- und Sozialraumorientierung und die darin notwendige öffentliche Sichtbarkeit des Diakonenamtes.

Aktuelle Herausforderungen stehen dann auch im Mittelpunkt des vierten Kapitels, in dem die konzeptionellen Ansätze der Projektanträge als Reflexionen der kirchlich-diakonischen Basis auf gesellschaftliche Veränderungsprozesse

1 Vgl. Eidt, Ellen/Schulz, Claudia (2013): Evaluation im Diakonat. Sozialwissenschaftliche Vermessung diakonischer Praxis. Stuttgart.

verstanden werden. Die Analyse von *Ellen Eidt* beschäftigt sich mit den je spezifischen Gegebenheiten im großstädtischen und ländlichen Raum und leitet daraus grundlegende Merkposten für die strategische Steuerung ab. *Birgit Susanne Dinzinger* nimmt Fragen der Globalisierung und der Migrationsgesellschaft auf und entfaltet darauf bezogen vier Thesen zur Profilierung des Diakonats. *Joachim Rückle* widmet sich in seinem Beitrag den Herausforderungen des demographischen Wandels für Kirche und Diakonie. In sechs Schritten entfaltet er Grundprinzipien für die Bewältigung dieser Herausforderungen und beschreibt darin die spezifischen Aufgaben für Diakoninnen und Diakone.

Im fünften und letzten Kapitel bietet *Annette Noller* in ihrer Anthologie einen umfassenden Einblick in die Praxisreflektionen der zwanzig Diakoninnen und Diakone in den fünfzehn lokalen Teilprojekten und deren Erträge und *Heinz Schmidt* bündelt noch einmal Projekterkenntnisse für ein Plädoyer zur Stärkung des diakonischen Selbstverständnisses.

Im Anhang sind aktuelle Quellentexte zu finden, die einzelne Beiträge ergänzen und anderweitig nur schwer oder voraussichtlich nicht langfristig genug zugänglich sind.

Insgesamt verdankt sich dieser Band „Diakonat für die Kirche der Zukunft“ einer immer wieder spannungsvollen und im Ergebnis fruchtbaren Zusammenarbeit im Rahmen des Projekts „Diakonat – neu gedacht, neu gelebt“. In dem Spannungsfeld, das sich zwischen Wissenschaft und Praxis einerseits und Kirchenleitung und kirchlich-diakonischer Basis andererseits aufspannte, sind nicht nur Früchte gewachsen sondern auch Samen herangereift, die nun darauf warten, an anderen Orten Wurzeln zu schlagen. Durch alle Höhen und Tiefen des Entstehungs- und Reifungsprozesses haben Tanja Kaiser und Jonathan Kohlrausch diesen Band begleitet und am Ende für den letzten Schliff gesorgt. Allen Beteiligten gilt dafür unser Dank!

I. Geschichte und Konzeption

Werner Baur

„Diakonat – neu gedacht, neu gelebt“ – ein Projekt mit programmatischer Perspektive für Kirche

1. Neu denken – sich auf Veränderung einlassen

„Frag hundert Katholiken was das Wichtigste ist in der Kirche.
Sie werden antworten: Die Messe.
Frag hundert Katholiken was das Wichtigste ist in der Messe.
Sie werden antworten: Die Wandlung.
Sag hundert Katholiken, dass das Wichtigste in der Kirche die Wandlung ist.
Sie werden empört sein: Nein, alles soll bleiben wie es ist!“[1]

Was Lothar Zenetti als Katholik für seine Kirche sagt, ist uns Protestanten alles andere als fremd und gilt uns in gleicher Weise. Wäre es nicht schön, wenn Zukunft die Fortschreibung der Gegenwart oder noch besser der Vergangenheit, der guten alten Zeit wäre? Ein Großteil kirchlichen Bemühens ist das Bemühen um Sicherung und Absicherung bestehender Strukturen und häufig sind es unsere bestehenden Strukturen. Damit aber gestalten wir noch nicht zwingend Zukunft, auch nicht Kirche der Zukunft. Das Projekt „Diakonat – neu gedacht, neu gelebt“ unserer Landeskirche wollte mehr sein als ein Programm zur Absicherung des Diakonats oder der Zementierung berufsständischer Interessen im kirchlichen Kontext. Zumindest haben wir dies in Verlautbarungen immer wieder hervorgehoben. Der Projekttitel ist programmatisch gedacht und hat sich in seiner Programmatik „neu denken“ und „neu leben“ bestätigt. Das Projekt wurde zur Inspiration und Herausforderung. Mögen Erfahrungen und Erkenntnisse nicht in der Geschäftigkeit unseres Kirchenseins verblassen, sondern auch weiterhin Anregung bieten und Aufreger bleiben. Davon soll auf den kommenden Seiten die Rede sein.

---

1 Zenetti 2006: S. 27.

2. Den Diakonat als Gabe Gottes entdecken

Wenn man an Diakoninnen und Diakone denkt, denkt man in der Regel an den tätigen Dienst der Liebe. Warum „denken und leben“ und dann noch dieses „neu“? Soll der Diakonat oder gar die Kirche neu erfunden werden? Damit wäre ein völlig falscher und vermutlich auch zum Scheitern verurteilter Programmansatz gewählt. Wahrnehmen und entdecken, was Menschen bewegt und umtreibt, was sie berührt und bedrängt, erspüren und erfahren, wo sie nach Ermutigung und Unterstützung suchen, darum sollte es gehen. Wenn es um den Diakonat geht, geht es nicht in erster Linie um Strukturen der Kirche. Wenn es um den Diakonat geht, geht es um den Anderen, um das von Gott geliebte Du. Gottes Grammatik stellt unsere grammatikalischen Regeln auf den Kopf. Als erstes Personalpronomen kommt bei ihm nicht das „Ich“, sondern das „Du“. Am Du zum Ich werden, von außen nach innen wachsen, das ist auch eine für den Diakonat, die Kirche bedenkenswerte, von Martin Buber wunderbar beschriebene Bewegung des Werdens. Der Diakonat muss nicht neu erfunden oder konstruiert werden, sondern als Gottes Gabe und Aufgabe immer wieder neu entdeckt, buchstabiert und dekliniert werden. „Diakonat – neu gedacht, neu gelebt“ beginnt nicht mit dem Tätig-Werden, sondern dem Nach- und Neudenken. In Anlehnung an Hartmut von Hentig[2] bedeutet „neu denken“, „gerade nicht schon zu wissen, wie es zu sein hat“. „Neu denken“ beginnt damit, dass man Abstand bekommt, „einige Schritte zurücktritt und das Ganze ins Auge fasst, sehen lernt, was bedrängt oder“ – nicht minder gefährlich – „uns nicht mehr berührt“. Neu denken heißt, sich berühren lassen, auf Veränderung einlassen, zur Umkehr bereit sein. Der Apostel Paulus schrieb an die Christen in Rom „[...] ändert euch durch Erneuerung eures Sinnes“ (Röm. 12, 3). Nein, es soll eben nicht alles bleiben wie es ist – nicht bei uns Christen und nicht in der Kirche. Weil sich die Gesellschaft, das Leben der Menschen ändert, muss sich Kirche ändern. Als Kirche sind wir mit dem Evangelium gesandt in die Welt, gewiesen an Menschen in ihrer jeweiligen Zeit. Von ihnen her gilt es die Kommunikation des Evangeliums zu buchstabieren. Von ihnen und ihren Fragen und Lebensumständen her verstehen und „sagen“ lernen, was uns und ihnen, uns gemeinsam im und durch das Evangelium geschenkt ist. Das ist Aufgabe von Kirche heute und morgen.

3. Die Krise des Diakonats eine geistliche Problemanzeige?

Beim Diakonat geht es nicht nur um einen mehr oder weniger wichtigen Teil von Kirche, es geht um Kirche und ihren Auftrag. Es geht um Kirche und ihre Verheißung. Könnte es sein, dass die Krise des Diakonats in unseren Kirchen keine berufsständische, sondern eine geistliche Problemanzeige ist? Was und wie will eine „Kirche des Mangels“ – und als solche sehen und verstehen wir uns doch im Grunde seit Jahren – anderen etwas ab- oder weitergeben? Über alle Bemühun-

2 Vgl. Hentig 2003: S. 92.

gen um Risikominimierung kann man ganz vergessen zu leben – den Glauben, das Vertrauen in Gott, in seine Verheißung. Mit dem Psalmisten beten wir: „Der Herr ist mein Hirte, mir wird nichts mangeln.“ Dem Philosophen Immanuel Kant wird dazu ein tiefgründiges Bekenntnis in den Mund gelegt: „Alle Bücher, die ich gelesen habe, haben mir den Trost nicht gegeben, den mir dies Wort der Bibel gab.“[3] Diakonische Kirche beginnt nicht bei der Nächstenliebe. Allem diakonischen Handeln der Kirche geht das Empfangen, das Leben aus der Fülle des Glaubens, die Vergewisserung der Verheißungen Gottes für seine Kirche voraus – denn „er führt zum frischen Wasser. Er erquicket …!“ In diesem Sinn birgt das Diakonatsprojekt die Potenziale für das Ganze, die Entwicklung der Kirchen in sich.

4. Diakonische Kirche lebt aus der Gegenwart Gottes

Kirche ist kein Selbstzweck und nicht Ziel allen Glaubens: Kirche Jesu Christi ist Werkzeug Gottes in der Welt – gebraucht und getragen von Ihm. Daran wird er es nicht mangeln lassen. Er will, dass allen geholfen werde, Menschen Anteil haben am Leben und der unvergänglichen Hoffnung, die in Christus lebendig ist und bleibt. Diakonische Kirche lebt aus der Gegenwart Gottes. Wir als Kirche, ob hauptamtlich oder ehrenamtlich, ob ordiniert oder berufen oder „nur“ getauft, stellen mit unserem Tun Gottes Gegenwart nicht her. Wir bringen den dreieinigen Gott auch nicht in die Welt. Wir bezeugen seine Gegenwart mitten im Leben der Menschen, denn er ist längst da. Dem diakonischen Handeln, dem tätigen Dienst geht die Entdeckung der Zuwendung Gottes voraus, das Staunen über die Potenziale und Möglichkeiten, die er schenkt und in das Leben jedes einzelnen Menschen legt. Diakonisches Handeln setzt nicht bei der Mangelverwaltung an, lebt nicht vom Aufteilen, sondern von der Teilhabe am Leben.

5. Der Diakonat eröffnet Räume der Teilhabe am Leben

Veranstaltungen werden besucht. An ihnen kann ich teilnehmen. Teilen kann ich das, was ich habe. Anteil geben können wir an dem, was wir empfangen und was wir selbst zum Leben haben. Teilhabe ist mehr. Teilhabe ist immer Teilhabe am Leben selbst, ungeteilt und deshalb bereichernd. Teilhabe macht nicht arm, sondern reich. Eine wesentliche, beglückende und motivierende Erfahrung, die auch in den einzelnen Projekten von „Diakonat – neu gedacht, neu gelebt“ gemacht wurde. Darin liegt das Geheimnis der zweiten Projektdimension, dem „neu gelebt“. Der Diakonat ist mehr als das soziale Gewissen der Kirche. Der

---

3 Evangelisches Gesangbuch: S. 783 Nr. 408. Ein Textnachweis für dieses Immanuel Kant zugeschriebene Zitat konnte bisher – auch in Kants Briefen und bei seinen Briefpartnern – nicht erbracht werden. Vermutungen richten sich auf Collenbusch, Lavater, Jung-Stilling, aber auch Herder. Vgl. Frey 2002.

Diakonat umfasst mehr als Hilfeleistungen. Er ermöglicht Teilhabe. Diese Teilhabe geschieht nicht in geschlossenen Kirchenräumen, sondern mitten im Gemeinwesen unserer Dörfer und Städte. Mit diakonischem Handeln öffnen wir nicht nur Türen unserer Gemeindehäuser oder Jugendräume, sondern Räume der Teilhabe, der Teilhabe am Leben, am Reich Gottes – im Sozialraum, im Stadtteil, im Quartier. Darüber können Diakoninnen und Diakone Geschichten erzählen, Geschichten aus ihren Projekten – dem Trauerdiakonat, dem Dienst auf der Messe, dem Demenzprojekt, an der Schule, von der Wegbegleitung von Schülerinnen und Schülern. Nicht nur aufschlussreiche und wissenschaftlich ausgewertete Projektberichte haben sich ergeben. Geschichten des Glaubens haben sich zugetragen.

6. Partizipation verändert Kirche

Durch den Diakonat und kirchliche Präsenz im Sozialraum kann die Vitalität sozialräumlicher Bezüge und Beziehungen gestärkt werden. Solche Beziehungen sind für Menschen angesichts notwendiger Mobilität und hoher Individualität von Lebensentwürfen und nicht nur frei bestimmter Lebenssituationen wichtig. Fehlende Komplementarität von Individualität und Sozialität führt zu Instabilität. Über den Diakonat kann sich für Menschen Kirche auf Zeit am konkreten Ort erschließen, können sich Gemeinschaftserleben und Wegbegleitung in wichtigen oder besonders schwierigen Phasen des Lebens eröffnen und Möglichkeiten der Partizipation bieten.

Es mag eine Binsenweisheit sein, aber der Mensch ist nicht autonom. Menschsein heißt in Beziehung sein, zu sich selbst, zum anderen, zur Umwelt und nicht zuletzt zu Gott. In diesem Beziehungsgefüge bedarf es immer wieder der Orientierung. Orientierungshilfe für andere setzt voraus, selbst orientiert zu sein. Wo es zu einer Verhältnisbestimmung kommen soll, wenn Verhältnisse geklärt werden können, spielt Haltung eine wichtige Rolle. Dogmatisch korrekte und ekklesiologisch unverdächtige Positionierung von Kirche ist nicht hinreichend. Auf die Haltung kommt es an, in der wir Kirche sind und leben. Menschen haben ein feines Gespür dafür und können nach kürzester Zeit die unterschwellig mitschwingende Frage beantworten: „Meinst du dich oder meinst du mich?“ Ob Verkündigung, Seelsorge, Bildung oder diakonische Zuwendung, die Haltungsfrage ist mehr als eine Stilfrage. Diese Haltungsfrage ist im Gegensatz zu Stil- und Kulturfragen milieuunabhängig. Gleichwohl sind Stil- und Kulturfragen für gelingende partizipative Prozesse wichtig. Die Ernsthaftigkeit des Diakonats aller Gläubigen und die diakonische Zuwendung zu allen Menschen, auch denen, die sich nicht dem kirchlichen Milieu zuordnen, wird sich mit daran messen lassen müssen, ob wir Menschen mit ihrer Herkunft, ihrer Kultur, ihren Wertvorstellungen Raum geben. Nicht vorgefertigte Standardmodelle und Standardmethoden, sondern individuelle Koproduktionen werden erforderlich. Zugleich braucht diakonisches Handeln einen verlässlichen Rahmen! Ganz besonders deutlich wird die Notwendigkeit der strukturellen Verankerung von Diakoninnen und Diakonen dort, wo sie Aufgaben übernehmen, die nur im Zusammenhang mit einer konsequenten Sozialraumorientierung zu bewältigen und auf die bereits angedeutete vernetzte Zusammenarbeit angewiesen sind. Diakonisches Handeln braucht Freiräume und ausreichende Entscheidungskompetenz. Deshalb erfordern diakonische Netzwerke neben einer ausgeprägten Kommunikationsfähigkeit auch eindeutige Mandate für die kirchlichen Vertreterinnen und Vertreter.

Diakonische Kirche, ja Kirche braucht Räume, in denen etwas Neues wachsen kann. „Denn siehe, ich will ein Neues schaffen, jetzt wächst es auf, erkennt ihr's denn nicht? Ich mache einen Weg in der Wüste und Wasserströme in der Einöde“ (Jes. 43, 19). So gesehen sind Gestaltungsräume, Spielräume zur Erprobung, Teil des verheißungsvollen Programms Gottes mit seinem wandernden Gottesvolk, und Projektarbeit ist ein Einlassen auf das, was Gott selbst an Neuem schaffen will. Ertragreich und nicht nur erfolgreich, im-perfekt und nicht perfekt, das entlastet und bewahrt vor Überlastung. Probleme und Fehler geben die Chance zum Lernen. Ein solches Klima, eine solche diakonische Atmosphäre fällt auch in der Kirche nicht vom Himmel. Sie will bewusst gestaltet, eingeübt und mit Sorgfalt gepflegt werden.

7. Als Kirche können wir etwas wagen und ändern

Angesichts des gesellschaftlichen Wandels, der zunehmenden Individualisierung und Pluralisierung der Lebenswelten, der demographischen Veränderungen, der spürbaren Globalisierungsdynamik und der Verschärfung sozialer Risiken brauchen wir ein Bild von Kirche, die sich mit ihrer Botschaft der guten Nachricht den Herausforderungen gesellschaftlicher Wandlungsprozesse stellt. Lassen wir uns als Kirche von der Vision Gottes ergreifen. Begreifen wir Kirche nicht nur als Kirche mit einer Mission, sondern Kirche als Mission Gottes in unserer Zeit. Dabei sollten wir uns als protestantische Kirche, die ihren diakonischen Auftrag ernst nehmen will, gesagt sein lassen: „Wir sind es doch nicht, die da die Kirche erhalten könnten. Unsere Vorfahren sind es auch nicht gewesen. Unsere Nachkommen werden's auch nicht sein, sondern der ist's gewesen, ist's noch und wird's sein, der da sagt: ‚Ich bin bei euch alle Tage bis an der Welt Ende.‘“[4]

Gerade deshalb hat die Berufung für den Dienst in der Kirche, ob mit der Grundberufung der Taufe, als Berufung in den Diakonat oder der Ordination ins Pfarramt, eine hohe Bedeutung. Sie erinnert uns an unsere Abhängigkeit von Gott, an das Bezogen und Verwiesen sein an Jesus Christus, den Herrn der Kirche. Mit der Verlautbarung „Das geistliche Amt in evangelischer Perspektive“[5] haben sich Oberkirchenrat und Synode positioniert. Die Landeskirche beruft Diakoninnen und Diakone in den Dienst der Kirche und segnet sie für ihren Dienst in der Kirche und ihrer Diakonie ein. Der Diakonat hat mit seinem Auf-

4 WA 50; 476,31–35 zitiert nach Luther 1539: S. 229.

5 Evangelische Landessynode 2013: TOP 9 der Frühjahrstagung.

trag und seinen Aufgaben Anteil an dem einen Amt der Kirche (Kommunikation des Evangeliums). So wie wir alle Glieder am Leib Christi sind, ist der Diakonat nicht nur ein Teil von Kirche, sondern ein Glied am Leib Christi, zum Dienst begabt und berufen und durchdrungen von seinem Geist.

Das heißt aber nicht, dass es nichts zu tun gäbe. Im Gegenteil, die Erfahrungen aus und mit den Projekten aus „Diakonat – neu gedacht, neu gelebt" haben Fragen aufgeworfen und Aufgaben gestellt, die wir im neu eingerichteten „Zentrum Diakonat" der Landeskirche angehen wollen. So werden wir eine Personalstrukturübersicht über alle im landeskirchlichen Bereich angestellten Diakoninnen und Diakone erstellen, ein Personalentwicklungskonzept für Diakoninnen und Diakone sowie Modelle für flexibilisierte und zugleich verlässliche Anstellungsformen entwickeln. Mit zentralen und dezentralen Beschäftigungsverhältnissen und Beauftragungen werden wir experimentieren und ein Unterstützungssystem für Fördervereine erarbeiten. Selbstverständlich gehört die Weiterentwicklung der geistlich-theologischen Fortbildung für Diakoninnen und Diakone dazu. Vielleicht müssen wir aber auch verstärkt über solche Angebote für unsere Gemeinden und Gemeindeglieder nachdenken. Der diakonische Dienst ist ein Dienst der ganzen Gemeinde, denn er betrifft das Leben, die Teilhabe am Leben, am Leben der Gemeinde. Dieses Leben der Kirche und ihrer Gemeinden endet nicht an der Kirchen- oder Gemeindehaustür. Geistliches Leben, das sich im ganz alltäglichen Leben und Miteinander vollzieht – in der Familie, im Beruf, in den Gruppen der Gemeinde, im Stadtgebiet, dem evangelischen Kindergarten oder der Schulseelsorge, in der Quartiersarbeit der Diakoniestation – strahlt aus in das Gemeinwesen. Ein pointiertes, ermahnendes Wort von Lothar Zenetti habe ich an den Anfang meiner Ausführungen gestellt. Mit einem mutmachenden Bild von Zenetti will ich schließen.

„Die neue Hoffnung

Es ist nicht zu leugnen:
Was viele Jahrhunderte galt,
schwindet dahin. Der Glaube,
höre ich sagen, verdunstet.

Gewiss, die wohlverschlossene
Flasche könnte das Wasser
bewahren. Anders die offene
Schale: sie bietet es an.

Zugegeben, nach einiger Zeit
Findest du trocken die Schale,
das Wasser schwand. Aber merke:
die Luft ist jetzt feucht.

Wenn der Glaube verdunstet,
sprechen alle bekümmert von
einem Verlust. Und wer von
uns wollte dem widersprechen!

Und doch: einige wagen trotz
allem zu hoffen. Sie sagen:
Spürt ihr's noch nicht?
Glaube liegt in der Luft!"[6]

Literatur

Evangelische Landessynode in Württemberg (Hg.) (2013): Das geistliche Amt in evangelischer Perspektive. TOP 9 der Frühjahrstagung 2013. Stuttgart. Verfügbar unter: http://www.elk-wue.de/landeskirche/landessynode/archiv/dokumente/berichte-und-reden/2013/ (17.06.2014).

[Evangelisches Gesangbuch] Gesangbuchverlag Stuttgart (Hg.) (1996): Evangelisches Gesangbuch. Ausgabe für die Evangelische Landeskirche in Württemberg. Stuttgart.

Frey, Christopher (2002): Zwei falsch zugeschriebene Zitate. Verfügbar unter: http://www.ruhr-uni-bochum.de/e-th-eth/podiumsdisk2.html (17.06.20014).

Hentig, Hartmut von (2003): Die Schule neu denken. Weinheim.

Luther, Martin (1539): Wider die Antinomer 1539. In: Luther Deutsch. Die Werke Martin Luthers in neuer Auswahl für die Gegenwart. Bd. 4: Der Kampf um die reine Lehre. Hrsg. von Kurt Aland. 4. Aufl. Göttingen 1990. S. 224–231.

Zenetti, Lothar (2006): Sieben Farben hat das Licht. Ostfildern.

Zenetti, Lothar (2007): Leben liegt in der Luft. Worte der Hoffnung. Ostfildern.

6 Zenetti 2007: S. 116.

Dieter Hödl

Sisyphusarbeit für eine diakonische Vision?

Die lange Vorgeschichte des Projekts „Diakonat – neu gedacht, neu gelebt“

1. Die frühen Wurzeln

Auch im Rückblick ist es manchmal nicht einfach zu bestimmen, womit eigentlich die Vorgeschichte eines Projekts begonnen hat. Und doch ist zumindest die Suche nach den Wurzeln unverzichtbar, wenn das Erbe der Mütter und Väter nicht in Vergessenheit geraten soll und wenn immer wieder Menschen für den langen Atem motiviert werden sollen, den diakonisches Handeln, diakonische Projekte und erst recht Menschen im Diakonat nötig haben.

Genealogien beginnen sogar gerne mit göttlichen Geboten, wundersamen Ereignissen oder heiligen Orten. Geht man nur weit genug zurück in die Geschichte des Diakonats, so kann auch das Diakonatsprojekt der evangelischen Landeskirche in Württemberg mit all dem aufwarten. Schon in den prophetischen Überlieferungen der Bibel finden sich beeindruckende Plädoyers, die im Namen Gottes für gerechtes und soziales Handeln eintreten und die deuteronomistische Tradition hat bereits die besondere Situation von Migranten im Blick und fordert auch für sie menschenwürdige Lebensbedingungen. Spätestens aber die neutestamentlichen Heilungsgeschichten lassen keinen Zweifel daran zu, dass auch das leibliche Wohl der Menschen zu den Herzensangelegenheiten Gottes gehört, und der Bericht von der Berufung der ersten Diakone in der Jerusalemer Gemeinde[1] gilt vielen bis heute als die Ursprungsgeschichte des Diakonats. Doch bereits beim Nachzeichnen dieser diakonischen Linie durch die Jahrhunderte der biblischen Überlieferung wird eines deutlich: Weder diakonisches Handeln noch Barmherzigkeit und Gerechtigkeit für alle Menschen verstehen sich unter den Bedingungen dieser Welt von alleine, alle drei müssen immer wieder neu gelernt und organisiert werden.

Auch Gottfried Hammann zeichnet in seiner „Geschichte der christlichen Diakonie“[2] bis zur Reformation ein vergleichbares Bild: Immer wieder aufs Neue gibt es im Zentrum und am Rand der Kirche von der Nächstenliebe bewegte Einzelpersonen und kreative Bewegungen, die Wege zu den Schwachen und Ausgegrenzten finden und ihnen mit Tatkraft zur Seite stehen oder mit finanziellen Mitteln unter die Arme greifen. Wo die Probleme wachsen, wächst auch die Phantasie für Lösungen auf der Suche nach Gerechtigkeit und Teilhabe. Aber es zeigt sich zugleich, dass daraus auch innerhalb der christlichen Gemeinden

[1] Apg. 6.

[2] Vgl. Hammann 2003.

und Kirchen eine Konkurrenz um Bedeutung, Macht und materielle Mittel zwischen verschiedenen Interessengruppen erwächst. Beispielhaft zeigt Gottfried Hammann dies am Verhältnis von priesterlichem und diakonischem Amt.

Hammann geht davon aus, dass die größte Herausforderung des antiken Christentums vor dem Hintergrund der tiefen Kluft zwischen den sozialen Schichten darin bestand, „die radikale soziale Gleichstellung, die sich aus dem Evangelium ergab, zu leben“[3]. Die Verantwortung für diese umwälzende Aufgabe sieht er in die Hände der Diakoninnen und Diakone gelegt. „Das Diakonenamt hatte unter argwöhnischer Beobachtung des sozialen Umfeldes die Aufgabe, das Evangelium selbst in die Tat umzusetzen.“[4] Mit der Herausbildung der hierarchischen Ämterstruktur wurden jedoch spätestens im 3. Jahrhundert „der ordinierte Diakon [nur noch] als Verwalter der bischöflichen Finanzen“[5] eingesetzt. Nach und nach verschwand auch dieser Rest caritativer Verantwortung und das Diakonenamt wurde in der katholischen Kirche zu einer Durchgangsstufe in der Weihehierarchie. Diakonische Aufgaben wurden stattdessen von monastischen Bewegungen in und außerhalb der Klöster wahrgenommen. Adliges Mäzenatentum fand im Mittelalter auch in caritativen Stiftungen ein Betätigungsfeld. So rückte die diakonische Verantwortung aus dem Zentrum christlichen Engagements an den Rand der Kirche. Gleichzeitig spielte jedoch die Hochschätzung der Almosen in einer an den guten Werken orientierten Theologie eine wichtige Rolle.

Hier setzte die Reformation neue Akzente. Martin Luther betonte zwar mit allem Nachdruck, dass der Glaube allein selig mache, ließ aber zugleich keinen Zweifel daran, „dass ein Christenmensch nicht in sich selbst lebt, sondern in Christus und in seinem Nächsten, in Christus durch den Glauben, im Nächsten durch die Liebe; durch den Glauben fährt er über sich in Gott, aus Gott fährt er wieder unter sich durch die Liebe und bleibt doch immer in Gott und göttlicher Liebe“[6]. Dass Wort und Tat, Frömmigkeit und gute Werke untrennbar zusammengehören, war für ihn deshalb keine Frage und es war ihm auch wichtig, dass Christen in allen Berufen ihre Berufung erkennen. Diese Feststellung lässt auch für eine Kirche, die sich wie die Evangelische Landeskirche in Württemberg der lutherischen Bekenntnistradition verpflichtet weiß, keinen anderen Schluss zu, als dass Verkündigung und Diakonie damals wie heute unverzichtbar sind und untrennbar zusammengehören.[7]

Im 19. Jahrhundert war es dann der Pietismus, der – besonders in Württemberg – der sozialen Frage gegenüber besonders aufgeschlossen war und dessen Vertreterinnen und Vertreter in herausgehobener Weise diakonisch aktiv wurden.[8] Es entstand in den Kirchengemeinden und noch viel stärker in christlichen Gemeinschaften und neu gegründeten Vereinen eine lebendige Ehrenamtstradition im Sinne des Priestertums aller Gläubigen. Bereits 1820 gründete der im

3 Hammann 2003: S. 57.
4 Hammann 2003: S. 57.
5 Hammann 2003: S. 8.
6 WA 7, 38 zitiert nach Luther 1982 [1520]: S. 263.
7 Vgl. Hödl 2006: S. 192.
8 Vgl. Eidt 2011: S. 27–35; 79–83 u. 109–118.

württembergischen Wimsheim geborene und zur Basler Christentumsgesellschaft gehörende Christian Friedrich Spittler zusammen mit Christian Heinrich Zeller im badischen Beuggen das erste Rettungshaus in Deutschland.[9] 1840 folgte dann auf dem Basler Hausberg in der St. Chrischona Kirche die Gründung der ersten Bibelschule, um Handwerkergesellen im christlichen Glauben zu schulen.[10] Spätestens nach der 1876 erfolgten Gründung der Stiftung Karlshöhe in Ludwigsburg entwickelte sich – mit den Abgängern der dort ansässigen Diakonenschule – ein zweiter hauptamtlicher Dienst neben dem Pfarramt, in dem sich ausgebildete Vollzeitmitarbeiter der Verkündigung des Evangeliums in Wort und Tat in freien Werken und christlichen Gemeinschaften widmeten.[11]

Diese Entwicklung wurde vor allem von der „Südwestdeutschen Konferenz für Innere Mission" gefördert und bewegte sich gegenüber der verfassten Kirche stets zwischen Abgrenzung und Annäherung. Die Bewegung der Annäherung fand ihren ersten Ausdruck in der seit 1926 kirchlich anerkannten Gemeindehelferprüfung. Nach schwierigen Verhandlungen zwischen der Leitung der Karlshöhe Ludwigsburg und dem Evangelischen Oberkirchenrat in Stuttgart trat darüber hinaus am 1. Januar 1945 eine Verordnung in Kraft, mit der das Diakonenamt als solches für die Sozialdiakone in freien Werken ebenso kirchlich anerkannt wurde wie für die kirchlich angestellten Gemeindemitarbeiter.[12] Doch auch diese kirchliche Anerkennung galt bis 1971 nur für Männer. Die Diakonissen und Gemeindehelferinnen – und damit die große Gruppe der weiblichen Hauptamtlichen in Diakonie und Gemeinde – blieben ausgeschlossen.[13]

2. Württembergische Diakonatsgeschichte in der zweiten Hälfte des 20. Jahrhunderts

Anders als beim Pfarramt war jedoch mit der zum 1. Januar 1945 in Kraft getretenen Anerkennung des Diakonenamtes durch die Evangelische Landeskirche in Württemberg nie eine Anstellungsgarantie verbunden, sondern stets nur die Ausstellung einer Bescheinigung über die Anstellungsberechtigung. Dennoch war mit diesem Beschluss insofern ein Wendepunkt markiert, als die verfasste Kirche in Württemberg damit begonnen hat, ihre Verantwortung für die Hauptamtlichen im Diakonat wahrzunehmen und sich den damit verbundenen Fragen zu stellen. Aber erst am 29. Juni 1974 wurde dann auch das erste kirchliche Gesetz über die Berufung in das Amt des Diakons verabschiedet. Dieses Gesetz sollte zunächst nach Auffassung der württembergischen Landessynode bzw. des Stuttgarter Oberkirchenrates nur die Berufungsfragen regeln, weil man der Mei-

9 Zum Einfluss auf die Entwicklung in Württemberg vgl. Eidt 2011: S. 32–33.

10 Vgl. Winkler 2014.

11 Vgl. Zeilfelder-Löffler 1996.

12 Vgl. Zeilfelder-Löffler 1996: S. 15. Zuvor hatte es in der evangelischen Landeskirche in Württemberg nur zweite und dritte Pfarrstellen gegeben, deren Inhaber zum Teil als Diakone bezeichnet worden waren.

13 Vgl. Eidt 2011: S. 85–86.

nung war, dass wenig später ein umfangreiches Gesetz zur Regelung aller Fragen auf EKD-Ebene verabschiedet werden würde. Diese Erwartung wurde jedoch bis heute nicht erfüllt.[14]

Die Hoffnung auf eine baldige EKD-weite Regelung der Diakonatsfrage fand in den letzten 40 Jahren immer wieder neue Nahrung. Tatsächlich waren 1975 von der Diakonischen Konferenz der EKD die erwarteten „Leitlinien zum Diakonat" veröffentlicht worden. Sie hatten jedoch in den verschiedenen Gliedkirchen nur wenig Resonanz gefunden. Nachfolgend spielte dann der Diakonat als Teil des dreigliedrigen Amtes (Bischof, Presbyter, Diakon) in den Diskussionen der Kommission für Glauben und Kirchenverfassung des Ökumenischen Rates der Kirchen eine wichtige Rolle, die ihren Ausdruck in der Konvergenzerklärung zur „Taufe, Eucharistie und Amt" fand. In der am 28. November 1985 abgegebenen Stellungnahme der evangelischen Landessynode in Württemberg wird die Bedeutung des allgemeinen Priestertums und des daraus abgeleiteten ordinierten Amtes hervorgehoben.[15] Der Weg des dreifachen Amtes wird zwar anerkannt, ein sakramentaler Charakter des Amtes aber nachdrücklich abgelehnt und die Frage des Verhältnisses zwischen Pfarramt und Diakonenamt als eine zu klärende Frage markiert.

Etwa zur selben Zeit arbeitete in der evangelischen Landeskirche in Württemberg ein vom damaligen Landesbischof Hans von Kehler eingesetzter Arbeitskreis ebenfalls an den grundsätzlichen Fragen der Ämtertheologie, dessen Ergebnisse bezeichnenderweise nur unter der Überschrift „Zwischenbilanz" 1987 der Landessynode und dem Oberkirchenrat vorgelegt wurden. Dort wird festgehalten „dass eine Kirche des ‚allgemeinen Priestertums' erstens solcher Ämter bedarf, ‚die diese Dienste in einer auf Verlässlichkeit angelegten Weise *kontinuierlich* und in einer durch die Beauftragung bestätigten Weise *öffentlich* wahrnehmen'; dass sie zweitens solcher Personen bedarf, ‚die sich mit dem Zeugnis und Dienst der Kirche identifizieren, und mit deren Dienst und Zeugnis die Kirche sich ihrerseits identifiziert'; und dass sie drittens bestimmter Formen der Beauftragung bedarf, ‚durch die die Kirche – auch in der Öffentlichkeit – deutlich macht, worin die Besonderheit des jeweiligen und worin seine Teilhabe am gemeinsamen Auftrag der Kirche liegt'."[16] Zugleich wird in dieser Zwischenbilanz gefragt, „wie lange sich die Kirche angesichts der großen gesellschaftlichen Herausforderungen noch Reibungsverluste durch ungeklärte Ämterfragen leisten will".[17]

Diese offen gebliebene landeskirchliche Diskussion wurde in der 11. Evangelischen Landessynode im November 1990 mit einer förmlichen Anfrage zum aktuellen Stand des Diakonenrechts wieder aufgenommen.[18] Beantwortet wurde

---

[14] Vgl. Eidt 2011: S. 86.

[15] Vgl. Evangelische Landeskirche in Württemberg/Landessynode 1991: S. 295–299.

[16] Eidt 2011: S. 88 mit eingeschlossenen Zitaten aus dem unveröffentlichten Zwischenbericht. Die beiden hier kursiv gesetzten Begriffe stehen im Quellentext in Anführungszeichen.

[17] Eidt 2011: S. 88.

[18] Erstunterzeichner war der damalige Synodale und stellvertretende Präsident der Landessynode Dieter Hödl.

diese Anfrage von Frau Oberkirchenrätin Heidi Sörensen, die zentrale Herausforderungen benannte, für deren Bearbeitung sie noch mit einem längeren Zeitraum rechnete:

(1.) Die in der Evangelischen Landeskirche in Württemberg traditionelle Vielfalt der Berufe im Diakonat (Gemeindediakoninnen, Jugendreferenten, Sozialdiakoninnen, Religionspädagogen) und die darüber hinaus absehbare Notwendigkeit der Erweiterung dieses Berufsspektrums im Bereich der Pflege, Erwachsenenbildung und Elementarpädagogik erschweren in ihren Augen jede Form vereinheitlichender Regelungen. (2.) Angesichts des nach wie vor voranschreitenden Professionalisierungsprozesses in den Berufen des Diakonats sieht sie die Notwendigkeit, die notwendigen Ausbildungsabschlüsse als Zugangsvoraussetzungen zum Diakonat neu zu überdenken. (3.) Diese Problematik wird ihrer Ansicht nach zusätzlich verschärft durch die Vielzahl der verschiedenen Ausbildungsstätten und deren unterschiedliche Ausbildungsniveaus, die auch mit verschiedenen theologischen Profilen verbunden sind. (4.) Vor diesem Hintergrund geht sie von erheblichen Interessengegensätzen auf unterschiedlichen Ebenen aus, deren sorgfältige Bearbeitung viel Zeit benötige.[19]

Um diese Herausforderungen zu bewältigen wurde im Sommer 1991 von Landesbischof Theo Sorg eine Arbeitsgruppe eingesetzt. Im Jahr 1993 brachte diese Arbeitsgruppe eine erste Gesetzesvorlage in den synodalen Diskussionsprozess ein. Nach vielen Überarbeitungsschritten – zuletzt während der Herbsttagung – erfolgte am letzten Arbeitstag der 11. Landessynode die Verabschiedung des „Kirchlichen Gesetzes über die Rechtsverhältnisse der Diakoninnen und Diakone in der Evangelischen Landeskirche in Württemberg (Diakonen- und Diakoninnengesetz) vom 23. Oktober 1995“[20]. In diesem Gesetz wurden erstmals theologische Grundlagen, Auftrag, Ausbildungsfragen sowie Fragen der Berufung und Anstellung umfassend geregelt. Zentrale Aspekte waren die Aufnahme der theologischen Diakoniebegründung aus dem württembergischen Diakoniegesetz[21] in die Präambel des Diakonengesetzes, die Festschreibung einer doppelten – sozialberuflichen und theologischen – Qualifikation als Zugangsvoraussetzung für die Berufung in das diakonische Amt, die Unkündbarkeit von Diakoninnen und Diakonen nach einer zwei- bis dreijährigen Bewährungszeit in der beruflichen Praxis und die Regelanstellung innerhalb der verfassten Kirche auf der Ebene der Kirchenbezirke.

Auch innerhalb der EKD wurde die Diakonatsdiskussion fortgesetzt und im Sommer 1996 legte die Theologische Kammer zusammen mit dem Diakonischen Werk der EKD ein Gutachten unter dem Titel „Der evangelische Diakonat als

---

19 Vgl. Evangelische Landeskirche/Landessynode 1997: S 331.

20 Frisch 2008: Kirchliches Gesetz über die Rechtsverhältnisse der Diakoninnen und Diakone.

21 „Diakonie ist gelebter Glaube der christlichen Gemeinde in Wort und Tat. Der Glaube antwortet auf die Verkündigung des Evangeliums; er erwächst aus der Liebe Gottes, die in Jesus Christus allen Menschen zugewandt ist. Alle Glieder der Gemeinde sind darum zur Diakonie gerufen.“ (Frisch 2008: Kirchliches Gesetz über die diakonische Arbeit in der Landeskirche). Im Diakonengesetz wurde diese Präambelformulierung im Oktober 2013 geändert.

geordnetes Amt der Kirche“[22] vor. Auch dort folgt die theologische Diakoniebegründung der lutherischen Grundfigur. Diese geht davon aus, dass der Glaube aus der Verkündigung des Evangeliums erwächst und auch die Kirche ihren Existenzgrund im Evangelium findet, während der Liebesdienst am Nächsten als vornehmste Lebensäußerung des Glaubens und der Kirche interpretiert wird.[23] Seine aktuelle inhaltliche Bestimmung erfährt der Diakonat in diesem Text der EKD von den aktuellen gesellschaftlichen Herausforderungen her, die Untrennbarkeit von Wort und Tat wird betont und dennoch darauf insistiert, dass Wortverkündigung und Sakramentsverwaltung nicht zum genuinen Dienst der Diakoninnen und Diakone gehören.

Aus der Diskussion dieses Entwurfes erwächst der Auftrag an den Rat der EKD, im Zusammenwirken mit dem Diakonischen Werk eine Richtlinie für den Diakonat als geordnetes Amt zu entwickeln, die dann den verschiedenen Landeskirchen zur Umsetzung empfohlen werden sollte. Nachdem 1998 ein erster Entwurf für eine einheitliche Gestaltung des Diakonats innerhalb der EKD keine Zustimmung in den zuständigen Gremien gefunden hatte, wurde 2002 ein zweiter Entwurf verabschiedet.[24] Die theologische Begründung des Diakonats liegt in diesem Papier näher an reformierten Denkformen. Heil und Wohl des Menschen werden in einem engen Zusammenhang gesehen und die christliche Liebestätigkeit als Gottesdienst im Alltag der Welt verstanden.[25] Der auf diesem Entwurf basierende und von der EKD in Auftrag gegebene Abstimmungsprozess zwischen den verschiedenen Gliedkirchen ist bis heute nicht offiziell zu Ende gebracht worden.

Aktuell werden die Ergebnisse einer vom Rat der EKD eingesetzten Ad-hoc-Kommission erwartet, die „an der Entwicklung einer Systematik für die Beschreibung und Anerkennung gemeindepädagogischer und diakonischer Berufs-, Aus- und Weiterbildungsprofile [arbeitet], die gesamtkirchlich anschlussfähig ist und sich an europäischen bzw. bundesdeutschen Standards (EQR/DQR) orientiert“[26]. Auf diesem Weg soll zumindest die wechselseitige Anerkennung von Ausbildungsabschlüssen in den verschiedenen EKD-Gliedkirchen erreicht und damit auch der wachsenden Mobilität von kirchlichen Hauptamtlichen Rechnung getragen werden.

3. Projekterfahrungen im württembergischen Diakonat seit der Jahrtausendwende

Zur Weiterentwicklung des Diakonats in der Evangelischen Landeskirche in Württemberg trugen nach dem Inkrafttreten des Diakonengesetzes zu Beginn

22 Vgl. Kirchenamt der EKD 1996.

23 Vgl. Kirchenamt der EKD 1996: S. 7 und Eidt 2011: S. 95.

24 Unter dem Titel: „Entwurf des Diakonischen Werkes der EKD e. V.: Richtlinie für den Diakonat als geordnetes Amt der Kirche.“ Vgl. Diakonisches Werk der EKD 2002.

25 Vgl. die Zusammenfassung dazu bei Eidt 2011: S. 96–97.

26 Spenn 2012.

des Jahres 1997 vor allem zwei Projekte bei, die im Zusammenhang des Kirchenentwicklungsprojektes „Notwendiger Wandel“[27] durchgeführt und ausgewertet wurden. Die in diesem Zusammenhang gesammelten Erfahrungen flossen in die Entwicklung des Projekts „Diakonat – neu gedacht, neu gelebt“ ein und trugen wesentlich zu den darin verfolgten Fragestellungen und Zielsetzungen bei.

Das erste Projekt unter der Überschrift „Diakonisches Handeln in Kirchengemeinde und Kirchenbezirk“ bemühte sich vor allem um die Umsetzung dessen, was in den Präambeln des Diakoniegesetzes und des Diakonengesetzes von 1995 gleichlautend formuliert war: „Diakonie ist gelebter Glaube der christlichen Gemeinde in Wort und Tat. Der Glaube antwortet auf die Verkündigung des Evangeliums; er erwächst aus der Liebe Gottes, die in Jesus Christus allen Menschen zugewandt ist. Alle Glieder der Gemeinde sind darum zur Diakonie berufen.“[28] Dabei lag der Akzent auf dem letzten Satz und deshalb verfolgte dieses Projekt das Ziel der Stärkung der Diakonie der Gemeinden, wobei zugleich die Zusammenarbeit zwischen den Diakonischen Bezirksstellen, den Diakonischen Einrichtungen und den Einzelgemeinden intensiviert werden sollte. Unter sechs Bewerbungen wurden für dieses landeskirchliche Projekt zwei Kirchenbezirke und ein aus drei Kirchenbezirken bestehender Kreisdiakonieverband mit sehr unterschiedlichen Ausgangssituationen ausgewählt und von der Projektentwicklung bis zur Projektauswertung von der Projektgeschäftsstelle im Kloster Denkendorf und dem dort zu 50 % angestellten Diakon Joachim Bauer begleitet.[29]

Innerhalb der Projektlaufzeit von zwei Jahren gelangen in den beiden Kirchenbezirken und im ebenfalls beteiligten Kreisdiakonieverband vor allem eine Bestandsaufnahme der diakonischen Arbeit und eine vertiefte Beobachtung des Zusammenwirkens von Haupt- und Ehrenamtlichen. Im Kirchenbezirk Herrenberg konnte die Arbeit von Besuchsdiensten und Diakoniebeauftragten nach Einschätzung der Projektverantwortlichen konzeptionell verbessert und nachhaltiger begleitet werden.[30] Die Gesamtkonzeption für den Gemeindediakonat im Kirchenbezirk Tübingen wurde aufbauend auf den Erkenntnissen der Projektphase neu gestaltet.[31] Die Entwicklungen in dem großen Kreisdiakonieverband Reutlingen-Bad Urach-Münsingen spielten sich in den Augen der unterschiedlichen Projektverantwortlichen eher auf der Ebene der Sensibilisierung der Hauptamtlichen für gemeindediakonische Themen und Fragestellungen ab. Der Prozess der Projektentwicklung benötigte dort mehr Zeit als in den überschaubareren Strukturen einzelner Kirchenbezirke.[32] Die Einschätzung, dass eine Projektlaufzeit von zwei Jahren keine nachhaltigen Strukturveränderungen bewirken kann, teilten jedoch alle Beteiligten des Gesamtprojektes und diese Wahrneh-

27 Vgl. Evangelisches Bildungszentrum 2014. Laufzeit des Gesamtprojekts 1993–2003.

28 Steuerungsgruppe Prozess „Notwendiger Wandel“ 2006: S. 6, S. 30 und S. 34.

29 Vgl. Steuerungsgruppe Prozess „Notwendiger Wandel“ 2006: S. 7–8 und S. 30–33.

30 Vgl. Steuerungsgruppe Prozess „Notwendiger Wandel“ 2006: S. 10–11.

31 Vgl. Steuerungsgruppe Prozess „Notwendiger Wandel“ 2006: S. 15–16.

32 Vgl. Steuerungsgruppe Prozess „Notwendiger Wandel“ 2006: S. 7–8 und S. 30–33.

mung führte zu der Empfehlung, auf diesen Aspekt bei zukünftigen Projekten schon zu Beginn mehr Aufmerksamkeit zu richten.[33]

Die weithin beobachteten Schwierigkeiten und Stolpersteine bei der Sensibilisierung von Gemeinden für diakonische Themen und Aufgaben führte die Projektverantwortlichen zu der Annahme, dass vor allem eine stärkere Berücksichtigung der geistlichen Dimension diakonischer Verantwortung hierzu von Nöten wäre.[34] Indirekt spiegelt sich diese Problematik in den dahingehend akzentuierten Zielsetzungen des späteren Projekts „Diakonat – neu gedacht, neu gelebt“[35], findet aber in der Projektevaluation andere Wirkmechanismen als mögliche Begründungen für diese sich wiederholende Beobachtung.[36] Eine weitere – aus den Erfahrungen dieses Projektes abgeleitete – Empfehlung für zukünftige Projekte richtete sich auf die Notwendigkeit vernetzenden Arbeitens für den Erfolg diakonischer Projektarbeit. Gerade diese Idee wurde in der Projektskizze für das Projekt „Diakonat – neu gedacht, neu gelebt“ sehr intensiv berücksichtigt und später auch entsprechend ausgewertet.[37]

Im weiteren Projekt mit dem Titel „Weiterentwicklung im Diakonat“[38] wurden in sieben Kirchenbezirken unterschiedliche Strukturmodelle für die Arbeit von Diakoninnen und Diakonen verschiedener Berufsgruppen erprobt. Vor allem die situationsgerechte Ausgestaltung der mit dem Diakonengesetz neu geregelten Regelanstellungsebene „Kirchenbezirk“ stand im Fokus der jeweiligen Teilprojekte. Zugleich wurden damit die im Projekt „Diakonisches Handeln in Kirchengemeinde und Kirchenbezirk“ festgestellten strukturellen Fragestellungen weiter bearbeitet. In Schwäbisch Gmünd wurde eine enge Anbindung der Diakoninnen und Diakone an die Diakonische Bezirksstelle in einem eigenen Fachbereich „Gemeinwesenorientierte Bezirksdiakonie“ und stets befristeter Projektarbeit in einzelnen Kirchengemeinden erprobt.[39] In Heidenheim schuf man einen neuen „Gemeindediakonatsausschuss“ als verantwortliches und begleitendes Gremium für die Diakoninnen und Diakone im Kirchenbezirk.[40] Leitende Gemeindediakone übernahmen in den Kirchenbezirken Tübingen, Ulm und Esslingen Personalverantwortung für alle Gemeindediakoninnen und Gemeindediakone im Kirchenbezirk.[41] Diese strukturellen Veränderungen bewirkten zugleich eine stärkere Ziel- und Konzeptorientierung für die Arbeit der Gemeindediakoninnen und -diakone. Auch für die Bewältigung der damit verbundenen Herausforderungen wurden Lösungen gesucht. So wurde etwa im Kirchenbezirk Esslingen

---

33 Vgl. Steuerungsgruppe Prozess „Notwendiger Wandel“ 2006: S. 25.

34 Vgl. Steuerungsgruppe Prozess „Notwendiger Wandel“ 2006: S. 24.

35 Vgl. dazu die Projektskizze im Anhang dieses Bandes.

36 Vgl. dazu Schulz 2013 (1) und (2) sowie Eidt 2013 (1) und Eidt (Profilierung der Berufsbilder) in diesem Band.

37 Vgl. Eidt 2013 (2) und Noller 2013.

38 Vgl. Steuerungsgruppe Prozess „Notwendiger Wandel“ 2004.

39 Vgl. Steuerungsgruppe Prozess „Notwendiger Wandel“ 2004: S. 6–8.

40 Vgl. Steuerungsgruppe Prozess „Notwendiger Wandel“ 2004: S. 9–10.

41 Vgl. Steuerungsgruppe Prozess „Notwendiger Wandel“ 2004: S. 13–15.

gründlich untersucht, wie sich gemeindepädagogische, gemeindediakonische und religionspädagogische Anteile auf die verschiedenen Dienstaufträge verteilen, um anschließend zukünftige Sollgrößen festzulegen und darauf aufbauend einen Gemeindediakonatsplan für den Kirchenbezirk zu entwickeln.[42]

In den Kirchenbezirken der Evangelischen Landeskirche in Württemberg gab es schon lange vor der Verabschiedung des Diakonengesetzes Bezirksjugendwerke, die – gemäß der sogenannten „Schwabenformel" – „selbständig im Auftrag" die Verantwortung für die kirchenbezirkliche Jugendarbeit trugen.[43] Zugleich gab es jedoch auch immer eine ganze Reihe von Einzelgemeinden, die ihren eigenen Jugendreferent oder ihre eigene Jugendreferentin beschäftigten. Darin lag und liegt – oft nur latent, manchmal auch offen zutage – Spannungspotenzial. Bezirksjugendwerke traf und trifft immer wieder der Verdacht oder Vorwurf, sie würden sich zu wenig für die Jugendarbeit der Einzelgemeinden einsetzen. Jugendreferentinnen und -referenten in den Einzelgemeinden leiden oft unter ihrem Dasein als Einzelkämpferinnen und -kämpfer und auch wenn dies nicht der Fall ist, haben sie – unter dem Aspekt der Qualitätssicherung für ihre Arbeit – in der Regel zu wenig fachliche Austauschmöglichkeiten. In den Kirchenbezirken Reutlingen[44] und Heilbronn[45] wurden die mit dieser Situation verbundenen Fragen mit unterschiedlichen Lösungsansätzen bearbeitet. Darüber hinaus wurde das neue Berufsbild des Seniorenreferenten / der Seniorenreferentin entwickelt[46] und eine Sichtung alternativer Finanzierungsmöglichkeiten für Diakonenenstellen durchgeführt.[47]

Auch der in diesem Projekt aus dem Portfolio des württembergischen Kirchenentwicklungsprojekts „Notwendiger Wandel" zentrale Gedanke der Strukturentwicklung für diakonisches Handeln und für den Diakonat wird später im Projekt „Diakonat – neu gedacht, neu gelebt" wieder aufgenommen. Dort findet er sich in einer besonders einprägsamen Zielformulierung wieder. Sie lautete: „Aufbau einer diakonischen Innenarchitektur in Kirchengemeinden und Kirchenbezirken"[48]. Insgesamt wird spätestens beim Blick auf die Erfahrungen aus den beiden hier vorgestellten Projekten deutlich, dass der evangelische Grundsatz des „semper reformanda"[49] nicht nur für die Kirche als Ganze, sondern auch für diakonisches Handeln und den Diakonat ernst zu nehmen ist. Deshalb muss, wer für die Diakonie unter den Bedingungen dieser Welt arbeitet, wohl einen langen Atem haben.

---

42 Vgl. Steuerungsgruppe Prozess „Notwendiger Wandel" 2004: S. 11–12.
43 Vgl. dazu: Evangelisches Jugendwerk 2004 und Frisch 2008: Ordnung der Evangelischen Jugendarbeit.
44 Vgl. Steuerungsgruppe Prozess „Notwendiger Wandel" 2004: S. 17–20.
45 Vgl. Steuerungsgruppe Prozess „Notwendiger Wandel" 2004: S. 23–49.
46 Vgl. Steuerungsgruppe Prozess „Notwendiger Wandel" 2004: S. 21–22.
47 Vgl. Steuerungsgruppe Prozess „Notwendiger Wandel" 2004: S. 16.
48 Vgl. Projektskizze im Anhang dieses Bandes.
49 Der vermutlich auf den reformierten niederländischen Theologen Jodocus van Lodenstein (1620–1677) zurückgeht. Vgl. Schmid 2012.

4. Die Frage nach der Verantwortung der Landeskirche für das diakonische Amt und die Diakoninnen und Diakone

Die Zielsetzungen in den verschiedenen regionalen und landeskirchlichen Teilprojekten waren in erster Linie auf die Stärkung und Strukturierung lokaler Verantwortung in kirchlich-diakonischen Handlungsfeldern ausgerichtet und hatten entsprechende Erfahrungen und Erkenntnisse hervorgebracht. Die Frage nach der diakonischen Gesamtverantwortung der evangelischen Landeskirche in Württemberg, nach ihrer Verantwortungsübernahme für den Diakonat als kirchliches Amt und die Diakoninnen und Diakone als kirchliche Hauptamtliche muss jedoch auf einer anderen Ebene bearbeitet und beantwortet werden. Ein Anlass dazu, diese Fragestellungen wieder neu aufzuwerfen, war der Rückblick auf ein Jahrzehnt der Gültigkeit des ersten umfassenden Diakonen- und Diakoninnengesetzes der Evangelischen Landeskirche in Württemberg. Sowohl das für die Diakoninnen und Diakone zuständige Personaldezernat im Evangelischen Oberkirchenrat in Stuttgart als auch die verschiedenen Interessengruppen im Diakonat (Diakonatsvertretung, Berufsgruppenvertretungen, Gemeinschaften im Diakonenamt) beschäftigten sich deshalb in der Vorbereitung auf das Jubiläum mit den grundlegenden ekklesiologischen und strukturellen Fragen des Diakonats.

In den Beratungsprozessen zwischen Personaldezernat und Kollegium des Oberkirchenrates kristallisierte sich im Jahr 2004 im Rückgriff auf syrische Kirchenordnungen des 5. Jahrhunderts ein neues Leitbild für den Diakonat heraus, das als Zielsetzung für die Berufung in den Diakonat wie folgt formuliert wurde: „Menschen zu berufen, die eine besondere Begabung und Ausstrahlung (Charisma) dafür haben, einen Spürsinn für Fragen der Gerechtigkeit in Gemeinde-Kirche-Gesellschaft zu entwickeln und die dafür notwendigen Räume der Barmherzigkeit zu suchen, zu öffnen bzw. mit anderen offen zu halten. Damit werden Diakonat und Diakonie wieder stärker zu einer sinnvollen Einheit. Diakon und Diakonin werden wieder zum ‚Auge der Kirche'[50], das die Nöte der Menschen sieht, zum ‚Ohr der Kirche'[51], das hört, wo Hilfe im Sinne von Gerechtigkeit notwendig ist."[52]

Die von diesem Leitbild ausgehende Faszination motivierte auch nach der Umstrukturierung des Oberkirchenrates und der daraus folgenden Beheimatung des Referats für den Diakonat im Bildungsdezernat die Verantwortlichen und Interessengruppen für die entsprechenden Weiterentwicklungsprozesse.

---

50 „Testamentum Domini" zitiert nach der Übersetzung von Fischer 1980: S. 266 (14).

51 In den „Constitutiones Apostolicae" (II, 44) findet sich die Formulierung „Überdieß soll der Diakon Ohr und Aug' und Mund und Herz und Seele des Bischofs sein". Vgl. Departement für Patristik und Kirchengeschichte (o. J.).

52 Insgesamt sind die Beratungsprozesse im Oberkirchenrat und in den synodalen Fachausschüssen nichtöffentlicher Natur und die Protokolle deshalb bis zum Ablauf der Sperrfrist auch nicht zitierfähig.

Die Überlegungen der Verantwortlichen und verschiedene Diskussionen in Fachausschüssen der Evangelischen Landessynode zu Themen des Diakonats mündeten in die Einbringung einer vorläufigen Projektskizze für das Projekt „Diakonat - neu gedacht, neu gelebt" mit einem Finanzvolumen von 7 Mio. € in das Kollegium des Oberkirchenrates. Dort wurde das Vorhaben grundsätzlich befürwortet und das damalige Dezernat 4 - zuständig für Pfarramt und Diakonat - wurde mit der Weiterentwicklung der Projektidee beauftragt. Eine neu zu bildende Projektgruppe sollte die Projektskizze anhand von Frage- und Aufgabenstellungen überarbeiten, die in den Diskussionen im Kollegium des Oberkirchenrates[53], in den verschiedenen Fachausschüssen und den kirchenpolitisch orientierten Gesprächskreisen der Evangelischen Landessynode Württemberg[54] herausgearbeitet wurden. Dabei bezogen sich die Anfragen an die Projektkonzeption auf ganz unterschiedliche thematische und strukturelle Herausforderungen.

Einerseits zeigte sich sehr deutlich eine breite und tiefgreifende Beunruhigung über die damalige Stellensituation der Mitarbeitenden im Diakonat und deren weitere Zukunft in Kirche, Diakonie und Gesellschaft. Diese Besorgnis motivierte die einen zum Nachdenken über die Frage, welchen Beitrag gerade die Mitarbeitenden im Diakonat für die Kirche der Zukunft leisten könnten. Andere dagegen vermuteten hinter der Projektidee vor allem eine versteckte landeskirchliche Stellensubvention für Kirchenbezirke und Diakonische Einrichtungen, die die Grundprinzipien der landeskichlichen Finanzverteilung unterlaufen würde. Deshalb wurde darauf gedrängt, dass der Projektcharakter und die Ausrichtung der Projektziele auf Perspektiven der Kirchenentwicklung geschärft werden sollten. Damit verband sich die Forderung nach einer Reduzierung des Finanzvolumens, die zugleich die Größe des Projekts auf ein überschaubares Maß reduzieren sollte. Der Ansatz der Mischfinanzierung der Projektstellen wurde jedoch beibehalten. Andererseits kristallisierten sich in den verschiedenen Diskussionen über das Projektvorhaben auch eine ganze Reihe theologischer und sozialwissenschaftlicher Fragestellungen heraus, die dazu führten, dass neben den praxisbezogenen Erprobungsaufträgen auch entsprechende Forschungsaufgaben für eine projektbezogene Begleitforschung formuliert wurden.

Seit 2006 wurden die Leiter/-innen der Diakonenausbildung der Evangelischen Hochschule Ludwigsburg (bis 2007 Prof. Dr. Rainer Merz/ ab 2007 Prof. Dr, Annette Noller) in die Entwicklung des Projekts beratend einbezogen. Am 31.10.2007 wurde das Projekt im Forschungsausschuss der Evangelischen Hochschule Ludwigsburg vorgestellt und die wissenschaftliche Begleitung und Unterstützung des Vorhabens beschlossen. Als externer Partner wurde von Seiten der Landeskirche das Diakoniewissenschaftliche Institut der Universität Heidelberg (Prof. Heinz Schmidt) mit der Evaluation des Projekts beauftragt.

---

53 Am 13. und 31. Oktober 2006.

54 Diakonieausschuss 3. Februar 2006 - 14. Juni 2006 / Theologischer Ausschuss 26. Juni 2006 / Bildung und Jugend 30. Juni 2006 / Finanzausschuss 7. Juli 2006 - 6. November 2006 - 20./21. April 2007.

In der Bestimmung der Praxis- und Forschungsfragen kristallisierten sich in den landeskirchlichen Gremien verschiedene Fragerichtungen heraus. So spielte etwa die Frage nach dem Verhältnis von Pfarramt und Diakonenamt eine zentrale Rolle, die vor allem im Hinblick auf einen zu erwartenden Mangel an Pfarrpersonen als eine zukünftig durchaus an Brisanz gewinnende Frage erschien. Daneben wurde auch die Polarität zwischen missionarischer und diakonischer Orientierung im Diakonat bzw. im Hinblick auf die Projektausschreibung diskutiert. In beiden Diskussionssträngen wurde sowohl auf die historischen Wurzeln der Berufe im Diakonat als auch auf die aktuellen gesellschaftlichen Herausforderungen verwiesen.

Den dritten Schwerpunkt der Kontroversen um das geplante Diakonatsprojekt bildete die Diskussion über die sehr offen formulierten Projektziele und die prozessorientierte Projektplanung. In diesem Zusammenhang wurden vor allem die Evaluierbarkeit des Projekts und damit zugleich die spätere Nutzbarkeit der Projektergebnisse in Frage gestellt.

Eine recht anschauliche Zusammenfassung der verschiedenen, meist nichtöffentlich geführten, Diskurse findet sich im öffentlichen Protokoll der Herbsttagung der Evangelischen Landessynode Württemberg im Jahr 2006.

Die Vorsitzende des Finanzausschusses, Dekanin Wiebke Wähling, erklärte dazu in der Haushaltssitzung der Landessynode 2006: „Nach weiterer, intensiver Beratung darüber, ob und ggf. in welcher Form der Finanzausschuss dem Projekt zustimmen könnte, wird einstimmig folgender Beschluss gefasst: Der Finanzausschuss sieht sich nicht in der Lage, dem Projekt ‚Diakonat – neu gedacht, neu gelebt' in der vorgelegten Form zuzustimmen. Er empfiehlt dem für den Diakonat zuständigen Referat, an der Profilierung des Diakonenstandes weiterzuarbeiten. [...] Das Projekt selbst ist zunächst beschlussreif zu definieren. Darum geht es uns. Dabei sollten die Anregungen der synodalen Ausschüsse sowie der Gesprächskreise aufgenommen werden und die Dekaninnen und Dekane einbezogen werden. [...] Des Weiteren sollten Überlegungen dazu einfließen, was der langfristig zu erwartende Rückgang an Pfarrstellen für den Diakonat bedeutet, und welche politischen Zielsetzungen vorgegeben werden. [...] Das Projekt und die Freigabe der dazu erforderlichen Mittel können zu gegebener Zeit über einen Nachtragshaushaltsplan beschlossen werden."[55]

Während der Haushaltsdebatte machte auch der Gesprächskreis „Lebendige Gemeinde" seine Position zum geplanten Diakonatsprojekt öffentlich. Die Synodale Inge Schneider erklärte dazu: „Ausdrücklich begrüßt der Gesprächskreis Lebendige Gemeinde, dass in einem Projekt neu über den Diakonat nachgedacht und der Diakonat neu profiliert werden soll. Neben der Fürsorge für das Pfarramt ist es dringend nötig, auch den Diakonat mit seinem Profil in den verschiedenen Handlungsfeldern neu in den Blick zu nehmen und zu fördern. Wir sind gerne bereit, dieses Projekt in einem Nachtrag zu genehmigen, wenn in der Ausschreibung deutlich wird, dass beide Wurzeln des Diakonats, also die Ver-

[55] Evangelische Landeskirche 2006: S. 1777.

kündigung in Wort und Tat, angemessen berücksichtigt werden: Mission als Glauben weckendes Ansprechen der Menschen und der Dienst der tätigen Nächstenliebe sollen als entscheidendes Auswahlkriterium für Projekte benannt werden."[56]

Auch in den Debatten während der Herbsttagung des Jahres 2006 konnten die Positionen der Gesprächskreise und der Fachausschüsse der Evangelischen Landessynode Württemberg noch nicht zu einem tragfähigen Kompromiss zusammengeführt werden. Deshalb wurden nachfolgend die Schuldekaninnen und Schuldekane (am 18. Januar 2007) sowie die Dekaninnen und Dekane (am 8. März 2007) über die aktuelle Debatte informiert und in den weiteren Beratungsprozess mit einbezogen. Die Projektskizze wurde daraufhin noch einmal überarbeitet und am 3. April 2007 vom Kollegium des Oberkirchenrates als Grundlage für den weiteren synodalen Meinungsbildungsprozess verabschiedet.[57]

Angesichts der festgefahrenen Situation in den landeskirchlichen Gremien beschäftigte sich ausnahmsweise der Ältestenrat der Evangelischen Landessynode Württemberg mit einem Projekt des Oberkirchenrates, das sich in der Genehmigungsphase befand. Der Ältestenrat forderte in seinem Beschluss vom 21. Mai 2007 die Fachausschüsse[58] der Evangelischen Landessynode Württemberg dazu auf, sich noch einmal mit dem überarbeiteten Projektantrag zu beschäftigen. Der erneute Weg durch die Ausschüsse führte dann letztlich zum Erfolg. Abschließend hat der Finanzausschuss am 29. Juni 2007 den Beschluss gefasst: „Für die Durchführung des Projekts wird ein Gesamtaufwand von 2,0 Mio. € festgelegt. Dies reicht aus, um das Projekt mit etwa der Hälfte der vorgesehenen Projektstellen zu beginnen und zu finanzieren. Nach Ablauf von zwei Jahren ist zu prüfen, welche Ergebnisse gewonnen werden und ob bzw. wo dieses noch durch weitere, dann konkret beschriebene Einzelprojekte ergänzt werden muss, um eine inhaltliche Verbesserung der Projektergebnisse zu erreichen. Für die ergänzenden Maßnahmen können dann auf Basis der genauen Projektbeschreibungen weitere Mittel beantragt werden."[59] Auf dieser Grundlage wurde es möglich, dass im Rahmen des Nachtragshaushaltes während der Herbsttagung der Evangelischen Landessynode Württemberg im Jahr 2007 die Mittel für das Projekt „Diakonat – neu gedacht, neu gelebt" doch noch freigegeben wurden.

Im Spätsommer 2007 setzte dann der Oberkirchenrat der Evangelischen Landeskirche in Württemberg eine Steuerungsgruppe für das Projekt „Diakonat – neu gedacht, neu gelebt" ein. Geleitet wurde dieses Gremium von Oberkirchenrat Werner Baur. Kirchenrat Helmut Dopffel vertrat das Referat „Werke und Dienste", Kirchenrat Dieter Hödl das Referat „Diakonat" des Evangelischen Oberkirchenrats. Diakonin Birgit Susanne Dinzinger gehörte als Vertreterin des

56 Evangelische Landeskirche 2006: S. 1784.

57 Vgl. Projektskizze im Anhang dieses Bandes.

58 Diakonieausschuss 13. Juni 2007 / Theologischer Ausschuss 21. Juni 2007 / Bildung und Jugend 29. Juni 2007 / Finanzausschuss 29. Juni 2007.

59 Zitat aus dem nicht veröffentlichten Sitzungsprotokoll.

Diakonischen Werks Württemberg e. V., Diakon Jürgen Kehrbeger als Vertreter des Evangelischen Jugendwerks Württemberg dem Gremium an. Außderm waren Diakonin Ute Schütz als Beauftrage für die Berufsgruppe der Gemeindediakoninnen und -diakone und Kirchenrätin SilviaTrautwein als Beauftragte für die Berufsgruppe der Religionspädagoginnen und -pädagogen Mitglied der Steuerungsgruppe. Diakonin Helga Benz-Roeder vertrat die Diakonatsvertretung der Landeskirche und Direktor Frieder Grau die Stiftung Karlshöhe. Die Vertretung der Evangelischen Fachhochschule Reutlingen-Ludwigsburg (später: Evangelische Hochschule Ludwigsburg) lag in den Händen der Professorinnen Dr. Annette Noller und Dr. Claudia Schulz. Die lokalen Anstellungsträger im Bereich der Kirche wurden vertreten durch Dekan Harald Klingler und Schuldekanin Birgit Sendler-Koschel. Als Vertreter der Diakonischen Einrichtungen fungierte Albert Ebinger. Die Diakonisch-Missionarischen Ausbildungsstätten vertrat Direktor Thomas Maier und die Evangelische Landessynode in Württemberg repräsentierte zunächst Roland Beck als Vorsitzender des Diakonieausschusses und später Diakon Martin Allmendinger als Vorsitzender des Sonderausschusses Diakonat. Zu Beginn beteiligte sich auch Diakonin Sabrina Braun als Vertreterin der Absolventinnen und Absolventen der Evangelischen Fachhochschule Reutlingen-Ludwigsburg an den Beratungen.

Am 28. Januar 2008 wurde der Flyer bzw. der Ausschreibungstext für das Projekt „Diakonat – neu gedacht, neu gelebt“ versandt. Die Stelle der Leitung der Projektgeschäftsstelle konnte zum 1. Februar 2008 mit Diakonin Ellen Eidt besetzt werden. Ein umfangreiches Projekt der Landeskirche, das sich zugleich auch als ein kirchliches Reformprojekt erweisen sollte, konnte beginnen!

Literatur

Departement für Patristik und Kirchengeschichte (o. J.): Bibliothek der Kirchenväter. Herausgegeben von Gregor Emmenegger u. a. Verfügbar unter: www.unifr.ch/bkv/kapitel3173-43.htm (06.07.2014).

Diakonische Konferenz des Diakonischen Werkes der EKD (Hg.) (1975): Leitlinien zum Diakonat und Empfehlungen zu einem Aktionsplan vom 9. April 1975. In: Diakonie. 1. Jg. S. 206–212.

Diakonisches Werk der Evangelischen Kirche in Deutschland (Hg.) (2002): Entwurf des Diakonischen Werkes der EKD e. V.: Richtlinie für den Diakonat als geordnetes Amt der Kirche. Berlin. Verfügbar unter: http://www.vedd.de/.cms/156 (05.07.2014).

Eidt, Ellen (2011): Der evangelische Diakonat. Entwicklungslinien in Kirche und Diakonie am Beispiel Württembergs. Stuttgart.

Eidt, Ellen (2013) (1): Ehrenamtliche in diakonischen Handlungsfeldern. Herausforderungen für das Ehrenamtsmanagement in Gemeinde- und Gemeinwesendiakonie. In: Eidt, Ellen/Schulz, Claudia (Hg.): Evaluation im Diakonat. Sozialwissenschaftliche Vermessung diakonischer Praxis. Stuttgart. S. 184–233.

Eidt, Ellen (2013) (2): Sozialkapital in diakonischen Netzwerken. Praxiskonzepte diakonischer Netzwerkarbeit und wie Diakoninnen und Diakone sie gestalten und deuten. In: Eidt, Ellen/Schulz, Claudia (Hg.): Evaluation im Diakonat. Sozialwissenschaftliche Vermessung diakonischer Praxis. Stuttgart. S. 319–348.

Evangelische Landeskirche in Württemberg/Landessynode (Hg.) (1991): Verhandlungen der 10. Evangelischen Landessynode (1984–1989) (Protokollband 10,1). Stuttgart.

Evangelische Landeskirche in Württemberg/Landessynode (Hg.) (1997): Verhandlungen der 11. Evangelischen Landessynode (1990–1995) (Protokollband 11,1). Stuttgart.

Evangelische Landeskirche Württemberg (Hg.) (2006): Protokoll der 42. Sitzung, 28.11.2006. Stuttgart. Verfügbar unter: http://www.elk-wue.de/landeskirche/landessynode/archiv/dokumente/protokolle/2006/ (22.08.2014).

Evangelisches Bildungszentrum (Hg.) (2014): Geschäftsstelle Notwendiger Wandel. Stuttgart. Verfügbar unter: http://www.gemeindeentwicklung-und-gottesdienst.de/cms/startseite/geschaeftsstelle-notwendiger-wandel/ (06.07.2014).

Evangelisches Jugendwerk e. V. (Hg.) (2004): Hauptamtlich in einem Werk „Selbständig im Auftrag“ vom Jugendreferentinnen- und Jugendreferentenausschuss (JRA) erstellt und am 13. Mai 2004 verabschiedet. Stuttgart. Verfügbar unter: http://www.ejwue.de/arbeitsbereiche/wup/hauptamtliche/hilfreiches/ (06.07.2014).

Fischer, Balthasar (1980): Dienst und Spiritualität des Diakons. In: Plöger, Josef G./Weber, Hermann J. (Hg.): Der Diakon. Wiederentdeckung und Erneuerung seines Dienstes. Freiburg. S. 264–269.

Frisch, Michael (Hg.) (2008): Das Recht der Evangelischen Landeskirche in Württemberg. Ergänzbare Rechtssammlung vom Juli 1996 (Stand: Juli 2014). Neuwied. Darin:

- Kirchliches Gesetz über die Rechtsverhältnisse der Diakoninnen und Diakone in der Evangelischen Landeskirche in Württemberg (Diakonen- und Diakoninnengesetz) vom 23. Oktober 1995. (Abl. 56 S. 520), geändert durch Kirchl. Gesetz vom 20. Juli 1999 (Abl. 59 S. 65), vom 28. März 2003 (Abl. 60 S. 263), vom 27. November 2012 (Abl. 65 S. 269, 278) und vom 22. Oktober 2013 (Abl. 66 S. 7) Verfügbar unter: http://www.kirchenrecht-wuerttemberg.de/showdocument/id/17945 (05.07.2014).
- Kirchliches Gesetz über die diakonische Arbeit in der Landeskirche (Diakoniegesetz) vom 26. November 1981 (Abl. 50 S. 415), geändert durch Kirchl. Gesetz vom 12. März 1992 (Abl. 55 S. 63) und vom 25. Oktober 2001 (Abl. 59 S. 407). Verfügbar unter: http://www.kirchenrecht-ekwue.de/showdocument/id/17216 (05.07.2014).
- Ordnung der evangelischen Jugendarbeit in Württemberg. Bekanntmachung des Oberkirchenrats vom 15. September 1998 (Abl. 58 S. 151). Verfügbar unter: http://www.kirchenrecht-ekwue.de/showdocument/id/17189 (06.07.2014).

Hammann, Gottfried (2003): Die Geschichte der christlichen Diakonie. Praktizierte Nächstenliebe von der Antike bis zur Reformationszeit. Göttingen.

Hödl, Dieter (2006): Gedankensplitter aus ökumenischer Sicht. Theorie und Praxis des Evangelischen Diakonats. In: Kießling, Klaus (Hg.): Ständige Diakone – Stellvertreter der Armen? Projekt Pro Diakonia: Prozess – Positionen – Perspektiven. Berlin. S. 190–208.

Kirchenamt der EKD (Hg.) (1996): Der evangelische Diakonat als geordnetes Amt der Kirche. Ein Beitrag der Kammer für Theologie der Evangelischen Kirche in Deutschland. Hannover. Verfügbar unter: https://www.yumpu.com/de/document/view/3869411/der-evangelische-diakonat-als-geordnetes-amt-der-kirche (05.07.2014).

Luther, Martin (1982 [1520]): Von der Freiheit eines Christenmenschen. 1520 (Manfred Jacobs). In: Bornkamm, Karin/Ebeling, Gerhard (Hg.): Martin Luther. Ausgewählte Schriften. Erster Band. Frankfurt. S. 238–263.

Noller, Annette (2013): Diakonat im Sozialraum. In: Eidt, Ellen/Schulz, Claudia (Hg.): Evaluation im Diakonat. Sozialwissenschaftliche Vermessung diakonischer Praxis. Stuttgart. S. 446–474.

Schmid, Peter (Hg.) (2012): Ecclesia semper reformanda. In: Landeskirchen-Forum. Verfügbar unter: http://www.landeskirchenforum.ch/semper-reformanda (06.07.2014).

Schulz, Claudia (2013) (1): Diakonisches Arbeiten „an den Rändern“. Über Anspruch und Wirklichkeit der Ausrichtung auf Zielgruppen und Milieus. In: Eidt, Ellen/Schulz, Claudia

(Hg.): Evaluation im Diakonat. Sozialwissenschaftliche Vermessung diakonischer Praxis. Stuttgart. S. 137–183.

Schulz, Claudia (2013) (2): Im Spannungsfeld Gemeindediakonie. Empirische Zugänge zur Vielfalt von Interessen und Optionen. In: Eidt, Ellen/Schulz, Claudia (Hg.): Evaluation im Diakonat. Sozialwissenschaftliche Vermessung diakonischer Praxis. Stuttgart. S. 349–375.

Spenn, Matthias (2012): Gemeindepädagogik. Fachtagung der EKD-Ad-hoc-Kommission für diakonische und gemeindepädagogische Berufsprofile. Fachtagung der EKD-Ad-hoc-Kommission für diakonische und gemeindepädagogische Berufsprofile. Herausgegeben vom Comenius-Institut. Evangelische Arbeitsstätte für Erziehungswissenschaft e. V. Münster. Verfügbar unter: http://www.comenius.de/themen/Gemeindepaedagogik/Fachtagung_EKD-Ad-hoc-Kommission_diakonische_gemeindepaedagogische_Berufsprofile_2012.php?bl=829 (06.07.2014).

Steuerungsgruppe Prozess „Notwendiger Wandel" (Hg.) (2004): Praxisimpuls 6. Notwendiger Wandel. Weiterentwicklung im Diakonat. Praxisbeispiele und Erprobungen in den Kirchenbezirken Heilbronn, Heidenheim, Schwäbisch Gmünd, Esslingen, Tübingen, Ulm und Reutlingen. Herausgegeben vom Evangelischen Medienhaus GmbH. Stuttgart. Verfügbar unter: http://www.gemeindeentwicklung-und-gottesdienst.de/cms/startseite/geschaeftsstelle-notwendiger-wandel/downloads/ (06.07.2014).

Steuerungsgruppe Prozess „Notwendiger Wandel" (Hg.) (2006): Praxisimpuls 8. Notwendiger Wandel. Diakonisches Handeln in Kirchengemeinde und Kirchenbezirk. Erfahrungen aus den Kirchenbezirken Bad Urach, Münsingen, Herrenberg, Reutlingen und Tübingen in der Förderung gemeindenaher Diakonie. Herausgegeben vom Evangelischen Medienhaus GmbH. Stuttgart. Verfügbar unter: http://www.gemeindeentwicklung-und-gottesdienst.de/cms/startseite/geschaeftsstelle-notwendiger-wandel/downloads/ (06.07.2014).

Winkler, René (Hg.) (2014): Geschichte der Chrischona International: Immer auf Gott vertraut! Basel. Verfügbar unter: http://chrischona.org/ueber-uns/geschichte-chrischona (05.07.2014).

Zeilfelder-Löffler, Monika (1996): Die Geschichte der „Evangelischen Brüder- und Kinderanstalt Karlshöhe" in Ludwigsburg. Von den Anfängen bis nach dem Ende des Zweiten Krieges (1876–1950) unter besonderer Berücksichtigung der Jahre der nationalsozialistischen Herrschaft. Heidelberg.

Claudia Schulz

Forschende Zugänge zu diakonischen Arbeitsfeldern und ihren theologischen Leitlinien

Konzeptionelle Grundlagen für Begleitforschung und Evaluation

Die empirische Wissenschaft ist eine bescheidene Wissenschaft. Sie ist bescheiden, weil sie zuvor Gewusstes in Frage stellt und seine Korrektur riskiert, weil sie bislang unbeantwortete Fragen markiert und zunächst darauf verzichtet, das theologisch oder kirchlich formulierte Sollen in den Mittelpunkt des Nachdenkens zu stellen. Damit ist eine empirische Annäherung zugleich immer ein anspruchsvolles Vorgehen: Sie lädt ein, gemeinsam Verhältnisse und Prozesse zu beobachten und Interpretationen des Beobachteten zu formulieren. Sie erträgt – ja befördert sogar – den offenen Diskurs, in dem andere von ganz anderen Positionen aus zu möglicherweise anderen Ergebnissen kommen. Sie besteht darauf, dass diese Vielzahl der Interpretationen Teil des Ergebnisses sind, und sie setzt sich der Notwendigkeit aus, diese Vielfalt so abzubilden, dass zugleich Lerneffekte deutlich markiert werden und Anschlussstellen für die weitere Diskussion offen bleiben.

Besonders bescheiden ist empirische Wissenschaft dort, wo sie inmitten vieler anderer Herangehensweisen an ein Thema agiert, so wie dies im Projekt „Diakonat – neu gedacht, neu gelebt" der Fall gewesen ist. Hier standen diverse Ziele der konkreten Konzeptions- und Praxisentwicklung im Vordergrund.[1] Die empirische Forschung war in der Rolle der „Begleitung" dieses Vorgehens. So war es Aufgabe von Begleitforschung und Evaluation, die betroffenen Arbeitsfelder, Gemeinden, Einrichtungen, diakonischen Berufsgruppen und die jeweiligen theologischen Einordnungen ebenso zu betrachten wie die Prozesse rund um die Entwicklung des Projekts und seiner Teilprojekte – ohne selbst zum Kern des Projekts zu werden. Die Ergebnisse dieser Forschung sind darum nicht „neue Wahrheiten", sondern Einladungen zur Verständigung über diakonische Arbeitsfelder und ihre theologische Reflexion auf einer höheren Ebene, auf dem Fundament der empirischen Sichtung der jeweiligen „Wirklichkeiten" und mit dem Ziel der Weiterentwicklung von Wissensbeständen, nicht der Beweise für die eine oder andere Erkenntnis.

Schließlich ist Bescheidenheit der empirischen Forschung dort gefragt, wo theologische Fragen und normative Setzungen für kirchliches Handeln, diakonische Arbeit oder den Diakonat im Mittelpunkt stehen. Weder darf aus der empirischen Analyse von „Gegebenheiten" auf die Plausibilität bestimmter theologischer Deutungen geschlossen werden, noch ist es zulässig, umgekehrt von theo-

[1] Dazu mehr und präziser in Abschnitt 1.

logischen Einsichten bewegt nach empirischem Material für das bereits Gewusste oder Geglaubte zu suchen. Erstens ist für alles mit der nötigen Anstrengung und der Wahl der geeigneten Methode ein Beleg aus der Empirie zu finden, zweitens entfaltet empirische Forschung ihre Kraft nur in einer Gewaltenteilung – und dann in der gelingenden Kooperation – zwischen Empirie und Theorie, hier: Theologie und v. a. ihrem Segment Diakoniewissenschaft. Die Erhebung und Interpretation empirischer Daten muss sich an klaren Zielstellungen orientieren und in einem geregelten Diskurs zwischen Interpretation und Theoriebildung bewegen, ohne dass das eine das andere ersetzt.[2] Was die jeweilige Datenerhebung und -auswertung leisten kann, hängt davon ab, auf welchem Niveau die einzelnen diesen Diskurs gestalten. Und schließlich dürfen die Ergebnisse ihrerseits in Frage gestellt werden und dieser Zweifel als neuer Diskursbeitrag gesehen werden. Ohne diesen Aufwand und ohne diese notwendigen Weitungen sind schlüssige Ergebnisse nicht zu erreichen.

Das Projekt „Diakonat – neu gedacht, neu gelebt“ ist mit einer auf diese Weise bescheidenen und zugleich anspruchsvollen Begleitforschung und Evaluation entwickelt worden. Der Nutzen der Ergebnisse muss sich darin erweisen, dass in der Breite Dialoge weitergeführt werden.[3] Dieser Beitrag soll dafür den Boden bereiten und den forschenden Zugang zu den Inhalten des Projekts überschaubar machen. Dafür stelle ich an dieser Stelle zunächst die Ziele im Projekt auf unterschiedlichen Ebenen kirchlichen Handelns und theologischer Reflexion dar (1.). Damit sind besondere Herausforderungen für die wissenschaftliche Begleit- und Evaluationsforschung und ihre Zielrichtung verbunden. Daraus erschließt sich ein Überblick über die konkreten Module und Schritte dieser Forschung (2.) und ein Überblick über das konkrete Vorgehen (3.). Ein Rückblick auf Gelingen und offene Fragen dieser Forschung im Allgemeinen runden die Darstellung ab (4.).

1. Ziele und Herausforderungen für die wissenschaftliche Begleitforschung

Zunächst galt es im Projekt ganz allgemein unter der Überschrift der „Neuprofilierung des Diakonenamtes“ mit Hilfe von „lokalen Erprobungsprojekten“ auf „Herausforderungen“ wie die „Alterung unserer Gesellschaft, die Globalisierung, die Zunahme sozialer Risiken und die damit einhergehende Verfestigung der Armut zu reagieren“[4]. Aus diesen Herausforderungen wurden die Ziele für das Projekt abgeleitet: Der „Diakonat als Amt der Kirche“ soll „diese Veränderungsprozesse zukünftig verantwortungsvoll mitgestalten“, dafür sollen „Chancen und

2 Vgl. Schulz 2013 (1).

3 Dieser Dialog wurde bereits rund um die Ergebnisse der Begleitforschung geführt und dokumentiert; vgl. Eidt/Schulz 2013 (1) und Noller/Eidt/Schmidt 2013.

4 Aus dem Flyer, mit dem die Evangelische Landeskirche in Württemberg im Jahr 2008 „Kirchenbezirke, Kirchengemeinden, landeskirchliche Werke und Einrichtungen, Diakonische Einrichtungen und weitere Träger“ zur Teilnahme am Projekt einlud. Evangelische Landeskirche in Württemberg (o. J.): Zitate dieses Abschnitts aus S. 2–3.

Perspektiven einer Kirche der Zukunft in Württemberg konkret erprobt und auf ihre Wirkungen hin evaluiert werden". Hierin verbergen sich Erwartungen auf verschiedenen Ebenen: erstens die Perspektive der fachlichen Entwicklung („zukünftige diakonische Herausforderungen erproben und erforschen"), zweitens die Perspektive einer theologisch fundierten Entwicklung kirchlicher Ämter („den Diakonat weiter entwickeln"), drittens die Perspektive der kirchlichen Organisationsentwicklung in „Kirchengemeinden, Kirchenbezirken, Diakonischen Einrichtungen und landeskirchlichen Werken und Einrichtungen") sowie viertens die Perspektive der Aus- und Fortbildung von Diakoninnen und Diakonen („herausfinden, welche Inhalte und Methoden für die Ausbildung in den Diakonat zukünftig vermittelt werden müssen").

Von dieser abstrakten Zielebene aus auf die Ebene der konkreten Arbeit in lokalen Erprobungsprojekten richtet sich das Projekt darauf, „den diakonischen Auftrag im Bewusstsein von Kirchengemeinden, Kirchenbezirken, Landeskirche und Diakonischen Einrichtungen stärker zu verankern; Konzepte eines diakonischen Gemeindeaufbaus zu entwickeln; die diakonisch-missionarische Präsenz im Alltag der Kirche zu stärken durch innovative Impulse in Kirchengemeinden und Kirchenbezirken sowie weiteren Trägern und Diakonischen Einrichtungen; exemplarisch die diakonische Innenarchitektur einer Kirchengemeinde und/oder eines Kirchenbezirks aufzubauen; diakonisch-missionarische Netzwerke zu schaffen (...); aktuelle und kommende Herausforderungen exemplarisch wahrzunehmen und zu bearbeiten und darin die diakonisch-missionarische Profilierung der Gemeinden und der Diakonischen Einrichtungen zu stärken"[5].

Aus dieser Sichtung der ursprünglichen Projektziele wird deutlich: In der hier unternommenen Begleit- und Evaluationsforschung geht es einerseits darum, ganz konkret das Gelingen in Einzelprojekten und mit Bezug auf einzelne Zukunftsthemen diakonischen Handelns in einer wissenschaftlich anspruchsvollen und inhaltlich verdichteten Form abzubilden, und zwar dergestalt, dass daraus weitere Handlungsoptionen entwickelt werden können. Zweitens geht es jedoch auch um Ergebnisse auf anderen Ebenen der Erkenntnis, beispielweise um eine Fundierung von Entscheidungen für die Ausbildung, eine theoretische Weiterentwicklung der Diakoniewissenschaft, vor allem dort, wo sie theologisch verantwortet und fachlich fundiert das soziale Handeln der Kirche begründet, oder um eine konzeptionelle Weiterentwicklung der inneren Struktur kirchlicher Arbeitsfelder.

Eine solche Forschung auf verschiedenen Ebenen der Erkenntnis lebt nicht nur von der Einbettung in aktuelle Fragestellungen und theoretische Diskurse, sondern braucht auch Bezugsgrößen und Vergleichsdaten. So war von Anfang an geplant, in Teilen auch eine empirische Erhebung der Situation des Diakonats zu leisten einschließlich einer dichten Beschreibung von aktuellen Problemlagen. Dies hat in vielen Bereichen die Reflexion vertieft und neue Spielräume für die Nutzung der Ergebnisse eröffnet.[6] In der Anlage des Projekts waren jedoch auch

---

5 Evangelische Landeskirche in Württemberg 2008: S. 5.

6 So sind in Band III und IV dieser Publikationsfolge Forschungsergebnisse dokumentiert, bei-

einige Vergleiche und Reflexionen nicht möglich: Wo momentan eine genaue Kenntnis über die tatsächliche Zahl von Diakoninnen und Diakonen der verschiedenen Berufsgruppen in der Landeskirche noch fehlt, ist in vieler Hinsicht nur eine vorsichtige Annäherung möglich.[7] Ebenso hat die Anlage des Projekts, in dem eine diakonische Qualifikation sowie eine Beauftragung im Diakonat die Einstellungsvoraussetzung in den lokalen Erprobungsprojekten waren, zur Folge, dass die spezifische Kompetenz von Diakoninnen und Diakonen sowie besondere Chancen dieses Amts ebenfalls nur näherungsweise erschlossen werden können: Weil ausschließlich Diakoninnen und Diakonen auf den Projektstellen tätig waren, können zwar in der Evaluation deren Tätigkeiten und ihre Erfolge dicht beschrieben werden. Eine Ableitung dessen, was als spezifisch diakonisch für das Handeln von Diakoninnen und Diakonen gelten kann, ist daraus aber ebenso wenig möglich wie Schlüsse auf den spezifischen Effekt des Einsatzes von Diakoninnen und Diakonen, für den es Vergleichsgruppen oder den Abgleich mit vergleichbaren Arbeitsfeldern außerhalb des Diakonats gebraucht hätte.

2. Begleitforschung und Evaluation: Überblick über das Vorhaben

Aufbauend auf die beschriebenen Ziele des Gesamtprojekts sind die drei Forschungsstränge der wissenschaftlichen Arbeit im Projekt entworfen: Es werden die Teilprojekte selbst evaluiert (A), außerdem sind die Ziele des Projekts selbst Gegenstand einer Evaluation im weiteren Sinn (B) und schließlich erkundet die Begleitforschung Arbeitsbereiche und Themenfelder, die entweder unmittelbar von der Projektarbeit tangiert sind oder für die Nutzung der Ergebnisse wichtig werden (C).

Abbildung 1: Forschungsstränge von Evaluation und Begleitforschung[8]

(A) Evaluation der Teilprojekte	(B) Gesamtevaluation der Projektziele	(C) Begleitforschung
► Entwicklung von Evaluationsdesigns ► Auswertung der Ergebnisse ► Erstellen von „Tiefenbohrungen" ► Abschlusspräsentation	► Dokumentation ► Evaluationen von Einzelthemen ► Prozess-Evaluation	► Theologische Arbeit: Theologie des Diakonats ► Interviews mit Anstellungsverantwortlichen ► Gruppendiskussionen mit Diakoninnen und Diakonen ► Projekttagebücher

spielsweise zu grundlegenden Fragen des Diakonats, zu Perspektiven von Anstellungsverantwortlichen sowie Diakoninnen und Diakonen in verschiedenen Berufsgruppen. Vgl. Eidt/Schulz 2013 (1) und Noller/Eidt/Schmidt 2013.

7 Eine solche Erhebung hat während des Projekts begonnen, ist jedoch noch nicht abgeschlossen. Die Daten waren deshalb für das Projekt noch nicht nutzbar.

8 Die Übersicht ist entnommen aus Eidt/Schulz 2013 (2): S. 17.

Die drei Forschungsstränge ermöglichen es, Ergebnisse auf den oben genannten unterschiedlichen Zielebenen zu sichern, zu reflektieren und für die jeweiligen Fachdiskurse aufzubereiten. (A) Die Evaluation der 15 Teilprojekte selbst, überwiegend unternommen von den dort tätigen Diakoninnen und Diakonen, umfasste ein auf den Einzelfall angepasstes Design und die Auswahl von geeigneten Fällen oder Situationen, um in „Tiefenbohrungen" exemplarisch Ergebnisse darstellen zu können. Die Verantwortlichen in den Teilprojekten wurden darin von der Projektgeschäftsstelle im Oberkirchenrat und der Evangelischen Hochschule Ludwigsburg begleitet.[9] Wo diese „Tiefenbohrungen" zugleich für die Evaluation der Ziele des Gesamtprojekts ertragreich waren, finden sich die Ergebnisse dieser Analysen im Evaluationsband des Projekts wieder.[10] Ziel der Evaluation der Teilprojekte war es, die jeweiligen Erkenntnisse so darzustellen, dass anhand der konkreten Erfahrungen und ihrer Reflexion eine fachliche Weiterentwicklung diakonischer Arbeit möglich wird. So waren in den einzelnen Teilprojekten, basierend auf den in der Planung entwickelten Zielen, thematische Schwerpunkte für die Evaluation gewählt worden. Von jedem Projekt aus waren auf diese Weise Bezüge zu den Themen des Gesamtprojekts hergestellt, wie das am Beispiel eines der Projekte sichtbar wird:

Abbildung 2: Beispiel für die Evaluation eines Teilprojekts anhand von thematischen Themenschwerpunkten im Forschungsstrang A

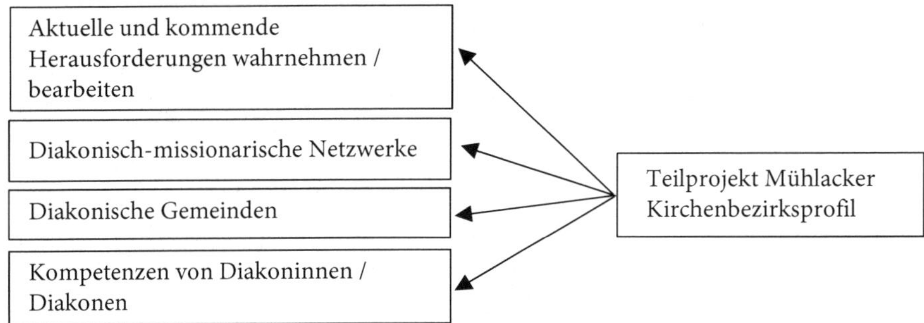

Umgekehrt waren einige zentrale (B) Themen des Gesamtprojekts sowie der Prozess des Gesamtprojekts selbst Gegenstand der Evaluation, die in der Form einzelner Studien während der Projektlaufzeit angelegt war. Auf diese Weise wurde nicht jedes Thema des Gesamtprojekts zum Gegenstand der Evaluation eines Teilprojekts, jedoch in der Gesamtheit der 15 Einzelevaluationen waren Ergebnisse für jede thematische Evaluation aus mehreren Projekten verfügbar, wie die folgende Abbildung anhand eines Beispiels zeigt:

9 Für eine Übersicht der Projekte vgl. Noller (Erträge der Praxis) in diesem Band.

10 Vgl. Eidt/Schulz 2013 (1).

Abbildung 3: Beispiel für die Evaluation eines Projektziels anhand von Analysen in Teilprojekten im Forschungsstrang C

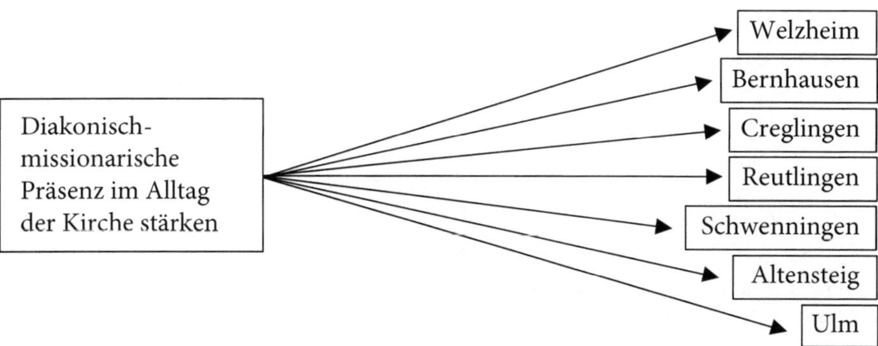

In diesem Forschungsstrang sind nun einerseits die originären Ziele des Gesamtprojekts berücksichtigt, andererseits spiegeln sich in diesen bereits Erfahrungen, die während der Projektlaufzeit zusätzlich reflektiert wurden. So entstanden einige unerwartete Schwerpunkte, etwa indem sich die Form der Projektarbeit für einige der Diakoninnen und Diakone als mühsam erwies, indem eine hohe Krankheitsquote im ersten Projektdrittel die Frage der Gesundheit und Arbeitszufriedenheit aufwarf oder indem in mehreren Projekten die Zusammenarbeit mit Ehrenamtlichen immer wieder in den Fokus rückte.[11] Insgesamt waren die folgenden Projektziele Gegenstand der Evaluation in diesem Strang: Diakonische Arbeit in Netzwerken, gemeindediakonische Arbeit in verschiedenen Anstellungsstrukturen, Jugendarbeit und Schule, religiöse Themen in sozialen Handlungsfeldern, der demographische Wandel im Fokus der Projekte bzw. Projektanträge, Armut und Benachteiligung, Ehrenamtliche in der diakonischen Arbeit, diakonische Arbeit unter Projektbedingungen, Chancen einer diakonischen Gemeinde, diakonisch-missionarisches Handeln hin auf entfernte Zielgruppen und Milieus, Begegnungen mit Menschen an nichtkirchlichen Orten, Probleme zwischen Theorie und Praxis, Kompetenzen von Diakoninnen und Diakone, Organisationswissen in Kirche und Gemeinwesen.

Im dritten Strang bot die wissenschaftliche Begleitforschung (C) eigene thematische Erschließungen unabhängig von den Evaluationsvorhaben. Diese waren entweder historischer oder theoretischer Art oder als empirische Untersuchungen gestaltet, die dann wiederum an die theoretische Diskussion rückgebunden und auf die Ergebnisse der Evaluationsforschung bezogen wurden.[12]

11 Zu diesen „neuen" Themenfeldern vgl. die Analysen von Eidt 2013 (1) und 2013 (2).

12 Die Bände III und IV dieser Publikationsfolge bieten Ergebnisse dieser Begleitforschung sowie eine abschließende Diskussion. Vgl. Noller/Eidt/Schmidt 2013 und Eidt/Schulz 2013 (1).

3. Grundentscheidungen im Evaluationsprozess

Weil Evaluation grundsätzlich sehr verschiedene Funktionen erfüllen kann, ist an dieser Stelle ein Blick auf die Ziele der Evaluationen im Projekt insgesamt unabdingbar: Die Evaluation im Projekt „Diakonat – neu gedacht, neu gelebt" hatte zunächst das Ziel, präzise und mit konzeptionellen Bezügen aufzuzeigen, wie diakonische Arbeit in verschiedenen Handlungsfeldern geschehen kann. Dies war anhand der Teilprojekte möglich. Darüber hinaus war es wichtig, sich im Spektrum unterschiedlicher Funktionen von Evaluationen[13] zu positionieren: Evaluation erfüllt erstens eine Kontrollfunktion, hilft, das zu Erreichende zu überprüfen. Hiermit lässt sich etwa zahlenmäßig erfassen, wie viele Menschen an einer Maßnahme tatsächlich teilgenommen haben. Dies ist allerdings im Fall dieses Projekts wenig ergiebig. Es ist davon auszugehen, dass die Diakoninnen und Diakone mit hohem Engagement im Einsatz waren und in allen Teilprojekten gute Ergebnisse erzielt haben, die mit der passenden Methode evaluativ bewiesen werden können. So lag es nahe, auf der Ebene der Gesamtevaluation auf diese Form des Zählen und Messens von Erfolgen zu verzichten. Zweitens ist es möglich, durch Evaluation Erfolge genauer zu beleuchten, beispielsweise zu hinterfragen, was genau an Erfolgen erzielt wurde und welchen Nutzen diese haben können. Hier geht es nicht darum, zu messen, ob etwas gelungen ist, sondern darum, im Detail zu untersuchen, wie die entsprechenden Prozesse abliefen, worin genau Erfolge zu beschreiben sind und was sich daraus für ähnliche Arbeitsfelder oder Prozesse an Lerneffekten generieren lässt. Dies war in den Teilprojekten auf eine Weise möglich, die in vielen Fällen Projektergebnisse auf andere Arbeitsbereiche übertragbar und für kirchlich-diakonische Kontexte in größerem Rahmen nutzbar macht. Drittens ermöglicht und vertieft Evaluation den Dialog zwischen Projektbeteiligten und eröffnet darin potenziell Lerneffekte im Rahmen des Projekts. Außerdem ist diese Verständigung von Bedeutung, wo diakonische Tätigkeitsprofile entwickelt werden sollen. Als vierte Funktion eröffnet Evaluation den Zugang zu einer erweiterten Grundlagenkenntnis, wovon im Idealfall sowohl die Verantwortlichen und in der praktischen Arbeit Aktiven als auch die wissenschaftlich und konzeptionell Tätigen profitieren.

In den letzten drei Funktionen der Evaluation steht das Gelingen selbst, also die messbare Leistung im Einzelfall, nicht im Vordergrund. Vielmehr geht es um tiefere Einsichten und die Nutzung dieser Einsichten für die weitere Arbeit und theoretische Diskussionen. An dieser Stelle kann auch eine von außen betrachtet weniger gelungene Maßnahme ausgesprochen wertvoll sein, indem sich an ihrer Analyse zeigen lässt, wie die Prozesse abgelaufen sind, was hinderlich und förderlich war und welche Wirkfaktoren zukünftig auf welche Weise eingeschätzt werden können. Dies ist der Grund dafür, dass die Evaluationsergebnisse, die in den vorliegenden Publikationen dokumentiert sind, vielfach in höchst aufschlussreicher Form auch Sachverhalte in Projektverläufen beleuchten, die auf den ersten Blick wenig erfolgreich erscheinen. Umgekehrt bedeutet dieses Vor-

---

[13] Zu möglichen Klassifizierungen der Zielrichtungen von Evaluation vgl. Stockmann 2006: S. 20–21.

gehen, abgeleitet von den wichtigsten Funktionen von Evaluation, an vielen Stellen einen Verzicht auf die Wiedergabe von Erfolgen, wo diese bereits weitgehend bekannt und in ihren Wirkfaktoren untersucht sind.

Die Diakoninnen und Diakone, die (A) in ihren Teilprojekten Evaluationen durchgeführt haben, konnten damit vor allem die zweite und dritte Funktion von Evaluation erfüllen. Sie konkretisierten zu Beginn des Prozesses die Ziele ihrer Arbeit und machten deutlich, worauf ihr Teilprojekt ausgerichtet ist und an welchen Normen sich ihr weiteres Handeln orientiert. Dies vertiefte in der Planung der konkreten Umsetzung den Bezug zur normativen Ebene des Projekts. Aus den Zielen wurden Strategien abgeleitet, und aus diesen wiederum Methoden entwickelt. Die Evaluation der Projekte folgte diesem Verlauf, prüfte die Messbarkeit der Ziele, wählte geeignete Methoden der Evaluation aus und entwickelte schließlich das jeweilige Evaluationsdesign. Dieses systematische Vorgehen war jedoch in vielen der Teilprojekte nicht möglich. In vielen Fällen entpuppten sich die ursprünglichen Ziele und normativen Ausrichtungen als überarbeitungsbedürftig. Vielfach waren zusätzliche Schleifen erneuter Diskussion nötig, bis schließlich Analysen der vorfindlichen Situation, Ziele und Methoden zusammen passten und ein organisches Ganzes ergaben.[14] Auch diese Umwege, die für die Beteiligten im jeweiligen Projekt viel Mühe bereitet und das Gelingen manchmal in weite Ferne gerückt haben, fanden in der Evaluation großes Interesse. Denn es ist davon auszugehen, dass derartige Such- und Orientierungsprozesse für die kirchliche bzw. diakonische Arbeit durchaus typisch sind und viele Verantwortliche in solchen Arbeitsbereichen von der vertieften Einsicht in Schwierigkeiten und Umwege stark profitieren können.

Die Gesamtevaluation des Projekts (B) konnte darüber hinaus die vierte der genannten Funktionen von Evaluationen nutzen: In zahlreichen Themenfeldern haben Evaluationsergebnisse auf überraschende Weise Grundlagenkenntnisse über diakonische Arbeitsfelder, Anstellungs- und Beteiligungsstrukturen erweitert und vertieft. In diesem Schritt ist der Zusammenhang wissenschaftlicher und konzeptioneller Arbeit einmal mehr sichtbar geworden.

4. Methoden und Darstellungsformate

Die fachlichen Prägungen und vor allem die spezifischen Interessen der am Projekt Beteiligten haben die Arbeit in Evaluations- und Begleitforschung wesentlich bestimmt. So kommen neben theoretischen Interessen auch kirchenpolitische Perspektiven oder das Interesse an Kompetenz- und Ausbildungsfragen zum Tragen. Das Projekt selbst bot eine diskursive Struktur, in der über die Laufzeit von fünf Jahren immer wieder im Rahmen von Begleittreffen, Tagungen und Veranstaltungen zur Ergebnispräsentation Fachleute, Verantwortliche aus praktischen Arbeitsfeldern, Anstellungsverantwortliche und Wissenschaftlerinnen und Wissenschaftler miteinander ins Gespräch gebracht wurden. In vielen Fällen

[14] Dies findet sich ausführlicher entfaltet bei Schulz 2013 (2).

hat dieser Austausch die Forschungs- und Auswertungsprozesse geprägt und Diskurse selbst zum Gegenstand der Reflexion gemacht.

Die Methoden, die im Rahmen der Evaluation Anwendung gefunden haben, waren – entsprechend der thematischen Vielfalt der Projekte – höchst unterschiedlicher Art. An dieser Stelle soll ein kurzer Überblick genügen.[15] In geringem Umfang sind standardisierte, hypothesengeleitete Befragungsformen zum Einsatz gekommen, etwa in der Befragung zweier Kirchenbezirkssynoden zur diakonischen Arbeit im Kirchenbezirk mit einem Fragebogen oder in der Analyse von Zielgruppen in den Teilprojekten. Dagegen waren häufig verwendete Methoden die Dokumentation von Projektverläufen (etwa in Form des Projekttagebuchs[16]) oder der Arbeit in einzelnen Fällen. Analysemethoden für Sozialraum und Sozialstruktur wie Netzwerkkarten oder narrative Landkarten waren vor allem in der Planungsphase der Projekte genutzt. Die Methode des leitfadengestützten Interviews half, in der Evaluation die Sicht von Klientinnen und Klienten oder anderen am Projekt Beteiligten in die Sicherung der Ergebnisse einzubeziehen.[17] Auch in Form von Interviews mit Anstellungsverantwortlichen ermöglichte diese Methode, das Wissen von Expertinnen und Experten im Arbeitsfeld und ihre subjektive Sicht auf Spielräume diakonischer Arbeit zu nutzen.

Vielfach waren auch Gruppen Gegenstand der Forschung, wobei hier zwei verschiedene Forschungslogiken verfolgt wurden: einerseits mit einem methodischen Zugang, im Projekt benannt als „Gruppenbefragung" bzw. „ermittelnde Gruppendiskussion",[18] der hilft, die Einschätzungen und Bewertungen exemplarischer Gruppen zu erfassen, andererseits in der Tradition des Gruppendiskussionsverfahrens,[19] indem mit Hilfe offener Stimuli diskursive Prozesse in einer Gruppe von Befragten initiiert und schließlich kollektive Orientierungen sichtbar wurden. Punktuell wurden weitere Methoden genutzt, um Materialien für die Forschung zu erstellen, etwa das Verfahren in einer „Schreibwerkstatt" oder das „Verbatim" (Gedächtnisprotokoll von Gesprächen). Mit Verfahren der Inhaltsanalyse wurde dieses Material ausgewertet, ebenso wie Materialien, die in Projekten erstellt worden waren, beispielweise Gottesdienstentwürfe.[20]

5. Rückblick

Die Evaluations- und Begleitforschung in einem solchen Praxiserprobungsprojekt stellte eine enorme Herausforderung dar. Zum einen war für viele der beteiligten Diakoninnen und Diakone das jeweilige Teilprojekt bereits so anspruchs-

[15] Für eine umfassende methodologische Einordnung der im Projekt verwendeten Verfahren siehe Eidt/Schulz 2013 (2): S. 19–21.

[16] Vgl. Schulz (Professionalität im kirchlichen Amt) in diesem Band.

[17] Vgl. Nohl ³2009: S. 20–23 und Meuser/Nagel ³2009.

[18] Orientiert an der Methode der „focus group" und konzipiert als Gegenstück zum leitfadengestützten Einzelinterview. Vgl. Merton/Fiske/Kendall 1956.

[19] In der Tradition der Dokumentarischen Methode, angelehnt etwa an Bohnsack ⁷2008: S. 105–121 oder Przyborski/Wohlrab-Sahr ³2010: S. 271–309.

[20] Vgl. Lamnek ⁴2005: S. 478–512.

voll und aufwändig, dass zusätzliche Evaluationsaufgaben die Aufgabe teilweise unüberschaubar gemacht haben. Aus diesen Erfahrungen lässt sich einmal mehr der Lerneffekt beschreiben, dass eine innovative Arbeit mit einem erheblichen Anteil an Reflexionszeit kalkuliert werden muss, damit nicht nur Erfolge erzielt, sondern diese Erfolge auch verstanden und für andere nutzbar gemacht werden können. In Zusammenhang damit stellte sich die Herausforderung, den tatsächlichen Nutzen einer Forschung, die über die reine Darstellung der Arbeit hinausführt, für die diakonische Arbeit im Allgemeinen und die diakonische Projektarbeit im Besonderen noch einmal zu begründen, so dass der mit der Forschung verbundene Aufwand auch haltbar war. Hier wurden immer wieder Gegensätze zwischen Theorie und Praxis, „echter" Arbeit und Reflexion sichtbar, mit denen in diesem Umfang niemand gerechnet hatte. Zum anderen war in der Vielzahl der Vorhaben eine hohe Koordinationsleistung erforderlich, die in der Projektgeschäftsstelle über fünf Jahre hinweg kontinuierlich erbracht werden musste. Und schließlich ist Forschung ja nicht für sich selbst nützlich, sondern im Diskurs der Disziplinen, Interessen und Anwendungsbereiche. Dieser Diskurs musste geführt und zuweilen ausgehalten werden. Dies verlangte den Beteiligten immer wieder eine hohe Aufmerksamkeit und viel Offenheit für fremde Gedankengänge ab. Die Vielfalt der Themen und die Vielfalt der fachlichen Interessen und Ausrichtungen spiegelten sich in den höchst vielfältigen Publikationen im Rahmen des Projekts wider.

Insgesamt steht mit dem Anliegen der Evaluation das Miteinander von Theorie und Praxis grundsätzlich auf dem Prüfstand. Grundsätzlich haben alle am Projekt Beteiligten die Bedeutung von Grundlagenkenntnis, Reflexion und Diskussion als einen selbstverständlich wichtigen Bestandteil einer jeden Projektarbeit bezeichnet. So konzipierten die Verantwortlichen in der Evangelischen Landeskirche in Württemberg das Projekt konsequent – dem Standard großer Projekte angemessen – mit einem Auftrag zur Evaluation. Auch in der Durchführung war selbstverständlich erwartet, dass am Ende der Projektlaufzeit Ergebnisse dokumentiert und Erfolge beschrieben werden würden. In der praktischen Arbeit jedoch erschien dieses Vorgehen als echte Herausforderung: Tätigkeiten im Rahmen der Projektentwicklung, etwa Analysen, Planung, Entwicklung oder Evaluation, die nicht unmittelbar in Bezug zur Arbeit mit den Menschen vor Ort standen, erschienen in den Teilprojekten nicht selten als „Bremsen" oder „Zeitfresser", als hinderlich in der konkreten Arbeit. Der Nutzen für das jeweilige Teilprojekt musste sich erst herausstellen – und wurde in manchen Fällen bis zuletzt nicht wirklich von allen als solcher betrachtet. An diesen Stellen erhob sich die Frage: Geht es nicht auch „weniger wissenschaftlich"? Müssen Ansprüche an eine Passung von Ziel und Methode, Planung und Ergebnis nicht viel stärker der jeweiligen Situation angepasst und im Einzelfall „heruntergefahren" werden? Wir haben solche Diskurse vor allem auf der Metaebene verfolgt – als Abbild dessen, was sich mit dem Prozess der Professionalisierung des Diakonats in den vergangenen Jahrzehnten entwickelt hat und in der Gegenwart stark diskutiert wird, vor allem dort, wo es um Qualifikationsniveaus, Kompetenzen und Ausbildungsstandards geht, aber auch um das Selbstverständnis von Diakoninnen und Diakonen.[21] Diese Diskurse um den Diakonat – als Beauftragung zwischen Theorie und Praxis – zeichnen hier die Entwicklung nach, die sich zwischen den Polen persönlicher christlicher Existenz und akademischer Ausbildung beschreiben lässt und die es von den Einzelnen erfordert, sich persönlich, beruflich, professionell und im Kontext kirchlicher Beauftragung zu positionieren.[22]

Das Projekt führte alle Beteiligten über die gesamte Laufzeit immer wieder zu neuen Themen, Herausforderungen, Vertiefungen und Reflexionsschleifen. So sind hier zwar unzählige, sehr unterschiedliche Diskurse geführt und abgebildet, aber von Vollständigkeit kann nicht gesprochen werden. So ist nun im Feld der Diakoniewissenschaft, in dem grundsätzlich eher ein Mangel an Daten beklagt werden muss, punktuell eine solche Vielzahl der gewonnenen Daten erreicht, dass die im Rahmen des Projekts möglichen Interpretationen nur ein Anreiz für Fachleute sein können, weiter zu forschen, Vergleichsdaten zu generieren und die Diskussion um die thematischen Schwerpunkte weiterzutreiben.

Literatur

Bohnsack, Ralf ([7]2008): Rekonstruktive Sozialforschung. Einführung in qualitative Methoden. Opladen/Farmington Hills.

Eidt, Ellen (2011): Der evangelische Diakonat. Entwicklungslinien in Kirche und Diakonie am Beispiel Württembergs. Stuttgart.

Eidt, Ellen (2013) (1): Diakonisches Handeln unter Projektbedingungen. Eine salutogenetische Analyse der Praxiswahrnehmungen von Diakoninnen und Diakonen. In: Eidt, Ellen/Schulz, Claudia (Hg.): Evaluation im Diakonat. Sozialwissenschaftliche Vermessung diakonischer Praxis. Stuttgart. S. 281–318.

Eidt, Ellen (2013) (2): Ehrenamtliche in diakonischen Handlungsfeldern. Herausforderungen für das Ehrenamtsengagement in Gemeinde- und Gemeinwesendiakonie. In: Eidt, Ellen/ Schulz, Claudia (Hg.): Evaluation im Diakonat. Sozialwissenschaftliche Vermessung diakonischer Praxis. Stuttgart. S. 184–233.

Eidt, Ellen (2013) (3): Wie kann ein geistliches Amt zum Projektthema werden? Diakonat zwischen Ämterfragen und Projekterfordernissen. In: Noller, Annette/Eidt, Ellen/Schmidt, Heinz (Hg.): Diakonat. Theologische und sozialwissenschaftliche Perspektiven auf ein kirchliches Amt. Stuttgart. S. 207–225.

Eidt, Ellen/Schulz, Claudia (2013) (1): Evaluation im Diakonat. Sozialwissenschaftliche Vermessung diakonischer Praxis. Stuttgart.

Eidt, Ellen/Schulz, Claudia (2013) (2): Zugänge der Evaluationsforschung zu Diakonat und diakonischer Praxis. In: Eidt, Ellen/Schulz, Claudia (Hg.): Evaluation im Diakonat. Sozialwissenschaftliche Vermessung diakonischer Praxis. Stuttgart. S. 11–26.

Evangelische Landeskirche in Württemberg (Hg.) (2008): Diakonat – neu gedacht, neu gelebt. Das Angebot für Kirchenbezirke, Kirchengemeinden, Diakonische Einrichtungen, Landeskirchliche Werke und Einrichtungen und Freie Träger. Stuttgart.
Verfügbar unter: https://www.service.elk-wue.de/download_document.php?f=785&t=2&fhash=43cc86114eb1ee96e616395e8fabe3ce8820d66e (17.03.2014).

21 Vgl. Eidt 2011: S. 109–133, Eidt 2013 (3) und Noller (Diakonat: Diakonisches Handeln in Amt und Profession) in diesem Band.

22 Vgl. Schulz 2013 (1).

Lamnek, Siegfried (^{4}2005): Qualitative Sozialforschung. Lehrbuch. Weinheim/Basel.

Merton, Robert K./Fiske, Marjorie/Kendall, Patricia L. (1956): The Focused Interview. A Manual of Problems and Procedures. Glencoe, IL.

Meuser, Michael/Nagel, Ulrike (^{3}2009): Experteninterview und der Wandel der Wissensproduktion. In: Bogner, Alexander/Littig, Beate/Menz, Wolfgang (Hg.): Experteninterviews. Theorien, Methoden, Anwendungsfelder. Wiesbaden. S. 35–60.

Nohl, Arnd-Michael (^{3}2009): Interview und dokumentarische Methode. Anleitungen für die Forschungspraxis. Wiesbaden.

Noller, Annette/Eidt, Ellen/Schmidt, Heinz (2013): Diakonat. Theologische und sozialwissenschaftliche Perspektiven auf ein kirchliches Amt. Stuttgart.

Przyborski, Aglaja/Wohlrab-Sahr, Monika (^{3}2010): Qualitative Sozialforschung. Ein Arbeitsbuch. München.

Schulz, Claudia (2013) (3): Empirische Forschung als Praktische Theologie. Theoretische Grundlagen und sachgerechte Anwendung. Göttingen.

Schulz, Claudia (2013) (1): Konstruktion des Diakonats zwischen Tätigkeit, Qualifikation und Amt. Wahrnehmungen aus Berufsgruppen im Diakonat. In: *Eidt, Ellen/Schulz, Claudia (2013): Evaluation im Diakonat. Sozialwissenschaftliche Vermessung diakonischer Praxis. Stuttgart. S. 27–55.*

Schulz, Claudia (2013) (2): Projektarbeit und Evaluation im kirchlich-diakonischen Kontext. Herausforderungen zwischen Selbstverständlichkeit und Unmöglichkeit. In: Noller, Annette/Eidt, Ellen/Schmidt, Heinz (Hg.): Diakonat. Theologische und sozialwissenschaftliche Perspektiven auf ein kirchliches Amt. Stuttgart. S. 196–206.

Stockmann, Reinhard (^{3}2006): Evaluation in Deutschland. In: Ders. (Hg.): Evaluationsforschung. Grundlagen und ausgewählte Forschungsfelder. Münster. S. 15–46.

Annette Noller

Theologisch-hermeneutische Forschungsfragen und -ergebnisse

Theologie und Empirie im Projekt „Diakonat – neu gedacht, neu gelebt"

1. Theologisch-hermeneutische Forschungszugänge

Das landeskirchliche Projekt war als ein Praxisprojekt konzipiert, in dem Daten zur zukünftigen Entwicklung des Diakonats im Kontext sozialer Veränderungsprozesse erhoben werden sollten.[1] Dies sollte durch Evaluation von diakonischer Praxis in Praxisprojektstellen erfolgen. Im Zuge dessen sollten auch Erkenntnisse zu Berufsgruppen im Diakonat und zur Weiterentwicklung der Ausbildungspraxis gewonnen werden. Angedacht war schon zu Beginn des Projekts, dass durch begleitende sozialwissenschaftliche Forschung Daten zur gegenwärtigen Praxis im Diakonat erarbeitet werden. Theologisch-hermeneutische Forschungsfragen zu theologischen insbesondere ekklesiologischen Fragestellungen sollten darüber hinaus im Projekt gestellt und in der Begleitforschung bearbeitet werden.

Methodologisch galt es dabei folgende wissenschaftstheoretischen Fragen zu klären und trennscharf zu bearbeiten: Die sozialwissenschaftliche Perspektive auf das professionelle Handeln der Diakoninnen und Diakone bildet Beobachtungen, Meinungen und kollektiv geteiltes Wissen („Kollektive Orientierungsmuster"[2]) ab, das in den durch sozialwissenschaftliche Erhebungsinstrumente gewonnenen Daten dargestellt wird: Beobachtungen, Meinungen und „Weltsichten"[3] der Diakone und Diakoninnen und ihrer Kooperations- und Gesprächpartner/-innen geben deren Wirklichkeitsauffassungen, Wahrnehmungen und Einstellungen wieder. Die Empirie ist an der Beschreibung und Darstellung von Realitäten aus der sozialen Lebenswelt orientiert, die sich in kollektiven und individuellen Wahrnehmungen als verallgemeinerbare Typen und wiederkehrende Orientierungsmuster interpretieren lassen. Die theologische Wissenschaft wählt wiederum einen Forschungszugang zur Auslegung von existenziellen Glaubens- und Lebensfragen im Kontext eines theologisch reflektierten Wirklichkeitsverständnisses. Beide Forschungszugänge sind im Kontext unterschiedlicher Wissenschaftssystematiken zu lesen. Sie speisen sich zugleich aus einem differenten Welt- und Wahrheitsverständnis. Während auf der einen Seite ein empirischer, an Daten und Beobachtungen orientierter sozialwissenschaftlicher Forschungszugang steht, sind auf der anderen Seite theologische Fragen Aus-

---

1 Zu den Zielen des Projekts vgl. Hödl (Sisyphusarbeit für eine diakonische Vision) in diesem Band sowie die Projektskizze im Anhang.

2 Lamnek 1998/⁴2005: S. 413.

3 Wohlrab-Sahr/Benthaus-Apel 2006: S. 281.

gangspunkt der Überlegungen. Sie stehen im Zusammenhang einer Beschreibung von Wirklichkeit auf der Grundlage theologischer Wissenschaften, die sich auf die Auslegung biblischer Schriften und deren dogmatischen Reflexionen gründet. Im Zusammenhang von Kirchenmitgliedschaftsbefragungen und kirchensoziologischen Forschungen wird thematisiert, ob und ggf. wie beide Perspektiven miteinander in Ausgleich gebracht werden können. Blickt man auf die Ergebnisse des Projekts so kann man festhalten, dass beide Perspektiven nicht harmonisiert werden können, dass aber beide Forschungszugänge zu einer gegenseitigen Interpretation und kritischen Überprüfung ihrer Ergebnisse einladen und in einen fruchtbaren Diskurs miteinander treten können.

Theologische Wissenschaft ist methodologisch an der Schriftauslegung orientiert. Sie schöpft ihre Erkenntnisse aus der Interpretation von biblischen Traditionen. Der hermeneutische Zuschnitt theologischer Wissenschaft wurde bereits in der Evaluation des Projektes „Diakonat – neu gedacht, neu gelebt" folgendermaßen beschrieben:

> „Das Verstehen und Analysieren von Texten wird in der Theologie als Aufgabe der Hermeneutik gefasst. Um die theologischen Konstrukte im professionellen Handeln der Diakoninnen und Diakone darstellen zu können, wurden die relevanten Textpassagen im Zusammenhang einer theologischen Hermeneutik interpretiert. Sie gilt als Methode, um auf einer wissenschaftlich reflektierten Basis die sprachlich verfassten Inhalte und Sinnkonstrukte kollektiver religiöser Kommunikation zu erschließen. Hans-Georg Gadamer stellt für die philosophische und die theologische Hermeneutik übereinstimmend fest: ‚Das Verstehen ist selber nicht so sehr als eine Handlung der Subjektivität zu denken, sondern als ein Einrücken in ein Überlieferungsgeschehen, in dem sich Vergangenheit und Gegenwart beständig vermitteln.' (Hans-Georg Gadamer). Die theologische Hermeneutik als ‚Sprachlehre des Glaubens' (Ernst Fuchs), oder, mit Gerhard Ebeling gesprochen, ‚Wortgeschehen', geht davon aus, dass sowohl im Verstehen biblischer Texte als auch in der theologischen Reflexion auf der einen Seite historische und methodologische Distanz zu den biblischen Quellen und Glaubenstraditionen geschaffen wird. Auf der anderen Seite aber ist die hermeneutische Reflexion die Voraussetzung zur Rezeption und eigenständigen Wiedergabe des Wortes Gottes im Kontext der Verkündigung und insofern ein Akt wissenschaftlich reflektierender Aneignung von Glaubensaussagen mit dem Ziel der Kommunikation in den gemeindlichen und gemeinwesenorientierten Praxisfeldern. Befasst sich die Sozialforschung mit dem ‚latenten Sinn' bzw. der ‚Tiefendimension' (Oevermann) von Textpassagen im Sinne von unbewussten oder subjektiven Reformulierungen von kollektiv sich abbildenden sozialen Prozessen, so spannt die theologische Hermeneutik den Horizont des Verstehens noch weiter auf, indem sie den Sinn des Verstehens auf die religiöse Tradition der biblischen Überlieferung und der in ihr tradierten Wahrheitsmomente des Glaubens bzw. der Offenbarung bezieht. Theologische Hermeneutik befasst sich mit dem wissenschaftlich reflektierten Verstehenszirkel zwischen individuellen Glaubenserfahrungen und biblisch-theologischen Glaubensaussagen. Sie intendiert die existenzielle theologische Kommunikation dieser Glaubensinhalte in den aktuellen biografischen und sozialen Kontexten."[4]

[4] Noller 2013 (4): S. 407–408.

Die Hermeneutik als Lehre vom Verstehen und Auslegen hat eine breite, bis in die Antike zurückreichende Tradition in Theologie und Philosophie. Christof Landmesser beschreibt die Aufgabe einer theologischen Hermeneutik darin, Räume des Verstehens und Interpretierens zu eröffnen, in denen Menschen sich selbst und ihre sozialen Lebenszusammenhänge im Horizont des biblischen „Christusglaubens im komplexen Kontext der Gegenwart“[5] reflektieren können. Die in theologischen Sprachzusammenhängen tradierten Texte werden in einem hermeneutischen Zirkel ausgelegt. Dieser ist zu verstehen als ein zirkuläres Geschehen zwischen Lebenswirklichkeit und biblischer Texttradition. Wie im homiletischen Verfahren von Ernst Lange beschrieben, dient dieses Verfahren dazu, „Verheißung und Wirklichkeit miteinander zu versprechen, so daß verständlich wird, wie die Christusverheißung auch und gerade diese den Glauben bedrängende Wirklichkeit betrifft, aufbricht, in ihrer Bedeutung für den Glauben verändert …“[6]. Die Auslegenden interpretieren die Schrift, die Schrift und ihre Auslegungstraditionen interpretieren ihrerseits das Leben und Verstehen ihrer Ausleger/-innen.

Die den theologischen Traditionen inhärente kerygmatische Intension zielt auf individuelle Glaubensannahme. Die in der theologischen Wissenschaft reflektierten Glaubensverheißungen formen im Zusammenhang einer glaubenden Interpretation und Aneignung biografische und soziale Realitäten, sie prägen Haltungen und Handlungsstrategien. Diese Glaubens- und Handlungsnormierungen, Glaubensaussagen und -haltungen lassen sich in den Aussagen der befragten Diakone und Diakoninnen empirisch erheben und theologisch systematisieren. Sie entziehen sich aber einer wissenschaftlichen Evaluation insofern, als die darin geglaubte göttliche Gegenwart und ihre Verheißungen nicht selbst Gegenstand empirischer Beobachtungen sein können.

2. Die Forschungsfragen und -ergebnisse im Projekt „Diakonat – neu gedacht, neu gelebt“

Die theologisch-hermeneutisch motivierten Forschungsfragen des Projekts wurden auf der Grundlage der gegenwärtigen diakoniewissenschaftlichen Diskurse generiert. Der Diakonat wird in der Literatur als kirchliches Amt und als diakonische Profession diskutiert.[7] Thematisiert wird in diesem Zusammenhang das diakonische Selbstverständnis in Amt und Profession, diskutiert werden Ausbildungs- und Kompetenzfragen. In diesem Zusammenhang wird insbesondere die von der Konferenz der Ausbildungsleitenden von Diakonenschulen (KAL) im Verband Evangelischer Diakonen-, Diakoninnen und Diakonatsgemeinschaften in Deutschland e. V. (VEDD) entwickelte Kompetenzmatrix rezipiert, um Kompetenzen im Diakonat professionstheoretisch zu beschreiben und für die Entwicklung von Ausbildungs- und Studiengängen im Diakonat zugrunde zu legen.[8]

[5] Landmesser 2007: S. 758.
[6] Lange 1982: S. 27.
[7] Vgl. Merz/Schindler/Schmidt 2008.
[8] Vgl. VEDD 2004.

Auf dieser Basis wurden Forschungsfragen in der Evaluation des Projekts entwickelt. Gefragt wurde nach dem diakonischen Selbstverständnis, dem diakonischen Amt und nach den Kompetenzen im Diakonat. Dabei wurden für die theologisch-hermeneutischen Forschungsfragen einerseits die theologischen Kompetenzen der Diakone und Diakoninnen in der Kommunikation des Evangeliums mit Zielgruppen in den Blick genommen und andererseits wurde in einem ekklesiologischen Fragezusammenhang danach gefragt, welche Kompetenzen Diakone und Diakoninnen zur Gestaltung von Kirche und Diakonie als Institutionen und Organisationen mitbringen.

2.1 Forschungsfragen und -ergebnisse der Praxisevaluation

Als Detailperspektiven ergaben sich aus der theologisch-hermeneutischen Perspektive folgende Forschungsfragen zur Evaluation des diakonischen Handelns in den fünfzehn Praxisprojekten:

2.1.1 Diakonisches Selbstverständnis

In Projekttagebüchern, in Gruppendiskussionen und Interviews wurden Fragen nach dem diakonischen Selbstverständnis gestellt. Eine theologisch-hermeneutisch motivierte Fragerichtung zielte darauf ab, zu erkunden, wie die Diakoninnen und Diakone ihr eigenes Handeln theologisch auslegen. Das diakonische Selbst-, Professions- und Amtsverständnis wurde dabei unter der Frage in den Blick genommen, wie Diakoninnen und Diakone sich selbst und ihre diakonische Arbeit anhand von Bibeltexten und diakonischen Traditionen deuten und welche Argumentations- und Deutungsmuster darin wiederkehrend erkennbar werden. Es konnte gezeigt werden, dass alle Diakoninnen und Diakone ihr Handeln theologisch reflektiert im Horizont ekklesiologischer und biblischer Referenzsysteme deuten.[9]

2.1.2 Diakonat und doppelte Qualifikation

Professionelle Selbstreflexionen der Projektstelleninhaber/-innen wurden erhoben und im Blick auf die sich darin spiegelnden Konstrukte der doppelten Qualifikation hin befragt. Es konnte gezeigt werden, dass alle Diakoninnen und Diakone ihr professionelles Handeln in einem Zusammenwirken von theologischen und sozialwissenschaftlichen Qualifikationen und Kompetenzen verstehen. Die Art und Weise, wie diese beiden professionellen Qualifikationen mit ihren diversen Kompetenzprofilen einander zugeordnet und gewichtet werden, differiert. Drei Typen der Organisation der doppelten Dimension diakonischen Handelns unter theologischen und sozialen Leitfragen wurden differenziert.[10]

---

9 Zu den Ergebnissen vgl. Noller 2013 (4) und Noller (Ausbildungsfragen und Dienstaufträge) in diesem Band.

10 Vgl. Noller/Fliege 2013.

2.1.3 Seelsorge im Diakonat

Theologisch-hermeneutische Fragestellungen wurden im Blick auf Seelsorge im Diakonat entworfen. In der Seelsorge wird – so die theologische These – das Leben in existenziellen und sozialen Krisen im Horizont der Verheißungen des Evangeliums ausgelegt. Vor diesem Hintergrund wurde danach gefragt, wie Diakone und Diakoninnen ihr seelsorgerliches Handeln theologisch deuten und wie sie beratende und seelsorgerliche Kompetenzen argumentativ einander zuordnen und ihr seelsorgerliches Handeln darin reflektieren. Es konnte gezeigt werden, dass die Diakoninnen und Diakone des Projekts ihr seelsorgerliches Handeln als eine Tiefendimension des beratenden Gesprächs verstehen, in dem – in drei typologisch differenzierbaren Logiken – existenzielle Fragen im Horizont biblisch-theologischer Deutungsmuster gemeinsam reflektiert werden. Die seelsorgerliche Situation wird als ‚Tischgemeinschaft' ekklesiologisch interpretiert.[11]

2.1.4 Ethik und Diakonat

In der Theologie der Diakonie wird dargelegt, dass die biblische Ethik und Anthropologie das diakonische Handeln fundiert und Ziele normiert. Eine Fragerichtung der theologischen Forschung beschäftigte sich daher mit ethischen Gesichtspunkten. Die Projektstelleninhaber/-innen wurden nach Werten und Normen ihres Handelns befragt. Ob und ggf. wie diese ethische Normierung von Kooperationspartner/-innen, Klienten und Mitarbeitenden wahrgenommen wird, wurde in Gruppendiskussionen und Interviews differenziert sichtbar. Ethische Gesichtspunkte und Argumentationszusammenhänge wurden im Zusammenhang der Seelsorge, in religions- und gemeindepädagogischen Kontexten des Projektes und in den sozialen Dimensionen der Inklusion und Anwaltschaft für Betroffene identifiziert.[12]

2.1.5 Verkündigung im Diakonat

Ein Fragenkomplex der theologisch-hermeneutischen Forschung befasste sich mit der Verkündigung im Diakonat. Die öffentliche Verkündigung des Evangeliums gilt in der Ekklesiologie als sichtbares Zeichen der Kirche und als Inbegriff des evangelisch-lutherischen Amtes (CA V). In diesem Zusammenhang wurde danach gefragt, ob und ggf. in welchen liturgischen und homiletischen Formen im Diakonat verkündigt wird. Diakoninnen und Diakone wurden gebeten, ihr homiletisches Vorgehen zu reflektierten. Es konnte gezeigt werden, dass alle Diakone und Diakoninnen des Projekts homiletisch arbeiten mit dem Ziel, das Evangelium zu verkündigen. Sie tun dies in der Regel in homiletisch-liturgischen Sonderformen, zielgruppen- und handlungsfeldorientiert. Dabei spielen Aspekte der Inklusion und diakonischen Unterstützung von Zielgruppen eine große

[11] Vgl. Noller 2013 (3).
[12] Vgl. Noller 2013 (4).

Bedeutung. Der Skopos der Andachten und Gottesdienste wird vom diakonischen Anlass her gewonnen und biblisch gedeutet.[13]

2.1.6 Ekklesiologie und Kirchentheorie

Im Projekt wurden Fragen nach der diakonischen Dimension von Gemeinde und Kirche in den Blick genommen. Gefragt wurde nach der im diakonischen Handeln identifizierbaren diakonischen Dimension von Gemeinde und Kirche. Dazu wurden Diakoninnen und Diakone sowie ihre Kooperationspartner/-innen daraufhin befragt, wo und in welcher Weise sich diakonische Kirche ihrer Ansicht nach ereignet. Das diakonische Handeln wurde beobachtet und unter ekklesiologischen Fragestellungen topologisch strukturiert. Die Daten wurden theologisch interpretiert als „Kirche im Sozialraum"[14].

2.1.7 Ekklesiologische Fragen und Deutungshorizonte

Dogmatische und ekklesiologische Deutungskategorien wurden in der Auswertung der empirischen Daten dazu herangezogen, Phänomene, die sich im Zusammenhang der Empirie zeigten, theologisch zu deuten. So wurde z. B. die aus der Dogmatik bekannte Unterscheidung der „sichtbaren und unsichtbaren Kirche" dazu verwendet, personale Begegnungs- und Beratungssituationen im Sozialraum, in denen das Evangelium kommuniziert wird, als plurale Erscheinungsformen der „sichtbaren" und „unsichtbaren Kirche" zu interpretieren.[15]

2.2 Forschungsfragen und -ergebnisse der theologischen Begleitforschung

Im Projekt Diakonat wurden Forschungsfragen auch in einer literaturbasierten Begleitforschung thematisiert. Zwei Schwerpunkte wurden dabei verfolgt:

2.2.1 Ämterfragen und Diakonat

Ökumenische Diskurse um Ämterfragen wurden im Rahmen einer Tagung und einer Publikation thematisiert.[16] Aspekte von Ämterfragen wurden auch in der sozialwissenschaftlichen Begleitforschung erhoben.[17]

In der theologischen Wissenschaft und in den Kirchen der Ökumene wird die Frage diskutiert, ob das in der lutherischen Ekklesiologie als alleiniges Amt ausgewiesene Predigtamt ggf. um weitere Ämter der Kirche, insbesondere den Diakonat zu ergänzen ist, wie bereits 1996 im Diskussionspapier der EKD empfoh-

---

13 Vgl. Noller 2013 (4).

14 Noller 2013 (2): S. 446.

15 Vgl. Noller 2013 (2) und Noller 2013 (1): S. 76–77, Zitat S. 77 (im Original kursiv).

16 Vgl. Noller/Eidt/Schmidt 2013.

17 Vgl. die Beiträge von Claudia Schulz und Ellen Eidt in Eidt/Schulz 2013 und in diesem Band.

len wurde.[18] Diskutiert wird in der Ökumene eine dreigliedrige Ämterstruktur (Leitungsamt/Bischofsamt, Priester-/Pfarramt, Diakonenamt/Diakonat). Gefragt wird in praktisch-theologischen Diskursen, ob eine Erweiterung der Ämter (z. B. um das Lehramt, Kirchenmusiker/-innenamt) in einer Mehrzahl von kirchlichen Ämtern theologisch begründet und ekklesiologisch notwendig ist.[19] In Gliedkirchen der EKD werden andererseits auch Ämtermodelle konzipiert, die diverse Ämter oder Dienste unter ein gemeinsames Amt subsummieren.[20] In der Württembergischen Landeskirche wurde im Anschluss an die Tagung zu Ämterfragen eine Arbeitsgruppe aus Vertreter/-innen des Oberkirchenrats, der Synode und der Evangelischen Hochschule in Ludwigsburg eingesetzt, die – nach einer kontroversen Diskussionen – einen Vorschlag für die Württembergische Landeskirche vorgelegt hat.[21] Die Frage nach dem Diakonat als kirchliches Amt gilt in der diakoniewissenschaftlichen Forschung und insbesondere in den Berufsgruppen und Gemeinschaften im Diakonat als ein unerledigtes Desiderat der Kirchenreform.[22]

2.2.2 Geschichte des Diakonats

Gerhard Ebeling hat die Kirchengeschichte als eine „Geschichte der Auslegung der Heiligen Schrift" bezeichnet.[23] Auch die Diakonatsforschung ist im Wesentlichen nicht historisch oder archäologisch orientiert, insofern sie keine Inschriften, historischen Quellen oder archäologischen Befunde zusammenträgt und historisch wertet. Die Diakonatsforschung bezieht sich vielmehr auf biblische und kirchliche Quellen, aus denen sie die darin dargestellte Theologie der Gemeinde und deren Ämter rezipiert. Diese Quellen sind theologisch reflektierte Gemeindeordnungen, Apologien oder Konzilsdokumentationen. Die Realität der kirchlichen Ämter und Strukturen wäre demgegenüber gesondert historisch zu erheben und zu reflektierten. Die Intention der in der Diakonatsforschung rezipierten Quellen ist nicht primär eine historische dokumentarische Beschreibung kirchlicher Gemeindepraxis. Insofern sind sie narrativ zu verstehen und mit den Worten der Religionssoziologie als Erinnerungsräume zu qualifizieren und als Teil eines kirchlichen „kulturellen Gedächtnisses".[24] Als solche sind sie inspirierend für eine Theologie der Diakonie und des Diakonats und als Ressource für Visionen einer diakonischen Kirche in der Vielfalt von Ämtern und Gemeindeformen.

Die in der Diakoniewissenschaft publizierten Quellen zum Diakonat wurden in der Begleitforschung zum Projekt in einem geschichtlichen Überblick dargestellt.[25] Dieser ist deshalb von Bedeutung, weil in der Diakoniewissenschaft der-

---

18 Vgl. Kirchenamt der EKD 1996 (1).

19 Eberhard Hauschildt hat den aktuellen Diskurs zusammengefasst: Hauschildt 2013. Beiträge zur ökumenischen Ämterdiskussion finden sich in: Noller/Eidt/Schmidt 2013.

20 Vgl. Ruddat 2009.

21 Vgl. dazu Frank Zeeb (Das eine Amt) in diesem Band.

22 Vgl. Brandt/Müssig 2013 und Kirchenamt der EKD 1996 (1).

23 Ebeling 1964: S. 22 und 27.

24 Assmann 1992/^{6}2007: S. 48.

25 Vgl. Noller 2013 (1).

zeit die Frage diskutiert wird, ob die evangelische, an sozialdiakonischen Traditionen orientierte Diakonatskonzeption biblisch begründet ist. Gefragt wird, ob sie in der Geschichte der Kirchen verankert oder ein neuzeitliches Konstrukt des 19. Jahrhunderts ist.[26] Der Blick auf die Quellen zum Diakonat zeigt, dass sich Belege für eine sozialdiakonische Strukturierung des Diakonats insbesondere in der frühen Kirche und darüber hinaus auch in allen weiteren Epochen der Kirche nachweisen lassen. Eine vertiefte Forschung ist hier weiterhin notwendig, um Quellen zu erheben, zu sichten und historisch zu bewerten.

3. Identifizierung und Generierung weiterführender Forschungsfragen während der Projektlaufzeit

Forschungsprojekte, insbesondere solche, die mit Evaluationen konkreter Praxisprojekte aufgesetzt sind, sind nicht nur dazu geeignet, Forschungsfragen zu evaluieren und aus den Beobachtungen Antworten zu formulieren. Sie sind insbesondere auch dazu geeignet, Probleme zu identifizieren und dem Untersuchungsgegenstand angemessene, weiterführende Forschungsfragen zu generieren. Auch im Projekt „Diakonat – neu gedacht, neu gelebt" wurden weiterführende Fragen formuliert:

3.1 Kirchentheorie und Kirchenreform

Ein Teilbereich der theologischen Forschungsfragen im Projekt „Diakonat – neu gedacht, neu gelebt" bezog sich auf Fragen der Kirchentheorie. Deutlich wurde während der fünfjährigen Forschungsphase, dass Fragen des diakonischen Amtes und Fragen einer diakonischen Gestaltung von Gemeinden nicht losgelöst von ekklesiologischen und kirchentheoretischen Diskursen geführt werden können. Deutlich wurde auch, dass das diakonische Handeln als eine Sozialform der ‚Kirche im Sozialraum' zu verstehen ist und dass Herausforderungen eines diakonischen Gemeindeaufbaus zu verstehen sind im Kontext von kirchlichen Konzeptionen der Inklusion und der Kirchenreform.

Reiner Preul definiert Kirchentheorie als Disziplin zur kritischen Reflexion des in der Ekklesiologie dogmatisch bestimmten Lehr- und Wesensbegriffs von Kirche. Ziel der Kirchentheorie ist die Verbesserung der kirchlichen Praxis. Diese wiederum ist nach Preul Gegenstand der Praktischen Theologie.[27] In der Kirchentheorie wurde Kirche von Eberhard Hauschildt als „Hybrid"[28] in verschiedenen Sozialformen bezeichnet. Uta Pohl-Patalong hat Kirche als Kirche an pluralen Orten identifiziert.[29] Die Ergebnisse werden kontrovers diskutiert.[30] Vor

---

[26] Vgl. Collins 1990.
[27] Vgl. Preul 1997: S. 1–9, bes. S. 3.
[28] Vgl. Hauschildt 2007: S. 56.
[29] Vgl. Pohl-Patalong 2004/^{2}2006.
[30] Vgl. Karle 2010.

diesem Hintergrund sind die Beobachtungen und Ergebnisse des Projekts im Kontext der Kirchenreformdebatten breiter zu reflektieren und darzustellen.[31]

3.2 *Ekklesiologie: Sichtbarkeit und Öffentlichkeit des diakonischen Amtes*

Beleuchtet wurden im Projekt Fragen der institutionellen und organisatorischen Rollenbilder und Konfliktpotenziale, die sich mit dem Agieren diakonischer Amtsträger/-innen in nicht kirchlichen Teilsystemen der Gesellschaft ergeben (z. B. Schule, Gemeinwesen). Kritisch beleuchtet wurden von den Diakon/-innen selbst, aber auch von ihren Kooperationspartner/-innen Fragen der öffentlichen Sichtbarkeit des Diakonats und seiner Amtsträger/-innen. In diesem Zusammenhang sind Fragen der öffentlichen Repräsentanz im Gottesdienst (in Sonderformen und Zweitgottesdiensten, in Liturgie und Abendmahl, aber auch in Gemeindegottesdiensten) für eine kirchlich-diakonische Praxis zu klären. Fragen einer angemessenen Vertretung von Diakoninnen und Diakonen in kirchlichen und diakonischen Gremien, Fragen der Gestaltung von Dienstaufträgen und Fragen der Öffentlichkeitsarbeit von Kirche und Diakonie, hier insbesondere die Darstellung des Diakonats und seiner Berufsgruppen in den Medien und Publikationen von Kirche und Diakonie, sollten vertieft reflektiert und zukunftsfähig gestaltet werden. Daten zu den Berufsgruppen im Diakonat sollten in Kirchenmitgliedschaftsuntersuchungen breiter erhoben werden und in der Ekklesiologie und Kirchentheorie stärker berücksichtigt werden.

3.3 *Theologie kirchlicher Berufe: Professionalitätsfragen*

Peter Bubmann hat im Blick auf die gemeindepädagogischen Professionen 2013 kritisch konstatiert, dass eine „umfassende Theorie kirchlicher Berufe“[32] in der Praktischen Theologie noch fehlt. In der Diakoniewissenschaft gilt die sogenannte doppelte Qualifikation spätestens seit den Grundsätzen zu einer Berufsbildungsordnung der EKD (1996)[33] und der Kompetenzmatrix des VEDD (2004)[34] als gemeinsames Merkmal der Berufsgruppen im Diakonat – ungeachtet diverser konkreter Ausgestaltungen und differierender Diakonengesetze in den Gliedkirchen der EKD. Professionstheoretische Fragen wurden im Projekt unter der Fragestellung der doppelten Qualifikation aufgegriffen und bearbeitet. Sie wurden in der sozialwissenschaftlichen Evaluation und Begleitforschung in den Blick genommen.[35] Forschungsdesiderate beziehen sich in diesem Zusammenhang auf eine sozialwissenschaftliche Erhebung von Ausbildungs- und Studiengängen und auf die theologische Reflexion kirchlicher Professionen im Kontext

31 Noller vorauss. 2015.

32 Bubmann 2013: S. 49.

33 Vgl. Kirchenamt der EKD 1996 (2).

34 Vgl. VEDD 2004.

35 Vgl. Schulz (Professionalität im kirchlichen Amt) in diesem Band.

aktueller Professionstheorien. Forschungsdesiderate bestehen auch hinsichtlich eines mangelnden Transfers von Ergebnissen aus der diakoniewissenschaftlichen und gemeindepädagogischen Ämter- und Professionsforschung in die praktisch-theologischen Diskurse. Christian Grethlein hat die Berufsgruppen im Diakonat in seinem Entwurf zur Praktischen Theologie in den Blick genommen.[36] Eine vertiefte praktisch-theologische Reflexion der Bedeutung diverser Berufsgruppen für die Gestaltung von Kirche und Diakonie steht noch aus.

4. Der theologische Skopos des Projekts

Betrachtet man die Auswahl der Forschungsfragen, die im Projekt „Diakonat – neu gedacht, neu gelebt" bearbeitet wurden, so wird m. E. deutlich, dass sie einem Skopos folgen, der einerseits aus sozialwissenschaftlichen Diskursen gewonnen ist, der aber andererseits auch den in der Diakoniewissenschaft im Zusammenhang des Diakonats verhandelten Fragestellungen folgt. Man könnte zugespitzt sagen, dass die Auswahl der empirisch untersuchten Fragestellungen einem impliziten theologischen Skopos folgt, der Fragestellungen generiert, die empirisch bearbeitet wurden. Wenn im Projekt z. B. Armutsfragen thematisiert werden, dann geschieht das deshalb, weil Fragen der sozialen Gerechtigkeit und der Unterstützung sozial benachteiligter Zielgruppen nach evangelisch-theologischer Auffassung zum diakonischen Skopos der Bibel zählen und deshalb als Thema des Diakonats verhandelbar erscheinen. Wenn Teilhabe durch Bildung thematisiert wird, dann geschieht das deshalb, weil der Diakonat als ein sozialdiakonisches Amt in der Tradition der Wichernschen Liebespflege und subjektorientierten Persönlichkeitsbildung gelesen wird. Inklusive Kirchenbilder, basierend auf einer Theologie des Leibes Christi, motivieren zu Fragen der Teilhabe und insbesondere zur Hinwendung zu Menschen, die von der Kirche nicht erreicht werden. Fragen zur Ehrenamtlichkeit und Professionalität, die im Projekt empirisch erforscht wurden, entspringen einer kirchlichen Tradition, die sich im Priestertum aller Gläubigen ebenso versteht wie als professioneller Anbieter von diakonischen Dienstleistungen auf dem Sozialmarkt. Ekklesiologische Interpretationen des Diakonats begegnen in den diakoniewissenschaftlichen Diskursen zur diakonischen Gemeinde, die im Zusammenhang von Inklusion und Teilhabe diskutiert wird. Gemeinwesendiakonische Ansätze basieren auf dem theologisch postulierten Desiderat einer gesellschaftlichen Mitwirkung von Kirche und ihrer Diakonie.[37] Sie sind zu verstehen im Kontext der Diskussion einer „öffentlichen Kirche"[38], die den Auftrag von Kirche und Diakonie in der kritischen Reflexion ethisch verantworteter Politik und in der Vermittlung von Sinn in sozialen Veränderungsprozessen sieht. Auch missionarische Theologien begegnen im Projekt unter Fragestellungen des missionarisch-diakonischen Gemeindeaufbaus und der Beheimatung und Verkündigung an Menschen, die der Kirche fernstehen.

36 Vgl. Grethlein 2012: bes. S. 479–492.

37 Vgl. Herrmann/Horstmann 2010.

38 Schlag 2012: S. 9 (im Original kursiv) und Huber 2000.

Ulrich Bach hat Diakonie als eine „Dimension aller Theologie“[39] bezeichnet. Diakonie ist nach Bach nicht nur ein Sektor der Theologie oder eine Fachdisziplin innerhalb der Praktischen Theologie. Diakonie gründet nach Bach vielmehr im Wesen Gottes selbst, das auf das Miteinander angelegt ist, ein „freiwilliges und verbindliches (verlässliches) Miteinander von Ungleichen …, dessen Praxis“ nach Bach „die Bereitschaft einschließt, um des anderen willen ärmer zu werden, dessen Intention aber die wechselseitige Auferbauung ist (gegenseitige Bereicherung).“[40] Insofern kann man m. E. pointiert sagen, dass der innere Skopos, die Landkarte der Fragestellungen im Diakonatsprojekt aus der Mitte der Schrift gewonnen wurde und dass diese Fragestellungen hermeneutisch-theologisch manifesten Kirchen- und Diakonatskonzeptionen entspringen. Sie dokumentieren Aspekte einer diakonischen Konzeption der Kirche Jesu Christi in einem sich verändernden Gemeinwesen. Die Methoden der Befragung, Beobachtung und Darstellung waren empirisch, auf der Basis der Sozialwissenschaften ausgelegt. Die Formulierung der Forschungsfragen und die Interpretation der Ergebnisse folgten theologischer Wissenschaft einerseits und sozialwissenschaftlicher Forschungspraxis andererseits.

Literatur

Assmann, Jan (1992/[6]2007): Das kulturelle Gedächtnis. Schrift, Erinnerung und politische Identität in frühen Hochkulturen. München.

Bach, Ulrich (1991): Getrenntes wird versöhnt. Wider den Sozialrassismus in Theologie und Kirche. Neukirchen-Vluyn.

Bubmann, Peter (2013): Spannungsfelder und Herausforderungen der Gemeindepädagogik. Eine Zwischenbilanz. In: PrTh 48. Jg. H. 1. S. 43–50.

Brandt, Wilfried/Müssig, Gert (2013): Der Evangelische Diakonat. In: Neumann, Reinhard: In Zeit-Brüchen diakonisch handeln 1945–2013. Mit Beiträgen von Wilfried Brandt, Carl Christian Klein, Gert Müssig, Reinhard Neumann, Gottfried Schubert, Erhard Schübel, Martin Wolff, Thomas Zippert. Bielefeld. S. 409–446.

Collins, John N. (1990): Diakonia: Re-interpreting the ancient sources. New York.

Ebeling, Gerhard (1964): Kirchengeschichte als Geschichte der Auslegung der Heiligen Schrift. In: Ders.: Wort Gottes und Tradition. Studien zu einer Hermeneutik der Konfessionen. Göttingen. S. 9–27.

Eidt, Ellen/Schulz, Claudia (Hg.) (2013): Evaluation im Diakonat. Sozialwissenschaftliche Vermessung diakonischer Praxis. Stuttgart.

Grethlein, Christian (2012): Praktische Theologie. Berlin/Boston.

Hauschildt, Eberhard (2007): Hybrid evangelische Großkirche vor einem Schub an Organisationswerdung. Anmerkungen zum Impulspapier ‚Kirche der Freiheit‘ des Rates der EKD und zur Zukunft der Evangelischen Kirche zwischen Kongregationalisierung, Filialisierung und Regionalisierung. In: PTh 96. Jg. H.1. S. 56–66.

Hauschildt, Eberhard (2013): Allgemeines Priestertum und ordiniertes Amt, Ehrenamtliche und Berufstätige. Ein Vorschlag zur Strukturierung verwickelter Debatten. In: PTh 102. Jg. H.9. S. 388–407.

39 Bach 1991: S. 181.

40 Bach 1991: S. 184.

Herrmann, Volker/Horstmann, Martin (Hg.) (2010): Wichern drei – gemeinwesendiakonische Impulse. Neukirchen-Vluyn.

Huber, Wolfgang (2000): Art. Öffentlichkeit und Kirche. In: Honecker, Martin u. a. (Hg.): Evangelisches Staatslexikon. Stuttgart. Sp. 1165–1174.

Karle, Isolde (2010): Kirche im Reformstress. Gütersloh.

Kirchenamt der EKD (Hg.) (1996) (1): Der Evangelische Diakonat als ein geordnetes Amt der Kirche. EKD Texte 58. Hannover.

Kirchenamt der EKD (1996) (2): Grundsätze einer kirchlichen Bildungsordnung für gemeindebezogene Dienste. EKD Informationen. Hannover.

Landmesser, Christof (2007): Hermeneutik. Schriftsinn/Leben/Verstehen/Interpretation. In: Gräb, Wilhelm/Weyel, Birgit (Hg.): Handbuch Praktische Theologie. Gütersloh. S. 748–759.

Lange, Ernst (1982): Zur Theorie und Praxis der Predigtarbeit. In: Ders.: Predigen als Beruf. Aufsätze zu Homiletik, Liturgie und Pfarramt, hg.v. Rüdiger Schloz. München. S. 9–52.

Lamnek, Siegfried (1988/[4]2005): Qualitative Sozialforschung. Lehrbuch. Weinheim/Basel.

Merz, Rainer/Schindler, Ulrich/Schmidt, Heinz (Hg.) (2008): Dienst und Profession. Diakoninnen und Diakone zwischen Anspruch und Wirklichkeit. Heidelberg.

Noller, Annette (2013) (1): Der Diakonat – historische Entwicklungen und gegenwärtige Herausforderungen. In: Dies./Eidt, Ellen/Schmidt, Heinz (Hg.): Diakonat – theologische und sozialwissenschaftliche Perspektiven auf ein kirchliches Amt. Stuttgart. S. 42–84.

Noller, Annette (2013) (2): Diakonat: Kirche im Sozialraum. In: Eidt, Ellen/Schulz, Claudia (Hg.): Evaluation im Diakonat. Sozialwissenschaftliche Vermessung diakonischer Praxis. Stuttgart. S. 446–474.

Noller, Annette (2013) (3): Diakonat und Seelsorge. Zur Rekonstruktion seelsorgerlichen Handelns von Diakoninnen und Diakonen. In: Eidt, Ellen/Schulz, Claudia (Hg.): Evaluation im Diakonat. Sozialwissenschaftliche Vermessung diakonischer Praxis. Stuttgart. S. 376–405.

Noller, Annette (2013) (4): Diakonat und theologische Kompetenz. In: Eidt, Ellen/Schulz, Claudia (Hg.): Evaluation im Diakonat. Sozialwissenschaftliche Vermessung diakonischer Praxis. Stuttgart. S. 406–431.

Noller, Annette (vorauss. 2015): Diakonat und Kirchenreform. Stuttgart.

Noller, Annette/Eidt, Ellen/Schmidt, Heinz (Hg.) (2013): Diakonat – theologische und sozialwissenschaftliche Perspektiven auf ein kirchliches Amt. Stuttgart.

Noller, Annette/Fliege, Thomas (2013): Diakonat und doppelte Qualifikation – drei Typen diakonischen Handelns. Ein Werkstattbericht. In: Noller, Annette/Eidt, Ellen/Schmidt, Heinz (Hg.): Diakonat – theologische und sozialwissenschaftliche Perspektiven auf ein kirchliches Amt. Stuttgart. S. 179–195.

Pohl Patalong, Uta (2004/[2]2006): Von der Ortskirche zu kirchlichen Orten. Ein Zukunftsmodell. Göttingen.

Preul, Reiner (1997): Kirchentheorie. Berlin/New York.

Ruddat, Günter (2009): Das gemeinsame Pastorale Amt im Rheinland. In: PrTh 44. Jg. H. 1. S. 49–53.

VEDD (Verband Evangelischer Diakonen-, Diakoninnen und Diakonatsgemeinschaften in Deutschland e. V.) (Hg.) (2004): Was sollen Diakone und Diakoninnen können? Kompetenzmatrix für die Ausbildung von Diakoninnen und Diakonen im Rahmen der doppelten Qualifikation erarbeitet und beschlossen von der „Ständigen Konferenz der Ausbildungsleiter und -leiterinnen im VEDD" (KAL) im Frühjahr 2004. Impuls III/ 2004. Verfügbar unter: www.vedd.de/obj/Bilder_und_Dokumente/pdf-Daten/Impulse/Impuls200403.pdf (25.02.2014).

Schlag, Thomas (2012): Öffentliche Kirche. Grunddimension einer praktisch-theologischen Kirchentheorie. Zürich.

Wohlrab-Sahr, Monika/Benthaus-Apel, Friederike (2006): Weltsichten. In: Huber, Wolfgang/ Friedrich, Johannes/Steinacker, Peter (Hg.): Kirche in der Vielfalt der Lebensbezüge. Die vierte EKD-Erhebung über Kirchenmitgliedschaft. Gütersloh. S. 281–329.

II. Spuren des Diakonischen

Christian Grethlein

Diakonisches Handeln als Kommunikation des Evangeliums

Das 2008 begonnene und 2013 planmäßig abgeschlossene Projekt der Evangelischen Landeskirche Württemberg „Diakonat – neu gedacht, neu gelebt" zielt darauf, „zukunftsweisende diakonische Arbeit in unterschiedlichen Handlungsfeldern zu entwickeln und zu erproben".[1] Zwar standen dabei die konkrete Tätigkeit von Diakoninnen und Diakonen und damit das Diakonat als Amt (bzw. Dienst) im Fokus der Bemühungen,[2] doch war von Anfang an auch die „Vision einer diakonischen Kirche"[3] im Blick.[4] Die Evaluation ergibt – wie der zuständige Kirchenrat Dieter Hödl in seiner Auswertung anmerkt – „Wichtiges und Staunenswertes", aber auch „Schattenseiten und Misserfolge"[5]. Dies kann jetzt im Einzelnen nachgelesen und diskutiert werden.[6]

Ich möchte mich vor diesem Hintergrund noch einmal dem grundsätzlichen theologischen Thema zuwenden, das anhand des konkreten Projekts zum Diakonat bearbeitet wurde: dem Helfen zum Leben als Form der Kommunikation des Evangeliums. Damit spiele ich eine Terminologie ein,[7] die nur teilweise im Projekt verwendet wurde. Dort finden sich eher noch konventionelle Begriffe wie „Verkündigung", „Diakonie" und „Mission". Allerdings zeigt ein Studium der verschiedenen Beiträge des Evaluationsbandes, dass diese Begriffe unterschiedlich gefüllt werden und wenig aussagekräftig sind. Genauer betrachtet, sind sie durch die Kontexte ihrer Entstehung bzw. Profilierung geprägt. So stellt Ellen Eidt für den Schlüsselbegriff des Projektes, das „Diakonische", „eine Art Containerfunktion" fest; er „steht für alles, was – ausgehend von den persönlichen oder

---

1 Eidt/Schulz 2013 (2): S. 11.

2 Vgl. die diesbezügliche Projektskizze: Evangelische Landeskirche Württemberg 2007.

3 A. a. O., S. 1.

4 Zur internationalen Diskussion zum Diakonat vgl. (aus Perspektive der Methodist Church in Britain) Orton 2013: S. 260–284.

5 Hödl 2013: S. 486.

6 Vgl. die durchwegs informativen und anregenden Beiträge in: Eidt/Schulz 2013 (1).

7 Vgl. hierzu ausführlich Grethlein 2012: S. 300–323.

geteilten Idealen – im Alltag moderner, diakonischer Unternehmen nur schwer realisierbar ist“[8].

Die Begriffe „Verkündigung“ und „Mission“ sind durch bestimmte, vergangene Phasen der Kontextualisierung des Evangeliums geprägt, etwa die Missionstätigkeit am Ende des 19. Jahrhunderts im Zuge des Kolonialismus oder die Auseinandersetzung mit der Nazi-Ideologie. Von daher sind sie nicht ohne hermeneutische Reflexion in die Gegenwart übertragbar. Zu einer solchen Transformation gehört der Bezug auf den durch Jesu Wirken und Geschick gegebenen Grundimpuls. Darüber hinaus sind die beiden Begriffe nicht anschlussfähig an die sozialwissenschaftliche Theoriebildung.

„Kommunikation des Evangeliums“ bietet demgegenüber die Möglichkeit zu differenzierterer Verständigung. Diese aus der Ökumene stammende, mittlerweile vielfach in der Praktischen Theologie aufgenommene Wendung[9] bezieht sich gleichermaßen auf heutige kommunikationstheoretische Einsichten und den Grundimpuls, dem sich Begriffe wie „Verkündigung“ und „Mission“ verdanken, nämlich das von Jesus in mehrfacher Weise kommunizierte „Evangelium“ von der anbrechenden Gottesherrschaft, also dem von Gott eröffneten Raum gelungenen Lebens.

Von daher weise ich in einem ersten Durchgang kurz auf diesen für evangelische Kirche konstitutiven Grundimpuls hin und nehme dessen christentumsgeschichtlichen Transformationen in den Blick. Dabei treten hinsichtlich des Helfens zum Leben als einer Form der Kommunikation des Evangeliums erhebliche Probleme zu Tage.

So kontextualitätstheoretisch gerüstet gilt der zweite Schritt den Herausforderungen der Gegenwart an die Kommunikation des Evangeliums.[10] Ergeben sich hier besondere Chancen für die Kommunikationsweisen des Evangeliums?

Abschließend versuche ich, die Kommunikation des Evangeliums in der Gegenwart zeitbezogen zu erfassen, jetzt mit dem Fokus auf den inhaltlichen Zusammenhang mit dem von Jesu Wirken und Geschick ausgehenden Grundimpuls. Die Überlegungen münden in die konkrete Frage nach einer angemessenen Gestaltung des Diakonats.

1. Helfen zum Leben – Kommunikation des Evangeliums im Kontext

Ein Blick auf das Wirken und Geschick Jesu, wie es vor allem die Evangelien überliefern, ergibt: Der hinter dem „diakonischen Handeln“ stehende Kommunikationsmodus des Helfens zum Leben ist grundlegend für die Kommunikation des Evangeliums. Allerdings trat er schon bald hinter eine Sakralisierung und Klerikalisierung des Christentums zurück. Zwar gab es immer wieder Gruppen, die das diakonische Anliegen aufnahmen, größere Bedeutung gewann es jedoch

---

8 Eidt 2013 (1): S. 112.

9 Vgl. genauer Grethlein 2012: S. 144–180.

10 Vgl. im Projekt hierzu Eidt 2013 (2): S. 320.

erst im 19. Jahrhundert, und zwar in organisatorischer Trennung von der (verwalteten) Kirche. Insgesamt zeigt sich: Das Zurücktreten des Helfens zum Leben in der Kirche ist Resultat eines langen Prozesses, dessen Problematik in der Gegenwart hervortritt und der Korrektur bedarf. Der Impuls Jesu, in der Welt Gottes anbrechende Herrschaft zu entdecken, wurde zu einer kultisch geprägten Religion domestiziert.

1.1 Jesus von Nazaret

Jürgen Becker präsentiert das Wirken Jesu überzeugend als die „Vermittlung der Nähe der Gottesherrschaft“[11]. Der Mann aus Nazaret griff mit dem Begriff der Gottesherrschaft auf jüdische Traditionen zurück und radikalisierte die damit verbundenen Vorstellungen durch die Behauptung, Gottes Herrschaft breche bereits an. Tatsächlich vollzog Jesus die damit gegebene Nähe in drei Kommunikationsmodi:[12]

- in Gleichnisreden, kommunikationstheoretisch formuliert also in alltagsbezogenen Lehr- und Lernprozessen;
- in Mahlzeiten, also in gemeinschaftlichen Feiern;
- in Heilungen, also im Helfen zum Leben, insofern körperliche und soziale Not überwunden werden.

Diese drei Kommunikationsmodi sind bei Jesus untrennbar miteinander verbunden und weisen den Weg zu gelingendem Leben. Nicht von ungefähr spielen Mahlzeiten und Hilfehandlungen in Jesu Gleichnissen eine wichtige Rolle. Die gemeinsamen Mahlzeiten boten in einer Gesellschaft, in der Menschen oft hungern mussten, konkrete Hilfe zum Leben; dazu waren sie mit Lehr- und Lernprozessen verbunden. Und zu den Heilungen gehörten auf die anbrechende Gottesherrschaft hinweisende Worte; sie eröffneten neue Gemeinschaft zwischen den Menschen.

Dabei handelte es sich um echte, also ergebnisoffene und damit auch missverständliche Kommunikationen. Die Hinweise in den Evangelien auf die Unverständlichkeit der Worte Jesu (Mk 4,10–12), auf Beschimpfungen Jesu als „Fresser und Weinsäufer“ (Mt 11,19) und seine offenkundige Unfähigkeit, in seiner Heimat zu heilen (Mk 6,5f.), zeigen dies deutlich.

Den Kontext für dieses Wirken Jesu stellt auf der einen Seite die damalige jüdische Praxis dar, auf der anderen Seite das Römische Reich. Es ist interessant, dass Jesus im jüdischen Diskurs auf dem Zusammenhang der genannten Kommunikationsmodi besteht. In der Tradition alttestamentlicher Prophetie weist er eine Abspaltung des kultisch-priesterlichen vom ethisch-diakonischen Bereich strikt zurück (Mt 9,13). Politisch impliziert der sonst im Kaiserkult geläufige Begriff „Evangelium“ dessen tief greifende Relativierung. Der Kreuzestitulus weist darauf hin – und auf die fatalen Konsequenzen für Jesus.

---

11 Becker 1996: S. 176.

12 Ich folge hier der Analyse von Becker 1996: S. 176–233.

Schließlich verdient medientheoretisch Beachtung, dass die genannten Kommunikationen Jesu sich personal, also modern gesprochen: in face-to-face-Kommunikation, vollzogen. Dies ist angesichts der hohen Literalität der jüdischen Diskurse zur damaligen Zeit bemerkenswert. Von Jesus gibt es keine schriftlichen Zeugnisse, obgleich er wohl alphabetisiert war.

1.2 Alte Kirche

In der Alten Kirche vollzogen sich nachhaltige, letztlich bis heute reichende Umstellungen in der Kommunikation des Evangeliums.

Im Neuen Testament ist noch eine deutliche Reserve gegenüber kultischer Terminologie zu beobachten; die Bezeichnungen für Funktionsträger wie „Episkopen", „Apostel", „Presbyter" und auch „Diakone" entstammen der damaligen Alltagswelt und deren Verwaltung, nicht dem kultischen Bereich. Doch schon bald wandelte sich – entsprechend dem römischen Verständnis von „religio" – die christliche Bewegung zu einer vornehmlich kultisch ausgerichteten und damit priesterlich geprägten Gemeinschaft.

Einen wichtigen Kontext hierfür stellt die Auseinandersetzung der Christen mit paganen Kulten dar. Seit Beginn des 4. Jahrhunderts nimmt das Christentum die Position der Religio als der das Reich einigenden Daseins- und Wertorientierung ein. Der Preis dafür war ein starker Druck auf die – nicht selten gewaltförmige – Vereinheitlichung der Lehre, was im christologischen und trinitarischen Dogma und den damit verbundenen Verwerfungen und Spaltungen seinen Ausdruck fand.

Auch die Modi der Kommunikation des Evangeliums veränderten sich einschneidend. Im Abendmahl trat die Dimension des Helfens zum Leben – etwa in der Sättigung Armer – hinter kultische Aspekte zurück; die Taufe wurde im Zuge des Allgemeinwerdens der Kindertaufe zu einem primär kultischen Akt, der ursprünglich im Taufkatechumenat gegebene Zusammenhang mit dem Lehren und Lernen ging verloren. Es setzte sich die Organisationsform des monarchischen Episkopats durch. Die ursprünglich eigenständige – und wohl auch von Frauen wahrgenommene – Funktion des Diakons wurde dem Priesterstand eingegliedert und damit untergeordnet. Eine primär auf die materielle Versorgung der Armen gerichtete Tätigkeit wandelte sich in eine (untergeordnete) liturgische Funktion.

Diese Veränderungen wurden vornehmlich auf Synoden und in amtlichen Verlautbarungen kommuniziert. Durch deren schriftliche Form erhielten die Entscheidungen größere Beständigkeit, lösten sich aber von der konkreten Situation. Das Leben christlicher Gemeinden verlor an Dynamik.

1.3 Mittelalter

Die in der Alten Kirche angelegten Entwicklungen verstärkten sich im Weiteren. Den politischen und kulturellen Kontext bildete dabei die Notwendigkeit, die verschiedenen Stämme und Völker in das politische Gebilde Römisches Reich zu integrieren. Zugleich bestanden jahrhundertelang Unbildung und Armut bei vielen Menschen.

Das Entstehen einer straff organisierten und mit Machtmitteln ausgerichteten römischen Kirche kann als eine Antwort auf diese Herausforderungen verstanden werden. Die kultische Praxis dominierte die Kommunikation des Evangeliums, wobei sich im Alltag eine vielgestaltige, die Grenze zur Zauberei überschreitende Benediktionspraxis etablierte. Die Ausarbeitung der Sakramentenlehre in der Scholastik dokumentiert exemplarisch die mit der Sakralisierung und Klerikalisierung von Kirche verbundene Prägung durch Lehre und Recht.

Allerdings sind am Rand bzw. jenseits der verfassten Kirche Gegenbewegungen zu beobachten, die sowohl den Kommunikationsmodus des Lehrens und Lernens als auch des Helfens zum Leben förderten. So waren die Klosterschulen Zentren der Gelehrsamkeit. Beim Hilfehandeln bildeten sich Gemeinschaften von Menschen, die sich dieser Form der Nachfolge Jesu besonders verpflichtet fühlten. In einzelnen Orden kam es über die Armutsfrage teilweise zu erbitterten Auseinandersetzungen mit dem Papsttum. Dazu traten neue Kommunitäten wie die Beginen. Diese Frauengemeinschaften entwickelten – ohne die lebenslänglichen Verpflichtungen der Orden – einen auf den Dienst an Armen ausgerichteten Lebensstil. Sie waren mit der (verwalteten) Kirche organisatorisch unverbunden – ein Grundzug, der solchen Gemeinschaften und Initiativen bis heute weithin gemeinsam ist. Die Kommunikation des gelingenden Lebens erfolgte also im Medium der Gemeinschaft und damit alltäglicher Lebensvollzüge.

1.4 Reformation

Die Reformatoren richteten ihren Protest gegen vielfältige Fehlentwicklungen in der römischen Kirche, vor allem gegen die Verwechslung von Gottes Gebot und menschlichen Satzungen. Im Kontext der Universität und der erstarkenden Städte traten das Lehren und Lernen in den Mittelpunkt des theologischen Interesses. Auch der Gottesdienst wurde dem eingeordnet, wie etwa die Bedeutung der Predigt zeigt.

Die Hilfe für die zahlreichen Armen galt den Reformatoren als Pflicht der Obrigkeit. Lediglich bei Calvin gewann das Diakonat im Sinn der Armenpflege eigene Bedeutung.

Wirkungsgeschichtlich weist die berühmte Bestimmung von Kirche in Artikel 7 der Confessio Augustana in andere Richtung. Die exklusive Benennung der Lehre des Evangeliums und der Darreichung der Sakramente als Grundvollzüge der Glaubensgemeinschaft richtet sich gegen die Werkgerechtigkeit in der römischen Kirche, ist also kontextuell zu verstehen. Der Schatten dieser rechtfertigungstheologischen Konzentration ist die Vernachlässigung des Helfens zum Leben, das bei Jesus unbedingt zur Kommunikation des Evangeliums gehörte.

Dazu tritt, dass Luther zwar eindringlich das Priestertum aller Getauften herausstellte. Zugleich griff er aber selbstverständlich auf die damals übliche Soziallehre der drei Stände zurück und etablierte somit den Pfarrberuf als eigenen Stand.[13] Mit der Ordination bildete sich ein Ritual heraus, das diese Bestimmung heraushebt und die Exklusivität des Pfarrstandes in den meisten deutschen Kirchen bis heute stabilisiert. In der lutherischen Tradition blieb daneben kein Raum für ein weiteres „Amt". Der „Diakon" figurierte, wenn überhaupt, als *clerus minor* und hatte primär liturgische Aufgaben.

Wichtige Kommunikationsmedien waren in dieser Zeit Predigten, Flugschriften und situationsbezogene Publikationen. Sie wichen aber zunehmend ausgearbeiteten „Lehren". Dadurch erstarrte der situationsbezogene reformatorische Aufbruch zu einer Lehre, die jenseits des Alltags dogmatische Auseinandersetzungen nach sich zog.

1.5 19. Jahrhundert

Erst im 19. Jahrhundert kam es – unter dem Signum der „inneren Mission" – zu einer verstärkten Besinnung auf das Liebeshandeln als Teil der Kommunikation des Evangeliums. Auch dies ist nur durch einen Blick auf den gesellschaftlichen und kulturellen Kontext zu verstehen. Das explosionsartige Anwachsen der Bevölkerung, die mit dem Begriff der Industrialisierung angedeuteten wirtschaftlichen und lebensstilmäßigen Veränderungen und das damit verbundene Anwachsen der Not bei vielen Menschen forderten (auch) die Christen heraus. Während die verfassten, in das jeweilige Staatswesen integrierten sog. Landeskirchen weithin auf Kultus und dogmatische Lehre fixiert blieben, begann international eine breite Bewegung, in der missionarische und karitative Aspekte miteinander verbunden waren. Auch war diese Hinwendung zum Kommunikationsmodus des Helfens zum Leben mit Aktivitäten im Bereich des Lehrens und Lernens verbunden. So entstanden nicht selten im Gefolge von Hilfs-Unternehmen Ausbildungsstätten, in denen die entsprechenden Mitarbeiter/-innen auf ihren Dienst vorbereitet wurden. Es gab aber auch Impulse für das gemeinschaftliche Feiern, am bekanntesten der wohl aus dem Rauen Haus stammende Adventskranz.

Allerdings blieben diese – im heutigen Sprachgebrauch: diakonischen – Bemühungen bis zur erzwungenen Verkirchlichung im sog. Dritten Reich selbstständig gegenüber den Landeskirchen. Deren Status als staatliche Behörde wurde 1918 in die Rechtsfigur einer Körperschaft des öffentlichen Rechts transformiert, was wiederum Stabilität garantierte, aber zugleich Unbeweglichkeit gegenüber aktuellen Herausforderungen mit sich brachte. Die „Diakone" und „Diakonissen" waren Angehörige freier Gemeinschaften und nur manchmal im Bereich der (verwalteten) Kirche tätig.

Die Kommunikation des Evangeliums im Modus des Helfens generierte also neue, beweglichere Organisationsformen, die direkt auf konkrete Notlagen reagierten. Ihre patriarchalische Struktur implizierte aber von Anfang an die Be-

13 Vgl. Gräb 1998: S. 305.

grenzung auf einen bestimmten Kontext, die spätestens seit den sechziger Jahren des 20. Jahrhunderts unübersehbar wurde.

2. Kommunikation des Evangeliums vor den Herausforderungen der Gegenwart

Einen wichtigen Anstoß für das Projekt „Diakonat – neu gedacht, neu gelebt" gaben „gesellschaftliche Wandlungsprozesse"[14]. Ihnen soll im Folgenden das Augenmerk gelten. Sie weisen zum einen auf die wachsende Bedeutung des Helfens zum Leben als Kommunikationsmodus, zum anderen auf dessen kulturkritische Dimension hin.

2.1 Allgemeine Veränderungen

Im Folgenden nenne ich nur einige seit längerem zu beobachtende Veränderungen, die gegenwärtig forciert begegnen. Dabei scheint es für die Gegenwart charakteristisch, dass jeweils zwei komplementäre Begriffe notwendig sind, um den inneren Spannungen dieser Prozesse wenigstens ansatzweise gerecht zu werden:

Entzauberung – Spiritualität: Charles Taylor wies in seiner umfassenden kulturgeschichtlichen Analyse „A Secular Age" eindrücklich nach, dass im westlichen Kulturkreis seit längerem der Glaube an Gott lediglich eine mögliche Option der Daseins- und Wertorientierung darstellt, aber keinesfalls mehr wie in früheren Zeiten notwendig erscheint.[15] Nicht zuletzt der technisch-naturwissenschaftliche Fortschritt, aber auch die zunehmende Pädagogisierung und Ökonomisierung des Lebens ersetzen früher mit Gott in Zusammenhang gebrachte Lebensvollzüge. Die kosmologische Dimension des Bezugs zu Gott wird dadurch in eine Verstärkung der Innerlichkeit und Personalität des Glaubens transformiert.

Umgekehrt ist eine Sehnsucht nach Spiritualität in unserer Gesellschaft unübersehbar. Hubert Knoblauch diagnostiziert am Beispiel von Ufo-Glauben, Wünschelrutengehen u. ä. eine „Transformation der Magie"[16]. In Aufnahme der früheren popularen Religion – auch Volksfrömmigkeit oder Aberglauben genannt – präsentiert sich hier ein eigener Weltzugang jenseits des technisch-naturwissenschaftlichen Weltbilds, der sich aber moderner technischer Mittel bedient.

Daraus folgen erhebliche Herausforderungen für die Kommunikation des Evangeliums. Die Umstellung kosmologischer Vorstellungen auf kommunikative Vollzüge in der Beziehung zu Gott rückt das Helfen zum Leben in eine neue Position. Es ist nicht lediglich eine Konsequenz aus dem Glauben an Gott, son-

14 Eidt 2013 (3): S. 491.

15 Vgl. Taylor 2007: S. 2f.

16 Knoblauch 2009: S. 245.

dern der potentielle Ort der Gotteserfahrung selbst. So kann – wie eine im Zuge des Projektes befragte Diakonin feststellt – das gemeinsame Kaffeetrinken jenseits der psychologischen und juristischen Notwendigkeiten von Beratung zu einem Teilen des Lebens werden, also eine Form von Abendmahl werden.[17]

Dazu ist die gegenwärtige, von Knoblauch skizzierte „populäre Religion", die vor allem als „Spiritualität" firmiert, vor allem am Wohlergehen des Einzelnen interessiert. Religion erfährt eine grundsätzliche „Subjektivierung"[18] – bedürftige Nächste geraten dabei schnell aus dem Blick.

Ökonomisierung – Ästhetisierung: Bereits in der eben skizzierten „populären Religion" beobachtbar, dominiert gegenwärtig die Ökonomie fast alle Lebensbereiche, nicht zuletzt auch die Kirchen, wie schon ein kurzer Blick in Synodalprotokolle bestätigt.[19] Von der – Benjamin Franklin zugeschriebenen – Maxime „time is money" über das forcierte Prinzip des Wettbewerbs bis hin zu ökonomischen Abhängigkeiten politischer Entscheidungen scheint dem Geld der Primat zuzukommen. Dass davon im Zuge der europäischen Vereinheitlichung das Hilfehandeln betroffen ist, kommt in den Gruppengesprächen mit Diakonen und Diakoninnen anschaulich zur Sprache.[20] Die früher übliche Finanzierung diakonischer Einrichtungen und Vorhaben durch die öffentliche Hand weicht einer Konkurrenz mit ökonomisch ausgerichteten Trägern. Dadurch stellt sich die Frage nach dem diakonischen Profil in neuer, betriebswirtschaftlicher Weise.

Parallel zu der skizzierten Ökonomisierung ist seit den achtziger Jahren des letzten Jahrhunderts eine Ästhetisierung der Lebensvollzüge zu beachten. Die Entlastung vom Kampf um das Überleben führt – wie Gerhard Schulze kultursoziologisch zeigt[21] – zum Streben nach schönem Leben. Dabei geraten notleidende und nicht den gängigen Schönheitsnormen entsprechende Menschen und deren Lebensverhältnisse aus dem Blick. Die Segregation der Gesellschaft, deutlich sichtbar in verschiedenen Wohnquartieren, steht dem inklusiven Impuls des vom Wirken Jesu ausgehenden Helfens zum Leben diametral entgegen. In diesem Sinn impliziert Kommunikation des Evangeliums eine Kritik an gegenwärtiger Kultur.

Globalisierung – Individualisierung: Die Tendenz der Globalisierung zeigt sich in verschiedenen Erscheinungen, angefangen vom Ferntourismus über weltweite ökonomische und politische Zusammenschlüsse bis hin zu Migrationsströmen. Dadurch wird die Selbstverständlichkeit von Lebensformen relativiert. Was für die einen Freiheitsgewinn und Horizonterweiterung bedeutet, schlägt sich bei anderen in Verunsicherung und Verschlechterung der Lebensbedingungen nieder. Im Diakonie-Projekt wird diese grundsätzlich jeder Kommunikation inhärente Spannung am Beispiel diakonischer Netzwerke und ihrer Spannung zwischen Eigenverantwortung und Bindung diskutiert.[22]

---

17 Zitiert bei Noller 2013: S. 382.

18 Vgl. Knoblauch 2009: S. 272.

19 Vgl. Basler 2006.

20 Vgl. z. B. Eidt 2013 (1): S. 111–118.

21 Vgl. Schulze 1993: S. 55.

22 Vgl. Eidt 2013 (2): S. 337–343.

Die vielfachen ökonomischen Zusammenhänge, deren Resultate bis hin zur Obsttheke im Supermarkt reichen, sind meist durch Ungleichgewichte gekennzeichnet. Darauf machen diakonische Organisationen wie „Brot für die Welt" seit langem in ihren Projekten und Kampagnen aufmerksam. Helfen zum Leben bekommt so einen politischen und ökonomischen Akzent.

Bei der Globalisierung handelt es sich um eine grundsätzlich alle Menschen betreffende und damit letztlich uniformierende Tendenz, die aber zugleich Individualisierungsprozesse fördert. Das Wissen um die Möglichkeit, anders zu leben, ist Grundlage für individuelle Lebensstile, die die bisherigen kulturellen und sozialen Bestimmungen weiten bzw. überschreiten. Daraus ergibt sich eine neue Pluriformität von Bedarfen. Sie tritt z. B. im Gespräch mit Eltern von Kindergartenkindern hervor.[23] Helfen zum Leben erfordert demnach in interkulturellen Zusammenhängen die Kooperation zwischen den Beteiligten auf den verschiedensten Ebenen. Das Christentum als eine von Beginn an mehrkulturell ausgeformte Daseins- und Wertorientierung bietet für ein solches Handeln eine gute Grundlage, zu der aber noch kulturelle Expertise hinzutreten muss.

2.2 Bedeutungszuwachs des Helfens zum Lebens

Die bereits von Max Weber diagnostizierte und von Charles Taylor kulturgeschichtlich begründete Entzauberung der Welt führt zu einer Aufwertung der zwischenmenschlichen Beziehungen im religiösen Bereich. Das konkrete Handeln, eben das Helfen zum Leben, erlangt neue Bedeutung gegenüber eher kognitiv ausgerichteten Bemühungen um Daseins- und Wertorientierung. Wie seit dem 3. Jahrhundert die kultische Dimension und in der Reformation die lehrhafte Dimension bei der Kommunikation des Evangeliums dominierten, so gewinnt gegenwärtig die Dimension des Helfens zum Leben an Bedeutung für die Kommunikation gelingenden Lebens.

Empirisch tritt dies bei den Erwartungen zu Tage, die die Evangelischen und auch die Konfessionslosen an Kirche haben. Folgende drei Erwartungen zogen bei der vorletzten EKD-Mitgliedschaftsumfrage die höchste Zustimmung auf sich:

- „Alte, Kranke und Behinderte betreuen" (82 % der Evangelischen West, 87 % der Evangelischen Ost sowie 72 % der Konfessionslosen West und 79 % der Konfessionslosen Ost stimmen nachdrücklich zu).
- „Menschen durch Taufe, Konfirmation, Hochzeit und Beerdigung an den Wendepunkten des Lebens begleiten" (78 % Evangelische West, 87 % Evangelische Ost sowie 51 % der Konfessionslosen West und 57 % der Konfessionslosen Ost stimmen nachdrücklich zu).
- „sich um Probleme von Menschen in sozialen Notlagen kümmern" (77 % Evangelische West, 86 % Evangelische Ost sowie 68 % der Konfessionslosen West und 89 % der Konfessionslosen Ost stimmen nachdrücklich zu).[24]

---

23 Vgl. Schulz 2013 (1): S. 148–153.

24 Huber/Friedrich/Steinacker 2006: S. 457.

Während die erste und die dritte Nennung eindeutig in den Bereich des Kommunikationsmodus des Helfens zum Leben gehören, entstammt das Verb „begleiten" zumindest sozialpädagogischen Diskursen. Die „diakonische Kirche" ist also die von der Mehrheit der Evangelischen (und der Konfessionslosen) erwartete Form von Kirche.

Für sie enthält der Kontext von Globalisierung und Individualisierung neue Herausforderungen. Denn die Kommunikationen gewinnen an Komplexität, insofern die mit dem Helfen zum Leben verbundene, oft in den Nahbereich des Hilfebedürftigen reichende Zuwendung kulturell und individuell unterschiedlich konnotiert ist. An die Stelle von Handlungsroutinen treten möglichst symmetrisch zu gestaltende Aushandlungsprozesse, die neben Einfühlungsvermögen handfestes Wissen um kulturelle Differenzen erfordern. Unter dem Stichwort der „Interkulturellen Kommunikation" werden dazu in Psychologie, Sozialpädagogik und Pflegewissenschaft Methoden und Modelle entwickelt.[25]

Schließlich ist noch auf eine Problemlage hinzuweisen, die schon in den gleich zu thematisierenden Bereich der Gesellschafts- und Kulturkritik führt. Entsprechend der technischen Grundierung heutiger Ökonomie droht die Kommunikation zwischen Menschen bei Hilfeleistungen auf Funktionen reduziert zu werden. Es dominiert die Intervention, die abgerechnet werden kann, als Kommunikationsform. Demgegenüber machen Diakoniker auf die Bedeutung der – grundsätzlich funktionsfreien – Präsenz beim Helfen zum Leben als Form der Kommunikation des Evangeliums aufmerksam.[26] Exemplarisch beschreibt dies im Diakonat-Projekt die Reflexion zu „Diakonisches Arbeiten ‚an den Rändern'".[27]

2.3 Kulturkritische Implikationen des Helfens zum Lebens

Angesichts der eben skizzierten großen Aufgeschlossenheit und Erwartungen vieler Menschen an das Helfen zum Leben als Modus der Kommunikation des Evangeliums darf nicht überspielt werden, dass hier auch Differenzen zu heute üblichen Anschauungen bestehen:

Während die Kommunikation des Evangeliums im Gefolge des Wirkens von Jesus auf Gemeinschaft bzw. neuen Zugang zur Gemeinschaft zielt, sind heute im Bereich von „Spiritualität" individualistische Engführungen unübersehbar. Zwar kannte Jesus nach den Berichten des Neuen Testaments durchaus die Bedeutung eines Rückzugs von anderen Menschen, etwa in die Wüste; doch diente dieser seinem auf die Gemeinschaft bezogenen Wirken. Nicht wenige gegenwärtige Angebote zu „Spiritualität" sind dagegen schon in Sprache und finanziellen Zugangsbedingungen eher elitär und zielen auf Vervollkommnung von Menschen, die anderweitig abgesichert sind. Demgegenüber impliziert das Helfen zum Le-

[25] Vgl. z. B. Kumbier/Schulz von Thun ^{4}2010.

[26] Vgl. Horstmann 2009.

[27] Vgl. Schulz 2013 (1).

ben eine Kommunikation in Form der Hinwendung zu und der Auseinandersetzung mit notleidenden Menschen. Spiritualität wird hier als kommunikativer Vollzug und nicht als Konzentration auf sich verstanden.

Dem entsprechen die kritischen Anfragen an die Ästhetisierung der Lebensstile. Dadurch zur Seite geschobene hässliche und abstoßende Seiten des Lebens rücken beim Helfen zum Leben ins Zentrum. Nach der biblischen Verheißung begegnet nämlich in der Zuwendung zu Hungrigen, Durstigen, Nackten, Kranken und Gefangenen Christus (Mt 25,31–46).

Von daher kann also die Kommunikation des Evangeliums im Modus des Helfens zum Leben durchaus an die Erwartungen vieler Menschen anknüpfen, steht aber zugleich in deutlicher Spannung zu weit verbreiteten Plausibilitäten in der Gegenwart. Das Gelingen des Lebens umfasst nach christlichem Verständnis u. a. die Hinwendung zu Menschen, die nicht den heutigen ästhetischen Standards entsprechen.

3. Kommunikation des Evangeliums in der Gegenwart

Betrachtet man von dem eben Skizzierten aus die gegenwärtige Formatierung und Ausrichtung kirchlicher Arbeit, treten Probleme und Spannungen zu Tage, die teilweise aus der Geschichte resultieren. Zugleich geht davon ein kräftiger Impuls aus für eine Neuorientierung kirchlicher Arbeit. Bevor ich dem nachgehe, ist eine kurze Klärung des Verständnisses von Kirche notwendig.

3.1 Kirche und „Ekklesia“

Für Evangelische Theologie, die den Anschluss an den vom Wirken und Geschick Jesu ausgehenden Grundimpuls sucht, ist die Einsicht wichtig, dass „Kirche“ kein originär biblischer Begriff ist, sich also nicht der eindeutigen Übersetzung einer griechischen (oder hebräischen) Vokabel verdankt. Am nächsten kommt „Kirche“ im Neuen Testament „Ekklesia“. Ohne auf weitere Begriffe eingehen zu müssen, weitet bereits ein bibelkundlicher Blick auf „Ekklesia“ den kirchentheoretischen Horizont.

Es begegnen im Neuen Testament drei soziale Formationen von „Ekklesia“:

- „Ekklesia“ bezeichnet die Christen im ökumenischen, also den ganzen bewohnten Erdkreis umspannenden Sinn (1Kor 4,17; Mt 16,18).
- „Ekklesiai“ (Plural) begegnen in Städten, etwa in Korinth (1Kor 1,2), oder in Landschaften, z. B. in Syrien und Zilizien (Apg 15,41).
- Auch die Institution des Hauses, also die soziale Vorform der Familie, wird mehrfach „ekklesia“ genannt (Röm 16,5; 1Kor 16,19; Phlm 2; Kol 4,13).[28]

Sachlich integriert werden sie durch den Bezug auf ihren gemeinsamen Grund, Jesus Christus. Konkreten Anteil an diesem Grund erhalten die Angehörigen der

[28] Vgl. zu den einzelnen Textbefunden Schmidt [1938] 1957: S. 502–535.

Ekklesia durch die Taufe. Es finden sich im Neuen Testament keine Hinweise auf Prioritäten oder Posterioritäten dieser verschiedenen Formen von Ekklesia. Eine Rangfolge widerspräche dem Gewicht des Christusbezugs.

Das, was wir umgangssprachlich „Kirche“ nennen, gehört in den mittleren Bereich von „Ekklesia“, erfasst also die Zugehörigkeit zu Christus in Stadt und Region. Beides spielt auch heute eine wichtige Rolle im Leben der Menschen, doch scheinen „Haus“ und „Ökumene“, also der Nah- und Fernbereich, an Bedeutung zu gewinnen.

Für unseren Zusammenhang stellt dieser begriffsgeschichtliche Befund eine Entlastung für Kirche dar. Kirchengemeinde, Dekanat und Landeskirche sind zwar wichtig für die Kommunikation des Evangeliums, aber nicht exklusiv dafür verantwortlich. Vielmehr wächst im Zusammenhang zunehmender Mobilität und neuer elektronischer Kommunikationsformen die Bedeutung der beiden anderen Formen von Ekklesia. Modern formuliert: Das Gewicht der multilokalen Mehrgenerationenfamilie und der grundsätzlich weltweit kommunizierenden „Communities“ für die Kommunikation des Evangeliums nimmt zu.

3.2 *Chancen und Grenzen bestimmter Sozialformen*

Bei einer solchen Differenzierung des Kirchenbegriffs stellt sich die Frage nach den jeweiligen Chancen und Grenzen der verschiedenen Sozialformen von Ekklesia:

Das Helfen zum Leben im Bereich der neutestamentlich „Haus“ genannten Formation zeichnet sich durch Alltagsnähe und Vertrautheit aus. Auch heute pflegen z. B. viele Menschen ihre alten Eltern und kranken Ehegatten oder kümmern sich hingebungsvoll um andere ihnen verwandtschaftlich oder auf andere Weise nahe stehende Menschen. In theologischer Perspektive wird hier Evangelium im Ursprungssinn kommuniziert, ohne dass dies in irgendeiner Statistik kirchlichen Lebens erscheint. Nicht selten dürfte es dabei zu Begegnungen kommen, in denen die beiden anderen Modi der Kommunikation des Evangeliums zum Tragen kommen. Es wird ein Gebet an einem Krankenbett gesprochen, mit einem Orientierung suchenden Heranwachsenden über den Sinn des Lebens nachgedacht usw. Zugleich bedürfen solche Begleiter/-innen Anderer der Unterstützung und sind mit manchen Notwendigkeiten überfordert.

Hier stellt die erweiterte Nachbarschaftsebene, für die in der innerkirchlichen Organisation die Kirchengemeinde steht, ein wichtiges Potenzial dar, das aber – wie Beispiele aus dem Projekt zeigen – auch verstellt werden kann. Die Pflegekräfte einer Diakoniestation verfügen über vertiefte Kenntnisse im Bereich der Pflege bzw. anderweitiger Begleitung. Auch ermöglicht die Kirchengemeinde durch ihre liturgischen Feiern eine über den engen häuslichen Bereich hinausgehende Kommunikation des Evangeliums im Modus gemeinschaftlichen Feierns.

In diesem Zusammenhang sind auch die Fernsehgottesdienste zu nennen, die sich bei älteren Menschen über die Konfessionsgrenzen hinweg großer Beliebtheit erfreuen. Mittlerweile feiern im Winter mehr Menschen vor ihrem Fernseher einen Gottesdienst als in evangelischen Kirchengebäuden. Diese multitopischen[29] Gottesdienste führen zumindest tendenziell in den Bereich von „Oikumene“, insofern sie die regionalen und auch konfessionellen Grenzen überschreiten bzw. relativieren. Wieder direkt in den Bereich des Helfens führen hier Telefon- und Internetseelsorge. Sie agieren jenseits traditioneller räumlicher Grenzen (auch der Kirchenorganisation) und senken die in der face-to-face-Kommunikation implizierten Schwellen.

3.3 Kirche zwischen staatsanaloger Institution und zivilgesellschaftlicher Organisation[30]

In einer solchen, vom neutestamentlichen Verständnis von Ekklesia inspirierten Perspektive treten die Chancen und Grenzen der Organisationsform von Kirche hervor: Evangelische Kirche steht bis heute in einem engen Verbund mit dem Staat. Zwar statuierte die Weimarer Reichsverfassung die Trennung von Kirche und Staat. Doch wurde konkret die bis dahin bestehende Abhängigkeit Evangelischer Kirchen in die staatsanaloge Form der Körperschaft des öffentlichen Rechts transformiert. Sie schafft für kirchliche Arbeit und Planung u. a. durch die damit verbundene Dienstherren-Fähigkeit und das Recht zur Steuererhebung ein stabiles Fundament.

Doch schon im 19. Jahrhundert zeigte sich am Beispiel der Inneren Mission Johann Wicherns, dass dies einen Preis hat. Damals war Kirche nicht in der Lage, den diakonischen Impuls aufzunehmen. Und auch gegenwärtig vollzieht sich das Helfen zum Leben vielerorts unter anderen Rahmenbedingungen. Die genannte Öffnung des sog. sozialen Marktes führt zu einer Konkurrenz verschiedener Anbieter – jenseits der genannten Privilegien des Körperschaftsstatus.

Es wird zu prüfen sein, welche Chancen, aber auch Grenzen die genannte staatsanaloge Verfassung von Kirche für den Modus des Helfens in der Kommunikation des Evangeliums hat. Sie steht einer verlässlichen Struktur in Planstellen näher als einer an momentanen situativen Gegebenheiten orientierten Arbeit in Projektform. Hinsichtlich der inhaltlichen Bestimmung machen Beobachtungen zum Selbstverständnis von landeskirchlich bediensteten Diakoninnen und Diakonen nachdenklich. Diese definieren sich primär – und manchmal ausschließlich – über ihre funktionalen Tätigkeiten, etwa als Jugendreferent/-in oder Religionslehrer/-in.[31] Es wird mit ihnen zu diskutieren sein, in welchem Zusammenhang ihre professionelle Ausrichtung mit dem Diakonat aller Getauften steht.

---

29 Vgl. Thomas 2007: S. 100–102.
30 Vgl. Grethlein 2013: S. 36–42.
31 Vgl. Schulz 2013 (2): S. 31–40.

3.4 Diakonat – zwischen allgemeinem und speziellem Dienst

Abschließend will ich jetzt noch mögliche Konsequenzen dieser Überlegungen für das konkrete Diakonat andeuten, wie es im Württemberger Projekt untersucht wurde. Dazu drei Thesen und ein Ausblick:

- Die nahe liegende Verankerung des Diakonats im Modus des Helfens zum Leben in der Kommunikation des Evangeliums weist auf die allgemeine, grundsätzlich alle Christen umfassende Aufgabe hin. Landesbischof July sprach 2011 ausdrücklich von dem „Diakonat aller Gläubigen“[32]. Tatsächlich gehört zum Christsein, wenn die Taufe Ausdruck der Christus-Mimesis ist, konstitutiv der Kommunikationsmodus des Helfens zum Leben. Und er wird, wie einschlägige Berichte zeigen, vielfach praktiziert.
- Damit besteht – July nennt dies explizit – eine Entsprechung des Diakonats zum Pfarrdienst. Denn auch dort ist nach reformatorischer Einsicht die Basis das allgemeine Priestertum aller Getauften. Pointiert formuliert: Pfarrer/-innen sind nur notwendig, um die Getauften in ihrem Priestersein zu unterstützen.

Diese Argumentation kann auf das Diakonat übertragen werden. Es ist als eigener Dienst notwendig, insofern alle Getauften Diakone sind und in diesem Dienst Beistand benötigen. Zugleich gibt es spezielle Formen der Hilfe, für die eine besondere Ausbildung notwendig ist. Dabei ist es das Kennzeichen der Tätigkeit (hauptberuflicher) Diakone und Diakoninnen, dass sie sich darum bemühen, nicht eigene, selbstreferentielle Hilfsstrukturen zu entwickeln, sondern vermittelnd im ursprünglichen Sinn von „diakonein“ tätig zu werden.[33] Kommunikationstheoretisch formuliert geht es darum, das anfangs notwendige asymmetrische Gefälle von dem Helfer/der Helferin zu dem/der Hilfsbedürftigen in ein (möglichst) symmetrisches Verhältnis zu überführen.

- Kirchentheoretisch formuliert: Die Pfarrer/-innen und Diakone/Diakoninnen haben die Aufgabe, den konkreten Ekklesiai in Form von multilokalen Mehrgenerationenfamilien, Kirchengemeinden, elektronisch kommunizierenden Communities o.ä. zu assistieren, also beizustehen. Dabei geht es nicht um „Innen“ oder „Außen“ von verfasster Kirche, „sondern darum, die verschiedenen Glieder am Leib Christi (1.Kor 12,1ff) miteinander ins Gespräch zu bringen und ihnen als Kirche in ihren jeweiligen Lebenssituationen zu dienen.“[34] Von daher dürfte es günstiger sein, unter gegenwärtigen auf Symmetrie orientierten Kommunikationsbedingungen von „Dienst“ und nicht vom „Amt“ zu sprechen, insofern letzterer Begriff nach wie vor obrigkeitliche Konnotationen impliziert.[35]
- Und noch ein kurzer Ausblick: Falls die von Jürgen Becker für Jesu Wirken und Geschick exegetisch erarbeitete dreifache Differenzierung der Kommu-

---

32 July 2013: S. 15.

33 Vgl. Grethlein 2012: S. 415–417.

34 A. a. O., S. 459.

35 Vgl. die instruktive Skizze zum Kontextbezug des „Amts“-Verständnisses bei Eidt 2013 (4): S. 123–141.

nikation des Evangeliums zutrifft, ergibt sich eine weitere Konsequenz für eine Theorie von Tätigkeiten, die die Kommunikation des Evangeliums fördern. Neben dem Pfarrberuf, in dessen Zentrum das gemeinschaftliche Feiern steht, und dem Diakonat mit seiner primären Ausrichtung auf das Helfen zum Leben ist noch ein Dienst erforderlich, der Menschen im Bereich der Lehr- und Lernprozesse im Rahmen der Kommunikation des Evangeliums unterstützt. Es erscheint mir vor diesem Hintergrund fraglich, ob die Subsummierung von „schulischen Religionspädagoginnen", insofern sie eine kirchliche Ausbildung erhielten, unter „Diakonat" günstig ist.

Auf jeden Fall ist aber grundsätzlich zu beachten: Entsprechend dem vom Wirken und Geschick Jesu ausgehenden Grundimpuls handelt es sich bei diesen Diensten nur um pragmatisch notwendig erscheinende Schwerpunktbildungen, nicht um exklusive Separationen etwa ontologisch begründeter Ämter. Denn gemeinschaftliches Feiern ohne Bezüge zu Lehr- und Lernprozessen sowie Helfen zum Leben verfehlt ebenso die auf den ganzen Menschen bezogene Pointe der Kommunikation des Evangeliums wie Helfen zum Leben oder Lehren und Lernen ohne Bezug zu den beiden jeweils anderen Kommunikationsmodi. Dies ist theologisch darin begründet, dass es sich bei den genannten drei Diensten jeweils um Formen des Beistands, der Assistenz für Getaufte handelt. Deren Leben umfasst aber in der Nachfolge Jesu von Nazaret alle drei Kommunikationsmodi gelingenden Lebens.

Literatur

Basler, Karin (2006): Finanzmanagement als Chance kirchlichen Lernens. Betriebswirtschaftliche und praktisch-theologische Analysen zu neuen Steuerungsinstrumenten der evangelischen Kirchen in Baden Württemberg. Leipzig.

Becker, Jürgen (1996): Jesus von Nazaret. Berlin.

Eidt, Ellen (2013) (1): Empirische Perspektiven auf den Diakonat in diakonischen Einrichtungen und Diensten. Person, Beruf und Amt aus der Sicht von Anstellungsverantwortlichen und diakonischen Fachkräften. In: Eidt, Ellen/Schulz, Claudia (Hg.): Evaluation im Diakonat. Sozialwissenschaftliche Vermessung diakonischer Praxis. Stuttgart. S. 90–136.

Eidt, Ellen (2013) (2): Sozialkapital in diakonischen Netzwerken. Praxiskonzepte diakonischer Netzwerkarbeit und wie Diakoninnen und Diakone sie gestalten und deuten. In: Eidt, Ellen/Schulz, Claudia (Hg.): Evaluation im Diakonat. Sozialwissenschaftliche Vermessung diakonischer Praxis. Stuttgart. S. 319–348.

Eidt, Ellen (2013) (3): Kirche im Projektstress? Reflexion der Evaluationsergebnisse eines Diakonatsprojekts für die kirchliche Organisationsentwicklung. In: Eidt, Ellen/Schulz, Claudia (Hg.): Evaluation im Diakonat. Sozialwissenschaftliche Vermessung diakonischer Praxis. Stuttgart. S. 490–514.

Eidt, Ellen (2013) (4): Kirchliche Ämter im Gesellschaftsbezug. Eine Typologie und ihre Konsequenzen – nicht nur für den Diakonat. In: Noller, Annette/Eidt, Ellen/Schmidt, Heinz (Hg.): Diakonat – theologische und sozialwissenschaftliche Perspektiven auf ein kirchliches Amt. Stuttgart.

Eidt, Ellen/Schulz, Claudia (2013) (1) (Hg.): Evaluation im Diakonat. Sozialwissenschaftliche Vermessung diakonischer Praxis. Stuttgart.

Eidt, Ellen/Schulz, Claudia (2013) (2): Zugänge der Evaluationsforschung zu Diakonat und diakonischer Praxis. In: Dies. (Hg.): Evaluation im Diakonat. Sozialwissenschaftliche Vermessung diakonischer Praxis. Stuttgart. S. 11–26.

Evangelische Landeskirche Württemberg (Hg.) (2007): Diakonat – neu gedacht, neu gelebt. Stuttgart. Verfügbar unter: https://www.service.elk-wue.de/fileadmin/dezernate/dezernat2/Ref.2.3_-_Projekt_Diakonat/Projektskizze_Diakonat_Stand_Juli_2007_Beschluss_FA.pdf (02.03.2014).

Gräb, Wilhelm (1998): Lebensgeschichten – Lebensentwürfe – Sinndeutungen. Eine praktische Theologie gelebter Religion. Gütersloh.

Grethlein, Christian (2012): Praktische Theologie. Berlin/Boston.

Grethlein, Christian (2013): Probleme hinter den Bemühungen um Kirchenreform. Kirche im Übergang von einer staatsanalogen Institution zu einer zivilgesellschaftlichen Organisation. In: Praktische Theologie (PTh). 48. Jg. Heft 1/2013. S. 36–42.

Hödl, Dieter (2013): „In allem sei der Diakon wie das Auge der Kirche." Was ein Diakonieprojekt sichtbar werden lässt. In: Eidt, Ellen/Schulz, Claudia (Hg.): Evaluation im Diakonat. Sozialwissenschaftliche Vermessung diakonischer Praxis. Stuttgart. S. 486–489.

Horstmann, Martin (2009): Diakonische Kompetenz. In: Herrmann, Volker (Hg.): Soziales Leben gestalten. Beispiele und Herausforderungen. DWI-Jahrbuch 40. S. 187–203.

Huber, Wolfgang/Friedrich, Johannes/Steinacker, Peter (2006) (Hg.): Kirche in der Vielfalt der Lebensbezüge. Die vierte EKD-Erhebung über Kirchenmitgliedschaft. Gütersloh.

July, Frank Otfried (2013): Diakonat. Zehn Thesen im Rahmen des Projekts „Diakonat – neu gedacht, neu gelebt". In: Noller, Annette/Eidt, Ellen/Schmidt, Heinz (Hg.): Diakonat – theologische und sozialwissenschaftliche Perspektiven auf ein kirchliches Amt. Stuttgart. S. 15–20.

Knoblauch, Hubert (2009): Populäre Religion. Auf dem Weg in eine spirituelle Gesellschaft. Frankfurt.

Kumbier, Dagmar/Schulz von Thun, Friedemann ([4]2010) (Hg.): Interkulturelle Kommunikation: Methoden, Modelle, Beispiele. Hamburg.

Noller, Annette (2013): Diakonat und Seelsorge. In: Eidt, Ellen/Schulz, Claudia (Hg.): Evaluation im Diakonat. Sozialwissenschaftliche Vermessung diakonischer Praxis. Stuttgart. S. 376–405.

Orton, Andrew (2013): The diverse and contested diaconate: Why understanding this ministry is crucial to the future of the church. In: International Journal of Practical Theology (IJPT) 16. Jg. (2013). S. 260–284.

Schmidt, Karl Ludwig ([1938] 1957): Ekklesia. In: Kittel, Gerhard (Hg.). Theologisches Wörterbuch zum Neuen Testament. Bd. 3. Stuttgart. Sp. 502–535.

Schulz, Claudia (2013) (1): Diakonisches Arbeiten „an den Rändern". Über Anspruch und Wirklichkeit der Ausrichtung auf Zielgruppen und Milieus. In: Eidt, Ellen/Schulz, Claudia (Hg.): Evaluation im Diakonat. Sozialwissenschaftliche Vermessung diakonischer Praxis. Stuttgart. S. 137–183.

Schulz, Claudia (2013) (2): Konstruktion des Diakonats zwischen Tätigkeit, Qualifikation und Amt. Wahrnehmungen aus den Berufsgruppen im Diakonat. In: Eidt, Ellen/Schulz, Claudia (Hg.): Evaluation im Diakonat. Sozialwissenschaftliche Vermessung diakonischer Praxis. Stuttgart. S. 27–55.

Schulze, Gerhard (1993): Die Erlebnisgesellschaft. Kultursoziologie der Gegenwart. Frankfurt.

Taylor, Charles (2007): A Secular Age. Cambridge/Ma.

Thomas, Günther (2007): Fernsehen. In: Fermor, Gotthard et.al. (Hg.): Gottesdienst-Orte. Handbuch Liturgische Topologie. Leipzig.

Ellen Eidt

Was heißt hier eigentlich „diakonisch“?

Das Modell der Maslow’schen Bedürfnishierarchie als Beitrag zur Lösung einer Gretchenfrage der Diakonie und des Diakonats

Mit Gretchenfragen ist das so eine Sache. Niemand liebt sie und doch gibt es gute Gründe, sie nicht ungestellt zu lassen. Sie richten sich auf Wesentliches und damit – wie man so schön sagt – auf „des Pudels Kern“[1]. Solche Gretchenfragen verlangen den Gefragten ein Bekenntnis ab, das sie vielleicht lieber nicht ausgesprochen hätten. Die Fragenden selbst kommen angesichts der hinter der Frage steckenden Komplexität durchaus manchmal an die Grenzen ihrer gedanklichen Möglichkeiten.[2] Gretchens Frage im Garten, „Nun sag, wie hast Du’s mit der Religion?“[3], in Goethes „Faust“ berührt – natürlich in völlig anderer Zuspitzung – auch im Projekt „Diakonat – neu gedacht, neu gelebt“ eines der Kernthemen. Fast alle beteiligten Akteurinnen und Akteure umkreisten immer wieder die Fragen danach, welche Rolle der christliche Glaube explizit oder implizit im Kontext diakonischen Handelns spielen sollte. Teilweise wurde diese Frage auch zum Maßstab dafür, welche Aufgabenstellungen überhaupt unter dem Begriff „diakonisch“ subsummiert werden dürfen oder sollen. Neben – teilweise auch verknüpft mit – der Frage nach der Bedeutung des christlichen Glaubens und der Kommunikation des Evangeliums in diakonischen Handlungsvollzügen stellte sich aber auch die Frage, ob sich diakonisches Handeln ausschließlich – oder doch zumindest vor allem – auf die Menschen zu richten hat, die in besonderer Weise hilfebedürftig, benachteiligt oder von Ausgrenzungsprozessen bedroht sind.

Im Verlauf der projektbegleitenden Forschung und im Rahmen der Projektevaluation ist es bereits gelungen, eine ganze Reihe verschiedener Konstruktionen des „Diakonischen“ transparent zu machen. Diese Ergebnisse der empirischen Forschung werde ich zunächst – ergänzt durch einige weitere Beobachtungen im Projektverlauf – in Form eines Überblicks zusammenfassend darstellen. Im Anschluss daran entwickle ich dann ein Konzept, wie verschiedene Formen und Zielrichtungen diakonischen Handels und die darin möglichen impliziten und expliziten Bezüge zum christlichen Glauben anhand des Modells der Maslow’schen Bedürfnishierarchie sortiert werden können.

---

1 Goethe 2010 [1808]: Vers 1323.

2 Vgl. Wikimedia 2014: Art. Gretchenfrage.

3 Goethe 2010 [1808]: Vers 3415.

1. Konstruktionen des „Diakonischen" im Projekt „Diakonat – neu gedacht, neu gelebt"

Die Konstruktionen des „Diakonischen" und die Formulierungen der Frage nach der Rolle des christlichen Glaubens in diesem Zusammenhang unterschieden sich in den verschiedenen Phasen und unterschiedlichen Zusammenhängen des Projekts erheblich. Der Projektansatz zielte auf professionelles diakonisches Handeln durch Diakoninnen und Diakone. Diesem Ansatz entsprechend sortieren die meisten Versuche, das „Diakonische" zu beschreiben, das Feld der ihnen vor Augen stehenden Möglichkeiten, vor allem aus genau dieser Perspektive. Trotz der damit bereits verbundenen Eingrenzung der Perspektiven entfaltete sich für die Forscherinnen und Forscher noch ein buntes Feld deutlich unterscheidbarer Beschreibungen. Charakteristisch für die meisten innerhalb des Diakonatsprojekts empirisch feststellbaren Konstruktionen des Diakonischen ist, dass sie stets in einem Spannungsfeld zwischen verschiedenen Polen lokalisiert sind und das jeweilige Verständnis durch die Bestimmung des Bezugs zu diesen Polen gewonnen wird.

1.1 „Das Diakonische" im Spannungsfeld zwischen diakonisch und missionarisch

Bereits auf dem Weg der Projektentwicklung spielte in Gremiendiskussionen die Frage nach dem Verhältnis diakonischer und missionarischer Anteile in den einzelnen Erprobungsprojekten eine Rolle. In den ersten Fassungen der Projektskizze, wie sie im Kollegium des Oberkirchenrates und in verschiedenen synodalen Ausschüssen im Frühjahr und Sommer 2006 beraten wurden, fehlte der Begriff „missionarisch" noch ganz. Dort wurden als normative Zielperspektive die Stärkung der diakonischen Dimension der Kirche und eine diakonische Profilierung der Dienstaufträge in den verschiedenen Berufsgruppen des Diakonats formuliert. Eine präzise Definition des mit dem Begriff „diakonisch" markierten Bedeutungshorizontes fehlte jedoch. In dieser Form fand die Projektskizze vor allem im letztlich entscheidenden Finanzausschuss der württembergischen Landessynode keine Mehrheit.

In den Haushaltsberatungen der Synodaltagung im Herbst 2006 erläuterte die Synodale Inge Schneider die Hintergründe dafür:

> „Ausdrücklich begrüßt der Gesprächskreis Lebendige Gemeinde, dass in einem Projekt neu über den Diakonat nachgedacht und der Diakonat neu profiliert werden soll. Neben der Fürsorge für das Pfarramt ist es dringend nötig, auch den Diakonat mit seinem Profil in den verschiedenen Handlungsfeldern neu in den Blick zu nehmen und zu fördern. Wir sind gerne bereit, dieses Projekt in einem Nachtrag zu genehmigen, wenn in der Ausschreibung deutlich wird, dass beide Wurzeln des Diakonats, also die Verkündigung in Wort und Tat, angemessen berücksichtigt werden: Mission als Glauben weckendes Ansprechen der Menschen und der Dienst der tätigen Nächstenliebe sollen als entscheidendes Auswahlkriterium für Projekte benannt werden."[4]

[4] Vgl. Evangelische Landeskirche in Württemberg (2006): S. 1784.

Die Synodale Inge Schneider greift in ihrer Konstruktion des Diakonischen relativ abstrakt auf das polare Begriffspaar „Wort und Tat“ zurück, wie es bereits in der Grundordnung der EKD als Kompromissformel verwendet wurde.[5] Im Statement der Synodalen bleibt jedoch ein entscheidendes Thema in der Schwebe. Geht es ihr und mit ihr dem evangelikal geprägten Gesprächskreis „Lebendige Gemeinde“ ganz allgemein darum, dass in diakonischen Kontexten auch Glaubensfragen zur Sprache kommen? Geht es um spezifisch missionarische Berufsprofile im Diakonat? Oder geht es um eine dezidierte Unterscheidung zwischen allgemeiner Sozialarbeit und missionarischer Diakonie?

Dem Anliegen einer expliziten Öffnung der Projektkonzeption für missionarische Aspekte diakonischen Handelns wurde im Rahmen der weiteren Projektentwicklung entsprochen. Fast durchgehend wurde sowohl in der Projektskizze als auch in der Projektausschreibung das Adjektiv „diakonisch“ durch „diakonisch-missionarisch“ ersetzt. Eine für die Projektdurchführung normative Fassung der Begriffe sucht man jedoch auch in der Endfassung der Projektskizze vergeblich. Den vorliegenden Protokollen ist kein Hinweis darauf zu entnehmen, ob auf eine solche Festlegung absichtlich verzichtet wurde, oder ob gerade in der Vagheit der Begriffe die Chance zum größeren Konsens zu finden war. Im Projektverlauf wurden jedoch vor allem aus den Reihen der kirchlichen und diakonischen Anstellungsverantwortlichen immer wieder Stimmen laut, die zumindest im Hinblick auf die Hauptamtlichen im Diakonat eine eindeutige Profilierung und damit eine klare Definition des Diakonischen forderten. Dahinter stand meist die Idee, dass nur durch eine klare Abgrenzung vom Pfarramt die diakonischen Berufe ihre Existenzberechtigung verdeutlichen könnten.

1.2 Diakoninnen und Diakone in einer schriftlichen Befragung: Drei Typen der Zuordnung von Wort und Tat

In einer schriftlichen Befragung der am Projekt beteiligten Diakoninnen und Diakone im Juni 2009 nahm Annette Noller die Frage, die im Statement der Synodalen Inge Schneider offen geblieben war, auf und spitzte sie wie folgt zu:

5 Die EKD bekennt sich in ihrer Grundordnung (1948: Art. 15,1) zum allgemeinen Diakonat und zur Diakonie als Konstitutivum ihres Kirchseins: „Die Evangelische Kirche in Deutschland und die Gliedkirchen sind gerufen, Christi Liebe in Wort und Tat zu verkündigen. Diese Liebe verpflichtet alle Glieder der Kirche zum Dienst und gewinnt in besonderer Weise Gestalt im Diakonat der Kirche; demgemäß sind die diakonisch-missionarischen Werke Wesens- und Lebensäußerung der Kirche.“ Diese Formulierung der EKD-Grundordnung „nimmt die Programmbegriffe der beiden Sozialwerke [– Innere Mission und Evangelisches Hilfswerk –] auf“[5] und verdankt sich einem längeren Ringen zwischen den Vertretern der Inneren Mission und des Evangelischen Hilfswerkes im Vorfeld und noch während der verfassungsgebenden Kirchenversammlung im Juli 1948 in Eisenach. Historisch geht diese Formulierung zurück auf die Zeit des Nationalsozialismus, in der es mit dieser Formulierung gelungen war, Einrichtungen der Inneren Mission einen gewissen Schutz durch die verfasste Kirche zu gewähren. Vgl. Grethlein 2012: S. 421 mit Verweis auf Herrmann 2005: S. 59–68 u. 63.

„Das Diakon/innen/amt kann man missionarisch beschreiben als Verkündigung an Menschen, die dem Evangelium entfremdet sind, oder man kann es sozialdiakonisch beschreiben im Sinne der Zuwendung zu besonders belasteten Personen. Was bedeuten diese beiden Perspektiven für Sie? Wie würden Sie diese Beschreibungen weiterführen oder kommentieren? Und wie kommen beide Ansätze bei Ihnen vor?“[6]

In der Konstruktion dieser Fragestellung wird die Polarisierung eindeutig geschärft, indem eine missionarische und eine sozialdiakonische Fassung des Diakonen- und Diakoninnenamtes einander gegenübergestellt werden. Anhand der Antworten auf diese Fragestellung konstruierten Annette Noller und Thomas Fliege drei Typen der Zuordnung von Wort und Tat:

„Typ eins betrachtet beide Perspektiven als gleichwertig und ineinander verwoben, Typ zwei priorisiert den Verkündigungsaspekt vor dem Tatcharakter diakonischen Handelns. Typ drei dagegen sieht zuerst die Linderung der Not und die Zuwendung zum Nächsten als Priorität diakonischen Handelns an und dann erst, daraus folgend kommt auch das Glaubensgespräch – ohne missionarischen Anspruch im Blick auf eine Glaubenskonversion – in den Blick.“[7]

Aus dieser Rekonstruktion der schriftlichen Äußerungen der Diakoninnen und Diakone im landeskirchlichen Diakonatsprojekt schließen Annette Noller und Thomas Fliege, dass alle hier Befragten *„ihr professionelles Handeln als eine spezifische Weise der Kommunikation des Evangeliums in Wort und Tat“* verstehen, und fragen dann danach, „wie beide Dimensionen diakonischen Handelns in den professionellen Beziehungen und Arbeitsvollzügen erfahrbar werden.“[8] Zwei an anderen Orten durchaus präsente Akzentuierungen in der Definition des „Diakonischen“ – die helfende Tat ohne explizierten Bezug zum christlichen Glauben[9] einerseits und das missionarische Wort als diakonischen Auftrag[10] andererseits – konnten demnach in den von diesen beiden Forschenden analysierten Dokumenten nicht festgestellt werden.

1.3 Berufsgruppenspezifische Gruppendiskussionen: Ringen um das Diakonische in verschiedenen Systemen

Im Rahmen der empirischen Begleitforschung des Projekts „Diakonat – neu gedacht, neu gelebt“ wurden auch Gruppendiskussionen mit Vertreterinnen und

6 Vgl. Noller/Fliege 2013: S. 184.

7 Vgl. Noller/Fliege 2013: S. 179–195 bes. S. 191–192.

8 Noller/Fliege 2013: S. 194.

9 Vgl. Degen 2013: S. 33–44.

10 Wie es etwa ein Jugendreferent in einer Gruppendiskussion mit Kolleginnen und Kollegen seiner Berufsgruppe formuliert: „Ich mache Verkündigungsarbeit. Das macht mir Spaß. Dazu bin ich […] ausgebildet worden. […] Aber da das im Diakonengesetz auch vorkommt, dass man als Jugendreferent die Verkündigungsaufgabe in seinem Dienst wahrnehmen kann, deshalb kann ich auch sagen: gut ich kann auch als Diakon da [arbeiten].“

Vertretern verschiedener Berufsgruppen im Diakonat durchgeführt.[11] Diese Diakoninnen und Diakone wurden vor allem auf ihr Verständnis des Diakonats hin befragt. In diesem Zusammenhang entwickelten sie jedoch auch an einigen Stellen je spezifische Konstruktionen dessen, was sie unter diakonisch verstehen. So formuliert etwa ein Jugendreferent und Diakon im Blick auf die klassische, mittelschichtsorientierte Jugendarbeit in kirchlichem Auftrag:

> „Jetzt denke ich, von der normalen Arbeit her würde ich das schon als diakonisch bezeichnen. Weil egal, ob die, die müssen jetzt nicht unbedingt am Bahnhof rumhängen und Alkohol trinken, um diakonisch tätig zu sein. Weil die Jugendlichen und Kinder können genauso kaputt sein, genauso bedürftig sein [... und] Probleme haben, wenn sie auch nur aus der Mittelschicht kommen. Und ich finde, da erfüllst du schon genauso dieses diakonische Profil."[12]

Im Kontext dieses Zitats wird deutlich, dass die Jugendreferentinnen und Jugendreferenten an dieser Stelle des Gesprächs darum ringen, in welchem Verhältnis ihre Tätigkeit im Rahmen klassischer, mittelschichtsorientierter kirchlicher Jugendarbeit zu ihrem Selbstanspruch als Diakonin oder Diakon steht. Dabei wird dann für diese Hauptamtlichen im Diakonat die Hilfe bei nicht näher definierten Problemen zum diakonischen Profil, das jedoch von allgemein christlicher Nächstenliebe kaum zu unterscheiden ist.

Ähnlich hört sich die Konstruktion des Diakonischen bei Religionspädagoginnen und Religionspädagogen an, deren offizieller Auftrag sich auf schulischen Religionsunterricht bezieht. Das Diakonische an seiner schulischen Tätigkeit beschreibt dort etwa ein Religionspädagoge als die – an seine Person gebundene – professionelle Fähigkeit, Kollegen, Schulleitung und manchmal auch Schülerinnen und Schülern in Problemen beizustehen und gegebenenfalls Lösungswege aufzuzeigen und dabei „den anderen auch zu befähigen, wieder Luft zu kriegen, selber nach Lösungen zu suchen"[13]. Auch hier wird deutlich, dass es sich bei dieser Tätigkeit des Diakons nicht primär um eine Zuwendung zu besonders Schwachen oder grundsätzlich hilfebedürftigen Menschen handelt.

Demgegenüber könnte man davon ausgehen, dass die Berufsgruppe der Sozial- und Pflegediakoninnen in ihrer täglichen Arbeit mehr Berührungspunkte mit tatsächlich benachteiligten oder pflegebedürftigen Menschen und deshalb weniger Schwierigkeiten mit dem Auffinden des Diakonischen im beruflichen Alltag hat. Angesichts der marktförmigen Orientierung diakonischer Einrichtungen gewinnt jedoch die Frage nach dem Diakonischen eine völlig andere Zuspitzung:

> „Was ist Diakonie, wie können wir Diakonie leben innerhalb der Einrichtung, zwischen den Einrichtungen und bei den Mitarbeitern. Das sind dann Sachen, klar die Andacht, die es bei uns seit Jahren gibt, und sonstige Geschichten, Weihnachtsfeiern,

[11] Vgl. Schulz 2013: S. 27–55.

[12] Schulz 2013: S. 36

[13] Schulz 2013: S. 39.

> wo das mit gelebt wird. […] Das einzige, wo finde ich Diakonie vorkommt, zwischen den Mitarbeitern, wie wir miteinander umgehen.“[14]

Und eine Kollegin nimmt diese Äußerung auf, indem sie auf die Atmosphäre in einer Einrichtung verweist und den darin spürbaren Geist, der sich in einer bestimmten Form der Abschiedskultur in einem Altenheim konkretisiert, die sich aus der Begleitung der Mitarbeitenden und deren Bedürfnissen heraus entwickelt hatte. Diese beiden Diakoninnen suchen das spezifisch Diakonische also weniger in der sozialen Hilfe oder Pflege als solcher, sondern vielmehr in spezifisch christlichen Angeboten oder darin, dass auch die Belange der Mitarbeitenden in besonderer Weise berücksichtigt werden. Eine weitere Diakonin nimmt diesen Gedankengang auf. Dabei bestätigt und erweitert sie einerseits das, was ihre Kolleginnen im Hinblick auf explizit religiöse Angebote bereits entfaltet hatten. Andererseits korrigiert und relativiert sie deren Ansatz auch:

> „Also mir fallen da zwei Sachen ein, […] ich bin dann mal von einer Kollegin angesprochen worden, ob ich nicht mit ihr ein Gespräch führe auch mit Seelsorge. Also so denke ich, ist das Thema geworden bei uns. Und das Zweite war, dass die Klientin, die ich jetzt acht Jahre begleite, deren Mutter ist gestorben und ich hatte da zufällig Nachtdienst, und der Vater hat mich dann nachts um zwei angerufen. War dann aufgelöst [… und] verwirrt vom Tod, und dann hab ich mir einfach die Zeit genommen in der Nacht. Und auch am nächsten Morgen dann auch nochmal mir Zeit genommen, der Tochter das zu vermitteln. Da war jetzt nichts im speziellen Religiöses dabei, aber ich glaube die Art, wie ich es vermittelt habe, war einfach annehmend, und das würde ich verbinden mit diakonisch. Das hätte auch vielleicht jemand anders auch so gemacht, aber für mich war's irgendwie so.“[15]

Auch dieser Diakonin geht es hier ganz offensichtlich um explizite religiöse Anteile des Diakonischen, wie etwa in der Seelsorge an einer Kollegin, die diese als solche erbeten hatte. Aber sie betont zugleich, dass auch einfach die Bereitschaft, sich jenseits eines konkreten Dienstauftrages Zeit zu nehmen, von ihr persönlich als diakonisches Handeln gedeutet wird, ohne dass es objektiv vom sozialen Handeln anderer zu unterscheiden wäre. Auch die persönliche Deutung und Motivation können also in ihren Augen ein objektiv nicht unterscheidbares Verhalten dennoch als diakonisches Handeln qualifizieren.

In diesen Diskursen der Diakoninnen und Diakone wird immer wieder deutlich, dass sie theoretisch von einer Konstruktion des Diakonischen ausgehen, die vor allem die Hilfeleistung für besonders Benachteiligte fokussiert. In ihrem beruflichen Alltag orientieren sie sich aber häufig an einer eher pragmatischen Definition des Diakonischen, die sie aus ihren konkreten Herausforderungen und angesichts des Systems, in das sie eingebunden sind, je unterschiedlich konstruieren und immer wieder mit der Frage nach expliziten oder impliziten religiösen Deutungen verknüpfen.

---

[14] Schulz 2013: S. S. 42.

[15] Schulz 2013: S. 44–45.

Wie Diakoninnen und Diakone im Rahmen der Evaluation des Projekts „Diakonat – neu gedacht, neu gelebt" im Diskurs einen Ansatz entwickeln, um diese immer wieder auftretende Spannung zwischen praktischer Hilfe und Verkündigung einerseits und theoretisch Gelerntem und konkreter Praxiserfahrung andererseits zu einer Synthese zu führen, werde ich weiter unten, im Abschnitt 2.3, zeigen.

2. „Das Diakonische" im Spannungsfeld zwischen Nothilfe und Transzendenzorientierung

Im Rückgriff auf die von Abraham H. Maslow entwickelte dynamische Hierarchie menschlicher Bedürfnisse[16] werde ich nachfolgend ein Modell für eine differenzierte Bestimmung des Diakonischen entwickeln. Dieses Modell ermöglicht es, verschiedene Formen von Diakonie mit Hilfe einer Zuordnung zu unterschiedlichen menschlichen Bedürfnissen zu bestimmen. Dabei ist allerdings zu beachten, dass Maslows Überlegungen zur dynamischen Hierarchisierung menschlicher Bedürfnisse nicht auf der Auswertung empirischer Daten im strengen Sinne beruhen. Vielmehr sind sie als eine Theoriebildung im Dreieck zwischen Philosophie, Psychologie und Soziologie zu verstehen. Empirische Studien, die der Überprüfung dieser Maslow'schen Hierarchisierungshypothesen dienen sollten, konnten und können diese aus methodologischen Gründen weder bestätigen noch widerlegen.[17] Weder aus dem Maslow'schen Theoriemodell noch aus der daran anschließenden Differenzierung verschiedener Formen diakonischen Handelns lassen sich normative Aussagen hinsichtlich einer grundlegenden Ausrichtung der christlichen Diakonie ableiten. Als prinzipielle Sortierhilfen zur Unterscheidung verschiedener Formen und Ausprägungen diakonischen Handelns können sie jedoch dazu beitragen, die scheinbar je subjektiven und situationsabhängigen Diakoniedefinitionen von Einzelnen und Berufsgruppen einer systematischen, wissenschaftlich untermauerten Diskussion zugänglich zu machen, und so eine soziale Entlastungsfunktion übernehmen.

In einer vereinfachten Form lässt sich diese Sortierung unterschiedlicher Formen von Diakonie mit Hilfe der sogenannten „Maslow'schen Bedürfnispyramide" darstellen, wie sie in der Sekundärliteratur zur Illustration der Theorie von Abraham H. Maslow in der Regel verwendet wird.[18]

---

16 Ich nehme hier einen Impuls von Steffen Fleßa auf, den ich jedoch im Detail anders akzentuiere und in eine neue Richtung weiterführe. Steffen Fleßa (2003: S. 57–62) orientiert sich in seiner Diakoniekonzeption an der in der Sekundärliteratur verbreiteten „Bedürfnispyramide". Diese wird jedoch fälschlicherweise Maslow selbst zugeschrieben. Häufig – so auch bei Steffen Fleßa – fehlt in diesem statischen Bild zudem die von Maslow später vorgenommene (aber erst posthum veröffentlichte) Erweiterung um die Transzendenzorientierung von Menschen. Vgl. Maslow 1972: S. 259–286.

17 Vgl. Hagerty 1999.

18 So z. B. Ekert/Ekert [3]2014: S. 154 (einschließlich der Transzendenzthematik) oder Hutzschenreuter [3]2013: S. 275 (ohne Aufnahme des Bedürfnisses nach Transzendenz).

Abb. 1 Drei Formen diakonischen Handelns in Anlehnung an die sogenannte „Maslow'sche Bedürfnispyramide".

In den 1950er Jahren ging Abraham H. Maslow zunächst von zwei grundlegend unterschiedenen Bedürfnisbereichen aus: den Grundbedürfnissen einerseits und den Wachstumsbedürfnissen andererseits. Im Bereich der Grundbedürfnisse traf er eine weitere grundlegende Unterscheidung. Die elementaren physiologischen Bedürfnisse hielt er – im Unterschied zu den elementaren sozialen Bedürfnissen – für Bedürfnisse, zu deren Befriedigung ein Mensch nicht unbedingt auf andere Menschen angewiesen ist. Diese beiden elementaren Bedürfnisbereiche fasste Maslow auch unter der Kategorie der Defizitbedürfnisse zusammen, deren Nichtbefriedigung während der frühen Phase der Persönlichkeitsentwicklung des Menschen seiner Ansicht nach zu psychischen Beeinträchtigungen führt.[19] Erst im weiteren Verlauf des Lebens und auf der relativen Befriedigung der Grundbedürfnisse aufbauend, siedelte Maslow dann die sogenannten Wachstumsbedürfnisse an.[20] Zu diesen zählte er am Ende seines Lebens auch das Bedürfnis nach Transzendenz.[21] Jedem dieser drei Bedürfnisbereiche (physiologische und soziale Bedürfnisse sowie Wachstumsbedürfnisse) lässt sich eine Ausprägung von diakonischem Handeln zuordnen, das die Befriedigung der diesen Bereichen zugeordneten Bedürfnisse oder zumindest deren positive Aufnahme und Bearbeitung zum Ziel hat.

Auf diesem Weg lässt sich dann ein dreifach gegliedertes Diakonieverständnis entfalten:[22] Die Diakonische Nothilfe als Hilfe zur Befriedigung existenzieller

---

19 Vgl. Maslow 1972: S. 24–39.

20 Vgl. Maslow 2010 [1954].

21 Vgl. Maslow 1972: S. 259–269 und Maslow 1977.

22 Zu einem ganz anderen Ergebnis kommt Steffen Fleßa in seiner Anknüpfung an die statische Deutung der Bedürfnishierarchie Abraham H. Maslows. Er leitet daraus angesichts stets knapper diakonischer Ressourcen die These ab *„Existenzielle Grundbedürfnisse gehen vor, da das Recht auf Leben ein biblisch begründetes Grundrecht ist, das eine absolut höhere Priorität hat als alles andere."* (Fleßa 2003: S. 60.) Ausschließlich von dieser einen These ausgehend entwickelt er dann auch Hinweise auf eine entsprechende persönliche Lebenshaltung und organisationale Gestaltungsprinzipien (Vgl. S. 172–174).

Grundbedürfnisse (2.1), die Diakonische Lebenshilfe als Unterstützung auf dem Weg zu sozialer Inklusion (2.2) und Diakonie als christliche Lebenskunst im Sinne einer gemeinsamen Suche nach gelingendem Leben (2.3).

Anders als es die – verbreitete und hier zu Einführungszwecken aufgenommene – Interpretation des Maslow'schen Ansatzes mit Hilfe einer statisch anmutenden Pyramidengrafik suggeriert, hat sich Abraham H. Maslow die Wirkungsweisen menschlicher Bedürfnisse und die Dynamiken ihrer Befriedigung niemals als strenge Abfolge von klar unterschiedenen Bedürfniskategorien, sondern stets als Wechselwirkung und wechselseitige Durchdringung dynamischer Bedürfnisbereiche vorgestellt. Nicht anders verhält es sich auch mit den unterschiedlichen Aspekten diakonischen Handelns. Deshalb schließt sich am Ende auch eine Weiterentwicklung der grafischen Darstellung des hier vorgestellten Zuordnungsmodells an.

2.1 Diakonische Nothilfe als Befriedigung existenzieller Grundbedürfnisse

Dem ersten, basalen Bereich der Grundbedürfnisse ordnet Abraham H. Maslow die physiologischen Bedürfnisse (Sauerstoff, Nahrung, Wasser, Wärme) und das elementare Bedürfnis nach Sicherheit und Orientierung zu. Diese elementaren Bedürfnisse sind allen Lebewesen gemeinsam. Werden diese Grundbedürfnisse nicht hinreichend befriedigt, dann sind Menschen überall in der Welt und mit ihnen alle anderen Lebewesen in ihrer Existenz bedroht. Solange diese bedrohliche Situation anhält – so Maslows These – sind auch die menschlichen Anstrengungen fast ausschließlich auf das reine Überleben hin ausgerichtet.[23] Einschränkend merkt er dazu jedoch an, dass Menschen, die im Laufe ihres Lebens bereits die Erfahrung gemacht hatten, dass die physiologischen Lebensgrundlagen und ein ausreichendes Maß an Sicherheit vorhanden waren, später besser in der Lage sind, Phasen des diesbezüglichen Mangels zu überstehen.[24]

Dem auf diese elementaren Bedürfnisse bezogenen Bereich des diakonischen Handelns soll hier der Begriff der *Nothilfe* zugeordnet werden. Sie richtet sich zunächst ausschließlich auf die Sicherung des Überlebens von Betroffenen. Sie folgt – als christliche Nothilfe – dem Ideal der Barmherzigkeit, und sie kann und darf aus diesem sachlichen Grund auf jede Form christlicher Deutung nach außen verzichten. Christlich motivierte Nothilfe in diesem elementaren Sinn unterscheidet sich nicht von allgemein menschlicher Hilfe, die anderen Motiven folgt.[25] Sie kann im unmittelbaren Vollzug der Hilfeleistung deshalb auch problemlos auf die Explikation ihrer spezifischen Motivation und Deutung verzichten, da sie damit in den allermeisten Fällen an den Möglichkeiten der auf Nothilfe Angewiesenen vorbei agieren würde. Deshalb ist Martin Horstmann zunächst dahingehend zuzustimmen, dass für diakonisches Handeln in Form der

23 Vgl. Maslow 2010 [1954]: S. 62–126.
24 Vgl. Maslow 2010 [1954]: S. 127–134.
25 Vgl. Rüegger/Sigrist 2011: S. 140–142 und Albert 2010: S. 80–81.

unmittelbaren Nothilfe tatsächlich zunächst keinerlei spezifisch theologische Kompetenzen notwendig sind.[26] Eine individuelle christliche Motivation genügt ebenso, um diese Form der Hilfeleistung als diakonisches Handeln zu qualifizieren, wie deren Einbettung in einen kirchlich-diakonischen Organisationszusammenhang.

Im Sinne des Maslow'schen Modells ist jedoch hinzuzufügen, dass die Bedürfnisse nach sozialer Inklusion und gelingendem Leben in Situationen physiologischen Mangels – bei Menschen, die deren Befriedigung bereits erlebt hatten – zwar in den Hintergrund treten können, aber nicht zwingend wieder ausgelöscht werden. Deshalb können im Kontext diakonischer Hilfe, die zunächst nur auf die Befriedigung rein physiologischer Grundbedürfnisse abzielt, durchaus auch religiöse Fragestellungen virulent werden. Mitarbeitende, die in angemessener Form theologisch und seelsorgerlich sprachfähig sind, werden solche Situationen erspüren und sensibel auf die Anliegen der Hilfebedürftigen eingehen.

2.2 *Diakonie als Lebenshilfe, die soziale Inklusion anstrebt*

Sobald jedoch die absoluten Grundbedürfnisse von Menschen in hinreichender Weise gestillt sind, kommen Bedürfnisdimensionen in den Blick, die weniger zwingend auf Befriedigung angewiesen sind. Die Befriedigung dieser „höheren Bedürfnisse“[27] kann länger aufgeschoben werden, sie entstehen lebens- und auch evolutionsgeschichtlich später und sind, je höher sie entwickelt sind, auch auf bestimmte soziale und gesellschaftliche Rahmenbedingungen angewiesen. Die Formen der Befriedigung dieser Bedürfnisse sind kulturell verschieden.[28] Hunger etwa ist zunächst nur individueller Hunger und kann nur als solcher gestillt werden und angesichts von lebensbedrohlichem Hunger spielen kulturelle Speisegewohnheiten in der Regel fast keine Rolle (mehr). Geborgenheit, sozialer Anschluss und Wertschätzung jedoch sind nur im Zusammenspiel mit anderen Menschen zu gewinnen und setzen Formen der Reziprozität voraus. Im Hinblick auf die Befriedigung dieser Art von Bedürfnissen geht es demnach vor allem um verschiedene Formen sozialer Inklusion.

Das Misslingen sozialer Inklusion ist für Menschen zwar nicht unmittelbar existenzbedrohend, führt aber durchaus zu erheblichen Beeinträchtigungen des Menschseins, insofern Menschen nur als soziale Wesen im Vollsinn lebensfähig

---

26 Vgl. Horstmann 2009: S. 261. Auch hier kommt Stefan Fleßa zusammen mit Barbara Städtler-Mach zu einer entgegengesetzten Schlussfolgerung. Beide gehen davon aus, dass sich spezifisch Diakonisches an der besonderen Qualität der menschlichen Zuwendung durch die Mitarbeitenden (vgl. Fleßa/Städtler-Mach 2001: S. 104–115) und einen spezifisch diakonischen Führungsstil auf allen Ebenen der Unternehmensleitung (vgl. Fleßa/Städtler-Mach 2001: S. 116–120) ablesen ließe. Was dann jedoch beschrieben wird, sind allgemein fachliche und ethische Standards, die sich gerade nicht von denen in profanen Einrichtungen und Diensten unterschieden, auch nicht hinsichtlich der formulierten Führungsleitlinien.

27 Maslow 2010 [1954]: S. 127.

28 Vgl. Maslow 2010 [1954]: S. 127–130.

sind. Abraham H. Maslow geht sogar davon aus, dass die Nichtbefriedigung dieser sozial orientierten Bedürfnisse des Menschen annähernd zwingend zu Psychopathologien führt.[29] Dabei räumt Maslow jedoch ein, dass die Auswirkungen der Frustration dieser elementaren sozialen Bedürfnisse von deren gradueller Intensität und vom lebensgeschichtlichen Zeitpunkt abhängen. So beschreibt er beispielsweise durchaus auch das Phänomen, dass Formen der Überbehütung und übertriebene soziale Anerkennung schädliche Auswirkungen auf die Ausprägung der Frustrations- und Ambiguitätstoleranz einer Person haben können und dass Menschen mit zunehmendem Lebensalter in der Regel stabiler werden, was den Umgang mit nicht erfüllten sozialen Bedürfnissen angeht.

Auf dieser Ebene der menschlichen Bedürfnisse setzt diakonisches Handeln im Sinne der *Lebenshilfe* an. Immer dann, wenn es um die Vermeidung oder Linderung sozialer Exklusion geht, kommt all das ins Spiel, was Christian Grethlein als Charakteristika eines am Vorbild Jesu orientierten „Helfens zum Leben“[30] beschreibt. Insofern die Befriedigung sozialer Bedürfnisse stets abhängig ist von kulturell geprägten Vorstellungen und gesellschaftlichen Rahmenbedingungen, ist *Lebenshilfe* nur als kommunikativer Prozess vorstellbar, der mit sozialen Aushandlungsprozessen verbunden ist. Insofern kann unter den Bedingungen der Moderne das mit der „Kommunikation des Evangeliums im Modus des Helfens zum Leben“ verbundene christliche Deutungsangebot sowohl im Hinblick auf die Hilfemotivation der Helfenden als auch im Hinblick auf die Lebensdeutung der Hilfe Empfangenden immer nur Gegenstand ergebnisoffener Kommunikationsprozesse sein. Diakonische Kommunikation in ihrer Gestalt als *Lebenshilfe* zeichnet sich demnach dadurch aus, dass sie auf allen ihr zur Verfügung stehenden kommunikativen Wegen um die Erfüllung sozialer Bedürfnisse für alle Menschen ringt und darin die christliche Lebensdeutung so zur Sprache bringt, wie es die konkreten Kommunikationsbedingungen erlauben.

Eine Diakonin aus dem Projekt „Diakonat – neu gedacht, neu gelebt“ verknüpfte die Differenzierung zwischen unmittelbarer Nothilfe und inklusionsorientierter, auf Wechselseitigkeit und Augenhöhe angelegter Lebenshilfe mit der theologischen Unterscheidung zwischen Barmherzigkeit und Nächstenliebe:

> „Mein Gefühl ist häufig, dass die – weil du vom Nächsten sprichst – Kirchengemeinde oder die Gemeindemitglieder Barmherzigkeit mit Nächstenliebe verwechseln. Barmherzigkeit verstehe ich erstmal so: Da ist jemand, der hat ein Defizit und um den kümmere ich mich. Wir spenden Geld für die armen, hungernden Kinder in Afrika. Und Nächstenliebe ist einander auf einer Ebene zu begegnen. Und da sehe ich das Ungleichgewicht. Sich um andere zu kümmern, für die Armen zu spenden ist eine Sache. Aber den Armen neben mir sitzen zu lassen im Gottesdienst ist eine andere Sache.“[31]

---

29 Vgl. Maslow 2010 [1954]: S. 79–146, v. a. S. 84–87 und 135–156.

30 Grethlein 2012: S. 300–325.

31 Aus der Gruppendiskussion mit den Diakoninnen und Diakonen, deren Projekte unter der Überschrift standen „Mein Handlungsfeld soll diakonischer werden“, die im Februar 2012 durchgeführt wurde.

Mit diesen Worten bringt die Diakonin eine zentrale Herausforderung christlicher Diakonie im gemeindlichen Rahmen auf einen pointierten Nenner, obwohl sie zunächst aus dem Gefühl heraus argumentiert.

2.3 Diakonie als christliche Lebenskunst und die gemeinsame Suche nach gelingendem Leben

Der dritten Hierarchieebene menschlicher Bedürfnisse, wie Abraham H. Maslow sie beschreibt, ordnet er Bedürfnisse zu, die grundsätzlich nie als erfüllt gelten können, sondern stets mit der Motivation zu deren Vertiefung und Erweiterung einhergehen. Dazu zählte Maslow in seiner ursprünglichen Konzeption vor allem diejenigen Bestrebungen, die sich auf die verschiedenen Möglichkeiten der Selbstverwirklichung beziehen. Diese Bedürfnisse hält Maslow für sehr individuell an der Ausschöpfung des je eigenen Potenzials orientierte Bedürfnisse, die jedoch sowohl lebensgeschichtlich[32] als auch in der Menschheitsgeschichte erst relativ spät zur Entfaltung kommen. Erst kurz vor seinem Tod ergänzte der Atheist Maslow diese dritte Ebene der Bedürfnishierarchie um verschiedene Aspekte der Transzendenzorientierung.

Dieser Art von Bedürfnissen ordnete er sowohl die Sehnsucht nach Selbsttranszendenz auf andere Menschen oder auf ideelle Ziele hin zu als auch die Orientierung an einer als absolut vorgestellten Transzendenz, wie er sie in religiösen und mystischen Phänomenen beobachtete. Dabei ging Abraham H. Maslow keineswegs davon aus, dass vor einer Entfaltung der transzendenzorientierten Bedürfnisse alle übrigen Bedürfnisse zu hundert Prozent erfüllt sein müssten. Vielmehr rechnete er damit, dass in westlichen Gesellschaften im Regelfall überhaupt nur etwa die Hälfte aller sozialen Bedürfnisse erfüllt wird und die Entfaltung von transzendenzorientierten Bestrebungen bereits deutlich unterhalb dieser Schwelle einsetzt.[33]

Diakonisches Handeln, das sich als Beitrag zur Entfaltung christlicher *Lebenskunst* versteht, findet seine Ansatzpunkte demnach auf dieser höchsten Ebene menschlicher Bedürfnisse. Angesichts der berechtigten Annahme, dass es bei der Entfaltung persönlicher Potenziale und auf der Suche nach Möglichkeiten der Selbsttranszendenz unter den Bedingungen der reflexiven Moderne nur um höchst individuelle Prozesse gehen kann, ist davon auszugehen, dass ein diakonischer Beitrag dazu nur in co-konstruktiver Form erfolgen kann. Renate Zitt beschreibt diese besondere Form der Symmetrie im Kontext einer gemeinsamen Suche nach „Lebensbewältigungskunst":

> „Mit der Frage nach der Lebenskunst […] ist so etwas wie eine gemeinsame Ebene der Mitmenschlichkeit als solidarische Frage nach der Kunst zu leben und das Leben zu

32 Hier verweist Maslow etwa auf das Beispiel Wolfgang Amadeus Mozarts, der sein musikalisches Potenzial im Alter zwischen drei und vier Jahren entdeckt habe (Vgl. Maslow 2010 [1954]: S. 128).

33 Vgl. Maslow 1972: S. 249–286.

> bewältigen eingezogen, bei der der/die ‚Professionelle' und der/die ‚Klient/in' nicht nur auf ihre jeweilige Rolle, auf ihr jeweiliges Problem oder ihr jeweiliges Defizit oder ihre jeweilige Machtposition – mit all den damit verbundenen Asymmetrien – bezogen bleiben, sondern sich auf einer solchen Ebene begegnen können, auf der beide die Herausforderungen des Menschseins nach Lebensmöglichkeiten befragen können und diese gestalten müssen."[34]

Auch diese, hier unter die Überschrift „Diakonie als Lebenskunst" gestellte, dritte Dimension diakonischen Handelns, wurde von Diakoninnen und Diakonen in einer Gruppendiskussion ausführlich diskutiert, ausgelöst durch das – auf das Transzendieren konkreter Lebensumstände und Lebenshaltungen hin angelegte – Stichwort „Gebet".

Hr. Baum:	... also da gab es auch schon Gebetsnächte. Sozusagen, wir wollen anfangen für die zu beten. Das verändert vor allem die Menschen, die dann selbst beten. Dass sie auf einmal ein Herz bekommen für solche Leute, bei denen sie sich gar nicht vorstellen können, dass sie auch dabei sein sollen, weil die immer so komisch sind und aggressiv sind und so anders sind. Und das merkt man ganz konkret, dass sich das vorwärts bewegt, aber manchmal nicht so in dem Maße wie man sich das eigentlich wünscht. [...]
Fr. Faßler:	[... *Schulden, Kinderarmut und Hunger*]. Das sind nachvollziehbare Themen, die immer wieder eine Rolle spielen, aber es wird immer [...] als defizitär betrachtet. Von daher, wenn ihr sagt, beten, das finde ich erstmal nicht schlecht, aber es ist trotzdem auch ein defizitäres Verständnis, irgendwie. Eine Gruppe hat die Wahrheit oder den richtigen Weg und die andere Gruppe hat den falschen Weg. Und da muss man etwas tun.
Fr. Kessler:	Wenn ich die Bibel aufschlage, wird da auch defizitär gedacht?
Fr. Faßler:	Na Jesus hat nicht so gehandelt. Wenn man Jesus als Vorbild irgendwie sehen will. [...] Da musste niemand sagen: „Ich folge dir jetzt nach, wenn du mich heil machst."
Fr. Kessler:	Aber ich möchte da trotzdem nochmal einsteigen, weil – wegen was, warum, wie beten die? Wenn ich da ein Defizit [sehe], dann kann ich das Gebet benutzen, um den Abstand zu wahren. [...] Ich kann aber auch das Gebet benutzen als Verstärkung, als Begleitung. Ich sag, ich kann etwas tun, aber da gibt es vielleicht eine Stelle, da kann ich nicht weiter. Da bete ich zu Gott, dass ich die Weisheit habe, dass ich meine Weisheit, mein Wissen, meine Erfahrungen nutze, um den Menschen zu helfen. [...] Man darf das eine nicht mit dem anderen ausspielen und nicht Beten an sich in diese fromme Ecke tun und sagen: „Wir sind hier die Handelnden, wir handeln diakonisch und wenn ihr kontemplativ in euch gehen wollt, ist das eben eine andere [Sache]" [...]
Hr. Bauer:	Ja, aber was sagst du dann zu der Bibelstelle mit den Werken der Barmherzigkeit? Da wird eindeutig genannt, nur diese Werke, das habt ihr mir getan. Da kommt nicht drin vor: Habt ihr für mich gebetet?

[34] Zitt 2011: S. 383.

Fr. Kessler:	Die Frage ist, ob dann das Gebet ausgeschlossen ist?
Fr. Faßler:	Das wollte ich aber auch nicht sagen, dass das ausgeschlossen ist. Ich glaube, ganz im Gegenteil, das Gebet ist schon wichtig, weil es für die Sensibilisierung ist. Das Thema ist ja auf dem Tisch. Ein Gebet bewirkt ja auch etwas in mir. Das würde ich schon sagen, aber es ist trotzdem der Anspruch. Es gibt da draußen defizitäre Wesen, die diese Wahrheiten noch nicht gefunden haben. (*Zustimmung*) [...]
Hr. Baum:	[...] Die Frage ist, ob [Gebet und Hilfe] überheblich geschieht. Also das sieht man ja auch im sozialen Bereich. [...] Da gibt es Leute, die mit materiellen Dingen zu kämpfen haben oder es auch nicht verstehen, ihren Lebensalltag auf die Reihe zu kriegen. Dann kann ich überheblich auftreten: „Hallo, ich weiß, wie das funktioniert, orientiere dich mal an mir." Oder ich kann es barmherzig machen und sagen, natürlich werde ich doch mit Knowhow und Kompetenz Menschen weiterhelfen. Das ist doch schon ein Unterschied in der Ebene. Und dann ist es auch auf Augenhöhe begegnet, obwohl der eine etwas besser kann, als der andere. Und trotzdem kann es auf Augenhöhe geschehen. Verstehst du, was ich meine?
Hr. Bauer:	Mich stört das Wort „besser kann". Ich denke, jeder kann anders. Und ich denke auch, das ist ein Teil, wo wir sehen müssen, wenn die verschiedenen Menschen zusammenkommen, dass ich mich nicht in den Mittelpunkt stelle mit meinen, sondern, dass ich sehe, da ist ein anderer mit einem ganz anderen Lebensentwurf und mit ganz anderen Bedingungen. Und das ist genau so okay wie meines.
Hr. Baum:	Z. B. wenn man Drogen nimmt. Super, ziehe ich mir ein bisschen Heroin rein. (*Lachen*)
Fr. Kessler:	Du spitzt das Ganze ein bisschen zu, aber da stimme ich Herrn Bauer grundsätzlich zu. Das ist erstmal sein Lebensentwurf. Punkt. [...]
Hr. Baum:	Ich zwinge ja niemanden zu einem anderen Lebensentwurf. Das stimmt.
Fr. Kessler:	Jetzt kommt der her und sagt: „Hier, ich brauche Hilfe." Dann habe ich eine andere Situation, aber auch da ist die Frage: [...] „Wie kann ich dem helfen?"

(Gruppendiskussion „Mein Handlungsfeld soll diakonischer werden!")

In dieser Passage der Gruppendiskussion finden sich zwei ineinander verschränkte Diskussionsstränge. Einerseits geht es um das Thema „Gebet" und darin um die Frage, welche Rolle in der diakonischen Arbeit die Hinwendung zu Gott und die Hoffnung auf ein – wie auch immer gedachtes – Einwirken einer transzendenten Macht auf die Wirklichkeit der Welt spielen kann oder spielen soll. Andererseits tauscht sich hier eine Gruppe von Diakoninnen und Diakonen sehr intensiv darüber aus, welche Grundhaltung in ihren Augen gelingende diakonische Arbeit ermöglicht.

Zunächst ringen ein Diakon und eine Diakonin um die Frage nach der Funktion des Gebets. Dient es der Sensibilisierung von Mitarbeitenden für Jugendliche, die sich sozial auffällig verhalten? Oder versinnbildlicht diese Form des Gebets gerade die Konstruktion eines Gefälles zwischen den Betenden und den

Jugendlichen, die eine angemessene Form diakonischer Zuwendung völlig unmöglich macht? Mit dieser Gegenüberstellung wird zunächst die Frage nach der angemessenen Grundhaltung in diakonischen Hilfesituationen aufgeworfen.

Eine weitere Diakonin expliziert dann diese erste Grundfrage und stellt sofort eine zweite Grundfrage daneben, indem sie den Transzendenzbezug des Gebets als Möglichkeit der Erweiterung der individuellen Perspektiven angesichts der Begrenzungen des eigenen Wissens und der eigenen Handlungsmöglichkeiten ins Spiel bringt. Damit thematisiert sie diakonisches Handeln als ein transzendenzorientiertes Handeln, das – im Sinne Maslows – auf die Überschreitung der eigenen Grenzen angelegt ist – und zwar sowohl hinsichtlich der Weiterentwicklung eigener Möglichkeiten als auch hinsichtlich des Glaubens an die Ermöglichung dieser Entwicklung durch die Hinwendung zu einer transzendenten Macht. Zunächst bekräftigen die Befragten diese positive Bewertung des Transzendenzbezugs im Gebet im Hinblick auf diakonisches Handeln und dies bleibt auch nachfolgend gänzlich unwidersprochen. Wieder aufgenommen wird dagegen die Frage nach einer angemessenen Grundhaltung im Hilfehandeln. Diese Frage thematisieren die Diskutierenden als eine Frage nach der Gleichwertigkeit unterschiedlicher Lebensentwürfe. Als diskursiven Testfall konstruieren die Diakoninnen und Diakone dann den Lebensentwurf eines Drogenabhängigen und zeigen daran ihre Übereinstimmung darin, dass es ihnen gemeinsam nicht darum geht, Urteile über Lebensentwürfe zu fällen, sondern dort, wo Hilfe erbeten wird, nach angemessenen Formen der Hilfe zu suchen.

In diesem Gesprächsgang der Diakoninnen und Diakone wird deutlich: Ganz offensichtlich identifizieren sie sich auch persönlich in hohem Maße mit ihren Konzepten professionellen Handelns und insofern kann dieser Gesprächsgang als ein Teil ihrer eigenen Suche nach gelingendem persönlichem und gemeinschaftlichem Leben im Sinne einer „Diakonie als Lebenskunst" verstanden werden, die sie hier miteinander gestalten. Zugleich aber verstehen sie auch den Prozess der Aushandlung eines Hilfeprozesses im Kontakt mit Hilfesuchenden als einen Prozess auf Augenhöhe und damit ganz im Sinne der „Diakonie als Lebenskunst".

3. Eine Arbeitsdefinition des „Diakonischen" und darauf aufbauende Perspektiven – ein diakoniewissenschaftlicher Ausblick

Die Wechselbezüge zwischen den hier identifizierten Formen diakonischen Handelns und den verschiedenen menschlichen Bedürfnissen sowie die Dynamik der Bedingtheiten und Abhängigkeiten lassen sich zusammenfassend ebenfalls grafisch darstellen. Besser als eine Pyramidengrafik eignet sich dafür – wenn auch wiederum stark vereinfacht – eine Kurvengrafik.[35] Dieses Bild macht deut-

35 Auch die Form der Kurvengrafik findet sich als Veranschaulichung der Maslow'schen Bedürnishierarchie bereits vereinzelt in der Sekundärliteratur, so z. B. bei Krech [6]1997/Bd. V: S. 36 und Guttmann 2012.

lich, dass die verschiedenen Bedürfnisse nicht als in sich abgeschlossene Bedürfnisbereiche aufeinander aufbauen, wie es das Bild der Pyramide suggeriert. Vielmehr setzen verschiedene Bedürfnisse zu unterschiedlichen Zeitpunkten in der Persönlichkeitsentwicklung ein. Die Entwicklung der Bedürfnisintensität verläuft bei den verschiedenen Bedürfnisarten sehr unterschiedlich. Zwar setzen physiologische und soziale Bedürfnisse bereits mit dem Beginn des Lebens ein, aber während die physiologischen Bedürfnisse auf relativ hohem Niveau einsetzen und dann in ihrer Bedeutung relativ zu den anderen Arten von Bedürfnissen abnehmen, wachsen die sozialen Bedürfnisse zu Beginn der Persönlichkeitsentwicklung zunächst an, um nach dem Überschreiten eines Höhepunktes an relativer Bedeutung wieder zu verlieren. Wieder anders verhält es sich mit den Wachstumsbedürfnissen, die erst entstehen, wenn Grundbedürfnisse zu einem gewissen Grad bereits erfüllt sind, dann aber unter normalen Bedingungen an Bedeutung für die Entfaltung der Persönlichkeit von Maslow als immer wesentlicher eingeschätzt werden.

Werden die verschiedenen Formen der Diakonie und des diakonischen Handelns wie oben bereits dargestellt, in Anlehnung an dieses Verständnis menschlicher Bedürfnisse differenziert, dann ergibt sich daraus die folgende grafische Darstellung:

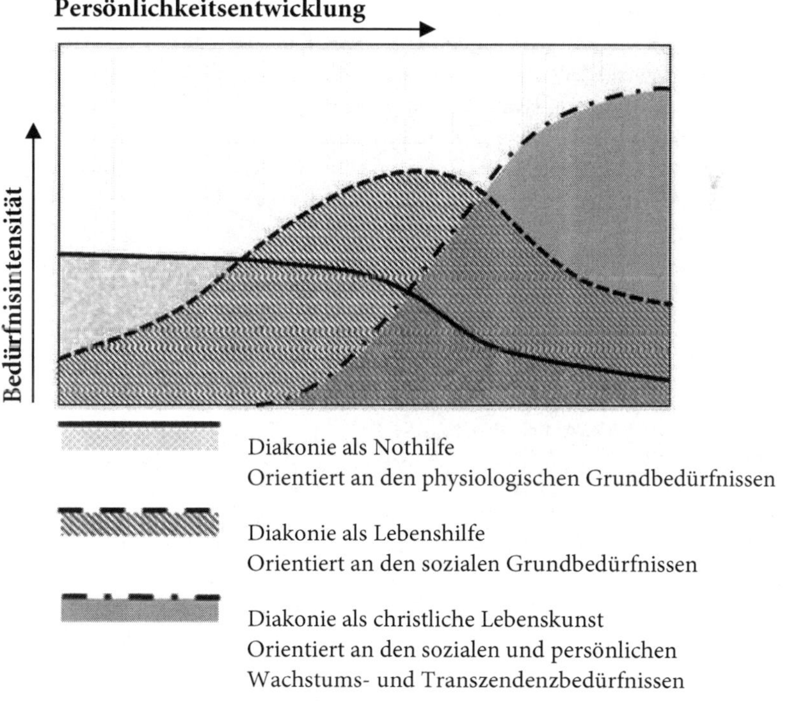

Abb. 2 Drei Formen der Diakonie in Orientierung an den drei grundlegenden Kategorien der Maslow'schen Bedürfnishierarchie.

Im Anschluss an dieses dreigliedrige Diakonieverständnis lässt sich als Arbeitsdefinition[36] und Standortbestimmung für die Beschreibung des Diakonischen formulieren: Diakonie ist existenzielle Nothilfe, inklusionsorientierte Lebenshilfe und christliche Lebenskunst. Sie trägt ihren Teil dazu bei, dass menschliches Überleben gesichert und soziale Inklusion für alle Menschen gewährleistet werden kann. Sie nimmt Teil am Streben nach der Entfaltung der Möglichkeiten des Lebens in christlicher Deutungsperspektive und wirkt in privater und öffentlicher Verantwortung an der Gestaltung individuellen und sozialen Lebens mit. Insofern ist Diakonie Kommunikation des Evangeliums in existenzieller, interaktionaler, organisationaler und gesellschaftlicher Perspektive.

Mit diesem Verständnis von Diakonie als Nothilfe, Lebenshilfe und Lebenskunst wurde ein Diakonieverständnis entwickelt, das über die reine Nothilfe hinaus auch Formen der christlichen Lebensdeutung und der Unterstützung hinsichtlich der Erweiterung von Lebensmöglichkeiten integriert und damit die unterschiedlichen, empirisch beobachtbaren, individuell-pragmatischen Beschreibungen des Diakonischen affirmativ aufnimmt. Weiterführend ist dann zu prüfen, inwiefern diese dreigliedrige Definition des Diakonischen auch als Beschreibung des Gegenstandsbereichs der Diakoniewissenschaft genutzt werden kann. Diakoniewissenschaft wäre dann die Praxiswissenschaft,[37] die sich in historischer, systematischer, empirischer, vergleichender und handlungsorientierender Perspektive auf die Diakonie als Kommunikation des Evangeliums im Medium der Nothilfe, der Lebenshilfe und der Lebenskunst bezieht. Eine so verstandene Diakoniewissenschaft könnte einerseits als eine Selbstreflexionsinstanz aller Formen diakonischen Handelns verstanden werden und in dieser Form andererseits zugleich als Berufstheorie für die Berufe im Diakonat dienen und im Rahmen einer Organisationstheorie diakonischer Unternehmen weiterentwickelt werden.

Literatur

Albert, Anika Christina (2010): Helfen als Gabe und Gegenseitigkeit. Perspektiven einer Theologie des Helfens im interdisziplinären Diskurs. Heidelberg.

Bubmann, Peter (2004): Gemeindepädagogik als Anstiftung zur Lebenskunst. In: Pastoraltheologie 93. Jg. S. 117–132.

Degen, Johannes (2013): Diakonie und ‚ihre' Kirche. Zu einem derangierten Verhältnis. In: Gemeinschaftswerk der Evangelischen Publizistik (GEP) gGmbH (Hg.): Diakonie und ‚ihre' Kirche – Plädoyer für einen Perspektivenwechsel. Beiträge zu einer Tagung des Kirchlichen Dienstes in der Arbeitswelt am 1. März 2013 in Kassel. Epd Dokumentation 23 vom 4. Juni 2013. Frankfurt a. M. S. 36–44.

---

36 Einen Überblick über einschlägige Diakoniedefinitionen der letzten beiden Jahrzehnte bieten Schneider-Harpprecht 2007: S. 733–735 und Haslinger 2009: S. 20. Die Problematik des klassischen Vorgehens zur Beschreibung dessen, was unter Diakonie zu verstehen sei und mögliche Auswege aus den damit verbundenen Dilemmata reflektieren prägnant Rüegger/Sigrist 2011: S. 29–41.

37 Diese ersten Überlegungen zur Diakoniewissenschaft als einer Reflexionsinstanz, die sich auch auf die christliche Lebenskunst bezieht, sind inspiriert von der Skizze Peter Bubmanns zur Gemeindepädagogik als Anstiftung zur Lebenskunst (vgl. Bubmann 2004: S. 117–132).

Ekert, Christiane/Ekert, Bärbel ([3]2014): Psychologie für Pflegeberufe. Stuttgart.
Evangelische Kirche in Deutschland (Hg.) (2007): Die Grundordnung der EKD. Hannover. Verfügbar unter: www.ekd.de/download/grundordnung_fassung_amtsblatt_januar_2007.pdf (10.12.2012).
Evangelische Landeskirche in Württemberg (Hg.) (2006): Protokolle der 13. Evangelischen Landessynode. Protokoll der 42. Sitzung am 28.11.2006. Stuttgart. S. 1765–1810. Verfügbar unter: http://www.elk-wue.de/landeskirche/landessynode/dokumente/protokolle/2006/ (15.01.2014).
Fleßa, Steffen (2003): Arme habt Ihr allezeit! Ein Plädoyer für eine armutsorientierte Diakonie. Göttingen.
Fleßa, Steffen/Städtler-Mach, Barbara (2001): Konkurs der Nächstenliebe. Diakonie zwischen Auftrag und Wirtschaftlichkeit. Göttingen.
Goethe, Johann Wolfgang von ([16]2010 [1808]): Faust. Kommentiert von Erich Trunz. München.
Grethlein, Christian (2012): Praktische Theologie. Berlin/Boston.
Guttman, Philipp (2012): Dynamische Darstellung der Bedürfnishierarchie nach Maslow. Verfügbar unter: http://de.wikipedia.org/wiki/Datei:Dynamische_Darstellung_der_Bed%C3%BCrfnishierarchie_nach_Maslow.png (22.01.2014).
Hagerty, Michael R. (1999): Testing Maslow's Hierarchy of Needs: National Quality-of-Life Across Time. In: Social Indicators Research. Volume 46/Issue 3. S. 249–271.
Haslinger, Herbert (2009): Diakonie. Grundlagen für die soziale Arbeit der Kirche. Paderborn.
Herrmann, Volker (2005): Diakonische Kirche – Gemeinden und Einrichtungen gemeinsam unterwegs. In: Eurich, Johannes (Hg.): Diakonische Orientierungen in Praxis und Bildungsprozessen. DWI-Info 37. Heidelberg. S. 59–68.
Horstmann, Martin (2009): Diakonische Kompetenz. In: Herrmann, Volker (Hg.): Soziales Leben gestalten. Beispiele und Herausforderungen. Heidelberg. S. 245–261.
Hutzschenreuter, Thomas ([5]2013): Allgemeine Betriebswirtschaftslehre. Grundlagen mit zahlreichen Praxisbeispielen. Wiesbaden.
Krech, Davis/Crutchfield, Richard S./Livson, Norman et al. ([6]1997): Grundlagen der Psychologie. Studienausgabe. Band V. Motivations- und Emotionspsychologie. Augsburg.
Noller, Annette/Fliege, Thomas (2013): Diakonat und doppelte Qualifikation – drei Typen diakonischen Handelns. Ein Werkstattbericht. In: Noller, Annette/Eidt, Ellen/Schmidt, Heinz (Hg.): Diakonat – theologische und sozialwissenschaftliche Perspektiven auf ein kirchliches Amt. Stuttgart. S. 179–195.
Maslow, Abraham H. (2010 [1954]): Motivation und Persönlichkeit. Hamburg.
Maslow, Abraham H. (1972): The Farther Reaches of Human Nature. New York.
Maslow, Abraham H. (1977): Die Psychologie der Wissenschaft. Neue Wege der Wahrnehmung und des Denkens. München.
Rüegger, Heinz/Sigrist, Christoph (2011): Diakonie – eine Einführung. Zur theologischen Begründung helfenden Handelns. Zürich.
Schneider-Harpprecht, Christoph (2007): Diakonik. In: Grethlein, Christian/Schwier, Helmut (Hg.): Praktische Theologie. Eine Theorie- und Problemgeschichte. Leipzig. S. 733–792.
Schulz, Claudia (2013): Konstruktion des Diakonats zwischen Tätigkeit, Qualifikation und Amt. Wahrnehmungen aus Berufsgruppen im Diakonat. In: Eidt, Ellen/Schulz, Claudia (Hg.): Evaluation im Diakonat. Sozialwissenschaftliche Vermessung diakonischer Praxis. Stuttgart. S. 27–55.
Wikimedia Foundation Inc. (Hg:) (2014): Wikipedia. Art.: Gretchenfrage. Verfügbar unter: http://de.wikipedia.org/w/index.php?title=Gretchenfrage&oldid=126915291 (08.02.2014).
Zitt, Renate (2011): Die Frage nach der „Lebenskunst". Perspektiven aus Theologie, Gemeindepädagogik, Diakonik und Sozialer Arbeit. In: Becker, Dieter/Höhmann, Peter (Hg.): Kirche zwischen Theorie, Praxis und Ethik. Frankfurt a.M. S. 381–392.

Claudia Schulz

Professionalität im kirchlichen Amt als Konstruktionsleistung

Analysen praxisbegleitender Tagebucharbeit

Das letzte Treffen einer Seminargruppe an einer Evangelischen Hochschule kurz vor den Semesterferien: Eine Gruppe von Studierenden, die bereits einen Abschluss in Sozialer Arbeit erreicht haben und nun zusätzlich noch die diakonische Perspektive vertiefen möchten, haben sich ein Semester lang intensiv mit Fragen „diakonischer Professionalität" befasst, so der Seminartitel. Es war nicht leicht, das Theologische im Sozialen und das Religiöse im Profanen zu entdecken und auf den Punkt zu bringen, was diakonisches Handeln denn nun ausmacht und wie sich schließlich die zentrale Frage beantworten lässt: Wie kann eine Diakonin oder ein Diakon bewusst, reflektiert, auf hohem fachlichen Niveau, kurz: professionell, in diesem Sinn handeln? Am Schluss haben alle Beteiligten den Eindruck, viel erkannt zu haben, gemeinsam viele Schritte weiter gekommen zu sein. So sind die Rückmeldungen im schriftlichen Feedback sehr positiv – bis auf die kritische Rückmeldung, die eine Studentin so formulierte: „*Bitte das Diakonische nicht zu sehr verprofessionalisieren! Es geht doch auch um eine Herzenshaltung.*"

Professionalität wird von Fachleuten aller Bereiche gefordert, sie markiert alltagsprachlich die Grenze zwischen dem, was von gutwilligen Personen mit gesundem Menschenverstand oder dem Herz am rechten Fleck an Arbeitsleistung erwartet werden kann, und dem, wofür es eine bestimmte Expertise braucht, Wissen und Können in einer besonderen Form. Im Bereich diakonischer Arbeit ist der Anspruch auf Professionalität oft zurückhaltend formuliert – oder es ist eine Zurückhaltung gegenüber dem Begriff der Professionalität zu spüren, wie er in der Rückmeldung der Studentin zum Ausdruck kam. Obwohl selbstverständlich eine hohe Fachlichkeit gern gesehen ist, vermuten viele hinter einer Professionalität eine erhöhte Distanz zur Klientel, einen Mangel an Empathie oder auch ein Abweichen von der gemeinsamen „Augenhöhe" zwischen Diakonin und Klient. An anderer Stelle wird – mit Blick auf die Entwicklung der diakonischen Dimension der Kirche – das Ausgliedern diakonischer Aufgaben in die Hände von „Profis" als Zeichen für ein ungutes Abschieben zentraler Bestandteile des christlichen Glaubens gewertet.[1] Dann bedeutet Professionalität den Abschied von der Breite des allgemeinen Christentums auf ein Spezialistentum hin, was der Sache insgesamt schaden kann. So ist deutlich, dass professio-

1 So beschreibt eine Diakonin im Projekttagebuch die Haltung ihrer Kirchengemeinde am Ort (K 2.1).

nelles Handeln im diakonischen Bereich eine Reflexion erfordert, die nicht nur die Theoriediskurse über Professionalität einbezieht, sondern auch die besonderen Belange diakonischer Arbeit, etwa die religiöse Motivation, den Wunsch nach sozialem Handeln, das ein deutliches Mehr bietet.

Wo das Projekt „Diakonat - neu gedacht, neu gelebt" nicht nur den Anspruch hatte, neue Handlungsfelder auszuleuchten und innovative Zugänge zu erproben, galt es zugleich, neue Erkenntnisse darüber zu gewinnen, worin denn die Professionalität von Diakoninnen und Diakonen besteht. Da auch für das Pfarramt der Bezug von kirchlichem Auftrag und professionellem Handeln nicht unumstritten ist,[2] lohnt sich dieser Blick gleich doppelt. In der Frage nach der Professionalität stellt sich zugleich die Frage nach dem Gewicht fachlich gebundener, akademisch reflektierter und an institutionelles Handeln rückgekoppelter Beruflichkeit.

Ziel dieses Analyseschrittes in der Auswertung von Projektergebnissen soll es nun sein, die spezifischen Herausforderungen von Diakoninnen und Diakonen - oder auch allgemeiner: die spezifischen Herausforderungen von beruflich tätigen Menschen im sozialen Handeln der Kirche - auf eine diakonische Professionalität hin zu ermitteln und anhand konkreter Tätigkeiten in verschiedenen Teilprojekten beispielhaft darzustellen, wie sich im diakonischen Handeln Professionalität erfassen und interpretieren lässt.

1. Professionalität im kirchlichen Amt: Gegenstand der Suche

In der aktuellen Diskussion um das Verständnis von Professionen hat sich in der Berufssoziologie eine Sicht durchgesetzt, in der die traditionelle Definition von Professionen nach den klassischen Kriterien überformt wurde.[3] Zwar sind die wissenschaftliche, fachliche Fundierung, die Einbindung in eine Berufsorganisation, die Ausbildung eines ethischen Berufskodex und der Anspruch auf fachliche Autonomie weiterhin für das Verständnis von Professionen zentral, um nur einige der Kriterien zu nennen. Es werden jedoch in den professionstheoretischen Diskursen die Professionen nicht mehr von ihrer Alleinzuständigkeit für einen Teilbereich des menschlichen Lebens oder der Gesellschaft aus beschrieben und mit einer entsprechenden Eigenständigkeit begründet, wie das etwa für das Pfarramt oder die berufliche Existenz einer Ärztin oder eines Juristen in der Vergangenheit der Fall war. Das Verständnis einer Profession geht nun vielmehr von deren spezifischer Zuständigkeit für die Zusammenschau verschiedener Wissensbestände und Kompetenzen aus, die dann auf wiederum spezifische Bereiche fachlicher Herausforderungen zielt. Auf diesem Weg werden dann „neue" Professionen beschrieben, die oftmals wenig autonom arbeiten (können und dürfen), aber in ihrem Vermögen, Wissensbestände auf Herausforderungen

---

2 Sichtbar etwa an den Diskursen rund um die Arbeiten von Steck 1991 und Karle 1997 und ³2011.

3 Z. B. bei Stichweh 1994 und 2005 und den sich daraus entwickelnden Diskursen.

anzuwenden und eigenständig fachliche Weiterentwicklungen vorzunehmen, wiederum durchaus eigenständig sind.[4]

Der Kern des Ganzen ist dann in etwa mit dem zu beschreiben, was Bernd Dewe mit der „reflexiven Professionalität“ zum Ausdruck gebracht hat:[5] Professionelles Handeln zeichnet sich in diesem Verständnis gerade dadurch aus, dass die Anforderungen der verschiedenen Bezugsdisziplinen, fachpraktische Standards, rechtliche, organisationale und betriebswirtschaftliche Rahmenbedingungen einerseits und die persönlichen Interessen und Sichtweisen von Professionellen wie auch Betroffenen andererseits in einen stets situationsbezogenen Ausgleich gebracht werden.

Darin meint eben Professionalität nicht allein die Kenntnisse eines oder einer Professionellen, die es etwa in einer Ausbildung oder einem Studium zu erwerben gilt, auch nicht die Qualifikationen, die dann beispielweise auf der Schnittstelle von Theologie und Sozialer Arbeit in einer „doppelten Qualifikation“ zu erweitern wären. Sondern Professionalität meint die dahinter liegende Kompetenz einer einzelnen Person, in wechselnden Situationen die jeweils relevanten Anforderungen sachgerecht zu erkennen, sie unter Berücksichtigung der Belange aller beteiligten Personen zu bedenken, in ihrer Bedeutung für eine konkrete Handlung zu gewichten und diesen Prozess wiederum stetig zu hinterfragen und gegebenenfalls zu begründen.

So hieße Professionalität etwa, in der jeweiligen (und immer neuen) Situation fachlich, sachlich und weltanschaulich angemessenes Handeln entwickeln und umsetzen zu können. Dewe und Otto nennen das „die besonderen, in der Regel habitualisierten Befähigungen und ‚das spezifische Vermögen‘ beruflich handelnder ‚Wissensarbeiter‘ im Umgang mit Menschen“, und zwar „unter bisweilen paradoxen Handlungsanforderungen“.[6] Im Einzelfall steht dann etwa eine mit Schulseelsorge beauftragte Schuldiakonin angesichts eines Verdachts auf sexuelle Übergriffe eines Lehrers gegenüber verschiedenen Schülerinnen schnell in einem mehrfachen Dilemma: In ihrer Rolle als Seelsorgerin zum Schweigen verpflichtet, müsste sie als Sozialpädagogin, den fachlichen Regeln des zuständigen Jugendamts folgend, eine dahingehend erfahrene Fachkraft zur weiteren Abklärung der Problematik hinzuziehen. Zugleich ist sie Teil der Organisation Schule und insofern hinsichtlich der pädagogischen Bearbeitung dieser Frage im schulischen Rahmen gegebenenfalls an einschränkende Weisungen des Schulleiters gebunden. Ausgehend vom Handlungsfeld der Sozialen Arbeit beschreiben Dewe und Otto außerdem grundsätzliche Paradoxien des beruflichen Handelns im Sozialen Raum, die in der spezifisch diakonischen Arbeit ebenfalls festzustellen sind, etwa als Handeln ohne genuin eigene Wissensbestände und oder eigene Fachperspektive.[7]

4 Hierunter zählen dann etwa die Soziale Arbeit oder die Psychotherapie.

5 Vgl. Dewe/Otto 2010.

6 Dewe/Otto 2011: S. 1144.

7 Für die Darstellung der verschiedenen Paradoxien Sozialer Arbeit vgl. Schütze 1992: S. 146.

Für die Arbeit von Diakoninnen und Diakonen muss es nun darum gehen, zu beschreiben, inwiefern in der Zusammenschau von Wissensbeständen hin auf spezifische Herausforderungen ein solches professionelles Handeln gelingt,[8] das zugleich an wissenschaftliche Erkenntnis gebunden und in seinem Vorgehen reflexiv und eigenständig ist. Im gegenwärtigen Stadium, in dem diakoniewissenschaftliche Forschung dieses Thema erst in Ansätzen berücksichtigt, kann das gelingen, indem an einzelnen Beispielen die Reflexivität diakonischen Handelns nachvollzogen und an ihr Professionalität beschrieben wird.[9] An dieser Stelle möchte ich darum zunächst die Methode der Projektprozessanalyse auf der Basis des Projekttagebuchs darstellen und anschließend anhand der Praxis-Reflexionen von drei Diakoninnen und Diakonen thematisch vertieft zeigen, wie Professionalität verstanden und im konkreten Arbeitsfeld umgesetzt werden kann.

2. Projekttagebücher als Zugang zur spezifischen Konstruktion von Professionalität im Diakonat

Um die Fachreflexion der Teilprojekte durchgehend steuern zu können, war bereits zu Projektbeginn neben einer umfassenden Evaluation eine kontinuierliche Reflexion der Diakoninnen und Diakone begonnen worden. Als ein solches Instrument kontinuierlicher Prozessbegleitung bot sich das Projekttagebuch an. Ausgehend von dem Modell der Praxisreflexion, wie es vor allem im Bereich der Sozialen Arbeit Verwendung findet,[10] habe ich ein Modell entwickelt, in dem einerseits aktuelle und konkrete Gegebenheiten und Befindlichkeiten zur Sprache kommen, andererseits in einer strukturierten Form fachliche Fragen nach Person und Beauftragung, Können und Beziehung situativ eingeordnet werden konnten.

Methodologisch wurde das Projekttagebuch auf diesem Weg eine Form der schriftlichen, teilstandardisierten Befragung.[11] Den Diakoninnen und Diakonen ging etwa zwei bis drei Mal im Jahr per E-Mail ein Bogen mit etwa acht Fragen zu, die so spontan und narrativ wie möglich beantwortet werden sollten. Der Bogen hatte mit Fragen zum aktuellen Stand der Arbeit und persönlichen Einschätzungen einen konstanten Rahmen. Daneben waren in einem sich wiederholenden Dreischritt das eigene Arbeiten im Projekt (1), das Arbeitsfeld (2) und die bisherigen Ergebnisse (3) als zentrale Themenschwerpunkte zu reflektieren. Insgesamt kamen auf diesem Weg sowohl die subjektive Perspektive der Diakoninnen und Diakone in den Projektstellen, die fachlichen Aspekte des spezifischen Projektthemas oder Projektauftrages und die fachliche, diakonische Perspektive in den Blick. Die Diakoninnen und Diakone schickten den elektronisch ausgefüllten Bogen an die Evangelische Hochschule zurück, wo sie gesammelt

8 Wie es etwa mit der Kompetenzmatrix des VEDD gebündelt ist: VEDD 2008.

9 Manche Anregung zur Reflexion von Professionalität im kirchlichen Arbeitsfeld verdanke ich Simone Mantei und dem Fachdiskurs, der sich für das Pfarramt aktuell ausgehend von Geschlechterfragen entsponnen hat: vgl. Mantei/Sommer/Wagner-Rau 2013.

10 Für einen Überblick der Methodologie in der rekonstruktiven Sozialarbeit vgl. Völter 2008.

11 Zur Methodik vgl. Moser [4]2008: S. 72–74.

und intern ausgewertet wurden. Diese Beschränkung auf eine ausschließlich interne Auswertung war nötig, damit die Diakoninnen und Diakone in den Projektstellen die Bögen tatsächlich spontan und unabhängig von einer späteren Bewertung, etwa durch die eigenen Anstellungsträger, bearbeiten konnten.

Indem die ausgefüllten Bögen regelmäßig gesichtet wurden und die Gestaltung der Bögen auf bereits Geschriebenes und hierin relevante Themen Bezug nahmen, konnte dieser Reflexionsprozess mit der Methode des Projekttagebuchs zum Instrument der Kommunikation zwischen Praxis und Projektsteuerung werden. Auf diesem Weg bekam das Instrument Projekttagebuch eine dreifache Funktion: Es lässt sich erstens rückblickend an ihm der jeweilige Verlauf eines Teilprojekts aus der Sicht der Diakoninnen und Diakone nachzeichnen. Das Tagebuch bietet zweitens einen weiteren Zugang für die Evaluationsforschung, indem innerhalb der thematischen Cluster Vergleiche zwischen den Projekten deutlich werden. Und nicht zuletzt bot diese Methode auch eine Chance, die Diakoninnen und Diakone in der Praxisreflexion zu unterstützen.

Geplant war eine Auswertung der Tagebücher mit der dokumentarischen Methode.[12] Auf diesem Weg können die Erfahrungen der Diakoninnen und Diakone in ihre Orientierungsrahmen eingeordnet und mit den konkreten Bezügen zum Arbeitsfeld „von innen heraus“ verstanden werden. Mit der narrativen Form und der engen Bezugnahme auf konkrete Begebenheiten im Projekt, die mit dieser Befragung angestrebt waren, war die Textform der Erzählung die für die Auswahl der Interpretationsmethode grundlegende.

Im Verlauf der Tagebucharbeit zeigte sich allerdings, dass für viele der Diakoninnen und Diakone in den Projekten diese Befragung eine Herausforderung darstellte, die teilweise zu Lasten der narrativen Form ging: In vielen Fällen nutzten die Befragten nach Möglichkeit Zusammenfassungen und Aufzählungen statt Erzählungen. Ebenso häufig fanden sich bereits abgeschlossene Reflexionen in den Antworten wieder. Statt das eigene Erleben zu schildern, nutzten die Befragten Deutungen, die beispielsweise aus der Fachliteratur bekannt waren. Da die Gruppe der Diakoninnen und Diakone in den Projektstellen in Ausbildungsstand, Reflexionserfahrung und Affinität zum selbständigen Formulieren sehr heterogen war, fällt eine einheitliche Diagnose dieser Bruchstellen schwer. An vielen Stellen liegt die Vermutung nahe, dass die Diakoninnen und Diakone viel dafür tun wollten, sich als kundig darzustellen. Auffällig oft waren an Stelle persönlicher Erfahrungen „anerkannte“ Formulierungen genutzt, etwa von bekannten Theologen, oder auch biblische Zitate oder bekannte Leitsätze aus der diakonischen Arbeit. Möglicherweise haben auch nach wie vor viele der Befragten eine so große alltägliche Distanz zum Medium Computer, zur systematischen Reflexion oder zur schriftlichen Darstellung, dass eine Narration in einer schriftlichen Befragung über das Medium des Computers in vielen Fällen allein deshalb nur selten zu erreichen war.

---

12 Zur Methodologie der Auswertung von nicht oder teilweise standardisierten Befragungen mit der dokumentarischen Methode vgl. Nohl 2012.

Bearbeiten ließ sich diese Herausforderung durch die zusätzliche Wahl der qualitativen Inhaltsanalyse als Auswertungsmethode,[13] so dass je nach Anliegen und Textsorte ausgewertet werden konnte. So standen abhängig vom Interesse der Auswertung themenbezogen bestimmte Textbestände zur Verfügung. Einzelne Forschende bearbeiteten spezielle Einzelthemen anhand eines Clusters von Tagebucheinträgen aus einem bestimmten Zeitabschnitt oder Themenfeld. Darüber hinaus konnten alle Textbestände zur Rekonstruktion von Projektverläufen genutzt werden. Auf diesem Weg war es möglich, zum Teil im Sinn der dokumentarischen Methode herauszuarbeiten, mit welchen Orientierungen die beteiligten Diakoninnen und Diakone über ihre professionelle Praxis sprechen. Ergänzt war dies durch Analysen der Deutungen der Diakoninnen und Diakone, wodurch sich insgesamt Aussagen treffen lassen über die Konstruktion der Professionalität im Diakonat – nicht mit dem Anspruch auf Repräsentativität, aber mit einer Aussagekraft für die Diskussion darüber, inwiefern diakonische Arbeit als professionelles Handeln zu beschreiben ist. An dieser Stelle sind zahlreiche, stark auf Reflexionen konzentrierte Abschnitte der Tagebücher in den Mittelpunkt gerückt, um zusätzlich zu den Erzählungen der Diakoninnen und Diakone auch deren Deutungen einzubeziehen.

3. Von der Kompetenz zur Professionalität: Wodurch ein Diakon zum Fachmann wird

Dass „Professionalität“ für die Mehrheit der befragten Diakoninnen und Diakone im Projekt kein mit Vorliebe genutzter Begriff ist und dass das Denken in Kompetenzen, Fachwissen und beruflichem Status nicht gerade im Zentrum des Nachdenkens steht, lässt sich vielfach aus den Tagebucheinträgen herauslesen. Offenbar erzeugten die Frageimpulse des Tagebuchs mit derartigen Themen, auch wenn sie narrativ formuliert sind, immer wieder Selbstzweifel, die sich unter den Einträgen der Diakoninnen und Diakone zur jeweils letzten Frage „*Was möchten Sie der Forschergruppe sonst noch gern mitteilen?*“ ausdrücken: Ob das Geschriebene reflektiert und umfassend genug ist, ob denn die Gedanken aus der Praxis den Ansprüchen von Wissenschaftlerinnen genügen und ob sie überhaupt etwas austragen – diese Überlegungen überlagern an vielen Stellen die Schilderung von Erfahrungen und Deutungen, finden dann aber auch auf fruchtbare Weise ihren Niederschlag in den Reflexionen selbst. Zeigen möchte ich das am Beispiel des Diakons Seiler,[14] der mit seinem Projekt eine besonders große Berührungsfläche mit Menschen außerhalb kirchlicher Kontexte hatte, was in seiner Reflexion einen hohen Stellenwert bekommt. Die Frage, worin sich die Fachlichkeit des Diakons ausdrückt und wie sie im konkreten Handeln produktiv wird, spielt in seinen ersten Tagebucheinträgen eine wichtige Rolle.

---

13 Vgl. Mayring [11]2010.

14 Die Namen der beteiligten Diakoninnen und Diakone sind anonymisiert. Ebenso sind nach Bedarf auch das Geschlecht oder andere Details aus der Projektarbeit verändert oder Arbeitsfelder nur so konkret wie nötig beschrieben worden, damit die Autorinnen und Autoren der Projekttagebücher anonym bleiben können.

Zunächst sichtet Diakon Seiler seine Fähigkeiten, mit denen er sich im Arbeitsfeld bewegt. Neben klassischen Fähigkeiten wie *„auf Menschen zugehen können“* oder Kompetenzen in Kontaktaufnahme und Seelsorge benennt er explizit auch seine *„praktische Ader“* und eine weitere Ausbildung, die ihm in seiner Sicht einen besonderen Zugang bietet: *„dass ich schon mal „etwas Gescheites“ (praktischen Beruf) gelernt habe“*.[15] Gefragt nach seiner Einschätzung, was es im Arbeitsfeld ausmache, dass er als Diakon dort arbeitet, führt er diesen Gedanken weiter und benennt als zentralen Aspekt, *„den Menschen auf Augenhöhe begegnen [zu] können“*. Als weitere Begründung führt er an: *„weil ich einen praktischen Beruf erlernt und ausgeübt habe, einen „Arbeiter“ verstehe und mich in seine Situation hineindenken kann [und] einen praktischen und keinen wissenschaftlich, theoretischen Ansatz habe.“*

Die eigene fachliche Positionierung zwischen den umgebenden Positionen wird hier als zentrale Aufgabe der professionellen Arbeit verstanden. Seiler schafft das zunächst durch mehrfache Abgrenzung: Er ist eben kein Theoretiker, sondern ein Praktiker. Vielleicht lässt sich aus solchen Bemerkungen eine Abgrenzung vom möglicherweise für ihn zu Anfang wenig plausiblen Instrument des Projekttagebuchs heraushören. Mit Sicherheit haben sie jedoch für ihn die Funktion, die Nähe zu verdeutlichen, die er zu seiner Klientel herzustellen vermag. Er gehört zu den Menschen, für die er arbeitet, er ist einer von ihnen. Dieses wird wiederum ironisch gebrochen: Er hat *„etwas Gescheites“* gelernt. Hier ist die dauerhafte Spannung zu spüren, in der der Diakon beruflich lebt. Zwar will er nahe bei den Menschen sein, *„auf Augenhöhe“* kommunizieren und zeigen, dass er etwas von ihrem Leben versteht und sich nicht in abstrakten Überlegungen verliert. Zugleich ist seine Aufgabe im Projekt mit Kontaktarbeit und geistlichen (und damit völlig außeralltäglichen) Angeboten im nichtkirchlichen Raum oft alles andere als nah am Alltag der Menschen, mit denen er arbeitet – und damit in Gefahr, nichts *„Gescheites“* zu sein. Das ganz Andere in dieser Arbeit bekommt jedoch explizit einen wichtigen Stellenwert, und darin liegt der Clou dieser professionellen Paradoxie. Gefragt nach der Rolle des Diakonseins im Projekt bezieht sich Seiler darum speziell auf diese Funktion: *„Ich erfahre Offenheit und Vertrauen in meine (Amts)Person“* und *„es geht mir um einen ‚Mehr- und Ewigkeitswert‘ (geistliches Amt).“* Der Kern seiner Positionierung ist auf diese Weise eben nicht die Entscheidung für das Praktische, Alltagsnahe, sondern das Bemühen um eine Brücke vom Alltäglichen zum Außeralltäglichen, von der Praxis zur religiösen Reflexion dieser Praxis.

Am Beispiel von Diakon Seiler lässt sich im Projekttagebuch im weiteren Verlauf zeigen, wie diese Verortung diakonischen Handelns einen der Kernbestandteile professioneller Arbeit ausmacht: Er arbeitet sowohl in der Spannung zwischen dem ganz Praktischen und der fachlichen Reflexion der Arbeit, die durchaus theoretische Anteile enthält. Und er arbeitet ebenso in der dauerhaften

[15] Der Text in Klammern ist Bestandteil des Projekttagebuch-Eintrags. Alle hier genannten, als wörtliche Rede gekennzeichneten Stücke stammen aus den ersten Projekttagebüchern des genannten Diakons.

Spannung von Dazugehören und Gegenüber-Sein. Diese beiden Grundspannungen, die das konkrete Praxisfeld ausmachen, erschweren einerseits seine Arbeit und führen dazu, dass Seiler viel Energie darauf verwenden muss, aus verschiedenen Rückmeldungen zu einer soliden Bewertung seiner Arbeit zu kommen. Andererseits wird deutlich, wie gerade diese Arbeit auf der Suche nach Zuordnung und Abgrenzung, Zugehörigkeit und Distanz in diesem Arbeitsfeld zu einem spezifisch diakonischen Handeln wird. Eine solche Positionierung im Spannungsfeld in fachliches Handeln umzusetzen, ist seine professionelle Herausforderung.

Dies spiegelt sich dann in einzelnen Reflexionen, etwa der geistlichen Angebote. Wo ist hier Erfolg zu messen? Einerseits an der direkten Inanspruchnahme der Angebote durch die Zielgruppen und an deren positiven Rückmeldungen, das liegt auf der Hand. Andererseits wird gerade manches nicht Gelingende, manches mühsame Ringen um Zugänge oder Beteiligung zur Spielfläche, auf der Seiler dann seine Ziele und entsprechende Methoden eintragen kann. Im Projekttagebuch formuliert er nach und nach immer präziser, wo Erfolge zu verbuchen sind und worin diese in seinen Augen konkret bestehen: Es entstehen immer wieder unerwartet Gespräche über Sinnfragen und Glaubensfragen – jenseits der dafür typischen Orte und der gewohnten kommunikativen Zugänge, am Arbeitsplatz, im Vorbeigehen, außer der Reihe. Dies wertet Seiler gerade deshalb als Erfolg, weil seine spezifische Arbeitsweise, mit der er außerhalb definierter kirchlicher Orte Begegnungsflächen schafft, nicht nur von der Kompetenz zur entsprechenden Kommunikation abhängt, sondern ebenso von seiner Kompetenz, zunächst Orte dieser kommunikativen Begegnung zu erschließen, sie im Spannungsfeld von Alltag und Alltagsferne, Nähe und Distanz überhaupt erst zu ermöglichen.

In diesem schwierigen, meist selbst zu schaffenden Zugang zu Rückmeldungen, Wertschätzung oder Korrektur oder im aufwändigem Ermitteln von Erfolg besteht einerseits eine offenbar berufstypische Belastung im Diakonat. Andererseits zeigt sich genau an dieser Stelle der Anspruch an professionelles Verhalten, indem der Diakon eben nicht unmittelbar an die Wertschätzung seiner Arbeit durch die Zielgruppe oder sichtbare Erfolge wie Teilnehmerzahlen oder positive Feedbacks gebunden ist, sondern die Maßstäbe des Gelingens selbst entwickeln (können) muss. So ist das Projekttagebuch einerseits eine weitere Verunsicherung, die Seiler durch Bemerkungen bestätigt wie *„Ich bin etwas ratlos, unsicher und gespannt, was und ob etwas [zu Projektende] unter dem Strich stehen wird!?"*. Andererseits gehört eben diese vorübergehende Ratlosigkeit möglicherweise genau zu dem Ringen, das den Diakon zum Professionellen macht.

4. Professionalität im Gegenüber: Die Diakonin mit ihrer Person als Instrument der Professionalität

Diakonin Brandt ist in einem Projekt tätig, in dem die Umsetzung einer konkreten Projektidee im Vordergrund steht. Die Verantwortlichen für die diakonische

Arbeit in der Region hatten dieses Projekt gewollt und die konkrete Idee ausgewählt. Nun gilt es, die Verantwortlichen und Netzwerkpartnerinnen und -partner am Ort von der Idee zu überzeugen und sie zur Mitarbeit oder zumindest zur Unterstützung in Kooperation zu bewegen. Diakonin Brandt ist eine erfahrene Fachkraft, aber neu im Tätigkeitsfeld dieser Projektidee. Im Projekttagebuch nach einem knappen Jahr Projektlaufzeit berichtet sie auf eine der Impulsfragen hin eine Begebenheit, die sie als sehr belastend erlebt hat, und deutet diese im Verlauf weiter aus. Der folgende Ausschnitt aus dem Projekttagebuch von Diakonin Brandt zeigt zwei Impulsfragen und die Einträge der Diakonin:

Von verschiedenen Seiten werden in Ihrem Teilprojekt Erwartungen an Sie gestellt. Können Sie einige davon beschreiben?

Brandt: Es gibt eine Mail [meines Vorgesetzen] an mich, die Sache mit dem [konkreten Projekt] „professionell" anzugehen. Engagement und Tatkraft genügen nicht. Alle und alles sei einzubinden und Einwände seien zur Optimierung des Projekts zu nutzen. Ist das Kritik oder sind das hilfreiche Hinweise? Oder von beidem etwas? Es setzt mich jedenfalls unter Druck und schränkt mich ein! Andererseits erfahre ich viel Zuspruch von Menschen, die mit mir arbeiten und mich kennen, man traut mir die Arbeit zu, sichert Unterstützung zu und macht Vorschläge. Das tut gut!

Gibt es auch Erwartungen, die Sie vermutlich nicht erfüllen können oder wollen?

Brandt: Ich empfinde diffuse Erwartungen an eine irgendwie geartete Form von „linientreuer" Arbeit. Ich werde mir treu bleiben müssen und vor allem wollen und das nur so können, sonst wird's nichts! Nur ich als die Person, die ich bin, kann das machen, wie ich es eben kann! Und so werde ich es versuchen!

(Projekttagebuch 1.2 (2009) Diakonin Brandt)

An diesem Beispiel ist zunächst noch einmal nachzuvollziehen, wie der Begriff *„professionell"* bei Diakonin Brandt als Stressor wirkt. Mit ihm ist ein Anspruch verbunden, der das bisherige Bemühen entwertet und eine Forderung nach einem zunächst diffusen „Mehr" bedeutet. Interessanterweise wird der Anspruch von der Diakonin unmittelbar auf die eigene Person zielend verstanden – und mit dem beantwortet, was sie diesem, ganz persönlich, entgegenzuhalten hat: *„Engagement und Tatkraft"* sowie, quasi als Bewältigungsstrategie, die Treue zur eigenen Person statt zur *„Linie"* von Vorgesetzten. Die Diakonin entwickelt hier, von der eigenen Person aus, ihr professionelles Handeln. Dabei versteht sie unter der eigenen Person durchaus nicht ihre persönlichen Vorlieben, sondern die Fähigkeiten, die sie nach ihrer Deutung aus ihrer Persönlichkeit, aber auch ihren Kompetenzen, Erfahrungen und ihrem Fach- und Deutungswissen heraus entwickeln kann. Die eigene Person als Angelpunkt von Professionalität ist über die fünf Jahre Projektlaufzeit hinweg im gesamten Tagebuch immer wieder zu rekonstruieren. An einem weiteren Beispiel aus der Anfangszeit des Projekts möchte ich das zeigen: Die Diakonin versteht ihre diakonische Haltung als Ethikkodex im Umgang mit der Klientel einerseits als etwas, das Teil ihrer eigenen Person, ihre persönliche Grundüberzeugung ist. Andererseits beschreibt sie von hier aus diese Haltung quasi als Basiswissen im Diakoninnenberuf, mit dem sie ihre Aufgabe bewältigen möchte, gebildet aus christlichem Glauben und Fachlichkeit:

> Brandt: Diakonie meint den ganzen Menschen als Ebenbild Gottes. Dies verleiht ihm eine ganz einmalige Würde (...). Ich wende mich dagegen, wenn Menschen auf andere Menschen herunter schauen und sie entsprechend behandeln. Ich weiß davon, dass Gott alle Menschen gleich geschaffen hat, und fühle mich als Diakonin von ihm beauftragt, in seinem Namen dafür einzutreten, dass dies immer wieder deutlich wird. Die Ausbildung, die ich als Diakonin genossen habe, hilft mir dabei genauso wie meine langjährige Berufserfahrung.
> (Projekttagebuch 1.1 (2009) Diakonin Brandt)

Im weiteren Verlauf des Tagebucheintrags ist zu sehen, wie Diakonin Brandt ausgehend von diesem Verständnis der eigenen Person als Instrument der Fachlichkeit ein komplexes Konzept diakonischer Professionalität entwickelt, nämlich dort, wo sie speziell, inspiriert durch einen der Frageimpulse, das Thema „Kompetenzen" behandelt. Auf einen offenen Frageimpuls, der Narrationen generieren sollte, folgte ein Frageimpuls, der beispielhaft verschiedene Kompetenzbereiche benannte: *„religiöse Kompetenzen, fachliche Kompetenzen (je nach Themengebiet) und Methodenkompetenz (...)"*. Die Bitte an die Befragten war, ihre Kompetenzen in diesem Bereich auf die Anforderungen des Projekts zu beziehen. In dieser Reflexionsschleife beschreibt Diakonin Brandt, wie sich Professionalität in ihren Augen gerade daraus ergibt, dass sich Kompetenzen verbinden, dass Kenntnisse, immer neue Reflexionsprozesse und ebenso der fachliche Diskurs hier auf einer höheren Ebene zur „persönlichen Kompetenz" werden:

> Brandt: Ich empfinde mich keineswegs als irgendwie vollkommen, aber habe das Gefühl, dass ich das habe oder mir holen kann, was ich brauche. Im Übrigen verbinden sich die [Kompetenzbereiche] ein Stück weit automatisch, aber natürlich auch durch Nachdenken, Nachschlagen, Diskutieren, Abwägen und Versuchen, Verbessern usw.
> (Projekttagebuch 1.2 (2009) Diakonin Brandt)

Mit dieser Zusammenschau von bereits erworbener Berufserfahrung, einem diakonisch-ethischen Kodex, der situativen Gewinnung neuer fachlicher Informationen sowie in Diskussion mit weiteren Fachleuten erstellt Diakonin Brandt recht exakt das, was aktuell als Kompetenzbegriff gesehen ist: Sie verfügt über eine solide fachliche Fundierung sowie das reflexive Potenzial, sich abhängig von der aktuellen Aufgabe zu „holen", was darüber hinaus nötig ist. Dass die Diakonin selbst mit ihrer Person alle diese Quellen des Wissens, die nötigen Methoden und selbst das diskursive Geschick gewissermaßen aus sich selbst schöpft, ließe sich professionstheoretisch als unumgänglich beschreiben.[16] Es wird aber hier, im

[16] Vgl. die theoretischen Bezüge in Abschnitt 1. dieses Beitrags. Zur Person der Diakonin im Prozess der Professionalisierung vgl. auch die Fallstudie von Plagentz 2013: v. a. S. 144f.

Gefüge von unterschiedlichen Ansprüchen im Arbeitsfeld und mit einer offenbar immer wieder zu verteidigenden Fachlichkeit und als „persönlich“ verbuchten Anfragen zu einer zusätzlichen Herausforderung, der sich die Diakonin stellen muss: Um wirklich „professionell“ und damit erfolgreich zu sein, muss sie die diversen Kompetenzbereiche in ihrer Person vereinigen, und sie riskiert dabei, dass ihre Person, gesehen als Quelle von Subjektivität und Befindlichkeitsorientierung, in den Augen anderer zuweilen als Gegenstück der Professionalität betrachtet und damit Gegenstand der Kritik wird. An dieser Stelle zeigt sich die Arbeit der Diakonin – sehr ähnlich dem, was in der Sozialarbeitswissenschaft als Paradox beschrieben wird – als durchaus riskant, was in der Folge auch die Reflexion im Projekttagebuch zu einem Teil des Risikos werden lässt.

5. Professionalität und Unverfügbarkeit: Die Verortung des Glaubens

Die Anforderungen an die Diakoninnen und Diakone auf den Teilprojekt-Stellen war hoch: Es galt, die Arbeit stringent nach den Regeln der Projektentwicklung zu gestalten, also zu Beginn Ziele zu erfassen oder auch neu zu bestimmen, den Sozialraum, das professionelle Umfeld und die verschiedenen Interessen gründlich wahrzunehmen und von hier aus konkrete Schritte zu planen. Dies war für viele Beteiligte eine große Herausforderung, hatte dieses Arbeiten doch zum Teil eine deutlich andere Struktur als die bisher vertrauten Arbeitsweisen. So atmen zahlreiche Projekttagebücher noch die Mühe, die es kostete, in dieser Form zu arbeiten. Immer wieder – und hier wird gerade dieses unsichere Feld interessant für die Evaluation – nutzten die Diakoninnen und Diakone ihre Auseinandersetzung mit dem Neuen aber auch dazu, die eigene Professionalität zu diskutieren und neu zu verorten. Interessant wird diese Auseinandersetzung für die Evaluationsarbeit dort, wo die mit dem Projekttagebuch Befragten die Methodik der Projektentwicklung als „Technologie“ betrachten und dies in ein Spannungsverhältnis dazu setzen, worum es ihnen speziell in der sozialen oder pädagogischen Arbeit mit geistlichem Mehrwert geht. Indem das theologische Anliegen sich an den methodischen Anforderungen des Gesamtprojekts reibt, wird daraus im Lauf der Zeit eine Konstruktion einer „professionellen Kongruenz“[17].

Am Beispiel von Diakonin Walcher ist dies beispielhaft zu zeigen. Sie konstruiert zu Anfang ihrer Tätigkeit eben jenen Gegensatz im Vergleich mit einer anderen Fachkraft:

> *Gab es bisher im Projekt Momente, in denen Sie es besonders einleuchtend fanden: Hier ist es wichtig, dass ein Diakon / eine Diakonin die Arbeit macht?*
>
> Walcher: Im Projekt selbst noch nicht. Dazu ist alles noch viel zu theoretisch. Aber im Austausch mit [der Projektkoordinatorin eines ähnlichen Projekts]. Dieses Projekt hat einen anderen Ansatz als unseres. Es beginnt ohne klar definierte Zielgruppe und ohne theoretische Konzeption, sozialraumorientierte Überlegungen und so weiter. Was mir beim Austausch aber wichtig

[17] Vgl. Merz 2003. Ausführlich anhand empirischer Untersuchungen bei Merz 2007.

> wurde, war die Aussage der Projektstellenleiterin, die kein! kirchliches Amt innehat: „Vor jedem Kontakt in meinem Projekt bitte ich Gott, den Segen auf meine Arbeit zu legen. Und die richtigen Gedanken und Ideen zur Hilfe zu geben." Das hat mich sehr beeindruckt und auch beschämt. Es ist mir wichtig, diesen grundsätzlichen Gedanken bei all den, sicherlich sehr notwendigen, theoretischen und wissenschaftlichen Überlegungen und Konzeptionen nicht aus den Augen zu verlieren. (...)
>
> (Projekttagebuch 1.1 (2009) Diakonin Walcher)

Im Vergleich zwischen der eigenen und der fremden Projektarbeit kann Diakonin Walcher den tiefen Graben rekonstruieren, der sich für sie zu Anfang des Projekts zwischen den fachlichen Anforderungen an die Projektentwicklung einerseits und ihrer inneren Haltung und den Wunsch, die Arbeit unter Gottes Segen zu stellen, andererseits auftut. Das fachliche Können wird nicht nur von der Notwendigkeit der religiösen Ausrichtung des Projekts überlagert, es wird viel mehr noch als „*beschämend*" wahrgenommen, die Perspektive des Glaubens nicht viel stärker in den Vordergrund gestellt zu haben. Und noch weiter zugespitzt im Ringen der Diakonin um eine Anordnung von Perspektiven: Es könnte sein, dass selbst dort, wo unter fachlichen Gesichtspunkten ein Projekt nicht angemessen durchgeführt wird, dieses Projekt dennoch als gelungen bezeichnet werden muss, weil das in ihren Augen Wichtigste, die Ausrichtung der Verantwortlichen auf Gott, hier klar gegeben war. Hier ist die Diakonin in einem Dilemma, indem diese, ihr so sehr wichtige religiöse Basis des Projekts in den Hintergrund zu rücken droht, wo die harten Kriterien einer guten Projektarbeit angewendet werden müssen, während sie selbst diese Kriterien aus fachlicher Perspektive für sinnvoll hält. Für Diakonin Walcher ist auf diese Weise die eigene Projektarbeit ihre professionelle Entwicklungsaufgabe, bei der es gilt, alle Aspekte miteinander in Bezug zu setzen.

Nach einem Dreivierteljahr Projektarbeit zeigt Diakonin Walcher in den Einträgen ins Projekttagebuch, wie sie diese Aspekte intensiv bearbeitet hat, wie sie neue Erfahrungen machen und reflektieren konnte. Nun findet sich die Auseinandersetzung mit fachlichen Anforderungen ganz anders konnotiert. Die Impulsfragen des Projekttagebuchs bezogen sich auf den Projektstart – nun mit zeitlichem Abstand betrachtet. Weil mehrere Diakoninnen und Diakone im ersten Tagebuch einen starken Widerspruch zwischen ihrem Wunsch nach dem Start der konkreten Arbeit und der Notwendigkeit einer intensiven Konzeptionszeit zum Ausdruck gebracht hatten, nahm dieser Impuls darauf Rücksicht: „*Die Startphase des Projekts brachte es für die meisten von Ihnen mit sich, auf der einen Seite schon „loslegen" zu wollen / sollen und auf der anderen Seite noch analysieren und planen zu müssen.*" An dieser Stelle waren die Diakoninnen und Diakone gefragt, ihre Perspektive nicht argumentativ zu unterlegen, sondern in Lerneffekten für kommende Generationen von Fachkräften in derartigen Projektstellen auszudrücken:

Wenn Sie Menschen, die jetzt erst anfangen, Tipps geben sollten: Wie lässt sich [der Projektstart] gut bewältigen? Was sollte man beachten oder tun?

Walcher: Bei mir lief es eigentlich optimal, da meine [Projektinitiatoren] genau diese Vorstellung (zuerst eine fundierte Planung) hatten und mir erst einmal die Zeit dafür einräumten. Dabei erwies sich gerade das Erarbeiten der Sozialraumanalyse als sehr hilfreich. Durch die Recherchen zur Analyse wuchs ich automatisch in das Thema und die Strukturen vor Ort hinein. (…). Ich denke, das distanzierte Vorgehen in der Anfangsphase, die doch zuallererst mit Planung und dem Erfassen der Strukturen sowie dem Knüpfen von Kontakten angefüllt war, war genau richtig. Die Sozialraumanalyse erwies sich dabei als ein „roter Faden", der zur Zielvorgabe nützlich war. Ich vermute, mit einem spontanen Ansatz im Sinne von „einfach loslegen" hätte es sicherlich auch ein paar positive Ergebnisse gegeben, aber das Projekt wäre nicht so fundiert aufgestellt und auch nicht so breit in der Öffentlichkeit wahrgenommen.

(Projekttagebuch 1.2 (2009) Diakonin Walcher)

Mit zeitlichem Abstand bleibt die religiöse Perspektive des Projekts vollständig im Hintergrund, während die Diakonin nun ihr fachliches Vorgehen reflektiert. In dieser Hinsicht würdigt sie die Struktur der Projektentwicklung und weist ausdrücklich bestimmte Aspekte des Erfolgs dieser Struktur zu. Aber an anderer Stelle im selben Projekttagebuch nimmt Diakonin Walcher diese Frage nach dem christlichen Gehalt ihrer Arbeit wieder auf und sucht nach Deutungen, die es ihr ermöglichen, den Bereich der Religion als Teil ihrer Professionalität darzustellen. Im Anschluss an die Impulse zum konkreten Projektverlauf ist in diesem Tagebuch zum Ende nach der Sicht auf die verschiedenen kirchlichen Ämter gefragt:

Im Nachdenken über das Diakon/inn/enamt haben viele von Ihnen auch über das Pfarramt gesprochen: (…) Und wie stellt sich das Verhältnis der Ämter in Ihrem Teilprojekt dar?

Walcher: Mir ist es wichtig, dass ich als Diakonin nicht aus der Verkündigung herausdiskutiert oder reglementiert werde. Verkündigung steht für mich an erster Stelle. Vielleicht sehe ich das ein bisschen falsch im Amt des Diakons, ist aber meine ganz persönliche Gewichtung. Ich versuche das eben ehrenamtlich zu leben. Gerade Diakone, die mit viel praktischen Beispielen und Erfahrungen aufwarten können, haben die Möglichkeit, Evangelium durch ihre Beispiele lebendig werden zu lassen. Mir geht es jedenfalls so, und ich denke, das macht meine Verkündigung lebendig und echt.

(Projekttagebuch 1.2 (2009) Diakonin Walcher)

Dieser Passus erklärt, warum religiöse Aspekte im oberen Abschnitt keine Rolle mehr gespielt haben, als es um eine professionelle Projektentwicklung ging. In dieser hat der Glaube der Diakonin wenig oder auch gar keine Funktion. Ob für die Diakonin selbst oder für ihre verantwortlichen Gremien bleibt unklar. Die unmittelbare Integration des geistlichen Aspekts in ihre Tätigkeit in der Projektstelle scheint Diakonin Walcher nun nicht mehr anzustreben – oder bereits aufgegeben zu haben. Aber ihr eigenes Interesse zur Kommunikation christlicher Inhalte behält Diakonin Walcher bei. Mit einem fast schon kämpferischen Impuls verteidigt sie ihre Herzensangelegenheit – auch und gerade als Teil ihres Diakonin-Seins. Sie sieht allerdings dort eine deutliche Bruchstelle, wo in ihrem Kirchenbezirk und der Konzeption ihres Projekts die „Verkündigung" dem Pfarrer und die konkrete Zuwendung zu den bedürftigen Menschen der Diakonin zugewiesen wird. Ihre (vorläufige) Lösung besteht darin, die direkte religiöse Kommunikation in die ehrenamtliche Tätigkeit zu verlagern, wo Diakonin Walcher an anderer Stelle, etwa in der Gestaltung von Andachten in anderen Kontexten, tätig werden kann. Jedoch über ihr Selbstverständnis als Diakonin koppelt sie, gewissermaßen „von hinten", diese religiöse Kommunikation wieder an ihr Amt als Diakonin an: Sie übernimmt „*Verkündigung*" bewusst als Diakonin, und die fachliche Ausgestaltung dieser Tätigkeit leistet Diakonin Walcher explizit aus ihrer Erfahrung als Diakonin heraus, was dann wieder die religiöse Kommunikation befördert. Hier entsteht eine diakonische Professionalität, die auf dem Umweg über das Ehrenamt die Kopplung von Glauben und Fachlichkeit ermöglicht.

Betrachtet man die Antworten auf diese Impulse im Bestand aller Projekttagebücher, so zeigt sich, dass hier kein einheitlicher Weg gefunden ist, den Aspekt des Glaubens auf die anderen Tätigkeitsbereiche zu beziehen. Vor allem dort, wo der Kern der diakonischen Arbeit ein sozialer ist und Gespräche über potenzielle Sinn- oder Glaubensfragen nicht unmittelbar zum Auftrag gehören, oder auch dort, wo andere Projektpartner (in der Regel Pfarrerinnen und Pfarrer) den Bereich der direkten religiösen Kommunikation für sich reklamieren, sorgt das für Probleme in der Konstruktion einer diakonischen Professionalität.[18]

Das Projekt „Diakonat – neu gedacht, neu gelebt" ist weit davon entfernt, an dieser Stelle Lösungsansätze zu bieten. Unter anderem anhand der Projekttagebücher lässt sich aber zum gegenwärtigen Stand eine Analyse des Problems erstellen und die Herausforderung aus der Sicht der diakonischen Professionalität beschreiben. Denn dass ein jeweils für das Projekt oder die konkrete Arbeitsstelle angemessenes Verständnis einer Verortung von religiöser Kommunikation als Bestandteil von Professionalität im Diakonat entwickelt werden muss, ist offensichtlich.[19] Ein individuelles Ausweichen wie bei Diakonin Walcher, indem dieses Anliegen nicht mehr als Teil des Amts, sondern als persönliche Vorliebe gekennzeichnet wird und schließlich im Ehrenamt umgesetzt wird, kann sicher nur vorübergehend als Lösung akzeptiert werden.

Deutlich ist jedoch ebenso, dass die Integration religiöser Gehalte diakonischer Arbeit nicht quasi als Kenntnis oder als ein für alle Male zu erwerbende Kompetenz gegeben sein kann, sondern immer wieder neu und im Einzelfall immer wieder anderes entwickelt werden muss.

---

18 Vgl. Eidt 2013 und Schulz 2013.

19 Silke Leonhard fragt in diesem Zusammenhang nach der „Religionsfähigkeit kirchlicher Professionalität": vgl. Leonhard 2013: S. 245–248.

6. Zusammenschau: Professionalität im Diakonat

Die im Kontext der Sozialen Arbeit bereits präzise beschriebene Herausforderung, das „spezifische Vermögen" der fachlich fundierten Arbeit „unter bisweilen paradoxen Handlungsanforderungen"[20] im beruflichen Handeln umzusetzen, lässt sich beispielhaft anhand der Analyse von Projekttagebüchern darstellen. In drei knappen Betrachtungen des Ringens von Diakoninnen und Diakonen im Projekt wurden verschiedene Bestandteile einer Professionalität in diakonischen Arbeitsfeldern sichtbar. Die einzelnen Herausforderungen, auf die die Diakoninnen und Diakone mit ihrer jeweils eigenen Konstruktion diakonischer Professionalität reagieren, bedingen sehr deutlich diese jeweilige Konstruktion.

Im Beispiel von Diakon Seiler waren es vor allem die beiden Spannungsfelder zwischen dem „Diakon als Praxisarbeiter" und dem „Diakon als Wissensarbeiter"[21] einerseits sowie zwischen dem „Diakon als einem von uns" und dem „Diakon als Mittler des Außeralltäglichen" andererseits, die das als professionell zu Bestimmende ausmachen. Hier ist das Gelingen des Arbeitens im Spannungsfeld nur indirekt zu bestimmen, indem das stete fachliche Zuordnen und Abgrenzen, das Bestimmen und Öffnen, zur Grundbewegung diakonischen Arbeitens wird.

Auch Diakonin Brandt war in einem Spannungsfeld zu beobachten, und zwar so, dass sich Aspekte der Professionalität vor allem dort beobachten lassen, wo sie mit ihrer eigenen Person ganz verschiedene (und zuweilen gegenläufige) fachliche Ansprüche und Haltungen miteinander abgleichen und zu einer Gesamtheit diakonischen Handelns verarbeiten muss. Wo die eigene Person der Diakonin zunächst für Menschlichkeit, Subjektivität und persönliche Haltung steht, zeigt sich, dass sich nur hier diese unterschiedlichen Anforderungen nicht nur aushalten, sondern zu einer tatsächlich als professionell zu bezeichnenden Arbeitsform vereinigen lassen. In der Rekonstruktion der so gewonnenen Professionalität zeigt sich, wie dann die Person gerade nicht mehr nur das individuelle Verständnis spiegelt, sondern darüber hinaus mehrperspektivisches Vorgehen ermöglicht.

Diakonin Walcher ringt um die Integration ihrer Religiosität und der Einbindung ihres Impulses zur religiösen Kommunikation in das Profil ihrer diakonischen Tätigkeit. Auf diesem Weg wird auch diese Integrationsarbeit (nicht: die Integrationsleistung) zum Bestandteil von Professionalität. Man könnte es so ausdrücken: Die Diakonin weiß, was sie tut, indem sie immer wieder neu nicht genau weiß, wie etwas angemessen getan werden kann, wie etwas angemessen gesehen oder umgesetzt werden kann. Dann konstruiert und erfüllt sie in ihrer jeweils eigenen Fachlichkeit und Prägung ihre diakonische Aufgabe immer wieder neu, ohne Anspruch auf Vollständigkeit oder wechselseitige Zufriedenheit und vor allem ohne Anspruch auf Übertragbarkeit dieses Lerneffekts auf andere diakonische Arbeitszusammenhänge.

---

20 Dewe/Otto 2011: S. 1144.

21 Dieser Ausdruck stammt wiederum aus der Konzeption von Dewe/Otto 2011: S. 1144.

Dass dieser Anspruch an professionelles Handeln eine hohe Belastung darstellt, ist klar: Es gilt, das jeweils angemessene professionelle Handeln immer wieder selbst zu konstruieren. Ein Abgleich mit einem „richtigen Verständnis" ist nicht möglich, Supervision und kollegialer Austausch über genau diese Herausforderung sind Mangelware. Vorbilder sind kaum zu finden. Vor allem fällt es schwer, eine hilfreiche Rückmeldung zu bekommen. Und das im Einzelfall Entwickelte ist häufig von allen Seiten angreifbar – typisch für eine Konstruktionsleistung. Hier ist weitere Forschung gefragt – und zwar sowohl im Bereich eines theoretisch angemessenen Verständnisses diakonischer Arbeit als auch im Bereich der Praxisforschung, zu der diese Sichtung einen Beitrag bietet. Hier ist aber, ganz praktisch, auch Unterstützung für Diakoninnen und Diakone gefragt, etwa durch Intervision und Supervision, damit professionelles diakonisches Handeln unter den Bedingungen der reflexiven Moderne entwickelt werden kann.

Literatur

Dewe, Bernd/Otto, Hans-Uwe (2010): Reflexive Professionalität. Re-Professionalisierung im Zeitalter des Neoliberalismus. Verfügbar unter: http://www.bernddewe.de/forschungsberichte-im-erscheinen/reflexive-professionalisierung/index.html (16.04.2014).

Dewe, Bernd/Otto, Hans-Uwe (2011): Art. Professionalität. In: Otto, Hans-Uwe/Thiersch, Hans (Hg.): Handbuch der Sozialarbeit/Sozialpädagogik. Neuwied. 4. vollständig neu bearbeitete Auflage. S. 1143–1153.

Eidt, Ellen (2013): Empirische Perspektiven auf den Diakonat in diakonischen Einrichtungen und Diensten. Person, Beruf und Amt aus der Sicht von Anstellungsverantwortlichen und diakonischen Fachkräften. In: Eidt, Ellen/Schulz, Claudia (Hg.): Evaluation im Diakonat. Sozialwissenschaftliche Vermessung diakonischer Praxis. Stuttgart. S. 90–135.

Karle, Isolde (1997): Professionalität im Pfarramt. In: Brandt, Sigrid/Oberdorfer, Bernd (Hg.): Resonanzen. Theologische Beiträge für Michael Welker zum 50. Geburtstag. Wuppertal. S. 245–255.

Karle, Isolde (³2011): Der Pfarrberuf als Profession. Eine Berufstheorie im Kontext der modernen Gesellschaft. Stuttgart.

Leonhard, Silke (2013): Profession und Professionalität in kirchlich-religiöser Praxis. In: Heimbrock, Hans-Günter/Leonhard, Silke/Meyer, Peter/Plagentz, Achim (Hg.): Religiöse Berufe – kirchlicher Wandel. Empirisch-theologische Fallstudien. Berlin. S. 233–257.

Mantei, Simone/Sommer, Regina/Wagner-Rau, Ulrike (Hg.) (2013): Geschlechterverhältnisse und Pfarrberuf im Wandel. Irritationen, Analysen und Forschungsperspektiven. Stuttgart.

Mayring, Philipp (¹¹2010): Qualitative Inhaltsanalyse. Grundlagen und Techniken. Weinheim/Basel.

Merz, Rainer (2003): Auf der Suche nach einer spezifischen Professionalität für Diakoninnen und Diakone in der kirchlich-sozialen Arbeit. In: Herrmann, Volker/Merz, Rainer/Schmidt, Heinz (Hg.) (2003): Diakonische Konturen. Theologie im Kontext sozialer Arbeit. Heidelberg. S. 305–335.

Merz, Rainer (2007): Diakonische Professionalität. Zur wissenschaftlichen Rekonstruktion des beruflichen Selbstkonzeptes von Diakoninnen und Diakonen. Eine berufsbiographische Studie. Heidelberg.

Moser, Heinz (⁴2008): Instrumentenkoffer für die Praxisforschung. Eine Einführung. Zürich.

Nohl, Arnd-Michael (⁴2012): Interview und dokumentarische Methode. Anleitungen für die Forschungspraxis. Wiesbaden.

Plagentz, Achim (2013): „Also ich war beteiligt“ - Stellenverteilung in der Jugendarbeit. In: Heimbrock, Hans-Günter/Leonhard, Silke/Meyer, Peter/Plagentz, Achim (Hg.): Religiöse Berufe - kirchlicher Wandel. Empirisch-theologische Fallstudien. Berlin. S. 122–145.

Schütze, Fritz (1992): Sozialarbeit als bescheidene Profession. In: Dewe, Bernd/Ferchhoff, Wilfried/Radtke, Frank-Olaf (Hg.): Erziehen als Profession. Zur Logik professionellen Handelns in pädagogischen Feldern. Opladen. S. 132–170.

Schulz, Claudia (2013): Konstruktion des Diakonats zwischen Tätigkeit, Qualifikation und Amt. Wahrnehmungen aus Berufsgruppen im Diakonat. In: Eidt, Ellen/Schulz, Claudia (Hg.): Evaluation im Diakonat. Sozialwissenschaftliche Vermessung diakonischer Praxis. Stuttgart. S. 27–55.

Steck, Wolfgang (1991): Die Privatisierung der Religion und die Professionalisierung des Pfarrerberufs. Einige Gedanken zum Berufsbild des Pfarrers. In: PTh 80. Jg. S. 306–322.

Stichweh, Rudolf (1994): Professionalisierung, Ausdifferenzierung von Funktionssystemen, Inklusion. In: Ders., Wissenschaft - Universität - Professionen. Frankfurt a.M. S. 362–378.

Stichweh, Rudolf (2005): Wissen und die Professionen in einer Organisationsgesellschaft. In: Klatetzki, Thomas/Tacke,Veronika (Hg.): Organisation und Profession. Wiesbaden. S. 31–44.

VEDD (Verband Evangelischer Diakonen-, Diakoninnen und Diakonatsgemeinschaften in Deutschland) (Hg.) (2008): Tätigkeitsprofile von Diakoninnen und Diakonen. Ein Arbeitspapier der KAL (Konferenz der Ausbildungsleiterinnen und -leiter der Diakonenausbildung) im VEDD. Stand: Frühjahr 2008. Impuls I/2008. Berlin. Verfügbar unter: http://www.vedd.de/obj/Bilder_und_Dokumente/pdf-Daten/Impulse/Impuls200801.pdf (26.03.2014).

Völter, Bettina (2008): Verstehende Soziale Arbeit. Zum Nutzen qualitativer Methoden für professionelle Praxis, Reflexion und Forschung. Forum Qualitative Sozialforschung/Forum: Qualitative Social Research, 9(1), Art. 56. Verfügbar unter: http://nbn-resolving.de/urn:nbn:de:0114-fqs0801563 (16.04.2014).

Ellen Eidt

Profilierung der Berufsbilder in Gemeindediakonie und Gemeindepädagogik?

Impulse aus einer Befragung von Kirchenbezirkssynodalen in zwei Dekanaten

Das Berufsbild und die Handlungsfelder der Gemeindediakoninnen und Gemeindepädagogen sind in der Diskussion, weil sie in Bewegung sind. Die Berufsbilder haben sich in den letzten zwanzig Jahren grundlegend gewandelt. Die Tätigkeitsfelder wurden vielfältiger und der Radius der Zuständigkeiten weiter, während gleichzeitig die Zahl der Mitarbeitenden in den gemeindebezogenen Diensten erheblich schrumpfte. Es ist noch nicht abzusehen, ob diese Tendenz angesichts langfristig rückläufiger kirchlicher Finanzmittel zu stoppen sein wird. Ob in Fachbüchern oder bei Synodaltagungen, in den Konventen der Berufsgruppe der Gemeindediakoninnen und Gemeindediakone oder im Gespräch mit Studierenden der Studiengängen Religionspädagogik oder Diakoniewissenschaft an Evangelischen Hochschulen: Überall wird über die Zukunft von Gemeindediakonie und Gemeindepädagogik diskutiert, und auch für das Projekt „Diakonat – neu gedacht, neu gelebt“ spielte dieses Thema eine wichtige Rolle.

Claudia Schulz hat im Rahmen der Begleitforschung zu diesem Projekt auf der Basis ihrer Analyse von Interviews mit Anstellungsverantwortlichen und Gruppendiskussionen mit Diakoninnen und Diakonen verschiedener Berufsgruppen eindrücklich dargestellt, wie weit die aktuellen fachlichen Diskurse zu Gemeindediakonie und Gemeindepädagogik von kirchengemeindlichen oder kirchenbezirklichen Denk- oder Erwartungslogiken und dem Selbstverständnis vieler Diakoninnen und Diakone entfernt sind. In der Praxis der Kirchengemeinden und Kirchenbezirke treten Fragen nach kirchlichen Handlungsspielräumen in Konkurrenz mit konzeptionellen Überlegungen, die Erwartungen an eine professionelle Sozialdiakonie stehen dem Ideal der gemeinschaftlich-familial verstandenen Hilfeleistung gegenüber, und Fragen nach den Zuständigkeiten verschiedener Berufsgruppen sind nur schwer von Macht-, Einfluss- und Kompetenzfragen zu trennen.[1]

Diese Widersprüchlichkeiten führen in der Praxis oft zu Lähmungserscheinungen und zu der Erwartung, dass eine deutlichere Profilierung – im Sinne eindeutiger Aufgaben- und Kompetenzbeschreibungen – hier Abhilfe schaffen könnte. In wissenschaftlicher Perspektive können diese Widersprüchlichkeiten jedoch durchaus auch als Konkretionen der ambivalenten Gegenwartserfahrungen von Professionellen gedeutet werden. Als solche sind sie dann als Charakteristikum und Normalfall professioneller Praxis zu betrachten. Deshalb nehmen

---

1 Vgl. Schulz 2013: S. 349–374.

gemeindediakonische Professionalitätsentwürfe diese Ambivalenzen als Grundbedingungen kirchlichen Lebens in der Gegenwart auf und arbeiten mutig damit.[2] Profilierung der gemeindediakonischen und gemeindepädagogischen Berufsbilder könnte dann bedeuten, gerade die Kompetenzen für den Umgang mit ambivalenten Erwartungen aller Art in der Aus- und Weiterbildung zu stärken und den Nutzen für die kirchliche Praxis herauszuarbeiten.

Angesichts der Diskrepanz zwischen wissenschaftlicher Theorie und kirchlicher Praxis geht Claudia Schulz – in ihrer die empirische Erhebung interpretierenden Einschätzung – jedoch davon aus, dass die tatsächliche Zukunftsfähigkeit des Gemeindediakonats stark davon abhängig sein wird, ob und wie es gelingen kann, den Diakonat in einem „Gesamtkonzept kirchlichen Handelns in Theorie und Gemeindepraxis" zu verorten und kirchenstrukturell zu verankern.[3]

Als Auftraggeberin des Projekts „Diakonat – neu gedacht, neu gelebt" erhoffte sich die Evangelische Landeskirche in Württemberg gerade von der kirchlichen Basis wichtige Impulse zur Weiterentwicklung der Berufsbilder im Diakonat. Die Projektsteuerungsgruppe berücksichtigte deshalb bei der Projektauswahl drei Projekte, die sich im Rahmen gemeindediakonischer Arbeit unterschiedliche inhaltliche Schwerpunkte und die Erprobung verschiedener Strukturmodelle zum Ziel gesetzt hatten: Im Projekt des evangelischen Kirchenbezirks Tübingen gestalteten drei Diakone und eine Diakonin mit jeweils 25 % ihres Dienstauftrages in vier Distrikten einerseits ein Begleitprogramm für ehrenamtliche Diakoniebeauftragte und initiierten oder begleiteten andererseits sozialraumnahe, alltagsunterstützende Hilfsangebote. Der evangelische Kirchenbezirk Mühlacker wollte mit zwei Diakonen (je 50 % Dienstauftrag) in einer zentralen Servicestelle die diakonische Öffentlichkeitsarbeit und die Vernetzung diakonischer Angebote in Kirchengemeinden stärken. Ein Diakon sollte als Geschäftsführer zusammen mit Ehrenamtlichen und Betroffenen ein Diakoniekaufhaus aufbauen und zur zentralen Drehscheibe diakonischer Aktivitäten im Kirchenbezirk Tuttlingen machen.

Zur Evaluation der Projektarbeit im Hinblick auf Fragen der Profilierung gemeindepädagogischer und gemeindediakonischer Handlungsfelder und Berufsbilder ermöglichten die Kirchenbezirke Tübingen und Mühlacker im Winter 2011/2012 eine schriftliche Befragung aller Mitglieder ihrer Kirchenbezirkssynoden. Die Befragung der Kirchenbezirkssynodalen erfolgte mithilfe eines standardisierten Fragebogens, der zusammen mit der Einladung zur Herbstsynodaltagung versandt und am Rande der Tagung von den Synodalen ausgefüllt abgegeben wurde. Da die Ausschöpfungsquote in beiden Kirchenbezirken bei über 80 % lag, können die Ergebnisse der Befragung für die jeweiligen Kirchenbezirke insgesamt als aussagekräftig gelten.

---

2 Vgl. Piroth 2012: S. 159–182. Ambivalenzen werden mit Bezug auf Zygmunt Baumann und Roland Degen als grundlegende Kennzeichen der Moderne betrachtet und als Bezugshorizonte gemeindepädagogischen Handelns entfaltet.

3 Vgl. Schulz 2013: S. 374.

Die Auswahlfragen des verwendeten Fragebogens bezogen sich vor allem auf (1.) die diakonischen Grundorientierungen der Befragten und deren Zufriedenheit mit der Bedeutung der Diakonie im Kirchenbezirk, (2.) die Verantwortungszuschreibungen der Kirchenbezirkssynodalen für verschiedene Aufgabenstellungen in gemeindediakonischen Bezügen und verschiedene Einschätzungen zu den tatsächlichen Inhalten der Arbeit von Diakoninnen und Diakonen, sowie auf (3.) konkrete Einschätzungen zur örtlichen Ausgestaltung der Projektarbeit im Rahmen des landeskirchlichen Projekts „Diakonat – neu gedacht, neu gelebt". Die Ergebnisse der Erhebung werden nachfolgend dargestellt.

Mit der Komplettbefragung der Bezirkssynodalen in zwei Kirchenbezirken verband sich im Rahmen der Projektevaluation die Hypothese, dass die unterschiedlichen Strukturmodelle der Projektorganisation und die verschiedenen Schwerpunktsetzungen in den einzelnen Projekten zu signifikant unterschiedlichen Einschätzungen der Projektergebnisse durch die Verantwortlichen der beiden Kirchenbezirke führen könnten. Diese Erwartung hat sich eher nicht erfüllt. Dennoch ermöglichten die gewonnenen Daten eine ganze Reihe aufschlussreicher Beobachtungen. Aus deren Interpretation gewinne ich abschließend (4.) einige Impulse, die als Orientierung auf dem Weg zur Profilierung der Berufsbilder im Bereich der Gemeindediakonie und Gemeindepädagogik im Rahmen eines Gesamtkonzepts kirchlichen Handelns dienen und Hinweise für hilfreiche Strukturen geben können.

1. Die diakonische Grundorientierung von Kirchenbezirkssynodalen

Bei den Kirchenmitgliedschaftsuntersuchungen der EKD finden jeweils diejenigen Items große Zustimmung, die sich auf diakonische Aktivitäten der Kirche beziehen. Unter den Erwartungen, die evangelische Kirchenmitglieder an ihre Kirche richten, steht die Betreuung von bedürftigen, kranken und alten Menschen an erster Stelle, noch vor der Begleitung von Menschen an den Wendepunkten ihres Lebens (Taufe, Konfirmation, Hochzeit und Beerdigung) und dem Feiern von Gottesdiensten.[4] Die Ergebnisse der Befragung von Kirchenbezirkssynodalen in zwei württembergischen Kirchenbezirken legen die Annahme nahe, dass örtliche Leitungsgremien sich in diesem Punkt zumindest nicht wesentlich von allen anderen Kirchenmitgliedern unterscheiden. In beiden Kirchenbezirkssynoden geben mehr als 93 % der Befragten an, dass ihnen das Thema „Diakonie" sehr wichtig sei. Wie sich persönliches Interesse und Bedeutungszuschreibung unter den Kirchenbezirkssynodalen auf die unterschiedlichen diakonischen Herausforderungen verteilen, ist dem folgenden Balkendiagramm zu entnehmen. Gefragt wurde: „Welche diakonischen Themen liegen Ihnen persönlich besonders am Herzen?" Mehrfachnennungen waren möglich.

4 Vgl. Huber/Friedrich/Steinacker 2006: S. 457.

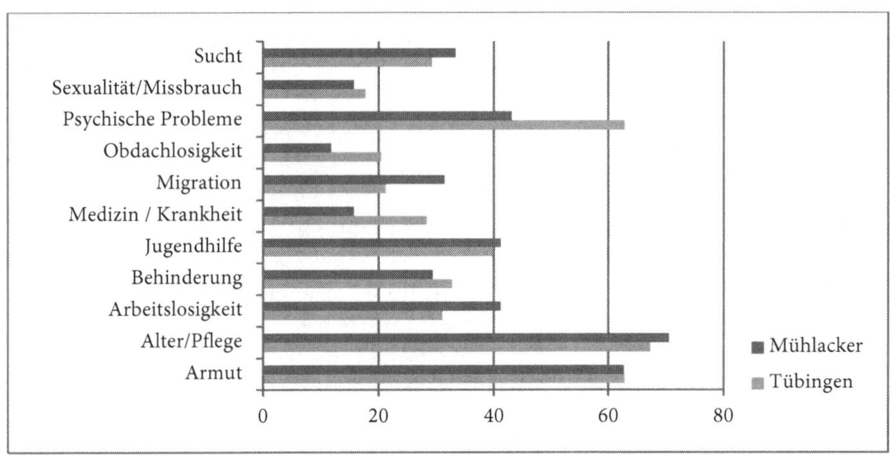

Abb. 1 Persönliches Interesse an diakonischen Themen in Prozent der Befragten

Ganz offensichtlich und mit deutlichem Abstand zu anderen Aufgabenfeldern liegen die Themen „Alter und Pflege" neben „Armut" in beiden Kirchenbezirken den Befragten besonders am Herzen. Nur im Kirchenbezirk Tübingen findet auch das Thema „Psychische Probleme" besonders viel persönliches Interesse. Sucht man nach Gründen, die hinter dieser Themenauswahl stehen, so fällt auf, dass Probleme des Alterns mit hoher Wahrscheinlichkeit jeden Menschen betreffen und oft im familiären Umfeld erlebt werden können. Traditionell spielt dieses Thema eine wichtige Rolle im kirchengemeindlichen Leben und Besuchsdienste für alte, kranke und einsame Menschen gehören zum Angebot der meisten Kirchengemeinden.[5] Hier gibt es also mit großer Wahrscheinlichkeit einen positiven Zusammenhang zwischen persönlichen Berührungspunkten mit einem Thema und der Bereitschaft, sich dafür zu engagieren. Ähnlichen Tendenzen könnte in neuerer Zeit auch die relativ große persönliche Aufmerksamkeit folgen, die dem Thema „Armut" unter den Verantwortlichen in den Kirchenbezirken gilt. „Armut kann uns alle betreffen – zumindest theoretisch."[6] So fasst Claudia Schulz im Jahr 2010 ein Gefühl zusammen, das in Folge der sogenannten Hartz IV-Gesetzgebung seit 2005 auch gesellschaftliche Gruppen befallen hat, die zuvor glaubten, von dieser Thematik unberührt zu bleiben.

Umgekehrt scheint das Thema „sexueller Missbrauch", das in beiden Kirchenbezirken wenig persönliches Interesse findet, entweder weit weg vom persönlichen Erleben stattzufinden oder nach wie vor tabubelastet zu sein. Anders als für Arme, Alte und Pflegebedürftige besteht für Opfer sexuellen Missbrauchs auch keine jahrtausendealte, christlich-jüdische Fürsorgetradition. Da auch die sozialstrukturellen Daten der Landkreise, auf deren Gebiet sich die beiden Kirchenbezirke befinden, keine besonderen Auffälligkeiten hinsichtlich spezifischer sozialer

5 In der vorliegenden Befragung geben in beiden Kirchenbezirken über 80 % der Befragten an, dass es in ihrer eigenen Kirchengemeinde einen Besuchsdienst gibt.

6 Schulz 2010: S. 241.

Herausforderungen aufweisen,[7] entsteht der Eindruck, dass im Wesentlichen die tatsächliche oder gefühlte persönliche Nähe zu einer diakonischen Thematik über das persönliche Interesse der Kirchenbezirkssynodalen entscheidet.

Wie verhält sich nun die persönliche Gewichtung diakonischer Themen zur Zufriedenheit mit der diakonischen Arbeit in den verschiedenen Kirchengemeinden, in denen die Kirchenbezirkssynodalen ja zugleich Mitglieder der jeweiligen Kirchengemeinderatsgremien sind? Auf die Frage „Wie zufrieden sind Sie insgesamt mit der Bedeutung, die die Diakonie in ihrer Kirchengemeinde hat?" antworten in beiden Kirchenbezirken jeweils etwa 90 % der Befragten, sie seien zufrieden oder zumindest eher zufrieden, während jeweils nur ein geringer Prozentsatz der Befragten angibt, gänzlich unzufrieden zu sein. An dieser Stelle fällt auf, dass die Zufriedenheit mit der Bedeutung diakonischer Arbeit in ihren Kirchengemeinden bei den Diakoniebeauftragten des Kirchenbezirks Tübingen zwar insgesamt ebenfalls hoch[8] ist, dass aber doch etwa ein Drittel der Befragten Unzufriedenheit signalisiert. Hier liegt die Vermutung nahe, dass Verantwortliche innerhalb ihres eigenen Einflussbereiches[9] dazu tendieren, mit den Ergebnissen ihrer Arbeit tendenziell zufriedener zu sein, als diejenigen, die sich selbst im Hinblick auf die ihnen übertragenen Aufgaben als weniger einflussreich erleben.[10]

Einige Einschätzungen zu organisatorischen und inhaltlichen Aspekten der diakonischen Praxis in den einzelnen Kirchengemeinden wurden im Rahmen der Befragung der Kirchenbezirkssynodalen ebenfalls erhoben. Nach Einschätzung der Befragten stehen diakonische Themen bei mehr als der Hälfte der Synodalen in beiden Kirchenbezirken mehrmals jährlich auf der Tagesordnung der Kirchengemeinderatsgremien und bei anderen Themenstellungen werden immerhin bei mehr als der Hälfte der befragten Synodalen die entsprechenden diakonischen Aspekte meistens mitbedacht. Nur ein knappes Drittel der Befragten gibt an, dies geschehe nur selten.

Die große Mehrheit der Befragten gibt in beiden Kirchenbezirken an, dass der politische Einsatz für Benachteiligte in ihren Augen ein zentraler Aspekt der Glaubwürdigkeit kirchlich-diakonischen Handelns sei. Unter 10 % der Befragten lehnen diese Aussage ab. Im Hinblick auf missionarische Implikationen diakoni schen Handelns zeigt sich bei den Verantwortlichen in beiden Kirchenbezirken ein gleichermaßen breites Spektrum gegenläufiger Meinungen: Jeweils etwa ein Drittel der Befragten ist der Meinung, dass diakonisches Handeln immer zu-

7 Vgl. Statistisches Bundesamt 2014 (Internetlink).

8 Zwei Drittel sind zufrieden oder eher zufrieden. Vgl. dazu Eidt 2013: S. 204.

9 Pfarrerinnen und Pfarrer mit einem Predigt- und/oder Seelsorgeauftrag in einzelnen Kirchengemeinden oder im Kirchenbezirk sind in der Evangelischen Landeskirche in Württemberg qua Amt Mitglieder der Bezirkssynoden, daneben werden je nach Gemeindegröße ehrenamtliche Synodale aus der Mitte der Kirchengemeinderatsgremien gewählt. Vgl. Kirchenbezirksordnung 2005: §§3–4.

10 In diesem Zusammenhang spielt es möglicherweise eine Rolle, dass nicht alle Diakoniebeauftragten Mitglieder der Kirchengemeinderatsgremien sind.

gleich missionarisch sein müsse, während ein Drittel genau diese Aussage für gänzlich unzutreffend hält und ein weiteres Drittel dieser Aussage zumindest teilweise zustimmen kann. Qualitative Untersuchungen, die sich im Rahmen des Projekts „Diakonat - neu gedacht, neu gelebt" mit vergleichbaren Fragestellungen in vertiefter Form beschäftigt haben, geben einen Einblick in die Komplexität der Überlegungen, die sich hinter diesen verschiedenen Haltungen verbergen können. Eine eindeutige evangelische Profilierung diakonischer Arbeit ist für die Kirche als Organisation mit Sicherheit wichtig.[11] Deshalb stellen die Fragen danach, inwiefern missionarische Impulse in einer diakonischen Situation eine Begegnung zwischen Menschen auf Augenhöhe behindern können, und die Suche nach Formen diakonischen Handelns, die Auswege aus diesem Dilemma bieten, eine bleibende Herausforderung für professionelles diakonisches und kirchenleitendes Handeln dar.[12]

Auch in der Frage danach, ob diakonisches Handeln durch eine vorrangige Option für die Armen gekennzeichnet sein soll, lässt sich aus den Ergebnissen der Befragung in beiden Kirchenbezirken keine eindeutige Botschaft im Hinblick auf eine anzustrebende Profilierung gemeindediakonischen Handelns entnehmen, da sich verschiedene Positionen mit vergleichbarem Gewicht gegenüberstehen. Etwa die Hälfte der Befragten hält eine derartige Charakterisierung des Diakonischen für teilweise richtig, und jeweils etwa ein Viertel stimmt dieser Bestimmung zu oder lehnt sie gänzlich ab. In diesem Befragungsergebnis spiegelt sich vermutlich einerseits die Wahrnehmung der real existierenden diakonischen Arbeit in den Kirchenbezirken, die sich mit ihren Kindergärten, Diakoniestationen und Beratungsstellen unabhängig vom sozialen Status an alle Menschen wendet. Andererseits begegnet darin möglicherweise auch die Erkenntnis, dass zwischen einer eindeutigen, diakonischen Option für die Armen und den Interessen der Kirchengemeinden an einer guten gemeindepädagogischen Versorgung eine Ressourcenkonkurrenz besteht - zumindest wenn es um die Dienstauftragsgestaltung von Diakoninnen und Diakonen in den Kirchenbezirken geht.

Die Ergebnisse dieser Erhebung der persönlichen Einschätzungen der Kirchenbezirkssynodalen zeigen ein breites Spektrum verschiedener Einstellungen und insgesamt bei aller Pluralität eine gewisse Ausgewogenheit verschiedener Positionen, die in weiten Teilen einem Abbild kirchlicher Realität gleichkommt. Zu denken gibt allerdings, dass dadurch die Gefahr besteht, dass existenzielle Themen - wie etwa sexueller Missbrauch - oder zentrale gesellschaftliche Herausforderungen - wie Migration und Diversität - im Horizont lokaler kirchlicher Arbeit zu wenig Beachtung finden, obwohl gerade dort entscheidende Ansatzpunkte für die Wahrnehmung gesellschaftlicher Verantwortung durch die evangelische Kirche liegen.

---

11 Vgl. Schmidt (Deutlicher werden) in diesem Band.

12 Vgl. Eidt (Was heißt hier eigentlich „diakonisch"?) in diesem Band.

2. Verantwortungszuschreibungen in gemeindediakonischen und gemeindepädagogischen Aufgabenfeldern

Mit der Frage nach einer möglichen Profilierung gemeindediakonischer und gemeindepädagogischer Handlungsfelder und nach der Gestaltung von Dienstaufträgen von Diakoninnen und Diakonen in Kirchenbezirken sind zugleich zwei weitere Fragen zu beantworten: (1.) Welche Aufgaben können und sollen – vor allem angesichts rückläufiger finanzieller Ressourcen – von hauptamtlichen und welche von ehrenamtlichen Mitarbeiterinnen und Mitarbeitern übernommen werden? Und (2.) welcher Berufsgruppe unter den Hauptamtlichen im Kirchenbezirk sollen welche Aufgabenstellungen in diesen Handlungsfeldern zugeordnet werden? Deshalb wurde im Fragebogen für die Kirchenbezirkssynodalen auch die Frage gestellt: „Wir nennen Ihnen hier verschiedene diakonische Aufgaben. Wer soll welche Aufgaben ihrer Meinung nach im Idealfall oder hauptsächlich wahrnehmen? Bitte jeweils nur eine Möglichkeit ankreuzen!"

Diese Fragestellung sorgte in beiden Kirchenbezirken für reichlich Diskussionsstoff unter den Synodalen und auch für eine ganze Reihe als ungültig zu wertende Mehrfachnennungen. Deutliche Stimmen wurden laut, dass es auf die Fragen in diesem Fragenkomplex keine eindeutigen Antworten gäbe. Die Kirchenbezirkssynodalen argumentierten vor allem in zwei Richtungen: Erstens könnten die hier genannten Aufgaben grundsätzlich nur in Zusammenarbeit verschiedener Akteure bewältigt werden und zweitens sei die jeweilige Verfügbarkeit unterschiedlicher personeller Ressourcen vor Ort dafür entscheidend, wer sich letztlich wo um bestimmte Aufgaben kümmere. Angesichts dieser Argumentation, die sehr deutlich auf spezifische personale und regionale Gegebenheiten abhebt, ist die Eindeutigkeit und Parallelität der Ergebnisse in beiden Kirchenbezirken umso auffälliger. In beiden Kirchenbezirken ist gleichermaßen eine Übereinstimmung der Befragungsergebnisse mit den klassischen Bildern von ehrenamtlichem Engagement in Kirchengemeinden und von Pfarramt, Diakonat, Sozialarbeit und diakonischem Ehrenamt festzustellen.

Für die Aufgabenbereiche, die von den Kirchenbezirkssynodalen beider Kirchenbezirke mehrheitlich Pfarrerinnen und Pfarrern zugeordnet werden, lässt sich die Gewichtung im Verhältnis zu den anderen Berufsgruppen und Ehrenamtlichen der Grafik auf S. 120 entnehmen:

In beiden Kirchenbezirken spricht sich eine klare Mehrheit der Befragten dafür aus, dass Pfarrerinnen und Pfarrer für seelsorgerliche Gespräche zuständig sein sollen. Vergleichbar deutlich, aber insgesamt etwas schwächer ausgeprägt ist auch die Zuordnung von Gottesdiensten mit diakonischen Themen zum Aufgabenbereich der Pfarrerinnen und Pfarrer und die Verantwortung für die Sensibilisierung der Gemeinden für diakonische Themen wird ebenfalls schwerpunktmäßig dem Pfarramt zugeordnet. Dieses Ergebnis stimmt mit der traditionellen Auffassung überein, dass Gottesdienst und Seelsorge zu den Kernbereichen einer pfarramtlichen Beauftragung gehören. Geht man davon aus, dass die Sensibilisie-

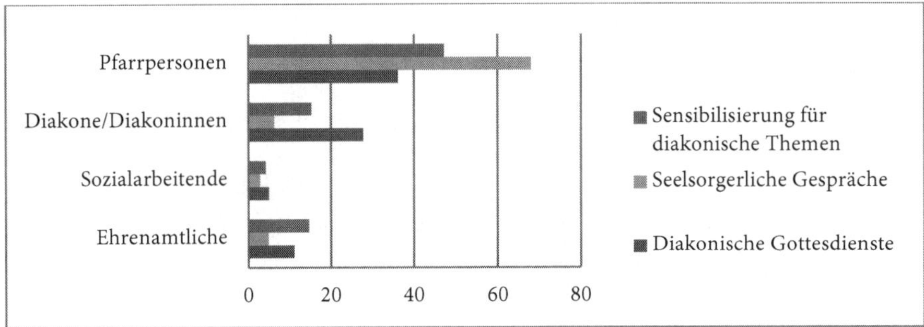

Abb. 2: Zuordnung von Aufgaben zu Berufsgruppen (Schwerpunkt: Pfarrpersonen) in Prozent der gültigen Stimmen

rung von Kirchengemeinden für bestimmte – hier diakonische – Themen zur Leitungsverantwortung gehört und kontinuierlicher, konzeptioneller Arbeit vor Ort bedarf, so entspricht diese Zuschreibung derselben Logik.

Ähnlich eindeutig ist die Zuordnung der Verantwortung für das Sammeln von Spenden und Hausbesuche bei alten, kranken und einsamen Menschen zum Aufgabenbereich von Ehrenamtlichen in den Kirchengemeinden:

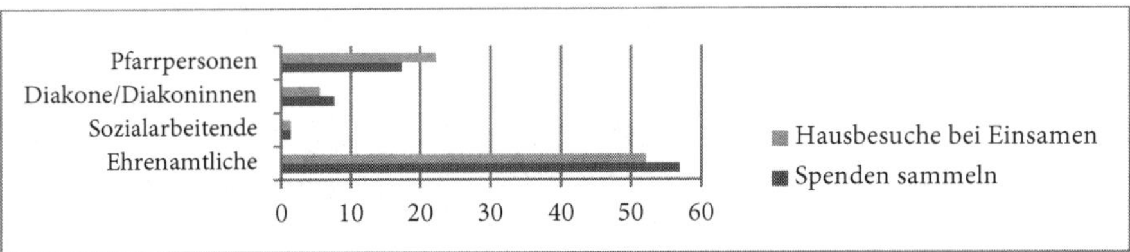

Abb. 3: Zuordnung von Aufgaben zu Berufsgruppen (Schwerpunkt: Ehrenamtliche) in Prozent der gültigen Stimmen

Auch in diesen Zuschreibungen bildet sich die traditionelle Situation in den Kirchengemeinden ab, die von den Befragten offensichtlich als angemessen betrachtet wird.

Anders als es die Fachdiskussion immer wieder vermuten lässt, erscheint für die verantwortlichen Gremien in den Kirchenbezirken Mühlacker und Tübingen der Aufgabenbereich von Diakoninnen und Diakonen für die dortigen Kirchenbezirkssynodalen in seinem Kern relativ eindeutig beschreibbar. Auch hier vermittelt das Ergebnis der Befragung zunächst wiederum den Eindruck, dass die inhaltlichen Vorstellungen der Synodalen sich im Einklang mit der aktuellen Gestaltung der Arbeit von Diakoninnen und Diakonen in ihren Kirchenbezirken befinden.[13]

[13] Dazu werden am Ende dieses Abschnitts noch detailliertere Ergebnisse vorgestellt.

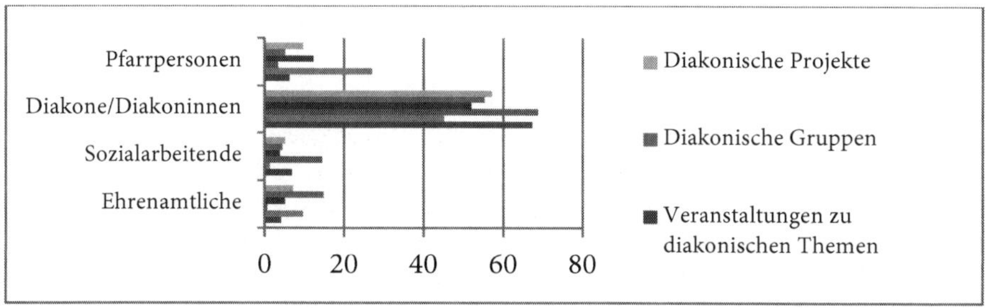

Abb 4: Zuordnung von Aufgaben zu Berufsgruppen (Schwerpunkt: Diakone/ Diakoninnen) in Prozent der gültigen Stimmen

Die Entwicklung diakonischer Konzepte, die Gewinnung, Schulung und Begleitung von Ehrenamtlichen in diakonischen Handlungsfeldern, die Durchführung von Veranstaltungen zu diakonischen Themen, die Leitung diakonischer Gruppen und die Verantwortung für diakonische Projekte werden von den Befragten mit deutlicher Mehrheit dem hauptamtlichen Diakonat zugeordnet.

Sozialarbeiterinnen und Sozialarbeiter sollen nach Auffassung der Synodalen in den Kirchenbezirken Mühlacker und Tübingen dagegen Menschen in sozialen Notlagen beraten, sie an entsprechende Fachleute weitervermitteln und Hausbesuche in verwahrlosten Haushalten machen.

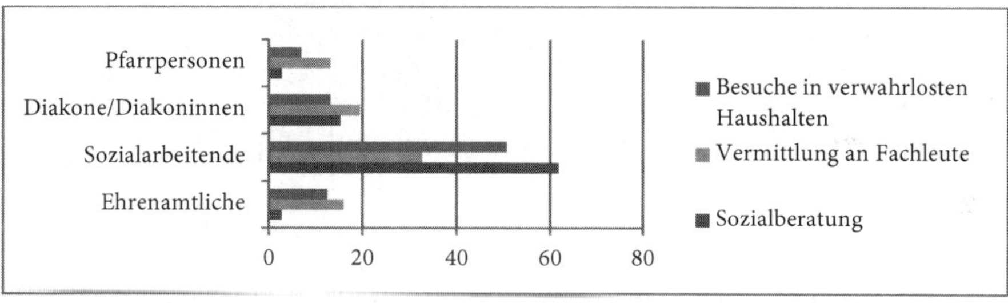

Abb. 5: Zuordnung von Aufgaben zu Berufsgruppen (Schwerpunkt: Sozialarbeitende) in Prozent der gültigen Stimmen

Am wenigsten eindeutig ist die Aufgabenzuschreibung im Bereich der Vermittlungstätigkeiten. Darin zeigt vermutlich die konkrete Erfahrung, dass die Vermittlung von Ratsuchenden nicht nur in den Beratungsstellen der Kirchenbezirke, sondern auch oft in sozialräumlichen Zusammenhängen geschieht, in denen Ehrenamtliche, Diakone und Pfarrerinnen für die Ratsuchenden präsent sind. Im Unterschied zu den Hausbesuchen bei Einsamen ordnen die Befragten Hausbesuche in Haushalten mit besonderen sozialen Problematiken ganz eindeutig den sozialpädagogischen Fachleuten zu. Diese Zuordnung entspricht den Ergebnissen der qualitativen Untersuchungen zur Tätigkeit von Ehrenamtlichen in diakonischen Handlungsfeldern. Die qualitative Forschung zeigt, dass Ehrenamtliche sich dort überfordert fühlen, wo es um die Unterstützung mehrfach oder schwer belasteter Menschen geht.[14]

Neben diesen in beiden Kirchenbezirken von den Synodalen sehr eindeutig vorgenommenen Verantwortungszuschreibungen gibt es offensichtlich Aufgaben, die von den Befragten nicht mit derselben Eindeutigkeit einer bestimmten Gruppe von Akteuren zugeordnet werden. Interessant ist in dieser Hinsicht, dass sich auch hier in beiden Kirchenbezirken vergleichbare Ergebniskombinationen ergeben: So wird etwa finanzielle Hilfe für Menschen in Notsituationen von den Synodalen in beiden Kirchenbezirken vor allem von Sozialarbeiterinnen und Sozialarbeitern erwartet, aber diese Erwartung richten sie eindeutig auch an das Pfarramt - in einem Kirchenbezirk sogar bei über 20 % der Befragten. Diese Beobachtung überrascht insofern nicht, als das Pfarrhaus noch immer eine wichtige Anlaufstelle für Menschen mit besonderen sozialen Problemen ist und dort in der Regel auch Spendengelder für diesen Zweck eingehen.

Dagegen schreiben die Befragten politisches Engagement für Menschen in sozialen Notlagen fast gleichermaßen der Verantwortung von Ehrenamtlichen, Sozialarbeitenden und Pfarrpersonen zu, während Diakoninnen und Diakonen diesbezüglich keine Verantwortung zugemessen wird. Dieses Ergebnis wirft Fragen auf: Besteht hier ein Zusammenhang zu der Tatsache, dass Diakoninnen und Diakone in kirchlichen Gremien in der Regel ohne Stimmrecht sind und damit oft auch wenig Einfluss auf (kirchen)politische Entscheidungsprozesse nehmen können? Spiegelt sich darin wider, dass Diakoninnen und Diakone ihre Arbeit nur selten öffentlich sichtbar in politische Zusammenhänge stellen? Oder sind in den Augen der Kirchenbezirkssynodalen Diakoninnen und Diakone für die Barmherzigkeit zuständig, während den anderen Akteuren der Einsatz für Gerechtigkeit zugeschrieben wird? Hier tut sich ein Feld für weitere qualitative Forschung auf, deren Ergebnisse für die Gestaltung der Rolle der Kirche in der Zivilgesellschaft genutzt werden können.

Die Zufriedenheit mit der Arbeit der Diakoninnen und Diakone ist bei den Verantwortlichen in beiden untersuchten Kirchenbezirken hoch. Mehr als zwei Drittel der Befragten sagen von sich, sie seien zufrieden oder sehr zufrieden, während niemand angibt, unzufrieden zu sein, und nur wenige Befragte keine Angaben zu dieser Frage machen. Diese Zufriedenheit steht vermutlich in einem engen Zusammenhang damit, dass in beiden Kirchenbezirken etwa 90 % der Befragten der Meinung sind, dass die Diakoninnen und Diakone in Handlungsfeldern arbeiten, die für die kirchliche Arbeit wichtig sind. Ein weiterer Aspekt dieser hohen Wertschätzung ist die von 80 % der Befragten zum Ausdruck gebrachte Überzeugung, dass die Qualität der Arbeit der Diakoninnen und Diakone gut sei.

Es ist den Befragungsergebnissen nicht eindeutig anzusehen, ob auf diese Weise eine grundsätzlich wertschätzende Haltung der Kirchenbezirkssynodalen gegenüber ihren Hauptamtlichen zum Ausdruck kommt, oder ob darin das Er-

14 Vgl. Eidt 2013: S. 184–233.

gebnis eines Prozesses zu sehen ist, in dem bereits eine Aufwertung des Diakonats gelungen ist. Hier hätten nur Vorher-Nachher-Erhebungen für weiteren Aufschluss sorgen können.

Neben den auf die Zufriedenheit mit der Arbeit von Diakoninnen und Diakonen gerichteten Fragestellungen wurden den Kirchenbezirkssynodalen im Rahmen der schriftlichen Befragung auch verschiedene Items angeboten, die Verbesserungs- oder Weiterentwicklungsmöglichkeiten in den Blick nahmen. So wurde etwa danach gefragt, ob Diakoninnen und Diakone mehr Verantwortung in kirchengemeindlichen Gruppen und Kreisen übernehmen sollten, ob deren Arbeit deutlicher auf Kirchenferne oder auf Menschen mit Hilfebedarf ausgerichtet sein solle oder ob sie sich stärker in Richtung Vernetzung von Kirchengemeinden und diakonischen Einrichtungen orientieren müsse.

Jedes dieser Items fand bei fast der Hälfte der Befragten mindestens teilweise Zustimmung. Außerdem kam es bei diesen Fragestellungen auch zu erheblichen Kummulationen verschiedener Erwartungen bei denselben Befragten. In keinem der beiden Kirchenbezirke lässt sich eine eindeutige Mehrheit für irgendeine der hier vorgeschlagenen Entwicklungsrichtung feststellen. Die Wünsche der Verantwortlichen sind heterogen, eindeutige Erwartungen gibt es nicht. Auffallend ist lediglich, dass in beiden Kirchenbezirken das Item „Die Arbeit der Diakoninnen und Diakone in unserem Kirchenbezirk sollte missionarischer sein“ die geringste Zustimmung unter den angebotenen, auf mögliche Veränderungen zielenden Items erhält. Demgegenüber erhält das Item „Diakoninnen und Diakone sollten die Pfarrerinnen und Pfarrer in unserem Kirchenbezirk besser entlasten“ von etwa 60 % der Befragten mindestens teilweise Zustimmung. Diese liegt damit zwar etwas niedriger als die Zustimmung zu den meisten anderen Items, ist aber dennoch vergleichsweise hoch.

Die sich hier anhand weniger Items und vieldeutiger Zahlen abbildenden, widersprüchlichen Erwartungen an diakonisches und gemeindepädagogisches Handeln, wie sie von den Mitgliedern der beiden synodalen Gremien zum Ausdruck gebracht werden, lassen sich mit Hilfe der von Claudia Schulz durchgeführten qualitativ orientierten Befragungen von Dekaninnen und Dekanen zwar in ihrer inneren Logik verstehen,[15] erweisen sich aber für die Praxis kirchenleitenden Handelns als eine nur schwer zu bewältigende Herausforderung. So erklärt sich der überproportionale Stellenabbau im Bereich der Gemeindediakonie und Gemeindepädagogik[16] vielleicht am besten als Folge dieser Zerrissenheit zwischen den widersprüchlichen Erwartungen. Denn weder für eine Unzufriedenheit mit der konkreten Arbeit von Diakoninnen und Diakonen noch für eine grundsätzliche Geringschätzung der von ihnen bearbeiteten Handlungsfelder

---

15 Vgl. Schulz 2013. Claudia Schulz erarbeitet aus Experteninterviews mit Dekanen und Gruppendiskussionen mit Gemeindediakoninnen eine Typologie gemeindediakonischer Orientierungen, die mit Hilfe einer breiter angelegten quantitativen Untersuchung – etwa unter Kirchenbezirkssynodalen – weiterentwickelt werden könnte.

16 Wie er auch in den beiden hier exemplarisch betrachteten Kirchenbezirken bereits stattgefunden hat und sich dort auch in Zukunft mit großer Wahrscheinlichkeit fortsetzen wird.

lassen sich in den beiden hier untersuchten Kirchenbezirken auch nur die geringsten Anhaltspunkte finden.

3. Örtliche Wahrnehmungen der Projektarbeit

Abschließend sollen nun die Einschätzungen der Kirchenbezirkssynodalen zur Arbeit der lokalen Teilprojekte im Rahmen des landeskirchlichen Projekts „Diakonat – neu gedacht, neu gelebt" in den Blick genommen werden.

In diesem Fragenkomplex ergaben sich die größten Unterschiede zwischen den beiden Kirchenbezirken. Dies ist im vereinfachten grafischen Überblick zu erkennen. Aus diesem scheinbar so eindeutigen Bild dürfen jedoch keine falschen Schlüsse gezogen werden. Die an den Zahlen ablesbaren subjektiven Einschätzungen lassen weder Aussagen über objektive Qualitätsmerkmale der lokalen Projektarbeit noch eine vergleichende Gesamtbewertung des Projekterfolges zu. In keinem der beiden Kirchenbezirke hat eine Vorher-Nachher-Befragung stattgefunden, die Rückschlüsse über Veränderungen der Einschätzung im Projektverlauf zulassen würde. Möglich sind jedoch vergleichende Beobachtungen zu einigen Aspekten der unterschiedlichen Projektkonzeptionen, aus denen sich Hinweise für die strukturelle Gestaltung der Arbeit in gemeindepädagogischen und gemeindediakonischen Aufgabenfeldern gewinnen lassen.

Eindeutige Ursache-Wirkungs-Zusammenhänge zwischen Projektkonzeption und den Wahrnehmungen und Einschätzungen der Befragten lassen sich daraus aber nicht ableiten.

Die hier dargestellten Einschätzungen, die sich auf die einzelnen Aspekte der Projektarbeit beziehen, wurden nur von denjenigen erfragt, die angegeben hatten, das Projekt zu kennen. Das waren im Kirchenbezirk Mühlacker 86 % der befragten Synodalen, in Tübingen 72 %.

In Tübingen bekundeten weitere 31 %, dass sie nicht genau oder gar nicht verstehen, welchen Sinn das Projekt hat, während in Mühlacker der Informationsstand zum Projekt insgesamt etwas positiver eingeschätzt wird: Nur etwa 21 % signalisierten Unsicherheiten oder fehlendes Verständnis. Da die Projektkonzeption in Mühlacker einen großen Schwerpunkt auf die kirchlich-diakonische Öffentlichkeitsarbeit gelegt hatte, erscheint die Vermutung erlaubt, dass die Intensität der Öffentlichkeitsarbeit zu diesem insgesamt positiven Ergebnis beigetragen hat. Diese Vermutung wird noch untermauert durch die Einschätzungen der befragten Kirchenbezirkssynodalen im Hinblick auf mögliche Verbesserungen der diakonischen Öffentlichkeitsarbeit im Rahmen der örtlichen Projektaktivitäten. Diesbezügliche Verbesserungen wurden in Mühlacker von über 78 % der Befragten bestätigt. Auch ohne entsprechende Schwerpunktbildung im örtlichen Teilprojekt stellten in Tübingen fast 39 % eine Verbesserung der diakonischen Öffentlichkeitsarbeit fest.

Möglicherweise lädt Projektarbeit in ihrer Grundstruktur – mit Auftakt- und Abschlussveranstaltungen, lokalen Meilensteinen, überregionalen Veranstaltungen und Veröffentlichungen – intensiver als die scheinbar gleichförmig dahin-

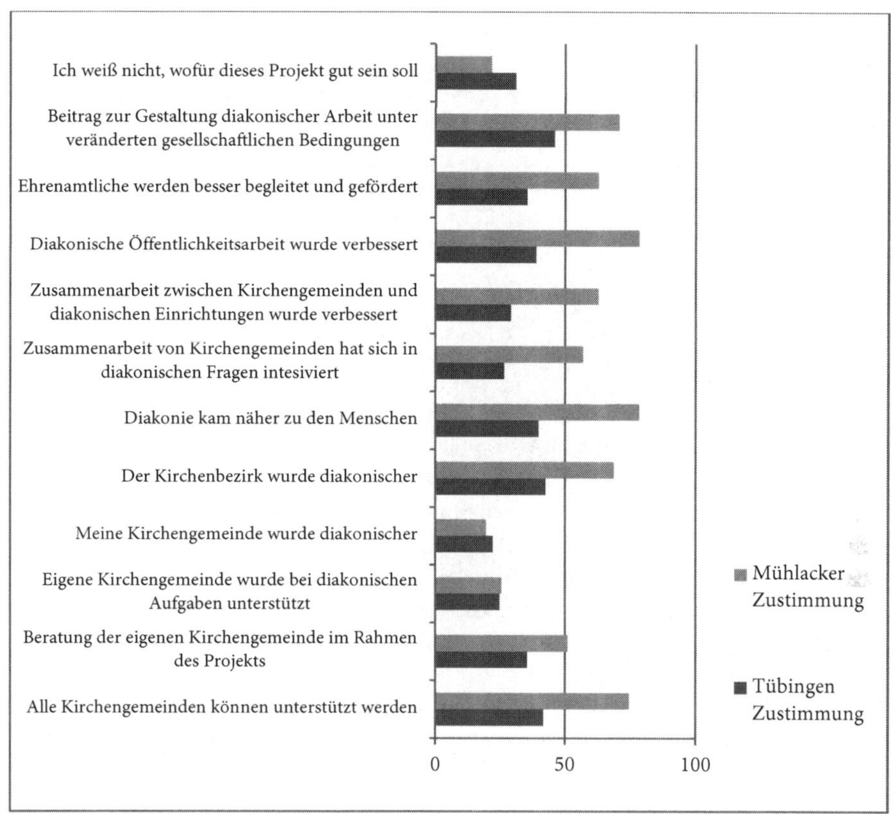

Abb. 6: Zustimmung der Befragten in Prozent

fließende, kontinuierliche Arbeit zu medialen Aktivitäten ein. Neuigkeiten und Veränderungen finden leichter öffentliche Aufmerksamkeit als Alltägliches. Wird diese allgemeine Tendenz durch zusätzliche, professionell konzipierte Anstrengungen verstärkt, so scheint sich der erwartete Effekt auch einzustellen. Von langfristigem Interesse wäre an dieser Stelle, ob es auf diesem Weg auch gelingen kann, gesellschaftlich relevante Themen, denen bisher auf lokaler Ebene eher wenig kirchliche Aufmerksamkeit entgegengebracht wird, besser ins Bewusstsein zu rücken und entsprechendes zivilgesellschaftliches Engagement zu fördern.

In den Konzeptionen beider Teilprojekte war vorgesehen, dass einzelne Kirchengemeinden in diakonischen Fragen beraten und begleitet werden können. In Tübingen richtete sich der diesbezügliche Akzent des Projekts auf die Unterstützung der Diakoniebeauftragten, die für ihre Arbeit in den Kirchengemeinden geschult und auf Distriktsebene begleitet wurden. In Mühlacker dagegen konnten Kirchengemeinden – jeweils im Verbund mit mindestens einer anderen

Kirchengemeinde oder diakonischen Einrichtung – durch ein Service-[17] und Kompetenzteam[18] in diakonischen Fragen nicht nur beraten, sondern in konkreten Projekten auch intensiv vor Ort unterstützt werden. In beiden Kirchenbezirken geben zwischen 20 und 25 % der Befragten an, dass ihre Kirchengemeinden während der ersten drei Jahre der Projektlaufzeit unterstützt worden sind. Über 35 % der Befragten haben in dieser Zeit im Kirchenbezirk Tübingen eine Beratung ihrer Kirchengemeinde wahrgenommen, während dies in Mühlacker sogar 51 % der Befragten angeben. Die Kreuzauswertung zeigt in beiden Kirchenbezirken, dass es offensichtlich eine ganze Reihe von Synodalen gegeben hat, die entweder nur eine Beratung oder ausschließlich die Unterstützung ihrer Kirchengemeinde wahrgenommen haben.

Dieses Ergebnis zeigt vor allem für den Kirchenbezirk Mühlacker, in dem zuvor nur drei Kirchengemeinden jeweils einen „eigenen" Gemeindediakon bzw. eine „eigene" Gemeindediakonin hatten, dass der Radius der Gemeinden, die von gemeindiakonischer oder gemeindepädagogischer Arbeit profitieren konnten, durch diese Form der Projektarbeit erweitert wurde. Darauf weist auch hin, dass in Mühlacker über 78 % der Befragten den Eindruck gewonnen haben, die Diakonie sei durch das Projekt näher zu den Menschen gekommen, und über 74 % der Befragten davon ausgehen, dass das Projekt grundsätzlich gewährleistet, dass alle Kirchengemeinden in ihrer diakonischen Arbeit unterstützt werden können. In einer Situation, in der nur wenige Stellen im Diakonat vorhanden sind, scheint ein Servicestellenmodell wie in Mühlacker eine Möglichkeit zu sein, gemeindediakonische Arbeit konzeptionell so zu gestalten, dass eine auf Dauer für Professionelle im Diakonat überfordernde Zerstückelung der Dienstaufträge vermieden werden kann.

Diese strukturelle Verbesserung, die vor allem die Arbeitsbedingungen der Diakoninnen und Diakone betrifft, kann durch eine verbesserte Zusammenarbeit zwischen Kirchengemeinden bzw. zwischen Kirchengemeinden und diakonischen Einrichtungen tendenziell unterstützt werden. Insofern berechtigt die Beobachtung, dass die Befragten auch im Blick auf diese beiden Items in beiden Kirchenbezirken angeben, Verbesserungen wahrgenommen zu haben, zu der Hoffnung, dass hier im Rahmen der Projektarbeit zugleich Bedingungen geschaffen werden konnten, die sinnvolle Dienstauftragsgestaltungen im Diakonat erleichtern und die dazu beitragen, dass vorhandene Ressourcen auf der Ebene des Kirchenbezirkes besser genutzt werden können.

In diesem Zusammenhang sind auch die Äußerungen der Kirchenbezirkssynodalen hinsichtlich der Bedeutung des Diakonatsprojekts für die Begleitung und Förderung von Ehrenamtlichen zu sehen. In beiden Kirchenbezirken geben die Gremienverantwortlichen an, hier während der Projektlaufzeit Verbesserungen wahrgenommen zu haben. Ehrenamtliche genießen – nicht nur in kirchlich-

---

[17] Bestehend aus den beiden für das Projekt verantwortlichen Diakonen (Jugendreferent und Gemeindediakon), Diakoninnen und Diakonen des Kirchenbezirks und der Leiterin der diakonischen Bezirksstelle.

[18] Bestehend aus einer Kindergartenfachberaterin/Religionspädagogin, einem Referenten für Erwachsenenbildung/Gemeindediakon und der Leiterin der Diakonischen Bezirksstelle.

diakonischen Arbeitsfeldern, sondern auch gesamtgesellschaftlich – hohe Wertschätzung. Deren Gewinnung, Begleitung und Schulung spielt in der Kirche traditionell eine wichtige Rolle, so dass Verbesserungen in diesem Bereich, wenn sie dem Engagement von Diakoninnen und Diakonen zugeschrieben werden, zugleich dazu beitragen können, die Relevanz der Arbeit von Diakoninnen und Diakonen für Kirchengemeinden zu verdeutlichen.

Aus den persönlichen Statements der Kirchenbezirkssynodalen zu ihren Vorstellungen von Diakonie und diakonischem Handeln am Anfang des Fragebogens[19] war keine eindeutige Bestimmung dessen abzulesen, wie ein diakonisches Profil in den Kirchengemeinden oder Kirchenbezirken gestaltet werden soll. Deshalb können auch die Bewertungen zu den Fortschritten im Verlauf des Diakonatsprojektes wohl am besten als Ausdruck einer „gefühlten Diakonisierung" verstanden werden. Dabei fällt allerdings in beiden Kirchenbezirken auf, dass die Aussage „Durch dieses Projekt wurde unser Kirchenbezirk diakonischer" etwa doppelt soviel Zustimmung erfährt wie die Aussage „Durch dieses Projekt wurde meine Kirchengemeinde diakonischer". Darin scheint sich zu spiegeln, dass beide Projekte als Kirchenbezirksprojekte konzipiert waren, dass die Öffentlichkeitsarbeit und größere Veranstaltungen überwiegend auf der Ebene des Kirchenbezirkes und in den zentralen Orten stattfanden. Was diese Beobachtung für die Wahrnehmung des Projekts durch die Mehrzahl der Gemeindemitglieder und in den örtlichen Kirchengemeinderatsgremien bedeutet, lässt sich daraus nicht unmittelbar ableiten, bzw. es muss davon ausgegangen werden, dass die Relevanz der Projekte dort eher geringer eingeschätzt wird.

Die Einschätzung zur gesellschaftlichen Relevanz der Projektarbeit fällt in den beiden Kirchenbezirken unterschiedlich aus: Im Kirchenbezirk Mühlacker gehen über 70 % der Befragten davon aus, dass das Projekt dazu beigetragen hat, dass diakonische Arbeit unter veränderten gesellschaftlichen Bedingungen gut gestaltet werden kann. Im Kirchenbezirk Tübingen gehen davon lediglich etwa 46 % der Befragten aus. Für die Evangelische Landeskirche in Württemberg, deren vorrangiges Ziel es war, mit diesem Projekt Modelle zu erproben, wie diakonische Arbeit in der Verantwortung von Diakoninnen und Diakonen unter sich verändernden gesellschaftlichen Bedingungen sinnvoll gestaltet werden kann, ist dies zugleich ein befriedigendes und herausforderndes Ergebnis. Die Relevanz der jeweiligen Teilprojekte im Blick auf diese Zielsetzung wurde von den Kirchenbezirkssynodalen in beiden Kirchenbezirken deutlich wahrgenommen, aber es bleiben noch viele Fragen offen, z. B. welche Faktoren es sind, die einer noch deutlich positiveren Bewertung der Projektarbeit in dieser Hinsicht im Wege standen.

19 Hier dargestellt in Abschnitt1.

4. Impulse für die Profilierungsbestrebungen in Gemeindediakonie und Gemeindepädagogik

Zunächst ist es immer wieder eine ermutigende Botschaft für alle, die sich gemeindiakonisch engagieren, wenn lokale und bundesweite Umfragen zuverlässig und seit vielen Jahren weitgehend stabil erkennen lassen, dass das diakonische Engagement der Kirche hohe Wertschätzung genießt.[20] Wenn dabei dann zugleich deutlich wird, dass Themen, die als zentrale gesellschaftliche Entwicklungsthemen betrachtet werden, auch den Verantwortlichen in den Kirchenbezirken besonders am Herzen liegen, dann könnte man meinen, dass man sich um die Zukunft gemeindediakonischer Handlungsfelder letztlich keine Sorgen zu machen braucht.

Bei genauerem Hinsehen wird jedoch deutlich, dass zwar mit den Themen Alter und Pflege oder Armut, Themen im Vordergrund kirchlicher Aufmerksamkeit stehen, deren aktuelle gesellschaftliche Relevanz unumstritten ist, dass aber die Formen der Bearbeitung in den Kirchengemeinden noch nicht den Anforderungen entsprechen, die aktuelle fachliche Diskurse formulieren. Das zeigt sich etwa an der geringen Zahl von Selbsthilfeinitiativen in den Kirchengemeinden der hier untersuchten Kirchenbezirke. Darüber hinaus gibt zu denken, dass etwa mit dem Thema Migration[21] eines der zentralsten gesellschaftlichen Themen für die befragten Kirchenbezirkssynodalen nur eine untergeordnete Rolle spielt und auch kirchengemeindliche Angebote zu diesem Thema nicht erwähnt werden.

Die Erfahrung zeigt, dass es schon immer seine Zeit dauerte, bis theoretische Erkenntnisse ihren Weg in die Praxis fanden. Neu ist jedoch, dass gesellschaftliche Entwicklungen eine wachsende Dynamik zu entfalten scheinen und deshalb die Frage nach geeigneten Wegen einer möglichst simultanen Theorie-Praxis-Verzahnung drängender wird. Auf der Suche nach Möglichkeiten zur Bewältigung dieser Herausforderung war demnach der Ansatz des Projekts „Diakonat – neu gedacht, neu gelebt", in dem die Diakoninnen und Diakone sich im Rahmen der Praxisevaluation unmittelbar an der theoretischen Wissensproduktion beteiligen konnten, genau richtig. In der Praxis wurde dieser Prozess gemeinschaftlicher Wissensproduktion[22] von Überforderungsgefühlen der Beteiligten und Widerständen der Anstellungsverantwortlichen begleitet – nicht zuletzt vermutlich deshalb, weil die Sinnhaftigkeit dieses Vorgehens sich meist erst im Nachhinein erschließt. Die diesbezüglichen Erfahrungen aus dem Evaluationsprozess des landeskirchlichen Projekts können zur Weiterentwicklung auf dem Weg zu einer Verbesserung der fachlichen Profilierung in Gemeindediakonie und Gemeindepädagogik genutzt werden.

---

20 So etwa erneut in der V. Kirchenmitgliedschaftsuntersuchung der EKD: Evangelische Kirche in Deutschland 2014.

21 Vgl. Dinzinger (Globalisierung und Migrationsgesellschaft) in diesem Band

22 Ada Pellert würde hier von Wissensproduktion im Modus 2.0 sprechen. Vgl. Pellert 2014: S. 17–21.

Nicht nur angesichts rückläufiger finanzieller Ressourcen, sondern auch angesichts divergierender Interessen erscheint eine eindeutige inhaltliche Profilierung der diakonischen Arbeit in Kirchengemeinden und Kirchenbezirken und eine dieser Profilierung entsprechende Gestaltung von Dienstaufträgen für Diakoninnen und Diakonen der Quadratur des Kreises gleichzukommen. Dies zeigen auch die breit gestreuten grundsätzlichen Erwartungen an das diakonische Handeln einerseits und die teilweise genau gegenläufigen Verbesserungsperspektiven für die Arbeit von diakonischen Fachkräften andererseits. Zumindest in den beiden untersuchten Kirchenbezirken würde auf der Basis der Befragungsergebnisse auch die Idee einer regionalen Schwerpunktbildung hier nicht weiterführen, weil sich in den vorliegenden Daten dafür keine Anhaltspunkte finden lassen. Dezentrale Steuerungsprozesse auf der Basis der Meinungsbildung in den klassischen kirchlichen Gremienstrukturen kommen hier offensichtlich an ihre Grenzen und tragen zu Lähmungsgefühlen bei.

Zwei Auswege erscheinen hier denkbar: Einerseits können eindeutige landeskirchliche Zielvorgaben, die mit entsprechenden finanziellen Anreizen und der notwendigen fachlichen Unterstützung einhergehen, die lokalen und regionalen Gremien hinsichtlich weitreichender konzeptioneller Überlegungen entlasten. Solange sich diese Vorgaben auf die Zielebene beschränken, könnten die lokalen Gestaltungskräfte in strategischer und handlungspraktischer Hinsicht ihre Stärken möglicherweise sogar besser zur Entfaltung bringen, als dies unter den bisherigen Gegebenheiten der Fall ist. Andererseits wäre aber auch denkbar, im Sinne einer verstärkten Sozialraumorientierung vor allem mit den Initiativen zu arbeiten, die vor Ort entstehen. Das würde bedeuten, dass mit der Energie, die sich angesichts konkreter Herausforderungen vor Ort findet, exemplarisch gearbeitet würde. Damit entstünde eine Flexibilisierung der gemeindediakonischen und gemeindepädagogischen Arbeit, die zugleich dezentrale Steuerungsmechanismen freisetzt. Projektorientiertes Arbeiten, mit zeitlich bis zur Problemlösung befristeten Strukturen, bekäme dadurch einen größeren Stellenwert. Vielleicht geht es am Ende auch darum, ein gutes Gleichgewicht zu finden zwischen der bisherigen, auf Kontinuität und Ausgewogenheit angelegten diakonischen Arbeit, klarerer Profilierung durch zentrale Zielvorgaben und einer flexiblen, sozialraumorientierten Arbeit, die den örtlichen Ressourcen zur Entfaltung verhilft.

Ein nicht zu unterschätzender Aspekt scheint in jedem Fall das Thema „Öffentlichkeitsarbeit" zu sein. Es deutet im Vergleich zwischen den beiden hier untersuchten Kirchenbezirken vieles darauf hin, dass gerade gemeindediakonische Aktivitäten und die Bereitschaft zu Zusammenarbeit und Vernetzung durch eine konzeptionell durchdachte Öffentlichkeitsarbeit erheblich profitieren können. Dazu gehört auch, dass die öffentliche Diskussion von Projektzielen, Projektstrategien, Methoden diakonischer Arbeit und Evaluationsergebnissen zu einer Vertiefung des diakonischen Bewusstseins und der diakonischen Fachkompetenz in kirchlichen Gremien beitragen können und schon allein deshalb den Aufwand wert sind, den sie mit sich bringen.

Literatur

Eidt, Ellen (2013): Ehrenamtliche in diakonischen Handlungsfeldern. In: Eidt, Ellen/Schulz, Claudia (Hg.): Evaluation im Diakonat. Sozialwissenschaftliche Vermessung diakonischer Praxis. Stuttgart. S. 184–233.

Evangelische Kirche in Deutschland (Hg.)(2014): Engagement und Indifferenz. Kirchenmitgliedschaft als soziale Praxis. V. EKD-Erhebung über Kirchenmitgliedschaft. Hannover.

Huber, Wolfgang/Friedrich, Johannes/Steinacker, Peter (Hg.) (2006): Kirche in der Vielfalt der Lebensbezüge. Die vierte EKD-Erhebung über Kirchenmitgliedschaft. Gütersloh.

[Kirchenbezirksordnung 2005]: Kirchliches Gesetz über die evangelischen Kirchenbezirke (Kirchenbezirksordnung – KBO). Vom 16. Dezember 1924. In der Fassung vom 9. Juli 2005. In: Frisch, Michael (2008): Das Recht der Evangelischen Landeskirche in Württemberg. Ergänzbare Rechtsquellensammlung vom Juli 1996 (Stand September 2013). Neuwied. Verfügbar unter: http://www.kirchenrecht-wuerttemberg.de/showdocument/id/17148 (29.09.2013).

Pellert, Ada (2014): Theorie-Praxis-Verzahnung: Abstraktes Metathema oder praktische Handlungsanleitung? In: Hanft, Anke et. al (Hg.): Lernwege gestalten: Studienformate an der Schnittstelle von Theorie und Praxis. Tagungsband der wissenschaftlichen Begleitung des Bund-Länder-Wettbewerbs „Aufstieg durch Bildung: offene Hochschulen“. Berlin. Verfügbar unter: http://www.offene-hochschulen.de/veranstaltung_2013_03.php (30. 03.2014).

Piroth, Nicole (2012): Ambivalenzen und Antinomien gemeindepädagogischen Handelns. In: Bubmann, Peter/Doyé, Götz/Keßler, Hildrun/Oesselmann, Dirk/Piroth, Nicole/Steinhäuser, Martin (Hg.): Gemeindepädagogik. Berlin/Boston. S. 159–187.

Schulz, Claudia (2010): Was soll ich reden mit dem armen Lazarus? Der Umgang mit Armut und der Traum von der Inklusion inmitten der Milieus. In: Schulz, Claudia/Hauschildt, Eberhard/Kohler, Eike (Hg.): Milieus praktisch II. Konkretionen für helfendes Handeln in Kirche und Diakonie. Göttingen.

Schulz, Claudia (2013): Im Spannungsfeld Gemeindediakonie. Empirische Zugänge zur Vielfalt der Interessen und Optionen. In: Eidt, Ellen/Schulz, Claudia (Hg.): Evaluation im Diakonat. Sozialwissenschaftliche Vermessung diakonischer Praxis. Stuttgart. S. 349–376.

Statistisches Bundesamt (Hg.) (2014): Regionalatlas. Wiesbaden. Verfügbar unter: https://www.destatis.de/DE/ZahlenFakten/LaenderRegionen/Regionales/RegionalatlasInteraktiv.html (15.04.2014).

Annette Noller

Ausbildungsfragen und Dienstaufträge

Beobachtungen und Ergebnisse aus dem Projekt „Diakonat – neu gedacht, neu gelebt“

Im Projekt „Diakonat – neu gedacht, neu gelebt“ arbeiteten in 15 Projekten Diakoninnen und Diakone aus verschiedenen Ausbildungsstätten und Hochschulen der EKD. Hochschulen – in der Regel in evangelischer Trägerschaft –, Diakonenschulen Wichern'scher Prägung und missionarische Ausbildungsstätten bilden nebeneinander für den Diakonat vielfältig und variantenreich aus. Variantenreich sind die Qualifikationen, mit denen die Absolvierenden in die Praxis entlassen werden.[1] Variantenreich sind auch die Frömmigkeitsprofile und Ausbildungstraditionen der Hochschulen und Ausbildungsstätten. Gemeinsam war allen Projektstelleninhaber/-innen, dass sie in den Diakonat eingesegnet waren. Die Berufung in das Amt des Diakons oder der Diakonin erfolgt in Württemberg auf der Grundlage der doppelten Qualifikation. Sie gilt als Merkmal der Berufsgruppen im Diakonat. Sie kann in Verbindung mit einem Beruf des Sozial-, Bildungs- oder Gesundheitswesens einerseits und einer diakonisch-theologisch-gemeindepädagogischen oder missionarischen Qualifikation andererseits erworben werden. Die beiden Abschlüsse können als Ausbildung oder Studium absolviert werden. Für Absolventinnen und Absolventen der missionarischen Ausbildungsstätten stehen Aufbauausbildungen und kirchliche Anerkennungsverfahren zur Verfügung, um in die kirchlichen Anstellungsverhältnisse zu gelangen. Die meisten Bildungsabschlüsse sind heute staatlich anerkannt, in der Regel wird zum Diakonat in Verbindung mit einem staatlich anerkannten Berufs- oder Hochschulabschluss im Bereich des Sozial- und Gesundheitswesens ausgebildet. Es begegnen aber auch – insbesondere an missionarischen Ausbildungsstätten – Abschlüsse ohne staatliche Anerkennung. Wo die Abschlüsse den Niveaus des DQR (Deutscher Qualifikationsrahmen für lebenslanges Lernen) zugeordnet werden können, bewegen sie sich in der Regel auf Niveau 6 des DQR (Fachschulausbildungen und Fachhochschulausbildungen).

Auch die nach dem Diakonengesetz der Württembergischen Landeskirche für die Einsegnung vorausgesetzte doppelte Qualifikation kann in unterschiedlicher Weise erworben werden: Durch doppelte Bachelorabschlüsse an Hochschulen (so z. B. die Regelausbildung an der Evangelischen Hochschule (EH) Ludwigs-

---

1 Im Rahmen der von der Kirchenkonferenz der EKD eingesetzten Ad-hoc-Kommission zu „diakonischen und gemeindepädagogischen Berufsprofilen“ wurde vom Institut für Angewandte Forschung (IAF) der Evangelischen Hochschule Ludwigsburg eine Erhebung zu den diakonischen und gemeindepädagogischen Studien- und Ausbildungsgängen durchgeführt. Auszüge aus dieser Umfrage sind enthalten in: Kirchenamt der EKD 2014.

burg), durch einen integrierten Bachelorabschluss oder durch eine gemeindepädagogische Ausbildung (z. B. an einer missionarischen Ausbildungsstätte) und eine kirchlich anerkannte Aufbauausbildung und noch in weiteren Varianten.[2] In den kirchlichen Berufsfeldern der Gemeindepädagogik und Gemeindediakonie, wie auch im Projekt „Diakonat – neu gedacht, neu gelebt", sind in der Württembergischen Landeskirche in den Arbeitsfeldern der Gemeindediakonie und Jugendarbeit derzeit noch eine größere Zahl von Diakonen und Diakoninnen angestellt, die keinen staatlich anerkannten Abschluss in einem Beruf des Sozial-, Gesundheits- oder Bildungswesens in ihrer Ausbildung erworben haben.

Die Gruppe der Projektstelleninhaber/-innen setzte sich zusammen aus diakonischen Professionellen aus den verschiedenen Ausbildungsstätten mit unterschiedlichen Ausbildungswegen. Unter den Diakoninnen und Diakonen waren Absolventinnen und Absolventen von missionarischen Ausbildungsstätten (z. B. Evangelische Missionsschule Unterweissach), von (ehemaligen) Diakonenschulen Wichern'scher Prägung (z. B. Karlshöhe Ludwigsburg) und von Evangelischen Hochschulen (z. B. EH Hannover, EH Freiburg). Auch lag deren Studium oder Ausbildung unterschiedlich lange zurück. Manche arbeiteten bereits lange Jahre im Diakonat, bei anderen lag die Ausbildung noch nicht so lange zurück. Rückschlüsse auf Ausbildungsfragen lassen sich vor diesem Hintergrund lediglich auf der Basis einzelner, im Projekt erkennbarer Kompetenzen der diakonischen Praktiker/-innen ziehen. Auch Wahrnehmungen und Beobachtungen von Kooperationspartner/-innen und Klienten und Klientinnen können auf der Basis der Projektarbeit – unter Berücksichtigung der Individualität und Singularität der jeweiligen Aussagen – wiedergegeben werden. Eine vertiefte Evaluation bzw. Forschung zu diesem Themenkomplex wäre wünschenswert.

1. Studien- und Ausbildungsfragen

1.1 Sozialwissenschaftliche und sozial-fachliche Kompetenzen

Eine Beobachtung in der Projektarbeit bezog sich auf eine auffallende Diskrepanz zwischen ausgeprägten Praxiskompetenzen und wissenschaftlichen Theoriedefiziten. Für die Konzeption der fünfjährigen Projektarbeit wurden die Diakone und Diakoninnen gebeten, Sozialraumanalysen zu erstellen. Thomas Fliege hat die Sozialraumanalysen untersucht und dabei festgestellt, dass im Blick auf die wissenschaftliche Fundierung und Qualität der Sozialraumanalysen erkennbare Verbesserungsnotwendigkeiten bestehen.[3] Ähnliche Beobachtungen konnten im Blick auf die wissenschaftliche Evaluation der Praxisprojekte gemacht werden. Die Fähigkeit, auf wissenschaftlicher Basis evaluierbare Ziele zu formulieren, diesen Zielen Erhebungsinstrumente und -methoden zuzuordnen und valide Ergebnisse zu formulieren erwies sich – trotz der Begleitung durch die

2 Vgl. dazu Evangelische Landeskirche in Württemberg 1999, insbes.: §3.

3 Vgl. Fliege 2013: S. 432–445, hier bes. S. 436–438.

Evangelische Hochschule und die Projektgeschäftsstelle – als eine Herausforderung für die Diakoninnen und Diakone, die in unterschiedlicher Weise bewältigt wurde. Treffend stellt Fliege fest, dass die Projektstelleninhaber/-innen sich in der Praxis der sozialräumlichen Vernetzung und ressourcenorientierten Strukturierung ihrer Arbeit als kompetent und gestalterisch engagiert erwiesen. Auch die Projektberichte ließen erkennen, dass die Diakone und Diakoninnen in der Praxis professionell und mit reicher Praxiserfahrung Ziele konzipieren und umsetzen, die auf ihr diakonisches Handlungsfeld bezogen sind. Die in diesem Zusammenhang gewonnenen Wahrnehmungen, die dokumentierten Zitate und praktischen Zugänge zum Projekt sind vielgestaltig und anregend. Sie führen eine Vielfalt an diakonischer Praxis lebendig und nachvollziehbar vor Augen. Hinsichtlich der wissenschaftlichen Darstellung und Reflexion allerdings ist die Qualität der Berichte unterschiedlich und gelegentlich verbesserungswürdig.

Für die sozialwissenschaftliche Qualifikation, insbesondere für das professionelle Selbstverständnis der Sozialen Arbeit sind die wissenschaftliche Reflexion sozialer Praxis und die theoriegeleitete Initiierung von sozialen Veränderungsprozessen im Sozialraum grundlegend. Handlungswissen und wissenschaftliche Praxisreflexion konstituieren – darauf hat Thomas Fliege hingewiesen – diakonische und sozialarbeiterische Professionen.[4] Für den Diakonat und seine spezifische Profilbildung im Team mit anderen kirchlichen Berufen, insbesondere in der Zusammenarbeit mit Pfarrer/-innen, erscheint eine wissenschaftsbasierte und methodisch informierte Reflexionsfähigkeit von pädagogischen und sozialen Handlungsstrategien als eine notwendige Grundlage für eine zukunftsfähige Konturierung der Berufsgruppen im Diakonat. Reflektierte Prozessgestaltung und professionelle Projektarbeit gelten auch in der Unternehmens- und Einrichtungsdiakonie als Grundlagen diakonischer und sozialarbeiterischer Professionalität. Eine wissenschaftlich fundierte Ausbildung für eine innovative diakonische Praxis wird von Anstellungsträgern und Verantwortlichen der Diakonie gefordert.

Neben der wissenschaftlichen Reflexionsfähigkeit zeichnen sich soziale und pädagogische Berufsgruppen dadurch aus, dass sie mit Zielgruppen methodisch fundierte Prozesse gestalten können. Hinweise gibt es aus dem Projekt darauf, dass die Professionalität der Projektstelleninhaber/-innen von Klient/-innen und Kooperationspartner/-innen geschätzt wird. Professionalität wird ausgeübt in fachlichen Kompetenzen im Bereich der Pädagogik und der Sozialpädagogik. Die methodisch fundierte Beratungsarbeit mit Klientinnen und Klienten, Streetworkarbeit, Kenntnisse von Milieus und Milieutheorien, gruppen- und erlebnispädagogische Kompetenzen, Entwicklung von Arbeitskonzepten, die Arbeit und nicht Arbeitslosigkeit finanzieren, werden in Gruppendiskussionen und Interviews ebenso positiv gewürdigt wie die Unterstützung von Zielgruppen in gesundheitlichen und sozialen Risiken und vieles mehr. Die Fähigkeit, Projekte im Sozialraum auszulegen und Ressourcen zu erschließen, ist wahrnehmbar, auch

4 Fliege 2013: S. 438.

darauf weist Thomas Fliege hin.[5] Kompetenzen in der Rechts-, Gesundheits- und Sozialberatung werden im Projekt thematisiert. Sozialberatung gehört zu den Kompetenzen, die in der diakonischen Arbeit vorausgesetzt werden. Hier liegen die Stärken der Ausbildung in doppelter Qualifikation, die als professionelle Merkmale in der Arbeit der Diakone und Diakoninnen auch im Projekt erkennbar werden. Diese Kompetenzen zeigen sich auch in der Zusammenarbeit mit Ehrenamtlichen. Die Kompetenzen von Ehrenamtlichen angemessen wahrzunehmen und zu begleiten, erweist sich als eine der Aufgaben, für die die Ausbildung spätere Diakoninnen und Diakone qualifiziert.

Im Projekt wurde aber auch erkennbar, dass insbesondere in der konkreten Arbeit mit Menschen mit sozialen Risiken die Arbeit von Ehrenamtlichen an Grenzen kommt. Ellen Eidt hat Evaluationen zu einem Patenmodell veröffentlicht. Auch die Projektstelleninhaberin, die selbst von ihrer Beratungsarbeit ein beeindruckend realistisches Bild im Projektbericht wiedergibt, kommt zu dem Ergebnis, dass Laien in der Arbeit mit Menschen in prekären Lebenssituationen an Grenzen kommen. Die Arbeit erfordert ein hohes Maß an Professionalität und fachlichen und methodischen Kenntnissen.[6]

Im Blick auf die sozial-fachlichen Kompetenzen ergeben sich folgende Erkenntnisse aus den Beobachtungen im landeskirchlichen Projekt: Zum Erwerb von wissenschaftlich reflektierten Grundkenntnissen benötigt es die in der Sozialen Arbeit seit den siebziger Jahren etablierten, generalistischen Ausbildungen für eine breite Beruflichkeit in zahlreichen Arbeitsfeldern. Grundlegende Kompetenzen sollten wissenschaftlich reflektiert und methodisch fundiert vermittelt werden. Generalistische Grundausbildungen oder Studien werden durch eine Pluralität der Spezialisierungen, in den Profilen von Hochschulen und Ausbildungsstätten und insbesondere durch berufliche Fort- und Weiterbildung ergänzt. Für die Profilierung der Berufsgruppen im Diakonat – auch in vernetzten Dienstaufträgen – sind vielfältige fachliche Kompetenzen und berufliche Qualifikationen in diversen Berufen des Sozial-, Bildungs- und Gesundheitswesens grundlegend. Der Diakonat basiert – anders als das Pfarramt oder kirchliche Verwaltungsberufe – nicht auf einer einzigen Leitdisziplin, sondern auf einer Vielzahl verschiedener Berufe im Sozial-, Gesundheits- und Bildungswesen. Diese Vielfalt ist historisch gewachsen. Das zeigt die Geschichte des Diakonats.[7] Ausbildungen, die auf wissenschaftlicher Basis praxisorientiert Kompetenzen vermitteln, werden in der Praxis zur Weiterentwicklung der Berufsgruppen und Arbeitsfelder im Diakonat hilfreich sein. Insbesondere dort, wo Ressourcen auf der Basis von kommunalen oder sozialstaatlichen Mitteln für vernetzte Dienstaufträge gewonnen werden können, müssen pädagogische, pflegerische und insbesondere sozial-fachliche Kompetenzen in der Regel auch durch staatlich anerkannte Berufs- und Studienabschlüsse hinterlegt sein. Das gilt auch für die

5 Vgl. Fliege 2013: S. 439–441.

6 Vgl. Eidt 2013: S. 186–199.; Projektberichte 2013: S. 27–40.

7 Vgl. Noller 2013 (1): S. 42–84; aus der Perspektive Württembergs Eidt 2011.

Dienstaufträge bei diakonischen Trägern und Unternehmen, die auf sozialstaatliche Refinanzierungen und Entgelte ausgerichtet sind.

1.2 Theologische Kompetenzen

Das Spezifikum der diakonischen Berufsgruppen wird in den theologischen bzw. diakonischen und gemeinde- oder religionspädagogischen Kompetenzen gesehen, die durch die doppelte Qualifikation in der Regel mit den Berufen des Sozial-, Bildungs- und Gesundheitswesens verbunden werden.[8] Analysiert wurden ausführlich die seelsorgerlichen, homiletischen und theologisch-ethischen Kompetenzen der Diakoninnen und Diakone des Projekts.[9]

Zwei Ergebnisse sind dabei bemerkenswert: Erstens wird das spezifische professionelle und ekklesiologische Profil des Diakonats von den Diakoninnen und Diakonen selbst sowie von ihren Kooperationspartnerinnen und Klienten insbesondere in den theologischen Kompetenzen gesehen. Diese werden in das soziale Handeln und in die Bildungsarbeit eingewoben. Die theologischen Kompetenzen werden in die Praxis des Sozialen hinein vermittelt, gestaltet und angewandt.[10] Zweitens werden diese theologischen Kompetenzen weniger dogmatisch fundiert entworfen und ausformuliert, sondern vielmehr praxis- und handlungsorientiert ausgelegt. Die Auswahl und Gestaltung der theologischen Topoi ist situativ und zielgruppenorientiert. Das gilt für die Seelsorge, in der biblische Erzählungen und theologische Kernaussagen in den Beratungs- und Gesprächsprozess situationsbezogen eingewoben werden. Das gilt auch für die homiletische Arbeit im Diakonat, die sich an Zielgruppen und homiletischen Situationen orientiert und es gilt auch für die Reflexion der eigenen Professionalität, die sich aus biblischen und kirchlichen Traditionen exemplarisch speist. Diese theologisch vermittelte Situations- und Zielgruppenorientierung zeigt sich als Merkmal diakonischer Professionalität auch in der gemeinde- und religionspädagogischen Arbeit in Kindertagesstätten, in der Kinder- und Jugendarbeit und in der Schule. Die theologische Sprache ist an der religiösen Sprach- und Rezeptionsfähigkeit der Zielgruppen orientiert. Die biblisch-theologischen Inhalte des Evangeliums werden im Zusammenhang der Beratungs-, Bildungs- und Unterstützungsarbeit kommuniziert.

Für Studium und Ausbildung ergeben sich aus den Evaluationen und Beobachtungen folgende Schlussfolgerungen: Erstens wird sich die Ausbildung bzw. das Studium auch im Bereich der theologischen Fächer an einer breit angelegten Grundausbildung orientieren müssen, um ausreichend theologische und ethische Inhalte, biblische Kenntnisse und kirchliche Traditionen zu vermitteln, auf die die späteren Diakoninnen und Diakone in ihren vielfältigen Berufsfeldern

---

8 Vgl. zum gegenwärtigen Stand der gemeindepädagogischen Fachdiskurse bes. Bubmann u. a. 2012.

9 Vgl. Noller 2013 (4).

10 Vgl. Noller (Diakonat) in diesem Band.

zurückgreifen können.[11] Dazu zählt die Fähigkeit, theologische Inhalte auf wissenschaftlicher Basis praxisorientiert reflektieren zu können und in beruflichen Zusammenhängen des Diakonats theologisch sprachfähig zu sein. Es müssen exegetisch reflektierte Differenzierungen und dogmatische Grundkenntnisse vorliegen, damit das Evangelium sachgemäß in den professionellen Kontexten der Gemeindepädagogik und Diakonie kommuniziert werden kann.

Dazu gehört aber zweitens auch die Fähigkeit, theologische Traditionen und ihre Ethik auf Alltagssituation beziehen zu können. Es müssen deshalb ganz besonders auch Kompetenzen des „Kongruierens“[12] vorhanden sein, um verschiedene disziplinäre Perspektiven aufeinander zu beziehen und sie handlungsorientiert für die Praxisfelder umzusetzen. Mit dem Begriff des Kongruierens hat Rainer Merz terminologisch die Fähigkeit der Diakone und Diakoninnen gefasst, mit der sie verschiedene disziplinäre und berufliche Kompetenzen zu einer spezifischen diakonischen Kompetenz und Professionalität verbinden, zusammendenken, formen und handlungsorientiert auslegen.

Zum Studium und zur Ausbildung zum Diakonat gehören drittens – das wurde in der Evaluation der seelsorgerlichen und homiletischen Arbeit der Diakone und Diakoninnen deutlich – neben pastoralpsychologischen und methodischen (z. B. klientenzentrierten) Beratungsmethoden insbesondere auch persönliche Haltungen, die weniger durch dogmatisch-theologische Kenntnis zu erwerben sind als vielmehr durch eine persönlich angeeignete Spiritualität und Ethik. Wodurch diese geprägt und gespeist wird, konnte im Projekt nur ansatzweise beobachtet werden. Hier wären weitere, auch biografisch angelegte Forschungen zum Diakonat hilfreich.[13] Für die biografische Prägung in der Ausbildung bzw. im Studium ist in diesem Zusammenhang einerseits an eine Vermittlung von Kenntnissen aus der Geschichte des Diakonats zu denken, die Vorbilder und Bilder als Bezugs- und Referenzsysteme anbietet. Zu denken ist andererseits an die wissenschaftliche Reflexion von Professionalität, Professionsethik und professioneller Haltung sowie an die Vermittlung ethischer Inhalte und Haltungen anhand von Fall- und Praxisbeispielen. Die Beschäftigung mit biblischen Texten in exegetischer und homiletischer Reflexion und Aneignung gehört grundlegend zur Diakonenausbildung. Die Rolle von Praktika und praktischen Vorbildern diakonischer Professioneller sind für die Ausbildung und das Studium zu bedenken und auch die den Diakonat prägenden Traditionen der Gemeinschaften im Diakonat und ihrer Spiritualität wäre im Blick auf Studium und Ausbildung m. E. einzubeziehen, insbesondere dort, wo Hochschulen und Ausbildungsstätten noch in Verbindung mit diakonischen oder missionarischen Gemeinschaften stehen. Als prägend für Haltungen und Professionsrollen im Diakonat können auch umgebende Faktoren wie Hochschulgemeindetätigkeiten und seminaristische Wohn- und Ausbildungssituationen gelten.

---

11 Vgl. z. B. VEDD 2004. Die im Internet zugänglichen Modulhandbücher Evangelischer Hochschulen spiegeln diese Grundkenntnisse wieder.

12 Vgl. die von Rudolf Bultmann geprägte Terminologie bei: Merz 2007, Zitat: S. 71.

13 Vgl. dazu auch: Fliege 2013: S. 442–443.

1.3 *Vielfältige Ausbildungswege, doppelte Qualifikation, plurale Kompetenzen und diakonisches Kongruieren*

Die doppelte Qualifikation gilt als Merkmal der verschiedenen Berufsgruppen im Diakonat. Sie bezieht sich als berufliche Qualifikation sowohl auf kirchliche als auch auf staatliche Anstellungsfähigkeit und Professionalität. Hinter beiden Qualifikationsprofilen liegen zahlreiche Kompetenzen, die variantenreich in unterschiedlichen Studien- und Ausbildungsprofilen erworben werden können.

Die Analyse von Projekttagebüchern hat deutlich gemacht, dass alle Diakoninnen und Diakone des Projektes – unabhängig von ihren jeweiligen Ausbildungs- und Studienabschlüssen – diese doppelten Kompetenzprofile als Grundlage ihres professionellen Handelns betrachten.[14] Für die Ausbildung bzw. das Studium zum Diakonat ergibt sich die besondere Herausforderung, die doppelte Qualifikation in einer fachlich angemessenen Weise zu organisieren und die Kompetenzen für plurale Arbeitsfelder und berufliche Anerkennungen in einem angemessenen Zeitrahmen zu vermitteln. Gerade in dieser doppelten Qualifikation liegen die für Kirche und Diakonie verheißungsvollen Synergien und Vernetzungsmöglichkeiten mit Berufsfeldern der Sozial-, Gesundheits- und Bildungsarbeit. Diese Multiperspektivität professionell kongruieren, gestalten und kommunizieren zu können ist eine Herausforderung und primäre Aufgabe der Ausbildungswege und Studiengänge zum Diakonat. Das Spezifikum der Studien- und Ausbildungswege liegt in der theologischen Durchdringung und ethischen Reflexion dieser pluralen Arbeits- und Praxisfelder auf der Basis wissenschaftlich reflektierter Professionalität.

1.4 *Studien- und Ausbildungsfragen im Kontext kirchlicher Berufe: Diakonatsstudien, Diakonenausbildungen und Theologiestudium*

Ein Ergebnis der Begleitforschung zum Projekt bezieht sich auf die Wahrnehmungen, die Anstellungsträger von Diakoninnen und Diakonen haben. Nach einer Analyse von „neun Leitfaden-Interviews mit Expertinnen und Experten in Dekanaten, Schuldekanaten und Vorständen von diakonischen Unternehmen"[15] kommt Claudia Schulz zu dem Ergebnis, dass die Aussagen der Expertinnen und Experten von deren eigenen ekklesiologischen Vorstellungen geprägt sind, dass der Diakonat häufig als Pendant zum Pfarramt gesehen wird und dass die Aussagen der Verantwortlichen in Kirche und Diakonie insgesamt wenig Bezüge zu den fachspezifischen diakoniewissenschaftlichen Diskursen erkennen lassen. Während in den Kirchenbezirken nach Schulz eine Bereitschaft und Fähigkeit erkennbar ist, den Diakonat „in ein Gesamtkonzept kirchlichen Handelns einzubinden"[16], nimmt Schulz bei Schuldekaninnen und Schuldekanen und in der

[14] Vgl. Noller/Fliege 2013: S. 179–195, bes.: 184–186.

[15] Schulz 2013 (1): S. 56. Vgl. insgesamt S. 56–89.

[16] Schulz 2013 (1): S. 86.

Einrichtungsdiakonie eine Eigenständigkeit in der Konzeption des Diakonats wahr. Claudia Schulz konstatiert: „Die Befragten in Schuldekanaten und diakonischen Einrichtungen fühlen sich offenbar zunächst frei, losgelöst eigene Konstruktionen des Diakonats zu entwerfen, ohne sich dafür mit landeskirchlichen Konzepten oder diakoniewissenschaftlicher Diskussion auseinanderzusetzen. Hier ist das Verständnis des Diakonats vor allem durch die eigene ekklesiologische (und zum Teil unternehmerische) Vorstellungswelt geprägt."[17] Zwar bescheinigt Schulz den Interviewten zuletzt doch Wahrnehmungen und Würdigungen des Konzeptes der doppelten Qualifikation, dennoch bleibt als Frage stehen, ob nicht auch Informationsdefizite über den Diakonat vorliegen. Zu fragen wäre m. E. auch, ob nicht die Vielzahl der Ausbildungsvarianten und Qualifikationen, die zur Einsegnung in den Diakonat qualifizieren, in der Praxis dazu führt, dass ein klares Bild des Diakonats – das in der diakoniewissenschaftlichen Literatur postuliert wird – durch die Anstellungsträger nicht gewonnen werden kann.

Die gegenseitigen Wahrnehmungsdefizite zwischen diakoniewissenschaftlichen Diskursen und Anstellungsträgern im Diakonat sind m. E. nicht nur eine Frage der Strategien in Fort- und Weiterbildung von kirchlichen und diakonischen Führungskräften und Anstellungsverantwortlichen. Sie sind nicht nur eine Frage der Beratung von Anstellungsträgern, sondern sie werfen auch Fragen auf hinsichtlich der diakoniewissenschaftlichen Studieninhalte im Theologiestudium. Sie werfen Fragen auf hinsichtlich der Ekklesiologie und kirchlichen Professionstheorien, die bereits im Studium der Theologie vermittelt werden müssten, damit später die Zusammenarbeit der verschiedenen Berufsgruppen auf der Basis einer gemeinsamen Ekklesiologie, Kirchentheorie und Theorie kirchlicher Professionen und Ämter gelingen kann.[18] Fragen der Ausbildung gilt es also nicht nur an den Evangelischen Hochschulen und Ausbildungsstätten der Diakoninnen- und Diakonausbildung zu klären, sondern auch im Studium der Theologie und den diakoniewissenschaftlichen Inhalten der Curricula an den theologischen Fakultäten.

2. Dienstaufträge im Diakonat

Weiterführende Ergebnisse wurden aus der Begleitforschung des Projekts nicht nur hinsichtlich der Studien- und Ausbildungsfragen erarbeitet, sondern auch hinsichtlich der Gestaltung von Dienstaufträgen. Für die Ausbildungsstätten und Hochschulen ist die Frage relevant, ob und in welcher Weise die vermittelten Kompetenzen und Qualifikationen in der Realität der Dienstaufträge abgerufen werden und Wirkungen entfalten können.

Claudia Schulz hat auf der Basis von Interviews mit Anstellungsverantwortlichen und Gruppendiskussionen mit Diakoninnen und Diakonen das „Span-

17 Schulz 2013 (1): S. 86.

18 Erste Ansätze bei Grethlein 2012: S. 479–492.

nungsfeld Gemeindediakonie"[19] in den Blick genommen. Schulz konstatiert eine „erhebliche Differenzierung" des gemeindediakonischen Arbeitsfeldes, „... was die Mehrzahl der Einsatzorte, der als Zielgruppen oder Kooperationspartner gesehenen Menschen vor Ort sowie die Anforderungen an das eigene Können anbelangt."[20] Die Situation wird – das zeigt die Analyse von Schulz – von den Betroffenen differenziert empfunden und bewertet. Insbesondere „zerteilte" Dienstaufträge[21] entfalten negative Wirkungen. Claudia Schulz stellt dazu fest: „Ein Lerneffekt ließe sich so zusammenfassen: Die Situation der zerteilten Aufträge und komplexen Zuständigkeiten wirkt auf einige der Befragten sehr stark belastend und zwar in einer dramatischen Form."[22] Schulz konstatiert aber auch für die Anstellungsseite Defizite, die über mangelnde Handlungs- und Gestaltungsspielräume berichtet, die unter anderem durch eine geringe Personalfluktuation und unveränderbare Dienstaufträge entstehen. Diese Wahrnehmungen, die auf einer breiteren Datenbasis vertieft werden sollten, sind für die Weiterentwicklung des Berufsfeldes und der Berufsgruppen im Diakonat sehr ernst zu nehmen. Dass ein Teil der diskutierenden Diakone und Diakoninnen mit flexiblen, also wechselnden Einsatzorten und Dienstaufträgen gut zurechtkommt, kann nur teilweise beruhigen. Fragen werden hier aufgeworfen hinsichtlich einer besseren Beteiligung von Diakonen und Diakoninnen bei der Ausarbeitung ihrer Dienstraufträge. Fragen werden auch aufgeworfen hinsichtlich einer Kommunikation und Beratung von Kirchenbezirken und Anstellungsträgern zur Weiterentwicklung des Diakonats. Fragen werden aufgeworfen hinsichtlich der Flexibilität und beruflichen Mobilität von Diakonen und Diakoninnen, die nur *eine* kirchlich anerkannte berufliche Qualifikation, z. B. im Schwerpunkt der kirchlichen Kinder- und Jugendarbeit erworben haben, die dann eine spätere berufliche Weiterentwicklung erschwert.

Zu den Beobachtungen aus dem Projekt zählen aber auch Wahrnehmungen von Projektstelleninhabern und Projektstelleninhaberinnen und Anstellungsträgern, die verdeutlichen, dass gerade die unter verschiedenen Arbeitsfeldern vernetzten Dienstaufträge, die beispielsweise Zielgruppen in verschiedenen Kontexten und Handlungsfeldern begleiten, von den Projektstelleninhaberinnen wie auch von ihren Kooperationspartnern als methodisch sinnvoll angesehen werden.[23] Jugendliche mit sozialen Benachteiligungen und prekären Lebenssituationen sowohl in der Schulsozialarbeit als auch im Streetwork und der kirchlichen Kinder- und Jugendarbeit zu begleiten wurde ebenso als sinnvoll angesehen wie die im Sozialraum vernetzte Arbeit mit Angehörigen von Demenzerkrankten, die

19 So der Titel des Aufsatzes bei Schulz 2013 (2): S. 349.

20 Schulz 2013 (2): S. 351.

21 Der Begriff „zerteilt" bezieht sich auf Dienstaufträge, die geteilt, d. h. auf verschiedene Einsatzorte oder verschiedene Zielgruppen aufgeteilt sind (z. B. 50 % Gemeinde A, 50 % Gemeinde B). In der Praxis begegnen auch kleinere Stückelungen (20 %, 30 %, 50 %). Zitat: Schulz 2013 (2): S. 354.

22 Schulz 2013 (2): S. 354. Zur Problematik der geteilten und wechselnden Dienstaufträge vgl. auch Schulz 2013 (1): S. 49 und 59.

23 Vgl. Projektberichte 2013 und die darauf basierenden Zusammenfassungen in Noller (Erträge der Praxis) in diesem Band.

von einer diakonischen Bezirksstelle ausgehend im Kirchenbezirk und der Kommune vernetzt organisiert wurde. Auch die Trauerbegleitung, die Ressourcen der Sozialberatung im Kirchenbezirk vernetzte und weitere Hilfeangebote im Gemeinwesen organisierte, wurde als sinnvoller Dienstauftrag bewertet.[24] Die Vorgehensweise im Projekt, die Dienstaufträge vernetzt und zielgruppenorientiert als innovative Projekte aus der Perspektive der Praxis heraus zu entwerfen, hat sich im Verlauf der Projektarbeit als ein ertragreicher Ansatz erwiesen. Zu überprüfen wären in diesem Zusammenhang die Wirkungen von *geteilten* Dienstaufträgen mit jeweils unterschiedlichen Zielgruppen, Einsatzorten und Bezugspersonen einerseits im Vergleich mit *vernetzten* Dienstaufträgen andererseits, die mit *einer spezifischen Zielgruppe oder einem konkreten Projektziel im Sozialraum* vernetzt arbeiten. Zwischen beiden Varianten besteht m. E. ein noch breiter zu bedenkender Unterschied. Zu fragen wäre auch, unter welchen Bedingungen - von Ausbildungsvoraussetzungen bis zur Gestaltung von Dienstaufträgen - eine erhöhte Vernetzung und Flexibilität als Chance und Gewinn diakonischer Arbeit gesehen wird.

Im Projekt „Diakonat - neu gedacht, neu gelebt" erwiesen sich, anders als in den in der Begleitforschung geschilderten Arbeitssituationen, die vernetzten Dienstaufträge als ertragreich, folgt man den Darstellungen der Projektberichte. Die Projektkonzeptionen basierten auf einer Sozialraumanalyse sowie auf Bedarfen, die aus der Praxis heraus formuliert waren. Sie orientierten sich an der professionellen Beziehungsarbeit mit Klienten und Klientinnen und Zielgruppen, an Projekten mit diakonischen Zielperspektiven in Kirche, Diakonie und Gemeinwesen, für die durch Vernetzung im Sozialraum unterstützende und persönlichkeitsbildende Prozesse initiiert werden sollten. Hier könnten zukünftige Projekte m. E. anknüpfen. Für die Weiterentwicklung von Dienstaufträgen im Diakonat sind diese vernetzten Dienstaufträge weiter zu entwickeln. Ausbildungsentwicklung und Konzeptionen von Dienstaufträgen sollten insgesamt in einen breiteren Diskurs miteinander kommen, um die innovativen Impulse der Forschung und Ausbildung einerseits und die Bedarfe der Praxis und ihrer Herausforderungen andererseits besser miteinander ins Gespräch zu bringen.

Literatur

Bubmann, Peter/Doyé, Götz/Kessler, Hildrun/Oesselmann, Dirk/Piroth, Nicole/Steinhäuser, Martin (Hg.) (2012): Gemeindepädagogik. Berlin/Boston.

Eidt, Ellen (2011): Der evangelische Diakonat. Entwicklungslinien in Kirche und Diakonie am Beispiel Württembergs. Stuttgart.

Eidt, Ellen (2013): Ehrenamtliche in diakonischen Handlungsfeldern. Herausforderungen für das Ehrenamtsmanagement in Gemeinde- und Gemeinwesendiakonie. In: Eidt, Ellen/ Schulz, Claudia (Hg.): Evaluation im Diakonat. Sozialwissenschaftliche Vermessung diakonischer Praxis. Stuttgart. S. 184–233.

---

[24] Vgl. Projektberichte 2013. Und die darauf basierenden Zusammenfassungen in Noller (Erträge der Praxis) in diesem Band.

Eidt, Ellen/Schulz, Claudia (Hg.) (2013): Evaluation im Diakonat. Sozialwissenschaftliche Vermessung diakonischer Praxis. Stuttgart.

Evangelische Landeskirche in Württemberg (1999): Kirchliches Gesetz über die Rechtsverhältnisse der Diakoninnen und Diakone in der Evangelischen Landeskirche in Württemberg (Diakonen- und Diakoninnengesetz) vom 23. Oktober 1995 (Abl. 56 S. 520) - geändert durch Gesetz vom 20. Juli 1999 (Abl. 59 S. 65) und vom 28. März 2003 (Abl. 60 S. 263). In: Frisch, Michael (Hg.): Das Recht der Evangelischen Landeskirche in Württemberg. Ergänzbare Rechtsquellensammlung vom 31. Juli 1996. (Stand: 2003). Neuwied. Verfügbar unter: www.kirchenrecht-ekwue.de/showdocument/id/17945 (28.04.2014).

Fliege, Thomas (2013): Diakonat, Sozialraum und Sozialraumanalyse. Diakonisches Handeln und sozialwissenschaftliche Reflexion. In: Eidt, Ellen/Schulz, Claudia (Hg.): Evaluation im Diakonat. Sozialwissenschaftliche Vermessung diakonischer Praxis. Stuttgart. S. 432–445.

Grethlein, Christian (2012): Praktische Theologie. Berlin/Boston.

Kirchenamt der EKD (Hg.) (2014): Perspektiven für diakonisch-gemeindepädagogische Ausbildungs- und Berufsprofile. Tätigkeiten - Kompetenzprofil - Studium (EKD Texte 118). Hannover.

Merz, Rainer (2007): Diakonische Professionalität. Zur wissenschaftlichen Rekonstruktion des beruflichen Selbstkonzeptes von Diakoninnen und Diakonen. Heidelberg.

Noller, Annette (2013) (1): Der Diakonat - historische Entwicklungen und gegenwärtige Herausforderungen. In: Noller, Annette/Eidt, Ellen/Schmidt, Heinz (Hg): Diakonat - theologische und sozialwissenschaftliche Perspektiven auf ein kirchliches Amt. Stuttgart. S. 42–84.

Noller, Annette (2013) (2): Diakonat. Kirche im Sozialraum. In: Eidt, Ellen/Schulz, Claudia (Hg.): Evaluation im Diakonat. Sozialwissenschaftliche Vermessung diakonischer Praxis. Stuttgart. S. 446–474.

Noller, Annette (2013) (3): Diakonat und Seelsorge. Zur Rekonstruktion seelsorgerlichen Handelns von Diakoninnen und Diakonen. In: Eidt, Ellen/Schulz, Claudia (Hg.): Evaluation im Diakonat. Sozialwissenschaftliche Vermessung diakonischer Praxis. Stuttgart. S. 376–405.

Noller, Annette (2013) (4): Diakonat und theologische Kompetenz. In: Eidt, Ellen/Schulz, Claudia (Hg.): Evaluation im Diakonat. Sozialwissenschaftliche Vermessung diakonischer Praxis. Stuttgart. S. 406–431.

Noller, Annette/Eidt, Ellen/Schmidt, Heinz (Hg.) (2013): Diakonat - theologische und sozialwissenschaftliche Perspektiven auf ein kirchliches Amt. Stuttgart.

Noller, Annette/Fliege, Thomas (Hg.) (2013): Diakonat und doppelte Qualifikation - drei Typen diakonischen Handelns. Ein Werkstattbericht. In: Noller, Annette/Eidt, Ellen/ Schmidt, Heinz (Hg.): Diakonat - theologische und sozialwissenschaftliche Perspektiven auf ein kirchliches Amt. Stuttgart. S. 179–195.

Projektberichte „Diakonat - neu gedacht, neu gelebt" (2008–2013) (2013): Projekt der Evangelischen Landeskirche in Württemberg, hg. im Auftrag des Evangelischen Oberkirchenrats (Dezernat 2) (Redaktion: Annette Noller). Stuttgart. Verfügbar unter: www.eh-ludwigsburg.de/fileadmin/user_upload/PDF/Projektberichte2008_2013_Diakonat.pdf (25.02.2014).

Schulz, Claudia (2013) (1): Diakoninnen und Diakone unter Vertrag. Vom diakonischen Mehrwert und strukturellen Baustellen aus der Perspektive von Anstellungsverantwortlichen. In: Eidt, Ellen/Schulz, Claudia (Hg.): Evaluation im Diakonat. Sozialwissenschaftliche Vermessung diakonischer Praxis. Stuttgart. S. 56–89.

Schulz, Claudia (2013) (2): Im Spannungsfeld Gemeindediakonie. Empirische Zugänge zur Vielfalt von Interessen und Optionen. In: Eidt, Ellen/Schulz, Claudia (Hg.): Evaluation im Diakonat. Sozialwissenschaftliche Vermessung diakonischer Praxis. Stuttgart. S. 349–374.

VEDD (2004): Bildungswege im Diakonat. Ein Arbeitspapier der Verbände im Diakonat. Impuls IV/ 2004. Verfügbar unter: www.vedd.de/obj/Bilder_und_Dokumente/pdf-Daten/ Impulse/Impuls200404.pdf (28.04.2014).

III. Kirche, Amt und Ämter

Eberhard Hauschildt

Diakoninnen und Diakone in der Kirche der Zukunft – eine kirchentheoretische Rekonstruktion

Die Studie zur Evaluation des Diakonats im Auftrag der Evangelischen Landeskirche in Württemberg erhebt, wie das Diakonin-Sein, das Diakon-Sein von Diakoninnen und Diakonen und von Anstellungsträgern in Kirche und Diakonie gesehen wird. Qualitative Interviews wurden geführt und ausgewertet. Die Lage ist bekanntlich *komplex:* Es „spielen historische und theologische Aspekte eine Rolle, ebenso kirchenpolitisch-strukturelle Verhältnisse sowie konzeptionelle Fragen in Bezug auf die Zukunft des Diakonats“[1]. Sie ist so komplex, dass die Auswertung belegt: „[…] eine begriffliche Unterscheidung von Amt und Beauftragung, Beruf, Qualifikation und Persönlichkeit war für die Befragten häufig nicht unmittelbar einleuchtend“[2]. *Vorstellungen darüber, was Kirche ist,* und die mittels Regelungen gestalteten kirchlichen Rahmengebungen spielen *eine maßgebliche Rolle.*[3] Die Konstruktionen des Diakonats durch die Interviewten werden faktisch in nicht unerheblichem Maße aus kirchentheoretischen Modellen abgeleitet; wo sie nicht vorhanden sind, entstehen Unsicherheiten. Darum *braucht die Diakonatstheorie Kirchentheorie.* Eine der Autorinnen des Buches wünscht sich einen „Entwurf des Diakonats auf der Basis eines umfassenden Kirchenverständnisses als konsequentes Verfahren, damit in der Folge alle Dimensionen eines solchen Entwurfs ein stimmiges Ganzes ergeben“[4]. Nun gibt es allerdings auch Anlass, aus noch zu erläuternden Gründen, skeptisch zu sein gegenüber der Erwartung, es ließe sich eine umfassende, in sich schlüssige Konzeption aus einem Guss, die dann auch noch konsensfähig sein soll, überhaupt herstellen.

Im Sinne einer Sekundäranalyse soll hier eine bestimmte praktisch-theologische Konzeption von evangelischer Kirche im Deutschland der Gegenwart für die vorlegten Beschreibungen nutzbar gemacht werden. Ich will dabei gewisser-

---

1 Schulz 2013 (4): S. 27.

2 Schulz 2013 (1): S. 477.

3 Vgl. Schulz 2013 (2): S. 68–69 und Hödl 2013: S. 486–487.

4 Schulz 2013 (2): S. 68.

maßen *durchspielen, was sich von einem bestimmten kirchentheoretischen und diakonietheoretischen Ansatz her* zur weiteren Sortierung der Befunde und dann auch zur Markierung wichtiger Herausforderungen für das Handeln zum Diakonat beitragen lässt. In einem ersten Schritt sollen die Prämissen der hier verwendeten Kirchentheorie vorgestellt werden (1.), danach folgt die Rekonstruktion der Befunde im Rahmen diese Theorie (2. bis 4.), bevor abschließend in einer Zusammenfassung thetisch Herausforderungen für die beteiligten Akteure benannt werden (5.).

1. Hybrid Kirche

Die Vielfalt von kirchlicher Praxis vollzieht sich in *drei Sozialformen: Gruppe, Institution, Organisation.*[5] Idealvorstellungen von Kirche liegen zwar faktisch in großer Pluralität und Widersprüchlichkeit vor und werden in entsprechend kontroversen Debatten darüber, wie Kirche sein sollte, bemüht. Sie lassen sich aber im Sinne einer vertretbaren Komplexitätsreduzierung auf drei Grundmuster von Idealen zurückführen. Diese Muster wirken in der Kirche ungemein stark auf Überzeugungen und Praktiken: Der Gruppe entspricht das Bild von der Kirche als *aktive Gemeinschaft.* Der Institution entspricht das Bild von der Kirche als *Volkskirche,* als der öffentlichen Institution für Religion in der Gesellschaft. Der Organisation entspricht dasjenige Bild von der Kirche, das gerade in den letzten Jahren der Organisationsreform bei schnell zurückgehenden Ressourcen stark diskutiert wird: Kirche als *Organisation mit Profil,* auf dem religiösen Markt mit Mitgliederorientierung, mit Ressourcenoptimierung und zielorientiertem Management. Von diesen Ausgangshypothesen aus soll nun die Lage der Diakoninnen und Diakone betrachtet werden, wie sie sich, nicht zuletzt in der Evaluation des Diakonats in Württemberg, zeigte: Wie sehen die Diakoninnen und Diakone ihre Christlichkeit und die Kirche und Diakonie? Wie sehen die Diakonieorganisationen die Diakoninnen und Diakone? Wie sieht die Kirche die Diakoninnen und Diakone?

Nun zeigte die Evaluation, dass den Beteiligten ziemlich unklar ist, was der Diakonat bedeuten soll. Die Unklarheit ist nicht das moralische Versagen der Diakoninnen und Diakone, die so ungeschickt seien, nicht zu wissen oder nicht entscheiden zu können, was sie denn selbst nun sind. Die Unklarheit ist auch nicht einfach nur Ausdruck eines handwerklichen Versagens von Kirchenleitungen, die keine eindeutige Gesamttheorie und Zielbestimmung hinbekommen. Vielmehr *hat die Unklarheit System*: Ein guter Teil der Unklarheiten – so will ich zeigen – erklärt sich aus dem Hybridcharakter der Kirche selbst. Zudem ist der Hybridcharakter nicht nur der Kirche zu eigen, sondern ebenso der Diakonie. *Auch Diakonieorganisationen sind Hybride.*[6] Auch die Doppelqualifikation der

---

5 Vgl. Hauschildt 2007 und Hauschildt/Pohl-Patalong 2013: S. 128–219.

6 Vgl. Schmidt/Hildemann 2012 und die Rezension des Bandes unter hybridtheoretischer Perspektive bei Hauschildt 2013. Meine Theorie der Kirche als Hybrid entstand aus diakonietheo-

Diakone in Theologie und jeweiliger Sozialwissenschaft ist ein hybrides Gebilde, ebenfalls mit allen Chancen und Herausforderungen, die darin liegen.

Ich setze in den folgenden Überlegungen dennoch bei der Kirchentheorie und nicht bei einer Diakonietheorie ein, weil der Zusammenhang mit der Kirche maßgeblich ist für das Besondere von Diakoninnen und Diakonen, für das, was sie von anderen (Sozial-)pädagoginnen und -pädagogen oder Sozialarbeiterinnen und Sozialarbeitern unterscheidet.

Was ist denn nun mit dem Begriff „Hybrid" gemeint? Ein wichtiges Merkmal von Hybrid lässt sich einfach an den Hybridautos klarmachen: Zwei Antriebe haben diese, einen elektrischen und einen Benzinmotor. Beide Systeme bilden in sich geschlossene Kreise – und doch fährt das Auto so am besten: umweltfreundlich bei den vielen städtischen Kurzfahrstrecken und doch auch geeignet für die selteneren Langstreckenfahrten. *Die drei Hybridsysteme der Kirche folgen* dementsprechend *jeweils einem in sich kohärenten Theoriesystem;* sie sind miteinander logisch und ebenso in ihrem Frömmigkeitstypus nicht widerspruchsfrei vereinbar. Und doch kommt man auch hier in der Kirche zusammen weiter, wenn man die Praktiken in der Logik der drei verschiedenen Kirchenideale gut aufeinander abstimmt, damit jedes System das tun kann, worin es gut ist, und nicht das zu tun braucht, wofür es schlecht geeignet ist.

Alle drei kirchlichen Logiken und Kirchenidealbilder wurden *im 19. Jahrhundert aufgebaut.* Sie geben jeweils eine andere Antwort auf die sich abzeichnende Auflösung von staatkirchlichen Verhältnissen. Da ist die Vorstellung davon, dass die Kirche zwar nicht mehr vom Staat geführte Staatskirche ist, gleichwohl aber auch bei kompletter Selbststeuerung institutionelle *Volkskirche* bleibt. Diese Ansicht wurde am Ende des 19. Jahrhunderts zuerst von dem weitsichtigen Schleiermacher eingeführt. Da ist sodann die Vorstellung von der Kirche als überschaubarer *Familie.* Sie wurde am Ende des 19. Jahrhunderts im Zuge von Emil Sulzes Gemeindebewegung nicht nur für kirchliche Sondergruppen, sondern auch für die landeskirchlichen Parochien insgesamt wirksam. Innerhalb weniger Jahrzehnte setzte sich etwa die Auffassung durch, dass zu jedem Kirchturm auch das uns inzwischen längst so vertraute Gemeindehaus als kirchliches Vereinshaus gehört und zu bauen ist und dass lebendige Gemeinde in einer Gemeinde aus vielerlei Gruppen und Kreisen besteht. Bereits in der Mitte des 19. Jahrhunderts entstand auch die alternative Organisationsform der Diakonie- und Missionsorganisationen als bürgerliche religiöse Assoziation neben der Amtskirche. Hier wurden, parallel zum Aufstieg der Wirtschaftsorganisationen, die die Zünfte überflüssig machten, und der Parteien, die der Institution des Königtums die politische Macht abrangen, auch im religiösen Bereich *zweckrational ausgerichtete Organisationen* geschaffen: auf ein bestimmtes Ziel hin profiliert

retischen Einsichten. Inspiriert wurde ich durch Debatten mit Lehrenden aus einem interdisziplinären Weiterbildungsstudiengang zum Sozialmanagement, angesiedelt an meiner evangelisch-theologischen Fakultät in Bonn und im Rahmen des von der Theodor-Fliedner-Stiftung maßgeblich getragenen Bonner Instituts für interdisziplinäre und angewandte Diakoniewissenschaft. Von dort her wurde ich 2006 aufmerksam auf die einschlägigen Thesen in Evers/Rauch/Stitz 2002 zu hybriden Formen von Organisationen sozialer Dienstleistung.

ausgerichtet, z. B. die Errichtung von Mission in Übersee oder von Hilfe für Straßenkinder. Zur Verfolgung des Zwecks wurden systematisch eigene finanzielle Ressourcen, eigenes Personal und eigene Gebäude entwickelt. Erst am Ende des 20. Jahrhunderts zieht solches markt- und betriebswirtschaftliches Organisationshandeln und -denken dann auch in die Großkirchen ein. Je nachdem, welchem der drei Kirchenideale man folgt, stellen sich etwa die Aufgaben des Pfarramts und die nötigen Strukturreformen für die Kirche in der Gegenwart sehr unterschiedlich dar.

Dass in der evangelischen Kirche in absehbarer Zukunft entweder die Seite der Vertreter der Institution Volkskirche oder die der Vertreter der familiären kleinen Gruppe Aktiver siegen wird, halte ich für einigermaßen unwahrscheinlich. Und dass die gegenwärtige nachgeholte Organisationsreform in der Kirche einen durchgängigen Mentalitätswechsel zur profilierten betriebswirtschaftlich durchstrukturierten Organisation bei Verfolgung klar bestimmter religiöser Zwecke bewirken wird, auch. Vielmehr gibt es einen Mix aus all dem.

Um es an einem *Beispiel* zu zeigen: Die Menschen, die aus der Kirche austreten, tun dies mehrheitlich mit einer Organisationslogik: Kosten und Nutzen stehen für sie in einem Missverhältnis; dann lässt sich der Kirchensteuerbeitrag auch einsparen. Wenn sie wieder eintreten, dann tun sie es mehrheitlich nach der scheinbar so antiquierten Institutionslogik: Sie haben gemerkt, z. B. bei Hochzeit oder Familiengründung oder in einer Lebensbilanz: Es ist gut, dass es so etwas wie Kirche gibt, die die Fragen der Werte und der Religion thematisiert und Gutes tut in der Gesellschaft. Freilich, ebenso stellt die Mehrheit der Wiedereintretenden klar: Sie möchte jetzt nicht jeden Sonntag zur Kirche gehen oder sich sonst engagieren. Und doch: Viel glaubwürdiger als Pfarrer und andere Hauptberufliche, die in der Organisation gegen Geld arbeiten, und auch als die durchschnittlichen passiven Mitglieder in der Institution, sind für alle die Ehrenamtlichen, die die Gemeinde lebendig und familiär halten und sich in ihr engagieren.

Wir haben es also mit der Großkirche als einem Hybrid zu tun und werden es wohl auch jedenfalls in der absehbaren Zukunft weiterhin zu tun haben, wenn auch die Gewichte sich verschieben mögen. Und diese Konstellationen spiegeln sich nun auch in den konträren Sichten auf die Diakone. Die Struktur des dreifachen Hybrids hat einerseits zur Folge, dass Diakonieorganisationen, die Kirchen und die Diakoninnen und Diakone selbst typischerweise die Gewichte jeweils anders setzen. Vor allem aber findet sich die *Hybridizität auch jeweils innerhalb der Sichten dieser drei Personengruppen.*

2. Die Sicht der Diakoninnen und Diakone auf sich selbst

Diejenigen, die Interviews auswerteten, wurden durch die hochgradige Pluralität bei deren Verständnis des Begriffs Diakon/Diakonin „überrascht"[7]. Trotz der bei

---

7 Schulz 2013 (4): S. 51.

den Interviewten vorliegenden „erheblichen Verwirrung" darüber, ob es sich um etwas Berufliches oder Transberufliches handele, sah man aber andererseits auch, dass bei den einzelnen jeweilige eigene Verständnisse vorhanden sind, ja dass diese in „gleichförmigen Diskurslinien"[8] auch aneinander angeschlossen werden können.

Nach der hier vorgeschlagenen kirchentheoretischen Rekonstruktion dürften drei jeweils eigenlogische Zusammenhänge involviert sein: Da ist das helfende christlich motivierte Gegenüber von Mensch zu Mensch im sozialen Setting der unmittelbaren Begegnung zwischen einzelnen und in *Gruppen*, da ist die sozialberufliche Fachlichkeit in professionell strukturierten *Organisationen* und da ist die Rollenzuweisung der *Institution* des Diakonseins als Amt der Kirche.

2.1 Das Ideal der Sozialform Gruppe und die Entfremdung in der Sozialorganisation

Dieses Idealbild ist am Werke, wenn die Diakone ihre Tätigkeit mit dem Helfen als einer persönlichen individuellen Beziehung verbinden, in denen Diakone sich *nahe am Menschen und in praktischer Christlichkeit* verwirklichen können. Das ist oft das ursprüngliche Motiv für die Wahl dieses Berufes: sich zu wünschen, selbst in der helfenden christlich-diakonischen unmittelbaren einander ganzheitlich zugewandten Begegnung von Person zu Person tätig zu sein.

Die faktische berufliche Tätigkeit wird dann als dazu in Spannung stehend erlebt: als funktionale, wenig ganzheitliche Dienstleistungserbringung – bei der der Diakon/die Diakonin nur angestelltes Personal einer großen Organisation mit einem straff durchorganisierten Arbeitsplan ist, wobei rein die sozialpädagogische oder sozialarbeiterische Fachlichkeit gefragt ist. Das Christliche wird hier zur Privatsache.

Ein Beispiel: Eine in der Schule pädagogisch tätige Diakonin bezeichnet es als „Beiwerk", wenn sie um Konfliktbearbeitung und für seelsorgliche Zusammenhänge doch in Anspruch genommen wird. Dann ist das etwas, „was ich dann als Mensch mache und wo mir dann mein Diakonsein, auch meine Ausbildung hilft, den Kollegen beizustehen"[9]. Denn es muss die Diakonin feststellen, dass der berufliche Auftrag, religionspädagogisch tätig zu sein, sich darauf nicht bezieht: „Aber da hört es eigentlich schon auf, weil in der Schule, Schüler begleiten geht einfach nicht, das würde jeglichen Rahmen sprengen. Da wird, denke ich manchmal, das Diakonsein wirklich zur Privatsache beziehungsweise zur persönlichen Motivation, manche Dinge eher anzusprechen, anstatt die einfach laufen zu lassen."[10]

In einem Gruppengespräch wird versucht, den „diakonischen Geist" zu bestimmen. Den soll es geben; er wird abgegrenzt vom bloßen liturgischen Ange-

---

[8] Schulz 2013 (4): S. 51.

[9] Schulz 2013 (4): S. 39.

[10] Schulz 2013 (4): S. 39. Ähnlich auch Aussagen Interviewter S. 37.

bot, das Diakone auch beisteuern mögen, und erweist sich dann als etwas, was „als Diakon allein“ nicht zu bewerkstelligen ist und was Mitarbeitende in diakonischen Einrichtungen als Menschen überhaupt beisteuern können sollten.[11] Es erscheint als „Einzelaktion“[12] des Diakons.[13]

Das Ideal der privat engagierten Diakonie in den unmittelbaren zwischenmenschlichen Beziehungen produziert so als seine Rückseite die Infragestellung des Diakonischseins (und damit des eigenen Berufssinns) durch die Volkskirchen- und Diakoniemarkt-Realitäten.[14] Nicht nur bei Diakoninnen und Diakonen in Organisationen außerhalb der Kirchengemeinde besteht dieser Eindruck. Auch von denen, die in den Gemeinden und Projekten eines Kirchenkreises wirken, kann es ähnlich gesehen werden: Die

> „funktionale Differenzierung erleben [...] Diakoninnen und Diakone privat und beruflich als nur schwer überbrückbar: Auch wer als Diakonin oder Diakon eigentlich gerne für die diakonische Verantwortung der eigenen Kirchengemeinde einstehen würde, hat dafür neben dem Arbeitsalltag, der oft außerhalb des Wohnumfeldes verortet ist, keine Kraft mehr. Und dort, wo in ambulanten Arbeitsfeldern die Einzugsgebiete groß sind, lässt sich eine grundsätzlich gewollte Vernetzung am Arbeitsort kaum verwirklichen“[15].

2.2 *Das Ideal beruflicher weltlicher Fachlichkeit und Entfremdung vom kirchlichen institutionalisierten Amt*

Ein Beispiel aus einer Gruppe von Jugendreferentinnen und -referenten: „Auf die Interview-Frage: ‚Was bedeutet das denn für Sie, dass Sie Diakone/Diakoninnen sind?‘ beginnt das Gespräch so: ‚Ich komme mit dem Wort ‚Diakon‘ (Gelächter) ich sehe mich immer als Jugendreferent. Und wenn ich Diakon genannt worden bin, fühl ich mich nicht angesprochen (Gelächter) erst mal (Gelächter), obwohl ich Diakon bin. Ich arbeite in der Jugend –.“[16] Eine zweite Person sieht es ähnlich: „Gut ich bin jetzt eingesegnet als Diakonin, ist auch okay für mich, aber ich fühl mich jetzt nicht unbedingt als Diakonin, sondern als Bezirksjugendreferentin.“[17]

Wenn also Diakone und Diakoninnen sich vorwiegend von ihrer *sozialpädagogischen bzw. sozialarbeiterischen Fachlichkeit* her definieren, dann ergibt sich

11 Vgl. Schulz 2013 (4): S. 43.

12 Schulz 2013 (4): S. 44.

13 Diese Sicht, nach der Diakoninnen und Diakone das Diakonische in Diakonieorganisationen als etwas „grundsätzlich Gefährdetes, je neu zu Gewinnendes“ betrachten, kontrastiert deutlich mit den Leitenden der Organisation, die es als „immer schon Vorausgesetztes und Vorhandenes betrachten, das nur jeweils – angesichts sich verändernder gesellschaftlicher Rahmenbedingungen – neu ausgelegt, gestaltet und verkörpert werden muss“ (Eidt 2013: S. 124).

14 Vgl. Schulz 2013 (4): S. 40 und Eidt 2013: S. 114–115, S. 117–118 und S. 125.

15 Eidt 2013: S. 115.

16 Schulz 2013 (4): S. 31.

17 Schulz 2013 (4): S. 32.

da offensichtlich auch eine *Entfremdung zum diakonisch-kirchlichen Amt.* Als Vertreterinnen und Repräsentanten der Institution Kirche wollen diese Fachkräfte für Sozial-Fachlichkeit gerade nicht angesprochen sein. Das entspricht Befunden, wonach eine Ordination in ein kirchliches Amt vielen Diakoninnen und Diakonen ziemlich fern liegt.[18]

2.3 Diakon/-in sein als kirchliches Amt

Und doch: Gleichzeitig findet sich auch das Erleben: Diakon/in zu sein ist etwas Besonderes. Selbst in dem oben berichteten Gespräch unter Jugendreferentinnen und -referenten, wo man sich vom Begriff Diakon/in zunächst sehr distanzierte, findet sich eine solche tastende Stimme:

> „Aber wenn du jetzt Diakon bist, finde ich, das schließt mich noch mal mehr ein in den Kreis der Kirche, macht mir eine gewisse Verantwortung bewusst, für mich jetzt als Diakon. Dass es ein Amt ist irgendwie das ich hab. [...] Das hat schon eine gewisse Ebene einfach, dass man sich immer wieder bewusst macht, dass man da eine Verantwortung hat so für die Kirche. [...] es macht einfach noch mal mehr bewusst: Ich bin eingesegnet worden, ich darf mich so nennen, so ein Titel, ja, wertet es noch mal auf."[19]

Das „Irgendwie" der Aufwertung bekommt Konturen in der Fassung einer *Fremdzuschreibung.* Ein anderer Diakon erlebt bei Älteren in der Gemeinde: „Oh, der ist Diakon."[20] Ähnliches erfährt man, wenn die Kirche einen für pastorale Hilfsdienste in Anspruch nimmt, so bei einer dritten: Sie berichtet, dass sie „witzigerweise" in einem Gottesdienst predigen soll und da wird sie sich bewusst so der Gemeinde vorstellen: „Ich bin Diakonin." Freilich erklärt sie auf die Nachfrage eines Mitdiakons, ob es denn Dienst sei: „Nein das ist privat."[21] Ein weiterer Diakon hat Vergleichbares bei sich erlebt, als er in der pastoralen Rolle tätig war – bei Kasualien im Kreis der eigenen Familie.[22] Die Amtsbezeichnung „Diakon" *bleibt insoweit abgespalten von der in diesen Fällen pädagogischen Berufstätigkeit.* Das damit Verbundene ist für diese Interviewgruppe „privat" bzw. stellt einen seltsamen Sonderfall des Agierens in der pastoralen Rolle dar.[23]

Für Gemeindediakoninnen und -diakone wird der Gemeindebezug hingegen gerne als diakonisches Amt verstanden – mit der Folge, dass sie sich darüber nun von Diakoninnen und Diakonen mit anderen Tätigkeitsprofilen distanzieren. So zeigt sich hier eine spiegelbildlich „komplementäre Konstruktion des Diakonischen"[24].

---

[18] Vgl. insgesamt Schulz 2013 (2).
[19] Schulz 2013 (4): S. 34.
[20] Schulz 2013 (4): S. 34.
[21] Schulz 2013 (4): S. 35.
[22] Vgl. Schulz 2013 (4): S. 35.
[23] Vgl. Schulz 2013 (4): S. 50.
[24] Schulz 2013 (4): S. 50.

3. Die Perspektive der unternehmerischen Diakonie auf die Diakone und Diakoninnen

Die drei Logiken von (kirchlicher) Organisation, Kirche als volkskirchlicher Institution und Kirche als Bewegung in Wertegemeinschaft finden sich auch bei Leitenden diakonischer Organisationen. Beginnen wir mit der für ihren Alltag besonders prägenden Logik der Organisation.

3.1 Die Organisationssicht bei den Leitenden von Diakonieorganisationen

Die Perspektive der unternehmerischen Diakonie auf die Diakone und die Kirche ist sehr stark von ihrem, gegenüber der Vergangenheit immer mehr profilierten Charakter als Organisation auf dem Sozialmarkt geprägt. Darum liegt es auch am nächsten und ist auch für die Leitenden am drängendsten, dass *Personalstellen, die eine bestimmte sozialpädagogische und sozialarbeiterische Qualifikation erfordern*, mit fachlich ausgewiesenem Personal besetzt werden können. In dieser Weise passen Diakoninnen und Diakone in das sozialgesetzgeberisch vorgesehene Muster für Fachkräfte Sozialer Arbeit hinein.

Die andere Seite der Doppelqualifikation der Diakonie erfasst das nicht. Diese Seite wird insoweit vernachlässigbar, erweist sich faktisch als strukturell unbedeutend. Ein Statement eines Leitenden dazu: „‚Die Leute sind in der Regel in Tätigkeiten, die auch von anderen Personen ausgeübt werden könnten. Die Voraussetzung ist nicht, dass man Diakon oder Diakonin sein muss. Das Diakonsein ist sozusagen ein Plus.'"[25]

Der Religionsbezug der Diakonieorganisation wird inzwischen mehr in den Leitbildern der Organisation thematisiert und kommt über die Beteiligung der Theologie an Organisationsethik und ggf. über den Bedarf nach psychisch spiritueller Versorgung durch entsprechende theologische Fachseelsorge in den Blick. Pfarrerinnen und Pfarrer sind für die Theologie zuständig.[26] Ggf. werden auch Gemeindediakoninnen und diakone für die Theologie genannt, aber eben dann in der Perspektive, dass sie als Externe mit Auftrag zur Predigt und Seelsorge in den Häusern der Diakonie handeln.[27]

Die Leitenden der Diakonieorganisationen sind sich darüber bewusst, dass in der Vergangenheit die Diakone als Heimleiter beachtliche Beispiele von Führung abgaben, für die Gegenwart aber zählen sie schlicht zum sozialfachlichen Personal auf der Ebene der Fachhochschulabsolventinnen und -absolventen. Aufstiegschancen gibt es dementsprechend in der Regel bis maximal zur mittleren Führungsebene.[28]

---

25 Eidt 2013: S. 95–96.

26 Vgl. Eidt 2013: S. 104.

27 Vgl. Eidt 2013: S. 95.

28 Vgl. Eidt 2013: S. 95–96.

3.2 Die Sicht der Diakonieverantwortlichen auf die Kirche als volkskirchliche Institution

Die Kirche erscheint aus der Perspektive diakonischer Organisationen demgegenüber als eine andere Welt. Dabei ist die Kirche in dem Evaluationsband nicht Gegenstand der Interviewfragen und es halten sich die Befragten hier mit Aussagen sehr zurück. So sei hier zusätzlich das Bild ergänzt.

Die Kirche mit ihren Kirchengemeinden erscheint aus der Perspektive diakonischer Organisationen als ein Ort, an dem sozialdiakonisch weitgehend unprofessionell gehandelt wird. Als Amtskirche und repräsentative Volkskirche gilt sie im Vergleich mit der eigenen Diakonieorganisation als eine Institution von gestern, die eine Menge von der längst in der Betriebswirtschaft der Gegenwart angekommenen Diakonie zu lernen hätte. Es fällt auf, dass die Kirche zur Breite der Bevölkerung und den sozial Marginalisierten viel weniger Zugang hat als man selbst in der Diakonieorganisation. So bewerten Diakonieorganisationen sich selbst insgesamt als die moderne Praxis von Kirche. Man ist, was die Ressourcen angeht, unabhängig von ihr, erfährt, wie man selbst etwa in der lokalen Politik als Arbeitgeber und in der Bedeutung für die Kommune als wichtiger wahrgenommen wird als die Amtsträger der Kirche – und weiß, dass die Gehälter in diakonischen Führungspositionen die in der Kirche deutlich übersteigen.

Nur wenig in den Blick kommt bei einer solchen Sicht, dass das deutschlandspezifische Phänomen einer großen Diakonie von der Stellung der Volkskirche in der Gesellschaft abhängt. Genauer: Was man davon in den Diakonieorganisationen erlebt, ist höchstens das, dass man dann doch sich mit kirchlichen Beschränkungen auseinandersetzen muss, weil man bevorzugt und in Leitungspositionen noch einmal verstärkt nur Kirchenmitglieder anstellen darf und weil man beachten muss, wie man mit den Arbeitsrechts-Regelungen um die Dienstgemeinschaft möglichst zum eigenen Vorteil umgeht.

Die Kirchlichkeit der Diakoninnen und Diakone erscheint insoweit als eine Verwurzelung in einer traditionalen Gemeindewelt, die man aber für das eigene Unternehmen nicht unbedingt braucht, aber auf die man in bestimmten Situationen auch ganz gerne zurückgreifen kann, wie sich im folgenden Abschnitt zeigen wird.

3.3 Diakonie als Teil der sozialen Bewegung aus christlicher Motivation und die Rolle der Diakoninnen und Diakone darin

Solcher Anspruch, christliche soziale Bewegung zu sein, ist für die Diakonieorganisationen und ihre Leitung einerseits attraktiv. Hebt er sie doch ab von Mitkonkurrenten auf dem Sozialmarkt, vor allem auch von den neu hinzukommenden privatwirtschaftlichen Trägern. Andererseits ist der Anspruch aber auch heikel. Denn in Bezug auf Fragen von Gerechtigkeit und Sozialreform in der Gesellschaft gibt es konkurrierende Gruppen, die ebenfalls hier Ansprüche erheben, seien es Gruppen in der Kirche (manchmal auch kirchliche Gremien/Synoden/Leitungen) oder andere aktive Gruppen/Bewegungen in der Gesellschaft. Oft hat die organisierte Diakonie ihnen mehr Fach-Kompetenz voraus, andererseits ist sie zugleich selbst Teil der sozialpolitischen, sozialstaatlichen, sozialmarktlichen Praxis, die ggf. als unzureichend und ungerecht kritisiert wird. Dennoch sieht man sich, im Vergleich mit der Kirche, näher am Charakter einer Sozialbewegung als diese.

Diakoninnen und Diakone fallen aber auch hier nicht als bedeutsame Größe für die Diakonieorganisationen ins Gewicht. Das Christlich-Diakonische wird verwirklicht durch Organisationsleitung und Strategieentscheidung. Dafür ist die Einrichtungsleitung zuständig, die etwa einen Leitbildprozess vorantreibt, bei dem die Einrichtungsleiter (als Theologen) oder die angestellten Pfarrerinnen (Seelsorgerinnen) von Bedeutung sein mögen.

Eine Feststellung aus einem Interview mit einer Einrichtungsleitung macht das noch einmal deutlich: „Ich glaube nicht, dass wir an irgendeiner Stelle, wo Diakoninnen oder Diakone tätig sind, im Anforderungsprofil explizit stehen haben: Hier muss ein Diakon/eine Diakonin arbeiten. Es gibt in unserem Unternehmen zwei Stellen, wo spezifische Anforderungen gestellt sind in dieser Richtung. [Beide Stellen sind aber eindeutig Pfarrstellen.]“[29]

Weil Diakoninnen und Diakone für die Leitung des Unternehmens nicht in Frage kommen, besteht auch für deren Theologie, die aus der Sicht der Verantwortlichen besonders als Leitungsaufgabe relevant ist, kein Bedarf.[30] Was bleibt, ist eine gewisse Wertschätzung von Diakoninnen und Diakonen als Effekt zur Stärkung einer Kultur im Unternehmen: „‚Jemand, der Kulturträger sein kann, ist immer interessant.‘“[31] Damit sind es mehr die personalisierten religiösen Einstellungen, ihre Kirchlichkeit, die man bei Diakoninnen und Diakonen als wohl gegeben voraussetzen und positiv aufnehmen kann. Somit bestätigt sich noch einmal das Bild: Es wird die spezifisch diakonische Professionalität der Diakoninnen und Diakone nicht abgerufen. Das ‚Dass‘ von Diakoninnen und Diakonen, also dass es sie gibt, ist nur insofern wichtig, als man sich eine *kritische Masse von christlich überzeugten Mitarbeiterinnen und Mitarbeitern* wünscht. *Nicht die Doppelqualifikation* der Diakoninnen und Diakone wird da gesucht, sondern ihre individuelle Christlichkeit, ihr Anteil am allgemeinen Priestertum und Diakonentum der Gläubigen. Und umso interessanter ist das, falls zufällig dann doch eine Person, die Leitungsfunktion hat, auch Diakon sein sollte.[32]

29 Eidt 2013: S. 102.
30 Vgl. Eidt 2013: S. 103–104.
31 Eidt 2013: S. 97.
32 Vgl. Eidt 2013: S. 102.

4. Die Sicht bei kirchlichen Anstellungsträgern

4.1 Diakonie als Teil der Institution Kirche und Diakoninnen und Diakone als Inhaber/innen eines theologischen Amts in der Diakonie

Aus der Perspektive der Kirchen ist Diakonie natürlich kirchliche Arbeit. Gemeindediakonie, soweit sie geschieht, verkörpert aus einer in der Kirche gängigen Sicht das am deutlichsten, dann nachgeordnet gilt es auch für die diakonischen Werke der Kirchenkreise und Landeskirchen. Als am heikelsten erlebt man das bei den ‚freien Werken', den diakonischen Unternehmen, über die man urteilt: Sie stehen in der Gefahr, ihrem kirchlichen Auftrag nicht mehr deutlich genug zu entsprechen.[33]

Diese Gesamttendenz bildet sich in den Interviews mit Kirchenverantwortlichen darin ab, dass das Spezifische des Diakonats so bestimmt wird, dass es in Relation zum Pfarramt gesetzt wird. Ein interviewter Dekan formuliert:

> „Diakone müssen meiner Ansicht nach noch besser können, was ich von einem Pfarrer auch erwarte, nämlich Netzwerker sein. Gemeindenetzwerker, natürlich auch bezogen auf Jugendarbeit oder Altenarbeit. Und das möglichst integrativ verstanden, und katechetische Arbeit. Aber Netzwerker heißt die Fähigkeit, Menschen zusammenzubringen auf der Ebene der Kirchengemeinde. Und zwar verschiedenartige Menschen. Und zu dieser Verschiedenartigkeit gehört dann meiner Ansicht nach auch die ganze Bewohnerschaft und Mitarbeiterschaft einer Einrichtung dazu. Und das muss, glaube ich, neu in den Blick genommen werden."[34]

Der Kommentar der Auswertung bemerkt dazu:

> „[...] auffällig ist, wie vehement sie [die Kirchenverantwortlichen] [...] den Diakonat ganz wesentlich aus dem Pfarramt ableiten, entweder durch Identifikation der Arbeit, die von Pfarrerinnen und Pfarrern nicht geschafft werden kann, oder durch Konstruktion eines diakonischen Komplementärs des pastoralen Handelns, etwa indem ein Pfarrer Seelsorge im Einzelfall leistet, während sich die Diakonin stärker um die Gemeinschaft bemüht, oder indem eine Pfarrerin im ‚Kern' der Gemeinde Gottesdienste gestaltet, während der Diakon sich um weniger präsente Menschen ‚außen' kümmert."[35]

Folglich ist es dann die Perspektive der Gemeinde, die bestimmt, was das Diakonsein ausmacht:

> „Nicht die Landeskirche als eine außerhalb der Gemeinden angesiedelte Größe, die christliches Handeln als organisationales Handeln in der Fläche entwirft und verant-

---

33 Auffallend ist, dass die EKD-Denkschrift zur Diakonie 1998 für die diakonische Gemeinde „Chancen" sieht (Absätze 147–149), während die „Bearbeitung ungeklärter Fragen" (Absatz 150) sich mit Fragen beschäftigt, wie die organisierte Diakonie christlicher werden kann und vernetzter mit der Kirche.

34 Schulz 2013 (2): S. 65.

35 Schulz 2013 (2): S. 65.

> wortet, handelt in dieser Logik, indem sie Diakoninnen und Diakone beruft. Vielmehr steht die einzelne Gemeinde hier im Mittelpunkt der Diskussion um den Sinn des Diakonats."[36]

Bei Interviewten in kirchlicher Anstellungsverantwortung für den Kirchenkreis hält man „die Trennung von Diakonie und Kirche für ein Grundübel, das die alltägliche diakonische Praxis belastet"[37].

Im Zuge dieser Sicht wäre am Beruf der Diakone und Diakoninnen eigentlich die Theologie als Bestandteil der Ausbildung wichtig. Es müssten sich auch Chancen für eine Erhöhung der Kirchlichkeit der Diakonie dadurch ergeben, dass in ihr Diakoninnen und Diakone arbeiten, mehr wieder so, wie sie einstmals war: mit vielen kirchlich eingestellten Mitarbeiterinnen und Mitarbeitern, wie sie die Diakonissen und Diakone des 19. Jahrhunderts als Vorbildprotestanten boten. Blickt man nun aber genauer in die Aussagen, dann zeigt sich freilich auch hier die schon bei den Diakoninnen und Diakonen so wie bei den Diakonieverantwortlichen zu beobachtende Zuspitzung: Es ist dann eben doch weniger ein eigenes Amt als mehr die persönliche Frömmigkeit das Gewünschte:

> „Von der Interviewerin gefragt: ‚Worauf kommt es an, bei den Kompetenzen von Diakonen?', antwortet [ein Dekan] ganz direkt: ‚Wenn Sie so fragen, würde ich in erster Linie natürlich weniger das Theologische, Diakonische oder Diakoniewissenschaftliche in den Vordergrund stellen. Das muss eine Persönlichkeit sein. In der Persönlichkeitsbildung weit fortgeschritten und gereift. Wobei ich nicht sagen möchte, dass es bloß alte Leute sein können.'"[38]

Solche Frömmigkeit ergibt sich dann mehr aus kirchlicher Sozialisation als aus der Ausbildung. Ein Interviewter

> „macht dieses wichtige Qualitätsmerkmal gänzlich in der Person der Diakoninnen und Diakone fest: Es sind Menschen, die sich einfach gern in der Kirche ‚*engagieren*'. Wo sie es vor der Berufswahl unentgeltlich taten, tun sie es jetzt – streng genommen immer noch unentgeltlich – im Beruf, nur dass dies jetzt zum Wesen ihres Berufs gehört."[39]

4.2 *Gemeinde als Familie und die Gemeindediakonie als deren Teil unter der Leitung des Pfarramts*

Blickt die Kirche auf die Diakoninnen und Diakone in der Gemeinde, so wirkt hier am stärksten das Kirchenideal von der Kirche als Gruppengemeinschaft. Es geht um Personen, darum, das Gemeindeleben zu stärken und gemeinsam bei den Gemeindeaufgaben zuzupacken. Wer was macht, also auch: was konkret die

---

36 Schulz 2013 (2): S. 83.

37 Eidt 2013: S. 115.

38 Schulz 2013 (2): S. 72.

39 Schulz 2013 (2): S. 78; vgl. auch S. 74–77 und S. 84.

Diakoninnen und Diakone tun, ergibt sich dabei aus den Einzelsituationen. Auch dadurch tritt die spezifische berufliche Kompetenz der Diakoninnen und Diakone in den Hintergrund.

Dabei ist damit in bestimmter Weise dann doch die Sicht der Kirche als Institution und deren Institution des Pfarramts verquickt. Dass die Diakone kirchlich ordiniert sind, mag man sich für deren Tätigkeit in den Diakonieorganisationen wünschen, während zugleich für die Tätigkeit in der Kirche man befürchtet, dass dies die Alleinstellung des Pfarramts bedrohe. Diakonischer Beruf soll etwas anderes sein und bleiben, bei dem der Abstand zum Pfarramt nicht verringert wird. Ein Dekan beobachtet einen „Diakonatsminderwertigkeitskomplex" bei anderen und findet die „Profilierung und Stärkung auch des berufsständischen Selbstbewusstseins" der Diakoninnen und Diakone wichtig. Doch er schiebt dem sogleich die Bemerkung nach: „Aber in deutlicher Abgrenzung zu dem, was die Diakone angeblich gern sein wollen, nämlich Pfarrer."[40] Eingesetzt werden die Diakoninnen in den Gemeinden dann eben doch für so etwas wie den *Verkündigungsdienst für bestimmte Zielgruppen*[41], nämlich Jugendliche und alte Menschen. Dabei wird deren sozialpädagogische und noch mehr sozialarbeiterische Qualifikation erstaunlich wenig abgerufen, und weiterhin füllen die Diakone mehr dann doch nur Lücken aus, die von den Personen im Pfarramt nicht ausgefüllt werden wollen bzw. können. So werden Diakone auch für die Gottesdienstvertretung und die Kasualienvertretung mit eingesetzt.

Ein professionsspezifisches und organisationsbezogenes Profil dieses Berufs ist, verursacht durch diese Kirchenlogik, in der Kirche noch sehr in den Anfängen. Diakoninnen und Diakone sollen vor allen Dingen in Gruppen und Kreisen wirken und so das gemeinschaftliche Gemeindeleben stärken. Es fehlt auch hier noch an Organisationsbewusstsein, das die Professionalität der Diakoninnen und Diakone abruft.[42] Diakoninnen und Diakonie sind damit dann eben doch vor allem Gruppenleiter/innen unter dem Obergruppenleiter Pfarrer, als Mädchen für alles, die rechte Hand fürs Pfarramt.

Interessant ist, wie diese Lage sich in einer Diskussion unter Gemeindediakoninnen und -diakonen abbildet, die ausbricht an der Frage, ob ein „Kaffeekochen" zur diakonischen Arbeit hinzugehört. Man will nicht „Dreckputzer" und auch nicht „Diener des Pfarrers" sein.[43] Die Nähe zu denen, die pastoral nicht erreicht werden, ist gleichwohl wichtig und zwar als eine professionelle Aufgabe eigener Art.

> „Eine Diakonin kann mehr als ‚das Organisatorische' zu übernehmen, auch konzeptionelle Anteile der Arbeit (‚die Kopfarbeit oder das Geistige') gehören zu ihrem

---

40 Vgl. Schulz 2013 (2): S. 64.

41 Ein indirekter Beleg dafür findet sich in der Selbstbewertung der Jugendreferentinnen und -referenten, wenn auch sie ihr Diakonsein nur dann anschließen können, wenn es doch an dem Modell „Verkündigung" ausgerichtet ist (vgl. Schulz 2013 (4): S. 39).

42 Vgl. den Kommentar in der Auswertung: „Der Diakonat ist für Anstellungsverantwortliche ein Thema, das immer wieder einmal bedacht werden muss, in der alltäglichen Arbeit aber kaum eine Rolle zu spielen scheint." (Schulz 2013 (2): S. 59).

43 Vgl. Schulz 2013 (3): S. 364.

Tätigkeitsprofil. Der folgende Redebeitrag bietet dann eine weitere Elaboration […]: ‚Zum Kaffeekochen bin ich zu teuer und auch nicht ausgebildet, aber natürlich mit auch das Kaffeekochen.' […] [Dabei] möchte sich der Diakon keinesfalls von einfachen Tätigkeiten abgrenzen. […] Ein ‚professionell diakonisches Kaffeekochen' nutzt die lebensweltnahe Tätigkeit zum Aufbau und zur Vertiefung von Kontakten und gestaltet diese Kontakte umfassend aus."[44]

4.3 Diakone und Diakoninnen als Spezialisten für organisierte Verkündigung an Zielgruppen

Diakoninnen und Diakone sollen *die schwierigen Zielgruppen erreichen*, die, mit denen sich Pfarrerin und Pfarrer und die gängigen Ehrenamtlichen schwertun. Für die Pfarrerinnen und Pfarrer und die Kerngemeinde sind oft Jugendliche überhaupt eine solche schwierige Zielgruppe. Dieser spezialisierte Auftrag aber bleibt untergeordnet unter die klassischen Aufgaben: Es geht in Bezug auf die Jugendlichen der Kirche dabei um Verkündigung und Integration in die Gemeinde, messbar am Gottesdienstbesuch. Nun steht de facto in solcher Arbeit dann aber eben doch klassische Verkündigung kaum im Zentrum. Und gemessen am Gottesdienstbesuch wird die Integration kaum erreicht. Also erscheint die Arbeit auch der Gemeindediakone, gemessen am kirchlichen Kerngeschäft, dann als eine Arbeit *am Rande der kirchlichen Aufgaben.*

Wo Personen mit diakonischer Ausbildung im Kirchenkreis eingesetzt werden, werden sie zwar einerseits als fachberuflich qualifizierte Personen eingestellt. Andererseits werden die Möglichkeiten zu einer bewussteren beruflichen Fachlichkeit und zu einer Konzeptionalisierung ihres Auftrags dann doch schnell dadurch konterkariert, dass sie auf Zuruf mal für dies, dann für das und auch noch für jenes eingesetzt werden. Manche Diakoninnen und Diakone finden das abwechslungsreich und spannend, andere fühlen sich als „Manövriermasse"[45] behandelt.[46]

5. Ergebnis

Die vorgelegten Beobachtungen lassen sich in einer Matrix folgendermaßen verorten:

---

44 Schulz 2013 (3): S. 366.

45 Schulz 2013 (3): S. 356.

46 Vgl. Eidt 2013: S. 343.

1) Hybrid Kirche:	*Gruppe: Idealbild aktiver ideeller christl. Persönlichkeiten*	*Institution: Idealbild volkskirchlicher Präsenz in der Gesellschaft*	*Organisation: Idealbild professioneller Differenzierung*
2) Eigenbild der Diakoninnen und Diakone	Private Nächstenliebe statt Beruf auf dem Sozialmarkt	Irgendwie etwas Besonderes (und Quasi-Pfarrer)	Profession statt Diakonat und Ordination
3) Diakonieverantwortliche	Allgemeines Diakonentum religiös sozialisierten Personals	Agenten des überzogenen kirchlichen Vorrangbewusstseins	Personen für Einsatz auf sozialprofessionellen Stellen
4) Kirchenverantwortliche	Mädchen für alles, was die Gemeinde gerade braucht	Kirchenvertreter in der Mitarbeiterschaft der Diakonieorganisationen	Spezialisten für kirchliche Randaufgaben

Abb.: Eigenlogiken im Hybrid der Perspektiven auf Diakoninnen und Diakone

Das gewonnene Bild zeigt auf, wie sich die Hybridstruktur von Kirche gegenwärtig auf die Konstruktion des Diakonats auswirkt. Es sind bestimmte Trends festzustellen, die in allen evangelischen Landeskirchen, trotz der jeweiligen Unterschiede in der gegenwärtigen Ausgestaltung des Diakonats, nachweisbar sein dürften.

5.1 *Das Amt der Diakone und Diakoninnen als Amt der Institution Kirche*

Am diakonischen Amt besteht ein kirchliches Interesse, auch eines in den Ausbildungsstätten und teilweise eines von Diakoninnen und Diakonen. Dabei lassen sich zwei doch recht unterschiedliche Motivationen dazu ausmachen: Auf der einen Seite bietet das diakonische Amt die Chance zu einer *stärkeren Verknüpfung des diakonischen Berufs mit der Kirche*: Er kommt so stärker in die Verantwortung und die Regie der Kirche, nachdem er im 19. Jahrhundert neben ihr in den diakonischen Organisationen entstanden war. Auf der anderen Seite: Geboten wird hier die Möglichkeit zu einer *Aufwertung des Berufs*. Der könnte, gerade nachdem seit den 1970er Jahren die sozialfachliche Seite stark gemacht worden ist, wieder etwas von einem theologischen Profil zurückgewinnen und so als diakonisch-theologischer Beruf die diakonische Seite der Institution Kirche stärken und damit auch das Dual einer Volkskirche und einer volkskirchlich starken Stellung von Diakonieorganisationen in der Gesellschaft.

Freilich können hier auch *die beiden Motivationen sich gegenseitig blockieren*: Insofern ein kirchliches Interesse besteht, stellt sich ja auch die Frage nach dem Verhältnis zum traditionell einzigen evangelischen kirchlichen Amt, dem Pfarramt. Gerade eine Situation, in der sich die Kirchen nur wenige Pfarrstellen leisten können als bisher und in der das Profil des Pfarramts seinerseits wieder neu infrage steht, macht die Kräfte stark, die eine mögliche Konkurrenz durch das diakonische Amt dadurch vermeiden wollen, dass eine Aufwertung nicht stattfindet und dass kirchliche Selbstverpflichtung gegenüber ihren Diakonen/Diakoninnen möglichst vage gehalten wird. Umgekehrt aber ist diese theologisch-amtliche Aufwertung eine, die auch nur dann als eine solche von denen im diakonischen Beruf erfahren werden kann, wenn sie sich auswirkt in echten Veränderungen für den Berufsalltag.

5.2 *Der diakonische Beruf mit seiner Doppelqualifikation in den kirchlichen und diakonischen Organisationen*

Die Organisationslogiken wirken stark, seit den 1990er Jahren viel stärker als früher, sowohl in den diakonischen Organisationen wie auch in der Kirche, gerade auf der mittleren Ebene. Es sind Organisationen, die den Diakoninnen und Diakonen Beschäftigungsorte und Dienstaufträge geben. Nun zeigte sich aber bei den Organisationen, dass jeweils *vorrangig nur die eine oder die andere Seite der beruflichen Qualifikation abgerufen* wird. In diakonischen Organisationen ist es die sozialfachliche Seite, auf die es ankommt, theologische Qualifikation interessiert fachlich nur, wenn sie als externe Leistung am Rande der Organisation sich vorfindet, wo etwa Gemeindediakoninnen und -diakone eben eine seelsorgliche und gottesdienstliche Versorgung in Heimen übernehmen. In kirchlichen Organisationen im Gemeindebereich ist es letztlich dann doch die Zuarbeit in der Verkündigung und Gemeinschaftsbildung und nicht das sozialfachliche Profil, was beachtet wird. Wo bei Anstellungen auf kirchenkreislicher Ebene das sozialfachliche Profil gefragt ist, tendieren solche Tätigkeiten dann aber wieder dazu, insgesamt als eher peripher in der Kirche angesehen zu werden.

Es fällt somit ein empfindliches Fehlen solcher Konzepte auf, die Diakoninnen und Diakone genuin für beide Seiten ihrer Doppelqualifikation in Anspruch nehmen. Hier besteht ein deutlicher Nachholbedarf in Diakonie wie Kirche. In beiden Organisationen erscheint die theologische Fachlichkeit gewissermaßen durch die Pfarrer/innen und die Organisationsleitungen überhaupt schon besetzt, sodass ein *spezifischer theologischer Eigenbetrag der Diakoninnen und Diakone nicht in den Blick* kommt. Sie bringen somit dann einfach vor allem weniger von der gleichen Theologie wie der der Pfarrerinnen und Pfarrer mit.

Nimmt man diese Lage ernst, dann ergibt sich daraus auch eine *Herausforderung für die Ausbildungsträger*, im Gespräch mit den Anstellungsträgern das Curriculum diakonischer Ausbildung noch deutlicher in eine bestimmte Richtung hin zu schärfen, bzw. wo es das bereits deutlich gibt, dies den Anstellungsträgern zu vermitteln. Um ein paar Grundlinien nur ganz knapp anzudeuten: Die theologische Ausbildung für Diakoninnen und Diakone bietet nicht nur gewisses Grundwissen in Theologie, sondern auch eine andere Theologie als die Pfarramtsausbildung. Eine „Sozialtheologie" ist das, die Gerechtigkeit und Inklusion in der Gesellschaft als Themen herausarbeitet, für die die Bilder und Szenen der Bibel die Sensibilität (nicht die materialen Details als einfache Normen) schaffen. Orientiert ist das an der Frage: Was für einen Unterschied macht solche christliche Protoethik für ein ethisch verantwortliches sozialberufliches Handeln?[47]

---

47 Zur Bedeutung und zum Status der christlichen und protestantischen protoethischen Ressourcen, am Beispiel deren Beitrags zu einer Bereichsethik für die Kinder- und Jugendhilfe durchgeführt, siehe ausführlich Graf 2014.

Hinzu tritt eine Soziologie bzw. Pädagogik des Religiösen, die die Handlungsmöglichkeiten in religionspluralen Verhältnissen untersucht. Schließlich gehört dazu eine Theorie helfender Kommunikation überhaupt und wie darin Haltungen und Menschenbild integraler Bestandteil sind.

5.3 *Kirche als Gemeinschaft – die diakonische Persönlichkeit in zwischenmenschlichen wertehaltigen Beziehungen*

Wenn im kirchlichen diakonischen Amt widerstreitendes Interesse dessen Ausgestaltung beschränken und unklar machen, wenn noch erheblicher Nachholbedarf einer Klärung des organisierten Abrufs von Doppelqualifikation besteht und wenn die Theologie für Diakoninnen und Diakone noch immer nur mehr wie ein Weniger von der Theologie der Pfarrer/innen erscheint, dann verwundert es nicht, dass es die Gemeinschaftsseite im Hybrid von Kirche ist, die in ihren jeweiligen Fassungen für Diakoninnen und Diakone die deutlichsten Sinnerfahrungen bietet.[48]

In unmittelbaren Begegnungen wird dann das Diakonischsein als am überzeugendsten erfahren: beim persönlichen Helfen. Nur geschieht dies dann allerdings neben dem Beruf und unabhängig vom Amt. Das ist einerseits immer so, weil persönliche Begegnungen ihren eigenen spezifischen Charakter haben. Gerade eine religiöse Haltung ist eine *innere Haltung*, die dann in jeweiligen Begegnungen eine *Gemeinschaftserfahrung* mit einem Gegenüber erleben lässt. Doch sind gegenwärtig die Tendenzen stark, dass für Diakoninnen und Diakone dies die einzigen Orte sind, an denen sie ihr Diakon/in-Sein als stimmig erleben. Das jedoch bedeutet, dass es das *Potenzial einer Gegenwelt zum kirchlichen Amt und zur beruflichen Tätigkeit* bekommt und also dem kirchlich institutionalisierten Amt und der organisierten Berufsarbeit dann gerade nicht zugutekommt, ja beides sogar noch erschwert.

Ebenso ist es problematisch, wenn die kirchliche Sozialisation und christliche Frömmigkeit zum Entscheidenden wird, was die Anstellungsträger an den Diakoninnen und Diakonen im Unterschied zu anderen fachlich Tätigen wertschätzen können. Es wird auch dann ja gerade nicht den Effekt haben können, den man sich erhoffte, die Arbeit in der Organisation zu stärken. Diese Sicht *überdeckt damit mehr die Lücken in einem Organisationskonzept für die die Diakoninnen und Diakone* durch eine These von Wirksamkeit, die überschätzt wird.

Dass es Spannungen zwischen diesen drei Erfahrungskomplexen von Kirche betreffend den Ort der Diakoninnen und Diakone gibt, erstaunt aus der Perspektive der Hybridtheorie nicht. Es tritt aber auch hervor, wie im Zuge der Gewichtsverschiebungen zur Organisationslogik der Beruf der Diakoninnen und Diakone bislang vernachlässigt wurde. Klare Tätigkeitsbeschreibungen, die das sozialfachliche wie das diakonisch-theologische Profil bei der Anstellung von Diakoninnen und Diakonen benennen und aufeinander beziehen können, sind

48 Solche Zusammenhänge werden in der Auswertung (S. 53) als organisationssoziologische Bemerkung in den Blick genommen.

erst noch zu entwickeln. Anstellungsstrukturen müssen geschaffen werden, die zum Beruf des Diakons und der Diakonin wirklich passen, wenn man diesen Beruf retten will und die großen Chancen, die in ihm für Kirche und Gesellschaft liegen, nicht verschleudern will. Wer sonst kann denn die *Inklusion von in der Kirche Marginalisierten und die religiöse Thematik im sozialen Handeln* so deutlich in der Fassung eines Berufs vertreten wie sie![49]

Literatur

Eidt, Ellen (2013): Empirische Perspektiven auf den Diakonat in diakonischen Einrichtungen und Diensten. Person, Beruf und Amt aus der Sicht von Anstellungsverantwortlichen und diakonischen Fachkräften. In: Eidt, Ellen/Schulz, Claudia (Hg.): Evaluation im Diakonat. Sozialwissenschaftliche Vermessung diakonischer Praxis. Stuttgart. S. 90–135.

Eidt, Ellen/Schulz, Claudia (Hg.) (2013): Evaluation im Diakonat. Sozialwissenschaftliche Vermessung diakonischer Praxis. Stuttgart.

EKD (Hg.) (1998): Herz und Mund und Tat und Leben. Denkschrift der EKD. Nr. 143. Gütersloh.

Evers, Adalbert/Rauch, Uta/Stitz, Ulrich (2002): Von öffentlichen Einrichtungen zu sozialen Unternehmen: Hybride Organisationsformen im Bereich sozialer Dienstleistungen. Berlin.

Graf, Klaus (2014): Ethik der Kinder- und Jugendhilfe. Grundlagen und Konkretionen. Stuttgart.

Hauschildt, Eberhard (2007): Hybrid evangelische Großkirche vor einem Schub an Organisationswerdung. In: Pastoraltheologie. 96. Jahrgang. S. 46–66.

Hauschildt, Eberhard (2013): Rez. v. Schmidt, Heinz/Hildemann, Klaus D. (Hg.) (2012): Diakonie und Nächstenliebe. Zur Zukunft einer polyhybriden Diakonie in zivilgesellschaftlicher Perspektive. In: Theologische Literaturzeitung. 138. Jg. Sp. 1286–1288.

Hauschildt, Eberhard/Pohl-Patalong, Uta (2013): Kirche. Gütersloh.

Hödl, Dieter (2013): „In allem sei der Diakon wie das Auge der Kirche." Was ein Diakonatsprojekt sichtbar werden lässt. In: Eidt, Ellen/Schulz, Claudia (Hg.): Evaluation im Diakonat. Sozialwissenschaftliche Vermessung diakonischer Praxis. Stuttgart. S. 486–489.

Schmidt, Heinz/Hildemann, Klaus D. (Hg.) (2012): Diakonie und Nächstenliebe. Leipzig.

Schulz, Claudia (2013) (1): Diakonat evaluieren. Lerneffekte für sozialwissenschaftliche Forschung in diakonischen Handlungsfeldern. In: Eidt, Ellen/Schulz, Claudia (Hg.): Evaluation im Diakonat. Sozialwissenschaftliche Vermessung diakonischer Praxis. Stuttgart. S. 475–485.

Schulz, Claudia (2013) (2): Diakoninnen und Diakone unter Vertrag. Vom diakonischen Mehrwert und strukturellen Baustellen aus der Perspektive von Anstellungsverantwortlichen. In: Eidt, Ellen/Schulz, Claudia (Hg.): Evaluation im Diakonat. Sozialwissenschaftliche Vermessung diakonischer Praxis. Stuttgart. S. 56–89.

Schulz, Claudia (2013) (3): Im Spannungsfeld Gemeindediakonie. Empirische Zugänge zur Vielfalt von Interessen und Optionen. In: Eidt, Ellen/Schulz, Claudia (Hg.): Evaluation im Diakonat. Sozialwissenschaftliche Vermessung diakonischer Praxis. Stuttgart. S. 349–374.

Schulz, Claudia (2013) (4): Konstruktion des Diakonats zwischen Tätigkeit, Qualifikation und Amt. Wahrnehmungen aus Berufsgruppen im Diakonat. In: Eidt, Ellen/Schulz, Claudia (Hg.): Evaluation im Diakonat. Sozialwissenschaftliche Vermessung diakonischer Praxis. Stuttgart. S. 27–55.

Zippert, Thomas (2008): Das Diakonenamt in einer Kirche wachsender Ungleichheit. Neubegründung seiner „Normalität" neben Pfarr- und Lehramt. In: Pastoraltheologie 96. Jg./2007. S. 291–309.

---

49 Vgl. Zippert 2008.

Frank Zeeb

Das eine Amt und die ihm zugeordneten Dienste

Grundlinien der aktuellen Ämterdiskussion in der Evangelischen Landeskirche Württemberg

Die nachfolgenden Bemerkungen sollen die jüngste Diskussion um den Amtsbegriff in der Evangelischen Landeskirche in Württemberg nachzeichnen. Im Nachgang des Studientags in Ludwigsburg am 7. Mai 2011 wurde dazu von einer Gruppe aus Vertreterinnen der Evangelischen Hochschule Ludwigsburg, Synodalen und Mitarbeitenden im Oberkirchenrat ein Thesenpapier[1] erarbeitet und in die Gremien der württembergischen Landeskirche eingebracht.[2]

Im Folgenden wird die theologische Fragestellung des „Amtes" vor dem Hintergrund der Tradition der Evangelischen Landeskirche in Württemberg dargestellt (Kap. 1). Zunächst wird die Frage des Verhältnisses von ordiniertem Amt und Predigtamt erörtert (1.1). Da in der Vergangenheit einige Grunddifferenzen in der Diskussion aufgrund terminologischer Unschärfen entstanden, wird sodann ein Vorschlag zur Begriffsverwendung gemacht (1.2). Die Ausführungen werden dann zusammengefasst (1.3) und in Kapitel 2 kurz auf eine mögliche agendarische Konsequenz hin untersucht.

1. Theologische Einordnung

1.1 Predigtamt und Ordination

Die Evangelische Landeskirche in Württemberg hat seit der Reformationszeit – wie sich bis heute an ihrem besonderen Status als Gastkirche in VELKD und UEK zeigt, der so nur von der Oldenburgischen Kirche geteilt wird – einige Besonderheiten, die sie im Konzert der Gliedkirchen einzigartig macht.

Hierzu gehört der besondere Bekenntnisstand: Die württembergische Kirche ist nach ihrer Kirchenverfassung eine evangelisch-lutherische Kirche.[3] Sie hat damit die wesentlichen Bekenntnisschriften mit den anderen lutherischen Kirchen in der EKD gemeinsam, doch gibt es anders als in anderen Landeskirchen keine abschließende Auflistung der in Württemberg in Geltung stehenden Be-

---

1 Vgl. das sogenannte „Amtspapier" im Anhang dieses Bandes unter dem Titel: „Das geistliche Amt in evangelischer Perspektive. Ein Positionspapier für die aktuelle Diskussion in der Evangelischen Landeskirche in Württemberg."

2 Vgl. die ebenfalls im Anhang dieses Bandes abgedruckten Einbringungsreden von Dorothea Gabler und Christian Heckel.

3 Vgl. Evangelische Landeskirche Württemberg 2014 (1): § 1 Satz 1.

kenntnisse, das Kirchenverfassungsgesetz nennt lediglich die „Bekenntnisse der Reformation“ und formuliert in § 22 Abs. 1: „Das Bekenntnis ist nicht Gegenstand der kirchlichen Gesetzgebung.“[4] Das „Bekenntnis“ ist damit eine allgemeine Richtschnur, eine hermeneutische Norm und damit eine Größe, die nicht rechtlich festgelegt ist und auch nicht rechtlich bestimmt werden kann.[5]

Ein markanter Unterschied ist der Textbestand im Katechismus, wie er Memorierstoff für die Konfirmandinnen und Konfirmanden ist. Hier folgt die württembergische Ordnung wesentlich dem Kleinen Katechismus Martin Luthers, unterscheidet sich aber besonders signifikant in der Katechismusformulierung zu den Sakramenten, wo Formulierungen von Johannes Brenz[6] verwendet werden.

Historisch geht dies darauf zurück, dass im Herzogtum Württemberg die Reformation erst 1534 eingeführt wurde, als die Abendmahlsdifferenzen zwischen Reformierten und Lutheranern sich längst verhärtet hatten. Am Schnittpunkt zwischen der in Nord- und Mitteldeutschland verbreiteten lutherischen Varietät der Reformation einerseits und den oberdeutschen und reformierten Varietäten andererseits musste eine Entscheidung getroffen werden: Der Herzog entschied sich zunächst dafür, eine geographische Einteilung vorzunehmen: „Ob der Steig“[7] sollte oberdeutsch-reformiert gepredigt werden, „nied der Steig“ aber lutherisch. Es liegt auf der Hand, dass diese Einteilung nicht praktikabel war und die Bekenntnisdifferenzen sofort zu Konflikten führten.[8] In langen Verhandlungen gelang es schließlich Johannes Brenz, eine theologisch stimmige und allseits befriedigende Kompromisslinie zu finden und durchzusetzen, die zwar im Wesentlichen auf der Linie der Lutheraner lag, aber den oberdeutsch-reformiert gesonnenen Theologen und Gemeindegliedern weit entgegenkam. Dies ist für unser Thema von Belang, da die Amtsfrage zwischen reformierter und lutherischer Theologie ebenfalls eine Grunddifferenz darstellt. Zwar sind sich beide Konfessionen darin einig, dass die öffentliche Wortverkündigung niemandem ohne formale Berufung zusteht, jedoch ist das „Amt der öffentlichen Wortverkündigung“ für die Reformierten ein Amt unter mehreren, die – heute würde man vielleicht sagen „gabenorientiert“ – in der Gemeinde vergeben werden. Die

---

4 Evangelische Landeskirche Württemberg 2014 (1).

5 Dies wird auch dadurch deutlich, dass immer wieder Diskussionen über die genaue Abgrenzung aufkommen, z. B. über die Aufnahme der Theologischen Erklärung von Barmen in der 14. Landessynode (Evangelische Landeskirche Württemberg (Hg.) (2013) (2) S. 2436–2440) oder die Frage, ob die Konkordienformel zum Bekenntnis der Landeskirche gehört oder nicht, vgl. z. B. Wallmann 1998, vgl. auch die Diskussion um die explizite Nennung der Confessio Augustana in der Einführungsordnung auf der Sommersynode 2007 (Evangelische Landeskirche Württemberg (Hg.) (2007): S. 2042–2049).

6 Vgl. Evangelisches Gesangbuch (Ausg. Württ.): S. 1485–1493/Nr. 834 mit knapper historischer Einordnung und Auflistung der Differenzen zwischen dem Württembergischen Katechismus und dem Kleinen Katechismus Martin Luthers.

7 Steig: die Alte Weinsteige in Stuttgart.

8 Z. B. den „Uracher Götzentag“ 1537, bei dem es um die Ausstattung der Kirchen ging, die reformiert-oberdeutsche Linie forderte die Entfernung aller Bilder, die Lutheraner wollten sie beibehalten.

Lutheraner[9] dagegen setzen das Predigtamt aufgrund seiner göttlichen Stiftung (CA VII) obenan: „Gott hat das Predigtamt eingesetzt, sofern er will, daß sein Wort verkündigt wird."[10] Die Übertragung des Predigtauftrags als der vornehmsten Aufgabe des Priestertums durch die Ordination war Luther vor allem um der Ordnung halber wichtig, da er – auch aufgrund der Erfahrungen mit den Schwärmern, den Wittenberger Unruhen 1521/22 usw. – immer wieder deutlich machte, dass ein geordnetes Verfahren und „Spielregeln" die Freiheit nicht einschränken, sondern den Rahmen bieten, in dem eine angemessene Verkündigung überhaupt erst möglich ist.[11] Die Ordination „zu dem gemeinen Christlichen ampt des predigens und Pfarrampts"[12] wurde 1535 erstmals in Wittenberg eingeführt, es war aber erst Melanchthon in der nachlutherischen Zeit, der das „Priestertum aller Gläubigen" eher auf den privaten Bereich beschränkte. Damit wurde im Grunde die „ordnungsgemäße Berufung" in zwei Stufen eingeteilt, die Ordination als einmaligen Akt der „approbatio" zu Beginn der Dienstzeit eines Pfarrers, die Berufung durch die Gemeinde jeweils bei Dienstantritt vor Ort.[13] Interessanterweise gab es in Württemberg aufgrund der genannten historischen Bedingtheiten jahrhundertelang keine Ordination, sondern lediglich den staatskirchenrechtlichen (nicht: gottesdienstlichen!) Akt der Aufnahme in den Pfarrdienst und dann eben die Investituren in den Gemeinden. Erst 1855 wurden Ordinationen als Gottesdienste gefeiert.[14] Hintergrund war, dass z. B. über die Basler Mission immer mehr württembergische Pfarrer ins Ausland gingen und sich dort im ökumenischen Kontext vor die Frage gestellt sahen: „Are you ordained?" Dieser kurze Abriss zeigt, dass die Berufung auch in einer lutherischen Kirche nicht zwangsläufig mit der Ordination verbunden sein muss,[15] wenngleich sich in den letzten Jahrhunderten diese Konvergenz ökumenisch[16] zu festigen scheint: Nach dem Lima-Papier besteht bekanntlich die Verantwortung des „ordinierten Amtes" („ordained ministry") darin, „den Leib Christi zu sammeln und aufzuerbauen durch die Verkündigung und Unterweisung des Wortes Gottes, durch die Feier der Sakramente und durch die Leitung des Lebens der

9 Vgl. Bischofskonferenz der VELKD 2006 und Amt der VELKD 2012.

10 Winkler 1998: S. 124.

11 „Wenn jedermann predigen wollte, wer wollte zuhören?" (WA 10 I/2, 239,24).

12 WA 38, 221,1f. Die Einführung dieser gottesdienstlichen Form ging letztendlich auf die Formulierung von Kirchenordnungen zurück, die im Gefolge des Augsburger Reichstags 1530 nötig wurden. Der älteste mir bekannte Beleg ist die Pommersche Kirchenordnung von Bugenhagen (1535) (Vgl. Buske 1985), die Gottesdienstordnung geht auf Luther zurück (WA 38, 423–433) und wurde dann vom sächsischen Kurfürsten auch für Kursachsen explizit angeordnet.

13 Inwieweit dies auch mit dem Aufkommen der Landeskirchen und des landeskirchlichen Kirchenregimentes zu tun hat, kann hier nicht diskutiert werden.

14 „Synodal-Ausschreiben betreffend die Ordinations- und Investitur-Ordnung vom 9. Januar 1855" (Württembergische Evangelische Landeskirche/Konsistorium 1855: S. 4).

15 Ähnlich Hauschild 2014: S. 316: „‚Eigentlich' sind die Prädikanten also eben doch auch Ordinierte, nur nennt die VELKD es angesichts anderer damit verbundener Merkmale nicht Ordination."

16 Vgl. „TAUFE, EUCHARISTIE und AMT. Konvergenzerklärung der Kommission für Glaube und Kirchenverfassung des Ökumenischen Rates der Kirchen." (Auch „Lima-Papier" genannt.) Ökumenischer Rat der Kirchen 1982: S. 26–42, v. a. S. 28f. /Nr. 8–14.

Gemeinschaft in ihrem Gottesdienst, in ihrer Sendung und in ihrem fürsorgenden Dienst."[17] Ähnlich formuliert auch die Erklärung „Amt – Ordination – Episkope" der GEKE[18]. Beide Texte sind sich einig, dass das Amt der öffentlichen Wortverkündigung und der Verwaltung der Sakramente durch Handauflegung und Gebet um den Heiligen Geist in einem öffentlichen Akt durch die Gemeinde auf Lebenszeit verliehen werden soll, aber auch darin, dass hierdurch kein qualitativer Unterschied des Ordinierten zu den anderen Gemeindegliedern konstituiert wird und dass es andere Formen der Berufung[19] geben kann.[20] Diese Frage stellt sich in Württemberg – als der Landeskirche, in der der Pietismus vielleicht am meisten Heimat gefunden hat – immer wieder auch in Bezug auf die Rolle und das „Amt" der Gemeinschaftsprediger in den örtlichen Landeskirchlichen Gemeinschaften: Ursprünglich war die Verkündigung in den „Stunden" ergänzender Dienst von Nichtordinierten und von der staatlichen wie kirchlichen Obrigkeit nicht immer gern gesehen. Es handelte sich also um eine klassische Funktion im Rahmen des „Priestertums aller Gläubigen". In neuerer Zeit beobachtet man mancherorts, dass diese Funktion in Richtung des ordinierten Amtes verschoben wird: Zwar sind die Gemeinschaftsprediger nicht ordiniert, dennoch beanspruchen einige von ihnen für sich Rechte, Titel und Amtskleidung der Ordinierten.[21]

1.2 Terminologie

Als nächster Schritt ist kurz auf die Terminologie einzugehen. Bekanntlich wird im Luthertum auf Artikel V der Confessio Augustana (CA V) Bezug genommen: „*Ut hanc fidem consequamur, institutum est ministerium docendi evangelii et porrigendi sacramenta. Nam per Verbum et sacramenta tamquam per instrumenta donatur Spiritus Sanctus, qui fidem efficit, ubi et quando visum est Deo, in iis, qui audiunt evangelium* […]."[22] („Um diesen Glauben zu erlangen, hat Gott

---

17 Ökumenischer Rat der Kirchen 1982: S. 29/Nr. 13.

18 Gemeinschaft Europäischer Kirchen, beschlossen auf der Vollversammlung in Florenz 2012 (Bünker/Friedrich 2013).

19 Die Ermächtigung erfolgt dann in Württemberg *pro loco et pro tempore*, also für einen genau bestimmten Orts- oder Verantwortungsbereich und auf Zeit. Dies ist insbesondere der Fall bei Prädikantinnen und Prädikanten, auch andere Berufsgruppen können auf diese Weise ermächtigt werden. Für Ehrenamtliche (Hauskreisleitende etc.) hat die Landessynode in ihrer 49. Sitzung am 06.07.2013 beschlossen, ein geordnetes Verfahren einzuführen, um diesen im Rahmen des von ihnen verantworteten Kontextes die Leitung von Abendmahlsfeiern zu ermöglichen. Vgl. Evangelische Landeskirche Württemberg (2013) (1): S. 2398–2402.

20 Vgl. Bünker/Friedrich 2013: S. 132 Nr. 63: „Innerhalb des gesamten Gottesvolkes gibt es jedoch keinen Unterschied zwischen ordinierten und nicht-ordinierten Personen, weder im Wesen noch im Grad" und Lima-Papier Kommentar 13: „Diese Aufgaben werden nicht ausschließlich durch das ordinierte Amt ausgeübt. Da das ordinierte Amt und die Gemeinschaft eng aufeinander bezogen sind, haben alle Glieder an der Erfüllung dieser Funktionen teil." (Ökumenischer Rat der Kirchen 1982: S. 29).

21 Im Fall von Gemeinschaftsgemeinden besteht nach Einführungsordnung § 2 Abs. 5 die Möglichkeit, auch einen nichtordinierten Gemeinschaftsprediger zur öffentlichen Wortverkündigung und Sakramentenverwaltung zu ermächtigen. Vgl. Evangelische Landeskirche 2014 (2).

22 BSLK: S. 58, 1–8

das Predigtamt eingesetzt, das Evangelium und die Sakramente gegeben, durch die er als durch Mittel den heiligen Geist gibt, der den Glauben, wo und wann er will, in denen, die das Evangelium hören, wirkt […].")[23] Es gibt also nur ein „Amt", das *ministerium docendi evangelii et porrigendi sacramenta.* Dieses *ministerium* wurde und wird im Luthertum oft mit dem ordinierten Amt gleichgesetzt. Letzten Endes besteht dabei aber die Gefahr, den „geistlichen Stand" sakramental zu überhöhen.[24] In der neueren Diskussion[25] scheint auch in der VELKD eine Bewegung hin auf einen Abstraktbegriff wahrnehmbar.

Demgegenüber hat die reformierte Tradition stets von „Ämtern" im Plural gesprochen:[26] In Anlehnung an Eph 4,11 werden drei bzw. vier „Ämter" genannt, die einander gleichwertig sind, jeweils auf die Gemeinde bezogen und von ihr verliehen werden: Hirte (*pastor*), Lehrer (*doctor*), die Ältesten (*presbyteri // seniores*) und die Diakone (*diaconi).*[27]

Das Lima-Papier geht (3.1 Nr. 1) davon aus, dass die gesamte Christenheit als Volk Gottes berufen ist. In der Gemeinde verleiht der Heilige Geist verschiedene Gaben / Charismen (3.1. Nr. 5; 3.2. Nr. 7), „um die Gemeinschaft aufzuerbauen und ihre Berufung zu erfüllen". Begrifflich leicht unscharf wird als Gegenüber das Wort „Dienst" (ministry) verwendet, das entweder den Dienst bezeichnet, zu dem „das ganze Volk Gottes berufen ist" oder eben „die besonderen institutionalisierten Formen […], die dieser Dienst annehmen kann". Damit lässt die Terminologie offen, wie die lutherische Form von „Predigtamt" zu verstehen ist: als „Charisma", das einem Einzelnen gegeben ist oder als „Dienst" des gesamten Gottesvolkes. Umgekehrt lässt sich beides auch unter dem Begriff des „Dienstes" fassen.

Zwei Neuansätze aus der jüngeren Diskussion finden wir bei W. Härle[28] und P. Bubmann[29]. Ersterer reagiert auf das fast gleichnamige Papier der Bischofskonferenz der VELKD[30], das im Jahr 2004 eine Verhältnisbestimmung von Ordination und anderen Formen der Beauftragung zur öffentlichen Wortverkündigung und Sakramentenverwaltung einerseits und zum Allgemeinen Priestertum

---

23 Übersetzung nach Evangelisches Gesangbuch (Ausg. Württ.): S. 1496/Nr. 835.

24 Vgl. Härle 2007: S. 131–132, der darauf hinweist, dass nach evangelischem Verständnis die *Taufe* das Sakrament der Priesterweihe darstellt.

25 Vgl. zuletzt die Zusammenfassung von Hauschildt 2014: S. 315–316.

26 Die Entwicklung kann hier nicht nachgezeichnet werden, vgl. Fagerberg 1993. Die wesentlichen Ecksteine sind Zwinglis Schrift „Von dem Predigtamt" (CR 91, 382–433) und die entsprechenden Abschnitte aus Calvins „*Institutio Christianae Religionis*" (CR 30, v. a. S. 776–782).

27 M. W. erstmalig in der Diskussion der Reformationszeit wird hier auch von der Verleihung eines Amtes an Frauen (*diaconissae*) gesprochen: In Anlehnung an 1. Tim 5,10 werden die „dienenden Witwen (*diaconissae*)" scharf von „Nonnen" abgegrenzt, mit der Begründung, sie seien gewählt worden „*non ut cantionibus aut murmure non intellecto Deo demulcerent, reliquum temporis viverent otiosae, sed ut publico ecclesiae ministerio erga pauperes defungerentur*" („damit sie Gott mit Gesängen und unverstandenem Geplärr schmeichelten, und die übrige Zeit der Muse lebten, sondern damit sie den öffentlichen Dienst der Kirche an den Armen verrichteten" (Vgl. CR 30, 874–875; Zitat S. 875, Sperrungen nicht wiedergegeben).

28 Vgl. Härle 2007.

29 Vgl. Bubmann 2013 (unter Aufnahme älterer Veröffentlichungen).

30 Vgl. Bischofskonferenz der VELKD 2004.

andererseits vornahm.[31] Härle macht deutlich, dass CA V und CA XIV keine Dublette darstellen, wie man bis ins 19. Jahrhundert angenommen hatte. Vielmehr ist es die Taufe, durch die alle Christen zu „Priestern“ geweiht sind. Das kirchliche Amt besteht „ausschließlich darin, dass es der Bezeugung des Evangeliums durch Wortverkündigung und Sakrament dient. Darum gibt es genau genommen nur das *eine* kirchliche Amt: das ministerium verbi divini bzw. das ministerium evangelii“[32]. Dieses eine Amt „umfasst“ nach Härle die „*vielen* Aufgaben, Funktionen und Dienste“ mit ihrer je ganz unterschiedlichen „Reichweite“[33]. Die Ordination wäre dann nach Härle die „Befähigung, Berechtigung und Verpflichtung zur *selbständigen Leitung einer Gemeinde*“ und damit eine „umfassende“ Übertragung des einen Amtes „im vollen Umfang“, neben der – theologisch gleichwertig – andere Beauftragungen zu einzelnen Aufgaben, Diensten und Funktionen möglich sind.[34]

Der zweite Ansatz stammt von Peter Bubmann. Er geht davon aus, dass die „*Kommunikation des Evangeliums* als Basisaufgabe der Kirche“ in fünf „Handlungsdimensionen bzw. Handlungstypen unterteilt werden“ kann.[35] Dazu gehören neben den vier „Grundvollzügen“, wie sie seit dem 2. Vatikanum allgemein auch in den evangelischen Kirchen als kirchliche Handlungsdimensionen anerkannt sind[36] die von Bubmann so genannte *paideia*, die „Bildung“. Alle diese Dimensionen sind einander zugeordnet und wechselseitig miteinander verflochten, sie sind einander gleichrangig. Bubmann ordnet nun jeder dieser Dimensionen ein „Amt“ zu: „Das eine Amt (= Auftrag der Kirche als Kommunikation des Evangeliums, inhaltlich als Diakonia qualifiziert) differenziert sich aus in Amtsbereiche (= Ämter), denen vielfältige Dienste (und diesen wiederum verschiedene Berufe) als Ausdruck des gemeinsam aufgetragenen Auftrags zugeordnet werden.“[37]

1.3 Zusammenfassung

Es legt sich nahe, die Kritik von D. Wendebourg[38] und W. Härle aufzunehmen und – Württemberg ist eine lutherische Kirche – auf den Grundtext von CA V

31 Inhalte und theologisch fragwürdige Punkte werden scharf verdeutlicht in dem Sondervotum von D. Wendebourg. Vgl. Bischofskonferenz der VELKD 2004: S. 26–28.

32 Härle 2007: S. 135.

33 Alle Zitate Härle 2007: S. 136. *Cum grano salis* könnte man also in terminologischer Anlehnung an römisch-katholische Ekklesiologie sagen, in allen Aufgaben, Diensten und Funktionen verwirklicht (*subsistit*) sich das eine Amt, ohne dass eine eineindeutige Beziehung besteht.

34 Zitate Härle 2007: S. 137. Härle ist sich bewusst, dass seine Position im ökumenischen Dialog Probleme hinsichtlichder Leitung von Abendmahlsfeiern nach sich zieht.

35 Bubmann 2013: S. 93.

36 Neben *martyria, leiturgia* und *diakonia* hat die Pastoralkonstitution „Gaudium et spes“ die *koinonia* in die Reihe aufgenommen. Vgl. Rahner/Vorgrimler 2008. Im evangelischen Bereich ist die Theologie Stählins zu nennen und damit die Trias in der Michaelsbruderschaft zu verorten, auch diese hat aber inzwischen die *koinonia* in ihre Selbstdarstellung übernommen (m. W. spätestens 1981). Vgl. Schmidt-Lauber 1981.

37 Bubmann 2013: S. 97.

38 Vgl. Bischofskonferenz der VELKD 2004: S. 26–28.

einzugehen. Dann wird man ernstnehmen, dass in der Systematik der CA der Artikel CA XIV in einen anderen Zusammenhang gehört als CA V, mithin also eine „Dublette" auszuschließen ist: Mit CA XIV setzt eine Reihe von Artikeln ein, die die äußere Ordnung der Kirche und des weltlichen Regimentes beschreiben, während wir in CA IV – CA VIII die Auslegung des Wesens der Kirche als einer der Gaben des Heiligen Geistes finden. Daraus ergibt sich, dass zwischen *ministerium* und *ordo* ein Unterschied bestehen muss. Es wäre auch kaum glaublich, dass die Reformatoren den „Stand" der Prediger als von Gott eingesetzt beschrieben hätten. Für die Tatsache, dass *ministerium* abstrakt gemeint sein muss, spricht ferner, dass die Schwabacher Artikel (Sommer 1529) zur Stelle bei ansonsten fast identischem Textbestand formulieren: *„das Predigambt oder mundlich Wort, nämlich das Evangelion"*[39]; und die Marburger Artikel (Herbst 1529): *„Predigt oder mundlich Wort oder Euangelion Christi"*[40]. Beide vorhergehenden Texte – die weniger als ein Jahr vor der CA formuliert sind – sprechen also von der mündlichen Verkündigung des Evangeliums. Das *ministerium* ist also nicht eine wie auch immer geartete an eine Person oder einen Stand übertragene Funktion, sondern das Evangelium und seine Kommunikation selbst.[41] Diese Aufgabe ist von Gott eingesetzt und ist der Gemeinde als ganzer von jeher sowie dem Einzelnen durch die Taufe aufgetragen.

Ist dieser Ansatz richtig, so spricht einiges dafür, das „Amt" nach CA V als den Auftrag der Kirche selbst zu verstehen. Diesem „Amt" sind dann die verschiedenen „priesterlichen" Dienste zugeordnet, in die die Gemeinde je nach Gaben und Befähigungen einzelne beruft. Dies bedeutet dann aber, dass alle diese Dienste prinzipiell gleichwertig sind.[42] Lediglich für die „Berufung zur öffentlichen Wortverkündigung und zur Verwaltung der Sakramente" ist in der CA (XIV) ausdrücklich formuliert, dass diese „rite" geschehen muss.

2. Mögliche agendarische Konsequenz

Die Evangelische Landeskirche in Württemberg hat – wiederum aufgrund ihrer historischen Wurzeln – eine eigene liturgische Tradition. Sie hat im Gegensatz zu den meisten anderen Landeskirchen 1999 das „Evangelische Gottesdienstbuch" (EGb)[43] nicht übernommen, sondern 2004 ihr bisheriges Agendenwerk überarbeitet. Die Agenden für die Kasualien und die Taufagende sind demzufolge nicht an die Grundformen des EGb angelehnt, sondern an die Grundform des Oberdeutschen Predigtgottesdienstes.

In den letzten Jahren sind auf dieser Basis die Bestattungs- und die Konfirmationsagende überarbeitet und neu veröffentlicht worden. Die Taufagende, die

---

39 BSLK S. 59, 2–4.

40 BSLK S. 59, 22.

41 Die unterschiedlichen Formulierungen dürften auf die jeweilige Situation zurückgehen. Dass Melanchthon mit seiner Formulierung die Situation richtig getroffen hat, zeigt die Tatsache, dass CA V in der Apologie nicht verteidigt werden muss.

42 Sie sind „Beruf" im Sinne Martin Luthers.

43 Evangelisches Gottesdienstbuch 1999.

Trauagende und die Einführungsagende stehen demnächst zur Überarbeitung an.[44] Es lohnt sich, in diesem Zusammenhang die verschiedenen Einführungshandlungen kurz in den Blick zu nehmen – dies um so mehr, als mit der Agende „Berufung – Einführung – Verabschiedung“[45] die meisten Landeskirchen 2012 inzwischen ihre Liturgie und Amtstheologie geklärt haben: In der Regel spricht diese Agende – der lutherischen Tradition entsprechend – vom „Amt“, wo es um die öffentliche Wortverkündigung und Sakramentenverwaltung geht, in allen anderen Fällen jedoch von „Dienst“. Die Frage nach der Ordination, die in den Landeskirchen unterschiedlichen „Berufsgruppen“ gewährt wird, wird durch Fußnoten gelöst.[46] Neu ist – neben der Formulierung von Formularen für die Verabschiedung – dass eine Vielzahl von Diensten ausdrücklich in den Blick genommen wird.

Die gegenwärtige württembergische Agende für Einführungshandlungen (1985)[47] gibt Formulare für Ordinationen, Investituren, die „Einführung von Kirchengemeinderäten“, die „Einführung kirchlicher Mitarbeiter“[48], sowie die „Verabschiedung in die Mission oder in anderen ökumenischen Dienst“[49] und die Aufnahme / Wiederaufnahme. Es fällt dabei auf, dass sowohl der Ablauf[50] als auch Versprechen, Einsetzungswort und Segenswort bei allen Formularen weitgehend identisch sind. Das Versprechen der einzusetzenden Person entspricht fast wörtlich dem Ordinationsversprechen der Pfarrerinnen und Pfarrer.

Hierdurch wird deutlich, dass die Dienste prinzipiell gleichwertig sind: Sie verdanken sich letztlich alle dem Evangelium von Jesus Christus, „wie es in der

44 Vgl. Beschluss der Landessynode am 05.07.2014 (Evangelische Landeskirche Württemberg 2014 (4): S. 139–141.

45 Diese ist als „Agende für die Union Evangelischer Kirchen in der EKD / Band 6“ und in identischer Form als „Agende der VELKD IV, Teilband 1“ im Rahmen des Evangelischen Gottesdienstbuches (EGb) im Jahr 2012 erschienen.

46 Die Frage, bei welchem Formular diese Fußnoten zu platzieren sind und wie sie genau lauten sollen, war bis zuletzt umstritten, da (bei der Einsetzung von Prädikantinnen und Prädikanten) die Amtstheologie in besonderer Weise virulent wird. Dies ging so weit, dass die Fassungen für die Mitglieder der VELKD-Synode und die der UEK-Vollversammlung ursprünglich an diesem Punkt unterschiedlich waren.

47 Vgl. Evangelische Landeskirche Württemberg (1985). Die Einführungsordnung der Evangelischen Landeskirche in Württemberg sieht (§ 1 Abs. 2) vor: „Pfarrer, Diakone und Lektoren werden im Gottesdienst in ihr Amt eingeführt (vgl. Evangelische Landeskirche Württemberg 2014 (2)). Das gleiche gilt für Kirchengemeinderäte nach Maßgabe des § 34 der Kirchlichen Wahlordnung [vgl. Evangelische Landeskirche Württemberg 2014 (3)]. Andere kirchliche Mitarbeiter mit besonderer Verantwortung können, wenn eine entsprechende Gottesdienstordnung vorliegt, im Gottesdienst in ihr Amt eingeführt werden.“

48 Unter den Mitarbeitenden werden in der Einführungsordnung der Evangelischen Landeskirche Württemberg (§ 1 Abs. 2) genannt: „Diakon“, „Lektor“ (heute Prädikantinnen und Prädikanten) und „Kirchenmusiker“, für die jeweils eine eigene Schriftlesung vorgesehen ist.

49 Letztere wird im Folgenden nicht weiter betrachtet, da Liturgie und Formulierungen deutlich machen, dass es sich um einen Sonderfall innerhalb der Einführungen handelt. Dies liegt nicht zuletzt daran, dass die anderen Dienste auf eine konkrete Gemeinde bezogen sind, während der/die Entsandte seinen Dienst fortan nicht mehr in der Ortsgemeinde tut.

50 Ein Vorhalt und eine Verpflichtung der Gemeinde finden sich nur bei den Formularen, die sich an Pfarrerinnen und Pfarrer richten.

Heiligen Schrift gegeben und in den Bekenntnissen der Reformation bezeugt ist“[51]. Daraus resultiert dann der eine Auftrag, „dafür Sorge zu tragen, dass die Kirche in Verkündigung, Leben und Lehre auf den Grund des Evangeliums gebaut werde“ und darauf Acht zu haben, „daß falscher Lehre, der Unordnung und dem Ärgernis in der Kirche gewehrt werde“[52].

Für eine zukünftige Neufassung der Einführungsagende wird der oben genannte Paragraph der Einführungsordnung[53] daraufhin zu befragen sein, wie der „unbestimmte Rechtsbegriff“ „kirchliche Mitarbeiter mit besonderer Verantwortung“ inhaltlich zu bestimmen ist. Wenn der hier vertretene Ansatz richtig ist, dass die kirchlichen Dienste wesenhaft gleichwertig sind, kann es (vgl. Barmen IV) nicht nur keine Herrschaft der einen „Ämter“ über die anderen geben, sondern dann ist die Rede von einer Verantwortungshierarchie ebenfalls sinnlos. Pointiert gesagt: Weil alle Christenmenschen durch die Taufe zu Priestern geweiht und zum priesterlichen Dienst berufen sind, sind sie allesamt Träger einer „besonderen Verantwortung“, nämlich jener der „Kommunikation des Evangeliums“ und des Achthabens auf die Kirche. Dann sind aber prinzipiell auch alle, die diese Verantwortung „öffentlich“[54] wahrnehmen, zu berufen. Diese Aussage umfasst zunächst alle haupt- und nebenamtlichen Mitarbeitenden, muss aber ausdrücklich auch auf Ehrenamtliche bezogen sein, denen die Gemeinde einen Dienst anvertraut.

Agendarisch werden also Formulare zu entwickeln sein, die dem Rechnung tragen, dass jede Berufung in einen Dienst gleichwertig ist. Diese Formulare sollten dann eine deutlich größere Anzahl an Diensten als bisher in den Blick nehmen. Sie sollten darauf achten, dass der liturgische Ablauf und die „Verpflichtung“ für alle Mitarbeitenden identisch ist. Terminologisch wird man an den bisherigen Titulaturen für die jeweiligen Gottesdienste festhalten, zumal verschiedene von ihnen in Rechtstexten genannt sind. Für Mitarbeitende, deren gottesdienstliche Einführung bislang terminologisch noch nicht geregelt ist, bietet sich der Begriff „Einsetzung“ an. Da ungeachtet der gleichen Wertigkeit der jeweiligen Dienste in der konkreten Ausübung Unterschiede bestehen, können diese in der Verpflichtung formuliert werden: Im Ordinationsversprechen findet sich die Formulierung „(meinen Dienst) nach der Ordnung unserer Landeskirche tun und das Beichtgeheimnis wahren“[55]; die letzten vier Worte könnten dann je nach dem konkreten Dienst des oder der Einzusetzenden formuliert sein bzw. entfallen.

---

51 Evangelische Landeskirche Württemberg (1985): S. 5 und in den Formularen, z. B. S. 20.

52 A. a. O., S. 20; S. 34 u. ö.

53 § 1 der Einführungsordnung. Vgl. Evangelische Landeskirche Württemberg 2014 (1).

54 „Öffentlich“ bedeutet hier also mit Härle und anderen sinngemäß „im Auftrag der Gemeinde“. Eine solche Berufung ist nicht automatisch die Berufung zur öffentlichen Wortverkündigung und Sakramentenverwaltung im Sinne von CA XIV.

55 Evangelische Landeskirche Württemberg (1985): S. 6.

Literatur

Amt der VELKD (2012): Fragen und Antworten zur Empfehlung der Bischofskonferenz „Ordnungsgemäß berufen". Texte aus der VELKD 164/2012. Hannover. S. 2–6. Verfügbar unter: http://www.velkd.de/texte_aus_der_velkd.php (22.08.2014).

Bischofskonferenz der VELKD (2004): Allgemeines Priestertum, Ordination und Beauftragung nach evangelischem Verständnis. Texte aus der VELKD 130/2004. Hannover. Verfügbar unter: http://www.velkd.de/php/download.php?file=velkd-texte-130-2004.rtf (11.05.2014).

Bischofskonferenz der VELKD (2006): Ordnungsgemäß berufen. Texte aus der VELKD 136/2006. Hannover. Verfügbar unter: http://www.velkd.de/1217.php (11.05.2014).

[BSLK] Kirchenamt der EKD (Hg.) ([13]2010 [1930]): Die Bekenntnisschriften der evangelisch-lutherischen Kirche. Göttingen.

Bubmann, Peter (2008): Der Dienst am Evangelium und die Vielfalt der Ämter. Zum Diakonat im Kontext kirchlicher Berufe. In: Merz, Rainer/Schindler, Ulrich/Schmidt, Heinz (Hg.): Dienst und Profession. Diakoninnen und Diakone zwischen Anspruch und Wirklichkeit. Heidelberg. S. 70–83.

Bubmann, Peter (2013): Amt, Ämter und Dienste der Kommunikation des Evangeliums, in: Noller, Annette/Eidt, Ellen/Schmidt, Heinz (Hg.): Diakonat – theologische und sozialwissenschaftliche Perspektiven auf ein kirchliches Amt. Stuttgart. S. 85–104.

Bünker, Michael/Friedrich, Martin (Hg.) (2013): Amt, Ordination, Episkopé und theologische Ausbildung. Leipzig.

Buske, Norbert (Hg.) (1985): Pommersche Kirchenordnung von Johannes Bugenhagen 1535. Text mit Übersetzung, Erläuterungen und Einleitung. Hrsg. im Auftr. d. Evang. Landeskirche. Greifswald.

[CR 30] Calvin, Johannes (1559): Institutio Christianae Religionis. In: Johannes Calvin, Opera Quae Supersunt Omnia – Bände 29–87 des Corpus Reformatorum (Serie II) Hrsg. Guilielmus Baum, Eduardus Cunitz, Eduardus Reuss. Vol. 30. Halle.

[CR 91] Zwingli, Huldreich (1525): Von dem Predigtamt. In: Huldreich Zwingli, Sämtliche Werke. Bände 88–101 des Corpus Reformatorum (Serie III). Vol. 91. Halle. Verfügbar unter: http://www.irg.uzh.ch/static/zwingli-werke/index.php?n=Werk.61 (22.08.2014).

Evangelische Landeskirche Württemberg (Hg.) (1985): Kirchenbuch für die Evangelische Landeskirche in Württemberg. Zweiter Teil: Sakramente und Amtshandlungen. Teilband Einfuhrungen. Stuttgart.

Evangelische Landeskirche Württemberg (Hg.) (2007): Protokoll der 48. Sitzung. 05.07.2007. Stuttgart. Verfügbar unter: http://www.elk-wue.de/fileadmin/mediapool/elkwue/dokumente/landessynode/sommertagung_07/Sommersynode07_Protokoll_48.pdf (14.09.2014).

Evangelische Landeskirche Württemberg (Hg.) (2013) (1): Protokoll der 49. Sitzung. 06.07.2013. Stuttgart. Verfügbar unter: http://www.elk-wue.de/landeskirche/landessynode/archiv/dokumente/protokolle/2013/ (22.08.2014).

Evangelische Landeskirche Württemberg (Hg.) (2013) (2): Protokoll der 50. Sitzung. 21.10.2013. Stuttgart. Verfügbar unter: http://www.elk-wue.de/landeskirche/landessynode/archiv/dokumente/protokolle/2013/ (14.09.2014).

Evangelische Landeskirche Württemberg (Hg.) (2014) (1): Kirchliches Gesetz, betr. die Verfassung der Evangelischen Landeskirche in Württemberg (Kirchenverfassungsgesetz). Vom 24. Juni 1920. In der Fassung vom 30. November 2006. Stuttgart. Verfügbar unter: http://www.kirchenrecht-ekwue.de/showdocument/id/17119 (22.08.2014).

Evangelische Landeskirche Württemberg (Hg.) (2014) (2): Ordnung über die Einführung in kirchliche Dienste (Einführungsordnung). Vom 4. Juli 1970. In der Fassung vom 27. November 2012. Stuttgart. Verfügbar unter: http://www.kirchenrecht-wuerttemberg.de/showdocument/id/17943 (22.08.2014).

Evangelische Landeskirche Württemberg (Hg.) (2014) (3): Wahlordnung der Evangelischen Landeskirche in Württemberg (Kirchliche Wahlordnung – KWO) vom 15. April 1964. In der Fassung vom 26. Februar 2013. Stuttgart. Verfügbar unter: http://www.kirchenrecht-wuerttemberg.de/showdocument/id/17152 (08.09.2014).

Evangelische Landeskirche Württemberg (Hg.) (2014) (5): Protokoll der 3. Sitzung. 05.07.2014. Stuttgart. Verfügbar unter: http://www.elk-wue.de/fileadmin/mediapool/elkwue/dokumente/landessynode/14_herbsttagung/Protokolle/Protokoll_3.pdf (02.01.2015).

[Evangelisches Gesangbuch] Gesangbuchverlag Stuttgart (Hg.) (1996): Evangelisches Gesangbuch. Ausgabe für die Evangelische Landeskirche in Württemberg. Stuttgart.

[Evangelisches Gottesdienstbuch] UEK/VELKD (Hg.) (1999): Evangelisches Gottesdienstbuch. Agende für die Evangelische Kirche der Union und für die Vereinigte Evangelisch-Lutherische Kirche Deutschlands. Berlin/Bielefeld.

Fagerberg, Holsten (1993): Amt / Ämter / Amtsverständnis VI: Reformationszeit, in: Theologische Realenzyklopädie II. Berlin/New York. S. 552–574.

Härle, Wilfried (2007): Ordination und Beauftragung nach Ordination evangelischem Verständnis, in: Ders., Christlicher Glaube in unserer Lebenswelt. Studien zur Ekklesiologie und Ethik. Leipzig. S. 127–137.

Hauschildt, Eberhard (2013): Allgemeines Priestertum und ordiniertes Amt, Ehrenamtliche und Berufstätige, in: Pastoraltheologie. Monatsschrift für Wissenschaft und Praxis in Kirche und Gesellschaft, 102. Jg., S. 388–407.

Hauschildt, Eberhard (2014): „Zu wenig" Pfarrerinnen und Pfarrer für „normale Gottesdienste". Ein Plädoyer für ein verändertes Bild vom Pfarramt der Zukunft, in: Deutsches Pfarrerblatt, 114. Jg., S. 315–319.

Ökumenischer Rat der Kirchen (Hg.) (1982): TAUFE, EUCHARISTIE und AMT. Konvergenzerklärung der Kommission für Glaube und Kirchenverfassung des Ökumenischen Rates der Kirchen. Frankfurt.

Rahner, Karl / Vorgrimler, Herbert ([35]2008): Kleines Konzilskompendium. Freiburg.

Schmidt-Lauber, Hans-Christoph (1981): Martyria — Leiturgia – Diakonia. In: Quattember 1981. S. 160–172. Verfügbar unter: http://www.quatember.de/J1981/q81160.htm (22.08.2014).

UEK | VELKD (Hg.) (2012): Berufung – Einführung – Verabschiedung. Agende 6 für die Union Evangelischer Kirchen | Agende IV, Teilband 1 der Vereinigten Evangelisch-Lutherischen Kirche Deutschlands. Bielefeld.

[WA] Luther, Martin (1883–1546): D. Martin Luthers Werke: kritische Gesamtausgabe (Weimarer Ausgabe). Weimar.

Wallmann, Johannes (1998): Die wundersame Rückkehr der Konkordienformel in die württembergische Landeskirche, in: Zeitschrift für Theologie und Kirchen, 95. Jg., S. 462–498.

Winkler, Eberhard (1998): Gemeinde zwischen Volkskirche und Diaspora. Eine Einführung in die praktisch-theologische Kybernetik. Neukirchen-Vluyn.

Württembergische Evangelische Landeskirche/Konsistorium (Hg.) (1855/1858): Amtsblatt des Württembergischen Evangelischen Konsistoriums und des Synodus. Bd. 1. Stuttgart.

Dorothee Gabler / Dieter Hödl

Der Diakonat – ein Amt der Verkündigung des Evangeliums?!

Beobachtungen aus synodalen Prozessen in der Evangelischen Landeskirche in Württemberg

Ob zu Recht oder zu Unrecht: In vielen Diskussionen rund um den Diakonat ging und geht es immer wieder um die Frage, wie das diakonische Amt zu verstehen sei: Ist es auch ein Amt der Verkündigung des Evangeliums? Ist es ein geordnetes Amt der Kirche im Sinne der Confessio Augustana (CA XIV)? Ist der Diakonat nur ein Amt der Diakonie? Oder ist der Diakonat gar kein Amt, sondern nur ein Dienst in der Kirche?

Diskutiert wird auch, in welchem Verhältnis der Diakonat zu anderen Ämtern und Diensten in der Kirche steht: allen voran dem Pfarramt, aber auch dem Amt der Kirchengemeinderätinnen und Kirchengemeinderäte oder der Kirchenmusikerinnen und Kirchenmusiker. Wenig reflektiert wird noch die Beziehung zu Mitarbeitenden in Diakoniestationen oder diakonischen Einrichtungen sowie zu Mitarbeitenden im Bereich der kirchlichen Bildung wie Erzieherinnen oder Erwachsenenbildner. Doch auch diese Beziehung ist geprägt vom Amtsverständnis des Diakonats. Zudem stellt sich die Frage, inwiefern das Amt gebunden ist an die Mitgliedschaft in einer Gemeinschaft im Diakonenamt oder ob es eher gebunden ist an eine Tätigkeit innerhalb der Kirche als Arbeitgeberin. Vielen sind die Amtsdiskussionen lästiger Ballast auf dem Weg, den Diakonat neu zu denken und zu leben. Doch es zeigt sich immer wieder: Ohne eine Klärung des Amts bzw. Ämterverständnisses in einer Kirche sind auch strukturelle Fragen nicht zu lösen.

Die 14. Württembergische Evangelische Landessynode hatte sich bei ganz unterschiedlichen Anträgen und Prozessen der Neustrukturierung der kirchlichen Arbeit immer wieder auch der Frage nach dem Amt zu stellen. Die parallel laufenden Prozesse halfen, den Diakonat nicht auf das Gegenüber zum Pfarramt zu reduzieren. Sowohl die Amtsfrage wie auch die Berufsbilder in der Kirche wurden grundsätzlich in den Blick genommen. Dies führte schließlich zu einer neuen Sicht auf das Amts- und Berufsverständnis des Diakonats, was sich in einer Neuformulierung der Präambel des Diakoninnen- und Diakonengesetzes niederschlug.

Nachfolgend werden die wesentlichen Aspekte der landeskirchlichen Prozesse entfaltet, die zur neuen Präambelformulierung und zu Weiterentwicklungen des Verständnisses von Amt, Beruf und Ehrenamt in der Evangelischen Landeskirche in Württemberg geführt haben. Auf diesem Weg werden zugleich zukünftige

Herausforderungen für die theoretische Weiterentwicklung des Diakonats sowie für die praktische Gestaltung der Arbeit der verschiedenen zur Kommunikation des Evangeliums berufenen Gruppen erkennbar.

1. Der Diakonat als Schwerpunktthema der 14. Württembergischen Evangelischen Landessynode

Es ist in der Rückschau beeindruckend: Beim Sichten der Unterlagen, Protokolle und Tischvorlagen wird erst in der Fülle wahrnehmbar, wie viele Menschen und Gremien in der Evangelischen Landeskirche sich in den letzten Jahren mit Fragen einer diakonischen Kirche, mit dem Diakonat, mit den Arbeitsfeldern von Diakoninnen und Diakonen beschäftigt haben. Dazu gehören insbesondere die Württembergische Evangelische Landessynode mit ihren diversen Geschäftsausschüssen, der Evangelische Oberkirchenrat mit seinen verschiedenen Dezernaten, die Evangelische Hochschule in Ludwigsburg, der Diakonen- und Diakoninnentag, die verschiedenen Berufsgruppen im Diakonat, die Gemeinschaften im Diakonenamt und darüber hinaus viele engagierte Menschen. Sie alle haben vor allem zwei große Projekte, die sich inhaltlich und strukturell mit den aktuellen Entwicklungen im Diakonat beschäftigten, vorangetrieben. Sie haben die Herausforderungen in Kirche, Diakonie und Gesellschaft wahrgenommen und analysiert und haben sowohl Perspektiven für konkrete Handlungsfelder entwickelt als auch übergreifende Konzeptionen bedacht.

1.1 Die zentralen Fragen des Projekts „Diakonat – neu gedacht, neu gelebt“[1]

Das Projekt „Diakonat – neu gedacht, neu gelebt“ beschäftigte sich in erster Linie mit zwei Grundfragen: Welchen spezifischen Beitrag können Diakoninnen und Diakone zu einer zukunftsorientierten Bewältigung der aktuellen Herausforderungen in den verschiedenen kirchlichen, diakonischen und gesellschaftlichen Handlungsfeldern leisten und wie können sie dafür möglichst gut aus- und fortgebildet werden? Wie kann es gelingen, in der sich immer schneller verändernden Gesellschaft mit ihren sich stärker ausbildenden Megatrends das Evangelium so ganzheitlich zu kommunizieren, dass der diakonische Auftrag der Kirche in der Welt hörbar, sichtbar und spürbar wird?

1.2 Die Aufgabe des „Sonderausschuss Diakonat“

Mit dem „Sonderausschuss Diakonat“ hat die 14. Württembergische Evangelische Landessynode bereits parallel zum Projekt „Diakonat – neu gedacht, neu

1 Vgl. Eidt 2011: S. 123–124.

gelebt" einen zweiten Denkprozess eingeleitet. Der synodale Fachausschuss für Diakonie hat am 18. Juni 2009 nach vielfältigen Vorarbeiten den Antrag in die Landessynode eingebracht, einen „Sonderausschuss Diakonat" zu bilden.[2] In diesem Synodalausschuss waren je zwei Vertreterinnen und Vertreter des Ausschusses für Diakonie, für Bildung und Jugend, des Theologischen Ausschusses und des Rechtsausschusses vertreten. Das Ziel der Arbeit dieses Sonderausschusses war, parallel zum Projekt „Diakonat – neu gedacht, neu gelebt", die strukturellen Rahmenbedingungen des Diakonats[3] in der Landeskirche bzw. den Kirchenbezirken wahrzunehmen und entsprechend den aktuellen Veränderungsprozessen der letzten Jahre an die veränderten Rahmenbedingungen anzupassen bzw. zukunftsfähige Strukturen zu entwickeln.

Dabei waren zwei besondere Schwerpunkte zu beachten, die den Arbeitsablauf komplizierter gestalteten und die beteiligten Personen und Gremien vor besondere Herausforderungen stellten:

(1.) Das inhaltliche Projekt „Diakonat – neu gedacht, neu gelebt" war zum Startzeitpunkt des „Sonderausschusses Diakonat" noch nicht abgeschlossen und damit waren die inhaltlichen Prozesse noch nicht beendet bzw. evaluiert. Deshalb konnten in den Denkprozess des „Sonderausschusses Diakonat" stets nur vorläufige Impulse aus dem Projekt „Diakonat – neu gedacht, neu gelebt" einfließen.

(2.) In der alltäglichen Arbeit des „Sonderausschusses Diakonat" wurde in besonderer Weise deutlich, dass strukturelle Überlegungen nur vor dem Hintergrund und im Dienste inhaltlicher Positionierungen sinnvoll geleistet werden können.

Dadurch entwickelte sich dann ein herausfordernder Prozess, der den verantwortlichen Menschen einiges abverlangte, um zu einer zielführenden Prozesssteuerung zu gelangen, der aber zugleich schöpferische Kräfte freisetzte und kreative Lösungen ermöglichte.

1.3 Das Zusammenspiel zwischen Diakonatsprojekt, Sonderausschuss Diakonat und Theologischem Ausschuss im Diskussionsprozess zum Diakonat

In der Herbsttagung der Evangelischen Landessynode wurden am 26. November 2009 die Mitglieder des „Sonderausschusses Diakonat" gewählt.[4] Aus allen Fachausschüssen der Landessynode wurden Mitglieder für den „Sonderausschuss Diakonat" zur Wahl vorgeschlagen.

Der „Sonderausschuss Diakonat" konstituierte sich am 21. Januar 2010 und

---

2 Vgl. Evangelische Landeskirche Württemberg 2009 (2).

3 Berufsgruppen bzw. Arbeitsfelder im Diakonat sind zurzeit: Diakoninnen und Diakone in Diakonischen Einrichtungen und Diensten, Gesundheit, Alter und Pflege, Gemeindediakonie, Jugendarbeit, Religionspädagogik und Sonderdienste.

4 Vgl. Evangelische Landeskirche Württemberg 2009 (2): S. 614.

nahm seine Arbeit auf. Diese bezog sich von der ersten Sitzung an nicht nur auf strukturelle Fragen, sondern gleichzeitig auch auf die relevanten theologischen Fragen. Schon der Vorgang der Bildung dieses Sonderausschusses zeigte, wie sehr das Verständnis des Diakonats fast alle Bereiche kirchlicher Arbeit berührt bzw. wie kontrovers eine neue Profilierung dieses Amts diskutiert wurde (und noch weiterhin wird).

Bereits frühzeitig wurde im „Sonderausschuss Diakonat“ diskutiert, dass der zentrale Auftrag der Kirche die ganzheitliche Kommunikation des Evangeliums ist. Der Diakonat der Kirche leistet dazu in der Evangelischen Landeskirche in Württemberg einen spezifischen und unverzichtbaren Beitrag. Die Wahrnehmung dieses Auftrags durch berufene Diakoninnen und Diakone braucht darum zukunftsfähige Rahmenbedingungen, für die die Landeskirche die normativen Grundlagen festlegt.

Diesen Überlegungen zugrunde lagen unter anderem ausführliche Debatten in der Steuerungsgruppe des Projekts „Diakonat – neu gedacht, neu gelebt“. So wurde in der Sitzung der Steuerungsgruppe bereits am 12. Dezember 2008 die Ämterfrage ausführlich diskutiert und festgestellt, dass diese Frage konstitutiv zum Projekt gehört. Gleichzeitig wurde gefordert, dass konstruktive Wege im Umgang mit der Ämterfrage gesucht und gefunden werden müssen, damit diese Fragestellung nicht zum Mühlstein wird, der das Projekt lähmen könnte. Ein Weg dazu könnte sein, über Einzelprojekte hinaus ein Forum zu planen, das den theologischen Fragestellungen nachgeht und die neuesten diesbezüglichen Forschungsergebnisse ins Gespräch bringt.

Bereits zu Beginn der verschiedenen Projekte im Diakonat in der Evangelischen Landeskirche hat sich der Theologische Ausschuss der Landessynode immer wieder mit diesen Projekten beschäftigt, sich berichten lassen und nach den theologischen Dimensionen der Projektarbeit bzw. des Diakonats gefragt. Erstmals hat der Theologische Ausschuss sich deshalb bereits in seiner Sitzung am 15. Mai 2009 über den Stand im Projekt „Diakonat – neu gedacht, neu gelebt“ informiert und nach einer ausführlichen Debatte beschlossen, sich in den nächsten Sitzungen mit der Ämterfrage im Diakonat zu beschäftigen und auch parallel zu prüfen, ob ein geplanter Studientag zu diesem Thema gemeinsam mit dem Projekt „Diakonat – neu gedacht, neu gelebt“ veranstaltet werden soll.

In seiner Sitzung am 28. Januar 2010 nahm der Theologische Ausschuss die Amtsdebatte vertiefend auf, äußerte sein Interesse an einer konstruktiven Mitarbeit und bat um der strukturellen Klarheit willen, den „Sonderausschuss Diakonat“ die Federführung in diesem Prozess zu übernehmen.

Dies wurde vom „Sonderausschuss Diakonat“ zustimmend zur Kenntnis genommen und in seiner Sitzung vom 17. Mai 2010 beauftragte er eine Vorbereitungsgruppe „Ämter“[5], die einen Studientag im Auftrag des „Sonderausschus-

[5] Zu dieser Vorbereitungsgruppe „Ämter“ gehörten neben den Mitgliedern des Projektteams, der Theologische Referent des Oberkirchenrats, die Vorsitzende des Theologischen Ausschusses sowie der Vorsitzende des Sonderausschusses Diakonat.

ses Diakonat", des Theologischen Ausschusses und der Steuerungsgruppe „Diakonat – neu gedacht, neu gelebt" vorbereiten und durchführen sollte, der dann am 7. Mai 2011 in der Evangelischen Hochschule Ludwigsburg unter der Überschrift: „Diakonat – Theologie und soziale Wirklichkeit. Theologische und Sozialwissenschaftliche Perspektiven auf das kirchliche Amt"[6] stattfand.[7]

Nach diesem gut besuchten Studientag, der auch in die Fachdiskussion einen wichtigen Impuls eingebracht hat, wurde von den verschiedenen Fachgremien eine intensive Auswertung vorgenommen. Dabei knüpfte insbesondere der Theologische Ausschuss in seiner Sitzung am 12. Mai 2011 an die Planungsphase an und bat den Vorbereitungskreis des Studientags in Ludwigsburg, zur Ergebnissicherung des Studientages und in Abstimmung mit den anderen beteiligten Gremien sowie mit dem Evangelischen Oberkirchenrat einen Entwurf zur Klärung der Amtsfrage zu erstellen.

Im weiteren Prozess wurde zum ersten Mal in der Sitzung des „Sonderausschusses Diakonat" am 16. Januar 2012 die Frage konkret, ob nicht im Kontext der Nacharbeit zu diesem Studientag im Mai 2011 auch die Präambel des Diakonen- und Diakoninnengesetzes überarbeitet und an die in der Zwischenzeit entstandenen Texte zur Amtsfrage angepasst werden müsste.

Daraus entwickelten sich zwei parallele Prozesse:

(1.) Die weiteren Überlegungen und konkreten Formulierungen zu einem Amtspapier der Evangelischen Landeskirche (im Kontext des Theologischen Ausschusses), die nachstehend noch ausgeführt werden, sowie

(2.) die Erarbeitung einer neuen Präambel durch den „Sonderausschuss Diakonat", die noch der amtierenden Württembergischen Evangelischen Landessynode zur Beschlussfassung vor der anstehenden Neuwahl im Dezember 2013 vorgelegt werden sollte.

2. Weitere synodale Prozesse zur Kirchen- und Ausbildungsentwicklung der 14. Landessynode, die die Entwicklung des Diakonats in der Württembergischen Landeskirche beeinflussen

Insbesondere im Theologischen Ausschuss wurden in den Jahren 2008 bis 2013 weitere Themen diskutiert, die das Spannungsfeld markieren, in welchem Perspektiven für den Diakonat zu entwickeln sind.

6 Vgl. Evangelische Landeskirche Württemberg 2011 (2).

7 Die an diesem Studientag vorgetragenen Texte finden sich alle in Noller/Eidt/Schmidt 2013.

2.1 Die Novellierung der Studienordnung für die Ausbildung zum Pfarrdienst 2009–2012

Aufgrund von Einsparungen im Bildungszentrum der Landeskirche wurde die erst 2006 verabschiedete Studienordnung für das Vikariat in Frage gestellt. Neben einer generellen Verkürzung des Vikariats wurde eine notwendige Konzentration der Ausbildung zum Pfarrdienst angestrebt. Gefragt wurde, welche Fähigkeiten und Kompetenzen angesichts der sich verändernden pfarramtlichen Praxis gezielt gefördert werden müssen. Neben Gottesdienst und Seelsorge wurde die Bildung in Schule und Konfirmandenarbeit als Schwerpunkt für die Ausbildung im Vorbereitungsdienst angesehen. Diskutiert wurde, inwiefern zum Pfarrdienst die Aufgabe der Gemeindeleitung gehört. Strittig war zudem, welchen Beitrag Pfarrerinnen und Pfarrer für die Förderung des diakonischen Profils von Kirchengemeinden und Kirchenbezirken leisten sollen.

Unklar war auch, ob Aufgabenfelder wie Diakonie, Mission, Ökumene und Dialog der Religionen weiterhin konstitutiv zum Vorbereitungsdienst für den Pfarrdienst gehören. Das ganze Handlungsfeld der Gemeindepädagogik wurde nicht aufgenommen. Die Folgen einer Konzentration im Pfarrdienst für die Zusammenarbeit mit anderen kirchlichen Berufen im Diakonat wurden in diesem Prozess nicht reflektiert. Auch mögliche Folgen für die Ausbildungsentwicklung im Diakonat waren nicht im Blick.

Gemeindepädagogische Arbeit in den Ortsgemeinden ist für die gesellschaftliche und weltweite Verantwortung der Kirche bedeutsam, weil Fragen der Diakonie, des Dialogs mit anderen Konfessionen und Religionen in Ökumene und Mission auch vor Ort gestellt werden. Es ist zu klären, wie die Kirche diesen Aufgaben gerecht wird, wenn bei einer Konzentration im Pfarramt und in der darauf bezogenen Ausbildung diese Bereiche für den Pfarrdienst nicht mehr konstitutiv sind. Eine Profilierung der übrigen kirchlichen Berufsbilder und Ausbildungsgänge etwa im Diakonat oder im Bereich der kirchlichen Verwaltung wäre konsequent. Zudem müssen die Fragen des Zusammenspiels verschiedener Berufsgruppen und Verantwortungsebenen geklärt werden, damit die Kirche durch eine Konzentration im Pfarrdienst nicht ihre Bedeutung für das Gemeinwesen auf Ortsebene verliert.

Im Sommer 2011 wurde die neue Studienordnung für den Vorbereitungsdienst von der Kirchenleitung auf den Weg gebracht.[8] Die Besonderheit dieser nun beschlossenen Ausbildungsordnung ist die Einführung einer sogenannten Ergänzungs- und Vertiefungsphase zwischen der Basisausbildung im Ausbildungsvikariat und einer Phase der integrativen Gemeindearbeit. Nachdem zunächst die Qualifikationen der pfarramtlichen Grundaufgaben Gottesdienst, Bildung, Seelsorge und Leitung entwickelt und eingeübt werden,[9] ist das Ziel des Ausbildungsabschnitts „Ergänzung und Vertiefung“ eine Wahrnehmungsschärfung für

---

8 Vgl. Evangelische Landeskirche Württemberg 2011 (3).

9 Vgl. Evangelische Landeskirche Württemberg 2011 (3).

gesellschaftspolitische und interkulturelle Zusammenhänge, für diakonisches, ökumenisches und missionarisches Handeln sowie für allgemeine soziale und wirtschaftliche Bereiche. Im Ausbildungsabschnitt „Ergänzung und Vertiefung" werden sich die Vikarinnen und Vikare der besonderen Verantwortung der Kirche für das Gemeinwesen auf der Grundlage des Verkündigungsauftrags bewusst.[10]

Die Neukonzeption der Vikarsausbildung schafft die Voraussetzungen für eine grundsätzliche Bewusstseinsschärfung für die kirchliche Verantwortung im Sozialraum, in Gesellschaft und Welt. Die Integration der Erkenntnisse in das eigene pfarramtliche Handeln im Alltag einer Kirchengemeinde wird strukturell aber leider nicht mehr als Grundaufgabe definiert, noch werden die nötigen zeitlichen Ressourcen dazu vorgehalten. Es bleibt zu hoffen, dass der Perspektivwechsel im Vorbereitungsdienst für den Pfarrberuf für die Zusammenarbeit mit anderen kirchlichen Berufsfeldern, wie der Gemeindepädagogik, der Einrichtungsdiakonie, der Mission und interkulturellen Arbeit sowie den Medien und der Verwaltung so sensibilisiert, dass diese Aufgaben im Alltag des Pfarrdienstes nicht aus dem Blick geraten, sondern vielmehr eine intensive Vernetzung der kirchlichen Berufsgruppen zur Folge hat.

Im jeweils von den einzelnen Vikarinnen und Vikaren gewählten Handlungsfeld werden mit Sicherheit exemplarisch spezifische Kompetenzen erworben. Die theoretische Reflexion der Konsequenzen dieser veränderten Ausbildungssituation für Profilierung und Zusammenwirken verschiedener kirchlicher Berufsgruppen steht jedoch noch aus. Die Rezeption der Ergebnisse aus dem Projekt „Diakonat - neu gedacht, neu gelebt" kann dazu einen Beitrag leisten und im Sinne einer effektiven Nutzung vorhandener Ressourcen zu einer zielorientierten Kirchenentwicklung beitragen.

2.2 *Regelmäßige Diskussionen zur Personalstrukturplanung Pfarrdienst und Religionspädagogik*

Die Württembergische Landeskirche zeichnet sich durch eine vorbildliche Personalstrukturplanung für den Pfarrdienst aus. Eine solche Planung wurde auch für die Religionspädagoginnen und Religionspädagogen installiert. Für beide Berufsgruppen ist eine konsequente Personalplanung aufgrund einer zentralen Anstellung durch die Landeskirche möglich. In regelmäßigen Abständen werden diese Personalstrukturplanungen in der Landessynode diskutiert und fortgeschrieben.[11] Die Wahrnehmung als Volkskirche wird mit davon geprägt sein, wie

10 Vgl. Evangelische Landeskirche Württemberg 2011 (3).

11 In der 14. Landessynode wurden die Personalstrukturplanungen jeweils jährlich im Wechsel beraten. Die Personalstrukturplanung für Religionspädagoginnen und Pädagogen stand erstmals in der Sommersynode 2008 auf der Tagesordnung, die Personalstrukturplanung Pfarrdienst in der Sommersynode 2009.

viele Hauptamtliche es in der Fläche und in verschiedenen Berufsfeldern geben wird.

Die Pastorationsdichte wird in der Evangelischen Landeskirche in Württemberg durch Pfarrpläne und die dort festgelegte Entwicklung der Anzahl von Pfarrstellen beeinflusst. Im Rahmen der Pfarrplandiskussionen wird immer wieder auf die Notwendigkeit hingewiesen, dass es parallel zum Pfarrplan langfristig einen eigenen Gemeindeplan bräuchte, damit Gemeinden unabhängig von Pfarrerinnen und Pfarrern erhalten und gefördert werden können.

Welche Bedeutung andere Berufsgruppen für die Pastorationsdichte und den Erhalt einer Gemeinde haben können, wurde bisher höchstens angedacht. Für einen Diakonatsplan gibt es noch keine Konzepte. Im Sonderausschuss Diakonat wurde angeregt, eine Personalstrukturübersicht der Diakoninnen und Diakone in der Landeskirche zu erstellen, um damit eine Grundlage für einen zielorientierten Personaleinsatz und bessere Steuerungsmöglichkeiten für diesen Bereich zu schaffen. Aufgrund der sehr unterschiedlichen Berufsbilder und Handlungsfelder im Diakonat mit den unterschiedlichen Anstellungskonstellationen von Diakoninnen und Diakonen ist eine Personalsteuerung im Diakonat nur jeweils in den spezifischen Berufsfeldern sinnvoll und möglich.[12] Die Aufgabe, auf der Basis der Erkenntnisse aus dem Projekt „Diakonat – neu gedacht, neu gelebt" und den Diskussionen im „Sonderausschuss Diakonat" Konzepte für dezentrale Personalentwicklung und Personalsteuerung zu entwickeln und mit Hilfe von Fort- und Weiterbildungsangeboten zu begleiten, wird schwerpunktmäßig im Evangelischen Oberkirchenrat weiter bearbeitet und wurde auch zum Teil dem „Zentrum Diakonat" übertragen, das am 1. September 2014 seine Arbeit aufgenommen hat.

2.3 *„Musik in der Kirche" und die Ausbildung und Beauftragung von Kirchenmusikerinnen und Kirchenmusikern*

Neben dem „Sonderausschuss Diakonat" gab es in der 14. Landessynode auch einen „Sonderausschuss Musik", der einen Schwerpunkttag Musik in der Kirche[13] vorbereitet und die Bedeutung der Musik für die Zukunft der Kirche analysiert hat. Bei der Profilierung von Ausbildungsgängen für Musikerinnen und Musiker wurde aber nicht nur die künstlerische Komponente bedacht, sondern auch die gemeindepädagogische Herausforderung und die therapeutische Wirkung der Musik. Vor allem im Bereich von Krankenhaus- und Altenheimseel-

---

12 Religionspädagoginnen und Religionspädagogen sind zentral bei der Landeskirche angestellt, Jugendreferentinnen und Jugendreferenten und Gemeindediakoninnen und Gemeindediakone sowie Sozialdiakoninnen und Sozialdiakone sind meist über den Kirchenbezirk, verschiedene Trägervereine oder auch Diakonische Einrichtungen angestellt. Teilweise gibt es Anstellungen, bei denen mehrere Träger kooperieren, z. B. auch mit kommunalen Trägern oder Fördervereinen von Schulen, Krankenpflegevereine usw. Diese Vielfalt ist angesichts der unterschiedlichen Aufgabenfelder hilfreich, erschwert aber eine zentrale Steuerung durch die Kirchenleitung.

13 Vgl. Evangelische Landeskirche Württemberg 2011 (4).

sorge wäre eine theologische und musikalische Doppelqualifikation ein großer Gewinn. Auch zur Förderung des Singens in Kirchengemeinden, der Kinder- und Jugendarbeit und der Erwachsenenbildung könnten Diakoninnen und Diakone einen wichtigen Beitrag leisten. Vermutlich wurden vor allem aus pragmatischen Gründen bisher keine Ausbildungsmodelle entwickelt, die für eine Doppelqualifikation im Diakonat Theologie und Kirchenmusik verknüpfen. Der Standort der Württembergischen Hochschule für Kirchenmusik in Tübingen legt eher eine ökumenische Kooperation und die stärkere Vernetzung mit dem Theologiestudium nahe. Die Erfahrungen mit den sogenannten Kantorkatecheten in der früheren DDR und die Wiederaufnahme dieses Ausbildungsmodells durch die Evangelische Hochschule Moritzburg[14] bestätigen jedoch die Vermutung, dass unter den Bedingungen einer weitgehend säkularisierten Gesellschaft Überlegungen in dieser Richtung sinnvoll sind.

In Rahmen dieser Diskussion zeigt sich auch, welch großen Anteil die Kirchenmusik an der Aufgabe der Kommunikation des Evangeliums hat – sowohl in verbaler als auch in emotionaler, sozialer und therapeutischer Hinsicht. Deshalb stellt sich auch hier die Frage nach der Berufung von Kirchenmusikerinnen und Kirchenmusikern in ein geistliches Amt und damit verbunden die Herausforderung zur Verhältnisbestimmung ihres Dienstes in der kirchlichen Dienstgemeinschaft mit Pfarrerinnen und Diakonen.[15] Da der Diakonat verschiedene Berufsbilder umfasst, ist zu klären, was diese von anderen Berufsbildern in der Kirche unterscheidet, die nicht als Diakonat verstanden werden. Das Verständnis des Diakonats als Amt mit verschiedenen Diensten und Berufen, könnte weitere Berufsgruppen, wie die Kirchenmusikerinnen und Kirchenmusiker, integrieren und zudem ein neues Miteinander in der Dienstgemeinschaft auch mit Pfarrerinnen und Pfarrern ermöglichen.

2.4 Der Antrag zur Installation von Gemeindeassistentinnen und Gemeindeassistenten

Während der Sommersynode 2010 in Freudenstadt wurde der Antrag Nr. 15/10 „Installation von Gemeindeassistenten“[16] eingebracht. Der Theologische Ausschuss diskutierte, inwiefern es für die Zukunft der Kirche hilfreich wäre, ein neues Ehrenamt einzuführen, um vornehmlich Personen in der nachberuflichen Lebensphase mit ihren Gaben und professionellen Kompetenzen zum Wohl und zur weiteren Entwicklung örtlicher Gemeinden zu gewinnen. Menschen, die reich an Lebens- und Bildungserfahrung sind, könnten ihr Wissen und ihre Kompetenz insbesondere in den Bereichen Pfarramtsverwaltung, Mitarbeiter- und Gemeindegliederservice, Liegenschaften, Bau und Renovierung, Gottes-

---

14 Bachelorstudiengang Religionspädagogik mit musikalischem Profil. Vgl. Ev.-Luth. Diakonenhaus Moritzburg 2014: Diplom- und Bachelorstudiengänge.

15 Vgl. Bubmann 2006.

16 Vgl. Evangelische Landeskirche Württemberg 2010 (1).

dienstorganisation, Kindergartenverwaltung, aber auch in den Bereichen der Kirchenführungen, der Andachten im Wochenverlauf sowie der Citykirchenarbeit einbringen.

Einzelne Gliedkirchen der EKD haben ein solches neues Amt als Gemeindekurator bzw. Gemeindekuratorin bereits geschaffen. Zunächst wurde dieses Amt vor allem zur Erhaltung der kirchlichen Präsenz im ländlichen Raum, in großen Kirchspielen bzw. Pfarrverbänden und innerhalb von Regionalisierungsprozessen und Kooperationsmodellen gedacht. Bei der Auswertung der Erfahrungen aus der Erprobung in den anderen Landeskirchen stellten sich mehrere Fragen:

Welches Gemeindebild liegt einem solchen Amt zugrunde? Stärken Gemeindekuratoren eher eine pfarrerzentrierte Kirche oder wird durch ein solches Amt das Priestertum aller Gläubigen gefördert? Sind Gemeindekuratoren den Pfarrämtern oder dem Kirchengemeinderat zugeordnet? Übernehmen sie Aufgaben der Gemeindeleitung oder der Geschäftsführung? Welchem Gremium bzw. wem sind die Gemeindekuratoren gegenüber verpflichtet? In welchem Verhältnis stehen sie zum Vorsitzenden des Kirchengemeinderats?

Auffallend war, dass eine Verhältnisbestimmung zum Diakonat überhaupt nicht im Blick war, weder bei der Erprobung noch bei der Auswertung der Erfahrungen. Die Schaffung dieses herausgehobenen Amtes berührt aber nicht nur das Gemeindeverständnis und die Theologie des Amtes, sondern insbesondere auch die Rolle des Diakonats in der Kirche. So wird z. B. mit dem im Antrag gewählten Begriff „Gemeindeassistent“ in der katholischen Kirche die Vorstufe zum Gemeindereferenten dargestellt.

Der Theologische Ausschuss empfahl der Synode kein neues Amt zu schaffen, stattdessen vorhandene Ämter zu stärken: das Amt des Kirchengemeinderats als Leitungsamt und Repräsentant der Gemeinde in der Kirche; das Amt der Prädikantinnen und Prädikanten für geistliche Aufgaben wie die Leitung eines Gottesdienstes sowie die Leitungsverantwortung von Ehrenamtlichen in den gemeindepädagogischen Feldern der Jugendarbeit oder Seniorenarbeit, aber auch der Konfirmandenarbeit wahrzunehmen. Schließlich waren und sind bei der Reflexion der Ämter in der Gemeinde auch das Amt der Pfarramtssekretärin, der Mesnerin sowie des Kirchenpflegers zu bedenken. Dieser Diskussionsprozess wurde beendet, indem der Antrag 15/10 durch den Antrag 06/12 „Förderung des Ehrenamts mit System und Stärkung des Kirchengemeinderats“[17] ersetzt und beschlossen wurde. Ziel war, die ganzheitliche Kommunikation des Evangeliums der ganzen Gemeinde zu stärken, indem vielen Menschen in Kirche, Gemeinde und Diakonie eine spezifische ehrenamtliche Mitarbeit ermöglicht wird. Denn das Evangelium von Jesus Christus soll in Wort und Tat mit der ganzen Gemeinde in der Welt bezeugt werden. In diesen Reflexions- und Entwicklungsprozess muss auch das Nachdenken über Rolle und Aufgaben von Diakoninnen und Diakonen in ihren unterschiedlichen Berufsbildern und Handlungsfeldern einbezogen werden. Dazu gehört insbesondere die Klärung des Amtsverständnisses eines Ehrenamts und die Frage, ob das Diakonenamt auch ehrenamtlich übertra-

---

[17] Vgl. Evangelische Landeskirche Württemberg 2012.

gen werden könnte, wie ein Pfarrdienst im Ehrenamt. Die Kirchenleitung sollte einen integrierten Prozess fördern, wie er bereits im Projekt „Diakonat – neu gedacht, neu gelebt" angestrebt wurde, der bei der Kommunikation des Evangeliums in all seinen Dimensionen sowohl die verschiedenen Berufsgruppen als auch die haupt- und ehrenamtlichen Tätigkeiten im Blick hat.

2.5 *Die Novellierung des Württembergischen Pfarrergesetzes und die Übernahme des Pfarrdienstgesetzes der EKD*

Eine weitreichende Entscheidung traf die 14. Württembergische Evangelische Landessynode mit der Übernahme des Pfarrerdienstgesetzes der EKD für die Württembergische Landeskirche. Leider wurde im Rahmen der Erstellung des Pfarrerdienstrechts in den Gremien der EKD nur sehr wenig über die darin enthaltenen pastoraltheologischen Weichenstellungen nachgedacht. Die Diskussion wurde dominiert von den Fragen der Lebensformen im Pfarrhaus und der Grundsatzfrage, ob einzelne Gliedkirchen die Gesetzeshoheit über den Pfarrdienst der EKD übertragen sollen. Insbesondere die Verhältnisbestimmung der Ämter in der Württembergischen Landeskirche wurde mit der Übernahme dieses Gesetzes verschoben. Die Definition des Pfarrdienstes als Amt der Öffentlichen Wortverkündigung und Sakramentsverwaltung[18] war bisher in Württemberg nicht gebräuchlich. Ein fast katholisch anmutendes Hervorheben der Sakramentsverwaltung kam in Württemberg so nicht vor. Der Pfarrdienst in Württemberg wird verstanden als Dienst des göttlichen Wortes. In der Amtsverpflichtung zum Pfarrdienst in Württemberg heißt es darum:

> „Im Aufsehen auf Jesus Christus, den alleinigen Herrn der Kirche, bin ich bereit, mein Amt als Diener des göttlichen Wortes zu führen und mitzuhelfen, dass das Evangelium von Jesus Christus, wie es in der Heiligen Schrift gegeben und in den Bekenntnissen der Reformation bezeugt ist, aller Welt verkündigt wird. Ich will in meinem Teil dafür Sorge tragen, dass die Kirche in Verkündigung, Lehre und Leben auf den Grund des Evangeliums gebaut werde und will darauf achthaben, dass falscher Lehre, der Unordnung und dem Ärgernis in der Kirche gewehrt werden."[19]

Nicht nur die Formulierungen dieses Ordinationsgelübdes weisen den Pfarrdienst als einen Teildienst der Verkündigung des Evangeliums aus. Auch Diakoninnen und Diakone, Kirchengemeinderätinnen und Kirchengemeinderäte und Personen in anderen kirchlichen Ämtern werden mit dieser Amtsverpflichtung im selben Wortlaut eingesetzt. Jedes Amt soll im Aufsehen auf Jesus Christus, den alleinigen Herrn der Kirche, geführt werden und mithelfen, dass das Evangelium von Jesus Christus aller Welt verkündigt wird. Und jedes Amt soll in seinem Teil dafür Sorge tragen, dass die Kirche in Verkündigung, Lehre und

18 Vgl. Evangelische Kirchen in Deutschland 2010: §1 (1).

19 Evangelische Landeskirche Württemberg 2013 (6): § 2. Das ist die württembergische Fassung zu: Evangelische Kirche in Deutschland 2010: § 4 (4 u. 5).

Leben auf den Grund des Evangeliums gebaut werde. Die Amtsverpflichtungen der Württembergischen Landeskirche spiegeln wider, dass alle Ämter von dem einen Amt der Verkündigung des Evangeliums abgeleitet werden. Exklusiv dem Pfarrdienst vorbehalten ist allein die Verpflichtung zum Beichtgeheimnis. Diese wird bei der Amtsverpflichtung zum Pfarrdienst ergänzt. So wird in Württemberg traditionell das Miteinander der verschiedenen Dienste betont, die im Aufsehen auf Christus als Herrn der Kirche gemeinsam das von Gott gegebene Amt der Verkündigung übernehmen. Eine hierarchische Überordnung des Pfarrdienstes wurde in Württemberg seither vermieden. Mit dem neuen Pfarrdienstgesetz der EKD wird die Besonderheit des Pfarrdienstes stärker fokussiert. Was das für die Entwicklung des Kirchen- und Amtsverständnisses in Württemberg bedeutet, ist anhand des zwischenzeitlich von der Landessynode verabschiedeten „Ämterpapieres" kritisch zu prüfen.[20]

2.6 *Zustimmung zum Seelsorgegeheimnisgesetz der EKD*

Bereits bei der Frühjahrssynode 2010 wurde ein Gesetzentwurf in die Landessynode eingebracht, der sich mit dem Schutz des Seelsorgegeheimnisses vor staatlichen Gerichten befasst. Auch hier handelte es sich um ein EKD-Kirchengesetz, zu welchem ein Zustimmungs- und Ausführungsgesetz von der Landessynode zu beschließen war. Dieses Gesetz wurde im Rechtsausschuss beraten und bei der Herbstsynode 2010 beschlossen.[21] Der Theologische Ausschuss wurde an diesem Beratungsprozess zunächst nicht beteiligt, da der Rechtsausschuss durch dieses Gesetz die Amtsfrage nicht berührt sah, sondern es als ein Ausführungsgesetz der Strafprozessordnung ansah, um eine Ausnahmeregelung von der gerichtlichen Wahrheitsfindung deutschlandweit zu regeln. Die Aussprache in der Synode zeigte aber, dass dies nicht so einfach voneinander zu trennen ist.

Der Schutz des Seelsorgegeheimnisses ist in § 53 Absatz 1 Nr. 1 der Strafprozessordnung (StPO) wörtlich so formuliert: „Zur Verweigerung des Zeugnisses sind ferner berechtigt Geistliche über das, was ihnen in ihrer Eigenschaft als Seelsorger anvertraut ist." Die Voraussetzung des Schutzes wird also Geistlichen gewährt, die als Seelsorger arbeiten.

In der Aussprache wurde diskutiert, ob Geistliche in der Kirche gleichzusetzen sind mit Pfarrerinnen und Pfarrern oder ob auch anderen Amtsträgern der Kirche dieser Status zuerkannt werden kann, z. B. Diakoninnen und Diakonen. Das neue Seelsorgegeheimnisgesetz versucht, ein eindeutiges Berufsbild eines Geistlichen als Seelsorger zu definieren. Im EKD-Gesetz wird dies besonders auf die Berufsgruppe der Pfarrerinnen und Pfarrer bezogen, gleichzeitig können aber auch andere Personen einen bestimmten Seelsorgeauftrag erhalten.[22] Die Ausführungsgesetze der Gliedkirchen der EKD zeigen jedoch die Unterschiede im

20 Vgl. den Artikel Zeeb (Das eine Amt) in diesem Band.

21 Vgl. Evangelische Landeskirche Württemberg 2010 (3): S. 663–665 und 2010 (4): S. 1011–1016.

22 Vgl. Evangelische Landeskirche Württemberg 2010 (2).

Amtsverständnis, die vom unterschiedlichen Kirchenverständnis abgeleitet sind. Die Württembergische Diskussion berührte die Frage, inwiefern die Beauftragung zur öffentlichen Wortverkündigung bzw. im Rahmen des Dienstauftrags konstitutiv für ein Seelsorgeamt ist bzw. ob es neben dem Pfarramt ein weiteres Amt gibt, dem generell dieses Amt der öffentlichen Wortverkündigung anvertraut ist, z. B. dem Diakonat. Das Ausführungsgesetz der Württembergischen Landeskirche bindet den Schutz des Seelsorgegeheimnisses an den Auftrag zur öffentlichen Wortverkündigung bzw. an die Verankerung im jeweiligen Dienstauftrag.[23] Zu klären bleibt, ob und ggf. inwiefern Ämter, die aufgrund ihrer Amtsverpflichtung bei der Verkündigung des Evangeliums mithelfen sollen, in öffentliche und nicht öffentliche Ämter zu trennen sind.

2.7 *Die Durchführung einer Milieustudie in der Württembergischen Landeskirche*

Angeregt durch den Finanzausschuss der Landessynode hat die Württembergische Landeskirche im Herbst 2011 die Durchführung einer eigenen Sinus-Milieustudie veranlasst. Vorausgegangen waren Pilotprojekte in Zusammenarbeit mit dem EKD-Zentrum Mission in der Region.[24] Mit Hilfe des vom Sinus-Institut entwickelten Milieu-Modells können zehn verschiedene Lebenswelten und ihre Lebensstile in der Gesellschaft charakterisiert und mit Hilfe soziodemographischer Merkmale beschrieben werden. Deren spezifische Ausprägung und Verteilung in Württemberg wurde im Hinblick auf kirchenbezogene Fragestellungen untersucht. Die Ergebnisse dieser württembergischen Milieustudie ermöglichen neue Perspektiven auf die Zielgruppen kirchlicher Arbeit. Es zeigte sich aber auch, dass sowohl Pfarrerinnen und Pfarrer als auch Theologiestudierende meist nur wenigen spezifischen Milieus angehören, während sich für die Berufe im Diakonat Angehörige anderer Milieus entscheiden. Um das Evangelium in all seinen Dimensionen auch in Zukunft allen Milieus der Gesellschaft zu kommunizieren, ist es notwendig, in allen Milieus sprachfähig zu bleiben. Was dies für die Kirchen- und Ausbildungsentwicklung bedeutet, wird anhand dieser Milieustudie zu prüfen sein. Das Ziel sollte sein, Menschen aus allen Milieus für den Verkündigungsdienst auszubilden.

---

23 Das bedeutet z. B., dass ein Diakon, der aktuell mit Geschäftsführungsaufgaben in einer Diakonischen Bezirksstelle betraut ist, sich als Zeuge vor Gericht ggf. nicht auf das Zeugnisverweigerungsrecht, das im Rahmen des Seelsorgegeheimnisgesetzes geregelt wird, berufen kann, wenn ihm im Rahmen der Seelsorge an Mitarbeiterinnen Sachverhalte bekannt werden, die strafrechtliche Relevanz besitzen. Anders sieht es bei der Religionspädagogin aus, zu deren Dienstauftrag Schulgottesdienste und eine Beauftragung zur Seelsorge im Rahmen des Dienstauftrags gehören.

24 Vgl. Hempelmann 2012.

2.8 *Der Antrag: Die Ausbildung zum hauptamtlichen Verkündigungsdienst*[25]

Während der Frühjahrssynode 2013 wurde der Antrag Nr. 19/11 „Theologische Ausbildungswege zum Verkündigungsdienst"[26] vom Theologischen Ausschuss vorgestellt und durch den Antrag 08/13 ersetzt.[27] Die Rede vom hauptamtlichen Verkündigungsdienst nahm die Ergebnisse des Studientags „Theologische und Sozialwissenschaftliche Perspektiven auf ein kirchliches Amt" auf, die zuvor in einem Positionspapier zum Amtsverständnis vom Theologischen Ausschuss gebündelt worden waren.[28] Das Positionspapier wurde ebenfalls bei der Frühjahrssynode 2013 ins Plenum der Synode eingebracht.[29]

Den Zugang zum Verkündigungsdienst im Diakonat und Pfarrdienst eröffnen in der Evangelischen Landeskirche in Württemberg Ausbildungen und Studiengänge für verschiedene kirchliche Berufe, die zugleich die Voraussetzung für eine Berufung zur hauptamtlich ausgeübten öffentlichen Kommunikation des Evangeliums in Wort und Tat darstellen. So sollen vielfältige biografische Zugänge zum hauptamtlichen Verkündigungsdienst offen gehalten werden. Dies ist zu verbinden mit den Erfordernissen von Transparenz und Einfachheit der Strukturen durch Standardisierung der Verfahren und der Reduzierung der Ausnahmegenehmigungen und der Sonderwege.

Angesichts verschiedener Milieus in unserer Gesellschaft muss es Zugänge für Menschen unterschiedlicher Milieus mit ihren verschiedenen Bildungsbiografien geben, z. B. auch für Jugendliche mit Migrationshintergrund. Die Vielfalt ist eine Bereicherung für die Kirche und eröffnet den Zugang zu einer pluralen Gesellschaft. Zugleich muss es das ureigenste Interesse der Landeskirche sein, gewisse Standards – insbesondere theologische – zu definieren und zu stärken. Zu klären ist, welche Form von Standards gleichzeitig die notwendige Pluralität erhalten können. Der Diakonat hatte bisher gerade durch seine spezifischen Ausbildungswege, die z. T. keine Hochschulreife voraussetzen, sein Profil und ergänzte so den Pfarrdienst durch einen anderen Zugang zu den Menschen und zur theologischen Kommunikation mit den Menschen. Die theologische Kompetenz von Diakoninnen und Diakonen zur Kommunikation des Evangeliums ist gerade angesichts der vielfältigen Herausforderungen in einer multireligiösen Gesellschaft zu erhalten und zu stärken, um den wachsenden Anforderungen einer kulturell und religiös ausdifferenzierten Gesellschaft zu entsprechen. Die Kirche braucht bei sich immer schneller wandelnden gesellschaftlichen Rahmenbedingungen zudem Ausbildungswege, die im Sinne lebenslangen Lernens anschlussfähig sind und bleiben.

---

25 Vgl. Evangelische Landeskirche Württemberg 2013 (2).

26 Vgl. Evangelische Landeskirche Württemberg 2011 (1).

27 Vgl. Evangelische Landeskirche Württemberg 2013 (1).

28 Vgl. dazu 3.3 und zur Entwicklung des Amtspapiers den Artikel Zeeb (Das eine Amt) in diesem Band. Das zitierte Amtspapier findet sich auch im Anhang dieses Bandes unter dem Titel „Das geistliche Amt in evangelischer Perspektive".

29 Vgl. Evangelische Landeskirche 2013 (3): S. 2162–2169.

Ein nicht zu unterschätzender Aspekt ist in diesem Kontext, dass der in den Diakonat führende Ausbildungsgang z. T. auch ein staatlich anerkannter Bildungsabschluss ist. Eine staatlich anerkannte Qualifikation ist sowohl für die Landeskirche als auch für die einzelnen Diakoninnen und Diakone von Bedeutung. Diakoninnen und Diakone werden dadurch auch außerhalb der Kirche anstellungsfähig und erhalten Zugang zu vielen inner- und außerkirchlichen Fort- und Weiterbildungsangeboten. Zudem erhalten sie im Falle der Arbeitslosigkeit die notwendige staatliche Unterstützung. Diakoninnen und Diakone, die sich den Auftrag des Evangeliums zu eigen machen, den christlichen Glauben leben und kommunizieren, werden unabhängig von ihrer Anstellungsträgerschaft das Bild von Kirche prägen und in die Gesellschaft hineinwirken. Auch die nicht von kirchlichen Trägern angestellten Diakoninnen und Diakone können entsprechend ihrer Berufung zur Verkündigung des Evangeliums tätig werden und Menschen die Liebe Gottes kommunizieren. Ihre von der Kirche begleitete und geordnete Verkündigung des Evangeliums wird nicht nur einzelne Menschen verändern, sie baut auch neue Brücken von der Kirche in die Gesellschaft hinein.

Eine Gesellschaft, die durch die Globalisierung, Ökonomisierung, Individualisierung, Pluralisierung, Virtualisierung und Entkirchlichung bzw. durch eine konfessionelle Drittelung geprägt ist, die sich zudem den Herausforderungen des demografischen Wandels, des Global Warmings und des Lebens über die Verhältnisse zu stellen hat, bedarf einer differenzierten Ausbildung für Personen, die das Evangelium in die Gegenwart übersetzen müssen. Es besteht die Aufgabe der kommunikativen Versprechung von Evangelium, Gesellschaft und Kultur. Insofern ist eine doppelte Qualifikation sinnvoll, die die vielfältigen Ausbildungsgänge zum Diakonat kennzeichnet.

Die Ausbildung der theologischen Reflexionsfähigkeit im Theologiestudium an der Universität kann die Selbstrelativierung der Person insofern implizieren, als das akademische Studium die Wahrnehmung unterschiedlichster theologischer Systeme und Ansichten beinhaltet und Studierende dazu herausfordert, sich zu diesen unterschiedlichen theologischen Systemen zu verhalten. Angesichts einer pluralen Gesellschaft ist auch eine solche Selbstrelativierung bei gleichzeitiger eigener evangelischer Profilbildung hilfreich. Deshalb wird weiterhin am regulären Zugang zum Pfarrdienst über das universitäre Theologiestudium und anschließende Vikariat festgehalten. Veränderungen und Reformen sollen das Theologiestudium nicht minimieren, sondern optimieren. Für die Ausbildung zum Pfarrdienst wurde im synodalen Beratungsprozess hervorgehoben, dass aber auch Anschlussfähigkeit hergestellt werden muss für Menschen, die nicht über eine kirchliche Berufsbiographie verfügen. Alternative Zugänge zum Pfarrdienst sollen ergänzend geprüft werden, um unterschiedliche Wege zum Verkündigungsdienst im Pfarramt zu ermöglichen.[30] Dazu gehört auch ein Zugang zum Pfarrdienst für Diakoninnen und Diakone mit mehrjähriger Berufs-

30 Konkretionen zu den alternativen Ausbildungswegen für den Pfarrdienst finden sich unter: Evangelische Landeskirche Württemberg 2013 (2).

erfahrung.[31] Es ist eine Bereicherung auch für den Pfarrdienst, wenn Menschen mit unterschiedlichen Ausbildungsgängen und Berufsbiographien ein Pfarramt übernehmen können.

3. Der Diakonat als Amt der Verkündigung, der das Evangeliums in all seinen Dimensionen kommuniziert – Die Novellierung des Diakoninnen- und Diakonengesetzes

3.1 Der Diakonat – Amt der Diakonie oder Amt der Verkündigung?

Die Beobachtungen aus dem Projekt „Diakonat – neu gedacht, neu gelebt" und dem „Sonderausschuss Diakonat" wurden mit den Rahmenbedingungen des Diakonats, wie sie im Diakonengesetz 1995 beschlossen wurden, verglichen. Dabei wurden vor allem zwei Aspekte wichtig:

Zum einen hat die sogenannte Unkündbarkeitsklausel eher die Anstellung von Diakoninnen und Diakonen erschwert. Dies wurde in Gesprächen mit Diakoninnen und Diakonen, mit der Mitarbeitervertretung und Anstellungsträgern bestätigt, deshalb wurde die Unkündbarkeitsklausel gestrichen.

Zum andern wurde sichtbar, dass die Präambel des Diakonengesetzes von 1995 noch von einem Amtsverständnis geprägt ist, das zwischen einem Amt der Diakonie und einem Amt der Verkündigung unterscheidet. Die Präambel wurde 1995 folgendermaßen formuliert:

> „Diakonie ist gelebter Glaube der christlichen Gemeinde in Wort und Tat. Der Glaube antwortet auf die Verkündigung des Evangeliums, er erwächst aus der Liebe Gottes, die in Jesus Christus allen Menschen zugewandt ist. Alle Glieder der Gemeinde sind darum zur Diakonie gerufen. Zur Erfüllung dieses Auftrags beruft die Kirche in das Amt des Diakons und der Diakonin Männer und Frauen, die durch ihre Ausbildung und ihre Bereitschaft zum Dienst in besonderer Weise befähigt sind beim Aufbau der Kirche und ihrer Diakonie verantwortlich mitzuwirken."[32]

Nach evangelischem Amtsverständnis ist ein Amt der Diakonie neben dem Amt der Verkündigung aber nur schwer begründbar. Denn entweder wird das Amt funktional verstanden, wie in der reformierten Tradition, dann ist die Beschränkung auf nur zwei Ämter theologisch nicht erklärbar. Legt man dagegen ein lutherisches Amtsverständnis zugrunde, gibt es nur ein von Gott gestiftetes Amt, nämlich das Amt der Verkündigung. Von diesem werden alle anderen Dienste und Ämter in der Kirche abgeleitet.

Im Laufe des Prozesses wurde klar, dass sich auch der Diakonat im Sinne eines lutherischen Amtsverständnisses vom Amt der Verkündigung ableitet: Gemein-

---

31 Vgl. dazu die Verordnungen der Württ. Landeskirche zur Berufsbegleitenden Ausbildung in den Pfarrdienst (BAiP): Evangelische Landeskirche Württemberg 2013 (4).

32 Evangelische Landeskirche Württemberg 2003: Präambel.

dediakone, Jugendreferentinnen, Sozialdiakone und Pflegediakoninnen haben Teil am Auftrag, das Evangelium zu verkündigen. Der Diakonat ist nicht nur Antwort auf die Verkündigung, wie die alte Präambel sagt. Durch den Diakonat in Schule, Gemeinde, Jugendarbeit und Pflege wird das Evangelium in Wort und Tat, helfend und heilend, feiernd und lehrend verkündigt.

Das sollte durch eine neue Präambel zum Ausdruck kommen. Darum wurde die Novellierung des Diakonengesetzes auf den Weg gebracht.

Die 14. Landessynode der Württembergischen Landeskirche hat in ihrer letzten Sitzung im Herbst 2013 die Aufhebung der Unkündbarkeitsklausel nach § 7 Abs. 3 sowie eine Neuformulierung der Präambel des Diakonen- und Diakoninnengesetzes beschlossen.

Die neue Präambel lautet:

> „Die Kirche lebt aus dem Evangelium Jesu Christi. Sie ist beauftragt, das Evangelium in allen seinen Dimensionen zu kommunizieren. Alle Getauften sind dazu berufen. Zur geordneten Erfüllung dieses Auftrages in Kirche und Gesellschaft beruft die Kirche Männer und Frauen und beauftragt sie mit verschiedenen Diensten.
> Diakonie ist gelebter Glaube der christlichen Gemeinde in Wort und Tat. Mit ihrem diakonischen Dienst übernimmt die Kirche die Verantwortung dafür, dass alle Menschen das Evangelium und darin Gottes liebende Zuwendung erfahren können. Dazu beruft die Kirche in das Amt des Diakons und der Diakonin Männer und Frauen, die durch ihre Ausbildung und ihre Bereitschaft zum Dienst in besonderer Weise befähigt sind.“[33]

Durch die Neuformulierung der Präambel sollte ein Umdenken beim Amtsverständnis angestoßen werden. Die neue Präambel nimmt auf, dass alle kirchlichen Ämter und Dienste letztlich von dem einen Predigtamt abgeleitet sind, welches nach CA V der Gemeinde und somit allen Getauften anvertraut ist. Die neue Präambel übernimmt das lutherische Amtsverständnis und fasst es abstrakt-funktional. Auch der Diakonat hat teil am von Gott gestifteten „Predigtamt“, welches im Vertrauen auf das Wirken des Heiligen Geistes in Wort und Tat das Evangelium verkündigt und in verschiedenen Dimensionen feiernd, lehrend und zum Leben helfend kommuniziert. Als solches Amt der Kommunikation des Evangeliums in ganz unterschiedlichen Dimensionen ist der Diakonat ein Amt, zu dem die Kirche beruft. Er ist nicht nur ein Amt der Diakonie, sondern Amt der ganzen Kirche. Die Berufung zu dieser verkündigenden Kommunikation des Evangeliums geschieht durch die Kirche als Gemeinde Jesu Christi. Die Kirche beruft *rite*, das heißt in einem geordneten, nachvollziehbaren und öffentlichen Verfahren. Zwischen den verschiedenen Berufsgruppen, die zum Predigtamt berufen sind, wird nicht unterschieden, ob sie haupt-, neben- oder ehrenamtlich tätig sind.

Dies wird in der Württembergischen Landeskirche auch dadurch zum Ausdruck gebracht, dass die im Kirchenbuch und den verschiedenen einschlägigen

---

33 Evangelische Landeskirche Württemberg 2013 (5): Präambel.

kirchlichen Gesetzen enthaltenen Amtsverpflichtungen für alle haupt- und ehrenamtlichen Dienste wörtlich identisch sind und jeweils nur eine berufsgruppenspezifische Zusatzformulierung aufweisen.

Die prinzipielle Gleichheit aller „Dienste" in der Kirche, d. h. auch der Berufsgruppen und ehrenamtlichen Tätigkeiten, hat ihren Grund darin, dass alle in gleicher Weise auf das eine Amt – das Predigtamt – nach CA V bezogen sind. Die Letztbegründung haben die kirchlichen Ämter also nicht in einer immanenten Struktur oder exklusiven kirchlichen Handlung, sondern in der Gabe des Heiligen Geistes durch den Willen Gottes.[34]

3.2 Der spezifische Dienst des Diakonats

Der besondere Auftrag der Berufsgruppen, die zum Diakonat als Amt gehören, ist die Orientierung an den Menschen. Diakoninnen und Diakone haben ein Herz für die unterschiedlichsten Nöte der Menschen: soziale, leibliche, seelische und geistliche Nöte. Sie helfen, weil das Evangelium von Jesus Christus ihr Herz bewegt. Sie sehen und suchen Menschen, bringen sie in Kontakt mit Gott und Mitmenschen und ermöglichen Beziehungen zum Beispiel in der Gemeinde. In der Schule, der Jugend- und Bildungsarbeit üben sie Kompetenzen ein, um das eigene Leben zu gestalten und Herzen für die Nöte anderer zu öffnen. In Krankenhäusern und in der Pflege stehen sie Menschen bei, um Wunden zu heilen, Schmerzen zu lindern und Hoffnung zu wecken, die der Tod nicht nehmen kann.

In dieser Weise trägt der Diakonat seinen Teil an der allgemeinen Berufung zur Verkündigung bei. Wie der Pfarrdienst so ist auch der Diakonat als eine spezifische Berufung in einen „Dienst" zu verstehen, der seinen Teil dazu leistet, dass das Evangelium in all seinen Dimensionen der ganzen Welt kommuniziert wird. Dieses Verständnis des Diakonats wurde mit der Novellierung der Präambel zum Ausdruck gebracht.

Die neue Präambel des Diakonen und Diakoninnengesetzes formuliert den Konsens unterschiedlicher theologischer Richtungen. Sie will nicht polarisieren, sondern das Verbindende stärken. Die Novellierung der Präambel ist so etwas wie die Spitze eines Eisberges. Sie ist der bereits deutlich sichtbare Teil eines Gesamtprozesses, in dessen Verlauf die Weiterentwicklung des Diakonats eine zentrale Rolle gespielt hat und noch spielen wird. An diesem Prozess waren eine ganze Reihe verschiedener Akteurinnen und Akteure beteiligt, die eine Vielzahl weiterer thematischer Stränge bearbeitet haben.

Erst eine gemeinsame Perspektive für die Reformbemühungen der Kirche und ein gemeinsamer Prozess aller beteiligten Dienste und Ämter ermöglicht ein vertieftes Verständnis des Diakonats. Dieser Gesamtprozess eröffnet Perspektiven für die Profilierung des kirchlichen Amts und aller davon abgeleiteten Dienste in der Evangelischen Kirche im Haupt- und Ehrenamt.

---

[34] Vgl. dazu die Ausführungen im sog. Lima-Papier (Kapitel 3.1.5) (Ökumenischer Rat der Kirchen 1982).

Es bleibt zu hoffen, dass dieses hier angedachte Verständnis des Amts in der Württembergischen Landeskirche zum einenden Konsens wird und als besonderes Profil des Kirchenverständnisses der Württembergischen Landeskirche in den Dialog mit anderen Gliedkirchen in der EKD eingebracht wird.

Literatur

Bubmann, Peter (2006): Das Kuratorium der Lebenskunst. Eine pastoraltheologische Zukunftsvision. In: Musik und Kirche 76. Jg. S. 384–388.

Eidt, Ellen (2011): Der evangelische Diakonat. Entwicklungslinien in Kirche und Diakonie am Beispiel Württembergs. Stuttgart.

Evangelische Kirche in Deutschland (Hg.) (2010): Pfarrdienstgesetz der EKD. Hannover. Verfügbar unter: http://www.ekd.de/download/beschluss_pfarrdienstgesetz_vii_3.pdf (13.07.2014).

Evangelische Landeskirche Württemberg (Hg.) (2003): Kirchliches Gesetz über die Rechtsverhältnisse der Diakoninnen und Diakone in der Evangelischen Landeskirche in Württemberg (Diakonen- und Diakoninnengesetz). Vom 25. Oktober 1995. (In der Fassung vom 28. März 2003). Stuttgart. Verfügbar unter: https://www.service.elk-wue.de/fileadmin/dezernate/dezernat2/Ref.2.3_-_Gesetz/Diakonengesetz_2003.pdf (25.07.2014).

Evangelische Landeskirche Württemberg (Hg.) (2009) (1): Protokoll der 14. Sitzung, 26.11.2009. Stuttgart. Verfügbar unter: http://www.elk-wue.de/landeskirche/landessynode/archiv/dokumente/protokolle/2009/ (13.07.2014).

Evangelische Landeskirche Württemberg (Hg.) (2009) (2): Antrag Nr. 27/09. Bildung Sonderausschuss „Diakonat". Stuttgart. Verfügbar unter: http://www.elk-wue.de/fileadmin/mediapool/elkwue/dokumente/landessynode/09_sommertagung/antraege/Antrag_27-09_Sonderausschuss_Diakonat.pdf (13.07.2014).

Evangelische Landeskirche Württemberg (Hg.) (2010) (1): Antrag Nr. 15/10. Installation von Gemeindeassistenten. Stuttgart. Verfügbar unter: http://www.elk-wue.de/fileadmin/media pool/elkwue/dokumente/landessynode/10_sommertagung/antraege/Antrag_15-10_Installa tion.pdf (13.07.2014).

Evangelische Landeskirche Württemberg (Hg.) (2010) (2): Kirchengesetz zum Schutz des Seelsorgegeheimnisses (Seelsorgegeheimnisgesetz – SeelGG) vom 28. Oktober 2009 und Kirchliches Gesetz zur Ausführung des Seelsorgegeheimnisgesetzes (Seelsorgegeheimnisausführungsgesetz – AG SeelGG) vom 24. November 2010. Stuttgart. Verfügbar unter: http://www.kirchenrecht-wuerttemberg.de/showdocument/id/17864 (30.07.2014).

Evangelische Landeskirche Württemberg (Hg.) (2010) (3): Protokoll der 15. Sitzung. 11.03.2010. Stuttgart. Verfügbar unter: http://www.elk-wue.de/landeskirche/landessynode/archiv/fruehere-tagungen/fruehjahrstagung-2010/protokolle/ (30.07.2014).

Evangelische Landeskirche Württemberg (Hg.) (2010) (4): Protokoll der 15. Sitzung. 11.03.2010. Stuttgart. Verfügbar unter: http://www.elk-wue.de/landeskirche/landessynode/archiv/fruehere-tagungen/herbsttagung 2010/protokolle/ (30.07.2014).

Evangelische Landeskirche Württemberg (Hg.) (2011) (1): Antrag Nr. 19/11.Theologische Ausbildungswege zum Verkündigungsdienst. Stuttgart. Verfügbar unter: http://www.elk-wue.de/fileadmin/mediapool/elkwue/dokumente/landessynode/11_sommertagung/antraege/Ant rag_19-11_Theol_Ausbild_Verkuendigungsdienst.pdf (14.07.2014).

Evangelische Landeskirche Württemberg (Hg.) (2011) (2): Diakonat – Theologie und soziale Wirklichkeit. Stuttgart. Verfügbar unter: https://www.service.elk-wue.de/fileadmin/dezerna te/dezernat2/Studientag__07-05-2011.pdf (13.07.2014).

Evangelische Landeskirche Württemberg (Hg.) (2011) (3): Verordnung des Oberkirchenrats über die Ausbildung im Vorbereitungsdienst (Studienordnung). Stuttgart. Verfügbar unter: http://www.kirchenrecht-ekwue.de/showdocument/id/17258 (14.07.2014).

Evangelische Landeskirche Württemberg (Hg.) (2011) (4): Protokoll der 28. Sitzung. 01.07.2011. Stuttgart. Verfügbar unter: http://www.elk-wue.de/fileadmin/mediapool/elk wue/dokumente/landessynode/11_sommertagung/protokolle/Protokoll_28.pdf (13.07.2014).

Evangelische Landeskirche in Württemberg (Hg.) (2012): Antrag Nr. 06/12. Förderung des Ehrenamts mit System und Stärkung des Kirchengemeinderats. Stuttgart. Verfügbar unter: http://www.elk-wue.de/fileadmin/mediapool/elkwue/dokumente/landessynode/12_frueh jahrstagung/antraege/Antrag_06-12_Foerder_Ehrenamt_Staerkung_KiGemeinderats.pdf (13.07.2014).

Evangelische Landeskirche Württemberg (Hg.) (2013) (1): Antrag Nr. 08/13. Theologische Ausbildungswege zum Verkündigungsdienst. Stuttgart. Verfügbar unter: http://www.elk-wue.de/fileadmin/mediapool/elkwue/dokumente/landessynode/13_fruehjahrstagung/antrae ge/Antrag_08-13_Theol_Ausbild_Verkuendigungsdienst.pdf (14.07.2014).

Evangelische Landeskirche Württemberg (Hg.) (2013) (2): Frühjahrstagung 2013. Bericht Dorothee Gabler. 15. März 2013 zu TOP 9: Theologische Ausbildungswege zum Verkündigungsdienst. Stuttgart. Verfügbar unter: http://www.elk-wue.de/fileadmin/mediapool/elkwue/dokumente/landessynode/13_fruehjahrstagung/berichte-reden/TOP9_Bericht_Gab ler_Theol_Ausbildungswege_Verkuendigungsdienst.pdf (14.07.2014).

Evangelische Landeskirche Württemberg (Hg.) (2013) (3): Protokoll der 45. Sitzung. 15.03.2013. Stuttgart. Verfügbar unter: http://www.elk-wue.de/landeskirche/landessynode/archiv/dokumente/protokolle/2013/ (17.07.2013).

Evangelische Landeskirche Württemberg (Hg.) (2013) (4): Verordnung des Oberkirchenrats über die berufsbegleitende Ausbildung im Pfarrdienst. Stuttgart. Verfügbar unter: http://www.kirchenrecht-wuerttemberg.de/showdocument/id/17260 (25.07.2014).

Evangelische Landeskirche Württemberg (Hg.) (2013) (5): Kirchliches Gesetz über die Rechtsverhältnisse der Diakoninnen und Diakone in der Evangelischen Landeskirche in Württemberg (Diakonen- und Diakoninnengesetz). Vom 23. Oktober 1995 (In der Fassung vom 22. Oktober 2013). Stuttgart. Verfügbar unter: http://www.kirchenrecht-wuerttemberg.de/show document/id/17945/ (25.07.2014).

Evangelische Landeskirche Württemberg (Hg.) (2013) (6): Kirchliches Gesetz zur Ausführung und Ergänzung des Pfarrdienstgesetzes der EKD für die Evangelische Landeskirche in Württemberg (Württembergisches Pfarrergesetz – WürttPfG) in der Fassung vom 22. Oktober 2013. Verfügbar unter: http://www.kirchenrecht-wuerttemberg.de/showdocument/id/26090/orga_id/EKWUE/search/Pfarrergesetz (07.08.2014).

Ev.-Luth. Diakonenhaus Moritzburg e. V. (Hg.) (2014): Evangelische Hochschule Moritzburg. University of Applied Science. Moritzburg. Verfügbar unter: www.fhs-moritzburg.de (25.07.2014).

Hempelmann, Heinzpeter (2012): Kirche für und bei den Menschen. Die Sinus-Studie für das Evangelische Württemberg und ihre Bedeutung für kirchliches Handeln. Stuttgart. Verfügbar unter: http://www.elk-wue.de/fileadmin/mediapool/elkwue/dokumente/landes synode/12_fruehjahrstagung/berichte-reden/TOP9_Bericht_Hempelmann_Milieustudie.pdf (13.07.2014).

Kirchenamt der EKD/Comenius Institut (Hg.): Projekt „Vikariat konzentriert. Konzeptionen zur Umsetzung der Kürzungsvorgaben". Hannover/Münster. Verfügbar unter: http://evan gelischer-bildungsserver.de/src/content.php?start=20&hr=7&ps=56&showChildren=&tab=1&suchbegriff=&content=2911 (13.07.2014).

Noller, Annette/Eidt, Ellen/Schmidt, Heinz (Hg.) (2013): Diakonat – theologische und sozialwissenschaftliche Perspektiven auf ein kirchliches Amt. Stuttgart.

Ökumenischer Rat der Kirchen (Hg.) (1982): TAUFE, EUCHARISTIE und AMT. Konvergenzerklärung der Kommission für Glaube und Kirchenverfassung des Ökumenischen Rates der Kirchen. Frankfurt.

Annette Noller

Diakonat: Diversität in Amt und Profession

Diakoniegeschichtliche und kirchentheoretische Forschungsfragen und -ergebnisse.

1. Diakonat – definitorische Vielfalt

Der Begriff Diakonat wird nicht nur im landeskirchlichen Projekt, sondern auch in der Literatur vielschichtig verwendet. Die Pluriformität des Begriffs und der mit ihm verbundenen Praxisfelder und Kirchentheorien ist Merkmal des Diakonats, die Vielschichtigkeit ist Merkmal der Handlungsfelder, der Anstellungsmodi in Gemeinde und Gemeinwesen sowie der Berufsgruppen im Diakonat. In dieser Vielfalt liegen die spezifischen Herausforderungen und Chancen des diakonischen Amtes und seiner Berufsgruppen.

Nicht nur in der diakoniewissenschaftlichen Literatur, sondern auch während der Laufzeit des Projektes, von den Anträgen bis zu den Evaluationen und Projektberichten, wurde deutlich: Mit dem Begriff ‚Diakonat' wird erstens das diakonische Handeln der Kirche insgesamt bezeichnet. Zweitens aber wird mit dem Begriff Diakonat ein spezifisches kirchliches Amt in den Blick genommen. Mit Diakonat kann dementsprechend erstens das gesamte Feld diakonischer Tätigkeit und Beauftragung in Kirche und Diakonie bezeichnet werden. Dieses wird aus dem biblischen Auftrag der Nächstenliebe und der Ermöglichung von Teilhabe abgeleitet. Diakonat kann zweitens in einem engeren Sinn synonym für das Diakonenamt verwendet werden. Als Amtsbezeichnung wird der Diakonat drittens auch als Oberbegriff für die Einsegnung und Berufung von Diakoninnen und Diakonen, Diakonissen, diakonischen Brüdern und Schwestern, diakonischen Mitarbeitenden und Ehrenamtlichen in den diakonischen Auftrag und das Amt der Kirche verwendet. Dem Diakonat werden viertens unterschiedliche Berufsgruppen zugeordnet, die aus einer vielgestaltigen Tradition gewachsen sind. Neben doppelten Qualifikationen für Gemeindediakonie und Sozialdiakonie in Kombination mit sozialen Berufen (Soziale Arbeit), werden z. B. auch Pflegediakone und Pflegediakoninnen in den Diakonat berufen. Zu den Berufsgruppen im Diakonat zählen Berufsgruppen, die sich an pädagogischen Leitdisziplinen orientierten: Religionspädagogen und Religionspädagoginnen, Gemeindepädagogen und Gemeindepädagoginnen, Jugendreferenten und Jugendreferentinnen, Erzieher/-innen, Pädagogen und Pädagoginnen. Aus den missionarischen Ausbildungsstätten werden Mitarbeitende in das Diakonenamt berufen. Die Curricula dieser Ausbildungsstätten orientieren sich insbesondere an evangelistischen und missionarischen Fragestellungen. Ihre Absolventinnen und Absolventen sind für Arbeitsfelder der Mission und Evangelisation ausgebildet. Die Absolventinnen und Absolventen aus den unterschiedlichen Ausbildungsstätten werden für diverse Berufsfelder in Kirche, Diakonie und Gemeinwesen ausgebildet und in der Einsegnung dazu beauftragt, das Evangelium in existenziellen und sozialen Krisensituationen, in gemeinde- und religionspädagogischen Arbeitsfeldern, in Mission, Diakonie und Bildungsarbeit zu verkündigen.

Die Beobachtungen, Ergebnisse und Forschungsdesiderate aus dem Projekt „Diakonat –neu gedacht, neu gelebt“ beziehen sich auf alle Ebenen des vielschichtigen Diakonatsbegriffs.

2. Diakonat: Vielfalt in Geschichte, Theorie und Praxis

Bereits die Projektanträge ließen eine große Vielfalt an Diakonatskonzeptionen und Handlungsfeldern im Diakonat erkennen. Sie spiegeln gegenwärtige Herausforderungen in der Entwicklung diakonischer Praxis von Kirche, Kirchenbezirken, Gemeinden, Kommunen und diakonischen Trägern. Die Ausschreibung zum Projekt lud dazu ein, aus der Praxis heraus Konzeptionen für Zukunftsmodelle im Diakonat zu entwickeln.

Es gingen 65 Anträge ein, die sich über zahlreiche Handlungsfelder und Anstellungsträger hin erstreckten. Ausgewählt werden konnten aus der großen Vielfalt nur 15 Projekte: an Schulen, in der Schulsozialarbeit, Projekte in Gemeinden für Menschen mit sozialen Risiken (Armut, Migration, Pflege), Projekte zur Schulung von Diakoniebeauftragten, Projekte in Diakoniestationen und für Altersgruppen (Demenz), Projekte zur missionarischen Verkündigung an bisher nicht erreichte jugendliche Zielgruppen, Projekte an pluralen Orten im Gemeinwesen: im Sozialkaufhaus, auf der Messe, im Sozialraum vernetzte Projekte für trauernde Familien und für Familien im Kontext von Kindertagesstätten, Projekte zur diakonischen Gemeindegestaltung eines diakonischen Trägers, zur diakonischen Öffentlichkeitsarbeit in einem Kirchenbezirk u. v. m. Als Träger der Projektstellen konnten Kirchenbezirke, Kommunen, Schulen und diakonische Einrichtungen gewonnen werden, zum Teil in vernetzten, gemischt finanzierten Dienstaufträgen.[1] Alle Projekte wurden von Gremien in der fünfjährigen Laufzeit vor Ort begleitet, die ihrerseits gemischt aus diversen Anstellungsträgern und Akteurinnen und Akteuren im Sozialraum besetzt waren.

Die ekklesiologische und kirchentheoretische Bedeutung dieser Pluralität von Handlungsfeldern, Anstellungsmodi und Zielgruppen verdichtete sich im Laufe der Evaluation und Interpretation der Projektarbeit zu einer differenzierten Wahrnehmung des Phänomens ‚Diakonat‘. Die historische, sozialwissenschaftliche und ekklesiologische Begleitforschung ergänzte den Blick auf den Diakonat in der Vielfalt der Handlungsbezüge und Referenzsysteme.

---

1 Vgl. dazu die Zusammenfassung der 15 Projektberichte: Noller (Erträge der Praxis) in diesem Band; vgl. die Publikation der Projektberichte online: Projektberichte Diakonat – neu gedacht, neu gelebt (2008–2013) 2013.

2.2 *Historisch gewachsene Vielfalt von Berufsgruppen und Ämterkonzeptionen im Diakonat*

In das Projekt „Diakonat – neu gedacht, neu gelebt" wurden Ergebnisse aus einer umfangreicheren Begleitforschung eingebracht, die sich mit der Geschichte des Diakonats befasst.[2] Es wurden die bisher in der Diakoniewissenschaft rezipierten und publizierten Quellen zum Diakonat gesammelt, strukturiert und interpretiert.[3] Im Blick auf Diakonatsfragen sind die Ergebnisse in dreifacher Hinsicht relevant:

Erstens wird in der historischen Betrachtung deutlich, dass der Diakonat als kirchliches Amt eine bis ins Urchristentum zurückreichende Geschichte in diversen diakonischen Handlungsfeldern hat. Diakoninnen und Diakone begegnen in frühen kirchlichen Quellen. Sie übernehmen schon in der frühen Kirche Aufgaben in sozialen und existenziellen Krisen, insbesondere in Krankheit, Trauer und Armut. Diakone und Diakoninnen begegnen in frühkirchlichen Quellen auch in liturgischen und katechetischen Zusammenhängen. Der Diakonat wird im Laufe seiner Geschichte immer wieder im Kontext von aufbrechenden Armutsproblematiken erneuert. Zugleich wird das diakonische Amt im Zuge der Entwicklung der katholischen Ämterhierarchie und des Predigtamtes in der lutherischen Orthodoxie in den Hintergrund gedrängt, verliert seine Eigenständigkeit und wird zunehmend bedeutungslos. Auch im 19. Jahrhundert sind es die Armutsproblematiken der industriellen Revolution, die eine Neukonzeption des Diakonats bewirken. Diakonische Professionelle, Diakonissen sowie Diakoninnen und Diakone, begegnen in der Gründungsphase der modernen Diakonie in zahlreichen Handlungsfeldern der Krankenpflege, der Rettungshäuser und ihrer Bildungsangebote an Kinder und Jugendliche in sozialen Notlagen, der Stadt- und Bahnhofsmission, der Auslandsseelsorge und der Pflege. Im zweiten Vatikanischen Konzil wird der Diakonat als beständige Weihestufe in liturgischen, seelsorgerlichen und auch diakonischen Aufgaben erneuert. Auf evangelischer Seite werden im Diakonat Gemeindehelferinnen und Gemeindediakone seit dem 20. Jahrhundert eingesegnet und auch Absolventinnen und Absolventen der missionarischen Ausbildungsstätten werden für missionarische Arbeitsfelder in den Diakonat eingesegnet. Das Merkmal ‚Diversität' in der Polarität von sozialen, pädagogischen einerseits und verkündigenden, missionarischen Profilen andererseits durchzieht die Geschichte des Diakonats. Die Vielfalt steht in einem engen Zusammenhang mit den existenziellen und sozialen Krisen sowie den missionarischen Herausforderungen, die durch die Jahrhunderte hindurch das diakonische Engagement motivierten und auf die der Diakonat mit der Entwicklung vielfältiger Berufsprofile antwortete. Die Kommunikation des Evangeliums geschieht auch heute im Diakonat in Wort und Tat in zahlreichen Handlungsfeldern.

---

2 Ein Auszug aus dieser bisher noch nicht publizierten Begleitforschung ist veröffentlicht bei Noller 2013 (1). Zur Geschichte des Diakonats in Württemberg vgl. Eidt 2011.

3 Vgl. Noller 2013 (1).

Zweitens wird aus der historischen Betrachtung deutlich, dass der Diakonat nicht erst mit den sozialen Notlagen des 19. Jahrhunderts entsteht und dass die Konzeption eines Amtes neben dem Bischofs- und Presbyteramt/Priesteramt eine bis in die Bibel zurückreichende Tradition besitzt, die in Quellen belegt, aber noch sehr unzureichend erforscht ist.

Drittens wird aus der geschichtlichen Betrachtung deutlich, dass die Konzeption des Diakonats als eines kirchlichen Amtes seit dem 19. Jahrhundert nicht nur institutionell in den Kirchen verankert ist, sondern wesentlich auch in den Gemeinschaften im Diakonat und damit in den diakonischen Trägern. Diakonische und gemeindepädagogische Profile stehen seit der Re-Integration des Diakonats in die Kirchengesetze der Gliedkirchen der EKD nebeneinander und erhöhen zusammen mit den Zugängen aus den missionarischen Ausbildungsstätten die Vielfalt der Profile und Handlungsfelder im Diakonat.[4] Im Diakonengesetz der Württembergischen Landeskirche spiegelt sich diese Vielfalt in den diversen Berufsgruppen im Diakonat wieder. Es werden Jugendreferentinnen und -referenten, Gemeindegemeindediakoninnen und -pädagogen, Religionspädagogen und -pädagoginnen und Sozialdiakone und -diakoninnen neben Pflegediakonen und -diakoninnen in das Amt des Diakons bzw. der Diakonin eingesegnet.

Die Forschung zur Geschichte des Diakonats erweist sich als eine Ressource zum Verständnis eines Amtes, das in vielfältigen Handlungsfeldern und Berufsprofilen historisch gewachsen ist und dessen Existenz nicht erst seit dem 19. Jahrhundert nachzuweisen ist. Eine breitere Erforschung und wissenschaftliche Publikation der einschlägigen Quellen ist ein Desiderat der zukünftigen Diakonatsforschung.

2.3 *Diakonisches Amt und ökumenische Ämterdiskurse*

So vielfältig wie die historischen Traditionen des Diakonats und der kirchlichen Ämter sind die gegenwärtigen ökumenischen Ämterkonzeptionen. In der diakoniewissenschaftlichen Begleitforschung zum Projekt wurde die Frage des Diakonats als eines kirchlichen Amtes diskutiert.[5]

2.3.1 Der Diakonat in der Vielfalt der ökumenischen Ämterdiskurse

Im landeskirchlichen Projekt wurde die Frage des Diakonats als eines kirchlichen Amtes im Kontext der ökumenischen Ämterdiskurse thematisiert.[6] Betrachtet

4 Im Rahmen der von der Kirchenkonferenz der EKD eingesetzten Ad-hoc-Kommission zu ‚diakonischen und gemeindepädagogischen Berufsprofilen' wurde vom Institut für Angewandte Forschung (IAF) der EH Ludwigsburg eine Erhebung zu den diakonischen und gemeindepädagogischen Studien- und Ausbildungsgängen durchgeführt, die zum Zeitpunkt dieser Publikation noch nicht veröffentlicht ist. Erste Ergebnisse sind publiziert: Kirchenamt der EKD 2014, S. 54–71. Vgl. auch Kirchenamt der EKD 1996 (2).

5 Vgl. dazu die Beiträge in Noller/Eidt/Schmidt 2013.

6 Vgl. Noller/Eidt/Schmidt 2013 und den Versuch einer Klärung bei Hauschildt 2013.

man die ekklesiologischen Publikationen und ökumenischen Konsultationen, werden diverse Ämtermodelle in Geschichte und Gegenwart erkennbar, die in jeweils unterschiedlicher Weise den Diakonat als kirchliches Amt konzeptionieren und ekklesiologisch integrieren.

Das Kirchenamt der EKD hat den Gliedkirchen der EKD bereits 1996 die Ausgestaltung des Diakonenamts neben dem Predigtamt empfohlen.[7] Begründet wird diese Ausgestaltung des Diakonats aus den veränderten gesellschaftlichen Rahmenbedingungen, die seit der Reformation neben dem Amt der Verkündigung auch die helfende Zuwendung zum Nächsten als Amt der Kirche notwendig erscheinen lassen. Auch im ökumenischen Diskurs wird seit der Konvergenzerklärung des Ökumenischen Rates der Kirchen (ÖRK) und den Konsultationen der Gemeinschaft Evangelischer Kirchen in Europa (GEKE) der Diakonat im Gefüge kirchlicher Ämter diskutiert.[8] Hier wird auf die dreigliedrige, bereits in der frühen Kirche sich ausbildende Ämterstruktur von Leitungs- bzw. Bischofsamt, Priesteramt und Diakonenamt zurückgegriffen.

In den gemeindepädagogischen und diakoniewissenschaftlichen Reformdiskursen im deutschsprachigen Raum wurde, angeregt von Peter Bubmann und anderen, ein Vierfelderschema entworfen, das an die reformierten, auf Calvin zurückgehende Traditionen eines vierfachen Amtes (Pastoren-Hirten, Lehrer, Älteste, Diakonissen und Diakone) erinnert, das aber aus der ökumenischen Bewegung gewonnen wurde: Bubmann unterscheidet einen fünffachen Auftrag der Kirche in „martyria" („Verkündigung, Zeugnis"), „leiturgia" („Liturgie & Spiritualität"), „diakonia" („Seelsorge und Diakonie"), „paideia" („Bildung") und „koinonia" („Gemeinschafts-Bildung"), dem die Ämter und Professionen der Kirche zugeordnet werden.[9] Die ekklesiologischen Konzeptionen sind verschieden, gemeinsam ist ihnen aber, dass der Diakonat als Amt der Kirche gesehen wird.

Mit dem ÖRK und der GEKE, in deren Konsultationen auch die katholische Kirche einbezogen war, ist eine große Zahl von Kirchen der Ökumene heute auf dem Weg zu dreigliedrigen Ämterkonzeptionen.[10] Abgesehen von Erklärungen und Publikationen der lutherischen Tradition, in der das Predigtamt als das alleinige Amt der Reformation gesehen wird,[11] diskutieren zahlreiche Kirchen der Ökumene Ämtermodelle, die den Diakonat inkludieren. Daneben begegnen in der EKD auch Reformmodelle, die ganz neue Wege gehen, wie die Rheinische Kirche, die in ein gemeinsames pastorales Amt auch Diakone und Diakoninnen beruft.[12] Innerhalb des Projekts konnte die Vielfalt aktueller Ämtermodelle lediglich auswahlweise zusammengestellt und publiziert werden. Eine Klärung der

---

7 Vgl. Kirchenamt der EKD 1996 (2).

8 Vgl. Ökumenischer Rat der Kirchen (ÖRK) 2013 und Ders. 1982; Gemeinschaft Evangelischer Kirchen in Europa (GEKE) 2014.

9 Bubmann 2013, alle Zitate S. 94. Das Vierfelder-Schema wurde von Thomas Zippert rezipiert und weiterentwickelt. Vgl. Zippert 2013 (1).

10 Vgl. Dietrich 2013.

11 Vgl. VELKD 2006; Herms 2010 und Noller 2013 (1): S. 74–76.

12 Vgl. Ruddat 2009.

Ämterfragen steht noch aus. Sie ist als umfangreicheres Projekt des ökumenischen Gesprächs und der Kirchenreform zu betrachten.[13] Als Ergebnis lässt sich festhalten, dass in zahlreichen Kirchen der Ökumene sowie innerhalb der EKD der Diakonat als Teil der Ämterkonzeption diskutiert wird und dass die Notwendigkeit gesehen wird, den Diakonat mit seinen Berufsprofilen und Handlungsfeldern in der Form des kirchlichen Amtes zu sichern und nachhaltig strukturell in den Kirchen und der Diakonie auszugestalten. In diesen Diskursen wird ein von den Gemeinschaften im Diakonat und ihren Berufsgruppen wiederholt thematisiertes Defizit der Ekklesiologie und Kirchentheorie aufgegriffen. Es harrt noch immer einer Klärung und konvergenten Gestaltung in den Kirchen der Ökumene.

3.2. Diakonisches Amt und diakonische Selbst- und Fremdwahrnehmungen: Ergebnisse aus der Projektevaluation

So vielschichtig und variabel wie die Ämterfrage im kirchlichen ökumenischen Diskurs, so vielschichtig und polymorph wie die Handlungsfelder und Anstellungsstrukturen sind auch die Selbst- und Fremdeinschätzungen zum kirchlichen Amt, die im Projekt „Diakonat – neu gedacht, neu gelebt“ erkennbar wurden. Fünf Beobachtungen lassen sich festhalten:

Erstens wird das Amt sowohl von Projektstelleninhabern und Projektstelleninhaberinnen als auch von Kooperationspartnern und Kooperationspartnerinnen im Projekt insbesondere in den geistlichen Kompetenzen gesehen. Sowohl die Projektstelleninhaber/-innen als auch ihre Kooperationspartner/-innen nennen in Gruppendiskussionen Verkündigung und seelsorgerliche Kompetenzen, wenn nach dem diakonischen Amt und Beruf gefragt wird. Das kirchliche Amt wird mit geistlichen Kompetenzen identifiziert. Inhaltlich ist der Diakonat stark mit unterstützenden Motiven assoziiert. Die helfende Dimension – als Beauftragung zur kirchlichen Nächstenliebe – wird nicht nur von Seiten der Diakoninnen und Diakone als Inbegriff des Amtes genannt, sondern als selbstlose Erfüllung des biblischen Auftrags auch bei Kooperationspartnern und Kooperationspartnerinnen und Klienten und Klientinnen erwartet und geschätzt.[14] In diesem Zusammenhang sind auch Differenzen zu beobachten, die Claudia Schulz in Gruppendiskussionen von Berufsgruppen im Diakonat konstatiert hat. Die Gruppe der Jugendreferenten und -referentinnen einerseits hat stärkere Probleme damit, den diakonischen Charakter des Amtes für sich zu erfassen, während andererseits die Gruppe der Sozialdiakone und Sozialdiakoninnen den Beauftragungscharakter zum unterstützenden Handeln nicht problematisiert, dafür aber die Beauftragung zu spezifischen Aufgaben im geistlichen Bereich

13 Vgl. dazu breiter Noller/Eidt/Schmidt 2013; Hauschildt 2013; Klärungsversuche finden sich in diesem Band aus der Württembergischen Perspektive bei Zeeb (Das eine Amt) und Hödl/Gabler (Der Diakonat). Ausführlicher: Noller vorauss. 2015.

14 Vgl. dazu die Auswertungen bei Noller 2013 (2): S. 454–459.

in diakonischen Anstellungsverhältnissen z. B. bei diakonischen Trägern vermisst.[15]

In den Evaluationen wurden hinsichtlich des Amtes zweitens Irritationen und institutionelle Konflikte geschildert. Einerseits wird der Charakter des Amtes in einzelnen Interviews überhaupt nicht wahrgenommen.[16] Das professionelle Handeln steht im Vordergrund. Die Sichtbarkeit und Relevanz der kirchlichen Beauftragung in der Form eines Amtes wird nicht thematisiert oder sie wird nicht dem Diakonenamt zugeordnet, sondern einer diffus erfassten kirchlichen Frömmigkeit bzw. kirchlichen Beruflichkeit. Wo diese wahrgenommen wird, wird sie andererseits als Teil der kirchlichen Beauftragung gesehen. Diese kann in einzelnen Äußerungen auch als ein Persönlichkeitsmerkmal interpretiert werden. In der Auswertung von Gruppendiskussionen und Interviews wurden Rollenkonflikte erkennbar, die sich darin äußern, dass ein missionarisches Auftreten in nicht kirchlichen Institutionen und Organisationen als problematisch angesehen wird.[17] Diese institutionellen Konflikte können auch dazu führen, dass die Diakone und Diakoninnen ihre eigene Diakonatskonzeption in der Konstellation eines Dienstauftrages nicht umsetzen können. Das gilt insbesondere in nichtkirchlichen Anstellungsverhältnissen und Dienstaufträgen (z. B. in der Schule).[18]

Drittens wird von den Diakoninnen und Diakonen, insbesondere in den Projekttagebüchern, ein existenzielles geistliches Durchdrungen-Sein eindrücklich geschildert. Es ist verbunden mit einer biblischen Selbstauslegungs- und Selbstdeutungskompetenz, die eng mit dem jeweils eigenen Konstrukt des diakonischen Amtes und Auftrags verbunden ist.[19] In diesem Zusammenhang wird auch thematisiert, dass das Amt, gerade in den weit in das Gemeinwesen hineinreichenden Arbeitsfeldern, den Dienst trägt. Die Beauftragung durch die Kirche wird als konstitutiv geschildert. Die Würde des Amtes wird thematisiert und es wird der spezifische Beauftragungscharakter diskutiert, der – auch unabhängig von den expliziten Außenwahrnehmungen – als formgebend und normierend für das berufliche Handeln in doppelter Qualifikation angesehen wird.[20] Insbesondere in den Projekttagebüchern wurde deutlich, dass die situationsbezogene Reflexion des diakonischen oder gemeindepädagogischen Handelns im Zusammenhang biblischer Erzählungen und kirchlicher Symbole mit großer Selbstverständlichkeit aktiviert und in die Schilderungen professioneller Situationen eingeflochten wird.[21] Im Rahmen der Begleitforschung wurde auf einem Studientag von Thomas Zippert zu Recht darauf hingewiesen, dass die theologische Deutung des helfenden Handelns auch explizit erkennbar und hörbar werden muss,

15 Vgl. Schulz 2013 (1) und 2013 (3).

16 Vgl. Schulz 2013 (2): S. 110–116.

17 Vgl. Noller 2013 (2).

18 Vgl. Noller/Fliege 2013: bes. S. 198–194.

19 Vgl. Noller 2013 (4): bes. S. 423–428.

20 Vgl. Noller/Fliege 2013.

21 Vgl. Noller am Beispiel des seelsorgerlichen Gesprächs 2013 (3) und zur Theologie und Ethik der Diakone und Diakoninnen Noller 2013 (4).

damit sie als ein von der Kirche beauftragtes Handeln identifiziert werden kann.[22]

Viertens – und am auffallendsten – ist die im Zusammenhang des Diakonats wiederholt geschilderte Schwierigkeit, den Diakonat als öffentliches Amt und weniger als persönliche oder professionelle Kompetenz wahrzunehmen und zu gestalten. Das Problem liegt m. E. weniger in der Selbstdeutungs- und Darstellungskompetenz der Diakoninnen und Diakone selbst als vielmehr an einer mangelnden öffentlichen Kommunikation und Präsentation des Amtes durch Diakonie und Kirche. Auch das Theologiestudium bereitet m. E. zu wenig auf die spätere Arbeit in Teams mit kirchlichen Amtsträgern und -trägerinnen, Kollegen und Kolleginnen im Diakonat vor.[23] Es fehlt den Kooperationspartnern und -partnerinnen, den Kolleginnen und Kollegen sowie den Klienten und Klientinnen an den ekklesiologischen Referenz- und Deutungskategorien, um das diakonische Amt sowohl in der Kirche selbst als auch in Diakonie und Gesellschaft als ein kirchliches Amt zu identifizieren.

Fünftens ist festzuhalten, dass in allen Projekten von den Diakoninnen und Diakonen selbst sowie von ihren Kooperationspartnern und -partnerinnen, Klienten und Klientinnen geschildert wird, dass in vielfältigen Handlungsfeldern Menschen in sozialen und existenziellen Krisen unterstützt werden, dass Konflikte gelöst werden und neue Handlungsperspektiven in gesellschaftlichen und kirchlichen Problemlagen eröffnet werden. Geschildert wird, dass das diakonische Engagement der Projektstelleninhaber/-innen insbesondere durch ihr Engagement für Menschen in konkreten Notlagen oder durch missionarische Projekte diejenigen Menschen anspricht, die von den parochialen Angeboten nicht erreicht werden. Deutlich wird, dass das diakonische Engagement Kirchenbezirke und Kirchengemeinden mit Kommunen, mit öffentlichen Beratungs- und Unterstützungsangeboten, mit Hilfevereinen und Schulen, mit Gewerbetreibenden und mit vielfältigen zivilgesellschaftlichen Akteuren und Akteurinnen im Sozialraum vernetzt. Es wird in den Projektberichten, in den Evaluationen und Begleitforschungen deutlich, dass ‚Kirche' – unabhängig von der konkreten Trägerschaft – in den Projekten ihren diakonischen Auftrag wahrnimmt und nachkommt. Diese Wahrnehmung ist m. E. breiter zu reflektieren vor dem Hintergrund von Mitgliedschaftsuntersuchungen, die wiederkehrend als Erwartung an die Kirche formulieren, dass sich Kirche für Menschen in Notsituationen engagiert.[24]

22 Vgl. Zippert 2013 (2).

23 Vgl. Noller (Ausbildungsfragen und Dienstaufträge) in diesem Band.

24 Vgl. Noller 2013 (2) und die vierte und fünfte Untersuchung zur Kirchenmitgliedschaft der EKD bei Huber/Friedrich/Steinacker 2006; Evangelische Kirche in Deutschland (EKD) 2014.

2.4 *Ekklesiologische Referenz- und Deutungshorizonte: Zur Erkennbarkeit des diakonischen Amtes und zur Öffentlichkeitsarbeit von Diakonie und Kirche*

Die Aufgabe, das öffentliche Referenzsystem eines Amtes samt seines Bekanntheitsgrades, die kulturell tradierten Bilder und liturgische Präsenz selbst zu erschaffen und zu verantworten, ist m. E. als eine Überforderung der einzelnen Amtsinhaber/-innen zu werten. Die Kommunikation des diakonischen Charakters des Handelns kann, das zeigen die Dokumente des Projekts, in der persönlichen Beziehungsarbeit gelingen und wird dann – wie einzelne Auswertungen des Projektes zeigen – nicht immer als öffentliches Amt, sondern gelegentlich auch als Persönlichkeitsmerkmal der Diakoninnen und Diakone gedeutet. Demgegenüber ist klarzustellen, dass für die Erkennbarkeit des Amtes als eines öffentlichen, kirchlichen Amtes die berufende Institution selbst in der Verantwortung steht. Es ist die Aufgabe einer im Gemeinwesen agierenden Kirche, Referenz- und Deutungshorizonte öffentlich zu kommunizieren. Es ist ihre Aufgabe, dazu beizutragen, dass – dem Pfarramt vergleichbar – Bilder des Diakonenamts öffentlich kommuniziert und geprägt werden, in die die einzelnen Amtsträger/-innen ihre persönlichen Charismen dann individuell eintragen können. Dazu gehören liturgische Präsenz, Amtskleidung, Gremienbeteiligung und eine Öffentlichkeitsarbeit von Kirche und Diakonie, die Bilder und Symbole eines diakonischen Amtes bereithalten und multiplizieren. Dazu zählt m. E. auch die diakoniewissenschaftliche Bildung der Pfarrer und Pfarrerinnen, damit die Pluralität der Ämter und der Dialog der Amtsträger/-innen in Teams mit unterschiedlichen Kompetenzprofilen schon im Studium vorbereitet werden.[25] Dazu zählt auch die Beratung von Kirchenbezirken und Anstellungsträgern zur Gestaltung von Dienstaufträgen, die den Kompetenzen der diakonischen Professionellen und dem theologischen Charakter ihres Amtes angemessen ist.[26]

2.5 *Diakonat im Sozialraum: ekklesiologische Vielfalt in Gemeinde und Gemeinwesen*

Zu den herausragenden Ergebnissen des Projekts gehört m. E. die Wahrnehmung, dass gerade in der Vielfalt und Pluriformität des Diakonats in seinen vielfältigen Berufsgruppen, Handlungsfeldern und Frömmigkeitsprofilen nicht nur ein Problem liegt – wie häufig in der diakoniewissenschaftlichen Debatte thematisiert wird. In der Vielfalt bilden sich vielmehr das historisch gewachsene Profil, das Spezifikum und die Chance des Diakonats für eine zukünftige Gestaltung von diakonischer Gemeinde, diakonischer Kirche und Diakonie im Gemeinwesen ab. Die Pluriformität basiert auf einer variantenreichen Organisation der doppelten Qualifikation und auf verschiedenen Ausbildungswegen,

25 Vgl. erste Ansätze zur Teamarbeit kirchlicher Berufe bei Grethlein 2012: S. 479–492.

26 Vgl. zur Wahrnehmung des Diakonats aus kirchenleitender Perspektive July 2011 und 2013.

Frömmigkeitsprofilen und Berufsgruppen. Die Vielfalt spiegelt die Herausforderungen der Gestaltung einer Kirche an „pluralen Orten“[27], wie sie derzeit in der Kirchentheorie diskutiert wird, wieder. Der Diakonat spannt in den pluralen Berufsprofilen den Raum der Kirche im Sozialraum auf. Diakoninnen und Diakone des Projekts kommunizieren das Evangelium in Teilsystemen der Gesellschaft mit Menschen, die von den Angeboten der parochial organisierten Kirche nicht erreicht werden. In der Bildungsarbeit, in der Streetworkarbeit und in den Beratungssituationen begegnen Menschen in biografischen Lebensstationen und existenziellen Krisen ‚Kirche‘ in den Professionellen und Amtsträgern und -trägerinnen im Diakonat. Die Diakoninnen und Diakone selbst thematisieren im Projekt die Schwierigkeiten, parochiale Gemeinden zu ‚diakonisieren‘. Dies kann durch diakonische Projekte vorangebracht werden. Deutlich wird, dass insbesondere in den Netzwerken und in den pluralen Angeboten im Gemeinwesen Formen von Verkündigung, Seelsorge und Diakonie gestaltet werden, die von den Diakonen und Diakoninnen selbst als kirchliches Handeln (in Tischgemeinschaft und Verkündigung) gedeutet werden. Die ekklesiologische Bedeutung dieser vielfältigen Topologie kirchlichen Handelns im Diakonat ist m. E. noch breiter ekklesiologisch zu reflektieren und in die derzeitigen Diskurse zur Kirchentheorie und Kirchenreform einzubinden.[28] Als Ergebnis kann man festhalten, dass im Diakonat Kirche im Sozialraum vielfältig gestaltet wird. Im Diakonat wird Kirche über Parochien hinaus durch Professionelle im Gemeinwesen gestaltet, die dazu von der Kirche berufen und beauftragt sind.

Literatur

Bubmann, Peter (2013): Amt, Ämter und Dienste der Kommunikation des Evangeliums – aktuelle Herausforderungen in der Ämterfrage. In: Noller, Annette/Eidt, Ellen/Schmidt, Heinz (Hg.): Diakonat – theologische und sozialwissenschaftliche Perspektiven auf ein kirchliches Amt. Stuttgart. S. 85–104.

Dietrich, Stefanie (2013): Ökumenische Perspektiven zum Verständnis des Diakonats. Die skandinavischen Kirchen im Horizont der weltweiten Ökumene. In: Noller, Annette/Eidt, Ellen/Schmidt, Heinz (Hg.): Diakonat – theologische und sozialwissenschaftliche Perspektiven auf ein kirchliches Amt. Stuttgart. S. 278–295.

Eidt, Ellen (2011): Der evangelische Diakonat. Entwicklungslinien in Kirche und Diakonie am Beispiel Württembergs. Stuttgart.

Eidt, Ellen/Schulz, Claudia (Hg.) (2013): Evaluation im Diakonat. Sozialwissenschaftliche Vermessung diakonischer Praxis. Stuttgart.

Evangelische Kirche in Deutschland (EKD) (Hg.) (2014): Engagement und Indifferenz. Kirchenmitgliedschaft als soziale Praxis. V. EKD-Erhebung über Kirchenmitgliedschaft. Hannover. Verfügbar unter: http://www.ekd.de/EKD-Texte/92150.html (15.03.2014).

Gemeinschaft Evangelischer Kirchen in Europa (GEKE) (2014): Amt – Ordination – Episkopé. (Beschlussvorlage). Verfügbar unter: www.cpce-assembly.eu/media/pdf/Unterlagen/7-Amt-Ordination-Episkope.pdf (5.2.2014).

Grethlein, Christian (2012): Praktische Theologie. Berlin/Boston.

---

27 Der Terminus ist angelehnt an Pohl-Patalong 2004 und 2004/²2006.

28 Vgl. Noller 2013 (2); Noller vorauss. 2015.

Hauschildt, Eberhard (2013): Allgemeines Priestertum und ordiniertes Amt, Ehrenamtliche und Berufstätige. Ein Vorschlag zur Strukturierung verwickelter Debatten. In: PTh 102. Jg., H.9. S. 388–407.

Herms, Eilert (2010): Die Frage nach der Güte der Arbeit im Pfarramt vor dem Hintergrund der reformatorischen Sicht von Amt und Auftrag der Kirche. In: Lasogga, Mareile/Jahn, Christian/Hahn, Udo (Hg.): Zur Qualität pastoraler Arbeit. Eine Konsultation der Vereinigten Evangelisch-Lutherischen Kirche Deutschlands. Hannover. S. 19–65.

Huber, Wolfgang/Friedrich, Johannes/Steinacker, Peter (Hg.) (2006): Kirche in der Vielfalt der Lebensbezüge. Die vierte Erhebung über Kirchenmitgliedschaft. Bd. 1. Gütersloh.

July, Frank Otfried (2011): Diakonat und Kirche. In: Friedrich, Norbert/Wolff, Martin (Hg.): Diakonie in Gemeinschaft. Perspektiven gelingender Mutterhaus-Diakonie. Neukirchen-Vluyn. S. 41–52.

July, Frank Otfried (2013): Diakonat. Zehn Thesen im Rahmen des Projekts „Diakonat – neu gedacht, neu gelebt". In: Noller, Annette/Eidt, Ellen/Schmidt, Heinz (Hg.): Diakonat – theologische und sozialwissenschaftliche Perspektiven auf ein kirchliches Amt. Stuttgart. S. 15–20.

Kirchenamt der EKD (Hg.) (1996) (1): Der Evangelische Diakonat als ein geordnetes Amt der Kirche. EKD Texte 58. Hannover.

Kirchenamt der EKD (Hg.) (1996) (2): Grundsätze einer kirchlichen Bildungsordnung für gemeindebezogene Dienste. EKD Informationen. Hannover.

Kirchenamt der EKD (Hg.) (2014): Perspektiven für diakonisch-gemeindepädagogische Ausbildungs- und Berufsprofile. Tätigkeiten – Kompetenzmodell-Studium. EKD Texte 118. Hannover.

Noller, Annette (2013) (1): Der Diakonat – historische Entwicklungen und gegenwärtige Herausforderungen. In: Noller, Annette/Eidt, Ellen/Schmidt, Heinz (Hg.): Diakonat – theologische und sozialwissenschaftliche Perspektiven auf ein kirchliches Amt. Stuttgart. S. 42–84.

Noller, Annette (2013) (2): Diakonat: Kirche im Sozialraum. In: Eidt, Ellen/Schulz, Claudia (Hg.): Evaluation im Diakonat. Sozialwissenschaftliche Vermessung diakonischer Praxis. Stuttgart. S. 446–474.

Noller, Annette (2013) (3): Diakonat und Seelsorge. Zur Rekonstruktion seelsorgerlichen Handelns von Diakoninnen und Diakonen. In: Eidt, Ellen/Schulz, Claudia (Hg.): Evaluation im Diakonat. Sozialwissenschaftliche Vermessung diakonischer Praxis. Stuttgart. S. 376–405.

Noller, Annette (2013) (4): Diakonat und theologische Kompetenz. In: Eidt, Ellen/Schulz, Claudia (Hg.): Evaluation im Diakonat. Sozialwissenschaftliche Vermessung diakonischer Praxis. Stuttgart. S. 406–431.

Noller, Annette/Eidt, Ellen/Schmidt, Heinz (Hg.) (2013): Diakonat – theologische und sozialwissenschaftliche Perspektiven auf ein kirchliches Amt. Stuttgart.

Noller, Annette/Fliege, Thomas (Hg.) (2013): Diakonat und doppelte Qualifikation – drei Typen diakonischen Handelns. Ein Werkstattbericht. In: Noller, Annette/Eidt, Ellen/Schmidt, Heinz (Hg.): Diakonat – theologische und sozialwissenschaftliche Perspektiven auf ein kirchliches Amt. Stuttgart. S. 179–195.

Noller, Annette (vorauss. 2015): Diakonat und Kirchenreform. Stuttgart.

Ökumenischer Rat der Kirchen (ÖRK) (2013): Die Kirche auf dem Weg zu einer gemeinsamen Vision. Studie der Kommission für Glauben und Kirchenverfassung No 214. Genf. Verfügbar unter: www.oikoumene.org/de/resources/documents/wcc-commissions/faith-and-order-commission/i-unity-the-church-and-its-mission/the-church-towards-a-common-vision?set_language=de (4.2.2014).

Ökumenischer Rat der Kirchen (ÖRK) (1982): Taufe, Eucharistie und Amt. Konvergenzerklärung der Kommission für Glauben und Kirchenverfassung. No 111 vom 15.01.1982. Paderborn. Verfügbar unter: http://archived.oikoumene.org/de/dokumentation/documents/oerk-kommissionen/glauben-und-kirchenverfassung-kommission-fuer/i-einheit-die-kirche-undihr-auftrag/taufe-eucharistie-und-amt-studie-der-kommission-fuer-glauben-und-kirchen verfassung-no-111lima-papier.html (4.2.2014).

Pohl-Patalong, Uta (Hg.) (2004): Kirchliche Strukturen im Plural. Visionen und Modelle. Hamburg.

Pohl-Patalong, Uta (2004/[2]2006): Von der Ortskirche zu kirchlichen Orten. Ein Zukunftsmodell. Göttingen.

Projektberichte „Diakonat – neu gedacht, neu gelebt" (2008–2013) (2013): Projekt der Evangelischen Landeskirche in Württemberg, hg. im Auftrag des Evangelischen Oberkirchenrats (Dezernat 2) (Redaktion: Annette Noller). Stuttgart. Verfügbar unter: www.eh-ludwigsburg.de/fileadmin/user_upload/PDF/Projektberichte2008_2013_Diakonat.pdf (25.02.2014).

Ruddat, Günter (2009): Das gemeinsame Pastorale Amt im Rheinland. In: PrTh 44. Jg. H. 1. S. 49–53.

Schulz, Claudia (2013) (1): Diakoninnen und Diakone unter Vertrag. Vom diakonischen Mehrwert und strukturellen Baustellen aus der Perspektive von Anstellungsverantwortlichen. In: Eidt, Ellen/Schulz, Claudia (Hg.): Evaluation im Diakonat. Sozialwissenschaftliche Vermessung diakonischer Praxis. Stuttgart. S. 56–89.

Schulz, Claudia (2013) (2): Diakonisches Handeln der Kirche mit gesellschaftlicher Relevanz. Von Chancen und Begrenzungen der sozialwissenschaftlichen Perspektive. In: Noller, Annette/Eidt, Ellen/Schmidt, Heinz (Hg.): Diakonat – theologische und sozialwissenschaftliche Perspektiven auf ein kirchliches Amt. Stuttgart. S. 105–122.

Schulz, Claudia (2013) (3): Konstruktion des Diakonats zwischen Tätigkeit, Qualifikation und Amt. Wahrnehmungen aus Berufsgruppen im Diakonat. In: Eidt, Ellen/Schulz, Claudia (Hg.): Evaluation im Diakonat. Sozialwissenschaftliche Vermessung diakonischer Praxis. Stuttgart. S. 27–55.

VELKD (Hg.) (2006): „Ordnungsgemäß berufen". Eine Empfehlung der Bischofskonferenz der VELKD zur Berufung zu Wortverkündigung und Sakramentsverwaltung nach evangelischem Verständnis (Texte aus der velkd 136/ 2006) Ahrensburg. Verfügbar unter: http://www.velkd.de/downloads/Ordination(2).pdf (4.3.2014).

Zippert, Thomas (2013) (1): Ausbildung. In: Neumann, Reinhard: In Zeit-Brüchen diakonisch handeln 1945–2013. Mit Beiträgen von Wilfried Brandt, Carl Christian Klein, Gert Müssig, Reinhard Neumann, Gottfried Schubert, Erhard Schübel, Martin Wolff, Thomas Zippert. Bielefeld. S. 447–533.

Zippert, Thomas (2013) (2): Zum Stand der Projektarbeit und weiterer Entwicklungsbedarfe im Diakonat. Einige vorläufige und subjektive Gedanken. In: Noller, Annette/Eidt, Ellen/Schmidt, Heinz (Hg.): Diakonat – theologische und sozialwissenschaftliche Perspektiven auf ein kirchliches Amt. Stuttgart. S. 161–178.

IV. Diakonisches Handeln in gesellschaftlichen Veränderungsprozessen

Ellen Eidt

Großstadt und ländlicher Raum im Spiegel kirchlich-diakonischer Projektkonzeptionen

Praxisorientierte Wahrnehmungen des gesellschaftlichen Wandels und die Profilierung des Diakonats

„Mietpreisexplosion in den Großstädten“[1] und „Volle Städte, leeres Land“[2] – Schlagzeilen wie diese markieren die mediale Wahrnehmung eines bereits seit Beginn des neuen Jahrtausends wahrnehmbaren Trends. Von Re-Urbanisierung[3] spricht die Forschung, wenn sie die aktuelle Tendenz der Bevölkerungswanderung in vielen wirtschaftlich hoch entwickelten Ländern beschreibt. Den primären Interpretationsrahmen für das Verständnis dieses Phänomens sehen Fachleute im Megatrend des „Demographischen Wandels“.[4] In diesem Zusammenhang wird auch nach Ansatzpunkten für die Bewältigung der mit der Re-Urbanisierung verbundenen Herausforderungen gesucht.

Die Herausforderungen des demographischen Wandels betreffen – so lehren uns die Ergebnisse der demographischen Analysen – gegenwärtig vor allem periphere ländliche Gebiete und hochverdichtete Regionen. Diese verschiedenen Räume sind jeweils auf charakteristische Weise von unterschiedlichen Veränderungsprozessen betroffen, und es ist damit zu rechnen, dass sich die entsprechenden Tendenzen in Zukunft verfestigen und sogar noch verstärken.[5] Dies gilt, obwohl zugleich auch davon auszugehen ist, dass eine einfache Stadt-Land-Dichotomie im klassischen Sinn nicht aufrecht zu erhalten ist, da der soziale Wandel „die erfahrbare Realität eines Gegensatzes oder Komplementärverhält-

---

1 Simon 2013: S. 1.

2 Hackhausen/Bartz 2013: S. 1.

3 Vgl. Brake/Herfert 2012.

4 Vgl. Münter 2012: S. 78–106.

5 Vgl. z. B. Maretzke 2013: S. 126.

nisses der Siedlungs- und Lebensweisen zum Schwinden gebracht hat“[6]. Auch wenn „Städtisches (...) sich nicht länger nur in und Ländliches nicht nur außerhalb der Stadt“[7] findet, kann die Beibehaltung der entsprechenden Begrifflichkeit dabei helfen, die praktische Unübersichtlichkeit der verschiedenen Entwicklungstendenzen übersichtlicher zu machen und die Differenzen klarer zu erkennen.

Auf die verschiedenen, langfristigen gesellschaftlichen Transformationsprozesse reagierte die Evangelische Landeskirche in Württemberg im Jahr 2008 mit der öffentlichen Ausschreibung des Projekts „Diakonat – neu gedacht, neu gelebt“. Die Projektkonzeption der Evangelischen Landeskirche in Württemberg orientierte sich grundsätzlich an den Megathemen des gesellschaftlichen Wandels. Die Projektziele dieses Projekts fokussierten dabei die regionale und kommunale Ebene als Bezugsrahmen für lokale Erprobungsprojekte. Dort sollten Diakoninnen und Diakone modellhaft zeigen, wie die Kirche ihre diakonisch-missionarische Verantwortung im gesellschaftlichen Wandel wahrnehmen kann.[8] So waren es auch die lokalen Projektträger, die ihre Ideen zur Bewältigung spezifischer Herausforderungen im eigenen Verantwortungsbereich in Form eines Projektantrages einreichen sollten.

Die landeskirchliche Projektausschreibung selbst bot einige Anregungen zur Übersetzung in konkrete Projektideen. Diese Anregungen hatten die Form von Beispielen, die sich in erster Linie an den klassischen Berufsbildern im Diakonat orientierten und diese vor allem durch eine Vernetzungsorientierung erweiterten. In den begleitenden landeskirchlichen Gremien spielte zwar immer wieder die Überzeugung eine große Rolle, dass Ehrenamtliche, Fach- und Führungskräfte, die in einem Sozialraum verankert sind, eine konkrete Situation sachgerecht und differenziert wahrnehmen, deshalb Herausforderungen frühzeitig erkennen und situationsgerechte Konzepte entwickeln können. Konkrete Anregungen zu einer detaillierten Situationswahrnehmung vor Ort wurden im Rahmen des Ausschreibungsverfahrens jedoch nur in individuellen Beratungsprozessen gegeben.

Da in der Evangelischen Landeskirche in Württemberg diese Form einer Projektausschreibung bisher noch nicht erprobt worden war, sollten einzelne Aspekte im Zusammenhang der Projektevaluation einer sozialwissenschaftlichen Analyse unterzogen werden. Als Datenbasis konnten die insgesamt 65 eingegangenen Projektanträge aus Kirchengemeinden, Kirchenbezirken, landeskirchlichen Gemeinschaften und Vereinen sowie aus diakonischen Einrichtungen und aus einer Kommune genutzt werden. Mit Methoden der empirischen Sozialforschung sollten die expliziten und impliziten Gegenwartsdiagnosen und Zukunftsentwürfe der Antragstellenden erschlossen werden. Aber auch Impulse der Projektentwicklerinnen und Projektentwickler für die zukünftige Profilierung

6 Vonderach 2004: S. 7.
7 Hoyer 2011: S. 90.
8 Vgl. Evangelische Landeskirche in Württemberg 2008: S. 2.

der Aufgabenstellungen für die Arbeit von Diakoninnen und Diakonen sollten deutlicher wahrnehmbar gemacht werden. Die Ergebnisse dieser Forschungsarbeit können einerseits für die Konzeption nachfolgender Organisationsentwicklungsprojekte genutzt werden. Zugleich sind Hinweise darauf zu erwarten, welche besonderen Herausforderungen bei der Stellen- und Personalentwicklung im Diakonat zu bewältigen sind.

Für die Analyse der Situationswahrnehmungen der Antragstellenden im Blick auf Großstadt und ländlichen Raum wurden diejenigen Anträge ausgewählt, die in einem den jeweiligen Definitionskriterien entsprechenden Sozialraum[9] lokalisiert waren. So konnten die spezifischen Ausprägungen der Situationswahrnehmung und der Ideen für die Bearbeitung besonderer Herausforderungen, wie sie in den Projektanträgen zum Ausdruck kommen, erhoben und für die vertiefte Diskussion aufbereitet werden. Darüber hinaus wurde bei der Auswertung auch die projektorientierte Bestimmung der Rolle von Diakoninnen und Diakonen berücksichtigt.

Bei der Interpretation der Projektanträge war zu beachten, dass es sich um Dokumente binnenkirchlicher Kommunikation handelt, die eindeutig darauf angelegt waren, die in Aussicht gestellten Zuschüsse zur Projektfinanzierung zu erhalten.[10] Sowohl die verschiedenen Darstellungen der jeweiligen lokalen Situation als auch die skizzierten Projektkonzeptionen orientieren sich deshalb möglicherweise mehr oder weniger an den Erwartungen, die den für die Projektauswahl verantwortlichen Gremien unterstellt wurden. Dieser Zusammenhang spielte möglicherweise sowohl für die Auswahl der in Betracht gezogenen Wahrnehmungsparameter als auch für deren Gewichtung und Bewertung eine Rolle. Darüber hinaus sind auch die Grenzen bestehender kirchenrechtlicher Rahmenbedingungen und kirchenstruktureller Gegebenheiten im Rahmen einer landeskirchlichen Projektausschreibung als mögliche Begrenzungen kreativer Ideen zu berücksichtigen.

Methodisch orientierte sich die Dateninterpretation vor allem an der qualitativen Inhaltsanalyse, ergänzt durch Aspekte der Dokumentenanalyse, wie sie Philipp Mayring darstellt.[11] Als Leitkategorien dienten dabei sowohl die entsprechenden Formulierungen aus den offenen Leitfragen, wie sie im landeskirchlichen Ausschreibungsverfahren durch das Antragsformular bereits vorgegeben waren. Daneben wurden die Anträge auf spezifische Stichworte hin gesichtet, wie sie sich aus der Themenstellung der hier vorgelegten Auswertung zur Stadt-Land-Thematik ergaben.[12] Die insgesamt doch eher knappen Ausführungen in den Projektanträgen erlauben es zwar, das Material im Hinblick auf die Frage nach kirchlich-diakonischen Handlungsansätzen angesichts des gesellschaftlichen Wandels in großstädtischen und ländlichen Räumen einzuschätzen und zu strukturieren[13], sie ermöglichen es aber nicht, individuelle Problemlösungsstrate-

---

9 Diese Kriterien werden jeweils zu Beginn der entsprechenden Abschnitte näher erläutert.

10 Vgl. Mayring [5]2002: S. 48.

11 Vgl. Mayring [5]2002: S. 46–50.

12 Vgl. Mayring [5]2002: S. 116–117.

13 Vgl. Mayring [5]2002: S. 115.

gien detailliert nachzuzeichnen. Mit diesem methodischen Vorgehen ist, wie auch sonst in der qualitativen Sozialforschung, keinesfalls der Anspruch auf Repräsentativität verbunden. Die der Analyse zugrundeliegende Materialgattung „Projektantrag" erlaubt jedoch einen ersten Einblick in die sozialräumlichen Wahrnehmungen der Antragstellenden und in Mechanismen interner, kirchlicher Projektentwicklung. Die Ergebnisse der Analyse und Interpretation der Projektanträge kann sichere Hinweise darauf geben, welche immanenten Begrenzungen mit dieser landeskirchlichen Projektkonzeption verbunden waren, und an diese Beobachtungen lassen sich Anregungen für zukünftige landeskirchliche Steuerung in Projektprozessen knüpfen. Außerdem erlaubt die theoriegeleitete Dateninterpretation Aussagen darüber, in welcher Hinsicht die spezifischen Herausforderungen in großstädtischen und ländlichen Gebieten nach momentaner Einschätzung aus wissenschaftlicher Perspektive noch auf kirchlich-diakonische Bearbeitung warten. Daraus lassen sich Impulse für die weitere Profilierung von Ausbildungs- und Stellenkonzeptionen für Diakoninnen und Diakone gewinnen.

1. Die Herausforderungen des gesellschaftlichen Wandels im ländlichen Raum und deren Aufnahme in den Projektanträgen

Die Landesanstalt für Entwicklung der Landwirtschaft und der ländlichen Räume in Baden-Württemberg definiert als ländlichen Raum im engeren Sinn: „Dünner besiedelte Gebiete mit zumeist deutlich unterdurchschnittlichen Dichtewerten in den Bereichen Bevölkerung, Wohnungen und Arbeitsplätze. Die Gebiete verfügen in der Regel über einen hohen Anteil an Freiraum- bzw. Landwirtschaftsflächen und zum Teil infrastrukturellen Entwicklungsbedarf."[14] In Baden-Württemberg sind dies in der Regel Gebiete mit einer Bevölkerungsdichte von unter 100 Einwohnerinnen und Einwohnern pro Quadratkilometer. Diese Gebiete umfassten im Jahr 2005 etwa 69 % der Landesfläche mit 35 % der Landesbevölkerung und stellten 30 % der Arbeitsplätze für sozialversicherungspflichtig Beschäftigte.[15]

Diese Gebiete sind etwa seit dem Jahr 2000 durch die Addition der Effekte von Abwanderung und Geburtendefizit in besonderer Weise vom Bevölkerungsrückgang betroffen und können in der Regel die deshalb schwindende Steuer- und Kaufkraft nicht aus eigener Kraft ausgleichen. Deshalb werden als vorrangige Herausforderungen für diese Gebiete meist die Sicherung der Daseinsvorsorge, die Auslastung und der Erhalt von Infrastrukturen und die damit verbundene langfristige Absicherung des grundgesetzlich vorgegebenen Leitbildes gleichwertiger Lebensbedingungen[16] beschrieben. Als erfolgversprechende Strategien zur Bewältigung gelten vor allem eine koordinierte, externe Förderpolitik, die Akti-

14 Ministerium für Ländlichen Raum und Verbraucherschutz Baden-Württemberg 2013.

15 Vgl. Ministerium für Ländlichen Raum und Verbraucherschutz Baden-Württemberg 2013.

16 Vgl. Grundgesetz Art. 20.

vierung zivilgesellschaftlicher Ressourcen vor Ort und die Entwicklung flexibler, regional angepasster Lösungen.[17]

Nur sechs der insgesamt 65 Projektanträge, die im Rahmen des Projekts „Diakonat – neu gedacht, neu gelebt“ eingereicht wurden, kamen aus ländlichen Gebieten im Sinne der hier verwendeten Definition und nur einer dieser Anträge wurde tatsächlich zur Umsetzung innerhalb des Projekts ausgewählt. Gemessen am Bevölkerungsanteil dieser Gebiete in Baden-Württemberg waren Anträge aus ländlichen Räumen damit deutlich unterrepräsentiert. Vier dieser sechs Anträge nahmen explizit Bezug auf ihre Lokalisation im ländlichen Raum. Diese vier Projektkonzeptionen beschrieben ihre Wahrnehmungen verschiedener Infrastrukturmerkmale des ländlichen Raumes als auslösende Faktoren für ihre jeweilige Projektentwicklung: weite Wege und lange Fahrzeiten zu Angeboten evangelischer Jugendarbeit und die zurückgehende Zahl der Pfarrer in kleinen Kirchengemeinden sowie die schlechte Erreichbarkeit sozialdiakonischer Angebote.

Ihre Relevanz gewinnen diese infrastrukturellen Probleme für die Antragstellerinnen und Antragsteller in erster Linie durch ihre Auswirkungen auf das persönliche Leben der jeweils fokussierten Zielgruppen. Die Anträge nehmen Bezug auf die Einsamkeit alter Menschen, deren Kinder aus beruflichen Gründen weggezogen sind, oder auf die spezifische Situation von arbeitslosen Menschen auf dem Land. Sie sprechen die Schwierigkeiten berufstätiger Eltern mit der Ferienbetreuung ihrer Kinder an und sogar die Gefahr der Orientierungslosigkeit von Jugendlichen ohne tragfähige Beziehungen zu evangelischer Jugendarbeit wird beschworen. Daneben sind in den Darstellungen der Projektanträge die Folgen der schwachen Infrastruktur für kirchenorganisatorische Aufgabenstellungen wichtige Faktoren, die die Antragsstellerinnen und Antragsteller im Rahmen ihrer Projekte bearbeiten wollen. Die Schwierigkeiten bei der Gewinnung von Mitarbeitenden in der Jugendarbeit durch den Wegzug von Abiturientinnen und Abiturienten und die Herausforderungen durch den Zusammenschluss von Kirchengemeinden spielen in den Projektanträgen aus dem ländlichen Raum in diesem Zusammenhang eine wichtige Rolle.

Die Projektausschreibung der Evangelischen Landeskirche in Württemberg hatte ausdrücklich die Herausforderungen des gesellschaftlichen Wandels im kommunalen Horizont als Bezugsrahmen für die örtlichen Teilprojekte vorgegeben.[18] Dennoch nehmen nur zwei der Projektanträge aus dem ländlichen Raum explizit auf kommunale Zusammenhänge Bezug. Dörfliche Traditionen wie etwa das Engagement der Dorfbevölkerung in Vereinen und die funktionierende Dorfgemeinschaft finden hier die Anerkennung der Antragstellenden. Gleichzeitig werden jedoch die fehlende Kooperationsbereitschaft zwischen verschiedenen Dörfern sowie Spannungen zwischen der alteingesessenen Bevölkerung und Zugezogenen beklagt. Einzelne Projektanträge thematisieren auch den Bedarf an spezifisch qualifizierten Arbeitskräften für die regionale Wirtschaft und stellen

17 Vgl. Maretzke 2013: S. 32.

18 Vgl. Anm. 8. Vgl. Evangelische Landeskirche in Württemberg 2008: S. 3

die Frage nach Möglichkeiten der Attraktivitätssteigerung der Region für junge Familien.

Die in den Projektanträgen aus ländlichen Regionen entwickelten Lösungsansätze verfolgen im Wesentlichen zwei im Grundansatz gegenläufig erscheinende Strategien. Entweder soll auf die Zentralisierung oder auf die Dezentralisierung von kirchlich-diakonischen Angeboten hingearbeitet werden. Dabei fällt auf, dass es für Zentralisationsvorhaben nicht vieler Argumente zu bedürfen scheint. Angesichts geringer Bevölkerungsdichte und rückläufiger Ressourcen scheint diese Bewegung in der Projektentwicklung fast schon einem logischen Automatismus gleichzukommen. Demgegenüber wird dort, wo eine Dezentralisierung von Angeboten geplant wurde, dieses Vorhaben zumeist sehr ausführlich begründet. In den entsprechenden Argumentationsgängen spielt neben der Beziehungsabhängigkeit von religiöser Kommunikation und sozialen Hilfeleistungen vor allem die in Kindheit, früher Jugend und im Alter geringere Mobilität eine zentrale Rolle. Allerdings bringen die Antragstellenden in der Regel durchaus zum Ausdruck, dass der für eine Dezentralisierung von Angeboten notwendige höhere Personaleinsatz in einer Projektphase nur zu rechtfertigen ist, weil währenddessen Veränderungsprozesse gut gestaltet werden können und die Zeit für die Entwicklung von Vernetzungsstrukturen, Kooperationsmodellen und die Qualifikation von Ehrenamtlichen genutzt werden soll. Darüber hinaus fällt auf, dass nur in einem der Projektanträge die konkreten inhaltlichen Bedarfe der Menschen vor Ort mit Methoden der Sozialraumanalyse detaillierter untersucht werden sollten, während in allen anderen Projektkonzeptionen fraglos vorausgesetzt wurde, dass die potenziellen Auftraggeberinnen und -geber der einzelnen Projekte diesbezüglich bereits zu Projektbeginn über zutreffende Einschätzungen verfügen.

Die Ergebnisse dieser Analyse der Projektanträge zeigen eine starke Wahrnehmungsfokussierung der Antragstellerinnen und Antragsteller auf die Situation von Personengruppen, die zu den klassischen kirchlichen Zielgruppen gehören: Kinder, Jugendliche, Familien und alte Menschen. Infrastrukturelle Probleme des ländlichen Raumes werden vor allem als Probleme der Erreichbarkeit kirchlich-diakonischer Angebote für diese Zielgruppen dargestellt. Kirchenstrukturelle Herausforderungen, die sich durch eine insgesamt rückläufige Zahl an Hauptamtlichen ergeben, bilden meist den Ansatzpunkt für die Projektideen, die auf unterschiedlichen Wegen stets dasselbe Ziel verfolgen: die Erhaltung bzw. zielgruppen- und situationsorientierte Variation bestehender Angebote. Diese Beobachtungen werfen die Frage nach den Gründen auf, die zu dieser spezifischen Form der Wahrnehmung und Problemkonstruktion führen können.

Möglicherweise ist es die unmittelbare Vertrautheit und Verbundenheit mit den in der Antragstellung zu bearbeitenden Handlungsfeldern, die zu einer hohen Identifikation mit den in diesem Kontext sozial bewährten Sichtweisen führt. Wer selbst seit vielen Jahren in eine Situation eingebunden ist, dessen Sicht auf neuartige Herausforderungen, alternative Lösungsstrategien und bisher noch unentdeckte Ressourcen wird mit hoher Wahrscheinlichkeit stark durch die bereits vorhandenen Erfahrungen geprägt. Darin liegen viele Chancen, wenn es um die Adaption neuer Angebote in gewohnte Strukturen geht, aber es besteht zugleich das Risiko, dass die Frage nach der Umsetzbarkeit durchaus auch vorhandene Innovationspotenziale überdeckt. Diese Beobachtung fordert dazu heraus, nach methodischen Möglichkeiten Ausschau zu halten, die einerseits den Fach- und Führungskräften eine differenziertere Situationswahrnehmung unter Ausnutzung ihrer alltagsnahen Kenntnisse erlauben und darin zugleich erweiterte Perspektiven für Problemlösungen eröffnen.

2. Die Herausforderungen des gesellschaftlichen Wandels im großstädtischen Raum und deren Aufnahme in den Projektanträgen

Seit der Internationalen Statistikkonferenz im Jahr 1887 gelten Städte mit über 100 000 Einwohnerinnen und Einwohnern als Großstadt. Auf dem Gebiet der evangelischen Landeskirche in Württemberg gehören zu den großstädtischen Verdichtungsräumen die Großstädte Heilbronn, Reutlingen, Stuttgart und Ulm. In diesen und drei weiteren Ballungsgebieten im badischen Landesteil konzentrieren sich 50 % der Landesbevölkerung Baden-Württembergs[19] und 59 % der Arbeitsplätze von sozialversicherungspflichtig Beschäftigten auf 17 % der Landesfläche.[20] Die Bevölkerungsdichte in diesen Bereichen liegt bei mindestens 400 Einwohnern pro Quadratkilometer. Die Stadtzentren der Großstädte waren in den letzten Jahrzehnten des 20. Jahrhunderts von einem teilweise drastischen Bevölkerungsrückgang gekennzeichnet. Mit der Wanderungsbewegung finanzkräftiger Bevölkerungsteile in das städtische Umland in der zweiten Hälfte des 20. Jahrhunderts und im Zuge des rückläufigen Steueraufkommens aus Handel, Industrie und Gewerbe seit dem Ende des deutschen Wirtschaftswunders kam es in vielen Städten zu einer Konzentration finanzschwächerer Bevölkerungsgruppen, zu einem Imageverlust der Kernstädte und zu einer kommunalen Finanzschwäche.

Etwa seit dem Beginn des 21. Jahrhunderts hat sich diese Tendenz umgekehrt, und man spricht in der Urbanistik inzwischen von einem klaren Trend zur Re-Urbanisierung. Diese Umkehrung hat durchaus positive Folgen für die Stadtentwicklung. Vor allem die Verknappung bezahlbaren Wohnraums und die Privatisierung öffentlicher Einrichtungen tragen jedoch zu einer Verschärfung der sozialen Gegensätze bei. Wenn gleichzeitig die Lebensstile der Menschen individueller werden und die Pluralität der Lebensformen zunimmt, dann manifestieren sich diese Entwicklungstendenzen in einer sich verschärfenden Segregation der unterschiedlichen Lebenswelten. Die bereits aus diesen Umständen resultierenden Integrationsanforderungen werden angesichts der in den städtischen

19 Im Bundesdurchschnitt leben etwa 30 % der Bevölkerung in Großstädten und Ballungsräumen.

20 Vgl. Ministerium für den Ländlichen Raum und Verbraucherschutz 2013: Ländlicher Raum / Allgemein (Internet-Informationsdienst: Landwirtschaft – Ernährung – Ländlicher Raum).

Ballungszentren Baden-Württembergs überproportional wachsenden Zahl der Menschen mit Migrationshintergrund noch vielfältiger und drängender.[21]

Bereits im Jahr 2007 machte sich die Evangelische Kirche in Deutschland auf den Weg zu einer Neubestimmung der Rolle der Kirche für Stadtentwicklung in Gegenwart und Zukunft. Im Positionspapier „Kirche in der Stadt" werden dafür zwei grundlegende Zielrichtungen beschrieben: „Kirche ist in unterschiedlicher Art und Weise in der Stadt. Sie ist – in ganz säkularen Formen, durchaus vergleichbar etwa mit anderen Anbietern auf dem Markt der Pflegedienstleistungen – ‚Kirche für andere', und sie repräsentiert mit ihren uralten Wahrheiten und Riten das ‚ganz Andere'. Mit den Kirchengebäuden als Orten der Liturgie und Freistätten von jeglicher Zweckrationalität wird Gott als Geheimnis der Welt gefeiert. Mit ihrer Diakonie stellt sich die Kirche individuell und institutionell der Not der Stadt."[22] Als zentrale Aufgabe für die Mitwirkung der Kirche im Kontext der Stadtentwicklung wird dann die Suche nach integrativen Strategien angesichts der schärfer gewordenen Gegensätze zwischen öffentlich und privat, arm und reich, heimisch und fremd, religiös und areligiös sowie zwischen jung und alt formuliert.[23]

In den hier untersuchten Projektanträgen wird die Kategorie „Großstadt" nicht als zentraler Aspekt der Selbstbeschreibung genutzt. Dies ist jedoch nur ein möglicher Ansatzpunkt, um zu erklären, warum sich die Projektentwicklerinnen und Projektentwickler nicht explizit auf entsprechende Fachdiskurse oder EKD-Veröffentlichungen beziehen, die eine angemessene Konzeptionsentwicklung erleichtern können. Aus dieser Beobachtung ergibt sich die Frage danach, wie sich die offensichtliche Distanz zwischen kirchlicher Praxis, kirchlichen Verlautbarungen und wissenschaftlichen Diskursen erklären lässt. Vertiefte Forschung entlang dieser Fragestellung könnte Hinweise auf Entwicklungsbedarfe im Bereich der Fort- und Weiterbildung, insbesondere hinsichtlich der zunehmenden Anforderungen im Bereich der Konzeptionsentwicklung, ergeben.

Fünfzehn der insgesamt 65 Anträge, die Vorhaben im Rahmen des Projekts „Diakonat – neu gedacht, neu gelebt" entwickelten, waren in großstädtischen Bezügen angesiedelt. Dieser Anteil an der Gesamtzahl der Anträge entspricht vermutlich ungefähr dem Anteil der evangelischen Kirchenmitglieder in den großstädtischen Bereichen Württembergs an der Gesamtzahl der Evangelischen in Württemberg. Vier dieser Projektideen wurden zur Umsetzung mit landeskirchlicher Unterstützung ausgewählt, aber in keinem der vier ausgewählten Projektvorhaben gehörte ein reflektierter Bezug zur großstädtischen Situation zum Kern des Selbstverständnisses. Vergleichbares war auch bei allen übrigen Projektkonzeptionen zu beobachten. In einem Projektantrag wurde indirekt auf großstädtische Bedingungen Bezug genommen. Das liest sich dann so: „[Unsere Kirchengemeinde] arbeitet unter den Bedingungen einer City-Lage. Die moderne Diaspora braucht Impulse, um Personen, die von sich aus schwer Kontakte

21 Alle Daten in diesem Abschnitt sind entnommen aus Maretzke 2013: S. 32.

22 Kirchenamt der EKD 2007: S. 28.

23 Vgl. Kirchenamt der EKD 2007: S. 21–25.

knüpfen können [gemeint sind hier psychisch belastete alte Menschen] in die Lage zu versetzen, dies zu tun."[24]

Nur ein Projektantrag beschreibt die großstädtische Situation mit einem konkreten Beispiel, ohne diese Situation jedoch vertieft zu reflektieren:

> „In [unserer Stadt], wie auch in anderen Innenstädten, nimmt die Klage über Stadtarme, die sich ganztägig an exponierten Stellen aufhalten oder in Innenstädten übernachten, zu. Auch die Innenstadtkirchen kämpfen zunehmend mit der Besetzung der kirchlichen Flächen und Räume durch Stadtarme, die diese Räume als Wohnzimmer bzw. als Treffpunktersatz betrachten und nutzen. Kirchennahe und Kirchenferne erwarten von ‚Kirche' Angebote und Hilfe. Kirchenbesucher fühlen sich oftmals gestört und/oder haben Angst. Kirchenmitarbeiter (Pfarrer, Organisten und Mesner) sind überfordert. Die Ordnungspolitik ist macht- und hilflos. Die Sozialpolitik betrachtet das Phänomen als großstädtische Begleiterscheinung, die – falls problematisch – ordnungspolitisch gelöst gehört."[25]

Sehr drastisch wird hier beschrieben, wie sich in den Augen eines Antragsstellers aus einer großstädtischen diakonischen Einrichtung die Reaktionen auf öffentlich sichtbar werdende Armut darstellen. Er beobachtet emotional gefärbte Reaktionen zwischen Empörung, Angst und Überforderung. Fast hat man sogar den Eindruck, als ob hier eine Art Verdrängungsszenario aufgebaut wird: Die Armen beanspruchen öffentliche Räume, die dadurch für andere Bürgerinnen und Bürger zu angstbesetzten Orten werden. Mit Blick auf die Kirche werden Erwartungen der öffentlichen Meinung einerseits und die Überforderung der klassischen Berufsgruppen in Kirchengemeinden beschrieben. Hier handelt es sich eindeutig um Stilisierungen. Möglicherweise zielt diese Form der Darstellung darauf, dass spezifisch ausgebildetes Personal (Diakonin/Diakon) von der Kirche (als Institution, auf die sich entsprechende öffentliche Erwartungen konzentrieren) im Rahmen des Projekts finanziert werden soll und dass die Dringlichkeit dieses Anliegens an der kirchlichen Basis hautnah erlebt wird.

Insgesamt lassen sich die verschiedenen Projektthemen, die die Antragstellenden aus dem großstädtischen Bereich aufgenommen haben, in fünf Bereiche gliedern. Jugendarbeit, Familienarbeit, Altenarbeit, generationenübergreifende Arbeit und armutsorientierte Arbeit. Dabei fällt auf, dass das Thema Migration zwar in einzelnen Projekten angesprochen, in zwei Projekten als wichtiger Teilaspekt behandelt, aber nie zum zentralen Projektthema gemacht wird. Im Bereich der auf Jugendarbeit fokussierten Projektanträge finden sich zwei relativ klassisch konzipierte Schulsozialarbeitsprojekte und ein – auch an junge Migrantinnen und Migranten gerichtetes – jugendevangelistisches Projekt.[26] Eine Projektkonzeption nimmt die Situation von Familien in einem heterogen geprägten Stadtteil in den Blick und sucht nach Ansatzpunkten für die Verknüp-

24 Projektantrag mit dem Aktenzeichen (AZ) 72. Zu Beginn des Zitats wird im Original der Name der Kirchengemeinde genannt.

25 Projektantrag AZ 69. Zu Beginn der zitierten Passage wird im Original der Name der Stadt genannt.

26 Dieser Thematik und ihren besonderen Herausforderungen widmet sich der Artikel von Dinzinger (Globalisierung und Migrationsgesellschaft) in diesem Band.

fung von bedarfsorientierten und spirituellen Angeboten im Miteinander einer kirchlichen Kindertagesstätte und der Trägerkirchengemeinde. Zwei Projektanträge entwickeln erste Ideen für generationenverbindende Arbeit, die ihre Ansatzpunkte jeweils an bereits bestehenden Begegnungszentren nehmen sollte: Einmal an einem kirchlichen Jugendzentrum in der Stadtmitte und im anderen Fall an Altenbegegnungsstätten in verschiedenen Stadtteilen.

Ähnlich wie im ländlichen Bereich fällt auf, dass der größere Teil der Projektanträge sich auf die klassischen kirchlichen Zielgruppen hin orientiert. Deutlich ausgeprägter sind jedoch im großstädtischen Bereich die generationenverbindende Orientierung von Angeboten und das Bestreben einer Vernetzung mit entsprechenden Fachdiensten um die Schwellenproblematik abzusenken. Darin spiegelt sich vermutlich einerseits die großstädtische Situation, in der Nachbarschaft und Großfamilie gegenüber ländlichen Bezügen eine eher geringere Rolle spielen und deren Funktion deshalb durch entsprechende Angebote von kirchlicher Seite übernommen werden soll. Die Erreichbarkeit von Fachdiensten erleichtert im städtischen Kontext entsprechende Kooperationen, rückt diese in den Horizont realisierbarer Optionen und lässt Win-win-Situationen für alle Beteiligten erwarten.

Drei Projektideen konzentrieren sich auf das Thema „Armut". Zwei dieser Projektanträge entwickeln Ideen zur niederschwelligen Grundversorgung wohnungsloser Menschen, ein weiterer Projektantrag lässt offen, welche Facetten der Armutsthematik letztlich in verschiedenen beteiligten Kirchengemeinden bearbeitet werden sollen. Alle drei armutsorientierte Projektanträge betonen sehr nachdrücklich ihre Absicht, die großstädtischen Teilkirchengemeinden für das Thema Armut zu sensibilisieren, nehmen dabei aber zwei sehr verschiedene Wege in den Blick. Diejenigen Projektideen, die das Thema Wohnungslosigkeit fokussieren, setzen ganz auf ehrenamtliches Engagement klassischer Kirchengemeindemitglieder und deren Multiplikationsfunktion, während es dort, wo es um eine offene, armutsorientierte Projektentwicklung geht, vor allem erwachsenbildnerische Methoden und Gottesdienste in den Blick genommen werden.

Diese unterschiedlichen Ansatzpunkte machen eine Suchbewegung deutlich, die zeigt, dass es bisher über Versperkirchen, Mittagstische, Tafel- und Diakonieläden hinaus kaum Vorbilder für armutsorientierte Arbeit von Kirchengemeinden gibt. Bei den im Rahmen des Projekts „Diakonat – neu gedacht, neu gelebt" entwickelten Ideen für die Ermöglichung inklusiver Erfahrungen liegt jedoch der Akzent ganz eindeutig auf der für Kirchengemeinden typischen Angebotsorientierung. Damit spiegeln auch die Projektanträge im Rahmen eines Innovationsprojektes genau das, was kirchliche Arbeit insgesamt fast durchgehend charakterisiert.

Sowohl in der Fachdiskussion als auch in vielen kommunalen, bundes- und europaweiten Förderkonzepten gilt zurzeit die konsequente Sozialraumorientierung als „State of the Art".[27] In einer ganzen Reihe von Projektkonzeptionen wird

---

27 Vgl. Hinte 2010: S. 25–30, der dafür fünf Kriterien benennt: (1.) Konsequente Orientierung am Willen und an den Interessen der in den Blick genommenen Zielgruppe, (2.) so weit möglich

vermutlich auch deshalb auf Methoden der Sozialraumanalyse Bezug genommen. Im Rahmen der Antragsstellung werden auch häufig relevante Institutionen als mögliche Vernetzungspartnerinnen und -partner genannt. Nur selten konnten jedoch in der kurzen Phase der Antragstellung bereits konkrete Kooperationsvereinbarungen getroffen werden. Im Hinblick auf die ins Auge gefassten Zielgruppen steht jedoch die Angebotsorientierung noch deutlich im Vordergrund. Wo dafür eine explizite Begründung gegeben wird, ist es der Verweis auf das christliche Ideal der Barmherzigkeit.[28]

3. Die Herausforderungen des gesellschaftlichen Wandels in Großstadt und ländlichen Gebieten als Rahmenbedingungen für innovative Dienstaufträge im Diakonat

Im Formular für die Projektanträge wurde gegen Ende auch die Frage danach gestellt, welche Profilierungsmöglichkeiten für Dienstaufträge im Diakonat sich aufgrund der jeweiligen Projektidee ergeben könnten. Diese Teilfrage wird im größten Teil der Anträge aus dem ländlichen Raum weitgehend übergangen, während sich bei den Projektanträgen aus großstädtischen Zusammenhängen dazu regelmäßig – auch im Verhältnis zu den sonstigen Überlegungen – sehr kurze Ausführungen finden. Bereits dieser Sachverhalt kann als ein erster Hinweis darauf interpretiert werden, dass an der kirchlich-diakonischen Basis wenig Anlass gesehen wird, sich mit dieser Fragestellung zu beschäftigen.

Ein möglicher Grund für diese deutliche Zurückhaltung bei der Beantwortung dieser Frage, dass der Personalkostenzuschuss im Rahmen des Projekts „Diakonat – neu gedacht, neu gelebt" zeitlich befristet ist. Dies bedeutet für die konzeptionellen Überlegungen vor Ort häufig, dass Projektideen entwickelt werden, die später von Ehrenamtlichen oder von Fachleuten anderer Professionen weitergeführt werden sollen. Immer wieder wird in diesem Zusammenhang darauf verwiesen, dass es vor allem der Faktor Zeit – im Sinn von hauptamtlicher Zeit – ist, den ein Diakon oder eine Diakonin in einer Projektphase zusätzlich einzubringen in der Lage ist. Besonders eindrücklich wird dies in einem Antrag aus dem ländlichen Raum formuliert: „In diesen fünf Jahren kann der Diakon (Berufsgruppe Jugendreferent) eine ganze Jugendgeneration von der Konfirmation hin zum verantwortlichen missionarischen, diakonischen und ehrenamtlichen Mitarbeiter begleiten und befähigen."[29]

aktivierende Arbeit und so wenig wie möglich versorgende und betreuende Angebote, (3.) prinzipielle Ressourcenorientierung im Hinblick auf einzelne Personen, Personengruppen und andere Akteure im Sozialraum, (4.) zielgruppen- und bereichsübergreifende Konzeption und (5.) durchgehende Vernetzung und Integration möglichst aller relevanten sozialen Dienste im Sozialraum.

28 Vgl. Antrag mit dem AZ 47.

29 Projektantrag AZ 17. Hier zeigt sich eine auffallende Parallele zu den Analysen von Schulz 2013 (2): S. 85 und Schulz 2013 (1): S. 476.

Wenn die Frage nach der Profilierung diakonischer Dienstaufträge in den Anträgen aus dem ländlichen Raum aufgenommen wird, bleiben spezifisch fachliche Aspekte im Hinblick auf das gewählte Projektthema weitgehend unberücksichtigt, während genau diese themenbezogenen, fachlichen Aspekte für die Antragstellenden aus Großstädten eine wichtige Rolle spielen und entsprechend entfaltet werden. Auffallend ist hier, dass dabei immer wieder um das Verhältnis zwischen einer generalistischen Grundorientierung und den Erwartungen hinsichtlich spezifischer Fachkenntnisse gerungen wird. So spielen einerseits Kommunikations- und Teamfähigkeit, Sicherheit im Umgang mit sozialrechtlichen Fragestellungen und kirchlich-diakonische Feldkenntnis eine wichtige Rolle und andererseits werden vertiefte Spezialkenntnisse zu ausgewählten Themen der Geronotolgie, der Sozialpsychiatrie oder im Hinblick auf Suchterkrankungen erwartet. Ein Beispiel für diese Abwägung findet sich in einem Projektantrag zum Thema „Arbeit mit demenziell Erkrankten und deren Angehörigen in Kirchengemeinden“:

> „Demenz ist ein Zukunftsthema, für dessen gesellschaftliche Bewältigung medizinfachliche Antworten zu kurz greifen. Fachwissen gepaart mit ethisch reflektierter seelsorgerlicher Kompetenz wird im sozialwissenschaftlichen Spektrum immer stärker als Bedarf erkannt. So lässt sich nachhaltig ein Berufsbild schärfen, das Spezialwissen mit Feldkompetenz (Vernetzungs- und Ressourcenarbeit) und ethischer Reflexionsfähigkeit kombiniert.“[30]

Offensichtlich ist mit den beiden Polen – Generalistentum und Spezialwissen – das Spannungsfeld beschrieben, in dem sich Diakoninnen und Diakone als kirchliche Professionelle stets bewegen. Dabei scheinen sich die Erwartungen im ländlichen Bereich eher auf die generalistischen Kompetenzen zu konzentrieren, während im großstädtischen Kontext durchaus auch die Bereitschaft zu projektspezifischer Spezialisierung erwartet wird. Die Erwartungen in der Projektausschreibung aufnehmend, spielen Vernetzungsaufgaben eine wichtige Rolle bei der Beschreibung möglicher Stellenprofile für Diakoninnen und Diakone. Dabei fällt jedoch auf, dass – vollkommen unabhängig von der Lokalisierung der Projekte – die hauptsächliche Aufmerksamkeit der Antragstellenden auf binnenkirchliche oder kirchlich-diakonische Verknüpfungen gerichtet ist, wobei auch kommunale Bezüge in den Blick genommen werden. In diesen Fällen findet dann auch hin und wieder die doppelte Qualifikation von Diakoninnen und Diakonen Erwähnung, oder es erfolgen Hinweise auf Brückenbaumöglichkeiten durch deren Sprachfähigkeit in unterschiedlichen Systemzusammenhängen. Auch hier zeigt sich bereits in den Projektanträgen eine Problematik, die die Diakoninnen und Diakone während der Durchführung ihrer Projekte immer wieder stark beschäftigte: Solange Vernetzung lediglich an eine einzelne Person geknüpft und nicht in entsprechenden Strukturen verankert wird, sind dem Erfolg oft enge Grenzen gesetzt.[31]

---

30 Projektantrag AZ 47.

31 Vgl. Eidt 2013 (2).

Neben spezifisch fachlichen Aspekten und der Vernetzungsorientierung spielt in den Augen der Antragstellerinnen und Antragsteller quer durch alle repräsentierten Handlungsfelder die Gewinnung, Anleitung und Begleitung von Ehrenamtlichen für die zukünftige Profilierung des Diakonats eine zentrale Rolle. Einerseits spiegelt sich darin ein geradezu klassisch zu nennendes Aufgabenfeld von Diakoninnen und Diakonen in der Evangelischen Landeskirche in Württemberg, und andererseits entspricht dieser Sachverhalt einer gesamtgesellschaftlichen Tendenz zur Entwicklung einer neuen Kultur zivilgesellschaftlichen Engagements, ohne die viele wichtige Aufgaben zukünftig kaum zu bewältigen wären.[32] Die Ansatzpunkte für eine zukunftsorientierte Ehrenamtsarbeit, die die Projektanträge bieten, bewegen sich ganz auf der Linie, die schon bisher als große Stärke kirchlicher Ehrenamtskultur zu betrachten sind: Intensive hauptamtliche Begleitung, gute fachliche Qualifizierung und hohe Wertschätzung der Engagierten. Dahinter treten jedoch Überlegungen im Blick auf eine neue Ermöglichungskultur deutlich zurück. Ideen, wie potenzielle Ehrenamtliche dazu ermutigt werden können, neue Ideen im kirchlichen Kontext zu verorten, müssen erst noch entwickelt und geeignete Räume dafür zukünftig noch gesucht werden. Systematische Ehrenamtsförderung bleibt auch über das Projekt „Diakonat – neu gedacht, neu gelebt“ hinaus ein wichtiges Zukunftsthema kirchlich-diakonischer Arbeit, in der Großstadt nicht anders als auf dem Land.

4. Konsequenzen für das diakonische Handeln und den Diakonat in der Kirche der Zukunft

Zusammenfassend kann im Blick auf die hier analysierten Projektanträge aus ländlichen und großstädtischen Räumen festgehalten werden:

In den Projektanträgen sind eine ganze Reihe grundlegender Prozesse des gesellschaftlichen Wandels und deren Auswirkungen im Hinblick auf die klassischen kirchlichen Zielgruppen (Kinder, Jugendliche, Eltern, Arme, alte Menschen mit speziellen Hilfebedarfen) und im unmittelbaren Horizont einzelner Kirchengemeinden oder Kirchengemeindeverbünden von den Antragstellenden erkannt und mit entsprechenden Projektideen aufgenommen. Es besteht jedoch eine klare Tendenz dazu, die Auswirkungen der Veränderungsprozesse vor allem negativ zu bewerten. Wo Gewohntes eine hohe Wertschätzung genießt und Gemeindeglieder wie Professionelle an Kontinuitäten und persönlichen Beziehungen orientiert sind, verwundert dies nicht.[33] Rückläufige finanzielle und personelle Ressourcen, veränderte Lebensstile und neue rechtliche Regelungen wirken dann tendenziell bedrohlich und die Trauer über das Verschwinden vertrauter Möglichkeiten steht dann im Vordergrund. Der Blick auf die damit gleichzeitig verbundenen neuartigen Handlungsoptionen und mögliche Ressourcen müssen dann erst gezielt gesucht werden. Ohne eine behutsame Öffnung der Wahrneh-

32 Vgl. Rauschenbach 1991.

33 Vgl. Eidt 2013 (2).

mungsperspektive und ohne Professionelle mit anderen Grundorientierungen können diese kaum als solche wahrgenommen und aufgenommen werden.[34]

Wo diese Neuorientierung im Verlauf der Projektarbeit jedoch gelungen ist, dort ist beispielsweise zu beobachten, dass muslimische Jugendliche die Bedienung der Gäste in einem kirchlichen Jugendtreff übernehmen wollen, wo die bisherigen Ehrenamtlichen den Eindruck haben, die anfallende Arbeit nicht mehr zu bewältigen. Oder es gelingt einer Kirchengemeinde, dass alle Kinder und Eltern ihres multikulturell geprägten Kindergartens im Gottesdienst und beim anschließenden Gemeindefest aktiv mitwirken.[35]

Strukturelle Fragestellungen und die Möglichkeit diakonisch-missionarische Herausforderungen auf struktureller Ebene zu bearbeiten, nehmen die Antragstellenden bei ihren auf Diakoninnen und Diakone als verantwortliche Fachkräfte hinzielenden Überlegungen nur selten in den Blick. Wo strukturelle Aspekte mitbedacht werden, erscheint die gedankliche Konstruktion vor allem auf kirchliche Binnenhorizonte begrenzt und in erster Linie durch rückläufige Ressourcen erzwungen. Eine bewusste und vorausschauende Verantwortungsübernahme ist in den vorgelegten Argumentationen nur ansatzweise zu erkennen. In diesem Zusammenhang ist die Frage nach dem dahinterstehenden Selbstverständnis von Kirchengemeinden und diakonischen Einrichtungen und Diensten zu stellen. Soll tatsächlich nur auf scheinbar übermächtige Sachzwänge reagiert werden oder wird grundsätzlich eine aktive und gestaltende Rolle in Gemeinwesen und Gesellschaft angestrebt, wie die Projektausschreibung des Projekts „Diakonat - neu gedacht, neu gelebt“ es intendierte?

Diese Analyse der Projektanträge macht deutlich, mit welchen Grundorientierungen zu rechnen ist, wenn eine Projektausschreibung angesichts gesellschaftlicher Wandlungsprozesse vor allem nach den Lösungsperspektiven der kirchlich-diakonischen Basis fragt. Solange dort nicht bereits in der Phase der Projektkonzeption systematisch mit Methoden der qualitativen Sozialraumerkundung gearbeitet wird, besteht die Tendenz auch zukünftig nur auf bereits vertrauten Wegen die klassischen Zielgruppen in den Blick zu nehmen.

Im Hinblick auf die konkrete Bewältigung der vielen verschiedenen Facetten des gesellschaftlichen Wandels erscheint die Orientierung an den fünf Grundprinzipien der Sozialraumorientierung als eine zukünftig stärker zu berücksichtigende Grundlage für die kirchlich-diakonische Projektentwicklung. Hinter dieser These steht jedoch die eindeutige, normative Prämisse, dass die Kirche und ihre Diakonie einem Auftrag verpflichtet sind, der es ihnen nicht erlaubt, sich aus der Verantwortung in Gemeinwesen und Gesellschaft zurückzuziehen. Die fachlichen Voraussetzungen, um in diesem Zusammenhang wichtige Aufgabenstellungen zu übernehmen, erwerben Diakoninnen und Diakone in ihrer Ausbildung. Kirche und Diakonie tun deshalb gut daran, sich in Zukunft verstärkt um die Ausschöpfung des Potenzials zu bemühen, das ihnen gerade in dieser Hinsicht in Diakoninnen und Diakonen zur Verfügung steht.

---

34 Vgl. Eidt 2013 (1).

35 Vgl. Noller (Projektberichte) in diesem Band.

Um dies zu erreichen, halte ich verschiedene Förder- und Steuerungsmaßnahmen – wie etwa Fortbildungs- und Coachingangebote, Prozessbegleitung und finanzielle Anreize für Projekte mit einer konsequenten Sozialraumorientierung – von kirchenleitender Seite für ebenso notwendig wie die Arbeit an differenzierten Strukturen für die ganz unterschiedlichen Herausforderungen in großstädtischen und ländlichen Räumen. Im Rahmen der projektbegleitenden Anleitung und Qualifizierung der Diakoninnen und Diakone im Hinblick auf Haltungen und Methoden der Sozialraumorientierung wurde darüber hinaus deutlich, dass noch erheblicher Forschungsbedarf besteht, um zu erhellen, wie diese Lernprozesse erfolgreich gestaltet werden können.

Literatur

Brake, Klaus/Herfert, Günther (Hg.) (2012): Reurbanisierung: Materialität und Diskurs. Wiesbaden.

Eidt, Ellen (2013) (1): Diakonisches Handeln unter Projektbedingungen. Eine salutogenetische Analyse der Praxiswahrnehmungen von Diakoninnen und Diakonen. In: Eidt, Ellen/Schulz, Claudia (Hg.): Evaluation im Diakonat. Sozialwissenschaftliche Vermessung diakonischer Praxis. Stuttgart. S. 281–318.

Eidt, Ellen (2013) (2): Sozialkapital in diakonischen Netzwerken. Praxiskonzepte diakonischer Netzwerkarbeit und wie Diakoninnen und Diakone sie gestalten und deuten. In: Eidt, Ellen/Schulz, Claudia (Hg.): Evaluation im Diakonat. Sozialwissenschaftliche Vermessung diakonischer Praxis. Stuttgart. S. 319–348.

Evangelische Landeskirche Württemberg (2008): Diakonat – neu gedacht, neu gelebt. Stuttgart. Verfügbar unter: https://www.service.elk-wue.de/oberkirchenrat/kirche-und-bildung/diakonat/projekt-diakonat-neu-gedacht-neu-gelebt.html (19.08.2013).

Hackhausen, Jörg/Bartz, Bastian (2013): Infografiken. 1. Bevölkerungsentwicklung. In: Handelsblatt.com vom 13.08.2013. Online verfügbar unter: https://www.google.de/#q=Bev%C3%B6lkerungsr%C3%BCckgang+auf+dem+Land (05.03.2014).

Hinte, Wolfgang (2010): Von der Gemeinwesenarbeit zur Sozialraumorientierung. In: Herrmann, Volker/Horstmann, Martin (Hg.): Wichern drei – gemeinwesendiakonische Impulse. Neukirchen-Vluyn. S. 41–52.

Hoyer, Birgit (2011): Seelsorge auf dem Land. Räume verletzbarer Theologie. Stuttgart.

Kirchenamt der Evangelische Kirche in Deutschland (Hg.) (2007): Kirche in der Stadt. Perspektiven evangelischer Kirche in der Stadt. EKD-Texte 93. Hannover. Verfügbar unter: http://www.ekd.de/download/EKD_Texte_93_neu.pdf (22.08.2013).

Maretzke, Steffen (2013): Herausforderungen des demographischen Wandels für Länder, Regionen und Kommunen. In: Bayrisches Landesamt für Statistik und Datenverarbeitung / Universität Bamberg (Hg.): Ursachen und Folgen des demographischen Wandels. Dokumentation zur Tagung am 25. und 26. Juli 2013. Bamberg/Fürth. Verfügbar unter: https://www.statistik.bayern.de/medien/wichtigethemen/st-2013_dokumentation.pdf (16.08.2013).

Mayring, Philipp (^{5}2002): Einführung in die Qualitative Sozialforschung. Weinheim/Basel.

Ministerium für Ländlichen Raum und Verbraucherschutz Baden-Württemberg (Hg.) (2013): Infodienst Landwirtschaft – Ernährung – Ländlicher Raum. Gemeinschaftliches Internetangebot der Landwirtschaftsverwaltung Baden-Württemberg. Verfügbar unter: http://www.landwirtschaft-bw.info/pb/MLR.LEL,Lde/Startseite/Laendlicher+Raum/Allgemein (25.08.2013).

Münter, Angelika (2012): Wanderungsentscheidungen von Stadt-Umland-Wanderern. Regionaler Vergleich der Muster und Motive, Informations- und Wahrnehmungslücken sowie die Beeinflussbarkeit von Wanderungsentscheidung in vier Stadtregionen. Münster.

Rauschenbach, Thomas (1991): Gibt es ein „neues Ehrenamt“? Zum Stellenwert des Ehrenamtes in einem modernen System sozialer Dienste. In: Sozialpädagogik. 33. Jg., Heft 1. S. 2–10. Verfügbar unter: http://nbn-resolving.de/urn:nbn:de:0168-ssoar-39053 (22.08.2013).

Schulz, Claudia (2013) (1): Im Spannungsfeld Gemeindediakonie. Empirische Zugänge zur Vielfalt von Interessen und Optionen. In: Eidt, Ellen/Schulz, Claudia (Hg.): Evaluation im Diakonat. Sozialwissenschaftliche Vermessung diakonischer Praxis. Stuttgart. S. 349–374.

Schulz, Claudia (2013) (2): Konstruktion des Diakonats zwischen Tätigkeit, Qualifikation und Amt. Wahrnehmungen aus Berufsgruppen im Diakonat. In: Eidt, Ellen/Schulz, Claudia (Hg.): Evaluation im Diakonat. Sozialwissenschaftliche Vermessung diakonischer Praxis. Stuttgart. S. 27–55.

Simon, Martina (2013): Mietpreisexplosion in den Großstädten – 22 Tipps für Vermieter und Mieter. In: FOCUS-online vom 19.07.2013. Online verfügbar unter: http://www.focus.de/immobilien/mieten/tid-32422/wohnungsmarkt-am-limit-mietpreisexplosion-in-den-gross staedten-22-tipps-fuer-mieter-und-vermieter_aid_1047435.html (05.03.2014).

Vonderach, Gerhard (2004): Land-Leben gestern und heute. Studien zum sozialen Wandel ländlicher Arbeits- und Lebenswelten. Münster.

Birgit Susanne Dinzinger

Globalisierung und Migrationsgesellschaft im Spiegel kirchlich-diakonischer Projektkonzeptionen

Migration und demografischer Wandel zählen gegenwärtig weltweit zu den Megatrends. Dabei ist Migration so alt wie die Menschheit. Die aktuelle Forschung beschreibt Migration als „conditio humana", die zum menschlichen Leben gehört wie Geborenwerden und Sterben. Zugleich ist Migration einmalig und „jung", sie erfindet sich jeden Tag neu im Leben und bildet ständig neue Formen aus. Unterschiedlich sind dabei Wege und Motivationen von Menschen, die ihren Lebensmittelpunkt verlegen wollen oder sich dazu gezwungen sehen. Und unterschiedlich sind vor allem die Bewertungen, die das Phänomen „Wanderung" in verschiedenen Zeiten und Kontexten erfährt.

So gilt heute angesichts von Globalisierung und europäischer Freizügigkeit Migration zum einen als „Normalfall" und Ressource für Fortschritt und Wachstum und andererseits als Herausforderung – bis hin zur Bedrohung, die es zu gestalten, zu bewältigen und zu steuern gilt. In einer Mikroperspektive richtet sich das Augenmerk dabei auf den individuell-biografischen Charakter von Migration im Leben eines Menschen oder einer Familie, in der Makroperspektive auf Migration als soziales, politisches und kulturelles Phänomen.

Vielfältige Aspekte verbinden sich mit Migration. Die Frage der Abwanderung aus bestimmten Regionen mit den daraus resultierenden Folgen ebenso wie die Perspektive der Zielregionen mit den Implikationen u. a. von Integration und Teilhabe, Chancengerechtigkeit und Antidiskriminierung. Migration ist heute ein Querschnittsthema unterschiedlicher wissenschaftlicher Disziplinen und Diskurse. Im Feld der Sozialen Arbeit und Pädagogik, die hier besonders interessieren, haben sich im Kontext Migration neue professionelle Anforderungen und Profile ergeben, die sich in den Termini der „Interkulturellen Orientierung" und „Interkulturellen Kompetenz" bzw. „Vielfaltskompetenz" schlaglichtartig zusammenfassen lassen.

Unter dem Label „Interkulturelle Öffnung" der Regeldienste werden seit Mitte der 1990er-Jahre die strukturellen Voraussetzungen und Rahmenbedingungen für eine der Vielfalt angemessene Organisations-, Personal- und Qualitätsentwicklung thematisiert. Damit verändert sich das „Expertenthema" Migration zum Querschnittsthema mit gesamtgesellschaftlicher Bedeutung.

1. Der Kontext des Projekts „Diakonat – neu gedacht, neu gelebt" – Untersuchungsgegenstand und Fragestellungen

Die in der vorgelegten Analyse untersuchten Projektkonzeptionen stehen im Kontext des Projekts „Diakonat – neu gedacht, neu gelebt", mit dem die Evangelische Landeskirche in Württemberg aktuelle gesellschaftliche Transformationsprozesse und ihre Auswirkungen und Chancen speziell für die Profilierung des kirchlichen Diakonenamtes auslotet. Analysiert werden 23 Projektanträge, die von der Projektstelle „Diakonat – neu gedacht, neu gelebt" im Evangelischen Oberkirchenrat Württemberg aus insgesamt 65 Anträgen ausgewählt wurden.

Die Projektausschreibung, die an Kirchengemeinden, Kirchenbezirke sowie diakonische Dienste und Einrichtungen adressiert ist, beschreibt als eine von drei großen Herausforderungen die Globalisierung und eröffnet damit die Bezugnahme auf den Gesamtkontext Migration im Hinblick auf die Gestaltung kirchlich-diakonischer Dienstaufträge: „Mit dem Projekt reagiert die Landeskirche vor allem auf drei große Herausforderungen an das Zusammenleben in Kommunen und Gemeinden: Die Alterung unserer Gesellschaft, die Globalisierung, die Zunahme sozialer Risiken und die damit einhergehende Verfestigung der Armut stellen Diakonie und Kirche vor dementsprechende Aufgaben."[1]

Mit der Formulierung „*Herausforderung*" lässt sich ein Aufforderungscharakter der Situation assoziieren, der die Konnotation zu „*Situation*" und „*Aufforderung*" weitgehend offen lässt.

Das Beispiel der Formulierung „Herausforderung" verweist dabei auf eine Gesamtproblematik der Analyse der Projektkonzeptionen, die unter quellenkritischen Aspekten Projekt*anträge* sind.

Als Anträge sind die Projektkonzeptionen zunächst Resonanz auf eine vorgegebene Ausschreibung, die trotz relativer Offenheit auch mit bestimmten Erwartungshaltungen und Interessen sowohl auf Seiten der Ausschreibenden wie auch auf Seiten der Antragstellenden verbunden ist. Auch wenn die Autoren- und Autorinnenschaft der Projektanträge letztlich nicht ermittelbar ist, sondern nur die formal verantwortlich Unterzeichnenden bekannt sind, lassen die Thematisierungen bzw. De-Thematisierungen der Projektanträge den Schluss zu, dass sie zumindest mehrheitlich von Personen ohne eigene Migrationserfahrung und damit verbundene migrantische Minoritätserfahrung verfasst wurden.[2]

Die Analyse der Projektanträge erfolgt aus dem Blickwinkel diakonischer Hauptamtlichkeit mit einer über 20-jährigen Tätigkeit im Themenfeld Migration-Flucht-Interkulturalität; ebenfalls ohne eigenen Migrationshintergrund.[3] Somit

---

1 Evangelische Landeskirche Württemberg 2008: S. 2.

2 Vgl. das Theorem der „politics of location" aus der feministischen und postkolonialen Theorie, wonach Aussagen ihrem Entstehungsort verpflichtet sind.

3 Die Kategorie „Migrationshintergrund" führt der Mikrozensus 2005 zum ersten Mal ein. Danach zählen zu den Personen mit Migrationshintergrund zugewanderte Ausländer (Ausländer der 1. Generation), in Deutschland geborene Ausländer (Ausländer der 2. und 3. Generation), zugewanderte Deutsche mit Migrationshintergrund (Spätaussiedler und eingebürgerte zugewanderte Ausländer), nicht zugewanderte Deutsche mit Migrationshintergrund (eingebürgerte nicht zugewanderte Ausländer, Kinder zugewanderter Spätaussiedler, Kinder zugewanderter oder in Deutschland geborener eingebürgerter ausländischer Eltern, Kinder ausländischer Eltern, die bei der Geburt zusätzlich die deutsche Staatsbürgerschaft erhalten haben, Kinder mit

erfolgen Produktion wie Interpretation der Projektanträge aus der Perspektive „einheimischer" bzw. „westlicher" Autoren und Autorinnen mit entsprechenden Konsequenzen für die Bestimmung von Gegenstand und Thema, für Sprache, Texttypus etc. sowie dem dieser Auswahl zugrundeliegenden Wertekanon.

Im Bewusstsein dieser eurozentrischen Perspektive sowie einer erwartbaren Expertise auf Seiten der Analysandin, die jedoch nicht gleichermaßen auf Seiten der Antragstellenden erwartbar sein kann, erfolgt die Analyse der Projektanträge schwerpunktmäßig nach vier Beobachtungskomplexen:

1. Wahrnehmung und Beschreibung von Migration/Migrationsgesellschaft
2. Identifizierung des Auftrags von Kirche und Diakonie in der Migrationsgesellschaft
3. Entwicklung von Lösungsansätzen und Methoden
4. Konnotationen zu Globalisierung, Pluralisierung und Migration

Mit der Analyse verbunden wird die Reflexion der Anträge und ihrer Thematiken vor dem Hintergrund aktueller politischer Entwicklungen sowie kirchlich-diakonischer Positionierungen und struktureller Zusammenhänge. Analyse und Reflexion münden ein in Interpretation und in die Entwicklung von Handlungsempfehlungen.

2. Analyse der Projektanträge

2.1 Beobachtungen zur Wahrnehmung und Beschreibung von Migration/Migrationsgesellschaft

In 13 von 23 Projektanträgen lässt sich in unterschiedlichen Zusammenhängen jeweils ein expliziter Bezug zu Migration finden, drei dieser 13 Projekte lassen einen umfassenderen Teilaspekt Zuwanderung und globale Welt innerhalb ihrer gesamten Projektkonzeption erkennen. Ein Projekt, das sich als Gesamtheit dem Themenfeld Migration, Globalisierung, Interkulturalität widmet, findet sich nicht.

Die 13 Projekte mit einem expliziten Bezug zu Migration/Migrationsgesellschaft beziehen sich in ihren Handlungsfeldern auf unterschiedliche Schwerpunktthemen wie Jugend- und Schulsozialarbeit, Gemeinwesendiakonie, Familienarbeit, Senioren- und Generationenarbeit, Armut. Der Bezug zu Migration/Migrationsgesellschaft ist dabei an unterschiedlichen Stellen der Projektanträge auffindbar, stellt in der Regel jedoch kein konsistentes Kriterium und keinen konsistenten Bestandteil in allen Abschnitten der Projektkonzeptionen dar.

einseitigem Migrationshintergrund, bei denen nur ein Elternteil Migrant oder in Deutschland geborener Eingebürgerter oder Ausländer ist). Vgl. Statistisches Bundesamt 2014.

Von den zehn Projekten ohne expliziten Bezug sind sieben der Jugend- inklusive Schulsozialarbeit zuzuordnen und je ein Projekt den Handlungsfeldern Familie, Generationen und Armut. Bei vier dieser zehn Projekte ist die Beobachtung erwähnenswert, dass sich – zumeist im Kontext theologisch-diakoniewissenschaftlicher Reflexionen – als Bezugsgröße von Kirche inklusive Formulierungen finden. Diese lassen mehr oder weniger direkt auch auf die Zielgruppe Menschen mit Migrationshintergrund schließen, so z. B. „‚Alle Menschen' – das sind besonders auch Hauptschülerinnen und Hauptschüler, Jugendliche und Familien mit Migrationshintergrund, Jugendliche in schwierigen familiären Situationen (...)."[4] Die hier auffallende „Einbettung" von Personen mit Migrationshintergrund in „alle", die zugleich eine Aufzählung diakonischer Adressierungen darstellt, ist unter den vier Projekten nur einmal zu finden. Die anderen Formulierungen sind noch umfassender gehalten, z. B. „offen für alle Jugendlichen, unabhängig von Konfession, gesellschaftlicher Stellung oder Herkunft"[5], „Die Evangelische Kirche als Volkskirche will für alle Menschen da sein"[6].

Allen Projektanträgen, die auf Migration/Migrationsgesellschaft Bezug nehmen, gemeinsam ist die geringe Differenzierung in der Darstellung von Migration. Die Begriffe „Migration" bzw. „Migrationshintergrund" werden als Containerbegriffe verwendet. Lediglich drei der 13 Projekte lassen einen Ansatz zur Differenzierung erkennen, einmal wird explizit die Zuwanderungsgruppe „Spätaussiedler" erwähnt, einmal das Herkunftsland Russland und einmal lässt bei den Lösungsansätzen die Vermittlung türkischsprachiger psychosozialer Beratung entsprechende Rückschlüsse zu.

Diese Beobachtungen führen zu der Annahme, dass „Migrationshintergrund" weitgehend als Kategorie gemeinsamer Identität gesehen wird und die Heterogenität in Bezug auf Statusgruppen, Migrationsmotive und -motivationen, auf Aufenthaltsdauer (1.–4. Generation), soziale Lage, ökonomische Situation, Stadt-Land, Geschlecht etc. entweder nicht bekannt sind, nicht differenziert wahrgenommen werden oder nicht als relevant reflektiert und bewertet werden. Auffallender Weise nimmt kein Projekt Bezug auf die Flüchtlingsthematik.

Die deutlich zu beobachtende fehlende Differenzierung lässt in der Interpretation unterschiedliche Interpretationen und Schlüsse zu.

- Im Zusammenhang mit der bereits erörterten Intentionalität der Anträge liegt der Schluss nahe, dass die Projektanträge vorrangig auf die Erwartung der „Herausforderung Globalisierung" reagieren und deshalb im Antrag an geeigneter Stelle einen Bezug zu Migration/Migrationsgesellschaft herstellen.
- Soweit eine Sozialraumanalyse in den Anträgen überhaupt vorgenommen wurde, bleibt das Kriterium Migration/Migrationsgesellschaft dabei unterbestimmt. Die Gründe hierfür lassen sich nicht eindeutig bestimmen.
- Ein weiterer möglicher Schluss bezieht sich auf das Phänomen der Tendenz

[4] Projektantrag mit dem Aktenzeichen (AZ) 70.

[5] Projektantrag AZ 29.

[6] Projektantrag AZ 68.

zur Reduktion von Komplexität. Hierbei könnte neben dem allgemein zu beobachtenden Umgang mit komplexen Materien auch der Status Projekt*antrag* eine Rolle spielen, der eine nachfolgende detaillierte Projektkonzeption erst noch erwarten lässt.

- Eventuell auch im Zusammenhang mit der Reduzierung von Komplexität läge ein weiterer möglicher Schluss darin, dass Migration/Migrationsgesellschaft nicht oder noch nicht als Querschnittsthema in Kirche und Diakonie erkannt wird, sondern bewusst oder unbewusst an „Experten" und „Expertenstrukturen" delegiert wird. Dabei könnte nicht nur das Kriterium fehlender Zuständigkeit eine Rolle spielen, sondern auch die Annahme oder die Zuschreibung fehlender Kompetenz in einem als hochkomplex wahrgenommenem Handlungsfeld.
- Der Schluss, dass Migration/Migrationsgesellschaft in ihrer Differenzierung und als Handlungsfeld entweder gar nicht wahrgenommen oder nicht als relevant wahrgenommen wird, legt sich angesichts der konstant hohen politischen Aktualität der Thematik, der permanenten medialen Präsenz und damit verbunden auch der kontinuierlichen kirchlich-diakonischen Positionierungen nicht wirklich nahe. Eben sowenig die Interpretation, dass alle Projektkonzeptionen bereits so inklusiv und gemeinwesenorientiert angelegt sind, dass Migration/Migrationsgesellschaft in ihrer Differenzierung keiner Erwähnung mehr bedarf.

Die Thematik Migration hat insbesondere im Vorfeld der Projektausschreibung durch das Zuwanderungsgesetz 2005 höchste mediale Aufmerksamkeit erhalten, vor allem auch dadurch, dass damit erstmalig die Akzeptanz von Deutschland als Einwanderungsland verbunden war. Auch war bereits in den Jahren vor 2007/08 die Abschottung Europas für Flüchtlinge medial hoch präsent ebenso wie der Tiefstand der Asylbewerberzahlen 2007 bzw. das erneute Ansteigen der Flüchtlingszahlen ab 2008. Auch für den Faktor Religion in seiner Bedeutung für Integration ist mit und seit dem „11. September" ein erheblicher Nachhall zu verzeichnen.

Ebenso kann im direkten Erfahrungsfeld von Kirchengemeinden, Kirchenbezirken und diakonischen Einrichtungen von interkulturellen Überschneidungssituationen im Alltag nicht nur in den großen Agglomerationsräumen Württembergs ausgegangen werden. Hierzu trägt insbesondere auch die quotenmäßig organisierte Verteilung von Asylsuchenden und Spätaussiedlern auf alle Stadt- und Landkreise bei. Mit einem Anteil von rund 25 % der Bevölkerung mit Migrationshintergrund gehört Baden-Württemberg im Vergleich der Flächenländer der Bundesrepublik Deutschland seit Jahren zu den Ländern mit den höchsten Anteilen.

Und auch in historisch landes- wie kirchengeschichtlicher Perspektive kann das Gebiet der Württembergischen Landeskirche nicht ohne die Wahrnehmung der Geschichte von Aus- und Einwanderungen beschrieben werden. Im Südwesten bilden sich alle Phasen gerade auch der jüngeren Migrationsgeschichte seit Ende des Zweiten Weltkriegs ab: die Aufnahme von Vertriebenen und

Flüchtlingen im Zusammenhang mit dem Zweiten Weltkrieg, die Anwerbung und Zuwanderung der klassischen „Gastarbeitergeneration“ mit anschließendem Familiennachzug, der Zuzug von Aussiedler- und Spätaussiedlerfamilien aus Rumänien, Polen und den Staaten der ehemaligen Sowjetunion, die Aufnahme von Flüchtlingen und Asylsuchenden aus Europa und Drittstaaten sowie das weite Feld der Arbeitsmigrationen, der aufgrund der geografischen Lage Baden-Württembergs mit seiner Ausrichtung nach Südeuropa verbunden mit hoher wirtschaftlicher Potenz hierzulande große Bedeutung zukommt.

2.2 Identifizierung des Auftrags für Kirche und Diakonie in der Migrationsgesellschaft

Der mehrheitlich geringen Differenzierung in der Sozialraumanalyse und der allgemein gehaltenen Beschreibung von Migration entspricht die ebenfalls mehrheitlich geringe Differenzierung in der Identifizierung des Auftrags von Kirche und Diakonie in der Migrationsgesellschaft.[7] Ein Antrag aus dem Handlungsfeld Seniorenarbeit bezieht sich dabei explizit auf die biblische Tradition: „denn im Alten Testament wird schon darauf verwiesen, dass Witwen und Waisen von der Gesellschaft betreut und versorgt werden müssen, ungeachtet ihrer Herkunft und ihres Glaubens“[8]. Zu beobachten ist insgesamt ein eher individualisierender Blick, der das Augenmerk stärker auf die Personen mit Migrationshintergrund als auf strukturelle Voraussetzungen und gesellschaftliche und politische Rahmenbedingungen richtet. Eine Reflexion struktureller Benachteiligungen in der Gesellschaft inklusive Kirche und Diakonie z. B. im Hinblick auf Zugangsbarrieren, die Frage nach ungleichem Zugang zu Ressourcen oder die Thematisierung von Machtasymmetrien ist nur in wenigen Anträgen und auch dort nur ansatzweise zu erkennen, wirkt sich aber in der Regel nicht als konzeptionell bestimmend aus.

Ebenso findet sich – außer den allgemein gehaltenen Reflexionen zum Auftrag der Kirche für „alle“[9] – keine eingehende Reflexion des Auftrags von Kirche und Diakonie unter den Bedingungen einer pluriethnischen, plurikulturellen und plurireligiösen Gesellschaft oder auch des damit in Zusammenhang stehenden Aspekts der Religionsfreiheit. Eine Erwähnung oder Reflexion von Phänomenen wie Diskriminierung, Fremdenfeindlichkeit, Rassismus, Antisemitismus, Antiziganismus, Stigmatisierungen, Vorurteile, Exklusion oder die Mechanismen und Effekte der Konstruktion und Dekonstruktion von „Anderen“ finden sich ebenso wenig in der Untersuchung der Situation wie vice versa in der Formulierung des Auftrags von Kirche und Diakonie als einem Beitrag zu Gastfreundschaft, Chan-

---

7 Z. B. „die Integration von Migranten fördern“ (AZ 20), „dass sich Kirche auch in Stadtteilen mit hohem Migrationsanteil einmischt und engagiert, auch bei Integration und Armut“ (AZ 62) oder „hier liegt uns am interkulturellen und interreligiösen Dialog, um in einem guten Miteinander gegenseitiges Lernen zu ermöglichen“ (AZ 52).

8 AZ 62.

9 Vgl. Kapitel 2.1.

cengerechtigkeit, Antidiskriminierung, Antirassismus, Menschenrechtsbildung etc. Die Unterbestimmung eines politischen Auftrags von Kirche und Diakonie in der Migrationsgesellschaft steht dabei in engem Zusammenhang mit dem in den Projektanträgen mehrheitlich beobachteten Blick auf Personen und Individuen.

Eine intensive reflexive Befragung der eigenen Organisationskultur z. B. in der Frage nach der Personalentwicklung in Kirche und Diakonie kann unter den im Hinblick auf Migration/Migrationsgesellschaft eher als rudimentär zu bezeichnenden Projektanträgen letztlich nicht erwartet werden. Andererseits muss sie erwartet werden können, wenn Kirche und Diakonie nach ihrem Auftrag und nach Konzepten unter den Bedingungen gesamtgesellschaftlicher Transformationsprozesse fragen. Vor dem Hintergrund der Migrationsgesellschaft ergeben sich für die Organisations- und Qualitätsentwicklung Fragestellungen u. a. nach Vernetzungsmöglichkeiten mit Projektpartnern und -partnerinnen, nach Chancen und Grenzen interkultureller Teams oder nach dem Anforderungsprofil einer „interkulturellen"/ „interreligiösen" Kompetenz bzw. noch umfassender einer „Vielfaltskompetenz" von Haupt- und Ehrenamtlichen in Kirche und Diakonie.

2.3 Lösungsansätze und Methoden

Die in den Projektanträgen aufgezeigten Lösungsansätze wie Netzwerkarbeit, aufsuchendes Arbeiten, offene Angebote, Barrierenabbau sowie der allen Lösungsansätzen und Methoden vorausliegende Bedarf einer Sozialraum- und „Lebensweltanalyse" lassen sich grundsätzlich auch für Handlungsansätze in der Migrationsgesellschaft zur Anwendung bringen. Hervorzuheben ist dabei die Orientierung am Gemeinwesen als wesentlichem Koordinatensystem kirchlich-diakonischen Handelns. Da sich die skizzierten Lösungsansätze dabei weniger explizit auf den Kontext Migration/Migrationsgesellschaft beziehen, sondern auf das gesamte Handlungsfeld des Projektantrags, bieten lediglich die drei Projekte, die einen Teilaspekt Migration/Migrationsgesellschaft erkennen lassen, weitergehenden Aufschluss. Alle drei Projekte bewegen sich im Feld des Gemeinwesens, wobei auch hier ein Projekt vorrangig individuelle Förderungsmaßnahmen als Lösungsansatz beschreibt. Maßnahmen zur Freizeitgestaltung, Hausaufgabenhilfe sowie die Stärkung der Persönlichkeit oder der elterlichen Erziehungskompetenz bilden hierzu die entsprechenden Programme. Die beiden weiteren Projekte betonen eher allgemein die Bedeutung von Dialog, einem guten Miteinander und gemeinsamem Lernen. Die Eröffnung und Schaffung gemeinsamer Räume, in der sich verschiedene Kulturen präsentieren können und so crossover-Begegnungen und -Erfahrungen möglich werden, werden dazu als Lösungsansätze entworfen.

Für das Erreichen von Personen mit Migrationshintergrund im Gemeinwesen wird in zwei Projektkonzeptionen die Frage nach spezifischen Projektpartnern aufgeworfen. Eine Konzeption betont die Notwendigkeit der Projektpartnerschaft auf einer anderen Ebene und sucht weitere Kirchengemeinden, „die aufgrund ihres hohen Migrantenanteils bereit sind neue Wege zu gehen"[10]. Als „migrationsspezifische" Projektpartner werden dabei jeweils professionelle Beratungsdienste in Kommune und freier Wohlfahrtspflege identifiziert, wohingegen Strukturen der Selbstorganisation von Migrantinnen und Migranten oder auch die Gemeinden anderer Sprache und Herkunft, die in der Landeskirche vertreten sind, nicht in Betracht gezogen werden. Welche Gründe hierfür ausschlaggebend sind, kann aus dem Kontext nicht eindeutig erschlossen werden.

2.4 Konnotationen zu Globalisierung, Pluralisierung und Migration

Ein besonderer Beobachtungsblick gilt zum Schluss der Analyse der Konnotationen, die sich in den Projektanträgen zu der „Herausforderung Globalisierung" finden lassen. Eine erste Beobachtung bezieht sich dabei auf den Gesamtkontext gesellschaftlicher Pluralisierung, für die Globalisierung und Migration wiederum nur einen Faktor darstellen. Hier beschreiben zwei Projektanträge vor allem im Hinblick auf die Situation Jugendlicher und ihrer Suche nach Orientierung ausdrücklich Verunsicherung bzw. einen Verlust von Heimat und Halt.[11]

Neben der Tendenz zur Verunsicherung im Hinblick auf individuelle Identitätsfragen liegen weitere Konnotationen in der Verknüpfung von Migration und Problemlagen im Gemeinwesen, wobei hier indirekt die Frage nach „verkraftbaren" Anteilen von Personen und Familien mit Migrationshintergrund anklingt. „Migrationshintergrund" wird weiterhin als eine Erklärung für fehlende kirchliche Sozialisation beschrieben, wobei hier der Kontext der Zielgruppe mit einer Herkunft aus den GUS-Staaten diese Verknüpfung im Hinblick auf eine „volkskirchliche" Sozialisation durchaus zutreffend feststellt.

In Anbetracht der Tatsache, dass sich die Analyse auf Projekte ohne spezifischen „Migrationshintergrund" bezieht, lässt sich in den untersuchten Projektanträgen in der Tendenz eine Unterbestimmung sowohl struktureller Faktoren insgesamt, wie auch struktureller wie persönlicher Ressourcenorientierung konstatieren. Dass die Orientierung an Ressourcen wie Internationalität, Mehrsprachigkeit, Erfahrungsmehrwerte etc. unterbestimmt bleibt, kann dabei wiederum sowohl in der Bedingung als Projektantrag mit „Heraus- und Aufforderungscharakter" wie auch im klassischen „diakonischen Blick" auf Unterstützungsbedarfe mögliche Erklärungen finden.

---

10 AZ 62.

11 „... auf der Suche sind nach Orientierung in einer multikulturellen, multioptionalen und globalen Welt" (59), „... die heutige Gesellschaftsformen prägende Pluralisierung, die Jugendlichen weder Halt noch Rahmen für ihr eigenes Leben vorzugeben in der Lage ist" (AZ 60).

3. Schlussfolgerungen und Handlungsempfehlungen

Aus der Analyse der Projektanträge ergeben sich unter dem Vorbehalt aller erörterten Einschränkungen der Analyse einige weiterführende Fragestellungen und Erkenntnisse, die hier in Thesenform vorgestellt werden sollen.

These 1: Selbstreflexion der Kommunikation ist notwendig
Die erste These bezieht sich auf die Diskursmächtigkeit von Kirche und Diakonie und verweist auf die Notwendigkeit der Selbstreflexivität in Bezug auf die eigene Kommunikation zu den Themenfeldern Migration/Migrationsgesellschaft. Einer kritischen Reflexion bedürfen dabei die bewusst oder unbewusst vermittelten Inhalte und Bilder zu Migration/Migrationsgesellschaft in allen Formen der Öffentlichkeitsarbeit von Kirche und Diakonie. Gefragt sind dabei vorrangig die Migrationsexperten und -expertinnen in Kirche und Diakonie wie auch die Leitungsebene und die Öffentlichkeitsverantwortlichen. Inhaltlich zu bedenken gilt es im Kontext Selbstreflexivität vor allem auch die Ambivalenzen und Dilemmata, in denen Kirche und Diakonie mit ihren beiden Hauptausrichtungen in der sozialen Anwaltschaft und als Anbieterin sozialprofessioneller Dienstleistungen stehen. In ihrer sozialen Anwaltschaft müssen Kirche und Diakonie einerseits die Aspekte Benachteiligung, Diskriminierung etc. benennen, andererseits tragen sie damit auch zu einer möglicherweise einseitigen Wahrnehmung und Problemorientierung bei.

Des Weiteren stehen Kirche und Diakonie in ihrer Funktion als Anbieterin Sozialer Arbeit teilweise in derselben Ambivalenz wie die Antragstellenden der Projekte. Auch in Kirche und Diakonie geht es um die ideelle und auch kommerzielle Teilhabe am „Markt" Integration mit seinen Maßnahmen und Refinanzierungen.

These 2: Der „diakonische Blick" – Personen mit Migrationshintergrund sind nicht per se hilfebedürftig
Der „diakonische Blick" ist inhaltlicher Schwerpunkt der zweiten These. Gerade im Hinblick auf die Phänomene Migration/Migrationsgesellschaft ist die Bedeutung der Differenzierung des „diakonischen Blicks" in individuell-persönliche und strukturelle Aspekte, in Ressourcen und Unterstützungsbedarfe bzw. die Notwendigkeit ihrer Koppelung nachhaltig zu demonstrieren. Bezüglich der individuell-persönlichen Aspekte ist zunächst zu konstatieren, dass Personen mit Migrationshintergrund – ebenso wie alle anderen denkbaren sozialen „Kategorien" von Personengruppen – weder auf diese eine Kategorie zu reduzieren sind, noch per se als hilfebedürftig gelten können. So sind z. B. Jugendliche mit Migrationshintergrund mehr als ihre Migrationsgeschichte, sie leben eine einmalige Pubertätsgeschichte, Bildungsgeschichte, Familiengeschichte, Liebesgeschichte, Glaubensgeschichte, Gesundheitsgeschichte, politische Geschichte etc. und sind darin Experten und Expertinnen ihrer eigenen Situation. Während beispielsweise eine Jugendliche mit Migrationshintergrund in ihrer Community bestens integriert ist, kann sie parallel im Schulsystem desintegriert sein. Diese Desintegra-

tion wiederum muss nicht in ihrer persönlichen „Migrationsgeschichte" bzw. damit assoziierten Problemen wie Identitäts- oder Kulturkonflikten begründet liegen. Hintergründe hierfür können ebenso struktureller Art sein, z. B. dass die Sprache ihres Herkunftslandes hierzulande nicht als Schul- bzw. schulische Fremdsprache anerkannt ist oder an der Schule diskriminierende Praktiken nicht bearbeitet und unterbunden werden.

Mit diesen Beispielen soll gezeigt sein, wie ein einseitiger „diakonischer Blick" den diakonischen Auftrag sowohl hinsichtlich Personen wie auch Strukturen verfehlen kann. Ein gekoppelter diakonischer Blick gilt dagegen sowohl Person wie Struktur und verknüpft in reflexiver Weise konkrete Unterstützung für den Menschen mit politischem Engagement.

These 3: Perspektivwechsel auf die Transformation von Organisationen und die Rolle von Kirche und Diakonie in der Gesellschaft der Vielfalt ist wegweisend

Die dritte These bezieht sich auf die Implementierung der Thematik Migration/Migrationsgesellschaft in die Curricula der diakonischen Aus-, Fort- und Weiterbildungsgänge[12] sowie in die Organisationsentwicklung diakonischer Einrichtungen und Dienste. Wenngleich hier in den letzten Jahren erhebliche Fortschritte zu verzeichnen sind, ist die Notwendigkeit berufsvorbereitender wie berufsbegleitender Förderung interkultureller Kompetenz als personaler Qualität wie interkultureller Organisationsentwicklung als struktureller Qualität von Diakonie nach wie vor aktuell. Der entscheidende und zugleich zukunftsweisende Aspekt liegt dabei im Perspektivwechsel, der den Blick von den Zielgruppen diakonischen Handelns auf die Transformation von Institutionen und Organisationen und letztlich der Gesellschaft als ganzer lenkt und dabei nach der Rolle und dem Beitrag von Kirche und Diakonie in einer Gesellschaft der Vielfalt fragt.

These 4: Das Profil von Diakonen und Diakoninnen als Moderatoren und Moderatorinnen von Vielfalt

Die in der dritten These ausgeführten Konsequenzen für die Aus-, Fort- und Weiterbildungsgänge sowie für die Förderung interkultureller Kompetenz in allen Professionen und den Ausbau einer interkulturellen Organisationsentwicklung auch in Kirche und Diakonie bedeuten zunächst Querschnittsthemen, die damit selbstverständlich auch für das Profil von Diakonen und Diakoninnen in allen diakonischen Handlungsfeldern Bedeutung gewinnen.

Des Weiteren wird auch künftig in Ergänzung zur Querschnittsdimension interkultureller Sozialer Arbeit eine migrations- und asylspezifische Beratung und eine spezifische Migrationssozialarbeit dort notwendig sein, wo es um originäre Migrationsthematiken wie das Ausländer- und Asylrecht, Zugang zu Sozialleistungen, die Anerkennung von im Ausland erworbenen Qualifikationen,

12 Wesentlich ist hierbei die kontinuierliche Aktualisierung mit der Einbeziehung aktueller Fragestellungen wie z. B. das Phänomen Transmigration, Intersektionalitätsforschung, migrantische Subjekts- und Identitätstheorien.

Familienzusammenführung etc. geht. Aufgrund ihres Kompetenzprofils in der Sozialen Arbeit sind Diakone und Diakoninnen für das Handlungsfeld Migration und Asyl grundlegend qualifiziert und können sich darauf aufbauend spezifische Kenntnisse aus der Migrationsforschung, Migrationspsychologie etc. aneignen. Ihre theologisch-diakoniewissenschaftliche Qualifikation ermöglicht es Diakonen und Diakoninnen, die Erfahrung von Fremdheit und den Umgang mit Fremden aus der christlich-theologischen Tradition zu deuten und daraus Impulse für eine diakonische Gemeinde sowie eine Organisationskultur „mit Fremden" zu entwickeln.

Im Hinblick auf den Auftrag und das Amt des Diakons/der Diakonin ist über die Querschnittsdimension interkultureller Orientierung und Öffnungsprozesse sowie über die Migrationssozialarbeit hinaus die Frage zu diskutieren, ob sich im Kontext Migration bzw. Vielfalt besondere Profilierungen für den Diakonat ergeben. Als Ausgangspunkte bieten sich hierzu in meinen Augen zwei Erfahrungsbereiche an: Zum einen braucht es zu einer positiven Gestaltung von (migrantischer) Vielfalt die Anschlussfähigkeit der „Verschiedenen" (individuell wie auch kollektiv), zum anderen bedeutet (migrantische) Vielfalt nicht per se gleichberechtigte Vielfalt, sondern trägt in sich auch Tendenzen zu Benachteiligung, Diskriminierung etc.

Als „Auge, Ohr und Mund der Kirche"[13] gilt die Aufmerksamkeit von Diakonen und Diakoninnen in besonderer Weise den Spannungsfeldern, die sich zwischen Vielfalt, Individualisierung und Ausgrenzung auftun. Unterschieden werden dabei die positiven Möglichkeiten von Vielfalt als Chance und Bereicherung für Gemeinschaft und Gemeinwesen und der Schatten der Vielfalt in den Gefahren von Isolierung und Entsolidarisierung. Dabei rücken auch strukturelle Hintergründe für Exklusion sowie sozialkonstruktivistische Herstellungsmechanismus „des Anderen" ins Blickfeld.

Diese diakonischen Konnotationen von Vielfalt legen eine Querverbindung zu den Untersuchungen der Bedeutung von „diakonein" nahe, wie sie von John Collins und Hans-Jürgen Benedict[14] vorgelegt wurden. Die Betonung der *vermittelnden* bzw. übermittelnden Tätigkeiten als grundlegendes Merkmal von „Dienen" bzw. „Dienst" sowie die Herausstellung „*to function as a intermediary*" und „*go-between*" können dabei Spuren weisen. Geschärft wird hierbei die Wahr-

---

13 Diese Formulierung ist eine viel zitierte Zusammenfassung aus verschiedenen Quellen: „Auge der Kirche" findet sich im „Testamentum domini nostri Jesu Christi", das von Patrologen in seiner Endredaktion als eine syrische Kirchenordnung aus dem 5. Jahrhundert eingestuft wird. Die den Diakonat betreffenden Passagen hat Balthasar Fischer auf der Grundlage lateinischer, englischer und französischer Übersetzungen des syrischen Originals ins Deutsche übertragen. Vgl. Fischer 1980: S. 264–269 v. a. S. 266. In den „Constitutiones Apostolicae" (II,44) findet sich die Formulierung „Überdieß soll der Diakon Ohr und Aug' und Mund und Herz und Seele des Bischofs sein" Zitiert nach: Departement für Patristik und Kirchengeschichte o. J.

14 Vgl. Collins 1990, Benedict 2003 und 2008. Es kann an dieser Stelle nicht auf die umfassende Diskussion und Wirkung der Untersuchungen Collins eingegangen werden. Insofern bedeutet die Betonung von „Vermittlung" und „Kommunikation" eine bewusste Herausstellung einzelner Aspekte, die hier gleichsam als „Wegweiser" und „Spur" verstanden sein sollen.

nehmung der Bedeutung von *Kommunikation*, die sowohl kennzeichnend ist für den Diakonat als kirchliches Amt mit der Beauftragung der Kommunikation des Evangeliums[15] wie auch für die Gestaltung von Vielfalt bzw. des Zusammenlebens Verschiedener als potentiell Ungleicher und damit durch Ausgrenzung Gefährdeter.

Als „Vermittelnde" können Diakone und Diakoninnen mit ihrem Amt in besonderer Weise zur Gestaltung der Gesellschaft unter den Vorzeichen der Menschenfreundlichkeit[16], Partizipation, Chancengerechtigkeit und Gleichberechtigung beitragen. In den Funktionen von Moderatorinnen und Moderatoren von Vielfalt und Gestalterinnen und Gestalter des „Zwischen" gewinnt das Amt des Diakons/der Diakonin verstärkt ein menschenrechtlich und zivilgesellschaftlich ausgerichtetes Profil. Diakone und Diakoninnen bewegen sich dabei „zwischen" der Wahrnehmung lebensweltlicher Vielfalt, der Anerkennung der Einzigartigkeit jedes Lebensentwurfs in unterschiedlichen kulturellen und religiösen Traditionen und der Vermittlung zwischen Verschiedenen sowie der Erschließung gemeinsamer Räume in Quartier, Gemeinde oder diakonischer Einrichtung.

Mit Thomas Zippert, der zur Formulierung des Auftrags von Diakonen und Diakoninnen ebenfalls die Bedeutung von Kommunikation und Beziehung betont, ist dabei der Radius der Beziehungen zwischen „Verschiedenen" groß zu ziehen und reicht über die Kirche bzw. die eigene Religionsgemeinschaft hinaus: „Ein theologischer Begriff des Sozialen und des sozialen Handelns umfasst die Konstituierung oder Restituierung von Beziehung und Verbundenheit, sprich: gelebter Solidarität zwischen den Menschen, den Angehörigen einer Religionsgemeinschaft, aber auch über sie hinaus."[17]

Konkrete Gestalt gewinnt dieses Profil des *„go between"* von Diakoninnen und Diakonen z. B. in der Beauftragung für die Begleitung interkultureller Öffnungsprozesse in diakonischen Einrichtungen und Diensten, in der Brückenfunktion mit Gemeinden anderer Sprache und Herkunft und der Vernetzung mit anderen Religionsgemeinschaften, in Beauftragungen zu interkulturellem Lernen und der Gestaltung des interreligiösen Dialogs in Kirchengemeinden und diakonischen Einrichtungen. Sichtbar und hörbar wird das Profil des *„go between"* von Diakonen und Diakoninnen auch in einer besonders akzentuierten Wahrnehmung der sozialanwaltschaftlichen Funktion von Kirche und Diakonie, die bewusst die Aspekte Antirassismus, Antisemitismus, Antiziganismus, Fremdenfeindlichkeit etc. aufnimmt und deutlich Stellung bezieht. In einer bewusst gesetzten Gegen- und Widerstandskultur zu Fremdenfeindlichkeit können Diakone und Diakoninnen die Themenfelder Migration und Asyl in Kirche, Diakonie und Öffentlichkeit zu Querschnittsthemen machen und Projekte z. B. der Gastfreundschaft, des Willkommens für Flüchtlinge und Zugewanderte, Projekte fairer Arbeitsmigration oder Friedensgebete der Religionen initiieren.

---

15 Vgl. Evangelische Landeskirche Württemberg 2013.

16 Vgl. Heitmeyer 2001: Hier im Besonderen im Kontrast zu einer von Wilhelm Heitmeyer konstatierten gruppenbezogenen Menschenfeindlichkeit.

17 Zippert 2008: S. 303.

Mit und in diesen exemplarischen „Vermittlungen“ vermitteln Diakone und Diakoninnen implizit wie explizit Gott als sympathischen Freund des Lebens und seine Liebe zu allen Menschen. Die Vielfalt der von Gott vielfältig geschaffenen und geliebten Menschen kann so unter der Mitwirkung von Diakonen und Diakoninnen zu einer besonderen „Form der Hoffnung [werden], weil er [der Pluralismus – Anmerkung der Verfasserin] auf dem Verständnis beruht, dass gerade deshalb, weil wir verschieden sind, jede und jeder von uns etwas beitragen kann zu dem gemeinsamen Projekt, zu dem wir alle gehören“[18].

Literatur

Benedict, Hans-Jürgen (2003): Die größere Diakonie: Versuch einer Neubestimmung im Anschluss an John N. Collins. In: Herrmann, Volker/Merz, Rainer/Schmidt, Heinz (Hg.): Diakonische Konturen. Theologie im Kontext sozialer Arbeit. Heidelberg. S. 127–135.

Benedict, Hans-Jürgen ([2000] 2008): Beruht der Anspruch der evangelischen Diakonie auf einer Missinterpretation der antiken Quellen? John N. Collins Untersuchung „Diakonia“. In: Benedict, Hans-Jürgen: Barmherzigkeit und Diakonie. Von der rettenden Liebe zum gelingenden Leben. Stuttgart. S. 114–128.

Collins, John N. (1990): Diakonia. Re-interpreting the Ancient Sources. New York/Oxford.

Departement für Patristik und Kirchengeschichte (o. J.): Bibliothek der Kirchenväter. Herausgegeben von Gregor Emmenegger u. a. Verfügbar unter: www.unifr.ch/bkv/kapitel3173-43.htm (09.04.2014).

Evangelische Landeskirche Württemberg (Hg.) (2013): Kirchliches Gesetz über die Rechtsverhältnisse der Diakoninnen und Diakone in der Evangelischen Landeskirche in Württemberg (Diakonen- und Diakoninnengesetz). Vom 23. Oktober 1995 (In der Fassung vom 22. Oktober 2013). Stuttgart. Verfügbar unter: http://www.kirchenrecht-wuerttemberg.de/show document/id/17945/ (25.07.2014).

Evangelische Landeskirche in Württemberg (Hg.) (2008): „Diakonat – neu gedacht, neu gelebt“. Das Angebot für Kirchenbezirke, Kirchengemeinden, Diakonische Einrichtungen, Landeskirchliche Werke und Einrichtungen und Freie Träger. Stuttgart. Verfügbar unter: https://www.service.elk-wue.de/oberkirchenrat/kirche-und-bildung/diakonat/projekt-diakonat-neu-gedacht-neu-gelebt.html (25.07.2014).

Fischer, Balthasar (1980): Dienst und Spiritualität des Diakons. In: Plöger, Josef G./Weber, Hermann J. (Hg.) Der Diakon. Wiederentdeckung und Erneuerung seines Dienstes. Freiburg.

Heitmeyer, Wilhelm (Hg.) (2001): Deutsche Zustände. Folge 1. Berlin.

Sacks, Jonathan (2007): Wie wir den Krieg der Kulturen noch vermeiden können. Gütersloh.

Statistisches Bundesamt (Hg.) (2014): Personen mit Migrationshintergrund. Wiesbaden. Verfügbar unter: https://www.destatis.de/DE/ZahlenFakten/GesellschaftStaat/Bevoelkerung/MigrationIntegration/Migrationshintergrund/Aktuell.html (22.08.2014).

Zippert, Thomas (2008): Das Diakonenamt in einer Kirche wachsender Ungleichheit – Neubegründung seiner „Normalität“ neben Pfarr- und Lehramt. In: Merz, Rainer / Schindler, Ulrich / Schmidt, Heinz (Hg.): Dienst und Profession. Diakoninnen und Diakone zwischen Anspruch und Wirklichkeit. Heidelberg. S. 46–69.

[18] Sacks 2007: S. 270.

Joachim Rückle

Der demographische Wandel und seine Bedeutung für Kirche und Diakonat

Die verschiedenen Äußerungen in den relevanten 13 Projektanträgen und zwei Projektberichten zeigen zweierlei: Als Begriff und Schlagwort ist der demographische Wandel sehr präsent.[1] Inhaltlich näher bestimmt wird der Begriff häufig nicht und wenn, dann z. T. mit sehr unterschiedlichen Gewichtungen.

Deshalb soll hier zunächst eine grobe Orientierung über die verschiedenen Aspekte des demographischen Wandels erfolgen. Dem schließen sich Beobachtungen zur Wahrnehmung des demographischen Wandels in den Projektanträgen und den Projektberichten an. Diese Beobachtungen münden in Überlegungen und Anregungen ein, wie Kirche, Gemeinden, Diakonie und insbesondere der Diakonat den demographischen Wandel aktiv gestalten können.

1. Der demographische Wandel und worum es dabei geht

In Wikipedia ist unter dem Stichwort Demografie nachzulesen:

> „Die Demografie (auch *Demographie*, griechisch *δημογραφία*, von δῆμος *démos* ‚Volk' und γραφή *graphé* ‚Schrift', ‚Beschreibung') bzw. Bevölkerungswissenschaft ist eine wissenschaftliche Disziplin, die sich statistisch und theoretisch mit der Entwicklung von Bevölkerungen und deren Strukturen befasst. Sie untersucht ihre alters- und zahlenmäßige Gliederung, ihre geografische Verteilung sowie die Umwelt- und sozialen Faktoren, die für Veränderungen verantwortlich sind."[2]

Schon daraus geht hervor, dass es beim demographischen Wandel um mehr geht als um die Veränderungen in der Altersstruktur der Bevölkerung. Es geht um eine differenzierte Wahrnehmung der unterschiedlichen Veränderungen und ihrer Ursachen.

Die Rede vom demographischen Wandel weist dann allerdings über die Analyse der demographischen Entwicklung hinaus. Ein Wandel beinhaltet immer auch eine Gestaltungsaufgabe.

Einen guten Überblick zu dieser Gestaltungsaufgabe bietet die Demografiestrategie der Bundesregierung „Jedes Alter zählt" (2012).[3] Als zentrale Gestaltungsaufgaben und Handlungsfelder werden hier genannt: „Familie als Gemein-

---

1 Das hat auch damit zu tun, dass er bereits bei der Projektausschreibung als erste gesellschaftliche Herausforderung benannt wird.

2 Wikipedia 2014.

3 Vgl. Bundesministerium des Innern 2012.

schaft stärken", „Motiviert, qualifiziert und gesund arbeiten", „Selbstbestimmtes Leben im Alter", „Lebensqualität in ländlichen Räumen und integrative Stadtpolitik fördern", „Grundlagen für nachhaltiges Wachstum und Wohlstand sichern" und schließlich „Handlungsfähigkeit des Staates erhalten". Das Berlin-Institut für Bevölkerung und Entwicklung macht allerdings in seiner aktuellen Veröffentlichung „Anleitung zum Wenigersein" deutlich, dass die Bundesregierung hier viel zu kurz greift.[4]

Mit einem Satz kann man die wesentlichen demographischen Veränderungen beschreiben: Wir werden weniger, älter, bunter.[5] Das ist jetzt schon zu spüren und wird sich in Zukunft weiter verstärken. Auf Grund der niedrigen Geburtenrate wird die Zahl der Menschen trotz höherer Lebenserwartung und trotz Einwanderung kontinuierlich auf rund 75 Millionen im Jahr 2050 sinken. Der Altersdurchschnitt nimmt entsprechend zu. Die Zahl der Arbeitnehmer, zumindest nach Vollzeitstellen gerechnet, und die Zahl der Rentner und Pensionäre gleicht sich bis 2050 immer mehr an. Die nach wie vor steigende Lebenserwartung sorgt für ein in der Geschichte einmaliges Phänomen: Die nachberufliche Lebenszeit ist eine eigene Lebensphase geworden. Für die meisten Seniorinnen und Senioren sind dies zehn bis zwanzig gute und aktive Jahre. Diese oft als drittes Lebensalter bezeichnete Phase zeichnet sich durch ein wachsendes freiwilliges Engagement im Gemeinwesen aus. Aber auch die Gruppe der Hochaltrigen wächst sehr schnell. Allein auf Grund der wachsenden Zahl steigt der Pflegebedarf weiter. Einerseits wächst bei den Hochaltrigen der Wunsch und die Fähigkeit ein selbstbestimmtes Leben zu führen, gleichzeitig nimmt die Zahl der von Demenz betroffenen Menschen weiter zu. Auf Grund der höheren Geburtenrate und des geringeren Durchschnittsalters von Immigranten steigt die Zahl der Menschen mit einem anderen kulturellen Hintergrund. Die kulturelle und damit auch die religiöse Vielfalt nimmt zu. Eng damit verbunden sind die weiter wachsende Attraktivität der Städte und die überproportional abnehmende Bevölkerung im ländlichen Raum.

Der demographische Wandel hat unter sozialpolitischen Gesichtspunkten weit reichende Folgen. Angesichts der hohen Staatsverschuldung und der mittelfristig sinkenden Einnahmen der Sozialversicherungen wird die Finanzierung der wachsenden sozialen Aufgaben immer schwieriger. Die Politik reagiert und propagiert mit entsprechenden Anreizen verbunden die private Vorsorge. Dies führt aber angesichts von brüchigen Erwerbsbiografien und einem wachsenden Niedriglohnsektor zu einem deutlichen Anstieg der Altersarmut. Die Schere zwischen Arm und Reich geht damit weiter auseinander. Umso problematischer ist der

4 Vgl. Berlin-Institut für Bevölkerung und Entwicklung 2013. Auch die anderen Discussion-Paper des Berlin-Instituts erschließen sehr fundiert zentrale Themen des demographischen Wandels und bieten hervorragende Grafiken und Übersichten. In der Veröffentlichung finden sich auch zahlreiche aktuelle Literaturverweise.

5 Vgl. Evangelische Akademie Bad Boll 2013. Die Ev. Akademie Bad Boll beschäftigt sich auch im Rahmen von Tagungen regelmäßig mit dem demographischen Wandel und stellt verschiedene der Beiträge ins Netz.

Umstand, dass Kinder nach wie vor ein Armutsrisiko darstellen und überproportional viele Kinder von Armut betroffen sind. Besonders betroffen sind Kinder allein erziehender Eltern und Kinder, deren Eltern ausländische Wurzeln haben. Die Gewährleistung einer guten Kinderbetreuung und Bildung als wesentliche Voraussetzung gesellschaftlicher Teilhabe ist umso wichtiger. Gut ausgebildete Arbeitskräfte werden in Zukunft in immer mehr Branchen dringend gebraucht. Der Fachkräftemangel insbesondere auch im Bereich der Pflege wird sich massiv zuspitzen, wenn in einigen Jahren die geburtenstarken Jahrgänge in den Ruhestand gehen. Die Zahl der Arbeitskräfte aus dem Ausland wird entsprechend weiter zunehmen.

Das Ausmaß all dieser Veränderungen lässt sich statistisch mehr oder weniger genau beschreiben. Einig ist man sich darin, dass die mit dem demographischen Wandel verbundenen Veränderungen und Herausforderungen gewaltig sind. Wie aber eine Gesellschaft insgesamt diesen gewaltigen Herausforderungen begegnet, ist in vieler Hinsicht offen. Zunehmende Ignoranz und Entsolidarisierung ist genauso möglich wie eine Stärkung des gesellschaftlichen Zusammenhaltes. So wurde vor 20 Jahren ein zunehmender Kampf der Generationen prophezeit.[6] Experten staunen heute, wie groß nach wie vor die Solidarität zwischen den Generationen ist.[7] Eine Zunahme von Fremdenfeindlichkeit ist genauso denkbar wie eine größere Selbstverständlichkeit und Leichtigkeit in der Begegnung verschiedener Kulturen. Nicht unwahrscheinlich ist, dass es die verschiedenen Phänomene gleichzeitig geben wird.

2. Beobachtungen aus Projektanträgen und Projektberichten

(1.) Es gibt sehr große Unterschiede in der Wahrnehmung der mit dem demographischen Wandel gegebenen Veränderungen. Eine reflektierte Auseinandersetzung mit den Folgen des demographischen Wandels für Kirche und Gesellschaft findet nur punktuell statt.[8] Zum einen wird oft nur pauschal vom demographischen Wandel gesprochen, zum anderen liegt der Hauptfokus vor allem auf einer älter werdenden Bevölkerung. Einige der Projektanträge[9] lassen ein umfassendes und differenziertes Verständnis des demographischen Wandels erkennen, das die Veränderungen des Alters als gravierenden Faktor mit im Blick hat: „*Die* Alten, *die* Älteren gibt es nicht! … So oder so, der Lebensalter-Ansatz taugt nicht mehr. Alt/älter zu sein sagt noch wenig aus. Alt ist man fit *oder* kränklich, nahe der Armutsgrenze *oder* gut berentet, als Mann *oder* Frau, einheimisch *oder* mit ausländischem Pass, verwitwet, geschieden, als Single *oder*

---

6 Vgl. Gronemeyer 1991.

7 Vgl. hierzu die verschiedenen Veröffentlichungen im Rahmen des europäischen Jahres für aktives Altern und Solidarität unter den Generationen 2012.

8 Dies ist allerdings auch dem Charakter und der Funktion eines Projektantrages geschuldet. Dennoch gibt es erhebliche Unterschiede in der Wahrnehmung und Kenntnis der mit dem demographischen Wandel verbundenen Fragestellungen.

9 Insbesondere die Projektanträge 22 und 62.

eingebunden, katholisch, evangelisch oder ...“[10] Deutlich ist insgesamt ein enger Zusammenhang zwischen der Wahrnehmung des demographischen Wandels und den jeweiligen Handlungsansätzen: Je deutlicher die Bedeutung und Vielschichtigkeit des demographischen Wandels für die gesamte Gesellschaft erkannt wird, desto mehr wird auch die Notwendigkeit eines übergreifenden, gemeinwohlorientierten Handelns gesehen.

(2.) Das im 6. Altenbericht (2010)[11], von Gerhard Wegner[12] und in der EKD-Orientierungshilfe „Im Alter neu werden können“[13] beschriebene eher defizitäre Altersbild in Kirche und Diakonie gilt auch in der Summe der verschiedenen Projekte und Projektanträge. Es äußert sich zum einen sprachlich, wenn meist von Problemen und Herausforderungen, aber sehr selten von den Chancen des demographischen Wandels gesprochen wird. Es äußert sich vor allem in einer starken Fokussierung auf die Begleitung der Hochaltrigen im 4. Lebensalter. So ist in einem Projektantrag zu lesen: „Im Hinblick auf die demographische Entwicklung ist das diakonische Verantwortungsbewusstsein der Kirchengemeinden besonders auch bei der Personengruppe der hochbetagten, manchmal multimorbiden, pflegebedürftigen oder vereinsamten Seniorinnen und Senioren gefragt.“[14] Die entsprechenden Aktivitäten stehen meist unter dem Vorzeichen der Fürsorge. Ansätze im Sinne von Aktivierung, von Mitgestaltung und Teilhabe sind vereinzelt im Blick. Dass sich nach und nach das Bewusstsein ändert, zeigt folgendes Zitat, das zwar auf Beteiligung zielt, aber noch von der Perspektive des „Für“ bestimmt ist: „Die Kirchengemeinde (...) entwickelt (...) innovative Angebots- und Beteiligungsstrukturen für ältere Menschen, orientiert an den Bedürfnislagen der älteren Generation und unter dem Motto: Von der Betreuung zur Beteiligung.“[15]

(3.) Das dritte Lebensalter mit seinen neuen Möglichkeiten und die damit verbundenen Chancen für Kirchengemeinden haben noch kein großes Gewicht. Deutlich wird an einigen Stellen, dass gerade die jüngeren Senioren besonders für die Begleitung der Hochbetagten gebraucht werden. Aufschlussreich ist folgende Einschätzung: „Nur durch ein professionelles Ehrenamtsmanagement ist es möglich, das ‚hilfsbereite Alter‘ (Generation 50 plus) mit dem ‚hilfsbedürftigen Alter‘ in Kontakt zu bringen.“[16] Die Anführungszeichen signalisieren hier zumindest ein gewisses Problembewusstsein hinsichtlich der Zuschreibungen „hilfsbereit“ und „hilfsbedürftig“. Die Notwendigkeit einer systematischen Förderung Ehrenamtlicher wird benannt und lässt im Umkehrschluss darauf schließen, dass es an dieser Stelle noch viel zu tun gibt. Dass sich das Alter verändert und immer mehr ausdifferenziert, hat auch Konsequenzen für die Möglichkeit und Bereitschaft zum Engagement: „Objektive Veränderungen und persönliche Einstellun-

---

10 Zielformulierung aus dem Projektantrag mit dem Aktenzeichen (AZ) 22.
11 Vgl. BMFSFJ 2010.
12 Vgl. Wegner 2010.
13 Vgl. Kirchenamt der EKD 2009.
14 Zielformulierung aus Projektantrag AZ 72.
15 Zielformulierung aus Projektantrag AZ 10.
16 Zielformulierung aus Projektantrag AZ 22.

gen zum Alter können also durchaus unterschiedlich zu seniorenbedingtem ‚Bedarf' oder neuer Freiheit in voller Kompetenz, zur Chance für Neudefinition, Neuorientierung, neuem Engagement führen."[17] Wahrgenommen werden einerseits das große Engagement vieler Senioren und die vorhandene Bereitschaft zum Engagement, andererseits aber auch ihre Schwierigkeiten mit vielen traditionellen kirchlichen Angeboten. Insgesamt fehlt eine klare Vorstellung davon, wie man das Engagement insbesondere der jüngeren Senioren systematisch fördern kann. Auch wird kaum gesehen, dass hier insbesondere für Diakoninnen und Diakone eine zentrale Aufgabe liegen könnte. Bedauerlich ist, dass Projektanträge, die hier in einer reflektierten Weise ansetzen wollten, nicht zum Zuge gekommen sind.

3. Als Kirche den demografischen Wandel gestalten

Was geht uns als Kirche der demographische Wandel an? Als erstes ist die Kirche selbst tangiert: Durch einen kontinuierlich steigenden Altersdurchschnitt ihrer Mitglieder, aber auch durch die Veränderungen des Alters selbst (3. Lebensalter). Es gibt einen Rückgang der Mitglieder und einen noch stärkeren Rückgang der Kirchensteuermittel. Hier warten anspruchsvolle Gestaltungsaufgaben auf die Kirchen- und Gemeindeleitungen. Als zweites geht es um die Frage, inwieweit mit dem demographischen Wandel und seinen Folgen in der Gesellschaft ein Auftrag an Kirche und Gemeinden verbunden ist. Hier geht es letztlich um eine Neubesinnung und Neubestimmung des diakonischen Auftrags, der allen Christen gilt. Weil Gottes Liebe allen Menschen gilt, ist Kirche für alle Menschen da. Deshalb kann sie den durchaus ambivalenten Folgen des demographischen Wandels nicht gleichgültig gegenüber stehen.

In den Projektanträgen werden an verschiedener Stelle Ansatzpunkte benannt und z. T. auch realisiert, die für die aktive Gestaltung des demographischen Wandels von zentraler Bedeutung sind. Dazu gehören insbesondere:

(1.) Auseinandersetzung und intensive Beschäftigung mit dem Thema demographischer Wandel: Der demographische Wandel ist zwar als Schlagwort sehr präsent, aber er ist in vieler Hinsicht noch kein Problem. Die Zahl älterer Menschen nimmt zwar zu, aber sie sind deutlich aktiver und gesünder als noch vor zwanzig Jahren. Der Fachkräftemangel ist zwar in einigen Branchen und Regionen bereits Realität, aber zu einem größeren Problem wird er erst in einigen Jahren. Der Generationenvertrag geht zwar zu Lasten der kommenden Generationen, zu spüren ist das aber in Zeiten hoher Steuereinnahmen und Überschüssen in den Sozialversicherungen noch nicht. Hinzu kommt: So wenig man sich mit dem eigenen Älterwerden beschäftigen will, so wenig will man sich mit einer insgesamt älter werdenden Gesellschaft auseinandersetzen. Aber nicht nur der Leidensdruck fehlt, auch die Bereitschaft sich in einer offenen Weise auf notwendige

[17] Zielformulierung aus Projektantrag AZ 62.

Veränderungen einzustellen. Nur wer sich in differenzierter Weise mit den verschiedenen Facetten des demographischen Wandels beschäftigt, erkennt auch die entsprechenden Gestaltungsspielräume und Entwicklungschancen, die eine Gesellschaft hat. Und es geht darum, Verantwortung nicht nur für seine eigene persönliche Altersvorsorge, sondern auch Verantwortung für die Gesellschaft und die kommenden Generationen zu übernehmen.

(2.) Einbeziehung und Beteiligung von Betroffenen: Die Personorientierung aus der Seelsorge ist offensichtlich und erfreulicher Weise zu einem Allgemeingut im Bereich der Kirche geworden. Die unterschiedlichen Bedürfnisse von Menschen spielen deshalb in der Argumentation der Anträge eine wichtige Rolle. Aber das muss dann auch konsequent zu Ende gedacht und gemacht werden. Eben weil die Lebenssituation gerade auch älterer Menschen sehr verschieden ist und entsprechend auch ihre Bedürfnisse, braucht es einen intensiven Dialog und eine Beteiligung auf Augenhöhe, wenn es darum geht als Gemeinde aktiv zu werden. Das wird automatisch dazu führen, dass überkommene Altersbilder hinterfragt werden und eine neue Ehrenamtskultur entsteht. Es wird aber auch in theologischer Hinsicht sehr lohnend sein, wenn man die prinzipielle und wechselseitige Angewiesenheit aller im Zusammenhang der Rechtfertigungslehre oder im Zusammenhang der Gegenwart des Heiligen Geistes begreift. Gerade im Blick auf eine neue Generation selbstbewusster und aktiver Senioren[18] geht es hier um eine Haltung der Offenheit und des Respektes. Alles Belehrende, Besser-Wissende stößt Menschen heute ab. Bei der Bewältigung des demographischen Wandels sind alle gefordert, sich mit ihren gott-gegebenen Möglichkeiten und Fähigkeiten einzubringen.

(3.) Generationen- und milieuübergreifende Ansätze: In mindestens der Hälfte der Anträge spielt das eine wichtige Rolle. Es spiegelt ein Unbehagen wieder angesichts einer immer weiter gehenden Ausdifferenzierung und Segmentierung unserer Gesellschaft. Gemeinde war von Anfang an voller Vielfalt, Unterschiede und Gegensätze und gerade deshalb lebendig und nicht langweilig. Es liegt eine große Chance darin, den Mehrwert dieses Miteinanders von Generationen und Milieus zu entdecken. Die damit verbundene Offenheit entspricht der Liebe Gottes, die allen gilt. Diese Offenheit darf deshalb auch nicht halt machen vor denen, die mit der Kirche nichts zu tun haben wollen oder die anders oder anderes glauben als wir. Die großen Herausforderungen des demographischen Wandels werden nur von einer Gesellschaft bewältigt werden können, für die das lebendige und achtsame Miteinander der Verschiedenen ein hohes Gut ist. Kirchengemeinden können hier ein Beispiel geben und sich entsprechend für das Gemeinwesen öffnen.

(4.) Stärkung des Engagements gerade auch von älteren Ehrenamtlichen: Professionelle Arbeit kann und darf nicht durch ehrenamtliches Engagement ersetzt werden. Dennoch wird vieles in Zukunft nur noch durch Freiwilligenarbeit möglich sein. Zum einen weil das Geld und zum anderen weil die Arbeitskräfte fehlen. Entscheidend aber ist der Mehrwert des Engagements für alle Beteiligten:

[18] Vgl. Ahrens 2011.

Erfahrung von Sinn, von Gemeinschaft, von Bildung in einem umfassenden Sinn. Ehrenamtliches Engagement entsteht freilich nicht von alleine. Zwischen der Bereitschaft zum Engagement und dem tatsächlichem Engagement gibt es eine erhebliche Lücke. Es braucht deshalb verlässliche Strukturen, es braucht kompetente Hauptamtliche. In der Gemeinde und in der Diakonie sind dazu in besonderer Weise Diakoninnen und Diakone befähigt.[19]

(5.) Vernetzung auf kirchlicher Ebene und in die Kommune hinein: Der demographische Wandel geht alle an. Es gibt niemanden, der nicht betroffen ist. Und deshalb kann er nur sinnvoll gestaltet werden, wenn alle mit anpacken. Der Rückzug in Sonderwelten ist zwar ein nachvollziehbarer Reflex, aber er ist Resultat einer Verweigerung und er bringt keine Lösungen. Eben weil Kirche nicht sich selbst genügt, sondern Salz und Licht ist, darf und soll sie sich auf die Gesellschaft einlassen, auch wenn sie dabei manche Kompromisse eingehen muss. Gleichzeitig entstehen neue Kontaktflächen und öffnen sich Türen. Entscheidend aber ist, dass es um die Menschen geht. Wie etwa in der Palliativpflege ist den Menschen dann am besten gedient, wenn die verschiedenen Professionen und Akteure in guter Weise kooperieren. Gerade vor dem Hintergrund der Inklusionsdebatte gelingt es heute sehr gut, sich mit einer Vielzahl anderer Akteure auf das Globalziel einer möglichst weitreichenden gesellschaftlichen Teilhabe für möglichst alle Menschen im Gemeinwesen zu verständigen. Wenn Kirchengemeinden sich auf diese Weise öffnen, sind gerade Diakoninnen und Diakone diejenigen, die als Brückenbauer und Grenzgängerinnen Verbindungen herstellen und Netzwerke aufbauen.[20]

(6.) Präsenz, Kontinuität und Professionalität auf hauptamtlicher Seite: Vernetzung und Gemeinwesenorientierung brauchen eine gute Mischung und ein gutes Miteinander von Haupt- und Ehrenamtlichen. Ehrenamtliche können und wollen kein so hohes Maß an Präsenz und Verbindlichkeit gewährleisten wie Hauptamtliche. Vielen fehlt zudem der nötige professionelle Hintergrund, der für effektives Zusammenarbeiten wichtig ist. Und es braucht Professionelle, um ehrenamtliche Arbeit zu fördern und auch in struktureller Hinsicht weiter zu entwickeln. Insbesondere das Ulmer Demenzprojekt hat gezeigt, dass gerade diese Mischung von Präsenz, Kontinuität und Professionalität zu einer guten Resonanz und Nachfrage führt. Partner im Gemeinwesen wollen wissen, wer ihre Ansprechpartner sind. Sie sind interessiert an einer von Zuverlässigkeit, Vertrauen und Offenheit geprägten Zusammenarbeit.

4. Ausblick

Wenn die Dringlichkeit des diakonischen Auftrags mit dem demographischen Wandel zunimmt, dann braucht es umso dringender den Diakonat und die Doppelqualifikation von Diakoninnen und Diakonen. Sie sind vertraut mit den ge-

[19] Vgl. zum Ehrenamt Älterer: Ahrens 2011 und BMFSFJ 2011.
[20] Zum Thema Gemeinwohlorientierung Vgl. Herrmann/Horstmann 2010.

sellschaftlichen Veränderungen und deren Folgen, sie sind in der Lage mit anderen Akteuren in Kirche und Gesellschaft gemeinsam den gesellschaftlichen Wandel zu gestalten und für möglichst gute Teilhabemöglichkeiten aller zu sorgen. Sie tragen in Gemeinden und in diakonischen Diensten und Einrichtungen dazu bei, dass der Glaube gestärkt und zum Ausgangspunkt des eigenen diakonischen Handelns wird.

Literatur

Ahrens, Petra-Angela (2011): Uns geht's gut. Generation 60plus. Religiosität und kirchliche Bindung. Berlin.

Berlin-Institut für Bevölkerung und Entwicklung (Hg.) (2013): Anleitung zum Wenigersein. Vorschläge für eine Demografiestrategie. Berlin. Verfügbar unter: http://www.berlin-institut.org/publikationen/discussion-papers/anleitung-zum-wenigersein.html (06.09.2013).

Bundesministerium des Innern (Hg.) (2012): Jedes Alter zählt. Demografiestrategie der Bundesregierung. Berlin. Verfügbar unter: http://www.demografie-portal.de/SharedDocs/Handeln/DE/Konzepte/Bund/Demografiestrategie/Inhalt.html (06.09.2013).

Bundesministerium für Familie, Senioren, Frauen und Jugend (2010): Sechster Bericht zur Lage der älteren Generation in der Bundesrepublik Deutschland. Altersbilder in der Gesellschaft. Bericht der Sachverständigenkommission an das Bundesministerium für Familie, Senioren, Frauen und Jugend. Berlin.

Bundesministerium für Familie, Senioren, Frauen und Jugend (2011): BMFSFJ. Monitor Engagement. Wie und wofür engagieren sich ältere Menschen? Ausgabe Nr. 4. Berlin.

Evangelische Akademie Bad Boll (Hg.) (2013): Demografischer Wandel: weniger – älter – bunter. SYM. Magazin der Evangelischen Akademie Bad Boll. Heft 3/2013. Bad Boll. Verfügbar unter: http://issuu.com/waiblinger/docs/2013-3 (06.09.2013).

Gronemeyer, Reimer (1991): Die Entfernung vom Wolfsrudel. Über den drohenden Krieg der Jungen gegen die Alten. Frankfurt.

Herrmann, Volker/Horstmann, Martin (Hg.) (2010). Wichern drei – gemeinwesendiakonische Impulse. Neukirchen.

Kirchenamt der EKD (Hg.) (2009): Im Alter neu werden können. Evangelische Perspektiven für Individuum, Gesellschaft und Kirche. Eine Orientierungshilfe des Rates der EKD. Gütersloh.

Wegner, Gerhard (2010): Das Alter veraltet. Altersbild und Herausforderungen für Theologie und Kirche. Einige begründete Vermutungen. Hannover. Verfügbar unter: http://www.ekd.de/si/download/Das_Alter_veraltet_GW_8.2010(2).pdf (06.09.2013).

Wikipedia, Die freie Enzyklopädie (Hg.) (2014): Artikel: Demografie. Bearbeitungsstand: 18. Juli 2014, 12:01 UTC. Verfügbar unter: http://de.wikipedia.org/w/index.php?title=Demografie&oldid=132256557 (22.08. 2014).

V. Erträge und Perspektiven

Annette Noller

Erträge der Praxis: Ansichten und Einsichten aus dem Projekt „Diakonat – neu gedacht, neu gelebt“

Eine Anthologie der Projektberichte

1. Einleitung: Zu den Projektberichten

1.1 Das landeskirchliche Projekt: Zur Konzeption der Praxisprojektarbeit

Das landeskirchliche Projekt „Diakonat – neu gedacht, neu gelebt“ war als ein Praxisprojekt konzipiert. In 15 Teilprojekten wurde über eine Laufzeit von fünf Jahren hinweg (2008–2013) diakonische Praxis für die Zukunft der Kirche und ihrer Diakonie exemplarisch erprobt und evaluiert. Die Konzeption der Praxisprojektarbeit wurde in den Projektberichten eingangs folgendermaßen wiedergegeben:

> „Die mit Diakonen und Diakoninnen zu besetzenden Projektstellen wurden öffentlich in der Landeskirche ausgeschrieben. Die Konzeption der Projekte wurde durch einige wenige Vorgaben strukturiert: Alle Teilprojekte orientierten sich an den sozialen Veränderungsprozessen im beginnenden 21. Jahrhundert und waren so gestaltet, dass sie Antworten erwarten ließen auf zukünftige Herausforderungen in den verschiedenen Berufsfeldern und Berufsgruppen im Diakonat. Sie orientierten sich in Auftrag und Konzeption an der doppelten Qualifikation von Diakoninnen und Diakonen. Die Dienstaufträge sollten im Sozialraum vernetzt formuliert sein und innovative Wege in Berufsfeldern im Diakonat erproben. Die Bereitschaft, wissenschaftliche Methoden zur Evaluation anzuwenden, wurde erwartet. Eine örtliche Begleitgruppe mit Vertreterinnen und Vertretern aus den vernetzten Handlungsfeldern des Projektes begleitete die Arbeit vor Ort. 50 % der Projektstelle wurden in einer Laufzeit von fünf Jahren von der Landeskirche finanziert. 50 % der Personalkosten mussten aus den Teilprojekten selbst aufgebracht werden.“[1]

---

[1] Noller/Hödl 2013: S. 7.

1.2 Auswahl und Darstellung der Projekte

Die Ergebnisse der wissenschaftlichen Evaluation und ihrer Begleitforschung sind in der Publikationsfolge des Kohlhammer Verlags veröffentlicht.[2] Projektberichte der 15 Teilprojekte wurden in einer Veröffentlichung der Landeskirche bereits in einer längeren Version publiziert.[3] Um auch in den wissenschaftlichen Veröffentlichungen einen Einblick in die diakonische Praxis zu gewähren, werden im Folgenden Auszüge aus den Projektberichten vorgestellt. Dabei werden die Projektberichte im Originalton zitiert, um die Sprache und Wahrnehmungen der Praktiker/-innen wieder zu geben. Die Berichte werden passagenweise zusammengefasst und dann wieder ausführlicher zitiert. Die Intention der Wiedergabe liegt darin, die Perspektive der Praktiker/-innen in ihrer je eigenen Profilierung, Sprachlichkeit und ihrem professionellem Charakter vorzustellen.

Der Vorzug dieser Wiedergabe liegt in ihrer Authentizität. Erkennbar wird zugleich, dass es sich bei den zitierten Dokumenten um Berichte handelt, die aus der Praxis heraus entstanden sind und deren Autoren und Autorinnen mit unterschiedlichen beruflichen Hintergründen und wissenschaftlichen Vorkenntnissen sich der Aufgabe unterzogen, mit Methoden der Sozialforschung zu arbeiten. Das gilt einerseits für die Projektstelleninhaber/-innen selbst, die nicht nur aus sehr verschiedenen Ausbildungs- und Studiengängen kamen, deren Ausbildungen teilweise schon längere Zeit zurück lagen und deren Arbeitsalltag durch die praktischen Anforderungen einer herausfordernden Projektarbeit geprägt war. Das gilt andererseits auch für der Projektbegleitgruppen vor Ort, die mit kirchlichen Professionellen und Ehrenamtlichen besetzt waren und die diese Projektberichte mit verantworteten, autorisierten und begleiteten.

Die Herausforderungen an ein kirchliches Praxisprojekt wurden von den Kolleginnen Claudia Schulz und Ellen Eidt bereits reflektiert.[4] Die hier vorgestellten Textpassagen aus den Projektberichten intendieren eine Würdigung der professionellen Konzeptionen und der praktischen Arbeit der 15 Teilprojekte. Die Auswahl der zitierten Passagen und die erörternden Zusammenfassungen sind als Interpretationen der als bedeutsam zu betrachtenden Ergebnisse lesbar. Eine wissenschaftliche Bewertung der Ergebnisse wurde dabei nicht vorgenommen.

Die Projektberichte zeichnen sich aus durch eine lebendige Vielfalt von Methoden, die der Sozialforschung entnommen wurden: Ziele wurden formuliert und Evaluationen (eigene und fremde) vorgenommen: Netzwerkkarten, Interviews, Gruppendiskussionen, Zahlen, Daten, Fakten werden präsentiert. Durch zahlreiche Zitate von Betroffenen, Klienten, Schülerinnen, Kooperationspartner/-innen, Gemeindegliedern und vielen mehr werden die Berichte lebendig und lebensnah. Deshalb wurden Passagen aus Statistiken, Interviews und Gruppendiskussionen auch für diese Publikation übernommen. Die hier in Auszügen

---

2 Bisher sind erschienen: Eidt 2011; Noller/Eidt/Schmidt 2013; Eidt/Schulz 2013.

3 Projektberichte 2013.

4 Vgl. Schulz 2013; Eidt 2013.

zitierten Projektberichte geben reflektierte Praxis wieder, die weitere Forschung auf breiterer Basis zu inspirieren vermag. Die Berichte sind aber auch dazu geeignet, zur Weiterentwicklung diakonischer Praxis und zur Profilierung des Diakonats als Profession und Amt anzuregen.

Die Reihenfolge der dargestellten Projekte ist thematisch organisiert. Zuerst werden sozialdiakonische Projekte vorgestellt. Es folgen Projekte, die die Zielgruppe der Kinder und Jugendlichen, insbesondere im Kontext der Schule, in den Blick nehmen. Daran anschließend werden Projekte mit einem seelsorgerlichen Fokus für Zielgruppen mit Unterstützungsbedarf vorgestellt. Den Abschluss bilden Projekte, die sich mit Formen der diakonisch-missionarischen Gemeindeentwicklung in kirchlichen, diakonischen und gesellschaftlichen Arbeitsfeldern befassen. Alle Projekte spiegeln in ihren je spezifischen Handlungsfeldern die gemeinsame diakonisch-missionarische Fragestellung des landeskirchlichen Gesamtprojekts wider.[5]

Die hier präsentierte Anthologie der Projektberichte folgt der Gliederung

[5] Ein kurzer Überblick über alle Teilprojekte findet sich bereits in Band IV der Publikationsfolge „Diakonat – Theoriekonzepte und Praxisentwicklungen." Vgl. Eidt/Schulz 2013: S. 518–520.

1.3 Anmerkungen zur Zitation und Formatierung

Die als Zitate ausgewiesenen Passagen sind den bereits publizierten Projektberichten[6] wörtlich entnommen. Zur Vereinheitlichung der Darstellung wurde das Layout angepasst. Es werden Zitate aus Gruppendiskussionen, Interviews u. a., die aus den Evaluationen der Projektberichte stammen, in Kästen wiedergegeben.

2. Aus den Projektberichten

2.1 Bericht 1: Tübingen – Diakonische Gemeindeentwicklung im Kirchenbezirk

2.1.1 Rahmendaten

Der Titel, den sich das Projekt in seinem Projektantrag gegeben hatte, lautete: „Diakonisch wahrnehmen und handeln – einladendes, gelebtes Evangelium". Durchgeführt wurde das Projekt im Kirchenbezirk Tübingen, der Projektträger war das Diakonische Werk Tübingen. Projektstelleninhaber/-innen: Diakon Peter Heilemann, Diakonin Gudrun Keller-Fahlbusch, Diakon Joachim Pfeifer und Diakon Fritz Steinhilber. Sie arbeiteten in Kooperation mit Diakonin Renate Haug (Fachbereich Gemeindediakonat) und Diakon Horst Haar (Geschäftsführer Diakonisches Werk Tübingen[7]).

2.1.2 Projektidee und Projektkonzeption

Im Projektbericht wird die Projektidee folgendermaßen wiedergegeben:

> „Das Anliegen unseres Projektes war und ist, die Gemeinden in unserem Kirchenbezirk dabei zu unterstützen, ihre je eigene diakonische Wahrnehmung zu schärfen und Ideen und Angebote zu entwickeln, um in Not geratenen Menschen bedürfnisorientiert vor Ort zu helfen. Konkret wollten wir dies erreichen, indem wir die Diakoniebeauftragten in ihrer Aufgabe begleiten und unterstützen und zum anderen kleinere Projekte initiieren oder weiterentwickeln, in denen Menschen in Not wohnortnah Austausch und/oder Unterstützung erfahren. Um Sozialraumnähe zu ermöglichen, wurde in jedem der vier Distrikte des Kirchenbezirks ein Gemeindediakon oder eine Gemeindediakonin, der bzw. die dort bekannt und vernetzt ist, mit 25 Prozent seines bzw. ihres Dienstauftrages für dieses Projekt beauftragt. Träger des Projekts ist das Diakonische Werk Tübingen des Evangelischen Kirchenbezirks Tübingen."[8]

Das Tübinger Projekt verfolgte zwei Ziele. Erstens sollten die Diakoniebeauftragten des Kirchenbezirks geschult werden, um sie zu befähigen, diakonische

6 Vgl. Projektberichte 2013.
7 bis 31.7.2012.
8 Projektberichte 2013: S. 14.

Anliegen in ihren Gemeinden wahrzunehmen, diese zu thematisieren und zu gestalten. Zweitens sollten Menschen in sozialer Not unterstützt werden. Kommunikations- und Beratungsangebote sollten Hilfe- und Selbsthilfepotenziale entwickeln helfen. Insbesondere der zweite Schwerpunkt wurde in vier ausgewählten Distrikten durchgeführt. Dazu heißt es im Projektbericht:

> „Von Anfang an war uns bewusst, dass das Projekt in den vier Distrikten ganz unterschiedlich gestaltet werden musste: In zwei Distrikten gibt es ein großes städtisches Zentrum (Tübingen und Rottenburg), in den beiden anderen Distrikten gibt es mehrere größere und kleinere Gemeinden, die aber nicht so stark aufeinander bezogen sind. In den Zentren wird von den Projektdiakon/innen je eine 3-wöchige Vesperkirche mit verantwortet als jährliches Angebot für Teilhabe- und Begegnungsmöglichkeit für Menschen mit den unterschiedlichsten, teils sehr prekären Lebenssituationen. In einem der beiden Distrikte wurde darüber hinaus ein monatliches Vesperkirchencafé mit parallel dazu angebotener sozialdiakonischer Sprechstunde als Projektangebot initiiert. In den beiden anderen Distrikten wurde nach langer Anlaufphase zu Beginn des Jahres 2011 ein Begegnungskaffee und im Februar 2012 ein Mittagessen begonnen. Beide Angebote finden einmal monatlich statt und befinden sich noch in der Entwicklungsphase."[9]

2.1.3 Vertiefende Beobachtungen

2.1.3.1 Die Arbeit mit Diakoniebeauftragten

Zur Arbeit mit den Diakoniebeauftragten wird im Bericht festgehalten:

> „Um flächendeckend im ganzen Kirchenbezirk die Gemeinden in ihrer diakonischen Wahrnehmung zu stärken, wurden seit Projektbeginn die Diakoniebeauftragten für ihre Aufgabe geschult und begleitet. Dazu gab es vierteljährliche Treffen, je zwei in den Distrikten und je zwei im Kirchenbezirk. Dort wurden relevante diakonische Themen referiert, aktuelle Anliegen ausgetauscht und jedes Jahr eine andere diakonische Einrichtung besucht. Dabei stellte sich bald heraus, dass es sich bei den Diakoniebeauftragten um eine äußerst inhomogene Gruppe handelt in Hinsicht auf die Motivation für ihre Aufgabe, die Art ihres Engagements, ihrer Ansichten und Ziele und die Art und Weise, wie sie zu ihrer Aufgabe gekommen waren ..."[10]

Ein kurzer Auszug aus einer Gruppendiskussion mit den Diakoniebeauftragten gibt einen Einblick in die unterschiedlichen Wahrnehmungen:

Person 1: ‚... zumal ich im diakonischen Bereich als Diakoniebeauftragter Überblick haben kann.'

Person 2: ‚Das ist ja eher beängstigend. Also als ich angefangen habe, dachte ich, okay, ich gehe in den Gemeinderat ... Diakonie, kann ich mir vorstellen und dann hat die, die das vorher gemacht hat, gesagt, da musst du halt ein paar Mal im Jahr da hin und dort hin, das ist nicht viel Arbeit und jetzt bin ich gerade erschrocken, wie viele Sitzungen es sind, wie viele Abende es

[9] Projektberichte 2013: S. 14.

[10] Projektberichte 2013: S. 14.

	sind und wo man sich überall einbringen könnte oder sollte und was da dahinter steckt, also da ist irgendetwas falsch gelaufen. Also für mich jetzt persönlich. Weil ich woanders drin stecke.‘
Person 3:	‚Die Wichtigkeit war nicht bekannt.‘
Person 2:	‚Nein, ich kann das überhaupt nicht leisten. Den wahnsinnigen Spagat zu schaffen zwischen einerseits ein stückweit das Amt zu verwalten, sprich, wie die Diakonie funktioniert; und dann aber kreativ zu sein und zu überlegen, was könnte man machen … Also Ideen habe ich immer massig, aber … wenn du Kirchengemeinderätin bist, dann hat man ja dazu noch zu viele andere Ämter.‘
	(…)
Person 4:	‚Unser Job, also ich sehe den Job so: Ich bin Diakoniebeauftragte – ich kann allen Gemeindemitgliedern beratend zur Seite stehen und die Fachleute und die Fachkräfte, die es überall gibt, da kann ich drauf hinweisen, das ist mein Job, so sehe ich ihn. Natürlich arbeite ich nicht nur theoretisch mit, ich arbeite auch praktisch mit, ja, im täglichen Leben. Aber das ist doch unser Job, wir sollen für die Gemeindeglieder da sein und ihnen sagen – hier, da gibt es die Diakonie, hast du Schulden, kannst du nicht mehr drüber hinwegsehen, geh doch da hin, schau, hier hast du die Adresse.‘
Person 5:	‚Das habe ich nie so empfunden …‘[11]

Die im Projektbericht publizierten Grafiken aus einer Umfrage unter den Diakoniebeauftragten zeigen, dass diese sich zu Beginn ihrer Tätigkeit zu 47 % nicht ausführlich über ihre Tätigkeit informiert fühlten. Während ihrer Tätigkeit sehen sie sich gut begleitet. Die Möglichkeiten, Ideen umzusetzen werden als weitgehend gegeben angesehen, auch der diakonische Charakter des Gemeindeamtes wird gesehen.[12] Resümierend wird im Projektbericht als Erkenntnis festgehalten:

> „Unsere Interpretation der Gruppendiskussion wie auch des Fragebogens macht uns deutlich, dass wir unser Angebot an Begleitung und Unterstützung von Diakoniebeauftragten viel stärker an deren auch unterschiedlichen Bedarfe anpassen und es konzeptionell in Zusammenarbeit mit den Diakoniebeauftragten weiter entwickeln möchten. Wir interpretieren einige Aussagen dahingehend, dass sich einige eine Begleitung wünschen, die konkret ihre Person samt Möglichkeiten und Grenzen wie auch die jeweilige Gemeinde im Blick hat. Mit einer solchen Begleitung könnte dieses Amt in der Gemeinde gestärkt und konkretisiert werden und der bzw. die Diakoniebeauftragte könnte seine bzw. ihre Aufgabe in unterschiedlicher und doch für Ort und Person passender Weise füllen.“[13]

Die Konzeption einer solchen, individuell auf die Gegebenheiten vor Ort angepassten Begleitung, wird im Kirchenbezirk Tübingen auch nach Abschluss des Projektes weiterverfolgt und erarbeitet werden.

---

11 Projektberichte 2013: S. 15.
12 Projektberichte 2013: S. 16–17.
13 Projektberichte 2013: S. 17.

2.1.3.2 Vesperkirche Rottenburg, Café Vesperkirche und sozialdiakonische Sprechstunde

Die Evaluationen zu diesem diakonische Arbeitsfeld spiegeln die in der diakonischen Fachliteratur reflektierten Phänomene zum Thema Armut, Inklusion und Vesperkirchenarbeit wieder: Vesperkirchen wachsen von Jahr zu Jahr, sie binden eine große Anzahl von Ehrenamtlichen, darunter in der Mehrzahl auch solche, die mit der parochialen Gemeinde und ihren Gottesdiensten bisher nicht verbunden sind und ihr Schwerpunkt liegt insbesondere auf der Begegnung von Menschen aus unterschiedlichsten Lebenssituationen und Milieus, der Schwerpunkt ist: Inklusion und Teilhabe. Zwei Zitate aus Interviews verdeutlichen die Sicht von Besucherinnen:

Interview A

Frau X: ‚Ja, das für mich, ich finde das ganz gut. Ja, alles isch eigentlich, viele wissen zu schätzen das, ja, manchmal sagt man, ja ah, erste Jahr habe ich mich geschämt. Ja, da sind viele Bettler gewesen und so, aber irgendwann mal akzeptiert man, das sind auch Menschen, die brauchen auch nur genau wie wir und dann wir sind eigentlich diese Tage gleich, ja. Ich hab sogar meine Rechtsanwältin gesehen (lacht), da bei Vesper, also, also das ist eine gute Sache, ja, das ist eine schöne Sache, …‘

Interview C

Frau Y: ‚Allerwichtigste – Wichtigste, das ist, dass sie macht immer mit den ausländischen Frauen eine große Sammlung, also äh, so wie die Finger im Hand, sie will, dass wir – wie heißt man – wir sind alle da und dass die ausländische Frau nicht auf dem Seite liegen lassen oder nix vergessen – wir sind alle Menschen. Wir sind alle Menschen. Alles gleich. Alle miteinander.‘[14]

Inklusion und Teilhabe werden auch im Vesperkirchengottesdienst umgesetzt, in dem der Diakon eine Vielzahl von Akteuren und Akteurinnen gleichermaßen in die Gestaltung des Gottesdienstes einbezieht. Schülerinnen und Schüler, Mitarbeitende der Vesperkirche, Diakon/-innen, Pfarrer/-innen, Besucher/-innen der Vesperkirche, der Kirchenchor, sie alle feiern und gestalten als Gemeinde in der Vielfalt gemeinsam Gottesdienst. Thematisiert wird im Projektbericht der Zusammenhang von diakonischer Sprechstunde und dem Café Vesperkirche. Termine der Sozialberatung werden über persönliche Kontakte im Café Vesperkirche angebahnt und wahrgenommen, Annoncen in Tageszeitungen und Mitteilungsblättern führten zu keinem Ergebnis. Die Verbindung von persönlichen Kontakten und professioneller Vernetzungsarbeit wird auch deutlich in der Vernetzungsskizze des Projektes. Sie zeigt die diakonische Arbeit vernetzt im Sozialraum, vernetzt mit der Kommune, vernetzt mit kommunalen und freien Hilfeangeboten, vernetzt mit diakonischen Trägern sowie Kirchengemeinden. Hier

[14] Projektberichte 2013: S. 19.

wird erkennbar, wie Kirche im Diakonat über die parochialen Strukturen hinweg im Kirchenbezirk und im Sozialraum agiert.

Die Arbeit der diakonischen Professionellen zeigt auch Früchte, die dazu beitragen, das diakonische Profil von Kirchengemeinden und Kirchenbezirken zu stärken.

Im Bericht heißt es dazu:

> „Einer der sichtbaren Erfolge des Projekts ist, dass viele Gemeinden die Frage, ob und wie die Bezahlung von Essen und Trinken bei Festen organisiert werden soll, diskutieren, oft auf Anregung der bzw. des Diakoniebeauftragten, und dass immer mehr Gemeinden hier auf solidarische Spendenkassen umschwenken und damit gute Erfahrungen machen."[15]

2.1.3 Perspektiven auf den Diakonat

Der Tübinger Projektbericht verdeutlicht, wie die Entwicklung diakonischer Arbeit im Kirchenbezirk verlaufen kann. In diesem professionellen Handeln wird der Diakonat als ein Amt der Kirche in seinem spezifischen Profil auch öffentlich wahrgenommen. Ein ehrenamtlicher Mitarbeiter der Vesperkirche reflektiert in einer Rückmeldung zum Vesperkirchengottesdienst die Rolle des Diakons folgendermaßen:

> „Bin katholisch aufgewachsen, dachte, ein Diakon sei eine Stufe auf dem Weg zum Priesteramt. Heute sehe ich, dass Diakon zu sein einen eigenständigen Beruf mit einem eigenen Aufgabenfeld und besonderen Begegnungsmöglichkeiten darstellt. Ich erlebe H. seit 3 Jahren in der Vesperkirche. Die Texte, die Predigt und die besondere Gestaltung des Abendmahlsgottesdienstes haben mich sehr angesprochen und es hat mich sehr berührt, dass ein Junkie, der nach seinen eigenen Worten noch nie vor so vielen Leuten und nie in einem Kirchenraum gesprochen hatte, aus seinem Leben und von seinen Gefühlen hier erzählte. Auch die Hinführung und die Einbindung weiterer Betroffener in den Gottesdienst war natürlich. Die Gemeinschaft und die Mahlgemeinschaft aller in diesem Gottesdienst erlebte ich als etwas Selbstverständliches. So kann der Diakon arbeitsteilig zum Pfarrer heute die Aufgaben erfüllen, zu denen er in der Urkirche berufen wurde."[16]

2.2 Bericht 2: Schwenningen – Diakonische Arbeit mit Familien in Armut und prekären Situationen

2.2.1 Rahmendaten

Der Titel des Projekts lautete: „Eine Chance für Kinder – Hilfe für Familien mit Kindern in Armutslagen und prekären Situationen". Der Projektort war Schwenningen. Getragen wurde das Projekt von der Evangelischen Kirchenge-

15 Ebd. S. 14.

16 Ebd. S. 22.

meinde und der Diakonie Schwenningen. Die Projektstelle wurde besetzt mit der Diakonin Barbara Kuchel-Müller.

2.2.2 Die Projektidee und Projektkonzeption

Zur Projektidee heißt es im Projektbericht:

> „In der Vesperkirchenarbeit der evangelischen Kirchengemeinde Schwenningen fällt auf, dass insbesondere das Angebot der 4-wöchigen Vesperkirche vermehrt auch von Familien mit Kindern genutzt wird. Durch die andere diakonische Arbeit der Gemeinde, wie zum Beispiel der diakonischen Beratungsstelle und auch des Diakonieladens, wird dieser Eindruck vielfältig bestätigt. So entstand 2008 der Wunsch nach einem speziellen Angebot der Diakonie für Familien mit Kindern in Armut und prekären Situationen."[17]

Zur Durchführung dieser Idee sollte ein Modell mit ehrenamtlichen Paten und Patinnen erprobt werden, die in Kooperation mit der Diakonin Familien in prekären Lebenssituationen unterstützten. Die Beratung der Familien sollte ausgehend von und in Kooperation mit evangelischen Kindertagesstätten angeboten werden. Der Projektbericht nennt vier Säulen dieses Projekts:

1. „Die Institutionalisierung von einer niederschwelligen Beratungsstruktur an evangelischen Kindertageseinrichtungen im Sinne einer Erziehungsberatung, Lebensberatung, Seelsorge und sozialrechtlichen Beratung. Dabei sollen Möglichkeiten einer Weiterentwicklung (exemplarisch) zu einem Familienbildungszentrum überprüft und angedacht werden.
2. Die aufsuchende Gehstruktur in Form von Hausbesuchen und das Aufbauen einer vertrauensvollen Beziehung mit den Familien durch die Diakonin. Das Aufbauen einer ehrenamtlichen und unterstützenden Arbeit in Form eines Familienpatenmodells.
3. Das Knüpfen von tragbaren sozialen und helfenden Netzen unter Einbeziehung der vorhandenen Hilfesysteme.
4. Die Sensibilisierung der Öffentlichkeit und der Kirchengemeinde für das Thema."[18]

Wahrnehmungen aus der diakonischen Arbeit mit Kindern aus prekären und sozial benachteiligten Familiensituationen führten dazu, die Konzeption den vorfindlichen Gegebenheiten anzupassen:

> „Nach einer kurzen Zeit der Arbeit im Projekt wurde schnell deutlich, dass es einen anderen Blick auf die Zielgruppe geben musste. Zuerst war angedacht, besonders die Kinder in einer Familie zu unterstützen, ihre Resilienz zu fördern und ihnen aktive Hilfe für eine Chancengleichheit zukommen zu lassen. Ebenso lag der Fokus auf der Problematik der Armut. Es stellte sich aber heraus, dass diese enge Sichtweise so nicht realistisch war. Die Familien entpuppten sich nicht als reine Armutsfamilien, sondern die Probleme, sicherlich auch oft durch Armut ausgelöst, waren vielschichtig und be-

17 Projektberichte 2013: S. 28.

18 Ebd. S. 28.

trafen alle Familienmitglieder in ihrer Existenz, ihrer Entwicklung und in ihren Beziehungsgeflechten. Es handelte sich in fast allen Fällen folgerichtig um sogenannte Multiproblemfamilien. Insofern musste also die gesamte Familie mit einem ganzheitlichen Ansatz in den Blick genommen werden: die Kinder wie ihre Eltern und andere wichtige soziale Kontakte, die in den Familien eine Rolle spielten. Der präventive Ansatz, sich Familien auszusuchen, deren Kinder noch klein (unter 12) waren und den Zugang besonders in den Kindergärten zu finden, war richtig. Doch erwies sich die Anwesenheit der Diakonin in den Einrichtungen nicht als notwendig. Die Familien nahmen dieses Angebot nicht wahr. Der Kontakt erfolgte von daher immer über die ErzieherInnen, die das Angebot eines Hausbesuches durch die Diakonin machten. Dieses Angebot wurde … gerne angenommen. Die vertrauensvolle Zusammenarbeit zwischen den ErzieherInnen und der Diakonin war von Anfang an wichtig."[19]

2.2.3 Vertiefende Beobachtungen

2.2.3.1 Familien unterstützen: Aufsuchende diakonische Familienberatung und Seelsorge:

Der Projektbericht nennt Zahlen, Daten und Fakten zur Beratung von Familien:

„Im Verlauf des Projekts konnten bis Oktober 2011
- 25 Familien (neu 7/2012: ca. 30 Familien) mit insgesamt 59 Kindern (neu 7/2012 über 70 Kinder) betreut werden.
- Davon waren 14 Kinder in der Altersgruppe 0–3, 20 Kinder in der Altersgruppe 4–6, 15 Kinder in der Altersgruppe 7–12, 10 Kinder waren 13 Jahre und älter.
- Davon waren 16 Familien Ein-Eltern-Familien, bei 2 weiteren stand die Trennung bevor. Dies ist insofern interessant, da die zuvor im Projekt erstellte Sozialraumanalyse aufzeigt, dass in Schwenningen doppelt so viele Familien (37,6 %) wie im Bundesdurchschnitt (16,8 %) mit einem alleinerziehenden Elternteil leben. Diese Gruppe ist laut anderer Studien besonders häufig von Armut betroffen.
- 15 Familien hatten Migrationshintergrund, 2 Familien hatten Asyl beantragt.
- 7 Familien davon waren muslimischer Religion, 11 davon christlich, bei den anderen war keine Religion bekannt.
- 20 Familien bekamen Leistungen nach dem SGB XII (Sozialgeld, Hartz IV)"[20]

Auch die Maßnahmen, die die Diakonin durchführt, werden im Projektbericht aufgeschlüsselt:

„Stabilisierende Maßnahmen:
- Bei 16 Familien wurden durch das Nutzen eines Hilfenetzwerkes zusätzliche Hilfen und Träger eingeschaltet.
- Bei 11 Familien musste zwischen den Familien und den Ämtern vermittelt werden.

Hilfsmaßnahmen, die zu einer Stabilität in den Familien geführt haben:
Finanzen:
Existenzsicherung 17 Familien

[19] Ebd. S. 29.
[20] Ebd. S. 30.

Finanzielle Zuwendungen aus Stiftungen	14	Familien
Vermittlung an Schuldnerberatung	5	Familien
Verbesserung der finanziellen Struktur	11	Familien
Vermittlung an diakonische Beratungsstelle	10	Familien
Vermittlung u. Begleitung bei Ämtern	10	Familien
Beratung:		
Psychosoziale Beratung	25	Familien
Seelsorgerliche Beratung	23	Familien
Rechtliche und sozialrechtliche Beratung	26	Familien
Vermittlung an medizinische Behandlung	7	Eltern
Vermittlung an psych. Behandlung	5	Eltern
Vermittlung an Jugendamt und sozialpädagogische Betreuung	5	Familien"[21]

Hinter diesen Zahlen liegen persönliche Schicksale und ein Konzept der diakonischen Beratung, das professionelle Sozialberatung mit seelsorgerlichen Gesprächen und individueller Beziehungsarbeit verbindet. Die Konzeption basiert nach Aussage des Projektberichts auf einer aufsuchenden Arbeit in den Wohnungen der Familien. Durch diese Konzeption gelingt es der Diakonin, Familien individuell zu beraten, die durch die Hilfeangebote von Beratungsstellen nicht erreicht werden oder sich in einer Vielzahl von teilweise versäulten Angeboten nicht zurechtfinden.

Der Projektbericht nennt die „Gehstruktur" als die Voraussetzung für die „Kairosmoment(e)" des Projekts[22]: Erst in der vertrauensvollen Beziehung und durch den nahen Einblick in die Familienstrukturen werden nach Aussage der Diakonin die Tiefendimensionen – auch die seelsorgerlichen – der familiären Problematiken erkennbar und bearbeitbar. Im Projektbericht heißt es dazu:

> „Diese und viele andere Beispiele (siehe Falldokumentationen 1–6) zeigen deutlich auf, dass gerade durch die Gehstruktur und die regelmäßigen persönlichen Hausbesuche durch die Diakonin eine wichtige Lücke im Hilfesystem geschlossen werden konnte. So werden die Hausbesuche von den Familienmitgliedern als hilfreich erlebt, besonders, wenn nach der Kennenlernphase Vertrauen wachsen konnte. Die Bezeichnungen wie ‚Freundin', ‚Mutter', ‚Familiencoach', oder arabisch: ‚chaleh' (Tante, ältere Ratgeberin, die eine wichtige Rolle zum Schutz innerhalb des Familienclans hat) zeigen, dass auch Gefühle wie ‚Geborgenheit' und ‚Ermutigung' sowie eine gewisses Empfinden von ‚Sicherheit und Schutz' bei den Familien mitspielen. Das ist ein großer Vorteil, wenn man wirklich zu neuen Schritten ermutigen will und Dinge zum Besseren ändern. Auch spielt in dieser Form ganz stark die positive Bestärkung der Familien und das gemeinsame Entdecken der vorhandenen Ressourcen und Stärken der Familie eine Rolle. Bei den Hausbesuchen gelingt es viel besser, die Problematiken innerhalb der Familien wahrzunehmen und in ihrer Wichtigkeit einzuschätzen. So ist eine Familie in einer prekären Situation oft sehr überfordert und unfähig, die eigenen Probleme und Bedarfe richtig zu benennen, zu reflektieren und einzusortieren. Ebenso fehlt die Information, wo die richtigen Hilfen zu finden sind und welche Angebote

[21] Ebd. S. 31.

[22] Zitate ebd. S. 31.

genutzt werden können. Das gilt nicht nur im materiellen und finanziellen Bereich, sondern auch im Bereich der Rollen innerhalb der Familie, des Erziehungsstils, der Ehebeziehung und der physischen und psychischen Gesundheit, u. a. Dieser Prozess kann bei den persönlichen Besuchen der Diakonin zusammen mit der Familie angestoßen und erarbeitet werden, dabei sind alle Familienmitglieder mit einbezogen. Erst wenn die Reihenfolge und die Wichtigkeit der einzelnen Schritte geklärt sind, wird mit der Familie besprochen, wie man vorgehen kann."[23]

Die Wahrnehmungen aus dem Projekt werden mit kurzen Auszügen aus Interviews mit Betroffenen bestätigt:

„Auszüge aus Interviews mit den betroffenen Familien:
- ‚Und genauso find ich des ganz toll, das, äh – das wenigstens z. B. einmal in der Woche, also, das sie einfach kommen zu Hause und – die Leute einfach – ähm ‚zu Hause ankucken, wie, wie die Lage ist, z. B. manche Leute können des ja auch nicht erzählen, oder von sich aus sagen, dass einem dreckig geht, oder am Telefon klingt des halt viel anderster wie, wie wenn sie halt persönlich dorthin gehen und diese Leute, bzw. diese Familie ankucken, überhaupt. Wie ist die Wohnsituation, das sagt ja schon alles aus. Wenn Sie sich noch erinnern können, wo Sie zum ersten Mal bei mir waren, da sah es schon (Lachen) katastrophal aus.‘
- ‚Ja, wenn ich bin äh- zu viele traurig, weinen, beten: Mein Gott bitte Hilfe!- und dann, kommt Frau von Diakonie-, klingeln meine Tür. Und das ist bei mir, äh- sehr gut, warum die Frau sagt, äh- was brauchen Hilfe?- Kann ich machen.‘"[24]

Aus diesem Projekt sind Fallbeispiele dokumentiert, von denen hier nur ein kleiner Ausschnitt gezeigt werden kann. Die Diakonin selbst kommentiert die Bedeutung der vertrauensvollen, beratenden und seelsorgerlichen Beziehungsarbeit:

Auszüge aus der Falldokumentation 1:

„Fam. X. hat Migrationshintergrund (muslimisches Land). Drei Kinder im Alter von 2–9 Jahren. Der Vater verunglückte bei der Arbeit, stürzte auf den Kopf und ist seitdem ein Pflegefall. Die Mutter spricht fließend Deutsch, ist gelernte Pflegerin und versucht nun, den Ehemann zu versorgen, ist aber insgesamt durch die Geschehnisse sehr belastet und überfordert. Als sich die Diakonin der Familie annimmt, der Kontakt entstand durch die Eigeninitiative (Flyer) der Familie, stellt sich die Situation als völlig chaotisch dar. Eine ausreichende Therapie und Behandlung für den Mann ist nicht vorhanden. Niemand fühlt sich zuständig. Er befindet sich in der völlig chaotischen Wohnung mit einem offenen Schädel-Hirn-Trauma. Auf Anfrage berichtet die junge Ehefrau, dass er nach der Erstversorgung im Krankenhaus an der weit entfernten Unfallstelle, bei der man ihm die zertrümmerte Schädeldecke entfernte, in eine Reha-Klinik geschickt wurde. Dort blieb er aber nicht lange, da er kein Wort Deutsch verstand und desorientiert war. Ohne seine Frau war er nicht zu beruhigen. Diese konnte aber einen Aufenthalt in der Klinik weit ab vom Wohnort nicht finanzieren, hatte selber

23 Ebd. S. 32.
24 Ebd. S. 31.

die Arbeit verloren und noch keinen Antrag auf Hartz IV gestellt. Bei meinem ersten Hausbesuch äußert sie ihre totale Überforderung und spricht von Suizid. Sie hatte den Überblick komplett verloren. Sie ist an allen Stellen abgewiesen worden und gescheitert. Das kleine Mädchen der Familie weist eine sehr depressive und zurückgezogene Verhaltensstörung auf, der dreijährige Junge ist aggressiv, spuckt und beißt. Auch bei dem anderen Kind besteht Behandlungsbedarf. Auf Anfrage erklärt die Mutter, dass den Kindern während des Unfalls von den Verwandten erklärt wurde, der Vater sei tot, und sie seien von Allah verflucht. Die Familie beschäftigt mehrere Anwälte, hat Ärger mit der zuständigen Versicherung, die eine sehr lückenhafte Informationspolitik betreibt. Es besteht außerdem eine Räumungsklage. Des Weiteren soll der kranke Ehemann ins Heimatland abgeschoben werden, da sein Aufenthalt ausläuft. Während meines Hausbesuches erscheint die Polizei mit Gerichtsvollzieher, um den Mann zu verhaften, er hatte es versäumt, eine eidesstattliche Erklärung abzugeben.
Meine Aufgabe ist zuerst, die Lage zu stabilisieren.
(Anmerkung der Diakonin: nach einer Begleitung von ca. 2 Jahren im Projekt geht es der Familie heute wieder besser. Der Mann wird ein Pflegefall bleiben, aber er bekommt Therapie, der finanzielle Rahmen ist gesichert, die Kinder wurden heilpädagogisch betreut und in einer Ganztageskita aufgenommen. Die Schuldenregulierung läuft, der Ehemann bekommt Rente und hat einen gesicherten Aufenthalt. Die Diakonin kümmert sich weiter um die Familie, aber nicht mehr so intensiv. Die Diakonin blieb allerdings während der gesamten Zeit die erste Ansprechpartnerin und Brücke zu den verschiedenen Hilfenetzwerken, die mit Hilfe des Projekts eingeschaltet wurden.)“[25]

2.2.3.2 Diakonische Arbeit und Vernetzungsarbeit

Auch in diesem Projektbericht wird hervorgehoben, dass die Vernetzung mit den Hilfesystemen im Sozialraum grundlegend für die Umsetzung der Projektziele war. Diese Vernetzung bezieht sich einerseits auf die Anbahnung der Beratungskontakte durch Kindertagesstätten, die diakonische Bezirksstelle, Kirchengemeinde, Sozialstation und die Vesperkirche, nur etwa ein Viertel der beratenen Familien hatte von sich aus den Kontakt gesucht. Die Vernetzung mit den lokalen Hilfeangeboten und -trägern ist aber auch für die gelingende Beratungsarbeit grundlegend:

> „Durch die Dauer des Projekts von mittlerweile vier Jahren ist mit den meisten Netzwerkpartnern, allen voran die diakonische Beratungsstelle mit Schuldnerberatung, Kindergärten und Schulen, das Jugendamt, das Landratsamt, das Bürgeramt, die psychiatrische Klinik für Kinder, Heilpädagogen, diverse Ärzte und nicht zuletzt das Jobcenter (früher Arge) und anderen eine kooperative Zusammenarbeit möglich. Grund dafür ist der gewachsene Bekanntheitsgrad des Projekts und die guten Ergebnisse der gemeinsamen Zusammenarbeit im Netzwerk, die für die Familien erreicht werden konnten. Diese Netzwerke für die Familien nutzen zu können ist ein großer Vorteil für das Projekt, und es ist bedauerlich, dass diese Netzwerke für die Familien nicht in dem Maße mehr genutzt werden können, wenn das Projekt enden wird, da die Zusammenarbeit auch auf dem gewachsenem Vertrauen der Netzwerkpartner zur Diakonin basiert.“[26]

---

25 Ebd. S. 33.
26 Ebd. S. 36.

Im Blick auf die Zusammenarbeit von diakonischer Sozialberatung und Kindertagesstättenarbeit wird im Projektbericht auf ein „Familienbildungszentrum" als ein zukünftiges Modell für evangelische Kindertagesstätten hingewiesen.[27]

2.2.3.3 Das Paten- und Patinnenmodell

Die Projektkonzeption sah vor, Familien durch ehrenamtliche Pat/-innen zu begleiten. Der Projektbericht kommt zu einem ernüchternden Schluss. Im Projektbericht heißt es dazu:

> „Die Initiierung einer ehrenamtlichen Arbeit in den Familien war von Anfang an ein großes Anliegen im Projekt. Es gelang sehr schnell, Paten zu finden, die hoch motiviert waren. Auch der Rahmen für diesen Ansatz im Projekt stimmte. Das Interesse in der Fachöffentlichkeit an diesem Teil des Projekts war ebenfalls hoch. Nach 1,5 Jahren der Durchführung musste allerdings gesagt werden, dass trotz großen Engagements und Einsatzes, sowohl von Seiten der Projektleitung, also auch der Paten und Familien dieser Ansatz gescheitert ist. Die Gründe dafür sind hauptsächlich in der dynamischen und teilweise dramatischen Entwicklung in den Familiensituationen zu sehen, die zu einer Überforderung für alle Beteiligten wurden."[28]

Die Arbeit mit Familien in sozialen und existenziellen Krisen erwies sich als eine zu große Herausforderung für die engagierten, ehrenamtlichen Paten und Patinnen, die nach 1,5 Jahren alle ihre Mitarbeit im Projekt beendet hatten. Im Projektbericht wird eindrücklich geschildert, dass die Paten und Patinnen mit der psychischen Konstellation und sozialen Situation in den betroffenen Familien nicht zurechtkommen. Suchtproblematiken, Gewaltkonflikte, Depressionen u. a. führen dazu, dass die Ehrenamtlichen an ihre Grenzen kommen. Im Projektbericht werden Äußerungen aus einer Gruppendiskussion mit Paten und Patinnen zitiert:

> „… also, da hat sie ihn ganz wüst zurückgerufen und er soll sich wieder in seine Ecke sitzen und auch die große Tochter, die 5-jährige, war dann immer Opfer ihrer Aggressionen, und das hat mich also so mitgenommen. Der ganze Tag war voll von irgendwelchen aggressiven Situationen, und das hat mich so geschockt, dass ich gesagt hab, ich kann nicht mehr zu dieser Familie gehen. Da muss was anderes passieren, da muss professionelle Hilfe her, das geht nicht, ich kann nicht als Laie, als Familienpatin, mit gutem Gewissen, ich krieg das nicht in den Griff, geht nicht."[29]

Die Ambivalenz des Einsatzes der Paten und Patinnen wird im Projektbericht anhand einer Felddokumentation skizziert:

> „Felddokumentation 1:
> Die Tochter schließt sich eng an Frau H. an. Sie erfährt zum ersten Mal auch Wertschätzung für ihre Leistungen in Deutsch und auch in ihren Ordnungsstrukturen.

27 Ebd. S. 36.
28 Ebd. S. 29.
29 Ebd. S. 37.

Frau H. nimmt die Kinder und teilweise auch die Mutter mit zu Sport- und Kulturveranstaltungen. Die Kinder, besonders das Mädchen, lernen durch Frau H., die eine sehr feine Art hat, dass Konflikte nicht zuerst mit eskalierender Aggression ausgetragen werden müssen, sondern dass man sich auch verbal ausdrücken kann. Es gelingt Frau H., dass die Mutter nicht eifersüchtig wird. Im Gegenteil wird deutlich, dass diese froh ist, Verantwortung auf andere Schultern zu legen. Sie versinkt aber immer mehr in einer Internetspielsucht, Konflikte verdrängt sie. Besonders die Tochter wird ihr immer fremder, sie hat Angst, dass diese ‚etwas Besseres' sein möchte. Die beiden Teenager haben sich einer rechtsradikalen Clique angeschlossen, was von der Mutter begrüßt wird. Die Patin beendet den Einsatz, möchte aber zur Tochter ein freundschaftliches Verhältnis aufrechterhalten. Die Information wurde ans Jugendamt weitergeleitet."[30]

So wird der Paten- und Patinneneinsatz zwar positiv gewürdigt, die Probleme des Beziehungsabbruchs aber wiegen nach Aussage des Projektberichts ebenfalls schwer. Der Abbruch der Beziehung kann von den betroffenen Kindern und Familien als ein weiteres Versagen erlebt werden und mit neuen Gefährdungen einhergehen. Diese Einsicht führte letztlich zur Beendigung des Paten-Modells.

2.2.4 Perspektiven zum Diakonat

Auch in diesem Projekt wird die Professionalität der Diakonin in ihrer doppelten sozialen und seelsorgerlichen Dimension deutlich. Insbesondere die Arbeit in den Situationen existenzieller und sozialer Krisen erfordert ein hohes Maß an diakonischer Professionalität einschließlich sozialarbeiterischer Kompetenz.

Der Projektbericht reflektiert nicht nur die seelsorgerliche Dimension ihrer Arbeit, sondern auch ihre Rolle als Diakonin folgendermaßen:

> „Es ist ein grundlegender Gedanke im Evangelium, dass ein Mensch nicht nur auf seine Defizite reduziert wird, sondern immer ein Mensch ist aus Leib, Seele und Geist. Trotz Schwachheit, Schuld, Versagen oder ein Leben am Rand der Gesellschaft, sieht ihn Gott als Menschen, den er wert achtet und liebt. Jesus, der Archetypus des Diakons nahm sich besonders derer an, die an den Rand gedrängt waren oder Probleme hatten. Er sah sie immer im Ganzen. Er begegnete ihnen mit Liebe, Anteilnahme, Würde und Wertschätzung. Besonders als DiakonInnen sind wir zu dem gleichen Handeln aufgerufen. Kein höher, schneller, weiter, sondern: Lass dir genügen. Es ist gut so. Es reicht. Du brauchst nicht nach den Sternen zu greifen, und du musst dich nicht ständig überfordern. Du musst nichts beweisen, und du darfst mit dir selbst gnädig umgehen, denn Gott ist gnädig zu dir. Durch Gottes Gnade und Liebe bist du, was du bist."[31]

---

30 Ebd. S. 38.

31 Ebd. S. 34.

2.3 Bericht 3: Tuttlingen – Diakoniekaufhaus

2.3.1 Rahmendaten

Das Projekt hatte den Titel: „Menschen entdecken – gemeindediakonisch Handeln: Diakonieladen Kaufkultur". Der Projektort war Tuttlingen, der Projektträger der Evangelischer Kirchenbezirk Tuttlingen. Projektstelleninhaber: Diakon Dennis Kramer.

2.3.2 Projektidee und Projektkonzeption

Zur Projektidee und -konzeption hält der Bericht dieses Projekts fest:

> „Die Idee für das Projekt ‚Menschen entdecken – gemeindediakonisch handeln' entstand durch die Beobachtung von Bedarfen, die in der bisherigen Arbeit in der Bezirksstelle nicht abgedeckt wurden. Mit einem Wechsel in der Geschäftsführung erlebte die Arbeit mit Ehrenamtlichen einen neuen Aufschwung. Schon bald wurde deutlich, dass ehrenamtliches Engagement kein Selbstläufer ist, sondern Ehrenamtliche auch Betreuung, Begleitung und Schulung bedürfen. Anfang 2009 belief sich die Zahl derer, die sich ehrenamtlich bei der Diakonischen Bezirksstelle engagierten, auf ca. 120 Personen. Bald wurde klar, dass dieses Arbeitsgebiet nicht nebenbei zu bearbeiten ist.
>
> Der zweite Hauptaspekt der Projektidee war die Überlegung, das Diakonielädle, in dem gebrauchte Kleidung günstig weiter verkauft wurde, aus- und umzubauen. Eine Erweiterung des Angebots auf Möbel und Hausrat erschien notwendig. Von erweiterten Öffnungszeiten versprach man sich höhere Umsätze, um so bezahlte Arbeitsplätze zu schaffen.
>
> Am Anfang standen Überlegungen, wie ein zukünftiges Sozialkaufhaus in Tuttlingen aussehen könnte. Dazu wurde ein Konzept geschrieben, welches die Ausgangssituation beschreibt, zentrale Ziele formuliert und weitere Ausbauideen beschreibt. Die Konzeption wurde immer wieder mit einer Begleitgruppe diskutiert und überarbeitet. Nachdem ein grundsätzliches Konzept bestand, wurde die Suche nach geeigneten Räumlichkeiten aufgenommen. Diese waren überraschend schnell gefunden. Mit Hilfe eines Architekten wurden dann erste Überlegungen zur Raumgestaltung angestellt. Weitere Hilfe wurde von zwei Studierenden der Fachrichtung Kommunikationsdesign geleistet."[32]

2.3.3 Vertiefende Beobachtungen

2.3.3.1 Die diakonische Arbeit mit Ehrenamtlichen

Im Projektbericht wird die Arbeit mit Ehrenamtlichen intensiv reflektiert. Der Übergang aus dem gemeindenahen Feld des Diakonieladens hin zum Sozialkaufhaus, in dem ‚Ein Euro Jobber/-innen' angestellt werden können, wird vom Projektstelleninhaber dargestellt. In dem kurzen Zitat werden darüber hinaus die sozialräumlichen Vernetzungsstrukturen dieses Projekts erwähnt:

---

[32] Projektberichte: S. 124.

„Schwierigkeiten brachte auch die Vorstellung, dass neben den Ehrenamtlichen nun auch sogenannte ‚Ein-Euro-Jobber' dort arbeiten sollten. In dieser Situation habe ich versucht, die Ehrenamtlichen an möglichst vielen Stellen der Konzeptionierung zu beteiligen. Schon bevor überhaupt klar war, wie und wo es einen neuen Laden geben könnte, wurde eine Projektgruppe gegründet. In dieser Projektgruppe saßen Vertreter und Vertreterinnen der Stadt, des Sozialamts, anderer sozialer Einrichtungen, Vertreter der Kirchengemeinden und Ehrenamtliche aus dem Laden. Mir war es wichtig, dass meine konzeptionellen Überlegungen dort diskutiert wurden. So konnten die Experten und Expertinnen vom Konzept überzeugt werden aber auch die Ehrenamtlichen."[33]

Die Arbeit mit Ehrenamtlichen wird sorgsam gestaltet und auch hinsichtlich ihrer spezifischen Herausforderungen und Chancen selbstkritisch reflektiert:

„Im Laufe der Zeit beendeten dann auch einige ihr Engagement, andere kamen hinzu. So arbeiten im Laden kontinuierlich ca. 25 Ehrenamtliche. Durch die Berichterstattung in den Medien und die Rückmeldungen, die die Ehrenamtlichen von Kunden bekamen, wandelte sich die Skepsis sehr schnell. ‚Einen schönen Laden haben wir da jetzt, schön modern eingerichtet.' Unverständnis begegnete mir sogar bei einer Adventsfeier, bei der ich mich nochmals für das Engagement bedankte. Da gäbe es nichts zu danken, es ginge ja schließlich um ihren Laden!
Das Verhältnis zwischen den Ehrenamtlichen und den ‚1-Euro-Jobbern' ist weiterhin zwiespältig. Auf der einen Seite haben die Ehrenamtlichen akzeptiert, wie wichtig die Beschäftigung im Laden für die Jobber ist. Auf der anderen Seite wird immer wieder moniert, dass es an Identifikation mit dem Laden bzw. seinen Zielen und Bereitschaft zum Engagement mangeln würde. Hier bietet der Laden Raum für ein eminent wichtiges, gesellschaftlich bedeutendes Lernfeld. Das Ziel eines gleichberechtigten Nebeneinanders wird wohl nie völlig erreicht werden, und doch werden die Beteiligten zu Botschaftern einer Gesellschaftsordnung, die über Milieugrenzen hinweg miteinander kommuniziert und arbeitet.
Zusammengefasst kann man sagen, dass Selbstbestimmung, Transparenz und Beteiligung die wichtigsten Bedingungen sind, die im Umgang mit Veränderungsprozessen aber auch in der allgemeinen Arbeit mit Ehrenamtlichen zu beachten sind."[34]

2.3.3.2 Diakonisches Engagement zur Schaffung von Arbeitsplätzen

Als zweiter Schwerpunkt im Projekt wird die „Schaffung von bezahlter Arbeit"[35] im Projektbericht genannt. Der wirtschaftliche Erfolg des Projekts machte die Anstellung von „drei Personen auf Minijobbasis"[36] möglich. Das Konzept wurde auf die Sicherung der Diakonenstelle sowie zweier 75 % Stellen hin weiterentwickelt. Im Projektbericht heißt es dazu:

„Besonders die langfristige finanzielle Sicherung der Diakonenstelle auch über die Projektförderung hinaus stand im Mittelpunkt der Überlegungen. So wurde also das Angebot vergrößert. Neben der Kleidung wurden nun auch Bücher, Elektrogeräte,

33 Ebd. S. 124.
34 Ebd. S. 125.
35 Ebd. S. 125.
36 Ebd. S. 125.

Hausrat, Schmuck und Spielzeug verkauft. Bei der Einrichtung des Ladens wurde auf attraktive und gleichzeitig funktionelle Gestaltung geachtet. Die Innenausstattung korrespondiert dabei mit dem innovativen Design der Außenbeklebung sowie der Werbemittel und Publikationen. Im Außenbereich wurden Wühlkörbe positioniert, um die Menschen zum verweilen einzuladen. Die Schaufenstergestaltung wird im Zweiwochenrhythmus geändert. Insgesamt werden 44 Stunden Öffnungszeit in der Woche vorgehalten.
Durch die genannten Maßnahmen erhöhte sich die Kundenfrequenz und somit auch der Umsatz. Gesteigert wurde dieser Effekt noch mal durch die Eröffnung einer Café Bar im Laden. Synergien werden auch durch die Nutzung des Ladens mit Kulturveranstaltungen in Schließzeiten erreicht. Schon bald begannen Überlegungen, wie die Geschäftsbereiche des Ladens weiter ausbaubar sein könnten. So wurde ein weiteres Ladengeschäft angemietet, um dort mehr Möbel ausstellen zu können. Kurz darauf wurde ein zusätzliches Kleingewerbe gegründet, welches sich mit dem Verkauf von antiquarischen Büchern über die Internetplattform Amazon Marketplace™ beschäftigt. Der Geschäftsbereich Möbel erfuhr Mitte 2012 eine Aufwertung durch ein zusätzlich angemietetes Lager mit ca. 350 m² und die Schwerpunktverlagerung einer 75 %-Stelle auf dieses Thema.“[37]

2.3.4 Diakonische Aussichten

Das Projekt zeichnet sich aus durch ein hohes Engagement zur Inklusion und Teilhabe von Menschen, die ohne Arbeit sind und/ oder in prekären Lebenssituationen leben. Der Anspruch, diakonische Gemeinschaft unter Verschiedenen zu leben und zugleich ein wirtschaftlich erfolgreiches Projekt zu etablieren und zukunftsfähig aufzustellen, erfordert ein hohes Maß an professioneller, sozialarbeiterischer Reflexivität und diakonischer Sensibilität. Im Projektbericht wird die Situation folgendermaßen geschildert:

> „Ein Laden ohne Ehrenamtliche ist für mich inzwischen nur noch schwer vorstellbar. Sie sind die Brückenbauer in die örtliche Gesellschaft und zu den Kunden. Trotzdem ist es schwierig, ein Unternehmen zu führen, das innovativ sein will und sich ständig weiter entwickelt und gleichzeitig darauf zu achten, dass alle mit der Geschwindigkeit Schritt halten können. Was in der großen Wirtschaft nicht klappt, bei der die Abgehängten irgendwann im Wohlfahrtssystem landen, muss in einer diakonischen Einrichtung oberstes Gebot sein. Umso wichtiger ist es, alle Beteiligten auch zu beteiligen und eine Struktur zu finden, in der nicht zwangsläufig alle selber mitgehen, aber eben doch die Idee mittragen. Die besondere Herausforderung der milieugemischten Mitarbeiterschaft und der damit verbundenen unterschiedlich hohen Motivation und Einsatzbereitschaft ist gleichzeitig Weg und Ziel.“[38]

In diesem Projekt wird der Diakonat sichtbar als eine Profession, die gesellschaftliche Veränderungsprozesse reflektiert. Im professionellen diakonischen Handeln werden Strukturen geschaffen, die dazu beitragen, benachteiligten Men-

---

37 Ebd. S. 125.
38 Ebd. S. 126.

schen dauerhaft Teilhabe zu ermöglichen. Kirche und Gemeinde werden gesehen als gesellschaftlich relevante Akteurinnen, die auf der Basis des christlichen Glaubens wertebasierte Konzepte für ein solidarisches Gemeinwesen entwickeln:

> „Außergewöhnliche Schwierigkeiten brachten in der Vergangenheit Umstrukturierungen in der Sozialgesetzgebung, in der ein Rückzug des Staates aus seiner solidarischen Verantwortung hin zu einem völlig deregulierten System, in dem nicht die Freiheit des Menschen, sondern die Freiheit des Kapitals, im Mittelpunkt steht, mit sich. Dieser Trend wird sich vermutlich fortsetzen. Der Ein-Euro-Job, der zumindest einige (wenn auch nicht nur) positive Effekte hatte, ist so gut wie abgeschafft. Das Gemeinnützigkeitsrecht steht durch Europäisierungstendenzen auf dem Prüfstand. Diese Entwicklungen werden hohe Flexibilität erfordern. Auf neue Geldquellen muss schnell und zielgerichtet reagiert werden, ohne dabei pädagogische, theologische und soziale Ziele aus dem Blick zu verlieren. Langfristig scheint es unumgänglich, sich aus der Abhängigkeit von Drittmitteln und öffentlicher Förderung zu lösen. Der Aufbau einer sich selbst finanzierenden Sozialwirtschaft z. B. nach Schweizer Vorbild könnte eine Lösung sein.
> Vor allem unter diesem Gesichtspunkt wird innerkirchliche Öffentlichkeitsarbeit immer wichtiger werden. Eine kleinmaschige Vernetzung mit den Subsystemen christlicher Gemeinschaften, die ein hohes Maß an Sprachfähigkeit sowohl im sozialen als auch im kirchlichen Bereich erfordern, könnte eine Grundvoraussetzung sein, um einen gesellschaftlichen Gegenpol zum Diktat des Kapitals zu bilden.“[39]

Dass dabei sowohl geistliche wie soziale Aufgaben zur täglichen Arbeit im Diakonat zählen verdeutlicht der kurze Einblick aus dem Anhang, in dem der Diakon einen typischen Arbeitstag schildert:

> „Es ist Montagmorgen 9 Uhr. Ich betrete den Laden und möchte in mein Büro. Bevor ich es erreiche, fängt mich eine meiner Mitarbeitenden ab. ‚Herr Kramer! Am Freitagabend hat mich Frau M. den ganzen Nachmittag Fenster putzen lassen. Ich hab es jetzt so im Kreuz …‘ (Wir werden von Herrn S. unterbrochen. Er ist für die Abholung von Möbeln zuständig) ‚Herr Kramer! Nur ganz kurz! Sollte die Sofagruppe jetzt in Mühlheim oder in Möhringen abgeholt werden?‘ Ich komme meinem Büro näher, als ich gerade die Klinke runter drücke, ruft es vom Kassentresen: ‚Herr Kramer! Frau X, Y und Z haben sich krank gemeldet. Wer soll jetzt die Nachmittagsschicht übernehmen?‘
> Ich betrete mein Büro und schließe die Tür. Das Telefon klingelt. ‚Ja, hier ist M. Ich wollte mal fragen, nehmen Sie auch Kleider?‘ Ich ziehe meine Jacke aus. Das Telefon klingelt. Frau B. aus der Verwaltung ist dran. ‚Kannst Du mir heute noch Einzahlungsbelege bringen? Ich muss den Monatsabschluss machen.‘ Ich setze mich, es klopft an der Tür. ‚Übrigens die Spülung im Herrenklo ist defekt.‘ Ich höre den Anrufbeantworter ab. Dreimal die Frage nach den Öffnungszeiten, zweimal Schweigen im Äther. Das Telefon klingelt. Pfarrer K. ist dran: ‚Herr Kramer! Ich wollte mal fragen, ob Sie bereit wären, im Konfirmandenunterricht eine Einführung in das Thema Diakonie zu machen? … dann warte ich auf Ihren Stundenentwurf und sage dann Bescheid, ob das so in Ordnung geht.‘ Ich trage den Umsatz vom Wochenende in die Tabelle ein. Es klopft. Die Ehrenamtliche Frau S. ‚Herr Kramer! Ich bin da … ich

[39] Ebd. S. 126.

wollte das eigentlich gar nicht … es ist schon eine gute Sache … teuer ist es aber … Können Sie mir das schreiben? Dieses, eine Kündigung. Ich will nicht mehr für den Kneippverein zahlen.' Es klopft. ‚Herr Kramer! Da fragt einer nach einem Praktikum.' Ich schreibe einen Beitrag für das Geburtstagsheft der Gesamtkirchengemeinde. Thema: Mein liebstes Kirchenlied. ‚und reichst du mir den schweren Kelch, den bittren.' Es klopft. Ein kleiner Junge guckt mich mit großen Augen an und fragt: ‚Was machst Du?' Das Telefon klingelt. Staatsanwaltschaft. ‚Herr Kramer! Ich wollte nur eben fragen, wie weit Herr B. mit seinen Sozialstunden ist?' Lautes Geschrei dringt aus dem Laden in mein Büro. Eine Kundin hat nach sechs Wochen gemerkt, dass die Bluse, die sie sich gekauft hat, nicht grün sondern Mintfarben ist. Es ist 12.30 Uhr. Mittagspause …"[40]

2.4 *Bericht 4: Reutlingen – Inklusive Gemeinde und kirchliche Kindergartenarbeit*

2.4.1 Rahmendaten

Der Projektort dieses Projekts war Reutlingen, das Projekt wurde getragen von der Evangelische Gesamtkirchengemeinde Reutlingen. Auf der Projektstelle arbeitete Diakon Achim Wurst.

2.4.2 Projektidee und Projektkonzeption

Der Titel des Projekts lautete: „Gastfreundliche Gemeinde für Familien". Im Projektbericht werden Idee und Ziele folgendermaßen skizziert:

> „Wie gelingt es, familienfreundliche Gemeinde mit Familien zu gestalten, die aus nicht typisch kirchlichen Lebenswelten kommend den evangelischen Kindergarten besuchen? Eine Kirchengemeinde mit volkskirchlich-komplettem Angebotsspektrum in einem Neubaustadtteil der 60er-Jahre erlebt den demografischen Wandel in beschleunigter Weise, die Gründergeneration ist im hohen Alter. Die Landeskirche hat eine Pionier-Erfahrung zur Verfügung, die zeitversetzt auf viele Gemeinden zukommen wird. Im Projekt wird entwickelt, was es für die gemeindediakonische Arbeit mit jungen Familien bedeutet, wenn von 40 Kindern im evangelischen Kindergarten 4 evangelisch und ein Drittel muslimisch sind und insgesamt über die Hälfte keiner christlichen Kirche angehört. Von 71 Elternteilen kommen 19 aus Deutschland, 13 aus osteuropäischen Ländern, 12 aus Russland und Kasachstan, 7 aus der Türkei, 6 aus Pakistan, 9 aus dem Libanon, aus Irak und Iran, 3 aus Vietnam und Indonesien und 2 aus afrikanischen Ländern. 20 % der Kinder leben in Ein-Eltern-Familien. Ein Drittel der Familien bezahlt aufgrund prekärer finanzieller Situation eine ermäßigte Kindergartengebühr."[41]

Vor diesem Hintergrund werden folgende Ziele des Projekts formuliert:

> „Unser Projekt verfolgt die strategischen Ziele, dass (1) die Kirchengemeinde ein Raum des Miteinanders für Familien in unterschiedlichen Lebenslagen ist, dass (2)

---

40 Ebd. S. 126.

41 Projektberichte: S. 134.

der evangelische Kindergarten sich als aktiver Teil der Kirchengemeinde erlebt und, dass (3) im Geist des Evangeliums verschiedene Angebote und Aktivitäten gemeinsam entwickelt werden."[42]

Als wichtige Meilensteine werden im Projektbericht angegeben:

> „Das Projekt startete mit den verantwortlich Mitarbeitenden in der Kirchengemeinde und im Kindergarten. Als besondere Herausforderung erwies sich, dass alle mit der Fülle der Regelangebote bis an die Belastungsgrenze ausgelastet waren. Der Einsatz für das gemeinsame Ziel der familienfreundlichen Gemeinde brauchte zeitökonomische Planung und das wachsende Erleben, dass die neuen Ansätze neben dem inhaltlichen Gewinn auch reale Entlastung bringen.
> Der Diakon baute Kontakt zu den Kindergartenfamilien auf, über den Kindergartenalltag, über Feste und die soziale Nähe, die die Familien im Kindergarten schätzen. Sie sind in ihrer je eigenen Lebenswelt mit vielfältigen Anforderungen konfrontiert.
> Gemeinsam wurden im Projekt neue Aktionen entwickelt, angelegt an den Interessen der Familien, z. B. Nachmittagskurse (Bewegungsangebot Capoeira) und Kinderkino an Werktagen, Kirchenraumpädagogik für Kinder, Kirchenführung für muslimische Mütter, Vorlesepaten in offener Form und zu biblischen Geschichten, gezielte Einladung zu den tradierten Familienaktionen (Osterwerkstatt, Gemeindefest, Kinderferienwoche, Ostergarten usw.), neue Beteiligungsmöglichkeiten für Eltern (Stockbrotbacken für Kinder bei der Stadtteilaktion Nikolaus, Zirkusfest usw.).
> Die Beratung und Vermittlung in diakonischen Fragen gewann zunehmend an Umfang. Anknüpfungspunkte waren dabei: Sozialraumanalyse, niederschwelliger Kontakt der Kindergarteneltern zur Kirche über die leicht erreichbare ‚Amtsperson' Diakon, Stärkung des Ehrenamts, punktuelle Entlastung des Erzieherinnenteams, Seelsorge."[43]

2.4.3 Vertiefende Beobachtungen

2.4.3.1 Die Elternarbeit

Besondere Aufmerksamkeit widmet der Projektbericht den Sichtweisen der Eltern, deren Kinder in den evangelischen Kindergarten kommen. Deutlich wird in der Auswertung einer Gruppendiskussion mit Kindergarteneltern:

> „Kindergarteneltern schätzen (1.) den sicheren, förderlichen Schutzraum des Kindergartens als eine umfassend kinderfreundliche Oase angesichts von Gefährdungen im Umfeld wie Vermüllung von Spielplätzen oder Ausländerfeindlichkeit. (2.) Im vertrauensvollen Kindergartenleben erfahren die Kinder und auch die Eltern ein zentral wichtiges soziales Feld, räumliche und menschliche Nähe, einen sicheren Ort des Vertrauens und finden Freundschaften. (3.) Das Hauptinteresse der Eltern ist, dass ihre Kinder lernen können sollen. Damit ihre Kinder auch außerhalb der Kindergarten-Betreuungszeit Neues lernen, was sie als Berufstätige in Schichtdiensten oder als Alleinerziehende zeitlich nicht leisten können. Und sie möchten, dass ihre Kinder Bildungsinhalte kennenlernen, die sie selber nicht vermitteln können."[44]

---

42 Ebd. S. 134.

43 Ebd. S. 134.

44 Ebd. S. 135.

Ein Elternteil thematisiert das in der Gruppendiskussion folgendermaßen:

„E1: ‚Oder auch gerade Musik, finde ich jetzt also, wenn die Lisa hier ist, hat sie sich jetzt unbedingt eine Gitarre gewünscht und eine Flöte. Also wir sind völlig unmusikalisch, leider, muss ich sagen. Mein Mann spielt Flöte, mehr aber nicht und sie ist da total begeistert davon und möchte das echt gern machen. (…) wo man da vielleicht musikalisch ein bisschen rangeführt wird.'"[45]

Als ein Fazit wird im Projektbericht festgehalten:

> „… Die Erfahrungen von Nähe, Schutz und Förderung sollen erweitert werden. Bei einem großen Teil der Familien liegt eine große Hürde zu kirchlichen Familienangeboten darin begründet, dass sie nur sehr behutsam Vertrauen zu Neuem fassen, am ehesten über den Kindergarten und vor allem über ihr Interesse an Lern- und , Gruppenangeboten."[46]

2.4.3.2 Ehrenamtliche Familienarbeit

Evaluiert wurden im Projekt auch die Interessen der ehrenamtlichen Mitarbeitenden im Team. Sie suchen in der Familienarbeit das „sorgsame, akzeptierende Miteinander" im Team.[47] Für die soziale Situation der meisten Kindergarteneltern sind sie aufgeschlossen, obwohl diese nicht ihre eigene ist. Sie erwarten Unterstützung vom Diakon in der Begegnung mit anderen Lebenswelten und in der Gestaltung der diakonischen Arbeit. Verschiedene Beobachtungen zu diesem Fragenkomplex sind im Bericht widergegeben. Darunter auch diese Feststellung:

> „Sie beschreiben es (5.) als besondere Aufgabe für Hauptamtliche, im Besonderen Diakone, dass sie als Initiatoren und Anleiter wirken für ehrenamtliches Engagement in der diakonischen Arbeit mit anderen, fremden Lebenswelten."[48]

Die Bedürfnisse der Eltern und der ehrenamtlichen Mitarbeitenden konvergieren nach Aussage des Projektberichts in dem Interesse, einen freundlichen Schutzraum für Kinder in einem sich verändernden Gemeinwesen zu schaffen und zu nutzen, Bildungsangebote zu machen und Kinder zu fördern. Der Projektbericht zitiert aus einer Gruppendiskussion mit den Familienarbeitsehrenamtlichen:

„E 3: ‚… und auch das, was du gesagt hast, das fand ich jetzt total wichtig, ja, dass die Marie hier erlebt: sie ist angenommen und sie kann kommen, wie sie halt gerade ist und .. da (unverständlich 2), ohne dass jemand gleich einen blöden Spruch sagt: He, wie siehst denn du heute aus?'

E 4: ‚Ja, oder es fragt auch mal jemand: Oh, geht es dir nicht gut oder warum? Hattest du Stress in der Schule oder gab es, was weiß ich? .. Da kommt doch mal

45 Ebd. S. 135.

46 Ebd. S. 135.

47 Ebd. S. 135.

48 Ebd. S. 136.

	eine Rückmeldung. (...)‘
E 5:	‚Das meine ich ja, das Lernen, wieder sich gegenseitig wahrzunehmen (Bestätigung), ...‘“[49]

Kommentiert werden diese Aussagen im Bericht folgendermaßen:

> „Aber diese kinderfreundliche Oase finden die Kindergarteneltern nur, wenn eine gemeindediakonische Brücke gebaut wird, wie wir es in der Projektpraxis für die Kinderferienwoche in den Sommerferien gemacht haben. Von 9 Vorschul-Kindergartenkindern nahmen 4 an der 7-tägigen Kinderferienwoche teil, die ein Höhepunkt im Jahreskreis der Familienarbeit ist.“[50]

Die Religion wird im Bericht dieses Projekts als gemeinsames Interessengebiet zwischen den Kindergarteneltern und dem Mitarbeitendenteam entdeckt:

> „Auch im Bereich der Religion gibt es Berührungspunkte. Eltern des Kindergartens suchen eine verlässliche Grunderfahrung ihrer Kinder mit den christlichen Hauptfesten. Die Familienarbeitsehrenamtlichen wollen, dass andere kennenlernen, wie sie offen Glauben leben und Gemeinschaft fördern.“[51]

2.4.4 Perspektiven auf den Diakonat: Brückenfunktionen

Im Bericht dieses Projekts wird deutlich, dass der Diakon eine Brückenfunktion zwischen den unterschiedlichen Lebenswelten und Erwartungen wahrnimmt:

> „In der alltäglichen Praxis und in Gesprächen mit Verantwortlichen wurde in unserem Projekt das Profil des Berufsbilds Diakon/in anschaulich, zwischen den angrenzenden Berufsbildern Erzieher/in und Pfarrer/in. Tenor in der Projektgruppe ist zudem, dass sich die Verknüpfung von Lebenswelten lohnt, weil es beidseits Bereicherung erbringt, jedoch „Brückenpersonal“ dafür nötig ist, das über die Regelangebote hinaus sensibel an den Interessen und Mitwirkungsmöglichkeiten der Menschen ansetzt.“[52]

Der Projektbericht schließt mit dem Hinweis darauf, dass das Projekt mit Fördermitteln fortgesetzt werden soll. Dabei soll insbesondere die sozialdiakonische Erstberatung von Familien entwickelt werden, sowie Nachmittagsbetreuung und eine inklusive Ausrichtung der Bildungsangebote. Die Erzieherinnen sollen entlastet und die familienfreundliche Arbeit der Gemeinde hin zu einem Familien- und Bildungszentrum ausgebaut werden.

---

49 Ebd. S. 136.
50 Ebd. S. 136.
51 Ebd. S. 136.
52 Ebd. S. 136.

2.5 *Bericht 5: Esslingen – Diakonische Jugendarbeit und Schule*

2.5.1 Rahmendaten

„Diakonische Jugendarbeit als Mitgestalter der Schule" – so lautete der Titel dieses Projekts. Der Projektort war Esslingen. Das Projekt wurde vom Evangelischen Kirchenbezirk Esslingen getragen. Projektstelleninhaber: Diakon Michael Proß.

2.5.2 Projektidee und Projektkonzeption

Zur Konzeption dieses Projekts wird im Projektbericht erläutert:

> „Seit Jahren ist zu beobachten, wie Schulen in Baden-Württemberg verstärkt zum bestimmenden Lebensraum für Kinder und Jugendliche werden. Die Umwandlung in Ganztagesschulen sowie die Einführung des achtjährigen Gymnasiums sind jedoch nicht nur die Schüler betreffende Umstellungen, sie sind vielmehr ein gesellschaftlicher Prozess. Bis zum Jahr 2015 sollen in Baden-Württemberg 40 % der Schulen explizite Ganztagesschulen sein. Schülerinnen und Schüler verbringen dann ungefähr acht Zeitstunden im schulischen Kontext. Das Zeitfenster für die Freizeitgestaltung wird kleiner. Schon jetzt ist ein Trend erkennbar, Freizeitangebote in den Raum der Schule zu verlegen, um Kindern und Jugendlichen weiterhin den Zugang zu Freizeitangeboten zu ermöglichen. Vereine und Verbände sind hierbei gefordert, sich für diese veränderte Situation neue Konzepte zu überlegen. Durch die Verlagerung von Zeiten hin in die Schule ändert sich auch der zeitliche Anteil für die Familie als einem weiteren wesentlichen Sozialisierungsbestandteil. Eltern müssen sich hierbei auch überlegen, wann und wie qualitative Zeit mit den Kindern verbracht werden kann.
> Neben der Umstellung hin zu Ganztagesschulen wurden in den letzten Jahren mehrere schulische Entwicklungen in Gang gesetzt, die nach und nach auch außerhalb der Schule sichtbar werden:
>
> - Schulen geben sich selbst ein Profil.
> - Schulen sollen verstärkt Schlüsselqualifikationen und Kompetenzen vermitteln.
> - Schulen nehmen eine ganzheitliche Bildung in den Fokus.
>
> So kann festgestellt werden, dass im System Schule in den letzten Jahren viele wegweisende Veränderungsprozesse in Gang gesetzt wurden, denen es nun gilt, sie gesellschaftlich aufzunehmen und einzupassen. Wie andere Systeme müssen sich auch Kirche und kirchliche Jugendarbeit diesen neuen Rahmenbedingungen und den damit verbundenen gesellschaftlichen Herausforderungen stellen. Es ist unabdingbar, dass kirchliche Arbeit auf gesellschaftliche Veränderungen reagiert und sich zum Wohle von Kindern und Jugendlichen einbringt. In diesen Prozessen kann kirchliche Jugendarbeit ein kompetenter Partner sein, da soziales Lernen und Persönlichkeitsentwicklung explizite Stärken außerschulischer und verbandlicher Bildungsarbeit sind.
> In der Erweiterung des Bildungs- und Lernspektrums ist eine große Chance zu sehen, die Erziehung und Bildungssituation für die junge Generation nachhaltig zu verbessern. Als Konsequenz oben erwähnter Entwicklung ist zu sagen:
>
> - dass die Schulen und ihre Träger Unterstützung gesellschaftlicher Teilsysteme – damit auch der Kirchen – brauchen.

- dass sich kirchliche Jugendarbeit der Herausforderung stellen muss, neue Wege zu beschreiten, wo bisher bewährte Zeitfenster und Gestaltungsfreiräume Jugendlicher teilweise nicht mehr zur Verfügung stehen.
- dass die Möglichkeit besteht, qualitätsvolle, an der ganzheitlichen Bildung junger Menschen orientierte und verlässliche Angebote in das System der Ganztagesschule einzubringen, die auf dem christlichen Menschenbild basieren, die Persönlichkeit stärken und jungen Menschen Orientierung geben.

Aufgrund der oben genannten Entwicklungen ist der Ansatzpunkt des Esslinger Projekts ‚Diakonische Jugendarbeit als Mitgestalter der Schule', einen diakonisch motivierten Beitrag zur ganzheitlichen Bildung von Schülerinnen und Schülern im Lebensraum Schule zu leisten. In dem großen Feld von möglichen diakonischen Beiträgen verständigten sich die Projektverantwortlichen in Esslingen darauf, einzelnen Schulen im gesamten Kirchenbezirk Esslingen Projekte kirchlicher Jugendbildungsarbeit anzubieten. Primär im außerunterrichtlichen Angebot wollen wir den Lebensraum Schule mit persönlichkeits- und gemeinschaftsfördernden Elementen einer christlich orientierten Arbeit füllen.

Soziales Lernen und Persönlichkeitsentwicklung sind unserer Meinung nach Stärken außerschulischer und verbandlicher Bildungsarbeit. Daher wollen wir die resilienzfördernden Charakteristika kirchlicher Jugendarbeit in den Lebensraum Schule transferieren, um jungen Menschen bei ihrer Persönlichkeitsentwicklung und -reifung und zu helfen und sie zu inspirieren, Verantwortung für sich, für andere und für die Gesellschaft zu übernehmen.

In der Ausgestaltung der Angebote war uns wichtig, dass zur Persönlichkeitsentwicklung und Lebensentfaltung ein „notenfreier Raum" benötigt wird. Unsere Angebote sollen sich diesbezüglich von den schulischen Fächern unterscheiden. Den Projektpartnern vor Ort war die Verknüpfung der Projekte mit der bestehenden kirchlichen Jugendarbeit ein wesentliches Anliegen. Mit Hilfe des Projekts sollte ausprobiert werden, ob Schulkooperationsmaßnahmen sich zukünftig zu einem weiteren Standbein evangelischer Jugendarbeit entwickeln könnte.

Der Evangelische Kirchenbezirk Esslingen ist der Anstellungsträger. Die Dienst- und Fachaufsicht liegt beim Schuldekan. Ein Fachbeirat, bestehend aus Vertretern aus dem Evangelischen Jugendwerk Esslingen und dem CVJM Esslingen, dem Jugendpfarrer und dem Schuldekan, begleitet die Arbeit. Insgesamt handelt es sich um 150 % Stellenanteile im Feld Evangelische Jugendarbeit und Schule. 100 % nimmt die Projektstelle ‚Diakonat neu gedacht, neu gelebt' ein. Jeweils 25 % bringen das eje, Evangelisches Jugendwerk Bezirk Esslingen, und der CVJM Esslingen aus bestehenden Stellenanteilen in die Arbeit mit Schulen ein."[53]

Das Konzept des Programms „Jugendbegleiter" wird im Projektbericht folgendermaßen skizziert:

„Jugendbegleiter sind Menschen, die außerunterrichtliche Bildungs- und Betreuungsangebote an Schulen durchführen. Primär waren von der Landesregierung 2006 Erwachsene im Blickpunkt des Programms. Da sich aber nicht in dem benötigten Maß Erwachsene für diese Art des bürgerschaftlichen Engagements finden ließen, wurde das Programm auf Jugendliche ausgedehnt. In unserer 40 Stunden umfassenden Ausbildung erhalten die Teilnehmer, die meist zwischen 13 und 15 Jahren alt sind, eine

---

53 Projektberichte 2013: S. 42.

kompakte Schulung zu wesentlichen pädagogischen Themen, die die Teilnehmer in die Lage versetzen sollen, unter Anleitung Angebote für Kinder durchzuführen. Themen wie Aufsichtspflicht, Spielpädagogik, Gruppenpädagogik usw. werden behandelt. Wesentlicher Bestandteil ist auch ein Praktikum, in dem die Teilnehmer die in der Theorie gelernten Inhalte praktisch anwenden können. Als Träger der Jugendbegleiterausbildung stellen wir den Teilnehmern unter anderem auch Stellen im kirchlichen Umfeld vor."[54]

2.5.3 Vertiefende Beobachtungen

In diesem Projekt wurden vom Projektstelleninhaber Gruppendiskussionen und Gruppeninterviews mit Schulleitenden und mit Schüler/-innen durchgeführt, Feldnotizen ergänzen die Wahrnehmungen aus der Projektarbeit. Eine Umfrage unter Teilnehmenden des Jugendbegleiter/-innenprogramms wurde durchgeführt.

2.5.3.1 Kirchliche Bildungsarbeit an Schulen

Im Feld der Schulen wird von den Schulleitenden laut Projektbericht insbesondere die Verlässlichkeit des Angebots gewürdigt. Der hauptamtlich und professionell arbeitende Diakon wird auch hinsichtlich der Fachlichkeit im Bereich der Persönlichkeitsbildung gewürdigt. Im Bericht wird aus einem Gruppeninterview mit Schulverantwortlichen zitiert:

> „… als das Gespräch wieder auf die verlässliche Organisation der Kooperation geht, verdeutlicht X dies mit einer weiteren Aussage:
> X: ‚Herr Proß hat auf seiner zeitlichen Agenda, wann er mich anruft. (…) und das ist für uns, für mich auf jeden Fall, eine unheimliche Erleichterung.'"(Z. 439)[55]

Zur professionellen diakonischen Bildungsarbeit zitiert der Projektbericht Schulleitende mit folgenden Worten:

> „Für die Kirche als Kooperationspartner der Schule sind in diesem Zusammenhang Aussagen zu bedenken, dass Schulleitungen bei der Auswahl von Kooperationen oftmals sehr pragmatisch vorgehen:
> X: ‚Wenn ich an Angebote im Schulalltag bedenke, dann denk ich mir meine Schüler und dann denke ich, welche Person kann das machen – und nicht welche Institution steht da dahinter.' (Z. 278).
> Und wenig später:
> X: ‚Also für uns immer wichtig, viele sag ich mal, Personen mit in die Schule zu bekommen, also Externe oder Experten, dass unsere Schüler ein umfangreiches Bild bekommen von dem, was außerhalb der Schule ist. Dass unsere Schüler auch unterschiedliche Personen und deren Wertvorstellungen kennen lernen.' Z. 343)."[56]

---

[54] Projektberichte 2013: S. 43.
[55] Ebd. S. 46.
[56] Ebd. S. 46.

Die Arbeit des Diakons wird unter dem Aspekt der Vielfalt gesellschaftlicher Akteure und Akteurinnen in den Ganztagsangeboten der Schule gewürdigt. Auch die Wahrnehmungen der Schulleitenden hinsichtlich der pädagogischen und persönlichkeitsbildenden Wirkung des diakonischen Angebots werden im Projektbericht zitiert.

> „X: ‚Also, im Hinblick zum Beispiel, wenn sie unsere Schüler egal ob sie im Kindergarten ihr Praktikum machen oder dann im Altenheim für jemanden zuständig sind oder hier für älteren Senior in im Ortsteil hier sich bewähren müssen, alleine ohne die den Freundeskreis dabei zu haben sich mit einem Menschen auseinander zu setzen, sich mit der Situation auseinander zu setzten, die man vielleicht so noch nicht erfahren hat und dann nachher das Gefühl zu haben, ich habe mich gut bewährt auch die positiven Rückmeldungen von den jeweiligen Personen zu bekommen. Ich glaub des ist ganz wichtig für unsere Schüler.‘
>
> Z: ‚Ja, bei uns kamen ja die Schüler alle aus einem gleich- aus der gleichen Klasse, es hat zwar nicht die ganze Klasse mitgemacht aber schon die überwiegende Mehrzahl und ich habe dann wirklich eine positive Auswirkung auf die Klassengemeinschaft gespürt. Ja, der Umgang miteinander, auch dadurch dass sie da zusammen auf dem Wochenende in Asch waren, hat dazu beigetragen dass sie einfach besser und angenehmer miteinander umgegangen sind. Also des war jetzt der positive Effekt für die Schule. Die anderen sind ja schon genannt worden: Stärkung der Persönlichkeit und so weiter. Aber das war jetzt für uns ganz äh, ganz angenehm.‘“[57]

Als eine Herausforderung wird im Projektbericht wiederholt das Spannungsfeld Schule und kirchliche Interessen angesprochen. Die Frage, ob Kirche Eigeninteressen an der Schule verfolgen kann und soll wird aufgeworfen. Auch die Frage nach der interreligiösen oder wertneutralen Haltung an Schulen wird – nicht nur in diesem Bericht – thematisiert. Im Projektbericht findet sich folgende Äußerung zur interreligiösen Fragestellung, die wiederkehrende Befürchtungen der Schulleitenden zum Ausdruck bringt:

> „Auf die Frage, was bei Kooperationen mit der Evangelischen Kirche auf keinen Fall passieren dürfte, äußerte sich Schulleiter Z wie folgt:
>
> „Z: ‚Ja gut, es dürfte auf keinen Fall passieren, dass eben die muslimischen Kinder völlig vor den Kopf gestoßen werden, ja, oder dass eben der Missionsgedanke vielleicht zu sehr einfach in den Vordergrund gerückt wird.‘ (Z. 368)“[58]

2.5.3.2 Vertiefte Wahrnehmung: Schüler/-innen und diakonische Bildungsangebote an der Schule

Aus den umfangreichen Evaluationen aus diesem Projekt ragen zwei Perspektiven heraus. Zum einen werden nach Aussage der Schüler/-innen im Jugendbe-

---

[57] Ebd. S. 47.

[58] Ebd. S. 46.

gleiter/-innenprogramm Kompetenzen und Erfahrungen vermittelt, mit denen die Jugendlichen nicht gerechnet hatten und die sie als positive Erfahrungen und Kompetenzerwerb würdigen. Zum anderen schildern Jugendliche darin auch positive Berührungspunkte und Übergänge in die kirchliche Kinder- und Jugendarbeit.

Zunächst wird im Projektbericht verdeutlich, dass die Verortung im Regelangebot der Schule den Zugang zum Jugendbegleiter/-innen-Programm eröffnet. Die Schüler/-innen werden im Unterricht auf die Teilnahme angesprochen, die Teilnahme erfolgt z. T. während der Unterrichtszeit. Die zunächst pragmatischen Gründe treten im Laufe des Programms in den Hintergrund. Der Projektbericht legt dar:

> „In einer Gruppendiskussion wurden die Teilnehmer nach ihren Erwartungen und nach ihrer Motivation zur Teilnahme gefragt:
> J: ‚Also am Anfang habe ich eigentlich mitgemacht, weil jemand gesagt hat, es ist gut für dieBewerbung. Aber dann nach einer Zeit hat es mir auch ziemlich Spaß gemacht. Also ich hätte nicht gedacht, dass es so gut wird.‘
> K: ‚Ich habe auch immer gedacht, das wird voll langweilig und was will ich da. Und das habe icheigentlich nur für den Zeugnis gemacht und so dass es drinnen steht. Aber dann hat es mir auch übelst gefallen und es hat mir auch Spaß gemacht und ich habe ja auch was dazu gelernt.‘ (Z. 233)“[59]

Im Projektbericht wird deutlich, dass für Schüler/-innen der Kompetenzerwerb in der Gruppenleitung als Gewinn angesehen wird. Zitiert und kommentiert wird in diesem Zusammenhang exemplarisch eine Schülerin:

> „Der Aspekt der Anwendung der erlernten Kompetenzen ist in einer anderen Gruppendiskussion einer Teilnehmerin so wichtig, dass sie ihn mehrmals einbringt. Ein Mal in folgender Form:
> I: ‚Und was mir sehr gefallen hat ist, dass wir jetzt dieses Zertifikat bekommen haben und weil wir ja nächstes Jahr Ganztagsschule haben, konnen wir jetzt mit Kindern etwas unternehmen. Wie zum Beispiel ich und meine Freundin wollen jetzt eine Tanzgruppe aufmachen. So mit ganz kleinen Kindern und dafür haben wir jetzt ja die Erlaubnis und das können wir da machen und das ist schön.‘ (Z. 210).“[60]

Für andere Schüler/-innen bietet das Angebot auch Möglichkeiten, sich mit Glaubensfragen zu befassen und in der kirchlichen Kinder- und Jugendarbeit Fuß zu fassen. Der Projektbericht zitiert und kommentiert auch hier eine Äußerung aus einer Befragung von Jugendlichen. Der Projektbericht hält dazu fest:

---

59 Ebd. S. 45.

60 Ebd. S. 50.

„Durch unterschiedliche Erlebnisse oder auch durch entstandene Beziehungen – sei es zu Gruppenteilnehmern oder Mitarbeitern – wagen Jugendliche den Schritt in weitere kirchliche Angebote, die auch explizit christliche Themen beinhalten können:“[61]

„B: ‚Und dann war es für mich zum Beispiel auch eine gute Hilfe im Glauben zum Beispiel. Ich hatte das Glück, irgendwie da schon auf sehr angenehme Weise irgendwie reinzukommen, und das hat mich dann auch unterstützt und vor allem dann der Jugendleiterkurs (Anm. Grundkurs CVJM). Und dann war es irgendwie dieses Lechzen nach mehr.‘ (Z. 206)“[62]

2.5.4 Zusammenfassende Reflexion des Projekts

In der abschließenden Metareflexion werden die Ergebnisse des Projekts zusammengefasst. Dabei geht der Bericht noch einmal auf die spezifischen Herausforderungen der diakonischen Arbeit an der Schule ein:

„Aufgrund der ausgewerteten Daten ist davon auszugehen, dass in den durchgeführten Projekten Schülerinnen und Schüler erreicht wurden, die zuvor mit kirchlicher Jugendarbeit noch keinen Kontakt hatten. Es war durch die Programme möglich, Beziehungen zu den Teilnehmern aufzubauen. Im Zusammenhang mit der grundsätzlichen demographischen Entwicklung und dem seit Jahren anhaltenden Rückgang der Bevölkerung mit Mitgliedschaft in einer christlichen Kirche, könnte den Kooperationen im schulischen Bereich eine zukunftsweisende Bedeutung zukommen. Durch ihren Charakter eignet sich die Jugendbegleiterausbildung in hohem Maße dazu, Teilnehmern Einblicke in die kirchliche Jugendarbeit zu vermitteln. Vor allem die Praktika dienen dazu. Jedoch benötigt es kirchliche Praktikumsplätze, d. h. vielfältige Jugendarbeit vor Ort, um diese Verknüpfung überhaupt erst herstellen zu können.

Die von den Schulen geforderte und benötigte Verlässlichkeit scheint in dem für Schulkooperationen benötigten Zeitfenster hauptsächlich durch angestellte kirchliche Mitarbeiter leistbar zu sein. Dadurch stellt sich jedoch sowohl auf kirchlicher wie auch auf schulischer Seite die Frage nach der Finanzierbarkeit. Die im Esslinger Projekt praktizierte bezirksweite Ausrichtung bietet Chancen, die koordinierenden Aufgaben hauptamtlich abzudecken und die konkrete Durchführung vor Ort mit Ehrenamtlichen zu unterstützen. Jedoch sind wir im Bereich der Mitarbeitergewinnung hinter unseren Zielerwartungen zurück geblieben.

Es stellt sich als herausfordernd heraus, im schulischen Kontext ausdrücklich als Kirche erkannt zu werden. Auch die Durchführung von Programmen in kirchlichen Räumen bietet dafür noch keine automatische Gewähr. Die Durchführung von Programmen mit explizit christlichen Inhalten scheint bei Schulleitern auf Skepsis zu stoßen. Ein offenes Programm, das allen Schülern die Teilnahme ermöglicht, wird von Rektoren sehr begrüßt, stellt aber die Herausforderung, trotzdem christliches Profil zu zeigen. Der im Projekt gewählte Weg scheint diesbezüglich eine gute Balance gefunden zu haben, da er Schülerinnen und Schüler nicht grundsätzlich abschreckt, interessierten Teilnehmern jedoch auch die Möglichkeit zu weiteren Schritten in anderen kirchlichen Programmen eröffnet.“[63]

61 Ebd. S. 50.
62 Ebd. S. 50.
63 Ebd. S. 50.

2.6 *Bericht 6: Bernhausen – Schule im Sozialraum: Schulsozialarbeit, Streetwork und Gemeindejugendarbeit*

2.6.1 Rahmendaten

Der Titel des Projekts lautete: „Diakonisch-missionarisches Handeln im Gemeinwesen: Sozialraum- und gemeindebezogene Vernetzung von Schulsozialarbeit, Streetwork und Gemeindejugendarbeit mit kirchlichen und kommunalen Hilfesystemen". Der Projektort war Filderstadt-Bonlanden, der Projektträger der Evangelische Kirchenbezirk Bernhausen. Projektstelleninhaber war Diakon Oliver Pum.

2.6.2 Projektidee und Projektkonzeption

In diesem Projekt, das an einer Schule angesiedelt war, steht das Thema soziale Benachteiligung und Teilhabe im Vordergrund. Im Projektbericht heißt es zur Konzeption:

> „Soziale Benachteiligung macht auch vor Kindern und Jugendlichen nicht halt. Im Dezember 2009 bezogen nach Auskunft der Bundesagentur für Arbeit in Baden-Württemberg rund 161.000 Kinder und Jugendliche Transferleistungen nach dem SGB II und lebten damit an der Armutsgrenze. Das entspricht einem Anteil von 8,3 % der Jugendlichen in diesem Alter oder etwa jedem zwölften Jugendlichen …
> Eine Schlüsselrolle (zur Ermöglichung von Teilhabe, A.N.) kommt dabei den Ganztagsschulen zu. Das Staatsministerium Baden-Württemberg sieht den Ausbau der Ganztagsschulen ‚als einen vielversprechenden Weg, um den nach wie vor bestehenden Zusammenhang von sozialer Herkunft und Bildungschancen aufzubrechen, indem wichtige Zielgruppen über Ganztagsschulen besser als bisher erreicht werden können'. Erklärtes Ziel ist es, dass bis zum Jahr 2015 40 % aller Schulen in Baden-Württemberg zu Ganztagsschulen ausgebaut werden.
> Dies war auch der Ansatzpunkt für den Evangelischen Kirchenbezirk Bernhausen, der im Stadtteil Filderstadt-Bonlanden exemplarisch erproben wollte, ‚wie eine Kirche der Zukunft für benachteiligte Jugendliche im Gemeinwesen sozialraumbezogen tragfähige Netzwerke aufbauen kann, die die Jugendlichen und ihre Familien dabei unterstützen, den Herausforderungen des Lebens zu begegnen.' Seit dem Jahr 2006 ist der Evangelische Kirchenbezirk Träger der Schulsozialarbeit an der Werkrealschule im Bildungszentrum Seefälle (WRS Seefälle) im Stadtteil Filderstadt-Bonlanden sowie seit 2008 an drei weiteren Schulen in Filderstadt. Daneben gibt es langjährige Erfahrungen in sozialraumorientierter Jugendsozialarbeit: seit 1998 betreibt der Ev. Kirchenbezirk aufsuchende Jugendarbeit/ Streetwork im Auftrag der Stadt Filderstadt.
> Konkreter Auslöser für das Projekt waren Erfahrungen aus der Einzelfallhilfe an der WRS Seefälle. Es fiel auf, dass vielen Schülerinnen und Schülern – insbesondere in benachteiligten und prekären Lebenslagen – Hilfsangebote im Sozialraum – wie z. B. die Psychologische Beratungsstelle der Diakonie – unbekannt waren. Auch fehlte ihnen der Zugang zu Freizeitangeboten der kirchlichen Jugendarbeit, in denen der KVJS ein wichtiges Lernfeld und eine Form der Teilhabe an sozialen und kulturellen Aktivitäten sieht. Daraus entstand die Idee, beziehungsorientiert über die Person eines Diakons / einer Diakonin Brücken zwischen Schule, aufsuchender Jugendarbeit/Street-

work, Hilfsangeboten im Sozialraum sowie Angeboten der Ev. Kirchengemeinde Bonlanden und des CVJM Bonlanden e. V. zu bauen.
Die Projektstelle umfasste 50 % Schulsozialarbeit an der WRS Seefälle sowie 50 % Projektarbeit mit dem Schwerpunkt ‚Aufbau von Netzwerken zu Hilfesystemen im Sozialraum sowie Vernetzung mit Angeboten der Kirchengemeinde und des CVJM'. In das Projekt mit eingeflossen sind die Ressourcen einer zweiten Stelle, die 50 % Schulsozialarbeit an der WRS Seefälle, 20 % aufsuchende Jugendarbeit/ Streetwork sowie 30 % Gemeindejugendarbeit umfasste. Anstellungsträger für beide Stellen war der Evangelische Kirchenbezirk Bernhausen. Die Dienstaufsicht war teilweise an den Leitenden Diakon delegiert, die Fachaufsicht an den Vorsitzenden des CVJM Bonlanden e. V. Die Arbeit wurde von einem örtlichen Begleitgremium begleitet. In diesem waren der Evangelische Kirchenbezirk Bernhausen, die Stadt Filderstadt, die WRS Seefälle, der Verein zur Förderung der Ev. Jugendarbeit, die Ev. Kirchengemeinde Bonlanden sowie der CVJM Bonlanden e. V. als Projektpartner vertreten."[64]

2.6.3 Vertiefende Beobachtungen

2.6.3.1 Unterstützungsangebote in Situationen sozialer Benachteiligung

Ein Ziel dieses Projekts bestand laut Projektbericht darin, für benachteiligte Jugendliche und Familien Zugangsbarrieren zu Hilfesystemen abzubauen und Familien in prekären Lebenslagen niedrigschwellig zu unterstützen. Im Projektbericht wird dazu aus einer Gruppendiskussion zitiert und es werden auch spendenfinanzierte Hilfeangebote skizziert:

> „Dass es für sozial benachteiligte Jugendliche und ihre Familien Zugangsbarrieren zu Leistungen gibt, die ihnen grundlegend zustehen, wurde unter anderem in der Gruppendiskussion mit den Werkrealschuleltern deutlich. Eine Mutter und ein Vater schildern dies in einer Gesprächspassage, in der es um Leistungen aus dem Bildungs- und Teilhabepaket geht, sehr plastisch:[65]

„Frau M.:	‚Die Idee ist ja vielleicht ganz gut. Aber es ist viel zu kompliziert.'
Herr T.:	‚Ja. Kompliziert. Wenn [der Schulsozialarbeiter/Diakon] net geholfen hätt, ich hätt aufgegeben. Ich mein. Ich blick da einfach net durch. Mit dene Formulare. Hier ein Kreuzle. Dort keins. Oder erst später. Des ist doch ein Käse.'
Frau M.:	‚Des mit den Formularen geht schon, finde ich. Aber es ist halt alles zu umständlich. Für alles gibt es eigene Gutscheine. Ausflüge muss man gleich am Schuljahresanfang beantragen. Klassenfahrten nicht. Mal muss man den Gutschein im Sekretariat abgeben. Mal beim Lehrer. Dann wieder bei der Stadt. Wie soll ich da arbeiten gehen? Zum Schluss beantragt man dann halt einfach gar nix. Das ist am einfachsten. Und die Wohngeldstelle muss nix bezahlen.'
Herr T.:	‚So geht's mir au. Man lässt's halt irgendwann. Und schaut, wie man halt so klar kommt. Oder auch net.'[66]

64 Projektberichte 2013: S. 54.
65 Ebd. S. 55.
66 Ebd. S. 55.

Erläuternd fährt der Projektbericht fort:

> „Herr T. hat seine Erfahrungen mit dem Jobcenter gemacht, Frau M. die ihren mit der Wohngeldstelle in ihrem Wohnort. Es scheint also kein singuläres Problem zu sein. Zwei Dinge werden daran deutlich: zum einen sind für alle Betroffenen die Wege zu lang. Selbst für Kleinigkeiten (‚ein paar Stifte') muss man mehrere Stellen anlaufen. Dazu kommt, dass die Einrichtungen oft nur zu bestimmten Zeiten geöffnet haben und die Betroffenen teilweise auf öffentliche Verkehrsmittel angewiesen sind, für die wiederum Kosten entstehen. Zum anderen sind zumindest für manche Klienten die Formulare unklar (‚ich blick da nicht durch') und die Abläufe erscheinen nicht immer logisch (‚Ausflüge muss man gleich am Schuljahresanfang beantragen, Klassenfahrten nicht'). Die Konsequenz aus diesen Hindernissen wird klar benannt: Resignation (‚ich hätte aufgegeben', ‚zum Schluss beantragt man einfach gar nichts' oder ‚man lässt es halt irgendwann')."[67]

Der Projektbericht schließt folgende Überlegungen an diese Zitate an:

> „Im Rahmen des Projektes wurden verschiedene Maßnahmen ergriffen, um Zugangsbarrieren für sozial benachteiligte Jugendliche und ihre Familien abzubauen. In einem ersten Schritt wurde eine Übersicht über die im Sozialraum vorhandenen Hilfsangebote erstellt. Diese wurde auch den anderen Schulsozialarbeiterinnen und Schulsozialarbeitern zugänglich gemacht. Danach wurden über Besuche in den Einrichtungen persönliche Kontakte zu den dort beschäftigten Menschen hergestellt. Dies war sehr zeitaufwändig, hat sich aber gelohnt. So war es möglich, einen genauen Einblick in die Arbeitsweise und die Arbeitsaufträge der Mitarbeiterinnen und Mitarbeiter dort zu bekommen. In der Einzelfallhilfe konnte so zielgerichteter vermittelt werden, teilweise konnten den Jugendlichen oder ihren Eltern – z. B. in Bezug auf die Psychologische Beratungsstelle – Ängste genommen werden, da genau beschrieben werden konnte, was sie dort erwartet. Auch von den Eltern wird die Vermittlung durch die Schulsozialarbeiter/ Diakone in passende Unterstützungsangebote positiv wahrgenommen. Ebenso hat die konkrete persönliche Beratung durch den Schulsozialarbeiter/ Diakon für viele Eltern einen hohen Stellenwert. Wichtig scheint hier – wie bei den Jugendlichen auch – die Tatsache zu sein, dass man einen niederschwelligen Zugang zur Beratung hat."[68]

In den folgenden Passagen schildert der Projektbericht die Arbeit des Diakons in der Umsetzung des Bildungs- und Teilhabepakets. In diesem Zusammenhang kommen auch Vernetzungen zur Spendenaktivität von Kirchengemeinden in den Blick:

> „Seit dem Schuljahr 2010/2011 hat der Projektstelleninhaber im Rahmen des Projekts die Umsetzung des Bildungs- und Teilhabegesetzes an der WRS Seefälle übernommen. Wie oben schon beschrieben, sind hier die Zugangsbarrieren für die Betroffenen deutlich zu spüren. Neben der konkreten Unterstützung bei der Antragsstellung ist es bei manchen Klienten auch nötig, dafür zu sorgen, dass sie sich um ihre Angelegenheiten auch selbst kümmern. Die Unterstützung schließt gegebenenfalls auch zeitlich

67 Ebd. S. 55.

68 Ebd. S. 55–56.

befristete finanzielle Unterstützungen ein, die über einen Spendentopf realisiert werden können. Positiv wird erlebt, dass unbürokratisch geholfen wird. Der Spendentopf wird – neben Geldern die über den Förderverein der Schule eingeworben werden und Spenden von Firmen – unter anderem aus Spenden von Gemeindegliedern zweier Kirchengemeinden gespeist. Über den Spendentopf reden in der Gruppendiskussion auch Frau M., Frau W., Herr B. und Herr T. Die Ausgangsfrage war, ob es für sie eine Bedeutung hat, dass die Schulsozialarbeiterinnen und Schulsozialarbeiter als Diakoninnen und Diakone bei der Kirche angestellt sind:

„Frau M.:	‚[Der Schulsozialarbeiter] hat mal gesagt, dass das Geld fürs Mensaessen auch von der Kirche kommt. Also des wo nicht von der Wohngeldstelle kommt. So für so Fälle wie uns. Da werden dann in der Kirche halt so Spenden gesammelt. Und des Geld ist dann fürs Mensaessen. Oder fürs Schullandheim.‘
Herr T.:	‚Des find ich gut.‘
Frau M.:	‚Ich find das auch toll. Und eine Zeit lang haben wir des echt gut brauchen können. Für mich hat das also schon eine Bedeutung.‘
Frau W.:	‚Ja gut. So gesehen schon. Ich find des ja auch gut. Aber ob des Geld jetzt von der Kirche kommt oder von der Caritas ist mir eigentlich egal. Ich finds gut, dass es den [Schulsozialarbeiter] gibt und die Schulsozialarbeit und die Ganztagesschule. [Die Schulsozialarbeiter] machen ihr Geschäft gut. Und des find ich super. Ich weiß, wenn's ein Problem mit dem Flori gibt, dann kann ich zum [Schulsozialarbeiter] gehen. Und wenn der bei der Kirche arbeitet, soll's mir recht sein. Da hab ich überhaupt kein Problem damit.‘
Herr B.:	‚Ich finde gut, dass Kirche macht. In unser Gemeinde wir auch sammeln Spenden für Menschen wo Not. Gibt immer die brauche. Wir nicht viel. Aber gibt Mensch wo noch mehr weniger. Ich gern helfe, wenn kann. Und gut für Vicky. Gefallen in Gemeinde Freitag. Und Konfirmation. Matthias und Hannah auch mache Konfirmation in ‚Stadtteil C.‘ wenn alt.‘“[69]

2.6.3.2 Kirchengemeinde und das Bewusstsein für sozial benachteiligte Familien und Jugendliche

Ein Ziel des Projektes war es, in Kirchengemeinden ein Bewusstsein für sozial benachteiligte Jugendliche und ihre Familien zu wecken. Der Projektbericht äußert sich skeptisch hinsichtlich der Erreichung dieses Ziels. Auf der Grundlage einer Gruppendiskussion mit Mitarbeitenden einer Kirchengemeinde und des CVJMs wird beobachtet, dass das Bewusstsein nicht (generell) vorhanden ist. Einzelne Gemeindeglieder aber können als Spender/-innen gewonnen werden.

2.6.3.3 Angebote der kirchlichen Kinder- und Jugendarbeit

Das im Sozialraum vernetzte Projekt entwickelte auch ein Angebot der kirchlichen und Jugendarbeit, das Jugendlichen einen niedrigschwelligen Zugang zur kirchlichen Jugendarbeit eröffnen sollte. Im Projektbericht heißt es dazu:

69 Projektberichte 2013: S. 56.

> „Mit dem FiSch!-Konzept wurde in der Evangelischen. Kirchengemeinde und im CVJM im April 2010 eine neue Form der Jugendarbeit installiert, die für die Jugendlichen verlässlich, aber unverbindlich einen niederschwelligen Zugang zu Kirchengemeinde und CVJM ermöglichen sollte. Die Jugendlichen sollten sich beteiligen können. Eine Trennung zwischen Teilnehmenden und Mitarbeitenden sollte es nicht geben. Zielgruppe waren einerseits die Konfirmanden, explizit aber auch Jugendliche ‚von außen', die sonst nicht den Weg ins Gemeindehaus finden. Das Konzept scheint anzukommen, wöchentlich 30–60 Teilnehmerinnen und Teilnehmer sind für Bonlanden eine große Zahl. Zumindest für einen Teil der Teilnehmerinnen und Teilnehmer ist dabei das selber Kochen (=beteiligt sein) ein wichtiger Punkt, weshalb sie kommen. Da machen sie sogar Dinge, die ansonsten undenkbar wären (‚ich koche daheim nie'). Neben dem Kochen wird auch das gemeinsame Essen als wichtiger Erfolgsfaktor benannt. Gemeinschaft, Leute treffen, die man sonst nicht sieht werden positiv bewertet."[70]

Zusammenfassend hält der Bericht zur Jugendarbeit im Projekt fest:

> „Das FiSch!-Konzept hat die Jugendarbeit in der Evangelischen Kirchengemeinde Bonlanden und im CVJM Bonlanden e. V. neu belebt. Das Angebot wird von Jugendlichen gut angenommen. Der größte Teil der Besucher ist aber weiterhin dem Bildungsbürgertum zuzurechnen. Indem Diakone ‚Wanderer zwischen den Welten' sind und Jugendliche vom einen Milieu ins andere mitnehmen und umgekehrt, kann es gelingen, dass immer wieder Begegnung geschieht und sich so langfristig mehr Verständnis füreinander entwickelt. Dies erfordert immer wieder Toleranz von allen Beteiligten. Kirchlich sozialisierte Jugendliche können lernen, Jugendliche zu ertragen, die beim Lobpreis oder der Andacht rein und raus gehen möchten, kirchenferne Jugendliche können lernen, die Ausdrucksformen junger Christen zu respektieren und eventuell gemeinsam neue Formen zu entwickeln."[71]

Auf diesen Weg „zwischen den Welten" nimmt der Diakon auch andere Menschen mit. Im Projektbericht heißt es dazu:

> „Den größten Schritt auf die Werkrealschüler zu hat T. gemacht, der ein Mal in der Woche ein Ballspielangebot an der Ganztagesschule angeboten hat und dadurch regelmäßig in Kontakt mit Jugendlichen aus einem anderen Milieu gekommen ist."[72]

2.6.4 Zur Rolle des Diakons und des diakonischen Auftrags der Kirche

Zusammenfassend hält der Bericht am Ende die Rolle des Diakons und des diakonischen Handelns von Kirche folgendermaßen fest:

> „Als kirchlicher Mitarbeiter an der Schule zu sein – oder als Diakon in der ‚Welt' – wurde von niemandem negativ bewertet. Schlimmstenfalls wurde die Tatsache, dass wir als Diakone beim Evangelischen Kirchenbezirk angestellt sind, gleichgültig aufgenommen – auch von Kirchendistanzierten. In der Regel waren die Reaktionen aber

70 Ebd. S. 57.
71 Ebd. S. 58.
72 Ebd. S. 57–58.

positiv. Es wurde wahrgenommen, dass sich Kirche ins Gemeinwesen einbringt, sich kümmert und Gesellschaft mit gestalten möchte."[73]

2.7 *Bericht 7: Creglingen – Diakonische Schulsozialarbeit*

2.7.1 Rahmendaten

Projektort war Creglingen, der Anstellungsträger die Stadt Creglingen. Die Projektstelle wurde mit Diakonin Elsbeth Loest besetzt.

2.7.2 Projektidee und Projektkonzeption

Zur Projektidee und -konzeption heißt es im Projektbericht:

> „Anstellungsträger des Projektes ‚Diakonische Schulsozialarbeit' ist die Stadt Creglingen, wobei die Finanzierung der Stelle von verschiedenen Organisationen getragen wird (Projektgelder des Oberkirchenrats, des Kirchenbezirks, der Kirchengemeinden des Bezirks, des Landkreises, der Kommune und örtlicher Vereine bzw. landeskirchlicher Gemeinschaft). Als Anstellungsträgerin hat die Stadt die Dienstaufsicht, wobei die Fachaufsicht bei der Evangelischen Landeskirche liegt …
> Im Projekt ‚Diakonische Schulsozialarbeit' sollte die bereits bestehende Schulsozialarbeit personell breiter aufgestellt werden; weiter stand das Anliegen im Mittelpunkt Kirche und Schule zu verzahnen. Damit verbunden die Idee, im Rahmen der Ganztagesbetreuung kirchliche Gruppenarbeit am Lebensort Schule anzubieten … In der Stellenausschreibung für das Projekt wurde die Stelle folgendermaßen beschrieben: ‚Das Aufgabengebiet umfasst neben der Schulseelsorge und der kirchlichen Jugendarbeit auch die Einzelfallberatung, die Elternarbeit, die sozialpädagogische Gruppenarbeit, die Zusammenarbeit mit Jugend- und Arbeitsämtern sowie die Kooperation mit den Kirchengemeinden, den Beratungsstellen der Diakonie und der Caritas.' Diese Stelle wurde als ‚Ergänzung zur bereits bestehenden Schulsozialarbeit' geschaffen und arbeitet mit ihr eng in den verschiedenen Arbeitsfeldern zusammen. Dabei ist die Schulseelsorge das eigene, spezifische Arbeitsfeld, um dieses wird es in der Evaluation vorrangig gehen.'"[74]

2.7.3 Vertiefende Beobachtungen

2.7.3.1 Facetten der Schulseelsorge

Im Zentrum dieses Projekts steht die Schulseelsorge. Für die Diakonin ist zu Beginn ihrer Tätigkeit der Aufbau eines Vertrauensverhältnisses zu Schülern und Schülerinnen und Lehrern und Lehrerinnen von Bedeutung. Im Projektbericht wird geschildert, dass dieses Vertrauensverhältnis in verschiedenen Situationen im Schulalltag die Grundlage für seelsorgerliche Gespräche und Krisensituationen ist.

Exemplarisch werden Situationen dargestellt, um das Profil der diakonischen Arbeit an der Schule zu verdeutlichen: Die Diakonin begleitet bei Mobbing, sie

[73] Ebd. S. 58.

[74] Projektberichte 2013: S. 62.

schlichtet Streit zwischen Schüler/-innen, gestaltet zusammen mit Schüler/-innen einen Seelsorgeraum und begleitet Schüler/-innen und Lehrer/-innen akut und längerfristig seelsorgerlich, als ein Schüler aus der Schule tödlich verunglückt ist. Sie berät Mobbingopfer und vermittelt in Beratungsangebote. In einem Interview sagt eine Schülerin bzw. ein Schüler:

> „… und die Frau Loest ist halt … die löst den Fall also. Es gibt den Spruch ‚Loest löst den Fall' und ja irgendwie so war das (lacht) find ich witzig. Ja. Ich weiß nicht … die Frau Loest ist einfach speziell, aber wenn man sie wirklich braucht, dann ist sie wirklich Gold wert …"[75]

Der Schüler bzw. die Schülerin bezieht sich in ihrer Äußerung auf die Interventionen und seelsorgerliche Begleitung im Trauerfall, die sowohl von Seiten der Lehrer/-innen als auch der Schüler/-innen als spezifische professionelle Kompetenz der Diakonin gewürdigt werden in einer Situation, in der die Schule unvermittelt mit der Trauer der Schüler/-innen konfrontiert ist. Im Projektbericht wird unter anderem aus einer Gruppendiskussion mit Lehrer/-innen zitiert:

> „LehrerIn A: ‚Ja, oder ich muss sagen, ich bin damals … wie gesagt als (…) da von der Brücke gestürzt ist. Da bin ich … die wussten das alle schon, ich noch nicht als ich rein kam ja. Und da ist mir auch … da wusste ich nichts … da ist mit nichts eingefallen … Situation, eigentlich noch schlimmer in dem, das ein Kind war, ja, das da zu Tode gekommen ist. Und da war es auch so, dass die … dass ich gesagt hab du ich habe das gerade mitbekommen zur Mathelehrerin, ich weiß nicht ob die das schon wissen, ja, die Klasse. … Und dann kam die gleich runter und sagt ich kann da kein Mathe machen, die sitzen da alle auf dem Boden und heulen, ja. Habe ich gesagt ja ich gehe hoch aber wie gesagt ich wusste da auch … auch jetzt nicht so richtig …'.
>
> LehrerIn D: ‚Was und wie'.
>
> LehrerIn A: ‚Was und wie, ja. … Zumal ich da natürlich auch ich hatte wie gesagt den auch vier oder fünf Jahre ja, auch als Klassenlehrer und alles. Ich war natürlich auch … betroffen. Und da denke ich, ist es schön … nicht schön aber wichtig, dass jemand die passenden Wörter findet ein Gebet spricht oder … ja einfach Trost kann … man wahrscheinlich nicht spenden in so einer Situation. Aber auf jeden Fall .. überhaupt was sagen kann. … Und da war sowohl die X., die Mathelehrerin wie ich doch recht froh, dass dann jemand da war. Und auch in den nächsten Tagen … dass man da so eine Begleitung hatte bis zur Beerdigung. Und fand das also immer auch … sehr tröstlich …'"[76]

Die Arbeit der Diakonin wird im Projektbericht auch anhand eines Falles von Schülermobbing verdeutlicht:

---

75 Ebd. S. 66.

76 Ebd. S. 66.

„Fallbeispiel 1: Schülermobbing
Am Ende des ersten Dienstjahres kam einer dieser Jugendlichen alleine, um auf ein Problem aufmerksam zu machen: ‚Frau Loest Sie sind ja ganz nett, aber ich finde nicht gut, dass Sie nichts dagegen getan haben, dass Simone (Name geändert) gemobbt wurde.' (Originalton aus Feldnotizen).
Nach den Sommerferien wurden Gespräche zur Intervention des Mobbings geführt, und dabei wurde deutlich, dass genau jener Schüler, der mir vor den Ferien die Ansage des Problems gemacht hatte, der Initiator des Mobbings war. Zunächst zeigte er sich gesprächsbereit, und die Situation beruhigte sich. Er kam öfters ins Büro, um von sich und seiner Lebenssituation zu erzählen, fragte um Rat in einer Situation, wie er eine Beziehung gestalten könne. Im Verlauf der Begleitung gab es mehrere Gespräche, die für ihn unangenehm waren, da er als Urheber des Mobbings angesprochen wurde. (Feldnotizen).“[77]

Die Diakonin begleitet auch das Mobbingopfer beratend und seelsorgerlich, sie vermittelt in Hilfeangebote und eröffnet Zugänge zur kirchlichen Kinder- und Jugendarbeit. Der Projektbericht schildert folgende Situationen der diakonischen Arbeit:

„Fallbeispiel 4: Mobbing einer Schülerin
Eine Schülerin, die über längere Zeit hinweg in ihrer Klasse massivem Mobbing ausgesetzt war, wurde von der Diakonin im Rahmen der Einzelfallhilfe begleitet. Die folgenden Ausführungen beziehen sich auf Feldnotizen. Der Klassenlehrer informierte die Diakonin über die Situation, dass Simone (Name geändert) gemobbt würde und jetzt schon mehrere Tage krank sei und die Vermutung bestehen würde, dass ihr Kranksein Folge des Mobbings sei. Sie habe wohl auch per Facebook geäußert, dass sie nicht mehr in die Schule wolle.
Ein Hausbesuch vermittelte Eindrücke über das Leben und Umfeld der Schülerin. Als Gesprächsöffner wurde die Sorge der Schule über die aktuelle Situation zum Ausdruck gebracht, dass wir mitbekommen hätten, dass es ihr nicht gut gehe. Im Gespräch wurde deutlich, dass die Mutter der Schülerin nicht über das Ergehen ihrer Tochter in der Schule Bescheid wusste. Simone lag in eine Wolldecke gewickelt auf dem Sofa, ihr Gesichtsausdruck wirkte verschlossen, in sich gekehrt, sie wollte nicht sprechen, keine Antworten auf vorsichtig gestellte Fragen geben. Wir vereinbarten, dass sie der Mutter erzählen solle und mit ihr besprechen, was sie (Simone) weitergeben möchte.
Am nächsten Tag informierte die Mutter die Diakonin über die Situation und nannte auch die Täter. Es folgten viele Gespräche mit Simone, auch eine Intervention in der Schulklasse. Es wurde deutlich, dass die Schülerin eine Langzeitbetreuung und auch professionelle Hilfe brauchte, welche dann auch gesucht und in Anspruch genommen wurde. Simone wollte den Kontakt zur Diakonin weiterhin halten, um im Alltag über ihr Ergehen sprechen zu können. Immer wieder, wenn sie versagt hatte, stellte sie die Frage: ‚Sind Sie jetzt böse auf mich?' Ein Ausdruck starker Verunsicherung, ob Menschen trotz ihrer Fehler zu ihr stehen, wurde hier deutlich. Unter dem Eindruck, dass das Selbstwertgefühl Simones stark erschüttert ist, sagte die Diakonin während eines Gesprächs: ‚Du bist wertvoll'. Erstauntes Aufblicken als Reaktion Simones und dann eine freudig überraschte Antwort: ‚Das hat mir F. (Freundin des Bruders) auch

77 Ebd. S. 64.

schon gesagt‘. In der Rückschau war dies ein Punkt, an dem Simone sich weiter öffnen konnte. Warum? Wertvoll sein vor Gott kam zur Sprache.
Es war wie das Öffnen einer Tür, diese Wertschätzung ihrer Person half mit, dass sie sich öffnen konnte. Hier wurde deutlich, dass Seelsorge und Beratung oft dann am besten gelingen, wenn wir es am wenigsten erwarten, denn es kamen Grundfragen des Selbstwerts und der Annahme zur Sprache, seelsorgerliche Fragen also, die in einem oft langen Prozess der Begleitung bedürfen.
Einige Zeit später trafen wir uns zufällig im Umfeld überregionaler kirchlicher Arbeit wieder. Ihre Schwester hatte sie mitgebracht. In Folge dieser Begegnungen wurde dann auch thematisiert, was man in den Ferien machen kann, und Simone konnte sich dazu entschließen, an einer Jugendfreizeit teilzunehmen. Sie hatte junge Menschen aus einem anderem Umfeld kennengelernt und gefragt: ‚Was ist hier anders? Warum lacht mich hier keiner aus?‘ Eine Frage, die nicht direkt beantwortet wurde, sondern in die Beobachtung der Jugendlichen gestellt blieb.“[78]

Laut Projektbericht ist:

„Die Begleitung dieser Jugendlichen (...) ein Beispiel dafür, wie Seelsorge und Beratung ineinander greifen, die oben genannte sozio-religiöse Unterstützungsarbeit, die sich im Alltag der Schule vollzieht und über pures Case-Management hinausgeht, die Offenheit von beiden Seiten, auch über den schulischen Alltag hinaus Begleitung zu ermöglichen, gleichzeitig aber auch in neue Strukturen hinein verhelfen will und damit wiederum die Möglichkeit schafft, dass Hilfesuchende wieder ‚entlassen‘ werden können.“[79]

2.7.4 Zusammenfassung der Ergebnisse

Die Ergebnisse fasst der Projektbericht folgendermaßen zusammen:

„Diakonische Schulsozialarbeit in der Trägerschaft der Kommune beinhaltet ein Spannungsfeld, da die Interessen von Kirche und Kommune nicht unbedingt deckungsgleich sind und sich je nach Situation vor Ort auch schwierig gestalten können, da es ein Arbeiten zwischen zwei Polen sein kann. Hier kann die Frage der ‚Missionierung‘ Diskussionsstoff mit sich bringen.
Diakonische Schulsozialarbeit braucht die Professionalität des Schulsozialarbeiters, wie die Gruppendiskussionen aufzeigten, gleichzeitig aber auch die Kompetenz der Seelsorge an öffentlichen Orten. Kirche zu sein an der Schule, die Menschen in ihren Alltagsvollzügen, Problemen und Grenzsituationen des Lebens in ihrem sozialen Umfeld begleitet und mögliche religiöse Räume im Gespräch öffnet. Die Begleitung ist dabei zentrales Element und sollte nicht von Seiten des Seelsorgers zeitlich begrenzt werden, sondern sich an den Bedürfnissen des Seelsorgesuchenden orientieren. Andererseits braucht es die Professionalität des Beraters, der die zu Beratenden wieder in die Selbständigkeit und Eigenverantwortung entlässt. Schulseelsorge steht Menschen zur Seite, will begleiten, aber nicht in Abhängigkeiten führen.
In Verbindung mit Religionsunterricht hat die Diakonische Schulsozialarbeit noch andere Schwerpunkte. Da ist zum einen die Wissensvermittlung, die wesensmäßig

---

78 Ebd. S. 67–68.

79 Ebd. S. 68.

zum Unterricht gehört. Gleichzeitig gibt es vom Unterrichtsstoff ausgehend viele Fragen, die gestellt werden können, und somit Schulseelsorge noch einmal von einer anderen Warte aus aktuell wird. Da der Religionsunterricht ordentliches Lehrfach ist, kann es zu eigenen Problemen aufgrund der Benotung kommen. Im konkreten Fall war dies nicht der Fall, da eingangs klar besprochen und die Felder deutlich abgegrenzt wurden. So wurde deutlich, dass keine Einstellungen, sondern Wissen bewertet wird (…)
Des Weiteren bedarf es (in der Schulseelsorge, A.N.) eines hohen Maßes an Flexibilität für die oft schnell wechselnden Anforderungen im Alltag, da dieser im Umfeld der Schulsozialarbeit nur sehr eingeschränkt planbar ist. Die Frage der Wahrnehmung von Situationen und Menschen spielt eine zentrale Rolle. Damit einher geht die oben genannte Professionalität, die jeweiligen Methoden und Kompetenzen den Anforderungen entsprechend einzusetzen. Einfühlungsvermögen und Empathie sind hier unabdingbar, damit hilfreiche, lösungsorientierte und seelsorgerliche Begegnungen ermöglicht werden können. Dabei bleiben SchulsozialarbeiterIn und DiakonIn Mensch, abhängig auch von der geistlichen Kompetenz des inneren Hörens nicht nur auf Menschen, sondern vor allem auch auf das Vorbild aller Seelsorge, Jesus Christus. Dies bedeutet für den/die Seelsorger/in aber auch, dass es ein Leben aus der Vergebung braucht, da die Anforderungen des Alltags das menschliche Vermögen sehr oft weit übersteigen.
Somit ist die diakonische Schulsozialarbeit für die Kirche eine Chance, Menschen am Lebensort Schule zu begleiten, aber auch ihre ‚Seelsorger und Seelsorgerinnen' als solche zu unterstützen, damit gelingende Arbeit geschehen kann, und für die Schulgemeinschaft das Evangelium ‚erlebbar' wird.“[80]

2.8 *Bericht 8: Welzheim – Jugendarbeit und Schule*

2.8.1 Rahmendaten

„Vernetzung von kirchlicher Jugendarbeit und Schule vor Ort“, war das Thema dieses Projekts. Der Projektort war Welzheim. Der Evangelische Kirchenbezirk Schorndorf fungierte als Projektträger. Die Projektstelleninhaberin war Diakonin Nicole Heß.

2.8.2 Projektidee und Projektziel

Zur Projektidee und –konzeption heißt es im Projektbericht:

„Die Idee der Projektstelle ‚Jugendarbeit und Schule' in Welzheim bestand in der personalen Verbindung der Alltagslebenswelt Schule und des Freizeitbereiches kirchliche Jugendarbeit. Zu bemerken ist hier, dass Welzheim über fünf Schulen verfügt und die evangelische Jugendarbeit in einem CVJM organisiert ist. Der Evangelische Kirchenbezirk Schorndorf war Anstellungsträger der Projektstelle, welche gemischt kirchlich finanziert wurde (30 % CVJM Welzheim e. V., 10 % Evangelische Kirchengemeinde Welzheim, 10 % Evangelischer Kirchenbezirk Schorndorf und 50 % Projektgelder). Das Projektteam bestand aus Verantwortlichen des CVJM Welzheim e. V. und der

[80] Ebd. S. 69.

Evangelischen Kirchengemeinde Welzheim, ergänzt durch einen Fachbeirat mit Vertretern der Schulen und der Kommune."[81]

Das Ziel der Projektarbeit wird theologisch basiert formuliert:

> „Jugendliche aus kirchenfernen Milieus haben im Rahmen der kirchlichen Jugendarbeit in Welzheim Anteil am Evangelium als Zuwendung Gottes zu den Menschen."[82]

Ausgeführt wird dieses Ziel durch folgende, zu verwirklichende Optionen:

> „1. In der kirchlichen Jugendarbeit bisher nicht wahrgenommene Jugendliche der Hauptschule der Klassen 6 und 7 erfahren sich in ihrem bisherigen Lebensraum und darüber hinaus als Teil einer Gemeinschaft, als Menschen, deren Stärken wertgeschätzt sind und werden in diesen Zusammenhängen zu Mitgestaltern.
> 2. Mitarbeitende in der kirchlichen Jugendarbeit in Welzheim kennen, bejahen und leben die Zuwendung zu Jugendlichen aus kirchenfernen Milieus als Nachfolge Jesu Christi."[83]

2.8.3 Vertiefende Beobachtungen

2.8.3.1 Perspektiven auf die Schüler/-innen und die Mitarbeiter/-innen

Der Blick auf das Projekt wurde durch acht Gruppendiskussionen mit Jugendlichen der Hauptschule und mit Mitarbeitenden des CVJM vertieft. Die Auswertung dieser Quellen ergibt im Projektbericht folgendes Bild:

> „Zunächst fällt auf, dass die Mitarbeitenden des CVJM stark die Norm einer überschaubaren Gruppe als Kernangebot der Jugendarbeit vor Augen haben, mit den Rollenangeboten Mitarbeiter und Teilnehmer sowie wöchentlichen Treffen mit Programm und der Erwartung einer regelmäßigen Teilnahme. Diese Angebote aufrechtzuerhalten erleben die Mitarbeitenden bereits als große Herausforderung, ebenso wie die häufige Bewertung durch die Teilnehmer. Durch die häufig lange Sozialisationszeit meist seit der Kindheit im CVJM sind bei den Mitarbeitenden zum einen die Themen in der Jugendarbeit und Vorstellungen über Jugendarbeit stark angeglichen. Davon abweichende Zugänge zur Jugendarbeit, z. B. zu einem späteren Zeitpunkt, kommen bei den Mitarbeitenden wenig vor bzw. werden als Ausnahmen bewertet.
> Dem gegenüber taucht bei den befragten Jugendlichen der Hauptschule der Wunsch nach lebensnahen bzw. publikumswirksamen Beteiligungsmöglichkeiten auf, bei denen ihre Stärken und Möglichkeiten gefördert werden und sie sich als Teil eines größeren Ganzen erleben. Die Jugendlichen thematisieren außerdem mehrfach die häufig als abwertend erlebte Art, in der Jugendliche anderer Schularten über sie sprechen bzw. mit ihnen umgehen. Sie werden dadurch gekränkt und in ihrem Selbstbewusstsein verunsichert. Außerdem wird von einigen bedauert, dass in den Schulklassen immer wieder durch das Verhalten einzelner Personen das allgemeine Klassenklima und damit die persönliche Situation negativ beeinflusst werden."[84]

---

81 Projektberichte 2013, S. 128.
82 Ebd.
83 Ebd.
84 Ebd. S. 129.

Die langsame Annährung und Begegnung von Menschen aus zwei verschiedenen Lebenswelten spiegelt sich auch in den Wahrnehmungen zum Projektverlauf wider. Dieser ist dadurch gekennzeichnet, dass auf Seiten der Mitarbeitenden und der Schüler/-innen Kommunikation und gegenseitige sensiblere Wahrnehmung durch die Diakonin unterstützt wird. Im Projektbericht heißt es dazu:

> „Punktuelle Begegnungen zwischen einzelnen Ehrenamtlichen und Jugendlichen, mit denen die Diakonin arbeitet, finden statt. Sie fördern das Verständnis für die Notwendigkeit des Projektziels und fordern zu einer Beschäftigung mit Jugendlichen, die nicht in der Jugendarbeit beheimatet sind, heraus. Einzelne erwachsene Ehrenamtliche engagieren sich mit der Diakonin im Bereich der Schule. Zudem begegnet die Diakonin bei ihrer Arbeit im schulischen Bereich einigen Jugendlichen, die im CVJM beheimatet sind.
> Die Arbeit im Bereich der Schule verliert zunehmend den Charakter des Neuen und Fremden. Die Mitarbeitenden begreifen zunehmend den Grund und das Ziel dieses Engagements und beginnen, es als sinnvoll zu bewerten. Mitarbeitende, welche über Begegnungserfahrungen mit den Jugendlichen der Hauptschule verfügen, bringen ihre Beobachtungen in Gespräche ein und werden fragend. Sie entdecken Grenzen der bisherigen Arbeit und überlegen, wie man diesen Jugendlichen als kirchliche Jugendarbeit begegnen könnte. Die Beobachtungen werden mit interessierten Mitarbeitenden diskutiert, so dass Kenntnis und Beschäftigung mit diesen Jugendlichen und der eigenen Kultur erwächst."[85]

2.8.3.1 Wahrnehmungen zur Rolle der Diakonin

Die Rolle der Diakonin wird im Projektbericht als „Kommunikatorin und Wanderin zwischen den Welten" beschrieben.[86] Für die Hauptschüler/-innen ist sie eine Person, die Orientierung gibt, indem sie Fragen des Glaubens erklärt und dadurch Teilhabe in den gemischten Gruppen aus anderen Schultypen ermöglicht. Sie bestärkt die Jugendlichen und lässt sie ihre eigenen Ressourcen erkennen.

Zusammenfassend heißt es im Projektbericht dazu:

> „Bei den befragten Jugendlichen entsteht das Bild eines Weges von mehreren Etappen, den sie mit der Diakonin gegangen sind. Zunächst beschreiben die befragten Jugendlichen die Beziehung, die zu ihnen aufgebaut wurde. Hier erfuhren sie Wertschätzung und Achtung ihrer Person, auch in der Form, dass sie aktiv an Aktionen beteiligt wurden und sich darin als gefragte Personen erlebten. Bei diesen Jugendlichen entstand (teils in Verbindung zur Konfirmandenarbeit) darüber Interesse für Glaubensthemen. Die Diakonin wird geschildert als eine Person, die erklärte, verständlich machte und den Jugendlichen zu einem Zugang und zu einer Orientierung im Bereich des Glaubens half. Schließlich wurde den Jugendlichen der Glauben selbst wichtig; sie fanden Raum zur Auseinandersetzung und konnten eine eigene positive Haltung dazu entwickeln; sie wurden aufmerksam dafür, wo Glauben auch sonst vorkommt und ordneten weitere Anregungen ein. Kurzgefasst kann man vielleicht sagen: Beziehung, Wertschätzung, Glaube.
> In den Schilderungen der Mitarbeitenden erscheint die Diakonin als Kontakt- und Be-

85 Ebd. S. 129.

86 Ebd. S. 130.

ziehungsperson: sie geht auf Menschen zu, nimmt aktiv Kontakt auf und leistet eine erste Wegetappe in Richtung Glauben und Kirche. Diese Kompetenz führen die Ehrenamtlichen vor allem auf die Ausbildung, teils auch auf die Persönlichkeit der Diakonin zurück. Außerdem speist die Diakonin (aus ihrer größeren Perspektive und dem Erfahrungsfeld) neue Informationen ein und bildet hier als Gesprächspartnerin eine Ressource für die Mitarbeitenden."[87]

2.8.4 Abschließende Bemerkungen

Als Ergebnisse werden im Bericht festgehalten, dass für die Mitarbeitenden des CVJM die konkreten menschlichen Begegnungen mit Schüler/-innen bedeutsamer waren als theoretische Diskurse über Konzeptionen des Projekts. Für die Schüler/-innen bleiben Unsicherheiten, die mit den schulischen Unterschieden und den verschiedenen Bezugsgruppen und Lebenswelten zusammen hängen.

So konstatiert der Bericht hinsichtlich der Teilhabe der Jugendlichen an der kirchlichen Jugendarbeit:

> „Auch wenn sie feststellen, dass in der Jugendarbeit das ‚Menschliche' bedeutender ist, bleiben Unsicherheiten. Außerdem schildern sie eine angenehme Atmosphäre sowie ein gutes Gemeinschaftsgefühl innerhalb der Jugendarbeit (im Vergleich zum Konfirmandenunterricht), die sie auf die Freiwilligkeit und hohe Partizipation zurückführen. Zudem ist für sie erkennbar, dass hier Glauben eine zentrale Rolle spielt."[88]

Festgestellt wird im Bericht, dass die Potenziale zur Wertschätzung und Integration von Jugendlichen aus Schultypen, die in der kirchlichen Kinder- und Jugendarbeit weniger vertreten sind, im Verlauf der Projektarbeit gewachsen ist. Hierbei, so interpretiert der Bericht am Ende, geht es auch um das

> „Verständnis von Kirche. Zur Identität und zum Auftrag von Kirche gehören in dieser Konzeption die Mitgestaltung des Lebensbereiches Schule und das Zugehen auf kirchenferne Jugendliche als Nachfolge bzw. Teil von Nachfolge Christi."[89]

Exemplarisch wird die wertschätzende Arbeit mit Jugendlichen anhand eines Beispiels am Ende des Berichts verdeutlicht:

> „Eine exemplarische Situation. Am geplanten Schulgottesdienst möchte ich gerne Jugendliche beteiligen. Die Junior-Schülermentoren sind zur Vorbereitungszeit leider im Schullandheim. So frage ich einzelne Jugendliche an: Jemand aus dem Gitarrenkurs, eine Person die sich gerne mit mir unterhält, zwei Mädchen, die bereits im Jahr zuvor mitgemacht haben, und die ich inzwischen gut kenne. Alle sagen spontan zu und fragen nach: Wann treffen wir uns? Was muss ich genau machen? Wer macht noch mit? Echtes Interesse und Motivation ist spürbar.

87 Ebd. S. 130.
88 Ebd. S. 130.
89 Ebd. S. 130.

In den Ferien treffe ich einige der Jugendlichen am Gemeindehaus; ich sitze draußen und gehe den Ablauf des Schulgottesdienstes durch. Eine der Jugendlichen kommt vorbei, setzt sich zu mir und will wissen, was ich mache. So gehen wir Schritt für Schritt den ganzen Gottesdienst durch, sie stellt Fragen, kommentiert, ich frage sie nach ihrer Meinung z. B. zu Fragen der Verständlichkeit. Sie möchte z. B. wissen, „was ist ein Amen" usw.
Am ersten Schultag treffe ich mich mit zwei der Jugendlichen in der großen Pause. Eine sieht, dass auf meinem Zettel am Anfang ‚Begrüßung' steht, und sie fragt vorsichtig und mit dem Finger darauf zeigend: ‚Kann *ich* das vielleicht *auch* machen?'
Ein anderer sitzt auf der anderen Seite, kuckt auf den Zettel und stellt fest: ‚Ich auch.' Ich bin kurz irritiert und frage: ‚Ähm, ja. Welchen Teil wollt ihr denn machen?' Darauf wird das Mädchen mutiger und eröffnet: ‚Ich will noch allen was wünschen!' Der andere schreitet gleich ein mit den Worten ‚Aber mach keine lange Rede!' – ‚Nein, nein!' antwortet sie und zu mir gewandt ‚geht das?' Ich wedle fragend mit den Händen, überlege kurz und antworte: ‚Ok, lass mal überlegen … wie wäre es nach dem Segen? Ganz am Ende?' Sie zuckt mit den Schultern und nickt. Sie kann es wohl nicht einschätzen, aber wenn ich das sage, wird es schon in Ordnung sein. Ich ergänze dann noch: ‚Kannst du das bitte vorher aufschreiben? Dann zeigst du mir das morgen früh, damit es auch passt und dann kannst du das machen, ok?'
Am Tag des Gottesdienstes habe ich mich auf 7:20 Uhr mit den Jugendlichen zu letzten Absprachen in der Kirche verabredet. Bereits 10 Minuten vorher stehen sie vor der Türe. Das Mädchen ist ganz aufgeregt und zeigt mir gleich ihren Zettel mit zwei Versionen ihrer Abschiedsworte. Ich wähle eine davon aus.
Am Ende des Gottesdienstes stehen dann ein Pfarrer im Talar, sowie ich in Jeans und Bluse nach dem Segen vorne. Das Mädchen stellt sich vor uns mit ihrem Zettel in der Hand. Mit großer Ernsthaftigkeit und nickendem Kopf verliest sie sorgfältig ihren Text. ‚Liebe Schüler (Pause), liebe Lehrer (Pause), liebe Eltern. Wir hatten heute einen sehr schönen Gottesdienst. Wir wünschen euch allen viel Erfolg, viel Freude und Durchhaltevermögen im neuen Schuljahr. Und jetzt (nun wird sie beschwingt und nimmt die Hand mit) – Mutig ran ans neue Schuljahr!' Fröhliches Gelächter, allen voran die Erwachsenen lachen. Diese Worte sind einfach gut.
Ein paar Wochen später erzählt sie mir, dass sie sich doch sehr gewundert hat im Gottesdienst. Ich frage nach, ‚Warum denn?' Sie stellt fest, dass nach ihrer Verabschiedung keiner mehr etwas gesagt hat. Ich verstehe noch nicht, worauf sie hinaus will und frage erneut nach. Sie erklärt, dass doch tatsächlich *sie* das letzte Wort hatte. Damit hatte sie nicht gerechnet, wo doch mehrere Erwachsene hinter ihr standen. Nach ihr hat keiner mehr das Wort ergriffen. Ich sage ihr, dass dies ja auch nicht nötig war. Sie hat den Schluss gut gemacht und so hatten wir das doch auch vereinbart, oder? Trotzdem wundert sie sich und freut sich darüber."[90]

2.9 *Bericht 9: Stuttgart – Milieuübergreifende Glaubensvermittlung*

2.9.1 Rahmendaten

Der Titel dieses Projekts lautete: „Brückenschlag: milieuübergreifende Glaubensvermittlung". Projektort war Stuttgart, der Anstellungsträger: Evangelisches Jugendwerk in Württemberg. Projektstelleninhaber: Tobias Becker.

---

[90] Ebd. S. 130–131.

2.9.2 Projektidee und -konzeption

Zur Projektidee und -konzeption hält dieser Bericht fest:

> „Unsere bisherige Jugendarbeit erreicht meist nur Kinder und Jugendliche mit mittlerem und höherem Bildungsniveau. Das Angebot der Jugendarbeit gilt zwar allen Jugendlichen, wird aber in der Regel nicht von allen Jugendlichen wahrgenommen. Auch die Zahl von Kindern und Jugendlichen mit Migrationshintergrund ist noch vergleichsweise gering. Durch das Projekt soll der missionarische Auftrag unserer Kirche so wahrgenommen werden, dass Jugendlichen aus bisher nicht erreichten Milieus und Lebenswelten Gottes Liebe verkündigt wird.
> Im Projekt Brückenschlag werden junge Menschen in ihrer Lebenswelt aufgesucht und zu einem mehrtägigen Auftaktevent in Form einer Spielshow eingeladen. Die Jugendlichen werden dabei selbst zu Akteuren und Akteurinnen, indem sie Teil einer Mannschaft sind, die um die Ehre im Ort kämpft. Die Glaubensvermittlung geschieht nach dem Spiel durch kurze Impulse, die an den Lebenswelten der Teilnehmenden ansetzen. In der Vertiefungsphase folgt gemeinsames Bibellesen in Kleingruppen zum Thema des Impulses. Fester Bestandteil ist die Befragung des ‚Experten' zum Thema. Alle offenen Fragen sind erlaubt und werden gewürdigt.
> In der Weiterarbeit nach diesem Event werden interessierte Jugendliche eingeladen, Teil eines Angebotes zu werden, welches ortspezifisch ins Leben gerufen wird. Neue Formen für geistliche Beheimatung der durch das Projekt erreichten Jugendlichen sollen entwickelt werden.
> Neben der Begleitung dieser prozessorientierten Veranstaltungsform werden die ehrenamtlichen Mitarbeitenden aus bestehenden Jugendarbeiten zu Milieuüberschreitungen motiviert und geschult.
> Das Projekt Brückenschlag wird von der Landesstelle des Evangelischen Jugendwerks in Württemberg verantwortet und durchgeführt. Projektstelleninhaber ist Diakon Tobias Becker mit einem Stellenanteil von 60 %. Da das Projekt jährlich wechselnd in Kooperation mit einem Bezirk oder einer Gemeinde durchgeführt wird, findet die Umsetzung in Zusammenarbeit mit dem Kernteam des durchführenden Kooperationspartners statt. Die Aufgabe des Diakons besteht darin, das Kernteam vor Ort zu begleiten, zu beraten und beim Event die Rolle des Verkündigers zu übernehmen."[91]

2.9.3 Vertiefende Beobachtungen

2.9.3.1 Teilnahme und Übergänge

Die Beobachtungen dieses Projekts basieren auf Gruppenbefragungen von Jugendlichen aus zwei Mannschaften und aus Beobachtungen des Projektstelleninhabers. Aus der Gruppenbefragung mit Jugendlichen einer Mannschaft, in der alle Jugendlichen einen Migrationshintergrund haben und die Hauptschule besuchen, stammen diese Auszüge, die die Anfangsmotivation zur Teilnahme am Event (Spielshow) verdeutlichen:

---

[91] Projektberichte S. 115.

„S:	‚Also bei mir war das so. Also die E hat sich da informiert bei H und so hat sie uns gefragt. Und am Ende haben wir gehört, dass wir in Europapark gehen deshalb hab ich mitgemacht.‘
M:	‚Bei mir war's so, H ist zu mir gekommen und hat gefragt, ob ich da mitmachen will, da hab ich gesagt: Ja, okay. Hab sowieso nichts Besseres zu tun.‘
E:	‚Ja bei mir war's auch so. Ich war ja auch im Jugendhaus und da hat sie halt rumgefragt und hat halt keine Leute so richtig zusammen bekommen und da hat sie mich auch gefragt.‘“[92]

Die Teilnahme der Jugendlichen an der Spielshow wird durch die Einrichtung eines 14-tägigen Treffpunkts (Wohnzimmer) fortgesetzt. Diese Fortsetzung wird im Projektbericht folgendermaßen bewertet:

> „Auswertende Beobachtungen: Jugendliche aus Lebenswelten, die bisher keine Angebote des CVJM nutzten, sind durch Brückenschlag mit der Arbeit des CVJM in Kontakt gekommen und nutzen regelmäßig das Wohnzimmer, die offene Jugendarbeit des CVJM, welches nach dem Event ins Leben gerufen wurde. Es zeigt sich, dass es keine Berührungspunkte zwischen typischen CVJM-Jugendlichen und Besuchern des Wohnzimmers gab. Bei den CVJM-Jugendlichen herrscht eine klare innere Abgrenzung zu Jugendlichen, die kein traditionelles Gruppenangebot besuchen.“[93]

2.9.3.2 Wertschätzung und christliche Gemeinschaft

Die Spielshow selbst wird von den Jugendlichen gewürdigt. Aus der Gruppenbefragung der Jugendlichen wird im Projektbericht folgendermaßen zitiert:

M:	‚Ja es hat Spaß gemacht.‘
Int:	‚Warum?‘
M:	‚Ja so halt.‘ (versucht zu erklären, Mädels mischen sich ein …)
S:	‚Vier Nächte hintereinander.‘
E:	‚Das war halt so …‘
S:	‚Waren alle halt zusammen.‘
M:	‚Voll aufgeregt.‘
Int:	‚Alle voll dabei so …‘
M:	‚Ja.‘
S:	‚Alle waren gut drauf.‘
M:	‚Viele Zuschauer.‘
E:	‚Ja.‘[94]

Der Projektbericht fährt daran anschließend fort:

> „Auf die Bitte, das Event positiv oder negativ zu bewerten kommen die Jugendlichen zu folgenden Aussagen (ab Zeile 135)“[95]

---

92 Ebd. S. 114.
93 Ebd. S. 115.
94 Ebd. S. 117.
95 Ebd. S. 117.

„E:	‚Ich hab mich wie ein Star gefühlt'
Int:	‚Wie ein Star … weil so viele Zuschauer da waren?'
E:	‚Ja.' (lacht etwas verlegen)
Int:	‚Okay.'
M:	‚Voll geschmeichelt …'
Int:	‚Ja, ist doch schön. … Sonst noch was?' (Nöö Geräusche)
M:	‚Nöö.'
Int:	‚Besonderes Erlebnis? Irgendwas?'
S:	‚Schöne Erinnerungen haben wir halt.'"[96]

Diese Passage wird im Projektbericht folgendermaßen kommentiert:

> „Auswertende Beobachtungen: Das Brückenschlagkonzept mit der Form der Spielshow hat ein hohes Potential, dem Evangelium durch Wertschätzung und Wahrnehmung Gestalt zu geben. Jugendliche sind als Akteure bei der Spielshow beteiligt, sie werden als Gesprächspartner ernst genommen und ihre Potentiale werden wahrgenommen. Mit dem Event wird ein Raum ermöglicht, in dem auch Hauptschuljugendliche zeigen können, welche Gaben und Fähigkeiten in ihnen stecken."[97]

2.9.3.3 Offene Jugendarbeit und missionarische Glaubensvermittlung

Im Projektbericht werden die Herausforderungen einer offenen Jugendarbeit im Wohnzimmer reflektiert. Auf der einen Seite wird deutlich, dass es Probleme mit dem Einhalten von Regeln in der Jugendgruppe gibt, die sich vierzehntägig in Räumen einer Gemeinde trifft. Zum anderen wird deutlich, dass sich die Jugendlichen nicht nur mehr Respekt und Regeln wünschen, sondern auch mehr gemeinsame Freizeitaktivitäten. Eine längere Passage widmet der Projektbericht auch der Frage nach der Glaubensvermittlung an Jugendliche, die aus einer anderen Religion stammen. Aus der Gruppenbefragung werden auch dazu Passagen zitiert:

M:	‚Ich find's okay, aber wir sind halt keine Christen, was soll ich dazu sagen …'
Int:	‚Ja, du hast bestimmt ne Meinung darüber, auch als Nichtchrist …'
E:	‚Doch, also auch wenn ich keine Christin bin oder so, trotzdem interessiert mich des also. Zum Beispiel, vor kurzem, also nicht vor kurzem, sondern. Wir haben mal so einen Film angekuckt über Jesus. Und ich war die Einzige, die geheult hat, weil ich weischt … mich interessiert das schon auch. Bin zwar Moslem, aber interessieren andere Religionen auch.'"[98]

Zwei Beobachtungen werden aus der Arbeit mit Jugendlichen im Kontext dieses Projekts vertieft. Die eine befasst sich mit den Methoden der Arbeit:

[96] Ebd. S. 117.
[97] Ebd. S. 117.
[98] Ebd. S. 118.

„… (Es, A.N.) bedarf der Bereich des Glaubensgesprächs einer intensiveren Betrachtung. Es ist festzustellen, dass kognitiv orientierte Verkündigungsformen (…) an ihre Grenzen kommen. Es stellt sich daher eine didaktische Herausforderung. Es ist zu hinterfragen, ob die Methode einer kognitiv ausgerichteten Andacht in diesem Kontext das geeignete Mittel ist. Das Beispiel des Jesusfilms zeigt, wie viel einprägsamer dieses visuelle Medium im Gegensatz dazu war. Sicher liegt es auch daran, dass hier einer der wenigen Methodenwechsel stattgefunden hat. Darüber hinaus stammt das Medium Film aus der konkreten Lebenswelt der Jugendlichen."[99]

Als eine zweite Beobachtung wird die sensible Arbeit mit interreligiösen und missionarischen Zielen des Projekts reflektiert:

„Weiter ist zu beobachten, dass das Gespräch über den Glauben im Kontext muslimischer Jugendlicher eine zusätzliche Herausforderung darstellt. Allerdings scheint der Umgang in Bezug auf Gespräche über den Glauben bisher sensibel genug geschehen zu sein. Im (…) Auswertungsgespräch wurde die missionarische Strategie (…) folgendermaßen beschrieben. Das Hauptziel besteht nicht darin, Jugendliche zu bekehren, sondern ihnen zu begegnen und Christus zu bezeugen. Man ist bereit den langen Weg einer beziehungsorientierten offenen Jugendarbeit zu gehen. Die Mitarbeitenden wollen daher als offene Gesprächspartner zur Verfügung stehen. Es bleibt aber das langfristige Ziel, dass alle Jugendlichen in eine persönliche Christusnachfolge eingeladen werden sollen."[100]

2.9.4 Abschließende Gedanken zum Projekt

Am Ende des Berichts wird noch einmal die Herausforderung einer interreligiösen und milieusensiblen Jugendarbeit kommentiert:

„Das Projekt Brückenschlag ist ein gutes Instrument, um mit Jugendlichen ohne kirchliche Sozialisation in Kontakt zu kommen. Die Idee der Spielshow setzt an der Lebenswelt Jugendlicher an und ermöglicht durch das Konzept der hohen Beteiligung persönliche Wahrnehmung, Wertschätzung und Förderung ihrer Potentiale.
Offene Räume in der Weiterarbeit (…) ermöglichen auch Jugendlichen mit muslimischem Hintergrund Beheimatung und Begegnung. Dabei sind Wertschätzung und Wahrnehmung durch die Mitarbeitenden von elementarer Bedeutung für ein überzeugendes und einladendes Christuszeugnis.
Es ergeben sich folgende Herausforderungen und Lernfelder für die Arbeit des EJW:
Glaubenssprachfähigkeit schulen. Mitarbeitende müssen für die Weitergabe des Glaubens zu zielgruppengerechten didaktischen Formen angeleitet werden und die Vielfalt der Methoden kennen lernen.
Interreligiöse Dialogbereitschaft. Unsere Sprach- und Dialogfähigkeit bei der Kommunikation des Evangeliums in der Begegnung mit Muslimen muss neu bedacht und gefördert werden. Sind wir auskunftsfähig über unseren Glauben?
Mut zu langem Atem. Notwendig sind Mitarbeitende, die bereit sind, lange Wege mit Jugendlichen zu gehen, ohne schnell Erfolge sehen zu müssen. Nachhaltige Veränderungen bedürfen langer Zeit.

---

99 Ebd. S. 118.
100 Ebd. S. 118.

Milieusensibilität wach halten. Das Jugendwerk hat dafür Sorge zu tragen, dass es verschiedene Arbeitsbereiche gibt, die sich um das Thema milieusensible Jugendarbeit kümmern. Daher muss die Vernetzung und Kooperation mit diesen Arbeitsfeldern innerhalb des EJW verstärkt werden.
(…)
Das Projekt Brückenschlag verdeutlicht, dass die bisher gegangenen Schritte allenfalls ein Anfang auf dem Weg hin zu anderen Lebenswelten/Milieus sind. Man muss sich bewusst sein, dass die Früchte dieser Arbeit unter Umständen erst in vielen Jahren erkennbar werden. Schließlich handelt es sich bei diesem Unterfangen um nicht weniger als einen Paradigmenwechsel. Deshalb ist es bereits ein Erfolg, unterwegs zu sein."[101]

2.10 Bericht 10: Reutlingen – Trauerdiakonat

2.10.1 Rahmendaten

Der Titel des Projekts lautete: „Trauerwege gehen mit Familien". Projektort war Reutlingen. Der Träger des Projekts war die „BruderhausDiakonie" Reutlingen. Projektstelleninhaberin: Diakonin Eva Glonnegger.

2.10.2 Projektidee und Projektkonzeption

Projektidee und Projektkonzeption werden im Projektbericht folgendermaßen wiedergegeben:

„Das Projekt ‚Trauerwege gehen mit Familien' der BruderhausDiakonie unterstützt Familien, in denen ein Elternteil oder ein Geschwisterkind stirbt oder verstorben ist. Dieser besondere Bedarf zeigte sich in der *täglichen Arbeit der Seelsorger und der Sozialarbeiter* in der Bruderhausdiakonie und deren Kooperationspartner, die Familien wahrnehmen, in denen durch den Tod eines Elternteils das ganze Familienleben innerlich und zu einem wichtigen Teil auch außerlich *neu aufgebaut* werden muss. Der Ursprungsimpuls für diese Arbeit war, dass ein Klinikpfarrer der Kinderkrebsklinik Unterstützer für Familien suchte für die Zeit nach der Klinikphase. In dieser Zeit sind die Familien wieder völlig auf sich alleine gestellt und haben immer wieder darum gebeten, weiterhin seelsorgerlich und praktisch unterstützt zu werden.
Wir sehen in der Begleitung von trauernden Kindern und deren Eltern eine christliche Kernaufgabe, die die Gemeinde schon in sehr früher Zeit übernommen hat, wie man in der syrischen Kirchenordnung aus dem 5. Jahrhundert sehen kann. Die Urchristen zelebrierten einen Begräbniskult für ihre verstorbenen Gemeindemitglieder und sorgten auch für die Witwen/Witwer und Waisen. Dieser Hilfsdienst wurde im Laufe der Zeit auf Amtsträger wie beispielsweise Diakone übertragen, weil man die Diakonie nicht dem Zufall überlassen wollte. Die *christliche Begleitung* macht deutlich, dass Sterben Teil des Lebens ist und bleiben soll: Trauerbegleitung ist eine gemeinsam getragene Last, ein Gemeinschaftsauftrag der Kirche, die für andere da ist.
Die Trauernden haben uns in der Begleitung vermittelt, dass sie von dem Projekt in zweierlei Hinsicht Unterstützung benötigen, nämlich *seelsorgerlich und praktisch.* Dies

[101] Ebd. S. 118–119.

wurde in der Konzeption als zentrales Merkmal der Arbeit verankert. Mit dieser Zielsetzung wurde eine berufserfahrene Sozialarbeiterin und Diakonin eingesetzt, die die Familien begleitet bei der Auseinandersetzung mit der Sinnfrage, und die den trauernden Kindern und Erwachsenen auch ganz praktische Unterstützung vermittelt.
Besonderen Bedarf haben wir bei Familien wahrgenommen, die von sich aus keinen Zugang zu Unterstützung finden und damit die Gefahr besteht, dass die Kinder neben dem Verlust des Elternteils auch z. B. in der Schule und im gesellschaftlichen Miteinander zusätzliche Probleme bekommen.
Deshalb haben wir ein Projekt entwickelt, das in der oft isolierenden Situation der Trauer *Teilhabe* ermöglicht für Menschen, für die Kirche und ihre Diakonie schon immer ein besonderes Augenmerk haben wie Witwen/ Witwer und Waisen, die oftmals von staatlichen und kirchlichen Einrichtungen schwer zu erreichen sind. Vor allem *Kinder* können sich nicht eigenständig Hilfe organisieren, wenn sie in einer solch existentiellen Krise sind und brauchen von daher Hilfe, die sie findet und die zu ihnen kommt.
Wir haben weiterhin festgestellt, dass das Thema Trauer noch immer *tabuisiert* wird und auch Fachkollegen und -kolleginnen sich für die Beratung und Begleitung bei uns Unterstützung holen. So haben wir begonnen, Kollegen zu beraten und mit Beratungseinrichtungen zu kooperieren, die ebenfalls Familien in Krisen unterstützen und ihren Beitrag leisten können bei der komplexen Problemlage, in die trauernde Kinder und Familien kommen können. Mit diesen Einrichtungen (Beratungsstellen, Familienbildungseinrichtungen, Hospizdienst, Jugendamt usw.) wurde ein *Netzwerk* aufgebaut, das zum einen *kurze Wege* für die Klienten in der Hilfevermittlung ermöglicht und gleichzeitig zum Thema Trauer inhaltlich *Fortbildung* für die Fachkollegen anbietet.
Dieses Netzwerk bringt das Thema Trauer auch gemeinsam in die Öffentlichkeit durch Artikel oder Veranstaltungen und unterstützt so die öffentliche Diskussion und dadurch den sichereren Umgang mit Trauersituationen. Der Umgang mit Trauer wird für eine breitere Öffentlichkeit selbstverständlicher, und das trägt wiederum dazu bei, dass sich Menschen in einer solchen Krise *nicht* zusätzlich *ausgegrenzt* fühlen müssen."[102]

2.10.3 Vertiefende Beobachtungen

2.10.3.1 Zahlen, Daten, Fakten

Der Projektbericht bietet Zahlen zur Beratungs- und Seelsorgearbeit der Diakonin, die Aufschluss über den Bedarf der Arbeit und über die Notwendigkeit einer doppelten Qualifikation der Diakonin geben:

> „Schon nach der Hälfte des Projektzeitraums hatten 70 Familien bzw. deren ‚Vermittler' um Unterstützung gebeten. Aus sehr vielen Einsätzen entwickelte sich über die Begleitung der Familie hinaus die Zusammenarbeit mit Kindergärten, Schulen, Kirchengemeinden und anderen Einrichtungen, sodass auch im Bereich Öffentlichkeitsarbeit / Schulungen bis zum Ende des Jahres 2012 fünfzig Termine stattgefunden hatten. Auch hier wurde deutlich, dass die Doppelqualifikation Diakonin und Sozialpädagogin in diesem Bereich sehr sinnvoll ist: es war der Mitarbeiterin klar, in welchem Umfeld von sozialen Einrichtungen sich eine Trauerfamilie bewegt, wie die

[102] Projektberichte 2013: S. 72.

Ausbildung der dortigen MitarbeiterInnen aussieht und wie das Themenfeld Trauer an sie vermittelt werden kann.
Es wurden also in 4,5 Jahren 155 Kinder bzw. Jugendliche und ihre verwitweten Eltern erreicht, dazu kamen noch 18 weitere Erwachsene. 25 Familien wurden aus dem kirchlichen Bereich vermittelt, 23 aus der Jugendhilfe und 26 aus Kindergärten und Schulen. 19 Familien fanden die Unterstützung aufgrund eines Zeitungsartikels oder mit Hilfe des Internets.
Gut ein Fünftel der Kontakte bis 2012 (21 Familien) verliefen in Form einer länger andauernden Betreuung in Form von seelsorgerlicher Begleitung und Vermittlung alltagspraktischer Unterstützung, also eine Art alltägliche ‚Rückenstärkung'. Etwa die Hälfte (46 Familien) hatten bis dahin 3–6 Treffen, weitere könnten folgen. Wir entnehmen diesen Zahlen, dass das Angebot einen angemessenen Rahmen schaffen konnte, in dem Trauernde ihre Anliegen reflektieren konnten."[103]

2.10.3.2 Fallbeispiele zur Trauerbegleitung

Im Projektbericht werden Fallbeispiele aus der Trauerbegleitung vorgestellt. Die Diakonin begleitet Familien in unterschiedlichen sozialen Lebenslagen und Trauersituationen. Neben Familien, die sich selbst durch Bildung und relative materielle Sicherheiten Zugang zu Unterstützungssystemen suchen können, betreut die Diakonin auch Familien, die durch den Trauerfall in eine prekäre wirtschaftliche und soziale Situation geraten. Auch muslimische Familien werden kultursensibel betreut. Seelsorgerliche Begleitung erfahren sowohl die Eltern als auch die Kinder, bevorzugt im eigenen Wohnraum, da dort die seelsorgerliche Begleitung im familiären Kontext angemessen gelingen kann. Trauerregale werden für Kinder gebaut und Trauerwinkel in Haus und Garten eingerichtet, wenn das Grab des Verstorbenen im Ausland liegt. Ein Fallbeispiel des Projektberichts wird im Folgenden exemplarisch zitiert:

„Beispiel 3: Begleitung von Familie Z:
Familie Z. war der evangelischen Pfarrerin bekannt, nahm aber kaum an den Angeboten der Gemeinde teil. Durch die Beerdigung kam der Kontakt wieder zustande, und in dieser Begleitung wurde klar, dass die Familie ein prekäres Leben führte und sehr grundsätzlich Unterstützung benötigte.
Ein Elternteil der Familie Z. war seit vielen Jahren krebskrank gewesen. Das jüngste Kind kam zu Beginn der Krankheit zur Welt. Ab diesem Zeitpunkt musste das andere Elternteil im 7-Tage-Schichtdienst arbeiten, um die Familie gerade so über die Runden zu bringen. Als das kranke Elternteil verstorben war, gab es keinen Plan mehr in der Familie, und die hinterbliebene Person wurde im Gespräch mit der Gemeindepfarrerin auf das Angebot der Trauerbegleitung aufmerksam gemacht.
Zunächst gab es einige Gespräche mit den Kindern und der hinterbliebenen Person, in denen eine völlige Orientierungslosigkeit zutage kam, was sich auch in der Wohnung deutlich widerspiegelte. Eine vorrangige Aufgabe war, überhaupt den Gedanken zu nähren, dass es irgendwann wieder besser werden würde, und dass die Familie mit der Diakonin in kleinen Schritten in diese Richtung gehen würde. Das bedeutete, Kontakt zu den Lehrern und der Schulsozialarbeit aufzunehmen, um dort für eine kostengünstige Ganztagsbetreuung zu sorgen. Außerdem war es notwendig, eine Be-

103 Ebd. S. 72–73.

treuung für die Abend- und Wochenendzeiten zu organisieren, damit der hinterbliebene Elternteil arbeiten gehen konnte. Dafür musste das Jugendamt gewonnen werden. Um die Trauer auch seelisch zu verarbeiten, lud das Trauerdiakonat die Familie zu einer Freizeit ein, die durch Sponsoren finanziert wurde, weil die Familie kein Geld hatte für Urlaub. Durch den dortigen Kontakt mit anderen Kindern und Trauernden, die in derselben Situation waren, hatten alle einen Weg gefunden, über den verstorbenen Elternteil zu sprechen und die Last zu beschreiben, die dieser Weg bedeutet. Auch die Fragen nach Schicksal, Sinn und Glauben konnten in diesem Schonraum bewegt werden auf kindlicher und erwachsener Ebene. Die Kinder beschäftigte dabei vor allem, dass auch andere Kinder ein Elternteil verloren hatten."[104]

Die Trauerarbeit in den Familien wird im Projektbericht folgendermaßen kommentiert:

> „Insgesamt waren ein Fünftel der Begleitungen langfristig, das heißt, die Familien riefen immer wieder die Unterstützung der Diakonin ab und/oder beteiligten sich an den Angeboten des Trauerdiakonats. Hier waren etwa wiederum ein Drittel Familien, die sich einen guten Zugang zu Hilfen organisieren konnten (vgl. Familie X.), zwei Drittel waren Familien, die in einer komplex schwierigen Lebenslage waren, bei der auch die Themen Migration, Jugendhilfe und Armut wichtig waren (Familie Y. und Z.). Diese wären ohne die Diakonin nicht zu Hilfsangeboten gekommen."[105]

Das hier zitierte Fallbeispiel wird im Bericht folgendermaßen kommentiert. Dabei wird auch die fachliche doppelte Qualifikation der Diakonin als Grundlage der professionell angemessenen Arbeit mit trauernden Familien angesprochen:

> „Familie Z. ist eine Familie, in der sämtliche persönlichen und materiellen Problemlagen sichtbar wurden, und so war es notwendig, einen Überblick über die sozialstaatlichen Hilfen zu haben und sie in die Wege leiten zu können. Hier war also die *Doppelqualifikation der Diakonin/Sozialarbeiterin* gefragt. Für die Kinder war außerdem entscheidend, dass sie aus ihrer direkten Umgebung herauskamen und neue Erfahrungen machen konnten. Sie begegneten anderen Kindern, die auch Vater oder Mutter verloren hatten und fühlten sich endlich wieder normal. Kinder fühlen in der Trauer unmittelbar, dass ‚nichts mehr verlässlich' ist, dass der Lebensbezug verschwinden kann, dass der Tod alles zerstört, was einen zentralen Teil ihres Lebens ausgemacht hat. In dieser *Gruppe* und in Einzelbegegnungen mit der Trauerdiakonin wurde den Kindern klar, dass sie kein Einzelschicksal erleiden, und dass es möglich ist, wieder zurückzufinden zu einem Leben, das Freude macht und in dem es auch wieder einen gnädigen Gott zu finden gibt."[106]

2.10.3.3 Professionelle Netzwerke

Im Projektbericht wird das „Netzwerk Trauer" vorgestellt, das die Arbeit mit den trauernden Familien sinnvoll im Sozialraum und seinen Ressourcen organisieren hilft:

---

104 Ebd. S. 75.
105 Ebd. S. 75.
106 Ebd. S. 76.

„Die Möglichkeiten der Trauerbegleitung sind mit einer halben Stelle relativ begrenzt, und nach meinem Eindruck macht es Sinn, Menschen in der Trauer in sehr vielfältiger Weise zu begleiten. So habe ich gleich zu Anfang begonnen, weitere Stellen zur Unterstützung der Familien zusammenzubringen: in der Erziehungsberatung, der Seelsorge, der Schuldnerberatung, im Feld der Freizeitangebote, der Therapie, der Nachbarschaftshilfe usw. Dadurch werden die Wege der Absprache einfach und Einrichtungsdiakonie, Kirchengemeinden und kommunale Jugendhilfe kommen miteinander ins Gespräch.
(…)
Der Ausgangspunkt für das Netzwerk war die Feststellung, dass die Fülle der Anfragen und die Komplexität der Problemlagen, die beim Tod eines Elternteils entstehen, von einer Stelle nicht aufgefangen werden können. Es bedarf einer unkomplizierten, ‚geräuschlosen' Kooperation mit Fachleuten und mit ehrenamtlichen Unterstützern, die in einer Krisenzeit ihr Fachwissen und ihre Zeit zur Verfügung stellen können, auch im Einzelnen Stellen zu *entlasten* und die Arbeit optimaler für die Hilfesuchenden zu gestalten. Ein weiterer Grund war, dass einer guten Zusammenarbeit auch *Konkurrenzsituationen* entgegenstehen, die durch ein gemeinsames Ziel konstruktiv gestaltet werden können.
(…)
Neben der kollegialen Kontaktpflege und dem Informationsaustausch wurde auch vereinbart, inhaltlich miteinander zu arbeiten. Dazu gab es bei jedem Treffen einen inhaltlichen Input: ein Referat zu Netzwerkarbeit, Informationen zu muslimischen Trauerriten, Input zur Arbeit mit Ehrenamtlichen, zu Trauerritualen, ein Film über trauernde Jugendliche u. ä.
Seit der fünften Sitzung tagt das ‚Netzwerk Trauer' reihum, sodass jede Einrichtung ein Mal für den gastfreundlichen Rahmen und die inhaltliche Gestaltung sorgt. Die Treffen finden zwei Mal pro Jahr statt. Im Hintergrund muss eine Stelle ansprechbar sein, die den Blick aufs Ganze hat. Diese Aufgabe liegt im Moment noch beim Trauerdiakonat."[107]

2.10.4 Abschließende Reflexionen zum Diakonat

Unter der Überschrift „Ausblick und Anregungen" reflektiert dieser Projektbericht am Ende theologische und professionstheoretische Implikation der Arbeit der Diakonin:

„Das Trauerdiakonat wendet sich also einerseits den Menschen ‚sozial-professionell' zu, und es tut dies in der Haltung des Christen, der seinem ‚Nächsten' begegnet. Die Handlungsweise ist also zweifach, einmal sozialarbeiterisch und einmal seelsorgerlich, und das bedeutet oft, nicht wirklich vereinbare Handlungslogiken auszuhalten und auszubalancieren. Gemeinsam wird dann ein Weg zu Unterstützungen aus dem Feld sozialstaatlicher und kirchlicher Möglichkeiten entwickelt. Auf diese Weise wird auch das soziale Miteinander in der Gesellschaft gestaltet, Not und Ausgrenzung aufgespürt, und es werden für die entsprechenden Aufgaben auch Unterstützer im Ehrenamt gesucht. Das genau ist mit dem Tätigkeitsprofil von Diakonen und DiakonInnen gemeint: das Evangelium und die christliche Religion kommunizieren, Menschen in

107 Ebd. S. 76–77.

existenziellen Lebensfragen unterstützen, in Organisationen von Kirche und Diakonie handeln und das Soziale gestalten."[108]

2.11 *Bericht 11: Ulm – Herausforderung Demenz in Kirchengemeinden*

2.11.1 Rahmendaten

Der Titel des Projekts lautete: „,Vergesst die Vergessenden nicht': Herausforderung Demenz in Kirchengemeinden". Der Projektort war Ulm. Der Projektträger war der Evangelische Diakonieverband Ulm/Alb-Donau. Projektstelleninhaberin: Diakonin Barbara Eberle

2.11.2 Projektanlass und Vorgeschichte, Projektziele

Zu Projektanlass und Vorgeschichte heißt es im Bericht dieses Projekts:

> „Anlass für das Projekt waren zwei Entwicklungsstränge, die sich in der vorgelegten Konzeption ideal miteinander verbanden und kurz skizziert sein sollen: Das Thema ‚Demenz' wurde im Evangelischen Diakonieverband Ulm/Alb-Donau bereits 2004 als wesentliche gesellschaftsdiakonische Aufgabe erkannt. Es ist eingebunden in das Themenfeld des ‚demografischen Wandels', der in seinen mannigfaltigen Facetten in den letzten Jahren deutlich wird und auf verschiedenen Ebenen zur Auseinandersetzung zwingt. Bereits vor 8 Jahren wurde innerhalb der Diakonischen Bezirksstelle in enger Abstimmung mit dem Kreispflegeausschuss, und in seinem Auftrag, das Projekt-DEMENZ Ulm konzipiert und aufgebaut. Die Arbeit war sozialräumlich auf Entwicklung und Optimierung von Versorgungsstrukturen gerichtet. (Versorgungsforschung, Netzwerkarbeit, und Schnittstellenoptimierung). Die nach drei Jahren evaluierten Ergebnisse bildeten einerseits die Basis für ein Leuchtturmprojekt des Geriatrischen Zentrums Ulm mit Studiencharakter. Andererseits fehlte weiterhin ein Handlungsansatz für den in unserer Untersuchung signifikant herausgearbeiteten seelsorgerlichen Versorgungsaspekt in der Demenzarbeit.
> Im Jahr 2008 beteiligten wir uns deshalb an der Ausschreibung des Evangelischen Oberkirchenrates Stuttgart zur Umsetzung eines Projektes der Landeskirche zur Weiterentwicklung des DiakonInnenamtes. Die Projektbewerbung unter dem Titel ‚Herausforderung Demenz in der Kirchengemeinde – Verstehen, Handeln und Seelsorge' wurde im Mai 2008 von der Steuerungsgruppe des landeskirchlichen Projektes angenommen. ProjektDEMENZ ist seit Oktober 2009 mit weiteren 50 % Personalkapazität ausgestattet. Die Aktivitäten dieser weiteren Personalstelle wurden in diesem Bericht nicht aufgenommen."[109]

Drei Projektziele werden im Bericht angegeben: Erstens sollen Menschen mit Demenz ins „Wahrnehmungsspektrum"[110] von Diakonie und Kirche rücken. Zweitens sollen im Projekt die „gesellschaftspolitischen Herausforderungen des

---

108 Ebd. S. 78.

109 Projektberichte 2013: S. 82.

110 Ebd. S. 82.

demografischen Wandels" angenommen werden.[111] Und drittens soll darin die „Multidimensionalität" diakonischen Handelns als ein Spezifikum der Profession und des Amtes verdeutlicht werden.[112] Dabei stehen die seelsorgerlichen Kompetenzen neben den sozialarbeiterischen im Fokus der Beobachtungen. Im Projektbericht heißt es dazu:

> „Menschen mit Demenz und ihre Angehörigen fallen oft aus der Welt in die Abgeschiedenheit. Die Auswirkungen der Erkrankung ziehen einen Rückzug aus den sozialen Bezügen nach sich. Vor dem Hintergrund dieser Erfahrungen wird die Entwicklung von ‚Räumen der Barmherzigkeit' (s. Projektantrag) unumgänglich, im Bewusstsein, dass Räume der Barmherzigkeit (lat. Misericordia) ein Vorrecht der Kirche sind."[113]

2.11.3 Vertiefende Betrachtung

2.11.3.1 Kooperation mit Kommunen und Kirchengemeinden

Der Projektbericht zeigt ein breites Spektrum an Kooperationen und Veranstaltungen zum Thema Demenz im Kirchenbezirk und in der Kommune. Dazu nennt der Bericht Zahlen, Daten und Fakten:

„Zählungen zu Veranstaltungen:

2008–2011	51 Vorträge mit durchschnittlich 22 Personen
2008–2011	16 Gesprächscafés Alter und Demenz an 5 Nachmittagen in 7 unterschiedlichen Kirchengemeinden, also 80 Gesprächscafés
2008–2011	13 Besuchsdienstschulungen in 9 unterschiedlichen Gemeinden

Die Zunahme der Veranstaltungsarbeit in Kirchengemeinden ab Projektbeginn Herbst 2008 wird im Schaubild 1 deutlich. Die Veranstaltungsdichte von ländlichem zu städtischem Bereich wird in den grafischen Landkarten und vor Ort zusätzlich dokumentiert.

Schaubild 1: Veranstaltungen zum Thema Demenz insgesamt 2004–2011:"[114]

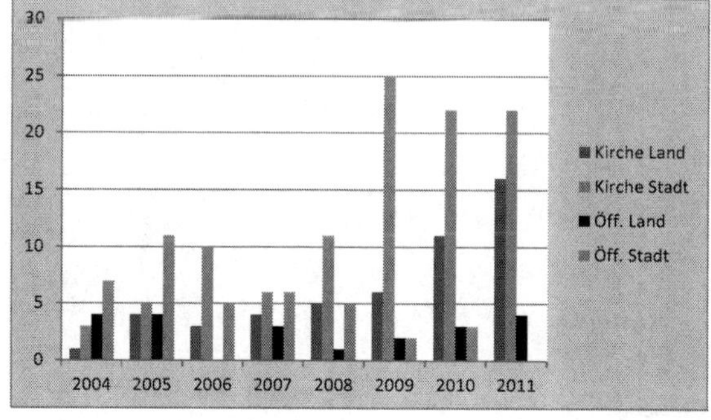

[111] Ebd.
[112] Ebd.
[113] Ebd.
[114] Ebd. S. 83.

2.11.3.2 Schulungen
Drei Modelle von Schulungen werden im Projektbericht besonders behandelt. Sie wurden während der Projektzeit initiiert und begleitet:

2.11.3.2.1 Erstens ein Gesprächskreis für Menschen mit beginnender Demenz. Dazu hält der Bericht fest:

> „Der Gesprächskreis erreicht bis zu 12 Menschen mit beginnender Demenz. Immer wieder stoßen Interessierte dazu. Die Gruppe trifft sich 14-tägig im moderierten Selbsthilfegruppenangebot.“[115]

2.11.3.2.2 Dargestellt wird zweitens das „Modell Gesprächscafé Alter und Demenz“[116],
das nach Aussage des Berichts erfolgreich durchgeführt wurde. Dazu finden sich im Bericht Beobachtungen und persönlich notierte Zitate aus den Gesprächs-Cafés. Im Projektbericht heißt es dazu:

> „Überraschend schnell und positiv wurde das Konzept Gesprächscafé Alter und Demenz in vielen Gemeinden aufgenommen (siehe auch Punkt 4.1.1). Das Konzept Gesprächscafé Alter und Demenz entstand 2008 innerhalb einer Kooperation mit einer Mitarbeiterin in einem Stadtteilprojekt. Angehörige erleben das Gesprächscafé als Ort des Austauschs, der emotionalen Wärme und der Gemeinschaft. An fünf Nachmittagen werden in offener Runde, die Anonymität und unregelmäßige Teilnahme zulässt, Themenrunden angeboten. Um die geschützte Atmosphäre der Gesprächsrunden zu wahren, wurde anfangs von einer schriftlichen Befragung abgesehen.
>
> Hier als Beispiel die erste Themenreihe:
> *‚Er erzählt 100 mal dasselbe.‘*
> Persönlichkeitsveränderungen und doch altern in Würde?
>
> *‚Und dann kleckert sie sich einfach nur voll …‘*
> Peinlichkeiten und Scham als Begleiter im Alltag?
>
> *‚Sie fährt noch immer Auto, obwohl sie keine Orientierung mehr hat.‘*
> Rechte und Vollmachten im Zusammenleben.
>
> *‚Und ich kann's nie recht machen!‘*
> Überforderung, Schuldgefühle und wo bleibe ich?
>
> *‚Ich habe tagelang keinen zum Reden.‘*
> Abschied, Verluste und Trauer im täglichen Zusammenleben.[117]

Zur Verdeutlichung der Erfahrungen von Teilnehmenden werden einige Zitate aus den Gesprächen im Gesprächscafé angeführt.

---

115 Ebd. S. 90.
116 Ebd. S. 90.
117 Ebd. S. 90–91.

„Person C.: ‚Jetzt habe ich gesagt, halt, so kannst Du nicht mit mir reden (Person C. zur kranken Mutter). Das hätte ich mich vor dem Gesprächscafé nicht einfach getraut.‘

Einige Stimmen beim Verabschieden im Gesprächscafé:
Person D: ‚Ich dachte, hier gibt es einen Vortrag, und ich war eigentlich zu müde und erschlagen. Und jetzt habe ich wieder Kraft für den Alltag, weil ich merke, ich bin nicht allein.‘
Person E: ‚Hier wird man richtig ernst genommen mit seinen schweren Fragen.‘
Person F: ‚Die Zuwendung und die Liebe hier, das ist es, warum ich komme.‘
Person G: ‚Ohne die Impulse und die Anregungen würde ich es zu Hause mit meinem Kranken nicht mehr aushalten.‘“[118]

2.11.3.2.3 Besuchsdienstschulungen
Der Projektbericht bietet auch Einblicke in Schulungen von Besuchsdiensten, die zu Fragen der Demenzerkrankung durchgeführt wurden:

> „In 7 Kirchengemeinden fand je eine Schulung statt.
> In 4 Kirchengemeinden fanden je 2 Schulungen statt.
> In 1 Kirchengemeinde fanden 3 Schulungen statt.
> Insgesamt 350 Teilnehmende besuchten 18 Schulungen, durchschnittlich also 19 Interessierte.“[119]

Die Arbeit mit diesen Besuchsdiensten wird kritisch gewürdigt.

2.11.3.4 Seelsorgerliche Dimensionen des Projekts
Besondere Aufmerksamkeit widmet das Projekt der seelsorgerlichen Dimension in der Beratung von Angehörigen durch die Diakonin. Unterschieden wird dabei zwischen „Beratung“ (Pflege, Alltagsbetreuung, Finanzen, Literatur, Fortbildung, Vollmacht und Patientenverfügung) und „Seelsorge“ (Depression, Aggression, Einsamkeit, Abbau von Schuldgefühlen Ablösung Familiendynamik Überlastung, Sterben und Tod).[120] In einer Grafik wird der Anteil seelsorgerlicher Gesprächsinhalte ausgewiesen.[121]

Die seelsorgerliche Konzeption kommt in folgender Passage des Berichts zum Ausdruck:

> „Grundlage für Seelsorge- und Beratungsgespräche bildet eine echte, zwischenmenschliche Beziehung zwischen ratsuchendem Mensch und der Beratenden. Voraussetzung für ein Gespräch über persönliche, existenzielle und spirituelle Krisen ist das Vertrauen, das durch die Erfahrung von Angenommen sein entsteht. Dieses Aushalten und Innehalten, ohne sofort ein Hilfskonzept entwickeln zu müssen, entlastet Angehörige in hohem Maß. Carl Rogers hat diese Haltung folgendermaßen beschrieben:

118 Ebd. S. 91.
119 Ebd. S. 92.
120 Die zitierten Begriffe sind enthalten in der Grafik. Vgl. ebd. S. 88.
121 Ebd.

‚Bedingungslose positive Zuwendung enthält Akzeptierungsbereitschaft und Anteilnahme gegenüber dem Klienten als einem besonderen und *selbständigen* Menschen, dem es erlaubt ist, eigene Empfindungen und Erlebnisse zu haben und darin eigene Bedeutungen zu finden.' Menschen mit beginnender Demenz äußern in den Gesprächen mit der Diakonin eine große Erleichterung, wenn sie selbst über die Auswirkungen der Krankheit sprechen können und nehmen sehr deutlich wahr, wenn ihre eigenen Empfindungen ernst genommen und nicht ‚zu schnell verstanden', sondern ausgehalten werden. Zu schnelles Verstehen lässt Angehörigen bzw. Demenzerkrankten wenig Zeit, ihre emotionale Dynamik wahrzunehmen und zuzulassen.
Seelsorge ersetzt keine sachlich und fachlich fundierte Beratung. Sie muss in einer Sprache geschehen, die Menschen verstehen. (Tonbandinterview 134, 303)
Die Übergänge zwischen Seelsorge und Beratung sind fließend. Seelsorgerliche Themen stehen meines Erachtens in einem engen Zusammenhang mit Sinn- und Existenzfragen, wie sie im Alltag erlebt werden."[122]

2.11.3.5 Gottesdienste mit und für Demenzerkrankte und ihre Angehörigen

Der Projektbericht nennt zu diesem Komplex folgende Zahlen:

> „Mehrere Gottesdienste in Ulm-Söflingen für Menschen mit Demenz und Menschen in schweren Lebenslagen haben als Sondergottesdienst freitagnachmittags stattgefunden. Obwohl auch ein weiterer Gottesdienst in Ballendorf am Sonntagmorgen positiv aufgenommen wurde, sind die Nachfragen aus weiteren Pfarrämtern für den sonntäglichen Gottesdienst zögerlich. Ein Konzept und ein exemplarischer Gottesdienst liegen vor; sie sind auf der Homepage des OKR hinterlegt. Im Juli 2012 fand ein Gottesdienst im Ulmer Münster statt, im Dezember in der Christuskirche Ulm, und im Januar 2013 ist ein Gottesdienst für Langenau in Planung."[123]

Kommentiert wird die homiletische Arbeit durch Beobachtungen zur Motivation von Kirchengemeinden. Insbesondere persönliche Kontakte führen zur Kooperation im Bereich gottesdienstlicher Angebote.

2.11.4 Professionelle Selbstreflexionen der Diakonin

Auch in diesem Bericht findet sich eine professionelle Selbstreflexion der Diakonin, die hier abschließend zitiert wird:

> „Durch die Ausbildung, Selbsterfahrung und Selbstreflexion wurde mir eine Haltung der Echtheit, Akzeptanz und Empathie zur Überzeugung in der seelsorgerlichen Gesprächsführung selbstverständlich. In der breiten Öffentlichkeit wollte ich durch meine Haltung überzeugen, auf Lebenswegen ein Stück mit zu gehen und sich mit christlicher Zuversicht von Fragen, Ängsten und Hoffnungen bewegen zu lassen und sie – wo es geht – zu teilen.
> Ich wollte aufmerksam sein, weil es im großen Feld der Verluste bei einer Demenzerkrankung trotzdem Fundstücke geben könnte, die Leben sinnvoll sein lassen kön-

122 Ebd. S. 89.
123 Ebd. S. 89.

nen. Die Auseinandersetzung mit dem ‚Abschied zu Lebzeiten' hat auch meine persönlichen Einstellungen zum Leben und Sterben sehr beeinflusst.
Meine Chance war die Doppelqualifikation als Diakonin. Ich bin befähigt, berufen, beauftragt, verantwortlich seelsorgerlich zu reden und zu handeln. Aus sozialpädagogischer Sicht oder (nur) aus meiner eigenen Überzeugung seelsorgerlich zu arbeiten – ist es eine Freiwilligkeit, auch unter Umständen eine Überforderung, während ich mir als Diakonin in jeder Situation meiner Berufung und Verpflichtung sicher sein darf."[124]

2.12 Bericht 12: Altensteig –Diakoniestation: Seelsorge in der Pflege

2.12.1 Rahmendaten

Der Titel dieses Projekts lautete: „Sozialdiakonie und Seelsorge am Krankenbett". Projektort war Altensteig, der Projektträger der Evangelische Kirchenbezirk Nagold, die Evangelische Kirchengemeinde Altensteig und die Diakoniestation Altensteig. Projektstelleninhaber: Diakon Gerd Gauß.

2.12.1 Projektidee und Projektziele

Der Projektbericht bezieht sich in der Analyse der Genese des Projekts auf die Phänomene des demographischen Wandels, in dessen Kontext größere gesellschaftliche Herausforderungen thematisiert werden:

> „Zu einer der ganz großen Herausforderungen in diesem Zusammenhang gehört die Versorgung alter Menschen. Umfragen bestätigen, dass (… diese, A.N.) nicht im Krankenhaus oder Heim, sondern (…) in den eigenen Wänden sterben wollen. Letztendlich geht dieser Wunsch jedoch nur für rund ein Drittel in Erfüllung. Umso stärker spürt man die Bemühungen, das Leben in den eigenen vier Wänden wenigstens möglichst lange hinauszuschieben. Dazu bedarf es gut aufgestellter Nachbarschaftshilfen und ambulanter Pflegedienste, die ihre Profile und Kompetenzen durch die Weiterentwicklung von Leitbildern immer weiter entwickeln und weiter verbessern.
> Von diesem Hintergrund her bewarb sich die Diakoniestation Altensteig im Rahmen des landeskirchlichen Projekts ‚Diakonat – neu gedacht, neu gelebt' um ein Teilprojekt mit dem Titel ‚Sozialdiakonie & Seelsorge am Krankenbett'. Teilziele des Teilprojekts waren und sind die Stärkung des christlichen Profils der Diakoniestation in der häuslichen Pflege durch die
> (1) Weiterentwicklung der geistlichen Kompetenzen der Mitarbeitenden sowie durch den
> (2) Aufbau eines sozialdiakonisch-seelsorgerlichen Beratungsdienstes für Pflegebedürftige und ihre Angehörigen. Während des Projektverlaufs wurde dieses zweite Anliegen erweitert und konkretisiert um den
> (3) Aufbau eines ambulanten Hospizdienstes für das Einzugsgebiet der Diakoniestation. Als weitere Aufgabe war die

124 Ebd. S. 92.

(4) Mitgestaltung in der Öffentlichkeitsarbeit vorgesehen, durch die die Diakoniestation in der Öffentlichkeit als kirchliche Anlaufstation für Nöte im Kontext von Krankheit, Pflege, Sterben und Tod wahrgenommen wird.“[125]

2.12.3 Vertiefende Beobachtungen

Zu den vier formulierten Zielen des Projekts stellt der Projektbericht folgende Beobachtungen vor:

2.12.3.1 Geistliche Kompetenzen der Mitarbeitenden

Zur Evaluation zu Fragen der geistlichen Begleitung und Kompetenzentwicklung von Mitarbeitenden wird im Projektbericht Folgendes festgehalten:

> „Die Schulung und Begleitung der MitarbeiterInnen zeigte im Verlauf des Projekts sehr deutlich, dass hier ein großer Bedarf gegeben ist. Die Ergebnisse aus unserem Teilprojekt zeigen, dass bei MitarbeiterInnen in kirchlichen bzw. diakonischen Einrichtungen der Wunsch nach fachlicher, spiritueller und seelsorgerlicher Förderung stark vorhanden ist. Es zeigte sich aber auch, dass der Bedarf aus der Praxis des Alltags erwächst und daher auch ganz praxisnah und alltagstauglich sein muss. Theorie ist dann hilfreich und wird als solche angenommen, wenn sie sich mit den Erfahrungen im Beruf deckt – oder zumindest berührt – und diesen eine neue Perspektive gibt. Andachtsimpulse und Fortbildungseinheiten müssen mit konkreten Fallbesprechungen in Dialog treten. Nur dann können Glaube und Handeln eine Einheit bilden und sich gegenseitig bereichern zu ‚geerdetem Glauben‘ und ‚Handeln mit weitem Horizont‘.“[126]

Die Erkenntnisse zu diesem Ziel wurden unter anderem aus einer Gruppendiskussion mit Mitarbeitenden gewonnen, in der folgende Perspektiven auf die Arbeit des Diakons sichtbar werden. Im Bericht heißt es:

> „Bei der Gruppendiskussion haben sich die ausgewählten MitarbeiterInnen (M) rückblickend wie folgt zu den anfänglichen Andachtsimpulsen geäußert:

„M1:	‚Also gut fand ich da dieses ‚ABC‘, was wir gemacht haben am Anfang.‘
M2:	‚mhm. Stimmt sowas, ja.‘
M1:	‚Also da war so, also das ABC durchgegangen und immer halt jetzt da ein Thema draus gemacht. Also ‚A‘ oder ‚B‘ – ‚Barmherzigkeit‘ oder sowas halt, das für uns gepasst hat. Also da denk ich gern zurück. Also das hat mir was gebracht. Weil das waren dann so Schlagwörter, die für uns auch einfach Alltag sind. … Das fand ich gut. … Da hat man wirklich sehr viel auch lernen können.‘“[127]

[125] Projektberichte 2013: S. 96.
[126] Projektberichte 2013: S. 96.
[127] Ebd. S. 98.

Der Projektbericht schildert, dass im Verlauf der Gruppendiskussion deutlich wurde, dass die Fortsetzung der Andachten den Bedürfnissen der Mitarbeitenden nicht entgegen kam:

„M3:	‚Muss ich sagen. Das war mir viel zu, viel zu theoretisch und zu, dass ich gar nicht mehr wusste, von was redet er jetzt eigentlich. Muss ich, also, so manche Dinge. (3) Wo man, also für mich wär oft viel besser gewesen, man hätte anhand von einem Patienten oder von einem Problem, oder von irgendwas dann mal das von …‘
M2:	‚… Was geschwind thematisiert, oder sowas …‘
M3:	‚… Ja, von der christlichen Seite her jetzt beleuchtet. Oder wie kann ich darauf eingehen, oder so halt einfach.‘
M4:	‚Ein so genanntes Fallbeispiel.‘
M2:	‚Ein Fallbeispiel.‘ (lacht)
M3:	‚Zum Beispiel. Ja, was uns halt einfach auf der Seele liegt. Wo wir einfach an die Grenzen kommen am Bett. Was sag' ich jetzt da noch dazu wenn er sagt ‚Wie geht es nachher weiter?‘ oder ja, einfach solche Dinge. Einfach praktische Dinge.‘“[128]

Der Projektbericht kommentiert diese Phase der Projektarbeit:

> „(…) Nach dem ersten Sensibilisieren für eine ganzheitliche Pflege unter Einbeziehung der spirituellen Dimension hätte es nun konkrete Fallbesprechungen gebraucht. Theorie und Praxis hätten mehr ineinander greifen müssen. Hier vernehme und deute ich einen großen Bedarf, der deutlich wird an der vielleicht existenziellsten Frage ‚Wie geht es nachher – nach Alter, Krankheit, Sterben und Tod – weiter?‘. MitarbeiterInnen in diakonischen Pflegeeinrichtungen werden mit dieser und ähnlichen Fragen tagtäglich konfrontiert und möchten für eine aufrichtige Begegnung und eine ehrliche Beantwortung dieser Fragen Hilfestellungen …“[129]

Der Projektbericht schildert, dass die Konzeption in Folge der Gruppendiskussion umgestellt wurde, der Diakon nahm an den Dienstbesprechungen teil und es wurden Fallbesprechungen eingeführt.

2.12.3.2 Sozialdiakonischer Beratungsdienst für Pflegebedürftige und Angehörige: Nachgehende seelsorgerliche Dienste

Auch hinsichtlich des zweiten Ziels des Projekts konnten innerhalb des Projektverlaufs vertiefte Erkenntnisse gewonnen werden. Obwohl das Angebot von den Mitarbeiter und Mitarbeiterinnen begrüßt wurde, zeigte die Auswertung doch, dass von Seiten der pflegebedürftigen Patienten und Patientinnen das Angebot nur zögerlich angenommen wurde. Ein Auszug aus der Gruppendiskussion verdeutlicht die Hintergründe:

---

[128] Ebd. S. 98.

[129] Ebd. S. 98.

„M4: ‚Also bei mir war es auch so, dass, dass ich eigentlich gedacht habe, au ja toll. Viele sind jetzt sowieso viel alleine und dann kann man vielleicht den Diakon noch als zusätzlicher Ansprechpartner, aber es war ganz komisch, ich konnte, ich glaube ich habe ihn einmal bei jemandem gehabt, bei mir war es immer so, dass die Patienten dann auch gesagt haben, ach nein, wir haben doch sie. Und, ach nein, nochmal jemand Fremdes (Zustimmung) und in so gewachsene Beziehungen rein dann nochmal jemand Fremdes, das war. Also ich glaube ich habe ihn einmal, wie gesagt, mitnehmen können, aber sonst bei, grad Patienten wo wir auch schon lange hinkommen. Der Mann hat auch gesagt: ‚Aber sie kenne ich doch schon'. …

M1: ‚… und wenn die Patienten … dann was Geistliches wollten, war es wirklich der Gemeindepfarrer, den man dann geholt hat.'"[130]

Die Erfahrungen aus der nachgehenden Seelsorge durch den Diakon kommentiert der Projektbericht folgendermaßen:

> „Zu Beginn des Abschnitts kommt zum Ausdruck, was sich die MitarbeiterInnen und wir – das Leitungsteam der Diakoniestation und ich – uns ursprünglich erwartet haben: ‚Da kommt jemand, der das macht … wo ich an meine Grenzen komme' – sprich: wo das Pflegepersonal an seine Grenzen kommt. Dort, wo ‚einfach schlimme Sachen sind', dort, wo ‚jemand Bedarf hat' und dort, wo zusätzliche ‚Gespräche zu führen sind' über das alltägliche hinaus … Und diese Besuche haben auch stattgefunden. Zum Teil haben die Besuche auch wiederholend stattgefunden, auch wenn das von den GesprächsgruppenteilnehmerInnen nicht wahrgenommen … wurde. In mehreren Fällen kam es zu einem zweiten oder einem dritten Besuch oder sogar zu mehrfachen Besuchen.
> Trotzdem deckt der Abschnitt eine Tatsache auf, vor die wir gestellt waren: Die Patienten waren bei der Inanspruchnahme einer nachgehenden und weiterführenden Beratung und Seelsorge sehr zurückhaltend. Begleitung und Seelsorge – so hatten wir den Eindruck und so lässt es sich aus dem Gesprächsabschnitt schließen – findet an zwei Polen statt: Einerseits ganz niederschwellig durch die Gespräche und den Austausch mit dem Pflegepersonal selbst, oder aber ganz offiziell mit der verfassten Amtsperson der Kirche – und das ist für die meisten dann doch der Geistliche, sprich der Pfarrer, vor Ort."[131]

2.12.3.3 Aufbau eines ambulanten Hospizdienstes und Hospizschulungen

In diesem Arbeitsfeld gelang es im Projektverlauf ein neues, im Projektantrag zunächst nicht anvisiertes Handlungsfeld zu erschließen. Im Projektbericht heißt es dazu:

> „Um dieses Ziel umzusetzen machten wir uns im Frühling 2009 an die Findung von ehrenamtlichen MitarbeiterInnen für die ambulante Hospizarbeit. Gleichzeitig galt es, eine geeignete Anleitung für die Kursabende zu finden. Nach zwei durchgeführten Informations- und Austauschrunden im Juni und September 2009 konnten wir im Oktober mit einem Einführungskurs für die Hospizarbeit beginnen. Die Schulung der

130 Ebd. S. 99.
131 Ebd. S. 99.

ehrenamtlichen MitarbeiterInnen bestand aus 10 Schulungsabenden und einer ganztägigen Exkursion in ein stationäres Hospiz in Oberharmersbach. Im Frühjahr 2010 begannen wir – versetzt zur ersten Kursgruppe – mit weiteren 10 TeilnehmerInnen eine zweite Schulungseinheit. Die Einsetzung und Verpflichtung der ehrenamtlichen HospizmitarbeiterInnen erfolgte im Rahmen von zwei Gottesdiensten in September 2010 in Altensteig und im Januar 2011 in Haiterbach.
Zwischenzeitlich waren wir in 16 Sterbefällen durch Besuche, Sitzwachen und Begleitung der Angehörigen involviert (Stand Juli 2012). Hinzu kommt eine ganze Anzahl von Besuchsdiensten in den drei Seniorenzentren unserer Region, die vor allem von unseren ‚Ruheständlern' gemacht werden. Die Koordination der Dienste und die anschließende Aufarbeitung der gemachten Eindrücke und Erfahrungen geschieht durch Einzel- und Gruppengespräche der jeweils Beteiligten und durch ‚Hospizdienst-Treffen' mit der Gesamtgruppe, die in der Regel sechswöchentlich stattfindet."[132]

Aus einer ekklesiologischen Perspektive wird die Hospizarbeit im Projektbericht kommentiert:

„Der Kirche ist in ihrer Geschichte mit der Sterbebegleitung eine ganz wichtige Aufgabe aus dem Blick geraten. Hier haben wir unerledigte Hausaufgaben, und ich sehe für diesen Bereich der Hospizarbeit wieder durchaus eine ‚diakonische Kernaufgabe'."[133]

2.12.3.4 Mitwirkung in der Öffentlichkeitsarbeit und „Altensteiger Diakonietage"

Ergebnisse zum vierten Ziel des Projekts werden im Bericht folgendermaßen summarisch zusammengefasst:

„(Die, A.N.) Mitwirkung im Bereich der Öffentlichkeitsarbeit umfasste die Mitgestaltung von Patientennachmittagen und von Gottesdiensten, bei denen sich die Diakoniestation in den umliegenden Gemeinden ihres Einzugsgebietes präsentierte. Ab Sommer 2010 informierte ein Flyer über das Angebot ‚Palliativpflege und Ambulante Hospizarbeit'.
Bei den Diakoniefördervereins-Sitzungen in Altensteig, Simmersfeld und Haiterbach stellte ich das Diakonatsprojekt vor und referierte zum Thema ‚Hospizdienst & Sterbebegleitung'. Darüber hinaus war ich bei der Planung und Durchführungen der ‚2. Altensteiger Diakonietage' (2010) und der ‚3. Altensteiger Diakonietage' (2012) mit eingebunden. Die ‚2. Altensteiger Diakonietage' standen unter der Überschrift ‚Im Blickpunkt: Palliativ-Versorgung – Mitten im Sterben vom Leben umfangen …' und entfalteten das Thema ‚Umgang mit Sterben und Tod in unserer Gesellschaft – Einblicke, Anfragen, Chancen' an 4 Abendveranstaltungen und im Rahmen eines Gottesdienstes am Sonntagvormittag. Die Veranstaltungen wurden mit jeweils zwischen 100 und 150 Besuchern sehr gut angenommen und die Rückmeldungen waren sehr positiv. Das Thema der ‚3. Altensteiger Diakonietage' lautete ‚Im Blickpunkt: Ernstfall Pflege – Wer wird uns pflegen in einer Gesellschaft des langen Lebens?'. Wiederum 4 Abendveranstaltungen und ein Gottesdienst bildeten den Rahmen. Wiederum lagen

[132] Ebd. S. 100.
[133] Ebd. S. 100.

die Besucherzahlen bei den einzelnen Veranstaltungen über 100 Personen und waren somit sehr zufriedenstellend."[134]

2.12.4 Abschließende Perspektiven zum Diakonat

Zu den diakonischen Aufgaben und diakonischen Berufsgruppen hält der Bericht abschließend fest:

> „Die Pflege einer Diakoniestation wird nicht unbedingt besser sein als die eines anderen, säkularen Pflegedienstes. Wenn aber MitarbeiterInnen einer Diakoniestation nach der Hoffnung gefragt werden, die uns trägt, dann sollten sie darüber Auskunft geben können. ... unser Teilprojekt hat gezeigt, dass hier ein weites Feld an Aufgaben gegeben ist. Schön ist, dass sich durch die Wiederentdeckung der ‚Pflegediakone' ja auch schon vieles tut ... hier (gibt es, A.N.) weitere Möglichkeiten und weiteren Handlungsbedarf."[135]

2.13 Bericht 13: Ludwigsburg – Diakonische Gemeindeentwicklung: Vernetzte Einrichtungsdiakonie

2.13.1 Rahmendaten

Der Titel des Projekts lautete: „Diakonische Gemeinde gestalten in Vernetzung mit Ortsgemeinden". Projektort war Ludwigsburg. Der Träger des Projekts war die Stiftung Karlshöhe Ludwigsburg. Projektstelleninhaber: Diakon Thomas Hofmann.

2.13.2 Projektidee und Projektkonzeption

Zur Projektidee und -konzeption heißt es im Projektbericht:

> „Das Thema und die Aufgabe beschreibt im Grunde der Titel des Projektes: ‚Diakonische Gemeinde gestalten in Vernetzung mit Ortsgemeinden'. Dieses beinhaltet, die annähernd analog einer Kirchgemeinde aufgestellten Strukturen der Karlshöhe aufzunehmen und weiter zu entwickeln. Eine Form der Weiterentwicklung ist es, den Fokus auf die Vernetzung mit den jeweiligen Ortsgemeinden zu richten: zum einen zur Friedenskirchgemeinde in Ludwigsburg, zu der die Stiftung Karlshöhe parochial gehört, zum anderen auch auf die Vernetzung der dezentral verorteten Außenstellen der Karlshöhe (z. B. Kornwestheim, Benningen etc.) mit den dortigen Kirchengemeinden. Diese Aufgaben sollen explizit durch einen Diakon oder eine Diakonin als Leiter/in wahrgenommen werden. Es gilt auch, Erfahrungen der Aufgabenstellung in Bezug auf die Spezialkompetenzen (Doppelqualifikation) des Diakons oder der Diakonin zu erheben.
> (...)

[134] Ebd. S. 100.
[135] Ebd. S. 101.

Vom tradierten Verständnis her definierte sich die Karlshöhe als ‚Anstaltsgemeinde'. Es gab einen ausformulierten Dienstauftrag für einen Pfarrer/ eine Pfarrerin mit den klassischen Aufgaben Gottesdienste, Kasualien, Seelsorge, Unterricht. Zuletzt lag dieser Stellenanteil bei 10 % (nur noch Gottesdienste und Seelsorge) und war an den Bereich ‚diakonische Bildung' angegliedert.
Themen wie Inklusion, Dezentralisierung, ‚Leben im Ort' haben die Entwicklung der Karlshöhe in den vergangenen Jahren geprägt. Damit stellt sich auch die Frage nach einer Verbindung der dezentralen Außenstellen der Karlshöhe zu ihren Kirchgemeinden. Welches Verständnis prägt hier das Verhältnis von Diakonie und Kirche? Für die Karlshöhe in ihrer besonderen Verantwortung für Diakon/innen war die Frage interessant, inwiefern die speziellen Kompetenzen eines Diakons bzw. einer Diakonin an der Schnittstelle zwischen Diakonie und Kirche Wirkung erzielen."[136]

2.13.3 Vertiefende Beobachtungen

2.13.3.1 Diakonische Gemeinde und diakonisches Unternehmen

Das Thema diakonische Gemeinde in einer diakonischen Einrichtung/ Unternehmen wird in diesem Projekt anhand einer Gruppendiskussion evaluiert. Im Projektbericht heißt es dazu:

> „Zur Evaluation wurde eine Gruppendiskussion mit Mitgliedern des Koordinationskreises geistlichen Lebens (KGL) durch einen Kollegen eines anderen Teilprojektes durchgeführt. Diese Gruppendiskussion wurde aufgezeichnet, transkribiert und ausgewertet.
> (…)
> Die Gruppendiskussion zeigt unterschiedliche, mitunter widersprüchliche Facetten des Verständnisses von diakonischer Gemeinde auf – von einem zur Parochie analogen Verständnis über die klassische ‚Anstaltsgemeinde', einer Personal- oder Fachgemeinde bis hin zur vollständigen Integration in die Ortsgemeinde Friedenskirche. Diese Pluriformität erscheint somit als ein zentrales Merkmal der diakonischen Gemeinde in der Unterscheidung zur ‚normalen' Ortsgemeinde.
> (…)
> Das Schaubild kumuliert und systematisiert die Aspekte, Sichtweisen und Zugänge aus der Gruppendiskussion:

[136] Projektberichte 2013: S. 140.

Pragmatischer Ansatz Entwicklung ermöglichen und aufgreifen	**Personalgemeinde** Anmeldung, Beitritt ggf. Kostenbeitrag zur Gemeinde	**Dienstgruppe der Ortsgemeinde** Diakonische Seite der Ortsgemeinde
Diakonisches Gemeinwesen Karlshöhe als Stadtteil mit diakonischer Prägung	**Diakonische Gemeinde Karlshöhe**	**Gottesdienst als zentraler Ort** „Anstaltsgemeinde“
Kommunitäres Leben Leben miteinander teilen und gestalten	**Teilgemeinde** Eine Predigtstätte der „Südstadtgemeinde“	**Diakonische Unternehmenskultur** Leitorientierungen mit Leben füllen

Wie in kaum einem anderen Gemeinwesen leben auf dem Gelände der Karlshöhe Menschen in unterschiedlichsten (auch spirituellen) Prägungen und Lebenszusammenhängen in unmittelbarer Nähe. Diese Vielfalt nimmt die diakonische Gemeinde entsprechend auf und bildet sie entsprechend ab. Von der Grundtendenz her wird man sagen können, dass ‚diakonische Gemeinde Karlshöhe‘ sich zum einen vor allem implizit in der diakonischen Unternehmenskultur konkretisiert, zum anderen in spirituellen Angeboten, die in direktem Bezug zum jeweiligen Arbeitsalltag stehen.“[137]

2.13.3.2 Diakonisches Unternehmen und vernetzte Gemeinde

In diesem Projekt war eine höhere Vernetzung des diakonischen Trägers mit den umliegenden Gemeinden intendiert. Dabei wurde insbesondere der Kontakt zur Friedenskirche Ludwigsburg vertieft. Der Projektbericht bietet dazu folgende Daten:

> „Die Datensammlung bezüglich des Kontakts zur Friedenskirchgemeinde spiegelt wider, dass im Zeitraum 2011/2012 eine Menge an konkreten (‚zählbaren‘) Aktionen initiiert und umgesetzt wurde. Da ist neben den Dienstbesprechungen besonders die gemeinsam gestaltete Gottesdienstkultur hervorzuheben: Teilnahme der Karlshöher an den Gottesdiensten der Friedenskirche und gemeinsame Gottesdienste (Kanzeltausch am Gründonnerstag, Familiengottesdienst zum Jahresfest und ‚diakonischer Gottesdienst‘ in der Friedenskirche). Der Kontakt konkretisierte sich außerdem in

[137] Ebd. S. 140–141.

Projekten wie ,Urlaub ohne Koffer' für Gemeindeglieder der Friedenskirche auf der Karlshöhe. Solche Projekte werden auch langfristig Wirkung zeigen."[138]

2.13.4 Ausblicke: Diakonische Gemeinde und diakonische Träger

Der Projektbericht endet mit Ausblicken und Beobachtungen zum Thema diakonische Gemeinde aus der Perspektive eines diakonischen Trägers:

> „Kirche ist Diakonie und Diakonie ist Kirche. Diese These impliziert die Frage, wie kann Diakonie kirchlicher und Kirche diakonischer werden. Eine wichtige Facette in der Bearbeitung dieser Frage stellt dieses Projekt dar. Hier wird in einem weiten Sinne das ,Evangelium kommuniziert' und auf unterschiedlichste Art konkretisiert. Die Binnensicht der Projektphase nimmt Themen wie Rituale, Seelsorge, Gottesdienste, Auseinandersetzung mit Themen des christlichen Glaubens auf. Diese Sicht nimmt auch ernst, dass bei Mitarbeitenden Leben und Arbeiten in aller Regel an verschiedenen Orten stattfinden. Es nimmt auch auf, dass am Ort diakonischer Arbeit Mitmenschen (unsere Klienten/innen, Bewohner/innen etc.) leben, die für die Themen ihres Lebens einen Anspruch auf Angebote der Auseinandersetzung, Zuwendung, Sinnstiftung, Gemeinschaft ... haben – und nicht ausschließlich auf Angebote von Pflege, Beratung und pädagogischen Maßnahmen.
> Diakonische Gemeinde gestalten unter den Bedingungen der 5-Tage-Woche bedeutet, dass Mitarbeitende sich für diese Zeit darauf einlassen, dass sie für begrenzte Zeit zu begrenzten Themen spirituelle Angebote und Erfahrungen von Gemeinschaft machen – für die Klienten, für sich selbst und vor allem auch gemeinsam mit Klienten/innen. Das schließt nicht aus, dass sie sich in ihren privaten, familialen Kontexten in ihren Heimat- und Wohnortgemeinden bewegen."[139]

Daran anschließend werden im Projektbericht drei Aspekte diakonischer Gemeinde im Bereich der Trägerdiakonie hervorgehoben:

> „Drei wesentliche Aspekte ergeben sich für die diakonische Gemeinde Karlshöhe:
> 1. *Präsenz:* Die Akteure/innen und Protagonisten (dies meint u. a. den/die Leiter/in) dieser Gemeinde sollen als Teil dieses Sozialraumes präsent, erlebbar und ansprechbar sein. Dies meint Präsenz auf dem Gelände, aber auch Vernetzung in das kirchliche und soziale Umfeld.
> 2. *Sozialräumliche Orientierung:* Die Karlshöhe versteht sich selbst als wichtigen Sozialraum, nämlich als ,inklusives diakonisches Gemeinwesen'. Dabei wird Leben – auch spirituelles Leben – miteinander gestaltet und erweitert bzw. ergänzt durch offene Angebote (bspw. Sportgruppen) und Möglichkeit der Begegnung. Dies geschieht aber nicht isoliert, sondern die Karlshöhe versteht sich auch als Teil des größeren Sozialraums Ludwigsburg.
> 3. *Impulse setzen, Leben ermöglichen und Zugänge schaffen:* Damit ist das Selbstverständnis der Leitung der diakonischen Gemeinde beschrieben. Er/sie regt an, setzt Impulse, stellt Fragen, führt Gespräche, übernimmt Andachten und Gottesdienste, kümmert sich aber auch pragmatisch um alltägliche Dinge wie den Mesnerdienst. Dies hat unmittelbar positive Auswirkung auf die eigene Präsenz und Akzeptanz.

---

138 Ebd. S. 141–142.
139 Ebd. S. 142.

Zugänge schaffen heißt auch, das Netzwerk der Karlshöhe für das kirchliche Umfeld und für Außenstehende zugänglich und nutzbar zu machen. In diesem Zusammenhang ist auch eine Angebotsliste der Dienstleistungen der Karlshöhe entstanden."[140]

2.14 *Bericht 14. Stuttgart – Diakonat auf der Messe*

2.14.1 Rahmendaten

Der Titel des Projekts lautete: „Kirchliche Dienste auf der Messe Stuttgart". Der Projektort war Stuttgart. Der Projektträger war das Amt für missionarische Dienste / Diözese Rottenburg Stuttgart. Projektstelleninhaber: Diakon Martin Heubach

2.14.2 Projektidee und Projektskizze

Im Projektbericht wird die Arbeit dieses Projektes einleitend folgendermaßen skizziert:

„1.1 Die Arbeit auf der Landesmesse Stuttgart (LMS) wurde zu einem Ort missionarischer und diakonischer Präsenz.
1.2 Die Projektstelle hatte folgende Aufgaben zum Ziel: Entwicklung und Erprobung einer Konzeption ‚Kirche am dritten Ort', Aufbau und Begleitung eines Netzwerkes von freiwilligem ehrenamtlichem und bürgerschaftlichen Engagement für die unterschiedlichsten Aufgaben und Dienste auf der LMS (das Soziale gestalten), Aufbau der Seelsorge (Menschen in existentiellen Lebensfragen unterstützen), Entwicklung von ökumenischen geistlichen Angeboten für Mitarbeitende, LMS-Vertragspartner, Aussteller und Messebesucher in den kirchlichen Räumen (das Evangelium kommunizieren). Der Diakon hat eine Brückenfunktion erprobt, von der ‚Wirtschaft' in die Landeskirche und umgekehrt. Es war eine intensive Kooperation mit den diakonischen Handlungsfeldern auf den Fildern angedacht, ebenso eine Schnittstellenklärung mit der Airportseelsorge in Bezug auf die seelsorgerlichen, geistlichen und diakonischen Arbeitsfelder.
1.3 Auslöser und Projektidee: Der Bau und die Einrichtung der neuen LMS, seitherige ökumenische Erfahrungen auf der alten Messe bei der CMT und einem Kinderbetreuungsangebot während großer Publikums-Messen, die Bitte der Messegesellschaft, auf der neuen LMS einen Raum der Kirchen einzurichten.
1.4 Projektträger ist das Amt für missionarische Dienste mit der Abteilung Kirche in Freizeit und Tourismus und die Diözese Rottenburg Stuttgart. Die Arbeitsform ist ein ökumenischer Zusammenschluss, der als eigenständiger Vertragspartner mit der Messegesellschaft kooperiert. Zum Team der Kirchlichen Dienste (KD) auf der LMS gehörten zeitweise zwei Pfarrer auf einer beweglichen Pfarrstelle mit je einem Teilzeitauftrag, eine Franziskaner-Ordensfrau mit je einem 50 %-igen Dienstauftrag in der Messe- und Flughafen-Seelsorge und der Projektstelleninhaber (befristet auf drei

[140] Ebd.

Jahre, vom 01.05.2008 – 30.04.2011) mit einem Anstellungsumfang von 50 % im Rahmen des Diakonatsprojektes."[141]

2.14.3 Vertiefende Beobachtungen

2.14.3.1 Kirchliche Präsenz im Messebetrieb: Spiritualität: Gottesdienste, Andachten

Im Projektbericht werden unterschiedliche Ziele vorgestellt. Ein Teilziel der diakonischen Arbeit bezieht sich auf die kirchliche Präsenz auf der Messe, diese wird in spirituellen, geistlichen Angeboten während und in Messezeiten in den Blick genommen. Eines dieser Angebote sind die ökumenischen Atempausen. Dazu hält der Bericht fest:

> „Bei einer ‚alpha & omega-Sendung' für bw Family.tv – ‚Innehalten, zur Ruhe kommen, Atempause im Messestress' gab es dazu folgende O-Töne von LMS-Mitarbeiterinnen:

„Monika:	‚Atempause ist für mich ein schöner Moment, einfach abzuschalten von der Arbeit, sich auf ein anderes Thema einzustellen, runter zu kommen und sich zu besinnen.'
Julia:	‚Von der Arbeit abgelenkt, nicht nur im Büro sitzen und Vespern, auf andere Gedanken kommen.'"[142]

Der Projektbericht kommentiert diese Interviewpassage folgendermaßen:

> „Beide LMS-Mitarbeiterinnen waren auf meine Bitte zum ersten Mal bei einer Atempause. Sie reden schon so, als ob sie schon öfters bei einer Atempause gewesen wären."[143]

Es schließen sich im Projektbericht weitere Beobachtungen zum Andachtsangebot an:

> „Beobachtungen zum Angebot Atempause: Bei Publikums-Messen kommen einzelne Messebesucher, bei Fachmessen nur ganz vereinzelt Fachbesucher. Ausstellende können kaum ihren Messestand verlassen. Sie sind aber auch schlecht informiert, obwohl in jedem Messe-Katalog und bei dem Welcome-Brief für Aussteller auf die Atempause hingewiesen wird und ich bei meinen Besuchen am Messestand persönlich dafür einlade. Dies hat schon gelegentlich Wirkung gezeigt. Seit ca. einem Jahr kommen vereinzelt LMS- und Vertragspartner-Mitarbeitende; bei einer Atempause waren es einmal sogar 6 LMS-Mitarbeiterinnen und ein Vertragspartner-Mitarbeiter, der schon öfters zu einer Atempause gekommen war.
>
> Bei ca. 20 % der angebotenen Atempausen kommt niemand, bei ca. 30 % sind wir mit Kolleg(inn)en und Ehrenamtlichen ‚alleine' (aber, ‚wo zwei oder drei …') und bei ca. 50 % der Atempausen sind ein bis max. 20 Besucher da. Wenn nur eine Person

---

141 Ebd. S. 104.

142 Ebd. S. 108.

143 Ebd.

kommt oder ‚zufällig‘ zur persönlichen Stille im Andachtsraum sitzt, ist es oft eine bessere Gelegenheit, mit dieser Person in ein tieferes Gespräch zu kommen. Ganz vereinzelt hat sich auch schon nach einer Atempause ein Gespräch ergeben oder während oder nach der Atempause eine Diskussion mit mehreren Personen entwickelt.“[144]

Die kirchliche Präsenz wird auch hinsichtlich der Teilnahme an den Messeaktivitäten selbst reflektiert. Drei Beispiele stellt der Projektbericht vor:

„*(...) CMT (13. - 25.01.2011)*
Erfreulich war die Präsenz der Kirchlichen Dienste (KD), die mit vier Standpunkten und dem Schwerpunkt-Thema ‚Jakobsweg-Pilger‘ am 1. Messe-Wochenende vor Ort waren: im Forum der Kirchen, Andachtsraum, Stand in Halle 6 und 9. Das Forum der Kirchen und der Andachtsraum sind bei einer so großen Publikumsmesse ein idealer Standpunkt mit hoher Öffentlichkeitswirkung. Wir konnten über 2.500 Pilger-Wege-Flyer (Die Jakobsweg in Baden-Württemberg) verteilen, vielen (potentiellen) Jakobspilgern Auskünfte erteilen und mehr oder weniger tiefe Gespräche führen. Zu beobachten war, wie selbstverständlich die KD auf der LMS dazu gehören und ins Messegeschehen mit integriert werden. Beim ‚Urlaubs-Kino‘ waren an neun Messetagen insgesamt ca. 245 (210) und ca. 510 (440) Besucher im Forum der Kirchen [Zahlen in Klammer von 2010]. Das zeigt, dass der Jakobsweg nach wie vor ein Trend ist, den die Kirchlichen Dienste auf der CMT bedienen können und sollen. Es waren ca. 20 Ehrenamtliche, einschließlich der Jakobs-Pilgerweg-Freunde im Einsatz.
Zu sieben von neun angebotenen Atempausen waren zwischen zwei und elf Besucher gekommen. In diesen Tagen hatte ich zu über 50 Mitarbeitenden der LMS und der Vertragspartner intensivere Kontakte und Gespräche von mehr als fünf Minuten, ebenso zu knapp 30 Ausstellern und gut 20 Besuchern. Davon würde ich ca. 20 Gespräche bei den insgesamt ca. 100 Begegnungen als ‚seelsorgerliches Gespräch‘ bezeichnen.

(...) Animal & Pferd-Messe (22.10.–24.10.10)
Bei den zwei angebotenen Atempausen waren jeweils nur die diensthabenden Ehrenamtlichen mit dabei. Kontakte und Gespräche von mehr als fünf Minuten hatte ich zu fast 30 Mitarbeitenden der LMS und der Vertragspartner, ca. 10 Ausstellern und etwa 10 Besuchern. Von den ca. 50 Begegnungen würde ich ca. 10 als ‚seelsorgerliche Gespräche‘ bezeichnen. In diesen drei Tagen waren ca. 12 Besucher im Forum der Kirchen. Ein Projektleiter (M3) war zu einer Tasse Kaffee und einem Gespräch gekommen.
(...)
Es entstand eine sehr gute Kooperation und ein großes Entgegenkommen der Veranstalterin und ihrer Mitarbeiterin vom ‚Doc Dancing‘ in Blick auf unseren Gottesdienst am Sonntag im Doc Dancing Ring mit ca. 40 – 50 Besuchern plus ca. nochmals so vielen ‚Zaungästen und Laufpublikum‘. Es war erfreulich, dass die Veranstalter vom ‚Doc Dancing‘ uns ein Zeitfenster eingeräumt, uns sehr unterstützt und mehrfach auf den Gottesdienst hingewiesen haben.
(...)
Ein leitender LMS-Mitarbeiter, der von sich sagte, dass er Atheist wäre, vermittelte ein Gespräch mit Ausstellern und dem Präsidenten des Shire Horse Verbandes, die eine

---

144 Ebd. S. 108.

spontane Pferde-Segnung im Show-Ring von uns organisiert haben wollten: Zu bester ‚Showtime-Besucherzeit' mit hunderten von Besuchern auf den Rängen konnten wir einen ökumenischen 7,5 Minuten-Gottesdienst feiern.

(…) PET-VET – Tierärzte und -Helferinnen-Kongress mit kleiner Ausstellung (27. und 28.11.10)
Wir hatten keine Atempause angeboten, weil die Messehalle und das Kongresszentrum zu weit von den Kirchlichen Räumen weg liegen, und weil wegen einer Großveranstaltung unsere Räume aus Sicherheitsgründen geschlossen waren. Dafür konnten wir ein Ökumenisches Morgenlob vor dem 2. Kongresstag anbieten – im Tagungssaal mit ca. 15 – 20 Personen.
Kontakte und Gespräche von mehr als fünf Minuten zu über 10 Mitarbeitenden der LMS und der Vertragspartner, über 10 Ausstellern und nur einem Besucher, davon mit ca. 5 Personen ein ‚seelsorgerliches Gespräch geführt'. Über drei Veranstaltungen hinweg hat sich ein gutes Verhältnis zu den Veranstaltern und der Projektleiterin der PET-VET entwickelt, sodass wir das Ökumenische Morgenlob anbieten konnten. Es soll Ende dieses Jahres langfristiger und besser geplant werden, darüber sind wir bereits im Gespräch."[145]

2.14.3.2 Kontakt und Unterstützung von Mitarbeitenden auf der Messe

Im Projektbericht werden diverse Begegnungen und Auszüge aus Interviews präsentiert, die Eindrücke zur diakonischen Arbeit auf der Messe vermitteln. Ein Auszug wird hier exemplarisch zitiert für die vielfältigen Kontakte und Gespräche, die der Diakon nach Aussage des Projektberichts geführt hat:

„Petra: ‚Ich kann nur von meiner Warte aus sagen, wie die Anfänge hier waren, und die waren nicht leicht … Die Ablehnung war sehr groß. Meine Einstellung von damals zu jetzt hat sich grundlegend geändert. Das lag aber auch daran, dass ich die Arbeit, die das Team macht, auch eine Schwester Agnesita und Herr Heubach, aber auch schätzen gelernt habe. Ja und einfach kontinuierliche Gespräche suchen. Raum der Stille geht und das Buch einfach mal so ein bisschen durchblättert und sieht, was da drin steht, dann bewegt das schon und man sieht, dass die Leute das schon annehmen … Ich fand es sehr sehr schlecht umgesetzt von der Messe Stuttgart … ins Gespräch zu kommen und die Vorteile eben einfach auch, die so was letztendlich bietet. Weil ich habe jetzt auch zum Beispiel zum Herrn (…), der macht die (Messe XY), gesagt, geh doch mal zum Herrn Heubach und frag mal … Er fand den Tipp ganz gut. Das ist neutraler, was der ein oder andere Aussteller vielleicht noch gibt und da sage ich, das ist absolut top.'"[146]

Über die Kontakte zu Mitarbeitenden und Ausstellenden hält der Projektbericht folgende Einschätzung fest:

„Zu ca. 95 % finden die Gespräche während der Arbeitszeit (was für mich nicht immer einfach und unproblematisch ist; es erfordert viel Fingerspitzengefühl und Flexi-

145 Ebd. S. 105.
146 Ebd. S. 106.

bilität, denn wir wollen die Mitarbeitenden nicht von der Arbeit abhalten oder Kundengespräche verhindern) und ‚zwischen Tür und Angel statt'. Die Gespräche werden meist unterbrochen, wenn ein Kunde kommt, ein anderes Ereignis oder die Arbeitspflicht das Gespräch abrupt unterbricht. Oft ist am nächsten Tag oder bei einer im nächsten Jahr wiederkehrenden Messe ein Gesprächsanknüpfungspunkt bzw. eine Begegnung möglich. In der Regel suche ich Aussteller und Mitarbeitende an allen Folgetagen einer Messe auf, um nach Möglichkeit an die Begegnung und das Gespräch vom Vortag anknüpfen zu können. Meistens kann das Gespräch weiter und tiefer geführt werden.
In der Auswertung meiner Berichtsbögen, die ich von jeder Messe schreibe, kann ich als Fazit feststellen, dass ich pro Tag zwei bis drei solcher ‚seelsorgerlichen Gespräche zwischen Tür und Angel' führe, bei denen wir nicht nur über das Wetter oder Tagesgeschäft reden. Mir ist sehr wichtig ist, dass ich mit ‚wachem Auge und betendem Herz' über die Messe gehe, mich für die ausgestellten Produkte der Aussteller, die Tätigkeit der LMS- und Vertragspartner-Mitarbeitenden, das Umfeld der Angesprochenen interessiere und Anknüpfungspunkte suche. Dabei ist sicherlich von Vorteil und m. E. auch wichtig, dass ich als gelernter Elektromechaniker, Häuslesbauer und handwerklich interessierter Diakon über die LMS gehe und die Arbeit wert schätze, die ein Aussteller, Sicherheits- oder Reinigungs-Mitarbeitender leistet."[147]

2.14.4 Abschließende Wahrnehmungen

2.14.4.1 Kirche am nicht kirchlichen Ort (Messe)

Zur kirchlichen Arbeit auf der Landesmesse hält der Bericht abschließend fest:

> „Aus meiner Sicht ist es uns in den drei Jahren im Großen und Ganzen gelungen, die zentralen, ausgewählten und strategischen Ziele umzusetzen. Die KD auf der LMS konnten die von der Messegesellschaft kostenlos angebotenen Räume den Mitarbeitenden, Ausstellern und Besuchern bekannt machen, in die LMS-Strukturen einbinden und Zugänge für eine allgemeine Akzeptanz bewirken. Im Laufe der Zeit wurde die Präsenz der KD mit ihren Räumlichkeiten, den haupt- und ehrenamtlichen Mitarbeitenden und den regelmäßig angebotenen Veranstaltungen wahr- und angenommen und in den Messealltag bzw. -kalender integriert.
> Als Mitarbeiter der KD auf der LMS werden wir von fast allen Seiten und auf allen Ebenen der LMS in den Bemühungen großzügig unterstützt und wird uns freier Handlungsspielraum gewährt, dass wir die Mitarbeitenden und Aussteller in ihrer Lebenssituationen wahrnehmen und an ihren Arbeitsplätzen aufsuchen können. Nach längeren Messepausen wird uns vielfach zurück gemeldet: ‚Schön, dass Sie wieder da sind! Wir haben Sie vermisst.'
> Dass wir als KD auf der LMS im letzten Jahr viermal mit umfangreicheren Fernsehaufnahmen von drei Fernsehsender einer breiten Öffentlichkeit in längeren Beiträgen vorgestellt wurden, unterstreicht diese Wertschätzung (Baden-Württemberg Aktuell: Bericht über die Messe-Seelsorge bei der CMT – ntv-Nachrichten: im Rahmen der Invest-Messe – Kirchenfernsehen und bw-Family.tv: ‚[148]alpha & omega' und ein ‚Gloria-Gottesdienst'."[149]

[147] Ebd. S. 109.
[148] Ebd. S. 109.
[149] Ebd. S. 109.

Zu den veränderten Strategien des Projekts hält der Bericht u. a. fest:

> „Aus einer Konzeption: ‚Kirche am dritten Ort' (Freizeitwelt) wurde die ‚Präsenz der KD auf der LMS'. Als KD finden wir auf der LMS weniger Zugang zu den Menschen, die eine Publikums-Messe in ihrer Freizeit besuchen, sondern verstärkt zu Menschen an ihrem Arbeitsplatz (zweiter Ort) mit besonderen Herausforderungen und Erschwernissen. Unterschiedliche Zeitrhythmen und -phasen, mobile Gesellschaft und Arbeitswelt, Aufteilung des ersten, zweiten und dritten Ortes, getrennt sein von Familie, Freunden, sozialen Bezügen, auch in Vereinen und Kirchengemeinden, sind für viele Menschen beschwerlich und belastend."[150]

2.14.4.2 *Professionalität und Amt des Diakons*

Bemerkenswert ist die Einschätzung des Projektberichts hinsichtlich der öffentlichen Wahrnehmung des Diakons in seiner Profession und seinem Amt:

> „Zunächst ist festzuhalten, dass die Mehrzahl der LMS-Mitarbeitenden, Aussteller und Besucher keinen Unterschied zwischen einem Pfarrer oder Diakon machen können. Dies hat auch die leitfadengestützte Fokusdiskussion eindrücklich bestätigt. In den meisten Fällen werde ich als ‚Herr Pfarrer' angesprochen oder „als der Pfarrer unserer KD auf der LMS" vorgestellt. Menschen mit keiner kirchlichen Anbindung oder aus einem katholischen Umfeld können mit dem Begriff ‚Diakon' nichts anfangen.
> Trotz aller öffentlichen Diskussion, in die die Kirchen in den letzten Monaten hineingeraten sind, genießen wir als kirchliche Mitarbeitende eine hohe Achtung und Annahme. Viele Gesprächsgegenüber sind erstaunt, dass sich die Kirche in einem so weltlichen und wirtschaftlich-geschäftsmäßigen Umfeld bewegt, wir als Mitarbeitende Zeit haben, uns für die Belange und Sorgen interessieren.
> Als Diakon auf der LMS kommt mir m. E. mein Hintergrund mit einer praktischen Berufsausbildung und mit einem hohen Interesse in und an der Arbeitswelt zugute. Als Nichtakademiker und ‚einer von ihnen' kann ich mich vermutlich mehr in ihre Belange, Sorgen und Nöte hineindenken und mit ihnen fühlen. Meine Ausbildung an einer missionarischen Ausbildungsstätte mit dem Leitmotiv: ‚Den Hirtenblick der Liebe entwickeln' hat mein missionarisches Interesse am Menschen sicherlich geweckt und gestärkt. Fort- und Weiterbildungsmaßnahmen, eine 30-jährige Berufserfahrung in verschiedenen kirchlichen Arbeitsfeldern, hat meine diakonische Kompetenz und Sprachfähigkeit verstärkt."[151]

2.15 *Bericht 15: Mühlacker – Diakonisches Profil im Bezirk*

2.15.1 Rahmendaten

Der Titel dieses Projekts lautete: „‚Gemeinsam können wir mehr'. Das diakonische Profil im Kirchenbezirk Mühlacker stärken". Projektort war Mühlacker. Der Projektträger der Evangelische Kirchenbezirk Mühlacker. Projektstelleninhaber: Michael Gutekunst, Peter Feldtkeller.

---

150 Ebd. S. 110.
151 Ebd. S. 110.

2.15.2 Projektidee und Projektkonzeption

Im Projektbericht werden Projektidee und -konzeption folgendermaßen reflektiert:

> „(...) Das Anliegen des Projektes war es, im Kirchenbezirk Mühlacker das diakonisch-missionarische Profil zu stärken und weiterzuentwickeln. Der diakonisch-missionarische Auftrag sollte dahingehend verwirklicht werden, dass Menschen vor Ort in ihren jeweiligen Lebensumständen evangelische Kirche erleben, die sie wahrnimmt ‚so wie sie sind, dort, wo sie sind, und mit ihren Bedürfnissen' (Entnommen aus dem Antrag an die Landeskirche). Aus dieser Wahrnehmung heraus erfolgt Zuwendung und Begleitung in stimmiger, angemessener und redlicher Weise.
> Um dieses Ziel zu erreichen wurde die so genannte „Servicestelle" mit Diakon Peter Feldtkeller (50 % Stellenumfang) im Bereich Gemeindearbeit und mit Diakon Michael Gutekunst (50 % Stellenumfang) im Bereich Öffentlichkeitsarbeit geschaffen. Beide unterstützten sich mit ihrem Fachwissen gegenseitig. Sie vernetzten sich innerhalb des Kirchenbezirks mit Diakoninnen und Diakonen sowie im diakonischen Bereich Tätigen. Aufgabe dieses Kompetenzteams war die inhaltlich fachliche Begleitung und Mitwirkung bei Gemeindeprojekten der Servicestelle.
> Gesteuert wurde die Servicestelle von einer Steuerungsgruppe, die aus Personen des KBAs (Kirchenbezirksausschuss, A.N.) und Vertretern der Kirchengemeinden gebildet wurde. Die Bezirkssynode, die Pfarrerschaft und die Kirchengemeinden wurden regelmäßig über Entwicklungen und Angebote informiert und um Rückmeldung gebeten.
> Um einerseits die Zusammenarbeit der Kirchengemeinden zu fördern und gleichzeitig mit der Servicestelle möglichst viele Gemeinden erreichen zu können, sollten die Kirchengemeinden mit anderen Gemeinden eine Projektkooperation eingehen. Zu Beginn des Projekts konnten interessierte Gemeinden einen Antrag an die Steuerungsgruppe stellen, in dem das Anliegen, Kooperationspartner, Dauer, Ziele und Kosten beschrieben wurden. Die Servicestelle erarbeitete mit den vor Ort agierenden Projektgruppen die Projekte bis zur Antragsstellung. Im Kompetenzteam und in der Steuerungsgruppe wurden diese beraten und schließlich von Letzteren beschlossen."[152]

Auf Ergebnisse vorgreifend fährt der Projektbericht fort:

> „Im Verlauf zeigte es sich, dass es schwierig war, einige Hürden zu nehmen:
> - Die Antragsstellung war (zu) arbeitsintensiv.
> - Eine andere Gemeinde zu finden, die das gleiche Thema bearbeitete, gelang kaum.
> - Ziele zu formulieren war schwierig, weil die gemeindlichen Projektgruppen auf der Maßnahmenebene arbeiteten.
>
> Im Prozessverlauf wurde das Antragsverfahren wesentlich vereinfacht, die Kriterien reduziert um es den Gemeinden einfacher zu machen."[153]

[152] Projektberichte 2013: S. 146.
[153] Ebd. S. 146.

2.15.3 Vertiefende Beobachtungen

Das Projekt, das auf der Ebene des Kirchenbezirks angesiedelt war, verfolgte zwei Ziele. Einerseits die Förderung und Unterstützung von diakonisch-missionarischen Projekten vor Ort und andererseits die Gestaltung eines „Kommunikationsmanagements“[154], der Gestaltung der Öffentlichkeitsarbeit für die diakonisch-missionarischen Themen und ihrer Zielgruppen und Dialogpartner/-innen im Kirchenbezirk.

2.15.3.1 Diakonisch-missionarische Gemeindeentwicklung

Zu diesem Ziel des Projekts werden im Projektbericht folgende Erfahrungen festgehalten:

> „Zu Beginn des Projekts forderten zwei Distrikte und eine Gesamtkirchengemeinde vor allem im Bereich Jugendarbeit die Unterstützung bei der Servicestelle an. Es ging um Vernetzung von Jugendarbeit, Findung neuer Jugendmitarbeitenden, Kontakt zu über 20-jährigen, Etablierung eines Jugendgottesdienstes und Schaffung einer Hausaufgabenbegleitung. Um die Nachhaltigkeit zu gewährleisten, war es immer wichtig, Menschen vor Ort als Akteure und Akteurinnen zu gewinnen. Diakon Peter Feldtkeller beriet und begleitete den Prozess; ein Jugendreferent wurde eingebunden, um die Mitarbeitenden gut zu unterstützen.“[155]

Als Erkenntnisse zu diesem Arbeitsbereich und dieser Arbeitsphase fasst der Projektbericht zusammen:

- „Die konkrete Begleitung eines Angebots durch einen Hauptamtlichen wurde positiv bewertet. Allerdings war dies nicht automatisch ein Erfolgsgarant eines Angebots. Ziele waren in den gemeindlichen Begleitgremien schwer zu formulieren oder zu bearbeiten.
  Die Begriffe ‚missionarisch‘ und ‚diakonisch‘ wurden nicht einheitlich definiert. Unter diakonisch konnten sich manche Ehrenamtliche wenig vorstellen. Bei einem Jugendgottesdienstteam war aber zu erkennen, dass sie diakonisch arbeiteten, ohne dies selber so zu formulieren.“[156]

Der Projektbericht fährt fort:

> „In der Mitte der Projektzeit wurde mit Hilfe des Kompetenzteams das Angebot an die Gemeinden gemacht, die Arbeit mit Ehrenamtlichen zu stärken. Zwei Gemeinden nahmen dieses Angebot an und bearbeiteten unabhängig voneinander beide das Thema ‚Stärkung der vorhandenen Mitarbeiterschaft‘.
> Nach Beendigung der ersten Projekte entstand ein Werbeflyer, der die Angebote der Servicestelle darstellte. Weiter wurde die Pfarrerschaft immer wieder in ihren Dienstbesprechungen informiert, die Servicestelle bei den Sekretärinnen vorgestellt und die Gemeindeforen von Gemeindediakon Peter Feldtkeller besucht. Dadurch entstanden vereinzelt Anfragen. Doch bis zum Ende waren diese eher verhalten.

154 Ebd. S. 147.
155 Ebd. S. 146.
156 Ebd. S. 146–147.

Fast am Ende des Projektes sind innerhalb des Kirchenbezirks durch die Servicestelle einige regelmäßig stattfindende diakonisch-missionarische Angebote entstanden, wie z. B. Jugendgottesdienste oder Hausaufgabenbegleitung. Eine FSJ-Stelle wurde geschaffen und ein Aktivspielhaus ins Leben gerufen. Es konnten in einer Gesamtkirchengemeinde einige junge Erwachsene neu erreicht werden. Im Bereich des Ehrenamts haben Gemeinden neue Formen der Mitarbeitendenbegleitung etabliert."[157]

2.15.3.2 Öffentlichkeitsarbeit im Kirchenbezirk

Die Konzeptionen und Ergebnisse zur Öffentlichkeitsarbeit werden im Projektbericht folgendermaßen festgehalten:

„Öffentlichkeitsarbeit hatte die Aufgabe im Rahmen des Projekts, das Kommunikationsmanagement zu gestalten. Im Rahmen der gemeindlichen Projekte wurden kommunikative Maßnahmen in Bezug auf die jeweils relevanten Dialoggruppen und deren Mediennutzungsgewohnheiten und -interessen umgesetzt.

- Dazu gehörten erstens Flyer, Plakate, Pressemeldungen und -gespräche. Es wurden besondere öffentliche Aktionen wie Besuche bei Jungen Erwachsenen mit Einladung zu einem Brunch oder einer ‚Herbstlounge' auf einem zentralen Platz mit Musik, Feuer und gepflegten Getränken entwickelt. Die Ergebnisse und Entwicklungen in den gemeindlichen Projekten wurden allen Gemeinden des Bezirks durch Informationen auf Synoden und bezirklichen Besprechungen, im Bezirksjournal und online auf der Bezirkshomepage zur Verfügung gestellt.
- Das zweite Anliegen war die öffentliche Darstellung der Vernetzung der Gemeinden als Kirche in der Region.
- Das dritte Anliegen war es, die Gemeinden in ihrer eigenen Öffentlichkeitsarbeit zu unterstützen und zuzurüsten. Dies geschah durch *Beratung, Konzeption, Zuarbeit und bezirksweiten Schulungen,* u. a. mit dem Evangelischen Medienhaus Stuttgart in Form von ‚Medientagen'. Im Projektverlauf gesellte sich der Bereich ‚Medienarbeit' im Sinne von ‚Orientierung in Medienwelten' dazu. Themenabende zu gesellschaftlichen medialen Prozessen und medienpädagogisches Wissen und Können ergänzten die Angebote der Öffentlichkeitsarbeit hilfreich."[158]

Der Projektbericht fährt fort:

„Im Feld Öffentlichkeitsarbeit wurden zu Beginn des Projekts die *kommunikativen Grundlagen* (u. a. Corporate Design, Bezirkshomepage, Medienkontakte) auf Bezirksebene entwickelt, umgesetzt und in einen Regelbetrieb übernommen. Dies war auch sinnvoll und notwendig, um kommunikative Grundlagen zu legen, auf welche die PR-Arbeit in den Gemeindeprojekten aufbauen konnte.
Als *interne Kommunikationsinstrumente* wurden unter anderem ein thematisch ausgerichtetes Bezirksjournal und ein Bezirksthema etabliert. Letzteres griff über einen Zeitraum von zwei Jahren die Themen ‚Arm und reich in einer Welt' und ‚Gemeinsam Glauben Leben' auf. Dies geschah in Form von Vorträgen, Ausstellungen und Kampagnen wie dem ‚Gottesdienstpilgern'. Ab der Hälfte des Projektzeitraums nahmen die Anfragen der Kirchengemeinden für ihre Öffentlichkeitsarbeit vor Ort (Konzeption, Gemeindebrief, Homepage, Fundraising, Events) an die Servicestelle zu.

---

157 Ebd. S. 146–147.
158 Ebd. S. 147.

Es zeigte sich, dass das *Bezirksthema* von den Gemeinden zwar mitgetragen wurde, aber eine Ausgestaltung und aktive Mitwirkung nur schwer möglich war. Gründe hierfür waren: eigene Schwerpunkte und Notwendigkeiten, alltägliche Arbeit und dauernde Anforderungen an Ehren- und Hauptamtliche. Daher lag die Umsetzung des Themas bei den Bezirkswerken und wurde durch die Öffentlichkeitsarbeit koordiniert.
Das *Bezirksjournal* richtete sich an Verantwortliche auf Gemeindeebene. Es informierte über modellhafte Entwicklungen und vorhandene Angebote in anderen Gemeinden und im Kirchenbezirk. Es wurde genutzt um Informationen aus der Kirchenbezirksleitung transparent darzustellen. Somit konnten Themen grundsätzlich breiter und zeitlich längerfristiger, als es mit digitalen Medien möglich ist, kommuniziert werden. Die Verteilung des Bezirksjournals an die Gemeinde- und Gruppenleitenden ist bisher suboptimal gelöst. Es wurden noch nicht alle Adressaten durch dieses Journals erreicht.
Insgesamt zeigte sich auf Grund der Medienpräsenz in der Presse, den Zugriffszahlen auf der Homepage und der Inanspruchnahme durch die Gemeinden, dass Öffentlichkeitsarbeit als sinnvoll und notwendig erkannt wurde."[159]

Die konkreten Nutzerzahlen und Aktivitäten der Öffentlichkeitsarbeit werden im Projektbericht durch ein Fakt-0-Gramm dokumentiert.

2.15.4 Zwei Schlussfolgerungen

Aus den insgesamt sechs Schlussfolgerungen des Projektberichts werden hier zwei wiedergegeben:

- „In den Kirchengemeinden kann nicht alles Know-how vorhanden sein, um den diakonisch-missionarischen Auftrag umsetzen zu können. Deshalb kann Fachpersonal von außen hilfreich sein, das sich auf die Ressourcen und Gegebenheiten vor Ort (Quantität und Qualität der Mitarbeitenden, Raum, Traditionen, usw.) einlässt und sich darum bemüht, die Menschen vor Ort für den diakonisch-missionarischen Dienst zu begeistern und zu befähigen.
- Öffentlichkeitsarbeit ist nicht nur wichtig für praktische Aufgaben wie Flyer- oder Gemeindebriefgestaltung, sondern auch für das Kommunikationsmanagement. Gemeint ist die interne und externe Informationsvermittlung, welche stimmig für den jeweiligen Absender und Adressat erfolgt: Wer braucht wann welche Informationen in welcher Art und Weise und welche Resultate bzw. Reaktionen löst das jeweilige Vorgehen aus. Dies ist u. a. durch die Instrumente Homepage oder Bezirksjournal und Pressearbeit bezirksweit umgesetzt, müsste aber noch mehr in die Gemeinden getragen werden. Der Beratungsaspekt ist noch ausbaubar."[160]

---

[159] Ebd. S. 147–148.
[160] Ebd. S. 149.

3. Resümee und Ausblick

Die hier in Auszügen vorgestellten Projektberichte lassen ein reiches Spektrum diakonischer Praxis erkennen. In dieser Praxis werden Menschen in vielfältigen Lebenssituationen, in ihrer Persönlichkeitsentwicklung, in existenziellen und sozialen Krisensituationen, in gemeindepädagogischen und missionarischen Arbeitsfeldern und insbesondere durch diakonische Unterstützungsangebote begleitet. Ein großer Reichtum an Methoden und biblisch-theologisch reflektierter Spiritualität wird in dem professionellen Engagement der Diakone und Diakoninnen sichtbar. Das Projekt der Evangelischen Landeskirche hat in den fünfzehn Teilprojekten Praxisorte geschaffen, an denen der Beitrag von Diakonen und Diakoninnen zum Gemeindeaufbau und zur Kommunikation des Evangeliums an pluralen Orten im Gemeinwesen evaluiert und einer kirchlichen und wissenschaftlichen Öffentlichkeit präsentiert werden konnte.

Diakonische Arbeit vollzieht sich häufig im Verbogenen, in den Häusern betroffener Familien, in Beratungsstellen, an Schulen, im Streetwork und in den Diensten, Gruppen und Kreisen von Gemeinden. Die Berichte zeigen die Praktiker/-innen bei der Arbeit, mitten in ihren Handlungsfeldern und professionellen Beziehungen. Sie vergegenwärtigen die Relevanz der methodischen und fachlichen Kenntnisse, die heute den Diakonat und die diakonische Arbeit prägen. Mit ihren sozialwissenschaftlichen und theologischen Kompetenzen und Haltungen und mit ihren biblisch reflektierten Glaubensüberzeugungen tragen Diakone und Diakoninnen dazu bei, dass Kirche die im Evangelium verkündigte Liebe Gottes Menschen alltagsnah und fachlich versiert zuwendet.

Literatur

Eidt, Ellen (2011): Der evangelische Diakonat. Entwicklungslinien in Kirche und Diakonie am Beispiel Württembergs. Stuttgart.

Eidt, Ellen/Schulz, Claudia (Hg.) (2013): Evaluation im Diakonat. Sozialwissenschaftliche Vermessung diakonischer Praxis. Stuttgart.

Eidt, Ellen (2013): Kirche im Projektstress? Reflexion der Evaluationsergebnisse eines Diakonatsprojekts für kirchliche Organisationsentwicklung. In: Dies./Schulz, Claudia (Hg.): Evaluation im Diakonat. Sozialwissenschaftliche Vermessung diakonischer Praxis. Stuttgart. S. 490–514.

Noller, Annette/Eidt, Ellen/Schmidt, Heinz (Hg.) (2013): Diakonat – theologische und sozialwissenschaftliche Perspektiven auf ein kirchliches Amt. Stuttgart.

Noller, Annette/Hödl, Dieter (2013): Einleitung. In: Projektberichte Diakonat. S. 7–9.

Projektberichte Diakonat – neu gedacht, neu gelebt (2008–2013) (2013): Projekt der Evangelischen Landeskirche in Württemberg, hg. im Auftrag des Evangelischen Oberkirchenrats (Dezernat 2) (Redaktion: Annette Noller). Stuttgart. Verfügbar unter: www.eh-ludwigsburg.de/fileadmin/user_upload/PDF/Projektberichte2008_2013_Diakonat.pdf (25.02.2014).

Schulz, Claudia (2013): Projektarbeit und Evaluation im kirchlich-diakonischen Kontext. Herausforderungen zwischen Selbstverständlichkeit und Unmöglichkeit. In: Noller, Annette/Eidt, Ellen/Schmidt, Heinz (Hg.): Diakonat – theologische und sozialwissenschaftliche Perspektiven auf ein kirchliches Amt. Stuttgart. S. 196–206.

Heinz Schmidt

Deutlicher werden: Vorschläge zu einer Stärkung des diakonischen Selbstverständnisses

Die Evangelische Landeskirche in Württemberg hat fünf Jahre lang das Großprojekt „Diakonat – neu gedacht, neu gelebt" mit 15 Teilprojekten seit 2008 unter wissenschaftlicher Begleitung durchgeführt. Der nun vorliegende Evaluationsbericht informiert differenziert über den Verlauf der 15 Projekte sowie über Erfahrungen und Einstellungen der Projektverantwortlichen. Er lässt außerdem erkennen, dass die Projekte in ihrer jeweiligen Umwelt (Schule, Gemeinden, soziale Initiativen) und bei ihren Adressaten positiv aufgenommen werden. Der projektorientierte Diakonatsprozess hat zweifellos das diakonische Profil der Landeskirche vor Ort verdeutlicht und ist insofern als voller Erfolg zu werten. Die wissenschaftliche Qualität der begleitenden Untersuchungen sowie der Evaluationen kann uneingeschränkt bestätigt werden. Die methodischen Standards empirischer Forschung wurden durchweg eingehalten.

Die Berichte und Analysen weisen auf grundlegende Probleme diakonischer Profilierung hin, die teils mit dem Umfeld, teils mit den Erwartungen und Voreinstellungen der Adressaten und indirekt Beteiligten (kooperierende Institutionen und Leitungsverantwortliche, Kooperationspartner nicht-kirchlicher Herkunft) der Projekte zusammenhängen. Teils sind sie aber auch auf Schwierigkeiten der beteiligten Diakone und Diakoninnen zurückzuführen, das *Diakonische* ihres Handelns zur Geltung zu bringen, ja ihr Tun überhaupt spezifisch theologisch bzw. theologisch-ethisch zu begründen. Insgesamt ist eine große Unsicherheit und Unbestimmtheit hinsichtlich der Erkennbarkeit und Kommunizierbarkeit der theologischen Qualität des Hilfehandelns an verschiedenen Lebensorten festzustellen, was sich dann auch als Unsicherheit und Unklarheit des diakonischen Selbstverständnisses manifestiert.[1] Es erscheint daher sinnvoll, sich zunächst vor Augen zu führen, was *theologisch* unter dem *Diakonischen* zu verstehen ist, d. h. was ein Hilfehandeln bzw. allgemein die unterstützende Zuwendung zu anderen Menschen als diakonisch qualifiziert.

Klaus Krämer, ein katholischer Theologe und Präsident des Internationalen Katholischen Missionswerks missio e. V.[2], charakterisiert „Diakonisches Handeln als Glaubenszeugnis" wie folgt:

---

1 Zu Recht relativieren die Verfasserinnen und Verfasser der empirischen Untersuchungen derartig allgemeingültig klingende Feststellungen durch Hinweise auf die Leistungsfähigkeit qualitativer Erhebungen sowie die kleine Zahl der jeweils Befragten oder Interviewten. Mit Recht deshalb, weil bedingt u. a. durch die Erhebungsmethoden und die kleine Zahl keine Repräsentativität erreicht werden kann. Dennoch ist der Schluss auf verbreitete Unsicherheiten hinsichtlich der diakonischen Identität berechtigt, weil diese bei allen Befragungen erkennbar sind und auch außerhalb der Untersuchungen immer wieder kommuniziert werden.

2 In der römisch-katholischen Kirche war bekanntlich bis zum II. Vatikanischen Konzil der Diakonat als Weiheamt nur noch eine Vorstufe zum Priesteramt. Das Konzil selbst hat den

„Zuwendung zu anderen Menschen kann in verschiedener Hinsicht zu einem Zeugnis des Glaubens werden. Es kann vor allem dort zu einem glaubwürdigen Eintreten für die Botschaft vom Heil für alle Menschen werden, wo diese Zuwendung Menschen gilt, die der allgemeinen Aufmerksamkeit und Wertschätzung entzogen sind. Diakonisches Handeln gilt vor allem den Menschen, die am Rande stehen und von den anderen vergessen werden. Von besonderer Bedeutung ist es in diesem Zusammenhang, dass der soziale und humanitäre Einsatz nicht auf Mitglieder der eigenen Glaubensgemeinschaft beschränkt wird, sondern grundsätzlich allen Menschen gilt. Das diakonische Handeln der Kirche steht im universalen Horizont des Reiches Gottes, das allen Menschen dieser Welt verheißen ist. Von daher muss jede Hilfe unabhängig von Bedingungen oder Vorleistungen gegeben werden. Nur so kann sie zu einem erfahrbaren Zeichen der gnadenhaft geschenkten Wirklichkeit des Reiches Gottes werden.
Der Zeugnischarakter diakonischen Handelns setzt von daher bereits bei der Wahl der konkreten Tätigkeitsbereiche an. Diese werden sich in besonderer Weise am Gebot Jesu orientieren, den Ärmsten und Geringsten beizustehen.[3] Herausgehobene Handlungsfelder werden immer wieder Bereiche sein, in denen in besonderer Weise ein Zeugnis für die von Gott geschenkte unveräußerliche Würde eines jeden Menschen gegeben werden kann – vor allem durch die Zuwendung zu Menschen, die in den Augen der Gesellschaft „keinen Wert" mehr besitzen, wie behinderte oder unheilbar kranke Menschen.
Zum Zeugnis des Glaubens wird der diakonische Dienst aber vor allem dort, wo in der individuellen Zuwendung die rettende Liebe Gottes und die befreiende Kraft des Evangeliums konkret erfahrbar wird. Von daher kommt der personalen Qualität diakonischen Handelns eine zentrale Bedeutung zu. In liebevoller Zuwendung, die sich nicht in einer professionell verrichteten Dienstleistung erschöpft, kann sich der angesprochene Mensch in einem umfassenden Sinn als bejaht und angenommen erfahren. Wichtig ist dabei vor allem, dass die existentiellen Fragen, die im konkreten Leid mitschwingen, ernstgenommen und aufgegriffen werden. In der liebevollen Zuwendung zum Anderen wird seine Not und seine Sehnsucht bis in ihre letzte Tiefe hinein ernstgenommen und ausgehalten. Zum Zeugnis des Glaubens kommt es aber erst dann, wenn es dem Helfenden gelingt, in seinem Tun die selbst erfahrene liebende Zuwendung Gottes als das letzte tragende Motiv seines Handelns transparent zu machen. Dieses Zeugnis wird in aller Regel ein implizites Zeugnis der konkreten Tat sein. Seine Glaubwürdigkeit muss sich aber zumindest in der grundsätzlichen Bereitschaft und Fähigkeit erweisen, die Beweggründe des eigenen Handelns – wo dies angebracht ist – ins Wort zu fassen und damit zum expliziten Zeugnis des Glaubens werden zu lassen."[4]

Bemerkenswert an diesen Überlegungen ist die Bewertung des diakonischen Hilfehandels als Glaubenszeugnis, auch ohne, dass dieses Zeugnis verbal ausgedrückt wird. Freilich sollte die liebende Zuwendung Gottes als tragendes Handlungsmotiv transparent sein, d. h. aber, dass nicht nur eine prinzipielle Bereit-

„Ständigen Diakonat" neu installiert (Lumen gentium, Nr. 29), freilich ohne ausführliche theologische Begründung. Durch eine intensive theologische Arbeit, die sogar hochrangige lehramtliche Dokumente beeinflusst hat (z. B. Enzyklika Deus Caritas est von Benedikt XVI) wurde dieser Mangel behoben. Es ist daher sinnvoll, den Ertrag dieser Arbeit auch auf evangelischer Seite zu nutzen.

3 Vgl. Mt 25, 31 – 46.

4 Krämer 2013: S. 127–128.

schaft der diakonischen Helferinnen und Helfer besteht, darüber zu reden, sondern dass diese Bereitschaft in den je aktuellen Begegnungen auch spürbar bzw. erkennbar wird, wenn deren Kontext nicht von selbst eine missionarische Intention signalisiert.

Das auch im evangelischen Bereich viel diskutierte Verhältnis von (professioneller) Fachlichkeit und Glaubenszeugnis wird von Klaus Krämer wie folgt konkretisiert:

> „Sozialem und diakonischem Handeln kommt diese Zeugnisfunktion aber noch nicht ohne weiteres von sich aus zu. Ein missionarischer Raum wird erst dort geöffnet, wo die existentielle Dimension der konkreten Lebenssituation ernstgenommen wird und sie in adäquater Weise menschlich und pastoral gestaltet wird. Von daher müssen die soziale und die pastorale Dimension diakonischen Handelns in angemessener Weise miteinander verbunden werden. Zum einen geht es natürlich darum, auf eine konkrete soziale und humanitäre Herausforderung in adäquater und damit auch in einer den geltenden professionellen Maßstäben genügenden Weise zu antworten. Damit sich diakonisches Handeln aber nicht in professioneller Funktionalität erschöpft, braucht es begleitend zu fachkundiger Dienstleistung ein qualifiziertes pastorales Handeln, durch das ein Raum für menschliche und geistliche Begegnung eröffnet und gestaltet wird. Pastorales Handeln erschöpft sich dabei nicht allein in spontaner menschlicher Zuwendung. Notwendig ist vielmehr ein der jeweiligen Herausforderung entsprechendes pastorales Konzept. Dazu gehört zunächst eine genaue Analyse der jeweiligen Lebenssituation mit ihren Herausforderungen und Besonderheiten. Die zentrale pastorale Herausforderung besteht dabei vor allem darin, diese Lebenssituation theologisch so zu durchdringen, dass die Botschaft des Glaubens aus der Perspektive des Betroffenen in ihrem Hoffnungsgehalt wahrgenommen werden kann. Dies kann im letzten nur im Rahmen eines dialogischen Prozesses geschehen. Dazu ist es erforderlich, dass der Betroffene in der subjektiven Wahrnehmung seiner Lebenswirklichkeit ernstgenommen wird. Vor allem gilt es immer wieder, sich um eine Sprache – und andere angemessene Kommunikationsformen – zu bemühen, durch die seine Ängste und Sorgen aber auch seine Sehnsüchte und Hoffnungen so ins Wort gebracht werden, dass hilfreiche Antworten im Horizont des Glaubens möglich werden. Dabei müssen professionelle Hilfe und pastorale Begleitung stets Hand in Hand gehen. Durch die seelsorgerische Begleitung wird die konkrete Hilfe in einen Bedeutungshorizont gestellt, der dem Betroffenen einen existentiellen Zugang zu einer tieferen Deutung seiner Lebenssituation eröffnen kann. Dadurch wird es ihm möglich, aus einer passiven in eine aktive Rolle zu wechseln, seine aktuelle Lebenssituation zu deuten, in seinen individuellen Lebensentwurf einzuordnen und Perspektiven für die Zukunft zu entwickeln. Auch pastorales Handeln besitzt eine ihr angemessene Professionalität. Von daher müssen für die jeweiligen Handlungsbereiche eigene pastorale Konzepte entwickelt werden. Die pastoral Handelnden benötigen für ihren Aufgabenbereich eine angemessene Ausbildung und Vorbereitung. Vor allem müssen sie selbst die notwendige Begleitung erfahren, um ihre Erfahrungen verarbeiten und auswerten zu können. Eine angemessene Auswertung und Evaluierung der pastoralen Arbeit im jeweiligen Bereich ist eine wichtige Grundlage für die Weiterentwicklung der pastoralen Konzeptionen. Immer wichtiger wird es dabei auch, eine angemessene Kriteriologie zu entwickeln, um Fehlentwicklungen zu identifizieren und zu beheben.“[5]

[5] Krämer 2013: S. 130f.

Diese von Klaus Krämer sorgfältig bedachte theologische Qualität professionellen Handelns im Diakonat soll sich nun in einem Umfeld realisieren, in dem zum Teil ganz andere Erwartungen virulent sind. Oft beklagen Diakoninnen und Diakone die Unkenntnis ihres spezifischen Auftrags und ihrer besonderen Kompetenzen oder auch das Desinteresse an beidem. Dies sollte in erster Linie die gesamte Landeskirche veranlassen, das berufliche Profil der diakonischen Profession und die damit verbundene sog. Doppelqualifikation immer wieder öffentlich bekannt zu machen und zwar sowohl in den alltäglichen Kommunikationen als auch gezielt durch Öffentlichkeitsarbeit. Einiges geschieht bereits in dieser Richtung, aber es bleibt noch viel zu tun. Außerdem sollten Diakoninnen und Diakone in viel stärkerem Maß in politischen Gremien und Verhandlungen als die bevollmächtigten Vertreter der Kirche wahrgenommen werden können und zwar auf kommunaler wie auf Landesebene. Dies setzt natürlich voraus, dass sie auch innerhalb der Landeskirche mit den entsprechenden Führungsaufgaben (inklusive Entscheidungsbefugnissen) betraut werden.[6]

Die Unsicherheiten und Unklarheiten hinsichtlich des professionellen Selbstverständnisses zeigen sich nicht in allen Arbeitsgebieten in gleicher Weise. Diakoninnen und Diakone, die im Religionsunterricht oder in der Jugendsozialarbeit tätig sind, können die diakonische Qualität ihres Tuns oft selbst nicht beschreiben, geschweige denn anderen vermitteln. Als Ersatz verweisen sie häufig auf selten eintretende seelsorgerliche Herausforderungen oder spezifisch gottesdienstliche Ereignisse (Andachten, Kasualien). Sozial- und Pflegediakoninnen tun sich nur scheinbar weniger schwer, weil sie sich als Akteure christlicher Nächstenliebe verstehen können. Freilich ist für viele ihrer Adressaten eine solche Motivation vielleicht erfreulich, aber doch ziemlich unerheblich, da sie nur ihre Rechtsansprüche einlösen und das professionelle Handeln bei sozialen Dienstleistungen auch im Rahmen einer allgemeinen humanistischen Ethik hinreichend zu begründen ist und außerdem bezahlt wird. Gemeindediakoninnen und -diakone scheinen auf den ersten Blick die geringsten Probleme mit ihrer kirchlich-diakonischen Identität zu haben, weil sie immer in der Kirchengemeinde in deren Auftrag unterwegs sind. Freilich bleibt unbedacht, dass ihr Tun nicht schon deshalb diakonisch theologisch qualifiziert ist, weil es der nachbarschaftlichen und vielleicht auch innergemeindlichen Kontaktpflege dient. Die Diakoninnen und Diakone in beruflichen Gremien und anderen Aufgaben verweisen vorwiegend auf das bekannte diakonische Profil der sie tragenden Organisationen und entlasten sich damit hinsichtlich persönlicher diakonischer Profilierung.

Diese höchst heterogenen Ergebnisse der ersten Projektphase sprechen zunächst für eine mögliche Weiterführung der laufenden Projekte, soweit nicht schon eine hinreichend klare Profilierung des diakonischen Profils festgestellt

---

6 Im Rahmen der Sommersynode der Evang. Landeskirche in Württemberg hat der für den Diakonat zuständige Dezernent für die Kirchenleitung eine in diese Richtung weisende Absichtserklärung abgegeben. Einschlägige Beschlüsse wurden dazu allerdings nicht gefasst. Vgl. Evangelisches Medienhaus 2013: S. 5 und Evangelische Landeskirche Württemberg 2013 (1).

werden konnte, die eine Überführung von einzelnen Teilprojekten in auf Dauer gestellte kirchliche Aktivitäten nahelegen würde. Darüber hinaus ist aber intensive Beschäftigung mit den verschiedenen Aspekten der hier kurz skizzierten Problematik der Erkennbarkeit diakonischen Handelns sowie des Selbstverständnisses von Diakoninnen und Diakonen erforderlich. Ich möchte im Folgenden einige Überlegungen zu dieser Problematik vortragen. Zur Frage der Weiterführung des Diakonatsprozesses möchte ich nun einen Grundsatz formulieren, der alle ansonsten einschlägigen Entscheidungsaspekte (finanzielle, kirchenstrukturelle, personalpolitische usw.) bewusst außer Acht lässt, den Letzteren aber vorgeordnet sein sollte. Er lautet:

> Da der Diakonatsprozess die immer noch verbesserungswürdige diakonische Profilierung der Landeskirche gestärkt hat, sollten alle Projekte nach Möglichkeit irgendwie weitergeführt werden. Die Frage, welche Projekte als Projekte verlängert und welche in eine dauerhafte kirchliche Aktivität überführt werden, sollte aufgrund des Kriteriums der Erkennbarkeit als kirchlich-diakonische Aktivität entschieden werden. Wo diese hinreichend gegeben war, sollte das Projekt als kirchliches Arbeitsgebiet auf Dauer gestellt werden, während den übrigen Projekten in einem weiteren begrenzten Zeitraum Gelegenheit gegeben wird, ihr kirchlich-diakonisches Profil zu schärfen.

Um die Nachhaltigkeit diakonischer Profilierung zu fördern, sollte sich die Landeskirche zu einer intensiven Förderung des diakonischen Selbstverständnisses und der diesbezüglichen Profilierung der Mitarbeitenden im Diakonat entschließen. In welcher Weise dies geschehen könnte, dazu möchte ich im Folgenden kurz einige Vorschläge machen. Ich beziehe diese Vorschläge auf die vier funktionalen Einheiten von Organisationen, die Ellen Eidt im abschließenden Beitrag des Berichts als die fünf wesentlichen Merkmale von Organisationen aus der aktuellen organisationstheoretischen Forschung gewonnen hat[7]: (1.) Verankerung in der Kernaufgabe (Kommunikation des Evangeliums im Horizont des Reiches Gottes) (2.) Hierarchie und Strukturen (organisationelle und strukturelle Verortung). (3.) Personal (einschließlich Qualifizierung und Personalentwicklung). (4.) Programme (Aufgabenzuweisungen, Dienstbeschreibungen, Evaluationen). Zum Abschluss erlaube ich mir (5.) einige Schlussbemerkungen.

1. Verankerung in der Kernaufgabe (Kommunikation des Evangeliums im Horizont des Reiches Gottes)

In der Landeskirche gilt, dass der Diakonat als Verkündigung in Wort und Tat zur Kernaufgabe der Kirche gehört wie auch die Diakonie als zentrale Wesens- und Lebensäußerung der Kirche betrachtet wird. Nicht genauer bestimmt ist aber, inwiefern und auf welche Weise diese Verkündigung als „Kommunikation des Evangeliums im Horizont des Reich Gottes“ zu verwirklichen sei. Diakoninnen und Diakonen bleibt es überlassen, selbst über Inhalt und Art dieser Kom-

[7] Vgl. Eidt 2013 (2). V. a. S. 496f. (Dort auch die entsprechende Referenzliteratur).

munikation in dem ihnen zugewiesenen Arbeitsgebiet zu entscheiden. Wie der Evaluationsbericht zeigt, fühlen sie sich dabei oft allein gelassen und auch überfordert. Es mangelt an konzeptioneller Klarheit und strategischer Stringenz hinsichtlich des besonderen Verkündigungsauftrags in den verschiedenen diakonischen Arbeitsgebieten. Eine genauere theologische und ethische Bestimmung der „diakonischen" Kommunikation und deren exemplarische Explikation in den Hauptarbeitsgebieten (Jugendsozialarbeit, Schule, Senioren, Sozial- und Pflegediakonie, Menschen mit Behinderungen), erstellt von einer Arbeitsgruppe unter Beteiligung von erfahrenen Diakoninnen und Diakonen, könnte ein Weg sein hin zu einer Verbesserung und Unterstützung diakonischer Identitätsbildung. Das Ergebnis dieser Arbeitsgruppe sollte die Form eines Leitbilds für die im Diakonat hauptamtlich tätigen Personen erhalten, vergleichbar mit den schon länger verbreiteten Leitbildern diakonischer Unternehmen.[8] Wenn ein Entwurf eines solchen Leitbilds vorliegt, sollte dieser nach einem koordinierten Beratungsprozesses in eine beschlussfähige Vorlage gebracht und von dem zuständigen kirchlichen Leitungsorgan verabschiedet werden, wobei auch Vorkehrungen für einen kontinuierlichen Revisionsprozess zu treffen wären.

Ein solches Leitbild professioneller diakonischer Identität sollte sowohl in den arbeitsfeldübergreifenden Bestimmungen wie in den arbeitsfeldspezifischen Explikationen aufzeigen, wie das jeweilige diakonische Tun als Teil des Schöpfungs- und Versöhnungshandelns Gottes sowie der Verheißung des Reiches Gottes verstanden werden kann. Nur so kann es den einzelnen Diakoninnen und Diakonen helfen, ihr beruflich-fachliches Handeln für sich und vor anderen theologisch angemessen zu interpretieren. Außerdem ist eine entsprechende Einordnung in die theologische Ethik erforderlich. Bereits 1985 hat Herrmann Ringeling eine Verortung der diakonischen Aufgabe in der Ethik wie folgt vorgeschlagen:

> „Diakonie ist Zeugnis für das Heil, kann aber nicht den Anspruch erheben, Heil zu schaffen. Als Hilfehandeln von Menschen und im Auftrag der Kirche soll sie den Hilfsbedürftigen Mittel an die Hand geben und Wege öffnen, um Notlagen bewältigen und belastende soziale Verhältnisse bessern zu können. Das ethische Thema der Diakonie ist auf das ‚Vorläufige' beschränkt: eben auf die realistische Bewältigung und Besserung im Unterschied von utopischer Abschaffung der ‚Leiden der gegenwärtigen Zeit' (Röm 8,18). Die beiden Seiten des Grundsatzes haben ihren Zusammenhalt darin, dass (...) dem Hilfsbedürftigen die Not nicht ein für allemal, in einem ‚Zustand heiler Welt', abgenommen werden kann. Vielmehr soll ihm zu der möglichst eigenständigen Freiheit verholfen werden, sich selber an der fortdauernden Notwendigkeit

8 Zu den wenigen Beschlüssen, die auf der Sommertagung der Synode 2013, in der der Evaluationsbericht über den Diakonatsprozess eingebracht wurde, gehört die Einrichtung eines „Kompetenzzentrums Diakonats". Dort sind bereits eine P4 Pfarrstelle, eine TVöD 13 Stelle Dozent/-in, eine TvöD 12 Stelle für die Beauftragte für die Diakone und Diakoninnen im Bereich der Gemeindediakonie (mit 50 %) sowie eine TVöD 12 Stelle für eine Fortbildungsreferentin (25 % – in Personalunion mit der Beauftragten für die Gemeindediakone) institutionalisiert. Außerdem wurden weitere 65 000 Euro bewilligt. Die Kapazitäten für eine solche Leitbildentwicklung wären also vorhanden.

> menschlichen Hilfehandelns zu beteiligen. (...) Diakonie im kirchlichen Sinnzusammenhang ist keine prinzipielle Alternative zu ‚weltlichen' Konzepten von Sozialarbeit, sondern nimmt in kritischer Kooperation (und unter Umständen, konkret, auch alternativ und zum andern exemplarisch) bestimmte Aufgaben der Befähigung und Ermächtigung zur eigenen Lebensführung besonders wahr, indem sie sie auf die Beschaffenheit und Bestimmung des Menschen vor Gott bezieht."[9]

Die diakonische Aufgabe, Notlagen realistisch bewältigen und verbessern zu helfen, erfordert heute differenzierte Fachkenntnisse in den wichtigsten gesellschaftlichen Bereichen. Daher sollte das Ziel sein, Diakone als Ethikspezialisten in ihren Arbeitsfeldern zu etablieren[10]. Jedenfalls sollte das Leitbild auch in dieser Richtung wünschenswerte Kompetenzen skizzieren.

2. Hierarchie und Strukturen (organisationelle und strukturelle Verortung)

Die organisationelle und strukturelle Verortung der Diakoninnen und Diakone in der Landeskirche ist uneinheitlich und unübersichtlich und müsste schon deshalb revidiert werden. Beunruhigender ist aber die Klage über unsichere bzw. verzichtbare Stellen (bes. in der Gemeindediakonie) sowie über die Besetzung von Diakonatsstellen, die – obwohl sie mit diakonisch qualifizierten Personen besetzt werden müssten – an Fachpersonal ohne diakonische Ausbildung vergeben werden. Neben der noch praktizierten Benachteiligung von Diakoninnen und Diakonen, was Status und Bezahlung betrifft, ist diese Situation Ursache von Verunsicherung und Berufsunzufriedenheit. Dabei wirkt sich ein strukturelles Defizit aus, das mit der bisher unzureichenden Verankerung des Diakonats in der kirchlichen Kernaufgabe zusammenhängt.[11] Eine der kirchlich-diakonischen Kernaufgabe entsprechende Strategie müsste darauf gerichtet sein, die Landeskirche zum alleinigen Anstellungsträger für alle kirchlichen Diakonatsstellen zu machen. Dem Oberkirchenrat fiele dann auch die Aufgabe einer globalen Stellenplanung mit einer entsprechenden Verankerung im landeskirchlichen Haushalt zu.[12] Diese Stellenplanung muss natürlich in Absprache mit den Einsatz-

---

9 Ringeling 2006: S. 110f.

10 Was die seelsorgerliche Kompetenz von Diakoninnen und Diakonen betrifft, ist zwischen einer allgemeinen Alltagskommunikation und professioneller Seelsorge zu unterscheiden. Erstere betrifft alle Christen, letztere teilen sich die Diakoninnen mit den Pfarrerinnen, freilich mit der spezifischen Ausrichtung auf das jeweilige diakonische Arbeitsgebiet.

11 In selbständigen diakonischen Unternehmen ist die Situation bedauerlicherweise ähnlich, entzieht sich aber direkter kirchlicher Einflussnahme. Indirekt dürfte sich allerdings eine klare organisationelle Strategie der Landeskirche mit entsprechenden Ausbildungskonsequenzen auch positiv auf die Unternehmen auswirken.

12 Die württembergische Landessynode vom 4.–6. Juli 2013 hat beschlossen, dass zukünftig eine direkte Anstellung durch die Landeskirche möglich sein soll. Dieser zaghafte Beschluss zeigt, wie weit die Landeskirche von einer Gesamtstrategie entfernt ist. Doch ist dies zweifellos ein Schritt in die richtige Richtung. Vgl. Evangelisches Medienhaus 2013: S. 5 und Evangelische

orten, meistens mit einem Kirchenbezirk, aber auch mit einzelnen selbständigen Einrichtungen oder mit nicht-kirchlichen Kooperationspartnern erfolgen. Der Stellenplan sollte neben Dauerstellen auch einen Bereich für Projekte vorsehen. Die Stellen des Stellenplans werden den Organisationseinheiten zugeordnet, in denen sich die diakonische Aktivität vollziehen soll. Dort liegt dann auch die Fachaufsicht, soweit sie dort von theologisch-diakonisch kompetentem Personal wahrgenommen werden kann[13]. Auf der Ebene des Kirchenbezirks wird das in der Regel der/die Dekan/-in, der/die Schuldekan/-in oder ein/-e gesondert eingesetzte/-r Diakoniebeauftrage/-r sein. Eine einzelne Kirchengemeinde sollte als Organisationseinheit in der Regel nicht mehr in Frage kommen, da heute die diakonischen Aufgabenfelder parochiale Grenzen zu überschreiten pflegen, auch in ländlichen Gebieten, und daher auf der Ebene des Kirchenbezirks koordiniert und in eine diakonische Strategie einbezogen werden sollten. Die allgemeine Dienstaufsicht bleibt zentral bei der Kirchenleitung, die ihrerseits auch ein Instrument kontinuierlicher fachlicher und seelsorgerlicher Beratung und Begleitung, unabhängig von Dienst- und Fachaufsicht aufbauen sollte.[14] Eine solche strukturelle Ausgestaltung entspräche etwa den Standards, die für den Pfarrdienst selbstverständlich sind.

3. Personal (einschließlich Qualifizierung und Personalentwicklung)

Wenn der Diakonat einen wesentlichen Teil der kirchlichen Kernaufgabe darstellt, der in qualifizierter Weise zu verwirklichen ist, erscheint es angezeigt, diese Aufgabe im Rahmen eines „geordneten Amtes der Kirche“ wahrzunehmen. Das unspezifische unterstützende Handeln (wie Nachbarschaftshilfe, Kontaktpflege oder spontane Hilfeleistungen) obliegt jedem Christen und ist Teil des Priestertums aller Gläubigen oder – wenn man es so nennen will – des Diakonats aller Gläubigen. Wenn etwa Gemeinde- oder Sozialdiakone in alltäglicher Zuwendung oder spontaner Hilfeleistung den diakonischen Gehalt ihrer Profession zu erkennen glauben, ist das nicht zureichend. Professionelles („amtliches“) Handeln im Diakonat meint prinzipiell eine fachlich qualifizierte Hilfeleistung, die theologisch-diakonisch legitimiert und ethisch reflektiert ist. Für derartige, auf Dauer gestellte Tätigkeiten ist die sog. Doppelqualifikation auf wissenschaftlichem Niveau erforderlich, im Falle des „amtlichen“ Diakonats eine theologisch-diakonische bezogen auf eine Disziplin der Sozialarbeits-, der Pflege- oder der Erzie-

---

Landeskirche in Württemberg 2013 (2). In diesem Zusammenhang werden außerdem 1 Mio. € für Personal- und Stellenentwicklung bereitgestellt.

13 Wo dies nicht der Fall ist, sollte sich der Oberkirchenrat um eine kooperative Struktur der Fachaufsicht vor Ort bemühen.

14 Dafür hat die Synode im Sommer 2013 eine 75 % Stelle für 5 Jahre, die im Oberkirchenrat angesiedelt ist (TvöD 11) beschlossen und 950 000 € bereitgestellt. Vgl. Antrag 32–13 (Evangelische Landeskirche Württemberg 2013 [2])

hungswissenschaft[15]. Dieses Anforderungsprofil ist hoch komplex und verlangt daher eine mehrjährige wissenschaftliche Ausbildung, eine ständige Fort- und Weiterbildung und insbesondere eine entsprechende Wertorientierung, die zudem im Alltag zum Ausdruck kommen muss. Wegen der engen Verbindung von Qualifikation und Person braucht das diakonische Personal sowohl fachliche Beratung wie seelsorgerliche Begleitung und zwar durch ebenfalls in der Diakonie kundige Personen. Außerdem muss die Eigenverantwortlichkeit der professionellen Mitarbeit im Diakonat sichergestellt sein, die auch eine gleichrangige Beteiligung an kirchlich-diakonischer Leitungsverantwortung einschließen sollte. Die Landeskirche hat mit der Doppelqualifikation die nötigen Voraussetzungen geschaffen, hinsichtlich einer gleichwertigen Beteiligung an kirchlicher Leitungsverantwortung sind aber hierarchische Unterordnungen nicht zu übersehen.

Allen Landeskirchen fehlt bisher ein umfassendes und integriertes Konzept diakonischer Personalentwicklung, das sowohl Möglichkeiten zusätzlicher diakonisch-fachlicher Qualifizierung hinsichtlich neuer Entwicklungen und Spezifizierungen im eigenen Arbeitsbereich wie solche der Qualifizierung für Führungsaufgaben (Organisation, Management sowie Gestaltung von Handlungsbereichen und Umgang mit so genannten diakonischen Kulturen) enthält. Bei der Ausarbeitung und Umsetzung von Personalentwicklungsprogrammen kann (und sollte) die Landeskirche mit den größeren diakonischen Einrichtungen, mit den Hochschulen und gegebenenfalls auch mit außerkirchlichen Einrichtungen zusammenarbeiten.[16]

4. Programme (Aufgabenzuweisungen, Dienstbeschreibungen, Evaluationen)

Aufgrund der intendierten Stärkung der beruflichen Identität ordne ich die Stellenbeschreibungen und die Mitgestaltung sog. diakonischer Kulturen der Ebene der Programme zu,[17] insofern letztere den eigens zu gestaltenden interaktionalen Rahmen diakonischen Handelns darstellen, erstere die zentralen diakonischen Aktivitäten der einzelnen Mitarbeitenden innerhalb einer Organisation beschreiben. Die Diakoninnen und Diakone beklagen vielfach unklare und zu unbestimmte Stellenbeschreibungen. Außerdem würden die alltäglichen Interaktio-

---

15 Im Prinzip verhält es sich auch bei Pfarrern nicht anders, insofern deren primäre theologisch-hermeneutische Kompetenz auf kommunikative oder pädagogische Disziplinen bezogen ist.

16 Die landeskirchliche Realität bleibt auch hinsichtlich dieser Maßnahmen verbesserungsbedürftig. Die württembergische Synode hat beschlossen, eine schon begonnene Personalstrukturübersicht weiterzuführen mit dem Ziel, deren Tauglichkeit für die Beratung zu prüfen. Außerdem wurde das zuständige Dezernat beauftragt, ein Personalentwicklungskonzept zu erarbeiten. Vgl. Evangelisches Medienhaus 2013: S. 5. Vgl. außerdem die Anträge 32–13 und 33–13, die so von der Synode beschlossen wurden. (Vgl. Evangelische Landeskirche Württemberg 2013 [2]). Die Zusammmenarbeit in den dazugehörigen Arbeitsgruppen ist zwischenzeitlich installiert.

17 Vgl. Eidt 2013 (2): S. 497–501. Im Unterschied zu Ellen Eidts abschließendem Beitrag zum Evaluationsbericht „Kirche im Projektstress", die mit guten Gründen beides im Zusammenhang mit den Personalfragen behandelt.

nen unzureichend berücksichtigt, obwohl diese eine „Nähe bei den Menschen" ermöglichen und gerade deshalb von vielen als ein zentrales diakonisches Element verstanden werden. Demgegenüber ist darauf hinzuweisen, dass unspezifische alltägliche Interaktionen wie Kaffeebesuche oder Alltagsbegegnungen per se weder menschliche Nähe gewährleisten noch eine „wirkungsvolle Zugangsmöglichkeit"[18] zu Menschen mit besonderen sozialen Risiken darstellt, es sei denn sie sind Teil eines (professionellen) Konzepts aufsuchender Arbeit oder von autonomiesichernden Unterstützungsmaßnahmen im Bereich der Familien-, Behinderten- oder Altenhilfe.[19] Unter diesen oder ähnlichen Voraussetzungen gehören sie in die einschlägigen Stellenbeschreibungen ebenso wie solche Kontakte, die einem der kirchlichen Kernaufgabe entspringenden Interesse dienen, z. B. dem Gemeindeaufbau, der Seelsorge oder der Gewinnung von Freiwilligen.

Die genannten Beispiele verdeutlichen hinreichend, wie konkret Stellenbeschreibungen sein müssen, um als Handlungsanleitung zu taugen. Außerdem lässt erst die konkrete Benennung professioneller Aktivitäten eine Einschätzung des zeitlichen Aufwands zu, zumal wenn Zeitbudgetanteile mit angegeben werden.[20] Bei der konkreten Beschreibung der professionellen Arbeitsschwerpunkte dürfen auch die theologischen und ethischen Interpretationen nicht fehlen, die einen Arbeitseinsatz als diakonischen identifizierbar machen. Das Wort Interpretation ist bewusst gewählt, weil Diakoninnen und Diakone neben ihren fachlichen Interpretationen auch die theologische und ethische Qualität ihres Handelns so weit wie möglich ihren Klienten erläutern sollten, und zwar nicht nur einmal, sondern immer wieder, wenn Fragen oder Veränderungen dies ermöglichen oder erfordern. Es liegt auf der Hand, dass derartige handlungsbezogene Kommunikationen einer entsprechenden Schulung und begleitender Beratung ebenso bedürfen wie einer kontinuierlichen, eigenständigen Auseinandersetzung der Mitarbeitenden mit den einschlägigen theologisch-ethischen Diskursen. Deswegen müssen Fortbildung, Beratung und Selbststudium ebenfalls in der Stellenbeschreibung verankert und zeitlich gewichtet sein. Schließlich sollten die Stellenbeschreibungen exemplarisch seelsorgerliche bzw. gottesdienstliche Aktivitäten benennen, die Diakoninnen und Diakone selbständig in ihren Arbeitsgebieten anbieten und etablieren können. Es gibt keinen diakonischen Arbeitsbereich, in dem dies nicht möglich wäre.

Die Pflege und Mitgestaltung diakonischer Kulturen gilt als begleitende, selbstverständliche Tätigkeit, die in Stellenbeschreibungen in der Regel nicht eigens genannt wird. Voraussetzungen sind u. a. Zuwendung, Ansprechbarkeit,

---

18 Eidt 2013 (2): S. 498.

19 Diese Begrenzung auf professionell begründete Kontakte bedeutet nicht, dass alltägliche oder nachbarschaftliche Kontakte nicht in einem weiteren Sinn als diakonisch bezeichnet werden können. Sie sind aber nicht Teil der diakonischen Amtsführung, sondern spontane Akte menschlicher Nähe, die für alle Christen selbstverständlich sein sollten und auch sonst freiwillig zu Stande kommen.

20 Die zeitliche Gewichtung dient einer realistischen Einschätzung der Arbeitsbelastung und damit der Zumutbarkeit, was sich im Sinne der Gesundheitsökonomie positiv auswirken sollte. Vgl. zum Thema Arbeitsgesundheit insgesamt Eidt 2013 (1).

Kontaktfreudigkeit, Zuhören können, Fehlertoleranz u. a. m. Darüber hinaus sollten gerade in säkularen Umgebungen Diakone und Diakoninnen durch ein unaufdringliches aber *sichtbares Zeichen oder Kleidungsstück (etwa ein Kronenkreuz)* erkennbar sein bzw. sich erkennbar machen, damit sie auf ihre christlichen Überzeugungen angesprochen werden. Wenn Mitarbeitende eigene Zimmer haben, sollten Symbole und Bilder auf den diakonischen Hintergrund hinweisen, der freilich durch Akte konkreter Gastlichkeit, zu der auch eine klientenbezogene Festgestaltung gehört, bekräftigt werden sollte.

5. Schlussbemerkungen

Die vorgetragenen Überlegungen berücksichtigen nicht alle Evaluationsergebnisse. Sie greifen die Ergebnisse auf, die Schwierigkeiten im professionellen Selbstverständnis der am Diakonatsprozess beteiligten Diakoninnen und Diakone und erhebliche Unsicherheiten hinsichtlich der eigenen diakonischen Identität signalisieren. Da diese Ausführungen die Ergebnisse der Evaluationen weder kommentieren noch kritisieren wollen (wozu auch kein Grund vorliegt), sondern kirchlichen Handlungsbedarf postulieren und begründen, waren auch Generalisierungen von Erkenntnissen nicht zu vermeiden, die aufgrund der erhobenen Daten von den beteiligten Forschern ausdrücklich als nicht repräsentativ und auch nicht generalisierbar bezeichnet wurden. Dringende kirchenpolitische Entscheidungen, die auf deutlich erkennbare Tendenzen der Verunsicherung und Legitimationsschwäche reagieren, können ebenso wenig wie allgemeine politische Entscheidungen aufgeschoben werden, bis eine absolut verlässliche empirische Basis hergestellt ist. Da auch die umfassendste empirische Forschung nur selektive und daher auch relativierbare Einsichten gewinnen kann, müssen sich kirchenpolitisch Verantwortliche an deutlich erkennbaren Phänomenen und Entwicklungstendenzen orientieren, zumal wenn diese im alltäglichen Kontakt mit Angehörigen der beteiligten Gruppen sowie durch andere Untersuchungen oder eine entsprechende Medienkommunikation bestätigt werden.[21] Aus allen Untersuchungen zusammen ergibt sich ziemlich eindeutig, dass die diakonische Identitätsproblematik schon seit Jahrzehnten besteht. Vermutlich ist sie eine Folge der allgemeinen Pluralisierung und Säkularisierung sowie der unvermeidlichen Rezeption professioneller Sozialarbeit in der Diakonie seit den 1960er Jahren, die ohne Zweifel die fachliche Qualität diakonischer Hilfeleistungen verbessert, d. h. den aktuellen Standards angepasst hat. Die Unverzichtbarkeit der so genannten Doppelqualifikation von Diakoninnen und Diakonen ist die sichtbarste Folge dieser Entwicklung. Allerdings ist es bisher nicht gelungen eine allgemein plausible kirchlich-diakonische Professionalität

---

21 Vgl. Merz 2007: S. 279–287. Plausibilitätsverluste und Verunsicherungen in kirchlich-diakonischen Handlungsfeldern sowie erhebliche Mängel in der produktiven Verarbeitung der Widersprüche der Berufsrolle konstatiert auch Rainer Merz in seiner Untersuchung des beruflichen Konzepts von (württembergischen) Sozialdiakonen und verweist darauf, dass bereits R. Gildemeister 1984 und J. Beerlage/D. Kleiber 1995 zu ähnlichen Ergebnissen gekommen waren.

auszubilden. Diese zu erreichen, ist die Intention der in diesem Papier vorgeschlagenen Maßnahmen.

Literatur

Eidt, Ellen (2013) (1): Diakonisches Handeln unter Projektbedingungen. Eine salutogenetische Analyse der Praxiswahrnehmungen von Diakoninnen und Diakonen. In: Eidt, Ellen/Schulz, Claudia: Evaluation im Diakonat. Sozialwissenschaftliche Vermessung diakonischer Praxis. S. 281–318.

Eidt, Ellen (2013) (2): Kirche im Projektstress? Reflexion der Evaluationsergebnisse eines Diakonatsprojekts für die kirchliche Organisationsentwicklung. In: Eidt, Ellen/Schulz, Claudia: Evaluation im Diakonat. Sozialwissenschaftliche Vermessung diakonischer Praxis. S. 490–514.

Evangelische Landeskirche Württemberg (2013) (1) (Hg.): Sommertagung 2013 TOP 9 Werner Baur. Stuttgart. Verfügbar unter: http://www.elk-wue.de/landeskirche/landessynode/archiv/dokumente/berichte-und-reden/2013/ (15.09.2014).

Evangelische Landeskirche Württemberg (2013) (2) (Hg.): Archiv 2013. Anträge 31–33/13. Stuttgart. Verfügbar unter: http://www.elk-wue.de/landeskirche/landessynode/archiv/dokumente/antraege/2013/ (15.09.2014).

Evangelisches Medienhaus GmbH (Hg.) (2013): beraten und beschlossen. H. 2/2013. Verfügbar unter: http://www.elk-wue.de/landeskirche/landessynode/archiv/dokumente/beraten-und-beschlossen/ (06.07.2014).

Krämer, Klaus (2013): Die missionarische Dimension diakonischen Handelns. In: Ders./Vellguth, Klaus (Hg.): Theologie und Diakonie. Glauben in der Tat. Freiburg. S. 123–132.

Merz, Rainer (2007): Diakonische Professionalität. Zur wissenschaftlichen Rekonstruktion des beruflichen Selbstkonzepts von Diakoninnen und Diakonen. Heidelberg.

Ringeling, Hermann (2006): Der Diakonische Auftrag der Kirche – Versuch eines Konzeptes. In: Herrmann, Volker/Horstmann, Martin (Hg.): Studienbuch Diakonik. Bd. 2. Neukirchen-Vluyn. S. 109–116.

VI. Anhang

Projektskizze „Diakonat – neu gedacht, neu gelebt“

Weiterentwicklung des Diakonen- und Diakoninnenamts in der Evang. Landeskirche in Württemberg zur Stärkung der Kirchengemeinden und Kirchenbezirke in der Wahrnehmung ihrer diakonischen Verantwortung[1]

1. Ausgangspunkt und Projektabsicht

1.1 Das Projekt „Diakonat – neu gedacht, neu gelebt“ soll einen markanten Ertrag zur Profilierung des Diakonats als geordnetes Amt für eine diakonische Kirche leisten. **Kirche ist nur Kirche Jesu Christi, wenn sie verkündigende und diakonische Kirche ist.** Das Diakonen- und Diakoninnengesetz legt im Blick auf den diakonischen Auftrag von Kirche und Gemeinde fest: „Zur Erfüllung dieses Auftrags beruft die Kirche in das Amt des Diakons und der Diakonin Männer und Frauen, die durch ihre Ausbildung und ihre Bereitschaft zum Dienst in besonderer Weise befähigt sind, beim Aufbau der Kirche und ihrer Diakonie verantwortlich mitzuwirken“ (Präambel). Die Berufung selbst wird durch die Landeskirche verantwortet (§ 4 Abs. 1). **Das Projekt soll nun durch exemplarische Erprobungen für die verschiedenen Berufsgruppen im Diakonat zukunftsweisende Ausgestaltungen erarbeiten.**

1.2 Kennzeichnend für das Amt des Diakons und der Diakonin ist der Gestaltungsauftrag in Wort und Tat – in diakonischem Handeln und missionarischem Reden, in der kirchlichen Lebenswelt und in den vielfältigen alltäglichen Lebenswelten der Menschen. Diese Besonderheit ist im Diakonen- und Diakoninnengesetz im § 1 Abs. 4 aufgenommen: „Im Rahmen ihres Auftrags beteiligen sich Diakone/Diakoninnen am kirchlichen Dienst der Verkündigung und Seelsorge“. Die konstruktive und zeitgemäße Umsetzung des Zusammenhangs von diakonischem Handeln und missionarischer Verkündigung wird fester und zu reflektierender Bestandteil des Projekts sein.

---

[1] Quelle: https://www.service.elk-wue.de/fileadmin/dezernate/dezernat2/Ref.2.3_-_Projekt_Diakonat/Projektskizze_Diakonat_Stand_Juli_2007_Beschluss_FA.pdf.

1.3 Mit dem Projekt „Diakonat – neu gelebt, neu gedacht" will die Landeskirche die Bedeutung des Diakonenamts für die Umsetzung der **Vision einer diakonischen Kirche in Zeiten gesellschaftlicher und kirchlicher Veränderungen** konkretisieren und zukunftsfähig weiterentwickeln.

Dazu sollen auf neuen oder bestehenden Stellen Menschen projektweise berufen und beauftragt werden, die eine besondere Begabung und Ausstrahlung (Charisma) dafür haben, einen *Spürsinn für Fragen der Gerechtigkeit* in Gemeinde-Kirche-Gesellschaft zu entwickeln und die dafür notwendigen *Räume der Barmherzigkeit* zu suchen, sie missionarisch und diakonisch zu öffnen bzw. zusammen mit anderen offen zu halten. Damit werden Diakonat und Diakonie wieder stärker zu einer konzeptuell verbundenen Einheit. Diakon und Diakonin werden wieder neu zum „Auge der Kirche", das die Nöte der Menschen sieht, zum „Ohr der Kirche", das hört, wo Hilfe im Sinne des Evangeliums von der Gerechtigkeit Gottes und der Gerechtigkeit unter den Menschen notwendig ist und zum „Mund der Kirche", der den Menschen den Zuspruch des Evangeliums zusagt. (Syrische Kirchenordnung aus dem 5. Jahrhundert). (2)

2. Konkrete Ziele des Projekts

2.1 Es sollen Modelle erprobt werden, wie die diakonische Verantwortung der Kirchengemeinden und -bezirke und die Rückbindung der Diakonischen Einrichtungen an die Gemeinden angesichts der gesellschaftlichen Herausforderungen gestärkt werden können.

Stärkere Verankerung des diakonischen Auftrags in Kirchengemeinden – Kirchenbezirken – Landeskirche – Diakonischen Einrichtungen i. S. der Präambel des Diakonen- und Diakoninnengesetzes: „Diakonie ist gelebter Glaube der christlichen Gemeinde in Wort und Tat".

- Entwicklung von Konzepten eines diakonischen Gemeindeaufbaus.
- Stärkung der diakonischen Präsenz im Alltag der Kirche:
- Aufnahme und Vermittlung innovativer Impulse in /für Kirchengemeinden und Kirchenbezirken sowie diakonischen Einrichtungen; exemplarischer „Aufbau" der diakonischen Innenarchitektur der Kirchengemeinden und -bezirke.
- Vernetzung von Schule – Familie – Kirchengemeinde und Jugendarbeit.
- Kommende und aktuelle diakonische Herausforderungen exemplarisch wahrnehmen und bearbeiten.
- Kirche und Diakonie, Gemeindediakonie und Einrichtungsdiakonie stärker vernetzen.
- Die diakonisch-missionarische Profilierung der Gemeinden stärken.[2]

2.2 Dafür sollen die Dienstaufträge im Diakonenamt klarer profiliert werden. Exemplarische diakonische Profilierung und Vernetzung der Dienstaufträge in den verschiedenen Berufsgruppen des Diakonats, – **zum Beispiel:**

---

2 Im Original ohne Aufzählungszeichen.

– Gruppe der Religionsgädagoginnen und -pädagogen:
=> Verknüpfung Religionsunterricht – Schulseelsorge
– Gruppe der Jugendreferentinnen und -referenten:
=> Verknüpfung Jugendarbeit – Ganztagesschule – Familienbegleitung
– Gruppe der Gemeindediakoninnen und -diakone:
=> Gemeindediakonie – Alternsgesellschaft (Demografische Entwicklung)
– Gruppe der Sozialdiakoninnen und -diakone in Diakonischen Bezirksstellen:
=> Kirchenbezirk und -gemeinde und Gesellschaftliche Armut
– Gruppe der Diakoninnen und Diakone in Diakonischen Einrichtungen:
=> Vernetzung von Einrichtungsdiakonie und Kirchengemeinden
– Ausrichtung des Dienstes der von der Landeskirche berufenen Diakoninnen und Diakonen auf die Zukunft hin
– Schärfung des Profils des Diakonenamtes in Abgrenzung und Verknüpfung zu anderen
Ämtern, z. B. dem Pfarramt
– Die Alltagskultur des Diakonen- und Diakoninnenamts soll deutlicher als bisher verbindliche und landeskirchenweit wieder erkennbare Formen gewinnen.[3]

2.3 **Die <u>Landeskirche</u> gewinnt wichtige Erfahrungen für die Weiterentwicklung des Diakonenamts:**

- Profilierung des DIakonats in der Landeskirche als Brückendienst in die Gesellschaft
- Bündelung bisheriger Aktivitäten zum Profil einer diakonisch-missionarischen Kirche
- Erarbeitung von Konsequenzen für die zukünftige Ausbildung der neu zu berufenden
- Diakone und Diakoninnen aus den Projektergebnissen
- Einarbeitung der Projektergebnisse in Zusammenarbeit mit den landeskirchlich anerkannten Ausbildungsstätten / Evang. Fachhochschule in neue Ausbildungspläne
- Weiterentwicklung des Diakonen- und Diakoninnengesetzes:
- Aufnahme und Fortführung der Diskussion zum Diakonat in der Evang. Landessynode

und weitere Bearbeitung der vorliegenden Anträge (z. B. Theologischer Ausschuss 13/03: Das geordnete Amt der Kirche aktualisieren und die Verantwortung für die Zukunftsfähigkeit des zweiten kirchlichen Amtes wahrnehmen. – z. B. Ausschuss für Diakonie 10/O4).
– Aufnahme der Diskussionen innerhalb der EKD (z. B. Richtlinie für den Diakonat) (3)

[3] Im Original ohne Aufzählungszeichen vor den letzten drei Aspekten.

3. Umsetzung der Projektziele

3.1 Lokale Ergrobungsgroiekte

Erprobungen in Kirchenbezirken, Kirchengemeinden und Einrichtungen
Den Kirchenbezirken bzw. weiteren Anstellungsträgern soll ermöglicht werden, entsprechend den landeskirchlichen Projektzielen eigene Erprobungen im Kirchenbezirk und in den Kirchengemeinden vorzunehmen und somit Veränderungsprozesse in die Wege zu leiten. Die Kirchenbezirke bzw. andere Anstellungsträger sollen auf neuen oder bestehenden Stellen (s.u.) die Ziele des Projekts in ihrem Bereich umsetzen und so zur weiteren Profilierung des Diakonats beitragen.

In jedem Kirchenbezirk bzw. bei jedem Anstellungsträger kann (höchstens) eine Diakonenstelle für das Projekt eingerichtet oder umgewidmet werden. Die Landeskirche bezuschusst während der Erprobung max. die Hälfte der Personalkosten. Durch dieses Konzept soll es möglich sein, Erprobungen im bestehenden Alltag vorzunehmen bzw. umzusetzen, um Veränderungsprozesse im Bestehenden zu ermöglichen.

Adressaten
Eingeladen zur Bewerbung als lokales Erprobungsprojekt werden
- Kirchenbezirke (Distrikte);
- Kooperationen im Kirchenbezirk zwischen Kirchengemeinden und über Kirchenbezirks grenzen hinweg;
- andere kirchliche und diakonische Träger und Verbände.[4]

Auswahl
Zu den Bewerbungsanforderungen gehören
- eine klare Aufgaben- und Projektbeschreibung, die neben örtlichen Zielen auch die landeskirchlichen Ziele ausweist
- ein verbindlicher Beschluss, im Falle einer Zusage eine Stelle bzw. Teilstelle für einen Diakon/eine Diakonin im Sinne der Projektziele für einen Zeitraum von höchstens fünf Jahren umzuwidmen oder neu einzurichten
- eine verbindliche Zusage zur Finanzierung der Sachkosten und mindestens der Hälfte der Personalkosten
- die Benennung einer angemessenen örtlichen Begleitgruppe oder mindestens einer verbindlich beauftragten Ansprechperson.[5]

Zu den Bewerbungsvoraussetzungen gehören weiterhin:
- ein hohes Interesse, sich den aktuellen gesellschaftlichen, diakonischen und missionarischen Herausforderungen zu stellen.
- ein verbindliches Ja der Antragsteller zum diakonischen Auftrag im Diakonat.

---

4 Im Original ohne Aufzählungszeichen.
5 Im Original ohne Aufzählungszeichen.

- zukunftsweisende Überlegungen für die möglichen neu zu gestaltenden Dienstaufträge der Diakoninnen und Diakone.

Rahmenbedingungen der Anstellung für die lokalen Projektstellen:
Es erfolgt keine zentrale Anstellung der Projektpersonen; der jeweilige Träger vor Ort ist für die Anstellung zuständig.

Die Antragsteller haben zwei Alternativen der Anstellung und der Bezuschussung der Personalkosten durch die Landeskirche:

1. Der Projektträger **stellt zeitlich befristet** (max. fünf Jahre) eine Projektperson neu an und erhält dafür einen landeskirchlichen Zuschuss von höchstens der Hälfte der entstehenden Personalkosten. Die restlichen Personalkosten werden durch den Anstellungsträger selbst finanziert.

Aufgrund der vorgegebenen zeitlichen Befristung des Projekts ergeben sich keine Probleme aufgrund der Unkündbarkeit nach dem Diakonen- und Diakoninnenqesetz, da die Unkündbarkeit nur bei unbefristeten Anstellunqen greift. (4)

Durch die auf fünf Jahre begrenzte Anschubfinanzierung kann die Möglichkeit entstehen, aufgrund der Ergebnisse des Projekts Drittmittel zu erwerben (öffentliche Gelder – Vereine – u.s.w.), um damit neue Aufgabenfelder zu erschließen bzw. vorhandene wichtige Aufgaben zukunftsorientiert abzusichern.

2. Eine andere Möglichkeit ist, dass der Projektträger **eine vorhandene Stelle** zur Verfügung stellt, den Dienstauftrag der Steileninhaberin bzw. des Stelleninhabers vorübergehend außer Kraft setzt und sie bzw. ihn für eine bestimmte Zeit mit dem spezifischen Projektauftrag betraut. Damit ist gewährleistet, dass keine finanziellen „Mitnahmeeffekte" entstehen. Dabei bleibt die Entscheidung bis zum Ende des Projekts offen, ob aufgrund der Projekterkenntnisse im Anschluss für die bereits angestellte Person ein im Sinne der Projektergebnisse neu definierter Dienstauftrag entstehen kann.

Breite des Erprobungsfeldes
Das diakonische Amt in der Württ. Landeskirche gliedert sich in verschiedene Berufsgruppen. Die Unterschiedlichkeit der Berufsgruppen und der damit verbundenen Arbeitsfelder verlangt eine große Vielfalt von einzelnen Teilprojekten, um den Auftrag des Gesamtziels umzusetzen und die notwendigen Konsequenzen für die Ausbildung bzw. das Studium zu ziehen. So wird die Vielfalt der verschiedenen Berufsgruppen (z. Z. sechs) und der vier Gemeinschaften im Diakonenamt bereits bei der Definition der einzelnen Projektziele deutlich.

Projektverlauf und wissenschaftliche Begleitung[6] in den lokalen Erprobungen
Um einen genauen Vergleich vornehmen zu können, hat sich die Arbeitsgruppe auf ein gemeinsames Raster für die einzelnen Teilprojekte geeinigt. Alle Abschnitte des Projektes sollen wissenschaftlich begleitet werden.

Raster:
- Ausgangslage erheben
- Problemstellung darlegen
- Zielbeschreibung
- Wissenschaftliche Begleitung / Methoden entwickeln und anwenden
    - Beratung und Supervision
    - Zwischenergebnisse erheben
    - Berichterstattung und -auswertung
    - Reflexion und Weiterentwicklung des Projektverlaufs
    - Evaluationsmethoden und Ergebnisse
    - Abschluss des Projekts (durch Bericht) (5)

3.2 Projektsteuerung auf landeskirchlicher Ebene

Steuerungsgruppe
Der Oberkirchenrat setzt für die Steuerung des Gesamtprojektes eine Projektsteuerungsgruppe ein. In ihr arbeiten u. a. mit:
- der Oberkirchenrat (geschäftsführend)
- das Diakonische Werk Württemberg
- das Evang. Jugendwerk
- die Beauftragte für die Gemeindediakonlnnen

---

6 Wissenschaftliche Begleitung:
Die wissenschaftliche Begleitung ist beteiligt bei der Erhebung der Ausgangslage und der Darlegung der Problemstellung. Sie bringt den Sachstand aus der diakonie- und sozialwissenschaftlichen Literatur mit ein, um die Ausrichtung des Projektes mit den gegenwärtigen Erkenntnissen der theologischen und diakoniewissenschaftlichen Diskussion zu verbinden. Die wissenschaftliche Begleitung ist in Zusammenarbeit mit dem Projektleiter und der Steuerungsgruppe an der Umsetzung der Ziele beteiligt. Sie achtet dabei darauf, dass die Zielsetzungen so formuliert und ausgerichtet sind, dass sie wissenschaftlich evaluiert werden können. Aufgabe der wissenschaftlichen Begleitung ist es, in Zusammenarbeit mit dem Projektleiter und der Steuerungsgruppe wissenschaftliche Methoden der Begleitung zu definieren, mit deren Hilfe der Projektverlauf weiterentwickelt und dokumentiert werden kann (z. B. Beratung und Supervision der Projektstelleninhaber/innen, Einholung und Auswertung von Berichten der Projektstelleninhaber/innen und der begleitenden Anstellungsträger, Durchführung von qualitativen Interviews und quantitativen Befragungen (Fragebögen) in den Arbeitsfeldern der Projektstellen, Zwischenberichte und Erhebung / Überprüfung von Teilzielen / Meilensteinen). Dazu gehören nach Absprache mit der Projektleitung und der Steuerungsgruppe auch die Vorbereitung zur Präsentation von Teil- und Zwischenergebnissen in Gremien der Landeskirche /Öffentlichkeit. Aufgabe der wissenschaftlichen Begleitung ist es, den Verlauf des Projektes, seine Teilergebnisse zu dokumentieren und durch Evaluation des gesamten Projekts am Ende Ergebnisse festzustellen. Diese werden in Abstimmung mit der Projektleitung/Steuerungsgruppe in einen Bericht eingebracht und mit Empfehlungen zur Weiterentwicklung des Diakonats in Kirche und Diakonie, in Ausbildung, Fort- und Weiterbildung verbunden.

- die Diakonatsvertretung
- die Stiftung Karlshöhe
- die Evang. Fachhochschule Reutlingen-Ludwigsburg
- ein/e lokale/r Anstellungsträger/in (Dekanln)
- ein/e Vertreter/in einer beteiligten Diakonischen Einrichtung
- ein/e Vertreter/in einer Missionarische Ausbildungsstätte
- ein Mitglied der Landessynode (Diakonieausschuss)

Projektleitung und Projektgeschäftsstelle
Die Landeskirche setzt im OKR eine Projektleitung/Projektgeschäftstelle ein. Die Personal- und Sachkosten für diese Stelle sind in den beantragten Projektkosten enthalten. Die Projektstelle arbeitet in enger Verbindung mit dem Projektleiter und der Steuerungsgruppe.

Ausstattung und Auftrag:
- 20 % Projektorganisation: Mitarbeit bei der Ausschreibung und Profilierung der Projekt stellen, Zusammenfassung von Berichten und Vorlagen für die Gremien der Landeskirche, Protokolle und Zuarbeit für die Projektleitung, wissenschaftlichen Zuarbeit zu Gremien und Teilnahme an Sitzungen der Steuerungsgruppe, Vorbereitung von Hearings/ Tagungen, Presseberichten und Öffentlichkeitsarbeit.
- 30 % Beratung und Weiterentwicklung des Projektes während der Projektzeit in Kooperation mit der Projektleitung und wissenschaftlichen Leiterin: Einholung und Auswertung von Berichten, Vorbereitung und Durchführung von qualitativen und quantitativen Befragungen in Kooperation mit wissenschaftlicher Leitung und Projektleitung/Steuerungsgruppe, Dokumentation des Projektverlaufes und von Teilergebnissen; Verbindung zu anderen Projekten der Landeskirche herstellen und Einzelfragen des Diakonats (z. B. Verhältnis des Diakon/innenamtes zum Pfarramt, Verhältnis diakonische Träger/ Kirchengemeinden, Erwartungen und Erfahrungen von Anstellungsträgern im Diakonat) vertiefend bearbeiten.
- 25 % Vorbereitung / Zuarbeit zur Auswertung und zum Bericht (Evaluation auf der Basis wissenschaftlicher Methoden) bei Abschluss des Projektes unter Einbeziehung theologischer, diakoniewissenschaftlicher und sozialwissenschaftlicher Literatur. Zuarbeit zur ekklesiologischen und kirchenrechtlichen Einordnung des Projekts im Blick auf die Württembergische Landeskirche und die EKD (Diakonatsdebatte, Weiterentwicklung des Diakonenrechtes) in Kooperation mit Projektleitung, wissenschaftlicher Leitung und Steuerungsgruppe, Zuarbeit zur Ausarbeitung von Empfehlungen zum weiteren Verfahren/Implementierung in Kirche, Diakonie und Aus-, Fort- und Weiterbildung.[7]

[7] Im Original ohne Aufzählungszeichen.

Inhaltliche Schwerpunkte:
- Die Projektstelle berät die lokalen Projekte bei der Klärung der Interessen, bei der Aufgaben- und Projektbeschreibung, sowie bei der Umsetzung der Projektziele.
- Sie berät und begleitet die beteiligten Diakone und Diakoninnen.
- Sie öffnet den Blick der Projektmitwirkenden für andere kirchliche Projekte, wie z. B. „Wachsende Kirche".
- Sie benennt das Spannungsverhältnis „Pfarramt – Diakonenamt" und führt es einer weiteren Klärung zu.
- Sie sorgt für die Vernetzung und das Controlling der lokalen Projekte.
- Sie vermittelt gegebenenfalls Kooperationspartner aus anderen Bereichen. (6)
- Sie arbeitet in Kooperation mit der wissenschaftlichen Leitung an der wissenschaftlichen Begleitung durch die Evangelische Fachhochschule und dem Diakoniewissenschaftlichen Institut Heidelberg.
- Sie fasst zusammen und vermittelt die wesentlichen Ergebnisse und Erfahrungen aus den bisherigen diakonischen Einzelprojekten (Herrenberger Modell, Projekt diakonisches Handeln, Schw. Gmünder Modell, Esslingen ...).
- Sie unterstützt bei der Evaluation und Implementierung in die Folgestrukturen.
- Sie ist verantwortlich für die Multiplikation der Ergebnisse.[8]

Mögliche Gesichtspunkte zur Projektevaluation
- Nachhaltige Impulse fördern das diakonisch-missionarische Handeln und die diakonische Identität.
- Wissenschaftliche Begleitung der Steuerungsgruppe.
- Dienstaufträge von Diakoninnen und Diakonen werden inhaltlich profiliert.
- Analoge Prozesse (Gemeindeentwicklung / NotwendigerWandel) werden gestärkt.
- Ziele und Inhalte der Diakonenausbildung orientieren sich klarer am Amtsverständnis, an den Anforderungen der Praxis und den Erwartungen der Anstellungsträger.
- Die Zuordnung zwischen Pfarramt, Diakonen- und Diakoninnenamt und anderen Ämtern wird präziser.
- Das Diakonenrecht von 1995 wird weiter entwickelt.
- Impulse gehen aus für den Diakonat im Bereich der EKD und der Ökumene.

3.3 Wissenschaftliche Begleitung und Verbindung zu den Ausbildungsstätten

Die **Evang. Fachhochschule Reutlingen-Ludwigsburg** hat ihre grundsätzliche Bereitschaftzur wissenschaftlichen Begleitung erklärt. Durch das Institut für angewandte Forschung (IAF) ist die EFH wissenschaftlich ausgewiesen und hat

[8] Im Original ohne Aufzählungszeichen.

Erfahrung in der wissenschaftlichen Begleitung von anwendungsorientierter Projektforschung. Diese Erfahrung ist durch andere Projekte mit der Landeskirche, der Diakonie sowie kommunalen und wissenschaftlichen Auftraggebern bereits dokumentiert. Das Interesse der Evang. Fachhochschule begründet sich im Besonderen aus der Verantwortung für die Regelausbildung von Studierenden zur Berufung in das Amt des Diakons/ der Diakonin (vgl. Diakonengesetz der Württembergischen Landeskirche). Diese wird in den beiden Studiengängen durchgeführt, die mit einer doppelten Qualifikation abschließen: Erstens dem Studium der Religionspädagogik (Religionspädagog/innen, Gemeindediakon/innen, Jugendreferent/innen) in Verbindung mit dem Ergänzungsstudiengang Sozialpädagogik und zweitens dem Studiengang Soziale Diakonie/ Soziale Arbeit (gemeinwesenorientierte Gemeindediakon/innen und Diakon/innen für diakonische Träger). Die Evangelische Fachhochschule ist bereit, ihrerseits Ressourcen in die wissenschaftliche Begleitung des Projektes ein zu bringen.

Zusätzlich soll das **Diakoniewissenschaftliche Institut (DWI) in Heidelberg** an der Evaluation beteiligt werden, damit eine breitere wissenschaftliche Basis und größtmögliche Objektivität gewährleistet ist.

Die von der Württembergischen Landeskirche anerkannten **diakonisch-missionarischen Ausbildungsstätten** sind bereits im Vorfeld durch Gespräche in die Gestaltung des Projektes einbezogen worden. So hat z. B. die Evang. Missionsschule in Unterweissach ein großes Interesse am diakonischen Gemeindeaufbau signalisiert und seine [sic.] Bereitschaft zur Mitwirkung angeboten. Die von der Landeskirche anerkannten Ausbildungsstätten sollen in der Steuerungsgruppe vertreten sein.

Eine besondere Mitzuständigkeit ergibt sich auch für die Stiftung Karlshöhe. Sie ist in Württemberg in der grundständigen Ausbildung und den berufsbegleitenden Ausbildungsgängen in besonderer Weise für die Entwicklung des Selbstverständnisses der Diakoninnen und Diakone verantwortlich und in kirchlicher Beauftragung für die Berufung in das Diakonenamt zuständig. Deshalb war ebenfalls von Anfang an die Stiftung Karlshöhe in die Überlegungen mit einbezogen. (7)

Stuttgart, 22. März 2007
KR Dieter Hödl,
für die vom Oberkirchenrat eingesetzte Arbeitsgruppe (siehe Vorbemerkungen)

Anlage 1: Finanzieller Rahmen – landeskirchlicher Haushalt
Anlage 2: Projektphasen und Meilensteine

Anlage 1

Projekt Diakonat – neu gedacht, neu gelebt

Finanzieller Rahmen – Landeskirchlicher Haushalt

1.	**Zuschuss Personalkosten (50 %)** **(BAT IV a bzw. Entgeltgruppe 11)** (€ 27 500.– x ca. ? Kirchenbezirken oder evtl. Diak. Einrichtungen x 5 Jahre) **Sachkosten sind von den Kirchengemeinden zu tragen.**	**€ 1 618 000.–**[9]
2.	**Wissenschaftliche Begleitung**	**€ 25 000.–**
3.	**Projektkosten Projektleitung** 75 % Projektleitung / wissenschaftliche Auswertung / 20 % Sekretariat)	**€ 242 000.–**
4.	**Sachkosten – Fahrtkosten – usw.** (Oberkirchenrat oder efh RT-LB)	**€ 54 000.–**
5.	**Veranstaltungen (zentral und dezentral)**	**€ 5000.–**
6.	**Veröffentlichungen**	**€ 5000.–**
7.	**Mittel zur Begleitung der Diakone und Diakoninnen** (Theologische Arbeit – Reflexion des beruflichen Handelns-..)	
8.	**„Spielraum" für Unvorhergesehenes**	**€ 46 000.–**

Gesamtsumme € 2 000 000.–

[9] Im Juni / Juli 2009 soll dem Finanzausschuss ein Zwischenbericht über den Projektverlauf erstattet werden. Danach will der Finanzausschuss über die restliche freigabe der ursprünglich beantragten Mittel entscheiden (noch offen sind Restmittel in Höhe von € 1 500 000.–

Anlage 2

Projekt „Diakonat – neu gedacht, neu gelebt"

Projektphasen und Meilensteine

August 2007 bis Dezember 2007 **Phase 1 (Vorprojekt):**	Januar 2008 bis März 2008 **Phase 2 (Genehmigung):**	April 2008 bis Juni 2012 **Phase 3 (Erprobung):**	Juli 2012 bis Juli 2013 **Phase 4 (Auswertung):**
Einsetzung einer Projektgruppe zur konkreten Erstellung eines Projektplans – Konkretisierung der Ziele – Klärung der Rahmenbedingungen für die Lokalen Projekte (Finanzierung, Anstellung, exemplarische Erprobungssituation, Mitwirkung bei der Auswertung, …) – Konkrete Ausschreibung erstellen als Impuls und Grundlage für die Bewerbung als Lokales Erprobungsprojekt – Zusammenstellung bereits gelaufener Aktivitäten – Auflistung vorhandener Veröffentlichungen als Anknüpfungspunkte und innovativer Ansätze im Bereich der EKD	**Genehmigung des Projektplans** – Freigabe der Mittel durch das Kollegium des Oberkirchenrats – Einsetzung der Steuerungsgruppe	**Phase der praktischen Erprobung** – Anstellung Projektleitung – Veröffentlichung der Ausschreibung – Auswahl der Lokalen Erprobungsprojekte – Begleitung der Mitarbeiterinnen und Mitarbeiter in den Lokalen Projekten – Öffentlichkeitsarbeit, Zwischenberichte, Austauschtreffen, Vernetzungstagung – Zwischenauswertung; ggf. Nachsteuerung – Dokumentation und Vorbereitung der Auswertung – Wissenschaftliche Begleitung: quantitative und qualitative Befragungen, Berichte	**Auswertungsphase** – Bündelung und Veröffentlichung der Erfahrungen aus den Erprobungsprojekten – Erarbeitung von Konsequenzen – Abschlussbericht – Projektende Juli 2013
Meilenstein 1: Vorlage des Projektplans an das Kollegium des OKR	**Meilenstein 2:** Kollegiumsbeschlüsse	**Meilenstein 3:** Abschluss der Lokalen Projekte	**Meilenstein 4:** Vorlage des Abschlussberichts für Kollegium und Landessynode

Das geistliche Amt in evangelischer Perspektive

Ein Positionspapier für die aktuelle Diskussion in der Evangelischen Landeskirche in Württemberg[1]

Die heilig Schrifft leeret offenbarlich / das alle ware Christen / werden in dem Tauff / durch Christum den Son Gottes / zů geistlichen Priestern geweicht / vnd das sie allwegen Geistliche Opffer dem HERRN Gott opfferen sollen. So ist es auch vnverborgen / das Christus in seiner Kirchen verordnet hat Diener / die sein Euangelion verkündigen / vnd seine Sakrament außteilen sollen. Vnd soll nicht gestattet werden / das ein jetlicher / ob er schon ein geistlicher Priester ist / sich on ordenlichen Berůff des offentlichen gemeinen Amptes in der Kirchen unterfahe
Conf. Virtembergica 1559: Von der Priester Weihe, XXIIIa/b

0. Entstehungsgeschichte und Zukunftsperspektive

Gibt es in der Evangelischen Landeskirche in Württemberg ein theologisch fundiertes Amtsverständnis, das – jenseits aller berufsgruppenspezifischen Diskussionen – konsensfähig ist? Diese Frage, und die damit verbundene Herausforderung ihrer Klärung, war im Kontext des Projekts „Diakonat – neu gedacht, neu gelebt“ der Evangelischen Landeskirche von Beginn an bedeutsam und wichtig.

Am 7. Mai 2011 fand deshalb an der Evangelischen Hochschule in Ludwigsburg ein gemeinsamer Studientag des landeskirchlichen Projekts „Diakonat – neu gedacht, neu gelebt“, des Sonderausschusses „Diakonat“ der 14. Württ. Evang. Landessynode und des Theologischen Ausschusses der 14. Württ. Evang. Landessynode unter dem Titel „Diakonat – Theologie und soziale Wirklichkeit. Theologische und Sozialwissenschaftliche Perspektiven auf das kirchliche Amt“ statt. Der vorbereitenden Arbeitsgruppe gehörten Herr Diakon Martin Allmendinger (Vorsitzender des Sonderausschusses „Diakonat“) Frau Diakonin Ellen Eidt (Projektgeschäftsstelle „Diakonat – neu gedacht, neu gelebt“), Frau Pfarrerin Dorothee Gabler (Vorsitzende des Theologischen Ausschusses), Herr KR Dieter Hödl (OKR, Dez. 2, Referat Diakonat,), Frau Prof. Dr. Annette Noller (Evang. Hochschule Ludwigsburg) und Herr KR Dr. Frank Zeeb (OKR, Dez. 1, Referat 1 Theologie, Kirche und Gesellschaft) an. Auf der Basis des Berichts von diesem Studientag in der Sitzung vom 12. Mai 2011 beauftragte der Theologische Ausschuss die Vorbereitungsgruppe dieses Studientags mit der Aufarbeitung der Ergebnisse und der Weiterarbeit an der Amtsfrage bzw. um die Erarbeitung eines Positionspapieres zur Weiterführung des Diskurses in der Landeskirche.

---

[1] Quelle: http://www.elk-wue.de/fileadminhttp://www.elk-wue.de/fileadmin/mediapool/elkwue/dokumente/landessynode/13_fruehjahrstagung/berichte-reden/TOP9_Perspektiven_Papier.pdf./mediapool/elkwue/dokumente/landessynode/13_fruehjahrstagung/berichte-reden/TOP9_Perspek tiven_Papier.pdf_.

Das nun vorliegende Papier zur Amtsfrage bündelt die verschiedenen Impulse des Studientages vor dem Hintergrund der besonderen theologischen und geschichtlichen Prägung der Evangelischen Landeskirche in Württemberg. Die nachfolgenden Ausführungen wollen eine Grundlage für einen breit angelegten Verständigungsprozess legen, der zukünftig in unterschiedlichen Zusammenhängen die Bezugnahme auf eine gemeinsame Amtsvorstellung erlaubt. Diese Herausforderung stellt sich aktuell insbesondere in der Diskussion über die württembergische Haltung zum Pfarrerdienstrecht der EKD, für die Weiterarbeit des Sonderausschusses Diakonat, für die beabsichtigte Neuformulierung der Präambel des Diakonen- und Diakoninnengesetzes und die – angesichts (2) gesellschaftlicher und kirchlicher Veränderungsprozesse – notwendige Neubestimmung des Verhältnisses von Haupt- und Ehrenamt in der Landeskirche.

1. Thema

Die nachfolgenden Überlegungen versuchen den „Amtsbegriff" in der Evang. Landeskirche in Württemberg zu klären. Sie gehen davon aus, dass ein Großteil der theologischen, rechtssystematischen und kirchenpolitischen Verwirrungen hinsichtlich des Begriffes „Amt" darauf beruht, dass das Wort in unterschiedlichen Bedeutungen verwendet wird. Dies ist allerdings keine neue Entwicklung, sondern war bereits in der Reformation der Fall. Daher wird zunächst in einer Vorbemerkung darauf hingewiesen, wie das Wort „Amt" in der normalen, heutigen Standardsprache verwendet wird. Im ersten Hauptteil werden die Amtsverständnisse der drei großen Kirchenfamilien (römisch-katholisch, reformiert und lutherisch) dargestellt. Exkurshaft wird dann anhand der neuen Einführungsagende („Einführungen") angedeutet, wo das Thema in der derzeitigen Diskussion an einem Punkt praxisrelevant ist. Ein vierter Hauptpunkt schildert dann die gegenwärtige Situation und Rechtslage in unserer württembergischen Landeskirche, die ja traditionell eine lutherische Kirche ist mit einem (historisch bedingten) reformierten Einschlag. Die Situation als Gastkirche in beiden großen Kirchenbünden spiegelt diese Tradition wider, eröffnet aber auch eine eigenständige Lösungsmöglichkeit, die in Punkt 6 dargestellt wird.

2. Vorbemerkung: Der Begriff „Amt" – Sprachgebrauch in der Standardsprache

Die Füllung eines Begriffes kann sich nicht nur auf den kirchlichen Sprachgebrauch beziehen, da in der Alltagssprache Begriffe oft anders gebraucht werden als in der Fachterminologie, so dass die Sprache der Fachgenossinnen und -genossen oft bei gleichem Wortlaut von der der Gemeindeglieder unterschieden ist. Es ist daher darauf zu sehen, wie der Begriff „Amt" in der Standardsprache verwendet wird.

Die Etymologie des Wortes verweist auf das ahd. ambaht „Diener, Gefolgsmann“, das wiederum über das gallo-latein. ambactus auf ein kelt. ambiaktos „Bote“ zurückgeht (wörtl. „Herum-gesandter, ambi – actus)[2]

Zur Bedeutung bieten die Wörterbücher z. B.:[3]
1. eine offizielle Funktion mit bestimmten Rechten und Pflichten, deren Inhaber gewählt wird (das Amt des …)
2. (= Behörde) eine (staatliche) Institution, die (in einer Region)einen Teilbereich des staatlich-gesellschaftlichen Lebens verwaltet
3. das Gebäude, in dem eine öffentliche Behörde untergebracht ist (3)
4. (= Aufgabe) eine Aufgabe, die man übernommen hat oder zu der man sich verpflichtet hat.

Problematisch wird es, wenn die verschiedenen standardsprachlichen Bedeutungen mit der jeweiligen kirchlichen Terminologie vermischt werden („Pfarramt“ als Behörde oder als Aufgabe oder als Institution) und daraus dann – kontroverstheologisch – Folgerungen gezogen werden.

3. Der kirchliche Amtsbegriff in den drei Konfessionsfamilien

Der Begriff des Amtes ist seit der Reformation umstritten.

In der **römisch-katholischen** Kirche und damit der spätmittelalterlichen Ekklesiologie gab es eine klare Definition: Das Amt ist in drei hierarchische Stufen gegliedert: Das Bischofsamt, das Priesteramt und das Diakonenamt. Dieses Amt wird durch das Sakrament der Weihe verliehen, die ex opere operato (dadurch dass das Werk vollzogen wird) wirkt, dem so Geweihten also einen status indelebilis (unwiderruflich bekommen Stand) verleiht. Die Dignität des Amtes wird durch die succesio Apostolica (apostolische Nachfolge) garantiert, m.a.W. da Jesus die Apostel einsetzt, diese wiederum die Bischöfe eingesetzt haben (in besonderer Weise den Bischof von Rom), die wiederum die Weihe spenden, wird durch die ununterbrochene Kette der Handauflegungen die Verbindung mit dem Grund und Ursprung garantiert. Der so Geweihte ist dann berechtigt, nach seinem Stand Handlungen zu vollziehen, die wiederum ex opere (aus dem Vollzug) wirksam sind. Der Diakonat war über Jahrhunderte hinweg in der römisch-katholischen Kirche lediglich die Vorstufe zur Priesterweihe, erst das 2. Vaticanum hat den ständigen Diakonat wieder zum Amt im Vollsinn erhoben (LG XXIX). Neben den drei sakramentalen Ämtern gibt es auch nichtsakramentale Ämter.

---

2 Vgl. z. B. R. Kosselleck: Geschichtliche Grundbegriffe. Historisches Lexikon zur politisch-sozialen Sprache in Deutschland VII, Stuttgart 1978, s.v. Verwaltung VI 1.2, S. 36–41; Dudenredaktion (Hrsg.) Duden, Das Herkunftswörterbuch. Etymologie der deutschen Sprache. In: Der Duden in zwölf Bänden.

3 Vgl. z. B. Duden s.v., de.wiktionary.org s.v., etc.

Die Reformation hat dieses Amts- und Sakramentenverständnis kritisiert. Sie stellt dem römischen Amtsverständnis das „Priestertum aller Getauften“ entgegen. Damit verliert die Weihe ihren sakramentalen Charakter, das Amt verdankt seiner Würde der Einsetzung durch Gott selbst und der Berufung des Amtsträgers durch die Gemeinde.

Im Lauf der Reformationsgeschichte kam es zu einer Trennung zwischen dem lutherischen Zweig der Reformation und dem reformierten, die sich auf den Amtsbegriff auswirkte.

In der **reformierten Tradition** setzte sich – nach anfänglichem Schwanken zwischen Zürcher und Genfer Ansätzen – die Auffassung Calvins durch: Die Ämter sind auf die Ortsgemeinde bezogen, das Bischofsamt ist ebenfalls auf die Gemeinde und nicht auf eine territorial übergreifende Flächenkirche zu beziehen. Es ist nicht „monarchisch“ aufzufassen, sondern in seine vier ursprünglichen Funktionen aufzugliedern: Hirte (pastor), Lehrer (doctor), die Ältesten (presbyteri / seniores) und die Diakone (diaconi, dazu zählen nach Calvin auch die „diaconissae“ – Diakonissen). Dabei können das Amt des Hirten und des Lehrers von einer Person ausgeübt werden. Diese Ämter sind aufeinander bezogen und einander gleichwertig, die Gemeinde ist auf den Dienst aller Ämter gleichermaßen angewiesen, sie beziehen ihre Autorität gleichermaßen von Christus selbst. Dies wird beim Abendmahl deutlich: Die Feier wird durch den pastor geleitet, die Ältesten nehmen die mit der geistlichen Ordnung verbundenen Aufgaben wahr, die Diakone dienen während der Mahlfeier der Gemeinde und danach den Armen und Kranken. (4)

Für die **lutherische Tradition**[4] gab es nur ein Amt, das Predigtamt (CA V: ministerium docendi evangelii et porrigendi sacramenta „Amt, das Evangelium zu verkündigen und die Sakramente zu verwalten“). Dieses ist von Gott eingesetzt, damit wir (consequamur ist im Lat. 1. Pers. Pl.) „solchen Glauben“ (CA IV zitiert Rm 3,21ff) erlangen – durch Wort und Sakrament gibt Gott den Heiligen Geist, der seinerseits den Glauben wirkt, ubi et quando visum est Deo – „wo und wann es Gott gefällt“.

Dabei fallen zwei Punkte auf:

- Zum einen wird Artikel V in der Apologie der Konfession nicht weiter erwähnt, d. h., dass der Artikel zur Entstehungszeit unstrittig war.

[4] Die Position der VELKD-Kirchen ist formuliert in der Schrift: „Ordnungsgemäß berufen“. Eine Empfehlung der Bischofskonferenz der VELKD zur Berufung zu Wortverkündigung und Sakramentsverwaltung nach evangelischem Verständnis. Vgl. dazu jetzt: Fragen und Antworten zur Empfehlung „Ordnungsgemäß berufen“ (Beiheft zu Texten aus der VELKD Nr. 136/2006 Fragen und Antworten zur Empfehlung der Bischofskonferenz der VELKD „Ordungsgemäß berufen“), Texte aus der VELKD 164, Hannover 2012.

- Zum anderen ist hervorzuheben, dass der Wortgebrauch im Wortfeld „Amt" weder im Deutschen noch im Lateinischen ganz konsistent ist. Die lateinischen Begriffe „munus", „ministerium" etc. werden nicht im Sinne einer definitorischen Sprache gebraucht und werden mitunter synonym verwendet. Man kann daher nicht aufgrund eines Wortgebrauchs an einzelnen Stellen weitergehende Folgerungen zu ziehen.

Der rechte Bezug auf Wort und Sakrament wird in CA VII noch einmal als Minimalkonsens für die Einheit der Kirche benannt. Es handelt sich also offenbar um einen eher abstrakten Begriff, ministerium ist hier eher mit „Dienst" zu übersetzen als mit „vollmächtig ausgeübte Funktion" (letzteres wäre in der späteren Sprache der Orthodoxie, z. B. in der Christologie, nicht ministerium, sondern munus). Dem entspricht, dass in CA XIV, wo von Personen die Rede ist, nicht vom Amt gesprochen wird, sondern verbal in Infinitiven formuliert wird: nemo debeat in ecclesia publice docere aut sacramenta administrare nisi rite vocatus („Niemand darf in der Kirche öffentlich verkündigen oder die Sakramente verwalten, es sei denn, er wäre ordentlich berufen"): Das von Gott eingesetzte Predigtamt ist also konkret von Menschen auszufüllen. Für den Spezialfall der öffentlichen Predigt und der Spendung der Sakramente, ist jedoch nicht jeder beliebige Christenmensch aufgefordert, sondern hier bedarf es – um der Ordnung willen – einer im Konsens der Gemeinde geordneten Berufung. Hier ist also klar zu unterscheiden zwischen

a) dem **Verkündigungsauftrag** (Kommunikation des Evangeliums in Wort und Tat, den jeder Christenmensch hat – „Priestertum aller Getauften" – und der sich aus CA V begründet) und b) dem Predigtauftrag, zu dem Einzelne nach CA XIV berufen werden. Berufende Instanz ist in jedem Fall die ecclesia, die „Gemeinde" – historisch hat sich dies von der Ortsgemeinde auf die Landeskirchen als Anstellungsträgerinnen der Pfarrer (und später Pfarrerinnen) verschoben. Nichtordinierte Personen, die zur öffentlichen Wortverkündigung berufen werden, erhalten ihre Berufung oft auch von den Dekanatämtern (in Württemberg z. B. Prädikantinnen und Prädikanten). In jedem Fall geschieht die Berufung rite, das heißt in einem geordneten, nachvollziehbaren und öffentlichen Verfahren. (5)

Aufgrund der Verknüpfung des Kirchenwesens mit dem landesherrlichen Kirchenregiment[5] und aufgrund der besonderen Wertschätzung der Predigt in den lutherischen Kirchen wurde im Laufe der Zeit vielerorts das Predigtamt und das Pfarramt in eins gesetzt, so dass die Person des Pfarrers / der Pfarrerin, bzw. die Berufsgruppe der Pfarrerinnen und Pfarrer als alleinige Vertreter und Vertreterinnen des einen Amtes angesehen wurden. Durch die herausgehobene Stellung

---

[5] Dieses wurde von Luther als „Notordnung" bezeichnet, da die Ortsgemeinden organisatorisch und theologisch nicht in der Lage waren, ihre Rechte als ecclesia wahrzunehmen. Das landesherrliche Kirchenregiment war spätestens seit dem Augsburger Religionsfrieden 1555 die Regelform der Organisation der evangelischen Kirchen.

entstand der Eindruck, die Ordination würde in den Rang einer quasisakramentalen Handlung erhoben und über ihren eigentlichen Sinn hinaus überhöht: Die Einsetzung des Predigtamtes als eine göttliche Handlung und die menschliche Übertragung einer Funktion in der Gemeinde wurden gleichgesetzt. Hier ist darauf zu verweisen, dass die Ordination im ökumenischen Kontext eine besondere Stellung hat.

4. Aspekte aktueller Diskussion

In jüngster Zeit ist diese Frage besonders an zwei Themenkomplexen diskutiert worden.

Die eine Erörterungsrichtung hebt den liturgischen Gesichtspunkt hervor und ist anhand der Agende „Einführungen" virulent geworden, die von VELKD und UEK gemeinsam erarbeitet wird und einen Gesamtentwurf für alle gottesdienstlichen Einführungen bieten will. Da Kirchenbücher in den jeweiligen Landeskirchen verbindlich sind, ist hier ist z. B. zu klären, ob das Formular „Ordination" auch für PrädikantInnen gilt, oder ob diese grundsätzlich – auch in Landeskirchen nach deren Ordnung sie zu ordinieren wären – nach einem anderen Formular eingeführt werden.

Auch hinsichtlich der Amtstheologie wurde gearbeitet. Im Auftrag des Rates der EKD hat die Kammer für Theologie im Jahr 1996 einen Beitrag erarbeitet, in dem die bleibende Bedeutung des geordneten Amtes der „Evangeliumsverkündigung und Sakramentsverwaltung" festgestellt wird. „Die Pflicht der Kirche, ihren helfenden Dienst der Umwelt zugutekommen zu lassen und auf deren sich wandelnde Nöte und Bedürfnisse in geordneter Form einzugehen, verlangt heute, den Diakonat als geordnetes Amt der Kirche auszugestalten""[6]

Für die reformatorischen Kirchen lässt sich im 20. Jahrhundert eine weltweite Wiedergewinnung des Diakonenamtes neben dem Pfarramt und dem Bischofsamt feststellen. Der Ökumenische Rat der Kirchen hat 1982 in seinem Dokument ‚Taufe, Eucharistie und Amt' (‚Limapapier') die altkirchliche, dreigliedrige Ämterstruktur (Bischöfe – Presbyter – Diakone) für seine rund 350 Kirchen reformuliert und den Diakonat im Bereich der „Bedürfnisse von Gesellschaften und Personen" gesehen.[7]

---

6 Kirchenamt der EKD (Hg.), Der evangelische Diakonat als geordnetes Amt der Kirche. Ein Beitrag der Kammer für Theologie der Evangelischen Kirche in Deutschland, EKD-Texte 58, Hannover 1996, 9.

7 Ökumenischer Rat der Kirchen (Hg.), Taufe, Eucharistie und Amt. Konvergenzerklärung der Kommission für Glauben und Kirchenverfassung, Lima 1982; Nr. 31 (zitiert nach: www.oikou mene.org).

Diese wenigen Beispiele zeigen, dass nach wie vor Klärungsbedarf besteht, was unter „Amt" zu verstehen ist, und wie sich die verschiedenen Funktionen und Dienste zueinander verhalten. (6)

5. Württemberg

Die Evangelische Landeskirche in Württemberg ist nach § 1 der Kirchenverfassung eine lutherische Kirche, dies wird auch an dem einleitenden Zitat aus der Confessio Virtembergica deutlich. Sie ist daher bekenntnisgemäß auf die lutherische Tradition gewiesen.

In der hier interessierenden Frage ist auch die Einführungsordnung unserer Landeskirche von Belang:
„Mit der Einführung im Gottesdienst der Gemeinde wird die Berufung in einen kirchlichen Dienst öffentlich bestätigt" (RS 400; § 1 Abs. 1). Nach dem oben Gesagten geht es in Abs. 2 weiter: „Pfarrer, Diakone und Lektoren werden im Gottesdienst in ihr Amt eingeführt. Das gleiche gilt für Kirchengemeinderäte … Andere kirchliche Mitarbeiter mit besonderer Verantwortung können, wenn eine bestimmte Gottesdienstordnung vorliegt, im Gottesdienst in ihr Amt eingeführt werden". Hier wird der Amtsbegriff funktional und offenbar im Sinne von CA V verstanden; der Amtsbegriff des Diakonengesetzes schließt hier an7.[8]

Entscheidend hierbei ist, dass im Obersatz zwischen verschiedenen Berufsgruppen nicht unterschieden wird, auch nicht zwischen haupt-, neben- und ehrenamtlich Mitarbeitenden. Dies wird auch daran deutlich, dass die im Kirchenbuch und den verschiedenen einschlägigen kirchlichen Gesetzen Verpflichtungen und Vorhalte für alle Dienste wörtlich identisch sind, jedoch jeweils eine berufsgruppenspezifische Zusatzformulierung aufweisen, z. B. bei Ordinationen und Investituren die Verpflichtung auf das Beichtgeheimnis.

6. Lösungsvorschlag

a) Der Amtsbegriff in unserer Württembergischen Landeskirche muss der lutherische sein. Dieser ist abstrakt-funktional zu fassen. Das „Predigtamt" wird also mit CA V als Auftrag an alle Getauften verstanden, im Vertrauen und durch das Wirken des Heiligen Geistes in Wort und Tat das Evangelium zu verkündigen. Eine besondere Verheißung liegt hier auf den Sakramenten und der Verkündigung des Evangeliums.

---

8 Unterschiedlich zu der hier vertretenen Terminologie (s.u. Pkt. 6b) spricht Abs. 3 wiederum von der „Übernahme des Dienstes".

b) Es ist terminologisch sorgsam zu unterscheiden zwischen diesem umfassenden „Amt" – dem „Predigtamt" und den konkreten „Diensten", in die einzelne Menschen von der Gemeinde berufen werden. Dabei ist die hier vorgetragene Unterscheidung zwischen „Amt" und „Diensten" lediglich eine definitorische Trennung. Sie hebt den allgemeinen Wortgebrauch nicht auf, der z. B. vom „Patenamt", vom „Amt des Kirchengemeinderates" usw. spricht. Dennoch ist die hier vorgetragene Unterscheidung eine gedankliche Hilfe.

c) Direkte Folge aus dem „Priestertum aller Getauften" ist die prinzipielle Gleichheit aller dieser „Dienste", d. h. auch Berufsgruppen und ehrenamtlichen Tätigkeiten, da sie in gleicher Weise auf das eine Amt – das Predigtamt – nach CA V bezogen sind und herstammen, ihre Letztbegründung also nicht in einer immanenten Struktur oder kirchlichen Handlung, sondern in der Gabe des Heiligen Geistes durch den Willen Gottes haben (vgl. Lima-Papier 3.1.5). Damit ist die besondere Berufung in den Dienst der öffentlichen Wortverkündigung und Sakramentenverwaltung (CA XIV) ein Spezialfall der allgemeinen Berufung nach CA V. Dasselbe gilt für die Berufung in das Diakonenamt, die ebenfalls (7) als eine spezifische Berufung in einen „Dienst" zu verstehen ist, der ebenso im einen „Predigtamt" nach CA V zu verstehen ist.

Bericht des Theologischen Ausschusses in der Sitzung der 14. Landessynode am 15. März 2013 zu TOP 9: Theologische Ausbildungswege zum Verkündigungsdienst[1]

Frau Präsidentin, Hohe Synode,

Der Antrag Nr. 19/11: Theologische Ausbildungswege zum Verkündigungsdienst wurde im Rahmen der Sommersynode 2011 eingebracht und an den Theologischen Ausschuss verwiesen. Der Antrag lautet:

Die Landessynode möge beschließen:

Der Oberkirchenrat wird gebeten, Ausbildungsangebote zu entwickeln und zu erhalten, damit Menschen mit unterschiedlichen Bildungsbiografien in den hauptamtlichen Verkündigungsdienst in der Kirche berufen werden können. Angesichts der sich ändernden Bildungslandschaft, ausgelöst durch den Bolognaprozess, sollen in der Landeskirche theologische Ausbildungswege zum Verkündigungsdienst erhalten bleiben, die keine Hochschulreife voraussetzen.

Begründung:

Im Blick auf das Selbstverständnis der Evangelischen Landeskirche in Württemberg als Volkskirche spielen soziologische Untersuchungen, beispielsweise unterschiedliche Milieustudien, eine immer größere Rolle. Solche Milieustudien machen unter anderem darauf aufmerksam, welche Milieus die Angebote der Landeskirche mehr oder weniger ansprechen bzw. welche zunehmend aus dem Blick zu geraten drohen. Das Bewusstsein für die zunehmend divergierenden Lebenswelten solcher Milieus schärft den Blick auf die jeweiligen Bewältigungsformen des Alltags, die unterschiedlichen Deutungshorizonte von Lebenswirklichkeit sowie die spezifischen Fragestellungen im Blick auf Gott und die Welt.

Durch eine Vielfalt von Bildungsangeboten, die Menschen verschiedener Milieus den Zugang zu einer theologischen Ausbildung und zum Verkündigungsdienst ermöglicht, kann einer Milieuverengung der Kirche entgegen gewirkt werden. Die Wahrnehmungskompetenz ist ein wichtiges Entwicklungsfeld aller theologischen Ausbildungsgänge und zieht sich als elementare Basiskompetenz durch die unterschiedlichen Arbeitsfelder des Dienstes der Kommunikation des Evange-

---

1 Quelle: http://www.elk-wue.de/fileadmin/mediapool/elkwue/dokumente/landessynode/13_fruehjahrstagung/berichte-reden/TOP9_Bericht_Gabler_Theol_Ausbildungswege_Verkuendigungsdienst.pdf.

liums. Die wachsende Divergenz der Milieus wird zu einer zunehmenden Herausforderung für die Zukunft als Volkskirche."

1. Was verstehen wir unter Verkündigungsdienst?

Die Rede vom hauptamtlichen Verkündigungsdienst in diesem Antrag hat der Theologischen Ausschuss aufgenommen und mit den Ergebnissen des Studientags „Theologische und Sozialwissenschaftliche Perspektiven auf ein kirchliches Amt" verknüpft. Wir verstehen diesen Antrag deshalb nach zwei Richtungen: den Ausbildungswegen zum Diakonat und der Ausbildung zum Pfarrdienst.

Dieses Verständnis vom hauptamtlichen Verkündigungsdienst haben wir am 7. Mai 2011 bei einem Studientag an der Evangelischen Hochschule in Ludwigsburg, im Rahmen des Projekts „Diakonat – neu gedacht, neu gelebt" diskutiert.

Auf der Basis des Berichts von diesem Studientag beauftragte der Theologische Ausschuss in der Sitzung vom 12. Mai 2011 die Vorbereitungsgruppe des Studientags mit der Aufarbeitung der Ergebnisse zur Klärung der Amtsfrage bzw. um die Erarbeitung eines Positionspapieres zur Weiterführung des Diskurses über das kirchliche Amtsverständnis in der Württembergischen Landeskirche. Im Oktober 2012 hat der Theologische Ausschuss ein Positionspapier zum Amtsverständnis einstimmig verabschiedet und mit den Beratungen zum Antrag Nr. 19/11 verknüpft. Das Positionspapier (Das geistliche Amt in evangelischer Perspektive – Ein Positionspapier für die aktuelle Diskussion in der Evangelischen Landeskirche in Württemberg) stelle ich hiermit vor. Den genauen Wortlaut des Papiers bitte ich zu Protokoll zu nehmen.[2]

Nach differenzierter Darstellung unterschiedlicher Interpretationen des kirchlichen Amtes wird festgehalten:

a) Der **Amtsbegriff** in unserer Württembergischen Landeskirche muss der **lutherische** sein.

Dieser ist abstrakt-funktional zu fassen. Das „Predigtamt" wird also mit CA V als Auftrag an alle Getauften verstanden, im Vertrauen und durch das Wirken des Heiligen Geistes in Wort und Tat das Evangelium zu verkündigen. Eine besondere Verheißung liegt hier auf den Sakramenten und der Verkündigung des Evangeliums.

b) Es ist **terminologisch** sorgsam zu unterscheiden zwischen diesem umfassenden „**Amt**" dem „Predigtamt" und den konkreten „**Diensten**", in die einzelne Menschen von der Gemeinde berufen werden. Dabei ist die hier vorgetragene Unterscheidung zwischen „Amt" und „Diensten" lediglich eine definitorische Trennung. Sie hebt den allgemeinen Wortgebrauch nicht auf, der z. B. vom „Patenamt", vom „Amt des Kirchengemeinderates" usw. spricht. Dennoch ist die hier vorgetragene Unterscheidung eine gedankliche Hilfe.

---

2 Vgl. S. 340–347 in diesem Band.

c) Direkte Folge aus dem „Priestertum aller Getauften“ ist die **prinzipielle Gleichheit aller dieser „Dienste“**, d. h. auch Berufsgruppen und ehrenamtlichen Tätigkeiten, da sie in gleicher Weise auf das eine Amt – das Predigtamt – nach CA V bezogen sind und herstammen, ihre Letztbegründung also nicht in einer immanenten Struktur oder kirchlichen Handlung, sondern in der Gabe des Heiligen Geistes durch den Willen Gottes haben (vgl. Lima-Papier 3.1.5). Damit ist die besondere Berufung in den Dienst der öffentlichen Wortverkündigung und Sakramentenverwaltung (CA XIV) ein Spezialfall der allgemeinen Berufung nach CA V. Dasselbe gilt für die Berufung in das Diakonenamt, die ebenfalls als eine spezifische Berufung in einen „Dienst“ zu verstehen ist, der ebenso im einen „Predigtamt“ nach CA V zu verstehen ist.

Mit diesen Thesen legt der Theologische Ausschuss eine theologisch fundierte Definition des Amtsverständnis in der Evangelischen Landeskirche in Württemberg vor, welche, jenseits aller berufsgruppenspezifischen Diskussionen, zu einem gemeinsamen Konsens führen will. Dieses Positionspapier will zur theologischen Klärung beitragen, indem die hier dargelegten theologischen Grundlagen zum Amtsverständnis von vielen in der Württembergischen Landeskirche wahrgenommen und bei den unterschiedlichen Diskussionen zum Pfarrdienst und Diakonat aufgenommen werden.

Die vollständigen Referate des Studientags sind als Band 3 der Reihe zum Diakonatsprojekt im Februar 2013 erschienen und den meisten von Ihnen schon persönlich zugesandt worden.

Der Theologische Ausschuss versteht den hauptamtlichen Verkündigungsauftrag damit als Predigtauftrag, zu dem Einzelne nach CA XIV berufen werden und unterscheidet diesen vom Auftrag zur Verkündigung des Evangeliums in Wort und Tat, zu welchem jeder Christenmensch berufen ist. Die Berufung zur öffentlichen Wortverkündigung ergeht jedoch an verschiedene Berufsgruppen und ist nicht begrenzt auf den Pfarrdienst.

Berufende Instanz ist die *ecclesia*, die „Gemeinde. In jedem Fall geschieht die Berufung *rite*, das heißt in einem geordneten, nachvollziehbaren und öffentlichen Verfahren. Zwischen den verschiedenen Berufsgruppen, die zum Predigtamt berufen sind, wird nicht unterschieden, ob es sich um haupt-, neben- oder ehrenamtlich Verkündigende handelt. Dies wird auch daran deutlich, dass die im Kirchenbuch und den verschiedenen einschlägigen kirchlichen Gesetzen enthaltenen Amtsverpflichtungen für alle Dienste wörtlich identisch sind, und jeweils nur eine berufsgruppenspezifische Zusatzformulierung aufweisen.

Bei dem vorliegenden Antrag Nr. 19/11 haben wir uns auf die Ausbildungswege zum **hauptamtlichen** Verkündigungsdienst beschränkt, wissend, dass der Verkündigungsdienst in unserer Kirche auch ehrenamtlich versehen wird, z. B. von Prädikantinnen und Prädikanten.

Zugang zum hauptamtlichen Verkündigungsdienst in unserer Württembergischen Kirche bekommt man durch Ausbildungen für verschiedene kirchliche Berufe und einer Berufung zur öffentlichen Kommunikation des Evangeliums in Wort und Tat. Beides ist konstitutiv.

2. Ausbildungswege zum Diakonat

Damit hat sich der Theologische Ausschuss im September 2012 beschäftigt. Die Ausbildung von Diakoninnen und Diakonen in der Landeskirche beruht auf Regelungen, die auf der Grundlage des Diakonen- und Diakoninnengesetzes (DiakG) vom 23. Oktober 1955, zuletzt geändert am 28. März 2003, erlassen wurden.

Voraussetzungen für die Zulassung zur Ausbildung sind gemäß § 3 Abs. 2 DiakG: evangelisch, geeignet, ehrenamtliche Tätigkeit in der Kirche, Mittlere Reife und eine abgeschlossene zweijährige Berufsausbildung oder Abitur und Fachhochschulreife und einjährige praktische Tätigkeit, nicht älter als 30 Jahre.

Derzeit gibt es fünf Ausbildungswege bzw. Zugänge zum Diakonat:
1. § 3 Abs. 3 DiakG: Regelausbildung an der Evang. Hochschule Ludwigsburg (Doppel-Bachelor)
2. § 3 Abs. 5 DiakG: Anerkannte EH – Studiengänge in der EKD. Hierzu gehört eine berufsbegleitende theologische Ausbildung an der Hochschule des CVJM. Voraussetzung hierfür ist ein pädagogischer/sozialpädagogischer Bachelor (FH). Die Berufung erfolgt nach einer einjährigen Anstellung in der Landeskirche.
3. § 3 Abs. 4 DiakG: Diakonisch-missionarische Ausbildungsstätten mit einem Anerkennungsjahr und der Aufbauausbildung
4. Anstellung nach § 1 e KAO: Dies eignet sich für Quereinsteiger. Diese müssen Zusatzprogramme und die Aufbauausbildung hinter sich bringen.
5. § 2 Abs. 2 DiakG: Berufsbegleitende Qualifizierung für Führungs- und Fachkräfte. Diese erfolgt in Kooperation zwischen der Stiftung Karlshöhe, der Evangelischen Hochschule Ludwigsburg und dem Diakoniewerk Schwäbisch Hall.

Das Dezernat 2 hebt im Theologischen Ausschuss deutlich das Interesse der Landeskirche hervor, vielfältige biografische Zugänge zum Diakonat offen zu halten und die Mobilitätsbedürfnisse der Bewerberinnen und Bewerber zu berücksichtigen. Dies ist jedoch in Ausgleich zu bringen mit den Erfordernissen von Transparenz und Einfachheit der Strukturen durch Standardisierung der Verfahren und der Reduzierung der Ausnahmegenehmigungen und der Sonderwege.

Der Theologische Ausschuss betont angesichts der verschiedenen Milieus unserer Gesellschaft, dass es Zugänge für Menschen unterschiedlicher Milieus und

Bildungsbiografien geben soll. Hingewiesen wird z. B. auf Jugendliche mit Migrationshintergrund. Zudem zeigt sich, dass in vielen Ausbildungsstätten die Anzahl der männlichen Bewerber zurückgeht. Auch für Männer mit den unterschiedlichsten Bildungsbiografien sollte der Weg in den hauptamtlichen Verkündigungsdienst dieser Kirche weiterhin attraktiv und möglich sein. Die Vielfalt ist eine Bereicherung für die Kirche und eröffnet den Zugang zu einer pluralen Gesellschaft.

Zugleich muss das ureigenste Interesse der Landeskirche sein, gewisse Standards, insbesondere theologische Standards, zu stärken und zu definieren. Zu klären ist, welche Standards notwendig sind, um gleichzeitig die Pluralität zu erhalten. Die theologischen Standards sind zu unterscheiden von den akademischen Standards. Die theologische Kompetenz der Diakoninnen und Diakone muss geschärft und gestärkt werden, gerade angesichts der vielfältigen Herausforderungen einer multireligiösen Gesellschaft.

Eine Vielfalt von Ausbildungswegen zu erhalten ist dem Theologischen Ausschuss wichtig. Individuelle Wege müssen im Einzelfall möglich sein, sollten aber nur Einzelfälle bleiben. Als Kirche brauchen wir Ausbildungswege, die anschlussfähig sind und bleiben. Dazu dient auch die staatliche Anerkennung. Die staatliche Anerkennung ist für die Landeskirche ferner von Bedeutung, um eine Grundsicherung auch im Fall einer Kündigung von Diakoninnen und Diakone zu erreichen. Diakoninnen und Diakone müssen sich den Auftrag des Evangeliums zu Eigen machen, den christlichen Glauben verstehen können, um ihn zu leben. Das Tun und Handeln von Kirche muss begeistern und in die Gesellschaft hinein ausstrahlen.

Der Theologische Ausschuss hat die Darstellung der Vielfalt von Ausbildungswegen zum Diakonat dankbar zur Kenntnis genommen und bittet diese auch weiterhin zu erhalten und fortzuentwickeln.

3. Ausbildungswege zum Pfarrdienst

In der Sitzung am 18. Oktober 2012 informierte sich der Theologische Ausschuss über unterschiedliche Ausbildungswege zum Pfarrdienst. Die Frage, wie zukünftig reagiert werden kann, um den Zugang zum Pfarrdienst auch den Personengruppen zu ermöglichen, die über keine kirchliche Berufsbiografie verfügen, stand dabei im Fokus. Oberkirchenrat Traub und Oberkirchenrat Prof. Heckel betonten, eine Gesellschaft, die hochgradig durch die Globalisierung, Ökonomisierung, Individualisierung, Pluralisierung, Virtualisierung und Entkirchlichung bzw. durch eine konfessionelle Drittelung geprägt ist, die sich zudem den Herausforderungen des demografischen Wandels, des Global Warmings und des Lebens über die Verhältnisse zu stellen hat, bedarf einer differenzierten und qualitativ sehr hohen Ausbildung für Personen, die das Evangelium in die Gegenwart übersetzen müssen.

Die Aufgabe der kommunikativen Versprechung von Evangelium, Gesellschaft und Kultur ist intellektuell höchst anspruchsvoll und fordert darüber hinaus von der ganzen Person, in beiden Bereichen vollständig präsent zu sein.

Die Ausbildung der theologischen Reflexionsfähigkeit an der Universität impliziert die Selbstrelativierung der Person insofern, als das akademische Studium die Wahrnehmung unterschiedlichster theologischer Systeme und Ansichten beinhaltet und Studierende dazu herausfordert, sich zu diesen unterschiedlichen theologischen Systemen zu verhalten. Angesichts einer pluralen Gesellschaft ist eine solche Selbstrelativierung bei gleichzeitiger eigener evangelischer Profilbildung unabdingbar.

Angesichts dieser Herausforderungen wird festgehalten, dass auch weiterhin der reguläre Zugang zum Pfarrdienst das universitäre Theologiestudium und anschließende Vikariat bleiben soll.

Auf dieser Grundlage kann geprüft werden, welche alternativen Zugänge zum Pfarrdienst ermöglicht werden sollen. Bisher gab es in der Württembergischen Landeskirche verschiedene Wege solcher alternativen Zugänge.

Ein Modell war der kirchliche Lehrgang für den Pfarrdienst, die sogenannten **Riedenberger Kurse**". Dieser Weg zum Pfarrdienst stand insbesondere den Personen offen, die keine akademische Ausbildung durchlaufen haben und in keinem kirchlichen Dienstverhältnis stehen. Dieser Kurs umfasste insgesamt fünf Jahre. Die Teilnehmenden haben in den ersten drei Jahren Unterrichtseinheiten an der Karlshöhe Ludwigsburg belegt und an Studienkursen teilgenommen. In den folgenden zwei Jahren waren die Teilnehmenden in eine Gemeinde integriert, um angeleitete Praxiserfahrung zu erhalten, und nahmen zudem an auserwählten Veranstaltungen an der Universität Tübingen teil. Zusätzlich nahmen die Teilnehmenden auch an Kursen der berufsbegleitenden Ausbildung im Pfarrdienst (BAiP) teil. Nach einer bestandenen ersten Dienstprüfung, hat sich eine dual strukturierte zweijährige Ausbildungsphase angeschlossen. Dann erfolgte die Übernahme in das Pfarrdienstverhältnis auf Probe und anschießend in den ständigen Pfarrdienst. Der letzte „Riedenberger Kurs" fand Ende der 80er Jahre statt.

4. Berufsbegleitende Ausbildung im Pfarrdienst (BAiP)

Der Zugang zum Pfarrdienst über den Weg des BAiP, ehemals PHD, soll aus Sicht des Dezernats 3 im seitherigen Umfang erhalten bleiben. Die Zugangszahlen können ggf. von derzeit dreijährlich bis zu sechs Personen auf sieben Personen erhöht werden. Damit können Personen aus dem Diakonat, die sehr unterschiedlich geprägte theologische Vorbildungen mitbringen, in den Pfarrdienst aufgenommen werden.

5. Weitere Zugangsmöglichkeiten

Ein abgeschlossener **Masterstudiengang in Marburg**, künftig auch in Heidelberg, wird als Zugangsvoraussetzung zum Vikariat, auch in Württemberg, anerkannt. Damit können Personen, die bereits akademisch, jedoch nicht theologisch vorgebildet sind, in den Pfarrdienst aufgenommen werden. Personen, die keine theologische Vorbildung und auch keine Hochschulreife erlangt, z. B. aber eine Meisterprüfung abgelegt haben, können den Weg über die vierjährige **Pfarrverwalter-Ausbildung in Bayern** (Augustana in Neuendettelsau) einschlagen und damit in den Vorbereitungsdienst aufgenommen werden.

BA Theol-Abschlüsse an Hochschulen in freier Trägerschaft
Bereits jetzt besteht die Möglichkeit, an einzelnen Hochschulen in freikirchlicher oder freier Trägerschaft erbrachte Studienleistungen anzuerkennen. Diese Anerkennung beschränkt sich auf schriftlich erbrachte Prüfungsleistungen, die im Rahmen einer Nostrifizierung durch eine evangelisch-theologische Fakultät erfolgen kann.

Der Theologische Ausschuss sieht die Notwendigkeit, in der sich veränderten Bildungslandschaft nicht nur formal die akademische Ausbildung zum Pfarrdienst festzuhalten. Angesichts der vielen akademischen Bildungswege ist es wesentlich, auch inhaltlich die theologischen Standards der Pfarrerausbildung zu diskutieren und zu definieren. Dabei soll die bisherige Praxis erhalten bleiben, bei der sich die Kirche vorbehält, diese theologischen Standards auch in theologischen Ausbildungsstätten anzuerkennen, die staatlich nicht als Hochschule anerkannt sind.

Nach intensiven Beratungen ist der Theologische Ausschuss sich mehrheitlich einig darüber, dass an den Zugängen zum Pfarrdienst (akademisches Studium und BAiP) derzeit in unserer Landeskirche keine Veränderungen vorzunehmen sind. Der Weg in den Pfarrdienst erfolgt in der Regel über ein akademisches Studium. Dem Theologischen Ausschuss ist es ein Anliegen, **das Theologiestudium nicht zu minimieren, sondern zu optimieren.** Die Frage der Werbung für den Pfarrdienst ist dabei verstärkt in den Blick zu nehmen, insbesondere auch freikirchlich sozialisierte Theologiestudierende mit mehreren Fächern sind als potentielle Pfarrerinnen und Pfarrer anzusprechen.

Die vorgestellten Modelle weiterer Zugangsmöglichkeiten zum Pfarrdienst anderer Landeskirchen und Universitäten stehen noch am Anfang. Für die Württembergische Landeskirche soll hier kein weiteres Modell kreiert werden. Der Theologische Ausschuss bittet jedoch vom Oberkirchenrat die Annahme und Ausgestaltung dieser Modelle aufmerksam wahrzunehmen und gegebenenfalls Konsequenzen daraus zu entwickeln.

Der Theologische Ausschuss ersetzte darum mehrheitlich den Antrag Nr. 19/11 durch den Antrag Nr. 08/13. Wir sehen im Augenblick mehrheitlich nicht die Notwendigkeit, weitere neue Zugänge zum Pfarrdienst oder Diakonat zu eröffnen, allerdings gilt es jetzt schon die Ausbildungswege zu optimieren und die theologische Reflexionsfähigkeit zu fördern.

Ich bringe daher den Antrag Nr. 08/13 ein:

„Die Landessynode möge beschließen:

Der Oberkirchenrat wird gebeten, Ausbildungsangebote zu erhalten und fort zu entwickeln, damit Menschen mit unterschiedlichen Bildungsbiografien in den hauptamtlichen Verkündigungsdienst in der Kirche berufen werden können. Angesichts der sich ändernden Bildungslandschaft, ausgelöst durch den Bolognaprozess, sollen in der Landeskirche theologische Ausbildungswege zum Verkündigungsdienst erhalten bleiben, die keine Hochschulreife voraussetzen.

Der Theologische Ausschuss bittet um Zustimmung zu diesem Antrag. Vielen Dank für Ihre Aufmerksamkeit!

Dorothea Gabler
Vorsitzende des Theologischen Ausschusses

Bericht des Rechtsausschusses in der Sitzung der 14. Landessynode am 22. Oktober 2013 zu TOP 15: Kirchliches Gesetz zur Änderung des Diakonen- und Diakoninnengesetzes (Beilage 61)[1]

Frau Präsidentin, Hohe Synode,
Sie haben im Verlauf der letzten sechs Jahre mitbekommen, dass der Rechtsausschuss ein echter Querschnittausschuss ist, der praktisch mit allen anderen Ausschüssen Berührungspunkte hat. Es freut mich, dass sich auch der Sonderausschuss Diakonat hieran hielt und vom reich gedeckten Tisch seiner Erkenntnisse einen Krümel zum Rechtsausschuss herabfallen ließ. Er trägt die Beilagennummer 50 und enthält zwei Änderungsvorschläge zum Diakonen- und Diakoninnengesetz. Eingebracht wurde diese Beilage im Abschlussbericht des Sonderausschusses Diakonat, den uns sein Ausschussvorsitzender, Herr Allmendinger, am 15. März 2013 erstattet hat. Zum weiteren Umfeld kann ich auch noch auf die Berichte und Anträge hinweisen, die während der Bad Mergentheimer Sommersynode im Juli 2013 beraten wurden.

1. Der Gesetzentwurf der Beilage 50 ist also ein Ergebnis der Beratungen im Sonderausschuss Diakonat. Da ein Ausschuss keinen Gesetzentwurf einbringen kann und der Oberkirchenrat keinen Gesetzentwurf vorgelegt hat, wurde der Gesetzentwurf mit fünfzehn Unterschriften von Synodalen eingebracht. Er soll einen ersten Schritt zur Änderung des Diakonenrechts darstellen. Eine komplette Überarbeitung des Gesetzes konnte von den Synodalen des Sonderausschusses nicht geleistet werden. Das Dienstrechtsdezernat des Oberkirchenrats konnte dies wegen der Novellierung des Pfarrerdienstrechts bislang ebenfalls nicht tun und will dies gemeinsam mit der nächsten Landessynode in Angriff nehmen.

2. Inhaltlich besteht dieser Gesetzentwurf der Beilage 50 Neuformulierung der Präambel und die Beseitigung der Unkündbarkeitsklausel. In Artikel 1 Nr. 1 dieses Entwurfs geht es um die Änderung der Präambel. An verschiedenen Stellen, unter anderem auch im Sonderausschuss Diakonat, hat man sich lange mit der Ämterfrage beschäftigt. Ein Meilenstein in diesem Prozess war der Studientag. Für die Diakone ist in gewisser Weise die Gleichrangigkeit von Pfarrern und Diakonen sehr wichtig. Daraus ist die neue Formulierung entstanden. Im Sonderausschuss Diakonat bestand in diesem Punkt Konsens.

Der Rechtsausschuss hatte mit diesem Formulierungsvorschlag zur Präambel jedoch erhebliche Probleme. Dies begann mit der Frage nach dem normativen Regelungsgehalt, also welche rechtliche Bedeutung, welchen rechtlichen Rege-

---

1 Quelle: http://www.elk-wue.de/fileadmin/mediapool/elkwue/dokumente/landessynode/13_herbst tagung/berichte-reden/TOP15_Bericht_Heckel.pdf.

lungsgehalt diese neu formulierte Präambel überhaupt hat. In diesem Zusammenhang drängte sich die weitere Frage auf, was diese Änderung bewirken soll, ob sie diese gewünschte Wirkung überhaupt erreichen kann und ob die neue Präambel nicht eher zu Enttäuschungen führen muss, wenn die erwartete Wirkung ausbleibt. (2)

Vor allem aber bewegten uns theologische Fragen. Enthält diese neue Präambel möglicher-weise Bekenntnisaussagen, die (gemäß § 22 Abs. 1 der Kirchenverfassung) nicht Gegenstand der Gesetzgebung sind. Unsere Landeskirche ist nach der Kirchenverfassung eine evangelisch-lutherische Kirche und kennt daher nur ein Amt, nämlich das Predigtamt nach CA V; sie hat nicht die vier Ämter der reformierten Tradition im Anschluss an Eph. 4,11, nämlich Hirte, Pro-phet, Lehrer und eben Diakon. Zudem ist nach CA XIV zur öffentlichen Wortverkündigung nur befugt, wer dazu entsprechend beauftragt ist. Daher irritierte uns die Verwendung des Wortes „öffentlich". Andererseits war auch uns die Betonung wichtig, dass das Amt des Diakons ein wichtiges Amt in der Landeskirche ist.

Kurzum waren wir uns rasch einig, dass wir den theologischen Sachverstand des Theologischen Ausschusses brauchten. Wir haben also den Theologischen Ausschuss beteiligt und ihn gebeten, entweder sein Einverständnis zu erteilen oder eine neue Formulierung der Präambel vorzuschlagen. Der Theologische Ausschuss tat sich mit der Beilage 50 noch schwerer als wir. Nach mehreren Anläufen, Umläufen, Irrläufen, Durchläufen, Suchläufen und Rückläufen vom Sonderausschuss Diakonat beschloss er am 22. Juli 2013 mehrheitlich eine neue Formulierung der Präambel.

Diese Neuformulierung der Präambel, die uns der Theologische Ausschuss vorgeschlagen hat, ist – mit kleinen redaktionellen Änderungen und einem zwischenzeitlich in der Endfassung aus-gemerzten Druckfehler – Gegenstand der Beilage 61. Damit niemand von Ihnen auf die hässli-che Idee kommt, mir meinen schönen kirchenrechtlichen Doktortitel streitig zu machen, stelle ich hier ausdrücklich klar, dass die Beilage 61 zwar einen Entwurf des Rechtsausschusses enthält, Artikel 1 Nr. 1 aber inhaltlich vom Theologischen Ausschuss stammt und daher von diesem theologisch verantwortet ist. Auch der Oberkirchenrat stimmt der Formulierung des Theologischen Ausschusses zu und hält diese für theologisch vertretbar. Er meint, durch diese Formulierung entstehe nicht der Eindruck, dass mit der Berufung eines Diakons der Auftrag zur öffentlichen Wortverkündigung verbunden sei. Soviel als amtliche Fußnote, damit Sie wissen, wo der Rechtsausschuss plagiiert hat. Einzelheiten mögen die Autoren vom Theologischen Ausschuss und vom Sonderausschuss Diakonat in der Diskussion beitragen.

Auf dieser theologischen Grundlage konnte der Rechtsausschuss erneut beraten. Nachdem die Zweifel an der Bekenntnisgemäßheit ausgeräumt sind, bestehen auch aus kirchenverfassungs-rechtlicher Sicht gegen die Regelung keine Bedenken. Der Ausschuss war sich einig, dass die neue Formulierung wesentlich besser ist als die ursprüngliche. Weil mehrere Fachausschüsse über einen langen Zeitraum theologisch, diakonie- und sozialwissenschaftlich an der neuen Präambel gearbeitet haben, war er sich ferner einig, die genannten rechtspolitischen Bedenken zurückzustellen und die vorgeschlagene Neuformulierung zu übernehmen. Es wäre nicht gut, nur die Unkündbarkeit aus dem Gesetz zu streichen und sonst keine Änderungen vorweisen zu können.

3. Mit Artikel 1 Nr. 2 soll der Sonderkündigungsschutz für Diakone aufgehoben werden. Auch an diesem Punkt bestand im Sonderausschuss Einigkeit, da sich das Sonderrecht in der Praxis als Hinderungsgrund für Neueinstellungen erwiesen hat. Mit der Aufhebung des Sonderkündi-gungsschutzes greift der im Arbeitsrecht generell gültige Kündigungsschutz. Die Aufhebung des Sonderkündigungsschutzes kann ein wichtiges Signal an die Anstellungsträger sein. Der Sonderausschuss hofft, dass die Änderung zu mehr Beschäftigung führt. Daher gab es an diesem Punkt wenig Widerspruch.

4. Im Hinblick auf diesen Gesetzeszweck drängte sich dem Rechtsausschuss auf, ob nicht eine Übergangsbestimmung erforderlich ist. Mit dem Gesetz soll ein jetzt bestehendes Einstellungs-hindernis für die Zukunft beseitigt werden. Daraus folgt, dass die Unkündbarkeitsklausel bloß für zukünftige Neueinstellungen nicht mehr greifen soll. Wer dagegen bei Inkrafttreten des Geset-zes die Bewährungszeit schon hinter sich gebracht hat, besitzt damit eine Rechtsposition, die (3) ihm nicht nachträglich wieder zu entziehen ist. Diakone, die nach einer zweijährigen Bewährungszeit bereits die Unkündbarkeit erlangt haben, sollen sie auch weiterhin behalten. Dies wird in Artikel 2 klargestellt.

Bei dieser Gelegenheit ist zur Klarstellung noch darauf hinzuweisen, dass Diakone, die inner-halb der Evangelischen Landeskirche in Württemberg das Beschäftigungsverhältnis wechseln, ihre Unkündbarkeit behalten; die Bewährungszeit beginnt bei einem solchen Wechsel nicht von neuem. Im Übrigen gelten nach Entfallen der Unkündbarkeitsklausel die normalen Kündigungsfristen der Kirchlichen Anstellungsordnung.

Schließlich soll das Gesetz, wie Sie in Artikel 3 lesen können, am 1. Januar 2014 in Kraft treten.

Im Namen des Rechtsausschusses bitte ich Sie um Zustimmung zur Beilage 61. Vielen Dank.

Präambel des Kirchlichen Gesetzes über die Rechtsverhältnisse der Diakoninnen und Diakone in der Evangelischen Landeskirche in Württemberg (Diakonen- und Diakoninnengesetz) in der Fassung vom 22. Oktober 2013[1]

Die Kirche lebt aus dem Evangelium Jesu Christi. Sie ist beauftragt, das Evangelium in allen seinen Dimensionen zu kommunizieren. Alle Getauften sind dazu berufen. Zur geordneten Erfüllung dieses Auftrages in Kirche und Gesellschaft beruft die Kirche Männer und Frauen und beauftragt sie mit verschiedenen Diensten.

Diakonie ist gelebter Glaube der christlichen Gemeinde in Wort und Tat. Mit ihrem diakonischen Dienst übernimmt die Kirche die Verantwortung dafür, dass alle Menschen das Evangelium und darin Gottes liebende Zuwendung erfahren können. Dazu beruft die Kirche in das Amt des Diakons und der Diakonin Männer und Frauen, die durch ihre Ausbildung und ihre Bereitschaft zum Dienst in besonderer Weise befähigt sind.

---

1 Quelle: http://www.kirchenrecht-ekwue.de/showdocument/id/17945.

Autorinnen und Autoren

Baur, Werner, Oberkirchenrat und Leiter des Dezernat 2 „Kirche und Bildung" des Oberkirchenrats der Evangelischen Landeskirche in Württemberg, Stuttgart.

Dinzinger, Birgit Susanne, Diakonin, Diakoniewissenschaftlerin M.A., Fachleitung Migration im Diakonischen Werk der evangelischen Kirche in Württemberg e. V., Stuttgart.

Eidt, Ellen, Diakonin, Diakoniewissenschaftlerin M.A., Projektgeschäftsstelle „Diakonat – neu gedacht, neu gelebt" der Evangelischen Landeskirche in Württemberg (2008–2014), Stuttgart.

Gabler, Dorothea, Pfarrerin, Dozentin für Altes Testament, Gemeindepädagogik, Homiletik und Liturgik an der Evangelischen Missionsschule Unterweissach, Vorsitzende des Theol. Ausschusses der Württembergischen Landessynode (2008–2014).

Grethlein, Christian, Prof. Dr., Professor für Praktische Theologie (mit Schwerpunkt Religionspädagogik) an der Westfälischen Wilhelms-Universität Münster.

Hauschildt, Eberhard, Prof. Dr., Professor für Praktische Theologie an der Rheinischen Friedrich-Wilhelms-Universität Bonn.

Hödl, Dieter, Diakon, Kirchenrat und Leiter des Referats „Diakonat" im Oberkirchenrat der Evangelischen Landeskirche in Württemberg, Stuttgart.

Noller, Annette, Prof. Dr. habil., Pfarrerin, Professorin für Diakoniewissenschaft/ Theologie und Ethik in der Sozialen Arbeit an der Evangelischen Hochschule Ludwigsburg.

Rückle, Joachim, Dr., Pfarrer, Leiter der Abteilung Theologie und Bildung des Diakonischen Werks der evangelischen Kirche in Württemberg e. V., Stuttgart.

Schmidt, Heinz, Prof. Dr., Professor em. Für Praktische Theologie und Diakoniewissenschaft, Universität Heidelberg.

Schulz, Claudia, Prof. Dr. habil., Sozialwissenschaftlerin und Theologin, Professorin für Soziale Arbeit und Diakoniewissenschaft an der Evangelischen Hochschule Ludwigsburg.

Zeeb, Frank, Dr., Pfarrer, Kirchenrat und Leiter des Referats „Theologie, Kirche und Gesellschaft" im Oberkirchenrat der Evangelischen Landeskirche in Württemberg, Stuttgart.